Die Behandlung vertraglicher Mobiliarsicherheiten
im US-amerikanischen und deutschen Insolvenzrecht

Internationalrechtliche Studien

Beiträge zum Internationalen Privatrecht, zum Einheitsrecht und zur Rechtsvergleichung

Herausgegeben von Ulrich Magnus

Band 26

PETER LANG

Frankfurt am Main · Berlin · Bern · Bruxelles · New York · Oxford · Wien

Henning Mordhorst

Die Behandlung vertraglicher Mobiliarsicherheiten im US-amerikanischen und deutschen Insolvenzrecht

PETER LANG
Europäischer Verlag der Wissenschaften

Bibliografische Information Der Deutschen Bibliothek
Die Deutsche Bibliothek verzeichnet diese Publikation in der Deutschen Nationalbibliografie; detaillierte bibliografische Daten sind im Internet über <http://dnb.ddb.de> abrufbar.

Zugl.: Hamburg, Univ., Diss., 2003

D 18
ISSN 0947-0395
ISBN 3-631-51198-1

www.peterlang.de

Für Sophie Charlotte und Johann Jakob

"Writing on U.S. bankruptcy law is much like shooting at a moving target."

Benjamin Weintraub und Alan N. Resnick, 1991

Vorwort

Seit dem 1. Januar 1999 gilt in Deutschland die Insolvenzordnung. Deren gesetzgeberische Konzeption beruht auf der Erkenntnis, daß die Zerschlagung des schuldnerischen Vermögens im Wege einer Liquidation den Interessen der Gläubiger an einer bestmöglichen Befriedigung häufig nicht gerecht wird. Damit rückte die Stellung der gesicherten Gläubiger in den Mittelpunkt der Diskussion über die Reform des Insolvenzrechts, da die Behandlung der Mobiliarsicherheiten und insbesondere das Verwertungsrecht des Sicherungsnehmers in den Konkursverfahren eine Sanierung des Schuldners ohne Zustimmung der gesicherten Gläubiger nicht zuließ.
Praktisch zeitgleich mit der Aufnahme der Tätigkeit der Kommission für die Reform des Insolvenzrechts in der Bundesrepublik Deutschland wurde 1978 in den USA der Bankruptcy Reform Act verabschiedet, der - aufbauend auf den Erfahrungen der vorhergehenden Insolvenzgesetze mit der Einbindung dinglicher Sicherheiten in die Sanierungsverfahren - ein modernes Insolvenzrecht, den Bankruptcy Code, in Kraft setzte.
Die Behandlung der vertraglichen Mobiliarsicherheiten im Insolvenzverfahren nach der Insolvenzordnung ist Gegenstand dieser Arbeit. Zur Untersuchung der einzelnen Fragen wurden die Erfahrungen des US-amerikanischen Rechts vergleichend herangezogen.

Die vorliegende Arbeit wurde von dem Fachbereich Rechtswissenschaft der Universität Hamburg im Wintersemester 2002/2003 als Dissertation angenommen. Für die Anregung des Themas und die Zusage, die Betreuung der Arbeit zu übernehmen, bin ich Herrn Prof. Dr. Ulrich Drobnig zu Dank verpflichtet. Herrn Prof. Dr. Reinhard Bork danke ich für die überaus zügige Erstellung des Zweitgutachtens.
Dem Max-Planck-Institut für ausländisches und internationales Privatrecht in Hamburg und insbesondere den dortigen Bibliotheksmitarbeitern danke ich für die freundliche Unterstützung bei der Recherche des US-amerikanischen Teils der Arbeit.

Mein besonderer Dank gilt schließlich allen anderen, die mich bei der Fertigstellung dieser Arbeit unterstützt haben, nicht zuletzt meiner Familie und meiner lieben Frau Anne.

Hamburg, März 2003

Henning Mordhorst

Inhaltsübersicht

Inhaltsverzeichnis

Abkürzungsverzeichnis

A, A2d	Atlantic Reporter, first and second series (Entscheidungssammlung)
App.	Appendix
Art.	Artikel
BA	Bankruptcy Act von 1898
BankLJ	Banking Law Journal
Bankr. Dev. J.	Bankruptcy Developments Journal
BAP	Bankruptcy Appellate Panel
BC	Bankruptcy Code von 1978, Title 11 USC (ohne weiteren Zusatz in der Fassung von 1998)
BCD	Bankruptcy Court Decisions (Entscheidungssammlung)
BR	Bankruptcy Reporter (Entscheidungssammlung)
BRA	Bankruptcy Reform Act
CBC	Collier Bankruptcy Cases
CD	Central District
CFR	Code of Federal Regulations
Ch.	Chapter
Cir.	Circuit (Gerichtsbezirk der Courts of Appeals)
CJS	Corpus Juris Secundum
cl.	clause
Co.	Company
Cong. Rec.	Congressional Records
Const.	Constitution
Corp.	Corporation
D	District
D.C.	District of Columbia
DiskE	Diskussionsentwurf zur Insolvenzordnung
Doc.	Document
ED	Eastern District
ERISA	Employee Retirement Income Security Act

F, F2d, F3d	Federal Reporter, first, second, and third series (Entscheidungssammlung der Courts of Appeals)
FSupp	Federal Supplement (Entscheidungssammlung der Federal District Courts)
FTCA	Federal Trade Commission Act
HR	House of Representatives
Inc.	Incorporated
IRS	Internal Revenue Service
LEd, LEd2d	Lawyer's Edition, first and second series (Entscheidungssammlung des Supreme Court)
MD	Middle District
NCLRev	North Carolina Law Review
ND	Northern District
NE, NE2d	North Eastern Reporter, first and second series (Entscheidungssammlung)
No.	Number
NW, NW2d	North Western Reporter, first and second series (Entscheidungssammlung)
NYS, NYS2d	New York Supplement, first and second series (Entscheidungssammlung)
P, P2d	Pacific Reporter, first an second series (Entscheidungssammlung)
Pub. L.	Public Law
RCW	Revised Code of Washington
RefE	Referentenentwurf zur Insolvenzordnung
RegE	Regierungsentwurf zur Insolvenzordnung
SCt	West's Supreme Court Reporter (Entscheidungssammlung des US Supreme Court)
SD	Southern District
SE, SE2d	South Eastern Reporter, first and second series (Entscheidungssammlung)
So	Southern Reporter (Entscheidungssammlung)
Stat.	Statutes
Supp.	Supplement

SW, SW2d	South Western Reporter, first and second series (Entscheidungssammlung)
UCC	Uniform Commercial Code (ohne weitere Zusatz in der Fassung von 1972)
UCCRS	Uniform Commercial Code Reporting Service
UCLA	University of California, Los Angeles
UFCA	Uniform Fraudulent Conveyance Act
UFTA	Uniform Fraudulent Transfer Act
ULA	Uniform Law Annotated
ULSA	Uniform Land Security Act (Modellgesetz)
US	United States Supreme Court Reports (Offizielle Entscheidungssammlung), auch United States
USC	United States Code
USCA	United States Code Annotated
v.	versus
WD	Western District

§ 1 Einleitung

A. Einführung in die Problematik

Jeder Gläubiger trägt das Risiko, daß sein Schuldner die ausstehende Verbindlichkeit nicht begleichen kann oder will. Dingliche Sicherheiten helfen diesem Risiko ab: Der Gläubiger ist nicht mehr auf die - freiwillige oder erzwungene - Leistung des Schuldners aus dessen allgemeinem Vermögen angewiesen, da er das Recht eingeräumt erhalten hat, sich aus einem bestimmten Gegenstand zu befriedigen. Dieser Gegenstand ist dem Zugriff der sonstigen Gläubiger entzogen.

Falls der Schuldner nicht leisten will, erleichtert die Sicherheit dem Gläubiger die Befriedigung. Er muß nicht den möglicherweise umständlichen und langwierigen Weg der Vollstreckung in das Vermögen des Schuldners beschreiten, sondern kann unmittelbar auf das Sicherungsgut zugreifen.

In der Insolvenz des Schuldners kommt es zum Interessenkonflikt zwischen dem gesicherten Gläubiger und den allgemeinen Gläubigern. Denn hier reicht das bei dem Schuldner vorhandene Vermögen nicht aus, um sämtliche Gläubiger zu befriedigen. Wird das Vorrecht des gesicherten Gläubigers hier anerkannt, schmälern sich die Befriedigungsaussichten der allgemeinen Gläubiger.

Für den gesicherten Gläubiger geht es in dieser Situation um die Frage der Tauglichkeit der Sicherheit. Erfüllt sie die ihr zugedachte Funktion nicht, fällt der Gläubiger mit seiner Forderung weitgehend aus. Denn als Teil der allgemeinen Gläubigerschaft kann er in der Regel nur auf eine geringe quotale Befriedigung hoffen.

Dieser Interessenkonflikt ist Gegenstand der vorliegenden Arbeit. Untersucht wird die Regelung dieses Konfliktes in den Vereinigten Staaten von Amerika und in Deutschland.

Über einen langen Zeitraum wurde in Deutschland an der Reform des Insolvenzrechtes gearbeitet. Als deren Ergebnis trat Anfang 1999 die Insolvenzordnung in Kraft. Eines der hervorgehobenen Themen des Reformvorhabens war die Behandlung der dinglichen Sicherheiten - und dabei im besonderen der besitzlosen Mobiliarsicherheiten. Der US-amerikanische Gesetzgeber hingegen hat bereits 1978 ein neues Insolvenzrecht in Kraft gesetzt, welches auch detaillierte Regelungen für die Behandlung von Sicherungsrechten in der Insolvenz des Schuldners enthält.

Ein Vergleich der Behandlung dinglicher Sicherheiten zwischen den beiden Rechtsordnungen liegt aus verschiedenen Gründen nahe. Bei der Fortentwicklung des US-amerikanischen und des deutschen Kreditsicherungsrechts sind manche Parallelen festzustellen. Auf dem Weg der wirtschaftlichen Entwicklung dieser Nationen seit Beginn des 20. Jahrhunderts stieg der Bedarf an Kreditfinanzierung - und damit auch das Bedürfnis nach Kreditsicherung. Dieser Entwicklung hat sich das allgemeine Zivilrecht in beiden Rechtsordnungen in ähnlicher Weise angepaßt.
Der deutsche Gesetzgeber hat durch die sporadische Kodifizierung der Mobiliarsicherheiten einen Großteil des Feldes der Kautelarjurisprudenz und vor allem der Rechtsprechung überlassen - in einer Weise, die an das anglo-amerikanische common law erinnert. Zum anderen hat sich gerade in diesem Bereich der Gesetzgeber der US-amerikanischen Einzelstaaten häufig veranlaßt gesehen, tätig zu werden, um Entwicklungen in der Rechtsprechung zu korrigieren. Somit liegt dort eine relativ große Anzahl von Kodifikationen vor. Schließlich haben aber auch die wirtschaftlichen Erfordernisse und die Ähnlichkeiten im Wirtschaftssystem zu vergleichbaren Anforderungen an die Möglichkeiten der Kreditsicherung geführt. Diese wiederum äußerten sich in der Entwicklung ähnlicher Instrumente.
Im Bereich der Kreditsicherheiten kann das US-amerikanische Recht auf eine lange Tradition zurückblicken. Im Wechselspiel zwischen Kautelarjurisprudenz und Rechtsprechung hat sich dort im Laufe der Jahrhunderte - zunächst unbeschränkt durch regelnde Gesetzeswerke - eine fast unüberschaubare Zahl von Sicherungsrechten entwickelt.[1] Erst in jüngerer Zeit erfuhren diese Instrumente eine einschneidende Veränderung. Durch die Umsetzung des Uniform Commercial Code in einzelstaatliche Gesetze wurden die Sicherungsrechte so vereinheitlicht, daß Differenzierungen in einem viel geringeren Maße als zuvor erforderlich waren.
Eine die Weiterentwicklung der Kreditsicherheiten berücksichtigende Anpassung des Insolvenzrechts in den Vereinigten Staaten erfolgte hingegen erst mit der genannten Reform im Jahr 1978. Die davor geltenden Insolvenzgesetze stammten jeweils aus dem 19. Jahrhundert.

Aufgrund der vergleichbaren Entwicklung bietet es sich an, die nunmehr fünfundzwanzig Jahre währenden Erfahrungen in den Vereinigten Staaten mit dem neuen Insolvenzgesetz für die deutsche Neuregelung nutzbar zu machen. Während dieser Zeit hat sich in den Vereinigten Staaten insbesondere die

---

1 *Rabel*, RabelsZ 16 (1951), 353, konstatierte vor Schaffung des UCC Parallelen zu den von *Lehmann* (Reform der Kreditsicherung an Fahrnis und Forderungen, 1937) festgestellten Mißständen des deutschen Rechts.

obergerichtliche Rechtsprechung gefestigt, und auch der Gesetzgeber hatte Gelegenheit zur Reaktion auf vermeintliche Fehlentwicklungen der Praxis. Dies ermöglicht hier einen Vergleich der neuen Insolvenzordnung mit einem etablierten Insolvenzgesetz, welches die Belastungsprobe der Praxis überstanden hat.

B. Ziele der Arbeit

Vorrangiges Ziel der Arbeit ist es, die Erfahrungen und Lehren des US-amerikanischen Rechts für die Anwendung der Insolvenzordnung nutzbar zu machen. Dazu sind zunächst die Regelungen der beiden Rechtsordnungen zu der Behandlung der dinglichen Sicherheiten in der Insolvenz des Schuldners darzustellen. Darauf aufbauend werden die jeweiligen Unterschiede und Gemeinsamkeiten aufgezeigt. Dabei sollen die Hintergründe der fraglichen Regelungen und die Sachgerechtigkeit im Spannungsverhältnis der Beteiligten, insbesondere im Hinblick auf die Funktionalität der Kreditsicherung, ausführlich untersucht werden. Auf Zweifelsfragen, die der Insolvenzordnung wie jedem neuen Gesetz innewohnen, soll durch diese Rechtsvergleichung ein Ansatz für Antworten gefunden werden, der über die - meist auf die eigene Rechtsordnung beschränkte - Anwendung juristischer Methodik hinausgeht.[2]
Darüber hinaus sollen die einzelnen Regelungen beider Rechtsordnungen zu der Behandlung dinglicher Sicherheiten in der Insolvenz in einer vergleichenden Würdigung kritisch betrachtet werden.

Bei der Vergleichung werden nicht die Schwierigkeiten übersehen, die sich daraus ergeben, daß die US-amerikanischen Regelungen bereits seit geraumer Zeit angewandt werden, wohingegen obergerichtliche Entscheidungen zur Insolvenzordnung bisher nur in geringer Zahl vorliegen. Wegen der teilweise grundlegenden Neukonzeption kann auch die bisherige Rechtsprechung nur eingeschränkt nutzbar gemacht werden.
Das Ungleichgewicht der Erfahrungen über die Gesetzesanwendung erweist sich aber dort als Chance für Erkenntnisse zum neuen deutschen Recht, wo vergleichbare Regelungen oder Problemstellungen vorliegen und somit eine Übertragung der US-amerikanischen Erwägungen und Ergebnisse möglich ist. Soweit die Insolvenzordnung Rechtsfragen nicht eindeutig regelt, werden in der Arbeit daher unter anderem mit Blick auf die US-amerikanische Rechtsordnung Lösungsvorschläge aufgezeigt.

---

2 Zu diesem Nutzen der Rechtsvergleichung vgl. *Zweigert/Kötz*, S. 16 ff.

C. Gang der Untersuchung

Als Ausgangspunkt der vergleichenden Untersuchung ist das US-amerikanische Recht gewählt worden. Dem werden die Regelungen der Insolvenzordnung gegenübergestellt. Damit wird dem Umstand Rechnung getragen, daß die Erfahrungen in der Rechtsanwendung in den Vereinigten Staaten bereits fünfund zwanzig Jahre währen und eine Vielzahl der praktischen Probleme dort bereits aufgetreten sind. Hier können also bereits die gerichtlichen Entwicklungen, Äußerungen der Wissenschaft und Reaktionen des Gesetzgebers in die Darstellung einbezogen werden.

Überdies bietet sich die gewählte Reihenfolge dort an, wo der deutsche Gesetzgeber umfangreichere Anleihen aus dem US-amerikanischen Recht gemacht hat. Dies gilt etwa bei dem Reorganisationsplanverfahren.

Im Hinblick auf das Ziel der Arbeit, die Erfahrungen und Lehren des US-amerikanischen Rechts für die Anwendung der Insolvenzordnung nutzbar zu machen, werden sodann jeweils in einem dritten Schritt die Unterschiede und Gemeinsamkeiten aufgezeigt.

Die Untersuchung beginnt - nach einer kurzen Darstellung der US-amerikanischen Rechtsquellen - mit den vertraglichen Mobiliarsicherheiten außerhalb der Insolvenz.

Dieser Teil beruht im wesentlichen auf Artikel 9 des Uniform Commercial Code in der Fassung von 1972. Seit 1990 war eine Kommission damit beschäftigt, Artikel 9 UCC grundlegend zu überarbeiten. Die erarbeitete Empfehlung des "Revised Article 9" ist mittlerweile, teilweise mit Änderungen, in sämtlichen Einzelstaaten mit Wirkung zwischen dem 1. Juli 2001 und dem 1. Januar 2002 in Kraft getreten.[3] Diese Änderung wurde hier nicht mehr berücksichtigt, da wesentliche obergerichtliche Rechtsprechung zu der Neuregelung bei Fertigstellung dieser Arbeit noch nicht vorlag.

Bei den Änderungen handelt es sich zum einen um eine völlige Neufassung des Mustergesetzes, bei der, anders als bei vohergehenden Revisionen, eine umfangreiche Neuformulierung eines Großteils der bisherigen Bestimmungen und die Ergänzung einer ganzen Reihe von Vorschriften erfolgt ist. Die Neuregelung erfüllt vor allem drei Zwecke: Die erleichterte Verwendbarkeit von Vermögensgegenständen als Sicherheit, um kleinen und mittleren Unternehmen und Verbrauchern leichter und günstiger zu Krediten zu verhelfen, eine

---

3 Einen Überblick über die Neufassung geben etwa *McDonnell*, Uniform Commercial Code - Analysis of Revised Article 9, 1999, und *White/Summers*, Uniform Commercial Code: Secured Transactions, 5. Aufl., 2000.

detailliertere und eindeutigere Regelung der Materie und die Möglichkeit, im Rechtsverkehr die elektronischen Medien einzusetzen.[4]

Im weiteren Gang der Untersuchung erfolgt ein Blick auf die Systematik der dinglichen Sicherheiten in der Insolvenz. Sodann wird vertiefend der Frage nach der Fortwirkung eines derartigen Rechts im Insolvenzverfahren nachgegangen: Inwieweit kann die Funktion, dem Gläubiger die vorrangige Befriedigung seiner Forderung aus einem Gegenstand zu gewähren, im Insolvenzverfahren eingeschränkt oder gar vollständig beseitigt werden? Anschließend werden die entscheidenden Aspekte für die Werthaltigkeit einer Sicherheit für den Gläubiger - die Verwertung des Sicherungsgutes und die Befriedigung des gesicherten Gläubigers - analysiert. Dies ist einer der Schwerpunkte der Arbeit. Eine weitere Frage von besonderer Relevanz stellt sich zu dem Spannungsverhältnis zwischen dinglicher Sicherheit und der Reorganisation des Insolvenzschuldners. Schließlich wird - wegen der großen praktischen Bedeutung - die Behandlung von Sicherheiten zur Kaufpreisfinanzierung untersucht.

Ausgeklammert wird die Betrachtung der gesetzlichen Sicherheiten, der Immobiliarsicherheiten sowie der Sicherheiten, die im Rahmen der Durchsetzung einer Forderung im gerichtlichen Verfahren entstehen. Für diese Regelungsbereiche existiert in den Vereinigten Staaten von Amerika, anders als für die vertraglichen Mobiliarsicherheiten in Artikel 9 des Uniform Commercial Code, keine einheitliche Regelung. Eine Darstellung dieser dinglichen Sicherheiten würde den Rahmen dieser Arbeit überschreiten.

Auch auf eine Darstellung der dinglichen Sicherheiten außerhalb des Insolvenzverfahrens im deutschen Recht wurde verzichtet. Einführungen bieten hier verschiedene aktuelle Werke.[5]

---

4 *McDonnell*, S. 1 f.; *White/Summers*, Secured Transactions, S. 710 f.

5 Etwa *Weber*, Sicherungsgeschäfte, 7. Auflage 2002; *Bülow*, Recht der Kreditsicherheiten, 5. Auflage 1999; für eine vertiefende Beschäftigung sei insbesondere auf die Monographie zu den Mobiliarsicherheiten von *Serick* verwiesen.

§ 2 Grundlagen des US-amerikanischen Rechts

Bevor die einzelnen Fragen nach der Behandlung dinglicher Sicherheiten im Insolvenzverfahren untersucht werden, soll zunächst ein Überblick über die zugrunde liegenden Rechtsquellen in den Vereinigten Staaten gegeben werden. Sodann folgt eine kurze Einführung in das materielle Zivilrecht der vertraglichen Mobiliarsicherheiten der Vereinigten Staaten, welche für die spätere Auseinandersetzung mit der Behandlung in der Insolvenz erforderlich ist. Angesichts der Rechtssetzungskompetenz der einzelnen Bundesstaaten auf diesem Gebiet kann eine vollständige Darstellung dieses Bereichs nicht erfolgen. Vielmehr soll versucht werden, einheitliche Grundprinzipien herauszuarbeiten.

A. Rechtsquellen

I. Gesetzliche Regelungen auf dem Gebiet des Insolvenzrechts

1. Verfassungsrechtliche Kompetenzverteilung

Die Verfassung der Vereinigten Staaten bestimmt in Art. I, § 8, cl. 4, daß der Kongreß die Gesetzgebungskompetenz auf dem Gebiet des Insolvenzrechts hat. Die Staaten können daher wirksame Insolvenzgesetze nur insoweit erlassen, wie kein Bundesgesetz die Materie regelt.[1] Dies ergibt sich aus der Vorrangklausel des Art. VI, cl. 2 Const. Danach bricht Bundesrecht das Recht der Einzelstaaten, wenn zwischen beiden ein Widerspruch besteht. Trotzdem gibt es teilweise noch einzelstaatliches Insolvenzrecht aus der Zeit, in der kein Bundesgesetz die Materie regelte. Diese Gesetze wurden nicht ausnahmslos aufgehoben, so daß sie auch heute noch bestehen, wegen der Vorrangregelung aber keine Anwendung finden.

Darüber hinaus ist den Einzelstaaten untersagt, Gesetze zu erlassen, welche vertragliche Rechte beeinträchtigen, Art. I, § 10, cl. 1 Const. Damit verhindert die Verfassung den Erlaß von einzelstaatlichen Schuldbefreiungsbestimmungen.[2] Für das Bundesrecht enthält die Verfassung keine derartige Klausel. Hier ist die einzige Grenze durch den Schutz des Eigentums gezogen. Das Eigentum und die daraus folgenden Rechte werden zwar staatlich definiert.[3] Eine Entziehung

---

[1] International Shoe Co. v. Pinkus, 278 US 261, 49 SCt 108, 73 LEd 318 (1929).

[2] Home Building & Loan Association v. Blaisdell, 290 US 398, 427 f., 54 SCt 231, 253 f., 78 LEd 413 (1934); *Nowak/Rotunda*, § 11.8(b), S. 395; *Wright*, S. 64.

[3] *Nowak/Rotunda*, § 13.5, S. 513.

ist aber nach dem fünften Zusatzartikel der Verfassung nur in einem rechtmäßigem Verfahren ("due process") zulässig.

Zusammen mit dem Vorrang des Bundesinsolvenzrechts führt das Verbot der Einschränkung vertraglicher Rechte zu Rahmenbedingungen, die insbesondere Banken und Finanziers vor Einschränkungen ihrer Kreditvereinbarungen durch einzelne Staaten schützen und zur Bereitstellung von Fremdmitteln für eine prosperierende Ökonomie veranlassen.[4]

2. Vorgänger des Bankruptcy Code

In der US-amerikanischen Bundesgesetzgebung kam es insgesamt viermal zu Kodifikationen des Insolvenzrechts. Das erste Insolvenzgesetz galt in den Jahren 1800 bis 1803.[5] Es regelte ein Verfahren, welches nur durch Gläubiger in Gang gesetzt werden konnte und sich ausschließlich an Kaufleute als Schuldner richtete. Dies Gesetz war dem geltenden englischen Recht der Zeit nachempfunden.[6] Das folgende Gesetz aus dem Jahr 1841[7] war die Reaktion auf eine wirtschaftliche Depression Ende der dreißiger Jahre des neunzehnten Jahrhunderts. Auch dieses Gesetz wurde nur für einen kurzen Zeitraum erlassen, nämlich bis zur Überwindung der konkreten wirtschaftlichen Schwierigkeiten. Dann folgte 1867[8] das erste Insolvenzgesetz, welches nicht schon bei Erlaß nur für einen bestimmten Zeitraum Geltung erlangen sollte. Trotzdem ist es als Reaktion auf die wirtschaftliche Krise nach dem Bürgerkrieg anzusehen und sollte daher, ebenso wie seine Vorgänger, die Bewältigung einer konkreten Problems erreichen. Dieses Gesetz blieb allerdings erheblich länger, nämlich zwanzig Jahre in Kraft.[9]
Ende des 19. Jahrhunderts erfolgte erneut eine Kodifizierung des Insolvenzrechts, welches dann - wenn auch mit einer Vielzahl von Änderungen - acht Jahrzehnte seine Gültigkeit behielt: Der National Bankruptcy Act von 1898.[10]
Zunächst enthielt auch dieses Gesetz ein reines Liquidationsverfahren, in dem die nicht insolvenzbefreiten Vermögensgegenstände des Schuldners zur Befriedigung der Gläubiger veräußert wurden. Dies änderte sich erst durch die

---

[4] Vgl. *Nowak/Rotunda*, § 11.8(b), S. 395; *Smith*, S. 16 f.

[5] 2 Stat. 19 (1800), aufgehoben 2 Stat. 248 (1803).

[6] Vgl. *Epstein/Nickles/White*, § 1-1, S. 1; *Riesenfeld*, Minnesota Law Review 31 (1947), 401, 407.

[7] 5 Stat. 440 (1841), aufgehoben 5 Stat. 614 (1843).

[8] 14 Stat. 517 (1867), aufgehoben 20 Stat. 99 (1878).

[9] Ausführlich zu der historischen Entwicklung dieser ersten drei Insolvenzgesetze *Frimett*, Commercial Law Journal 96 (1991), 160, 166 ff.

[10] 30 Stat. 544 (1898). Dieser wird üblicherweise als Bankruptcy Act bezeichnet.

Novelle im Jahr 1933 mit der Einführung eines Reorganisationsverfahrens für Eisenbahngesellschaften, Unternehmen und Farmer.[11] Bereits wenige Jahre später folgte eine grundlegende Revision durch den Chandler Act.[12] Dieser führte zwei weitere Reorganisationsverfahren ein, von denen Chapter XII auch nicht unternehmerisch tätigen Schuldnern offenstand. Das bisherige Reorganisationsverfahren von Unternehmen wurde als Chapter X zusammengefaßt und erlangte hinsichtlich der betroffenen Werte erhebliche praktische Bedeutung.[13]

3. Das geltende Insolvenzrecht nach dem Bankruptcy Code

Für die seit dem 1. Oktober 1979 eröffneten Insolvenzverfahren gilt der Bankruptcy Code.[14] Mit Erlaß dieses Gesetzes wurde die achtzigjährige Geltungsdauer des Bankruptcy Act beendet, der allerdings für die bereits laufenden Verfahren weiterhin Anwendung fand.

a) Der Bankruptcy Reform Act von 1978

Das gesamte Gesetzgebungswerk, durch welches der Bankruptcy Code den alten Bankruptcy Act ersetzte und die erforderlichen Änderungen der Nebengesetze vorgenommen wurden, trug den Namen "Bankruptcy Reform Act".[15] Die Gesetzgebungsgeschichte des Bankruptcy Reform Act begann 1968, als ein Unterausschuß des Senats die Einrichtung einer Kommission zur Überprüfung der Insolvenzgesetzgebung der Vereinigten Staaten vorschlug. Veranlaßt war dieser Vorschlag durch eine Verzehnfachung der Insolvenzeröffnungsanträge pro Jahr innerhalb der vorangegangenen 20 Jahre und eine rasche Ausbreitung des zuvor untypischen Konsumentenkredites.[16] Als Folge daraus wurde zwei Jahre später durch den Kongreß ein Gesetz verabschiedet, welches die Einsetzung eines neunköpfigen Gremiums für diese Überprüfung bestimmte.[17] Die Aufgabe dieser Kommission war die Untersuchung und Analyse der materiellen und formellen Inhalte des einschlägigen Rechts und die Ausarbeitung von diesbezüglichen

---

11 § 77 BA (11 USC § 205), March 3, 1933, chapter 204, § 1, 47 Stat. 1474; § 77B BA (11 USC § 207), June 7, 1934, chapter 424, § 1, 48 Stat. 912; Frazier-Lemke Act, June 28, 1934, chapter 869, § 6, 48 Stat. 942.

12 Pub. L. No. 696, 52 Stat. 840 (1938).

13 *Flessner*, S. 90. Das Reorganisationsverfahren für Eisenbahngesellschaften fand sich in Chapter VIII.

14 Title 11 USC, Pub. Law. No. 95-598 (November 6, 1978), 92 Stat. 2596, zuletzt geändert Pub. Law No. 103-394 (October 22, 1994).

15 Pub. L. No. 95-598, 92 Stat. 2549 (1978).

16 Vgl. *Frey/McConnico/Frey*, S. 7; *Norton*, § 2:2, S. 2-5.

17 Act of July 24, 1970, Pub. L. No. 91-354, 84 Stat. 468. Damit wurde die sog. "Commission on the Bankruptcy Laws of the United States" eingesetzt.

Änderungsvorschlägen. Nach Beratungen und öffentlichen Anhörungen legte die Kommission 1973 einen Bericht vor, welcher auch bereits einen Gesetzentwurf enthielt.[18] Obwohl dieser Gesetzentwurf in das Repräsentantenhaus und ein vergleichbarer in den Senat eingebracht wurden, erfolgte in beiden Kammern des Kongresses zunächst keine Beratung.
Erst in der folgenden Legislaturperiode wurde der Gesetzentwurf erneut eingebracht, ebenso ein Alternativentwurf durch eine Vereinigung von Insolvenzrichtern. Nach weiteren ausführlichen Anhörungen 1975 und 1976 wurden die beiden Entwürfe schließlich durch einen Unterausschuß des Repräsentantenhauses zu einem neuen Gesetzentwurf ausgearbeitet. Dieser wurde dann nach einigen Änderungen und daraus resultierenden Schwierigkeiten zwischen den beiden Kammern, einen Kompromiß zu finden, endlich sowohl vom Senat als auch vom Repräsentantenhaus verabschiedet.[19]
Schließlich verzögerte sich auch noch die erforderliche Ausfertigung durch den Präsidenten. Gerüchten zufolge sollen sowohl der damalige Chief Justice des Supreme Court als auch die Securities and Exchange Commission - die Börsenaufsichtsbehörde - dem Präsidenten empfohlen haben, gegen das Gesetz ein Veto einzulegen.[20] Dessen ungeachtet wurde am 6. November 1978, dem letzten Tag der zulässigen Frist für die Ausfertigung, der Bankruptcy Reform Act vom damaligen Präsidenten Carter unterzeichnet und erlangte somit Gesetzeskraft.

b) Rechtspolitische Überlegungen bei der Reform

Der Bankruptcy Act hatte sich überholt. Geschaffen wurde er in einer Periode, in der die wirtschaftlichen und sozialen Umstände durch wirtschaftliches Wachstum, Industrialisierung und eine unterentwickelte Kreditwirtschaft sowie wirtschaftliche Depression bestimmt waren. Den veränderten Anforderungen des 20. Jahrhunderts mit der entsprechenden Fortentwicklung der wirtschaftlichen Gegebenheiten, etwa moderner Zahlungs- und Finanzierungsmethoden oder dem verstärkten Auftreten von Verbraucherkrediten konnte er nicht mehr entsprechen.[21] Das galt insbesondere für die Sicherungsrechte, die seit Erlaß des Bankruptcy Act eine tiefgreifende Wandlung durchgemacht hatten.[22] Aus den veränderten ökonomischen Umständen resultierte auch der rasante Anstieg der

---

18 Report of the Commission on the Bankruptcy Laws of the United States, HR Doc. No. 93-137, 93rd Congress, 1st Session (1973), im folgenden zitiert als "Commission Report".

19 124 Cong. Rec. S 17434 (October 5, 1978); H 11866 (October 6, 1978).

20 *Klee*, American Bankruptcy Law Journal 54 (1980), 275, 293; *Murphy*, § 1.05, S. 1-7; *Norton*, § 2:3, S. 2-13.

21 Commission Report S. 63; *Norton*, § 2:1, S. 2-2.

22 *Gilmore*, § 45.10, S. 1346; *Murphy*, California Law Review 63 (1975), 1483, 1489.

Anzahl der Insolvenzverfahren. Dabei zeigte sich verstärkt einer der Hauptmängel des Bankruptcy Act, nämlich die Komplexität des Verfahrens.[23] Zum einen war die Verteilung der Zuständigkeiten zwischen den Gerichten nicht ausdrücklich festgelegt und hing daher von Zufälligkeiten ab.[24] Daraus resultierte die Unsicherheit, welches Verfahren anzuwenden war, denn die Verfahrensordnungen der verschiedenen Gerichtszweige waren uneinheitlich und selbst innerhalb eines Gerichtszweiges gab es häufig lokale Besonderheiten. Die Anwendung führte also zu erheblichen Ungleichbehandlungen je nach Ort und Art des Gerichtes.[25] Diese Komplexität führte zu zeitraubenden, ineffizienten und teuren Verfahren.[26] Diese konnten dann durch Rechtsmittel noch weiter in die Länge gezogen werden, so daß unter Umständen nach mehreren Jahren Verfahrensdauer erst die sachliche Zuständigkeit geklärt war.[27] Das Verfahren unter dem Bankruptcy Act schützte somit vor allem diejenigen, die von einer Verzögerung profitierten. Dementsprechend bestand ein Teil des Bankruptcy Reform Act in der Änderung des maßgeblichen Verfahrensrechts, indem die Zuständigkeit der Bankruptcy Courts für alle Streitigkeiten bestimmt wurde, soweit irgendein Bezug zum Bankruptcy-Verfahren besteht.[28]

Ein weiterer Grund für das ineffiziente Verfahren wurde in der Durchführung administrativer Aufgaben durch die Gerichte gesehen.[29] Dementsprechend sollten die Richter von derartigen Tätigkeiten befreit werden und sich auf die judiziellen Aufgaben beschränken. Die Verwaltungsaufgaben im Zusammenhang mit Insolvenzfällen sollten einer neuen Behörde übertragen werden.[30]

Auch handelte es sich bei dem Bankruptcy Act um keine wirkliche Kodifikation des Insolvenzrechts im Sinne eines geschlossenen Systems. Vielmehr hatten die fünfzig Änderungen seit Erlaß des Gesetzes dieses zu einer Sammlung von Einzelregelungen mit einer als willkürlich zu bezeichnenden Systematik gemacht.[31]

---

23 Commission Report S. 2 f.

24 Coogan/Hogan/Vagts/McDonnell-*Coogan/McDonnell*, § 9.02[2], S. 9-26; *Collier*, ¶ 1.03[1], S. 1-13 f.

25 Commission Report S. 4.

26 *Stanley/Girth*, S. 197.

27 Coogan/Hogan/Vagts/McDonnell-*Coogan/McDonnell*, § 9.02[2], S. 9-26.

28 Vgl. 28 USC § 1471(b) (1976). Dazu *Collier*, ¶ 1.03[1], S. 1-13.

29 *Collier*, ¶ 1.01[2], S. 1-10; *Stanley/Girth*, S. 198.

30 Commission Report S. 6, 92 ff., 103 ff.

31 *Frey/McConnico/Frey*, S. 7; *Murphy*, § 1.04, S. 1-6.

Verbesserungen erhoffte man daher auch von einer Vereinfachung des materiellen Insolvenzrechts.
Einer der wesentlichen inhaltlichen Gedanken bei der Reform war zudem die verbesserte Umsetzung des "fresh start"-Konzepts für Schuldner.[32] Insbesondere natürliche, nicht unternehmerisch tätige Personen sollten nach Ablauf des Verfahrens in der Regel von ihren Verbindlichkeiten befreit sein. Aber auch die Verbesserung der Insolvenzquote für ungesicherte Gläubiger wurde angestrebt, um für deren Beteiligung im Verfahren einen größeren Anreiz zu schaffen.[33]
Diese Zielrichtungen beinhalteten auch eine Einschränkung der Anerkennung von bestimmten dinglichen Sicherheiten. Als Rechtfertigung für die von der vorherigen Rechtslage abweichenden Regelung wurde dafür eine größere Verteilungsgerechtigkeit angeführt.[34] Andererseits war aber auch die Bedeutung der vertraglichen Sicherheiten für eine funktionierende Kreditwirtschaft anerkannt.[35]

c) Aufbau des Bankruptcy Code

Das erste Kapitel des Bankruptcy Code befaßt sich mit allgemeinen Bestimmungen wie z.B. Definitionen, Kapitel 3 regelt allgemeine Fragen des Verfahrens, unter anderem die Eröffnung desselben, und Kapitel 5 enthält allgemeine Bestimmungen über die Rechte und Pflichte der Parteien und die Behandlung der Masse. Danach folgen spezielle Regelungen der einzelnen Verfahren, für welche die vorhergehenden Kapitel mit einzelnen Ausnahmen als allgemeiner Teil gelten: In Kapitel 7 ist die Liquidation geregelt, in Kapitel 9 das Verfahren für Gebietskörperschaften des öffentlichen Rechts, in Kapitel 11 die Reorganisation von Unternehmen, in Kapitel 12 das Verfahren für Familienfarmen und in Kapitel 13 das Verfahren für natürliche Personen mit regelmäßigem Einkommen.
Der überwiegende Teil der Verfahren (rund 70,6 %) werden derzeit als Liquidationsverfahren nach Kapitel 7 durchgeführt. Die Verfahren ohne Zerschlagung des schuldnerischen Vermögens nach Kapitel 11 machen etwa 0,7 %, die nach Kapitel 13 etwa 28,7 % aus.[36] Verfahren nach Kapitel 12 sind dabei nur in sehr

---

32 Commission Report S. 3f., 79 ff.; *Jackson*, S. 254.

33 Commission Report S. 3 f.

34 Commission Report S. 213 f.

35 Commission Report S. 69.

36 Nach den Presseveröffentlichungen des Administrative Office of the United States Court. Die Zahlen betreffen den Zeitraum 01.10.2000 bis 30.09.2001. In den vorhergehenden Jahren stellte sich das Bild ähnlich dar. Bei den Unternehmens-Insolvenzen in dem betreffenden Zeitraum verteilen sich die Verfahren wie folgt: Kapitel 7: 60 %, Kapitel 11: 25,4 % und Kapitel 13: 14,2 %.

geringer Zahl durchgeführt worden, was sich aus dem speziellen Zuschnitt des Verfahrens für Farmbetriebe im Familienbesitz erklärt. Verfahren nach Kapitel 9 haben keine große praktische Bedeutung, diese kommen nur ganz vereinzelt vor.[37]

d) Änderungen des Bankruptcy Code

Seit Erlaß wurde der Bankruptcy Code mehrfach geändert. Zunächst wurden 1982 einige technische Korrekturen durchgeführt.[38] Im Jahre 1984 mußte der Gerichtsaufbau der Bankruptcy Courts geändert werden. Der Supreme Court hatte zuvor entschieden, daß die Regelungen der Bestellung und Besoldung der Bankruptcy Judges wegen der erweiterten Rechtsprechungsbefugnis nicht verfassungsgemäß war.[39] Um dieser Feststellung zu entsprechen, wurden Bestellung und Befugnisse dieser Richter neu geregelt, darüber hinaus wurde die Stellung der Gerichte als Teil der District Courts festgeschrieben.[40] Die nächste größere Änderungen 1986 erfolgte zum einen, um das United States Trustee System einzuführen und das ebenfalls bereits erwähnte Sonderverfahren für Family Farmer in Kapitel 12 einzuführen.[41] Nach kleineren Änderungen zwischen 1988 und 1992[42] erfolgte die bisher umfangreichste Novelle 1994[43]. Darin wurden auch eine Anzahl von Fragen, die die Behandlung von Sicherheiten betreffen und in der Rechtsprechung zuvor umstritten waren, abschließend geklärt. Für die weitere Änderungen wurde die "National Bankruptcy Review Commission" geschaffen, welche die Entwicklung des Rechtsgebiets beobachten und Änderungsvorschläge ausarbeiten soll.[44]

---

37 Darüber hinaus enthält Kapitel 9 keine eigenen Regelungen über die Behandlung von Sicherungsrechten. Dementsprechend wird hier auf dieses Verfahren nicht weiter eingegangen.

38 Pub. L. No. 97-222 § 1(a), 96 Stat. 235 (July 27, 1982).

39 Northern Pipeline Construction Co. v. Marathon Pipe Line Co., 458 US 50 [87], 73 LEd2d 598, 102 SCt 2858 (1982) mit abweichendem Sondervotum *White*, *Burger* und *Powell*.

40 Pub. L. No. 98-353 (July 10, 1984).

41 Pub. L. No. 99-554 (October 27, 1986).

42 Vgl. dazu *Collier*, ¶ 1.02[4], S. 1-19 f.; *Norton*, § 2:14, S. 2-27 ff.

43 Bankruptcy Reform Act of 1994, Pub. L. No. 103-394 (October 22, 1994).

44 HR Report 103-835, 103rd Congress, 2nd Session, S. 59 (October 4, 1994). Der Bericht (abgedruckt bei *Collier*, Appendix G, Part 44) ist am 20. Oktober 1997 erschienen.

4. Die Bankruptcy Rules und die Official Forms

Ein Teil der verfahrensrechtlichen Bestimmungen ist nicht im Bankruptcy Code enthalten, sondern ergibt sich aus den sogenannten "Bankruptcy Rules". Dabei handelt es sich um Regelungen, die von der Judicial Conference of the United States für den Supreme Court ausgearbeitet und von diesem an den Kongreß zur Bestätigung weitergeleitet werden. Geregelt werden darin Vorschriften für sämtliche Verfahrensstadien, von der Antragstellung bis zum Rechtsmittelverfahren. Materielles Recht kann durch diese Bestimmungen allerdings nicht geändert werden.[45]

Auf Grundlage der BRule 9009 sind von der Judicial Conference Musterformulare entworfen worden, die "Official Forms". Es handelt sich dabei um 25 verschiedene Formulare, etwa für Anträge, Forderungsanmeldung, Aufstellungen des Schuldners sowie gerichtliche Beschlüsse und Bekanntmachungen. In der Regel können diese Formulare nach den Erfordernissen des Einzelfalles vom jeweiligen Verwender angepasst werden, solange die wesentlichen Informationen enthalten sind.

Neben der allgemein verbindlichen Verfahrensordnung des Bundes durch die Bankruptcy Rules ist den einzelnen Distriktgerichten und den dazugehörigen Bankruptcy Courts gestattet, sich eigene Verfahrensordnungen zu geben, die dann bei den Verfahren vor diesen Gerichten beachtet werden müssen.[46] Diese dürfen zum einen weder mit den Regelungen des Bankruptcy Code, den Bankruptcy Rules noch den offiziellen Formularen kollidieren, zum anderen aber auch nicht darauf beschränkt sein, deren Bestimmungen wiederholen. Diese "Local Rules" müssen vielmehr einen eigenen Regelungsgehalt erhalten.[47]

II. Das materielle Zivilrecht

Das materielle Zivilrecht erlangt erheblichen Einfluß auf das Bankruptcy Verfahren, da an diversen Stellen des Bankruptcy Code darauf verwiesen wird.[48] Grundsätzlich fällt, von Ausnahmen abgesehen, das materielle Zivilrecht in die Gesetzgebungskompetenz der Einzelstaaten. Somit ist für sachen- oder vertragsrechtliche Fragen auf das Recht der Einzelstaaten abzustellen. Große Teile werden in den einzelnen Staaten durch die Übernahme des Uniform Commercial Code abgedeckt, welcher in Artikel 9 die Sicherheiten an beweglichen Sachen regelt, sofern diese auf Vereinbarung beruhen.

---

45 28 USC § 2075.

46 Sog. "Local Rules", Bankruptcy Rule 9029(a).

47 Bankruptcy Rule 9029(a)(1).

48 Etwa bei der Frage, was in die Insolvenzmasse fällt, § 541(c)(1) BC, oder was dem Schuldner als insolvenzbefreites Vermögen verbleibt, § 522(b) BC.

III. Rechtsprechung

Auch beim Aufbau der Rechtsprechung ist zwischen der Bundesgerichtsbarkeit und den Gerichten der Einzelstaaten[49] zu unterscheiden. Die einzelstaatlichen Gerichte haben keine Zuständigkeit in Fragen des Insolvenzrechts. In Entsprechung zur Gesetzgebungskompetenz ist die gesamte Materie des Insolvenzrechts den Bundesgerichten zugewiesen. Dieser Gerichtsaufbau wird in Title 28 des United States Code geregelt und besteht aus einem dreistufigem Instanzenzug. Als unterste Instanz die District Courts, darüber als erste Rechtsmittelinstanz die Courts of Appeals (oder auch Circuit Courts) und schließlich als weitere Rechtsmittelinstanz der Supreme Court. Der Supreme Court kann allerdings die Fälle, die er zur Entscheidung annimmt, frei auswählen.[50] Dies geschieht etwa in wichtigen Grundsatzfragen oder wenn die Rechtsprechung der Courts of Appeals uneinheitlich ist.

Die Bankruptcy Courts des Bundes sind seit der Reform von 1984 Teile der District Courts.[51] Den District Courts ist die ursprüngliche und ausschließliche Rechtsprechungsbefugnis für alle Verfahren im Zusammenhang mit dem Bankruptcy Code zugewiesen.[52] Im Gesetz wurde aber schon vorgesehen, daß diese Kompetenz von den District Courts auf die angegliederten Bankruptcy Courts übertragen wird.[53]
Dies bedeutet, daß die Bankruptcy Courts als erste und einzige Tatsacheninstanz in den sogenannten "core proceedings" des Insolvenzrechts entscheiden. Nach der nicht abschließenden Aufzählung in 28 USC § 157(b)(2) gehören dazu neben vielen anderen Fragen die Entscheidung über die Zulassung von Insolvenzforderungen, die Wirksamkeit von Sicherungsrechten und Fragen der Verwaltung der Masse. Handelt es sich nicht um derartige Kernfragen, sondern um solche, die lediglich einen entfernteren Bezug zum Insolvenzverfahren aufweisen, so entscheidet mit der Zustimmung der Parteien auch hier der Bankruptcy Court, ansonsten aber der District Court als Tatsacheninstanz.

Gegen Entscheidungen des Bankruptcy Courts steht nach 28 USC § 158 nur ein Rechtsmittel zum District Court oder gegebenenfalls alternativ zu einem besonderen "Bankruptcy Appellate Panel" offen. Gegen diese Entscheidungen steht dann die weitere Revision zum Court of Appeals und danach zum Supreme

---

[49] Zum Gerichtsaufbau *Blumenwitz*, S. 29 ff., 129; *Hay*, S. 48; *Schack*, S. 2 f.

[50] 28 USC § 1257. Siehe dazu *Nowak/Rotunda*, § 2.1, S. 23; *Schack*, S. 3.

[51] Vgl. schon oben I 3 d, S. 45.

[52] 28 USC § 1334.

[53] 28 USC § 157(a).

Court offen. Grundsätzlich wird im Rahmen dieser Rechtsmittel lediglich die rechtliche Würdigung der Fälle überprüft. Tatsächliche Feststellungen werden nur abgeändert, wenn sie nach der Meinung des Revisionsgerichts von der Tatsacheninstanz zuvor offensichtlich falsch ("clearly erroneous") beurteilt wurden, BRule 8013.

Die örtliche Zuständigkeit der Bankruptcy Courts richtet sich gemäß 28 USC § 1408 nach Wohn-, Aufenthaltsort, Ort der vorwiegenden Geschäftstätigkeit oder der Belegenheit wesentlicher Vermögensbestandteile des Schuldners.

B. Vertragliche Mobiliarsicherheiten außerhalb des Insolvenzrechts

Zunächst soll ein kurzer Überblick über die Regelung vertraglicher Mobiliarsicherheiten im allgemeinen Zivilrecht, also außerhalb des Insolvenzverfahrens, gegeben werden. Die entsprechenden Regelungen sind gegenwärtig in Artikel 9 des Uniform Commercial Code enthalten. Für das Verständnis dieser Rechte in der Gegenwart ist das Eingehen auf den vorhergehenden Rechtszustand und die Reformüberlegungen nützlich.

I. Der Rechtszustand vor Schaffung des Uniform Commercial Code

Der Rechtszustand in den einzelnen Staaten der USA vor Schaffung des Uniform Commercial Code wies eine Vielzahl von Sicherungsrechten an beweglichen Gegenständen auf, die durch das common law bestimmt waren. Das ursprüngliche Mobiliarsicherungsrecht "pledge" (dieses entspricht in etwa dem Faustpfandrecht) konnte den Anforderungen der Wirtschaft wegen der Voraussetzung der Besitzübertragung nicht mehr genügen.[54] Somit entwickelten sich neben dem Pfandrecht eine Vielzahl von anderen Sicherungsmitteln. Die genaue Ausgestaltung dieser Institute hing von der gesicherten Forderung, der Art des Sicherungsgutes sowie von den speziellen geschäftlichen Erfordernissen der beteiligten Parteien ab.

Die Entwicklung verlief auch nicht einheitlich in den gesamten USA. Aufgrund der Rechtsprechung in einigen Staaten waren dort einzelne Sicherungsrechte nicht anerkannt, obwohl ihre Vereinbarung in der Mehrzahl der anderen Staaten wirksam war. So konnten beispielsweise in einigen Staaten keine Warenlager an sich oder Aktien als Sicherungsmittel eingesetzt werden.[55]

---

[54] *Gilmore*, § 9.1, S. 288; *Duncan/Lyons*, § 1.01[1], S. 1-4; *H. Dielmann*, S. 19.

[55] Official Comment zu § 9-101 UCC [Absatz 3].

1. Ältere gesetzliche Regelungen

Eine größere Einheitlichkeit als die Rechtsprechung hätten die Kodifizierungen leisten können. Ende des 19. und Anfang des 20. Jahrhunderts wurden eine Reihe von Gesetzen auf diesem Gebiet erlassen. Teilweise waren dies Modellgesetze, sofern das Bedürfnis für eine bundeseinheitliche Regelung gesehen wurde. Diese wurden aber, abgesehen vom Uniform Warehouse Receipts Act von 1906 und dem Uniform Negotiable Instruments Law von 1896, nicht in allen Staaten als Gesetze erlassen.[56] Auch hatten die Einzelstaaten häufig nicht die vorgeschlagenen einheitlichen Regelungen übernommen, sondern diese abgeändert. Diese fragmentarische Gesetzgebung auf dem Gebiet des Kreditsicherungsrechts führte vor der Verabschiedung des Uniform Commercial Code durch die Einzelstaaten seit 1953 zu einer Vielfalt von inhaltlichen und formalen Anforderungen an die Bestellung von Sicherungsrechten. Diese Gesetze wurden später durch Artikel 9 Uniform Commercial Code ersetzt.[57]

2. Wirkungen der Rechtszersplitterung

Aus der Verschiedenartigkeit der Regelungen in den einzelnen Staaten, aber auch der einzelnen Sicherungsrechte resultierte häufig fehlerhaftes Verhalten der beteiligten Parteien, das in der Regel dazu führte, daß eine von den Parteien beabsichtigte Sicherung des Gläubigers nicht wirksam zustande kam. Hatte sich der Gläubiger nicht genau an alle Vorschriften gehalten oder war das Sicherungsrecht - etwa aufgrund einer anderweitigen Beurteilung der Rechtsnatur des Sicherungsrechtes durch das Gericht - in einem falschen Register eingetragen, so war es unwirksam oder zumindest in der Insolvenz anfechtbar.[58]

Dies führte zu erheblicher Rechtsunsicherheit bei den Kreditgebern. Diesen Zustand fanden die Erschaffer des Uniform Commercial Code vor, als sie 1940 begannen, die Bestimmungen des Uniform Commercial Code auszuarbeiten. Im übrigen waren viele der Mustergesetze durch die wirtschaftliche Entwicklung überholt und ihre Idee der bundesweiten Vereinheitlichung gescheitert.[59] Dazu wurde angemerkt, daß das Kreditsicherungsrecht in einem Zustand war, der es erfordert hätte, weiterhin jedes Jahr gesetzliche Nachbesserungen vorzunehmen, um den legitimen Interessen der Wirtschaft genüge zu tun.[60] Zur Abhilfe dieser

---

56 *Duncan/Lyons*, § 1.01[2], S. 1-5; *White*/Summers, § 1, S. 3.

57 Vgl. die Aufhebungsbestimmungen in UCC § 10-102; vgl. dazu *Bailey/Hagedorn*, S. 7; *Duncan/Lyons*, § 1.04[1], S. 1-18.

58 Official Comment zu § 9-101 UCC [Abs. 4, 5].

59 *White*/Summers, § 1, S. 3; *Duncan/Lyons*, § 1.01[1], S. 1-5

60 Vgl. Official Comment zu § 9-101 UCC [Abs. 14]; *Bailey/Hagedorn*, S. 11.

Mißstände wurde mit dem Uniform Commercial Code ein Mustergesetz für das gesamte Handelsrecht geschaffen, das in Artikel 9 die Sicherheiten an beweglichen Sachen regelt.

Im Gegensatz zu den vorher beschlossenen Modellgesetzen konnte sich der Uniform Commercial Code in allen Bundesstaaten durchsetzen. Als erster Bundesstaat hat Pennsylvania 1952 das Mustergesetz übernommen, und 1990 setzte schließlich auch Louisiana als letzter Bundesstaat den hier maßgeblichen Artikel 9 in Kraft. Zwar gibt es auch jetzt eine Reihe von lokalen Variationen, diese sind aber bei weitem nicht so tiefgreifend wie bei früheren Versuchen der einheitlichen Gesetzgebung.

3. Ziele der Vereinheitlichung

Angesichts der bestehenden Zersplitterung war es Ziel des Artikel 9 Uniform Commercial Code, die Rechtsmaterie zu vereinheitlichen und damit zu vereinfachen, ohne die Vielfalt der Sicherungsrechte zu beschränken.[61] Die bis dahin üblichen Formen der Sicherungsrechte, in § 9-102(2) UCC beispielhaft genannt,[62] wurden durch das security interest des Artikel 9 ersetzt. Auch für die weniger gebräuchlichen und in § 9-102(2) nicht ausdrücklich aufgeführten Sicherungsrechte gilt grundsätzlich Artikel 9 Uniform Commercial Code. Diese Strukturierung sollte zu größerer Rechtssicherheit führen, von der man sich wiederum eine Senkung der Kreditkosten erhoffte.[63]
Diesem Zweck entspricht es, daß nicht jedes Sicherungsrecht einzeln geregelt wird. Ausgehend von der identischen Funktion aller Sicherheiten, den Kreditgeber vom Risiko der Leistungsfähigkeit des Schuldners zu schützen, sind in Artikel 9 Uniform Commercial Code die Voraussetzungen und Wirkungen für die von dem Anwendungsbereich erfaßten Sicherheiten weitgehend einheitlich geregelt. Es bleiben den Parteien dennoch Möglichkeiten, die Fallgestaltung ihren besonderen Bedürfnissen anzupassen. Damit wird auch dem Grundsatz der Vertragsfreiheit genüge getan.[64] Auch sollte die Regelung nicht zu einer ungerechtfertigten Simplifizierung führen, die jegliche Unterscheidung aufgehoben hätte.

---

61 Official Comment zu § 9-101 UCC [Abs. 7].

62 In § 9-102(2) S. 1 UCC lautet: "This Article applies to security interests created by contract including pledge, assignment, chattel mortgage, chattel trust, trust deed, factor's lien, equipment trust, conditional sale, trust receipt, other lien or title retention contract and lease or consignment intended as security."

63 Coogan/Hogan/Vagts/McDonnell-*Baird*, § 1.06[1], S. 1-29; *Reiley*, § 1.3, S. 1-12; *Stone*, S. 362.

64 Zum vorhergehenden insgesamt *Stone*, S. 364 ff.

So wird zum einen nach der Art des Sicherungsgutes differenziert.[65] Es gibt weiterhin Differenzierungen danach, ob der Besitz des Sicherungsgutes beim Sicherungsgeber verbleibt oder auf den Sicherungsnehmer übergeht und ob es sich um einen Fall der Kaufpreisfinanzierung handelt.[66] Dagegen wird der Frage, wer formal Eigentümer des Sicherungsgutes ist, für die aus Artikel 9 folgenden Rechte, Pflichten und Befugnisse der Parteien der Sicherungsvereinbarung keinerlei Bedeutung zugemessen.[67]
Für Rechtsfragen außerhalb des Kreditsicherungsrechtes, etwa des Steuerrechtes, bleibt es allerdings auch weiterhin relevant, wer Eigentümer einer Sache ist; die Regelungen dieser Frage finden sich dann auch in der jeweiligen Rechtsprechung oder Gesetzgebung.[68]

II. Sachlicher Anwendungsbereich des Artikel 9 Uniform Commercial Code

Die Regelungen des Artikel 9 gelten grundsätzlich für alle vertraglichen Sicherheiten an beweglichen Sachen, § 9-102(1) UCC. Zu den beweglichen Sachen werden neben Waren, Dokumenten und Wertpapieren auch immaterielle Rechte (general intangibles), etwa in einer Urkunde verbriefte gesicherte Forderungen (chattel papers), und schlichte Forderungen (accounts) gezählt.[69] Neben den typischen Sicherungsrechten erfaßt Artikel 9 Uniform Commercial Code auch unübliche Gestaltungen der Kreditsicherung. Viele geschäftliche Transaktionen führen zu einer - vorübergehenden - Trennung von Eigentum und Besitz und können durch entsprechende schuldrechtliche Gestaltungen zu Sicherungsinstrumenten umfunktioniert werden.[70] Deswegen bestimmt § 9-102(2) UCC, daß gegebenenfalls für Miete (lease) und Kommissionsgeschäfte (consignment) die Regelungen des Artikel 9 anzuwenden sind. Dies gilt nach der Generalklausel des § 9-102(1)(a) UCC auch für alle anderen Verträge, die zwar ursprünglich keine Sicherungsvereinbarungen darstellen, von den Parteien aber als solche benutzt werden.[71]

---

65 *Stone*, S. 367; *Baird/Jackson*, S. 55.

66 *White*/Summers, § 21-1, S. 925; vgl. auch *Simitis*, AcP 171 (1971), 112 f.

67 § 9-202 UCC; dazu *Anderson*, § 9-202:4 mit weiteren Nachweisen.

68 Vgl. Szabo Food Service, Inc. v. Balentines, Inc. (1974) 285 NC 452, 205 SE2d 242, 15 UCCRS 170.

69 9-102(1)(a) UCC.

70 Vgl. *Baird/Jackson*, S. 114.

71 Vgl. *Henson*, § 3.1, S. 16 f.; *Stone*, S. 379.

Bei der Beurteilung, ob eine Sicherungsvereinbarung vorliegt, ist die Intention der Parteien maßgebend. Wenn diese eine derartige Vereinbarung wollten, kommt es auf die äußere Gestaltung des Vertrages nicht mehr an.[72]

III. Die Bestellung von Sicherheiten an beweglichen Sachen

Wenn eine Transaktion dem Anwendungsbereich des Artikel 9 Uniform Commercial Code unterfällt, so stellt sich die Frage, wie ein funktionsfähiges Sicherungsrecht entsteht. Es bestehen dafür zwei Erfordernisse: das "attachment" (Begründung) und die "perfection" (Vervollkommnung, Verfestigung). In welcher Reihenfolge das attachment und die perfection durchgeführt werden, ist nach § 9-303(1) Satz 3 UCC unerheblich.

1. Die Begründung des Sicherungsrechtes durch Attachment

Die Begründung eines Sicherungsrechtes erfolgt durch Vereinbarung zwischen dem Sicherungsgeber und dem Gläubiger als Sicherungsnehmer.

a) Voraussetzungen des Attachment

Das attachment hat verschiedene formelle und materielle Voraussetzungen, die in § 9-203 UCC geregelt sind.

(1) Sicherungsvereinbarung

Wesentliche Voraussetzung des attachment ist, daß eine Sicherungsvereinbarung geschlossen wird, § 9-203(1)(a) UCC. Die Parteien müssen sich darüber einig sein, daß der Sicherungsgeber dem Sicherungsnehmer an dem fraglichen Sicherungsgegenstand ein Sicherungsrecht einräumen will.[73]
Hier ist eine ausreichend genaue Beschreibung des Sicherungsgutes erforderlich. Fehlt diese, erwirbt der Gläubiger kein Sicherungsrecht.[74] Nach § 9-110 UCC ist eine Beschreibung ausreichend, die eine Identifizierung des Gegenstandes ermöglicht, selbst wenn dazu weitere Nachforschungen durchgeführt werden müssen.[75]

---

72 § 9-102(1)(a) UCC; vgl. dazu auch Official Comment [Absatz 1]; *White/Summers*, § 21-2, S. 926.

73 So die gesetzliche Definition in § 1-201 (3), (37) und § 9-105 (1)(l) UCC.

74 In re Softalk Publishing Co. Inc., 856 F2d 1328 (9th. Cir. 1988); Larkon Farm Supply, Inc., v. Hayes, 870 SW2d 729 (Supreme Court Arkansas 1994); Garst Seed Co. v. Wilson, 833 P2d 138 (Court of Appeals Kansas 1992).

75 First Bank v. Eastern Livestock Co., 837 FSupp 792 (District Court SD Missouri 1993); In re Kruckenberg, 160 BR 663 (District Court D Kansas 1993).

Die Sicherungsvereinbarung ist schriftlich abzufassen und vom Schuldner zu unterschreiben; eine mündliche Abrede ist ausreichend, wenn der Gläubiger den Besitz am Sicherungsgut erhält, § 9-203(1)(a) UCC.
In vielen Fällen kam es zu Beweisproblemen, wenn der Gläubiger keine Urkunde mit ausdrücklicher Sicherungsvereinbarung vorlegen konnte. Häufig wurde dann versucht, den Vertragsschluß durch Vorlage anderer vom Schuldner unterschriebener Urkunden - insbesondere der zur Eintragung in das Register vorgesehenen Finanzierungsanzeige - nachzuweisen.[76] Da die Rechtsprechung über die Zulässigkeit derartiger Konstruktionen noch nicht einheitlich ist, empfiehlt es sich, eine gesonderte Urkunde mit einer ausdrücklichen Sicherungsvereinbarung anzufertigen. Es ist dabei zwar nicht erforderlich, das Dokument mit "security agreement" zu betiteln oder bestimmte typische Ausdrücke - wie z.B. collateral, pledge, to secure, lien-holder etc. - zu verwenden.[77] Es ist andererseits für den Sicherungsnehmer sinnvoll, bei der Formulierung der Vereinbarung auf eine eindeutige Wortwahl zu achten, weil er dann nicht Gefahr läuft, daß die Gerichte dem betreffenden Dokument die Anerkennung als Sicherungsvereinbarung versagen.[78]

(2) Leistungserbringung durch den Sicherungsnehmer

Das Sicherungsrecht wird nicht wirksam, bevor nicht eine Gegenleistung im Sinne des § 1-201(44) UCC erbracht worden ist.[79] Typischerweise wird dies die Erbringung der vom Sicherungsnehmer geschuldeten Leistung sein, z.B. bei einem Kreditgeschäft die Auszahlung der Darlehensvaluta oder die Abgabe eines bindenden Versprechens, einen bestehenden Kredit zu erweitern, § 1-201(44)(a) UCC. Ausreichend ist auch eine schon früher erbrachte Leistung, § 1-201(44)(b) UCC, die auf diese Weise nachträglich gesichert werden kann.

Dabei sind auch Verträge im Dreiecksverhältnis möglich. Entscheidend ist, daß der Sicherungsnehmer eine Leistung erbringt, diese muß aber nicht vom Sicherungsgeber selbst empfangen werden. Ein Beispiel hierfür ist die Besicherung einer fremden Verbindlichkeit.[80]

---

76 Dazu *White/Summers*, § 22-3, S. 968 f. mit weiteren Nachweisen.

77 Jones, MfG., Inc., v. Wortech, Inc., 91 BR 60 (Bankruptcy Court ED Missouri 1988); *White/Summers*, § 22-3, S. 969.

78 Coogan/Hogan/Vagts/McDonnell-*Adams/McDonnell*, § 2A.03, S. 2A-5; *White/Summers*, aaO. mit weiteren Nachweisen.

79 § 9-203 (1)(b) UCC.

80 Vgl. etwa In re Reliable Mfg. Corp., 703 F2d 996, 35 UCCRS 1294 (7th Cir. 1983); In re Terminal Moving & Storage Co., Inc., 631 F2d 547, 29 UCCRS 679 (8th Cir. 1980).

(3) Ein Recht des Sicherungsgebers am Sicherungsgegenstand

Schließlich muß der Sicherungsgeber ein Recht am Sicherungsgegenstand innehaben, § 9-203 (1)(c) UCC. Was ein derartiges Rechts am Sicherungsgegenstand ist, wird durch Artikel 9 nicht definiert.[81] Vielmehr bestimmt sich diese Frage nach anderen Regelungen, z.B. nach Artikel 2 Uniform Commercial Code, Spezialgesetzen oder dem common law.[82]

Häufig ist dies das Eigentum, es kann sich aber auch um eine Art Anwartschaftsrecht handeln, z.B., wenn bei einem bedingten Kauf der Gegenstand schon spezifiziert ist, § 2- 501(1) UCC. Nicht ausreichend ist hingegen die bloße Erwartung, den Gegenstand später zu erlangen.[83] In diesen Fällen besteht jedoch die Möglichkeit, ein Sicherungsrecht zu vereinbaren, das bei Erwerb des entsprechenden Rechts durch den Sicherungsgeber wirksam wird,[84] die Wirksamkeit ist dann aber davon abhängig, das der Gegenstand später tatsächlich erworben wird. Von den Gerichten werden ansonsten alle Rechte, die über das bloße Besitzrecht hinausgehen, anerkannt.[85] Das Sicherungsrecht wird jeweils durch den Umfang des Rechts begrenzt, welches der Sicherungsgeber selbst an dem fraglichen Gegenstand hat.[86]

b) Wirkungen des Attachment

Mit dem attachment ist gemäß §§ 9-203(1), 9-201 UCC für den Sicherungsnehmer die Durchsetzbarkeit des Sicherungsrechtes gegen den Sicherungsgeber, gegen Erwerber des Sicherungsgutes und gegen andere Kreditgeber möglich. Wegen der wichtigen Ausnahmen dieses Grundsatzes in § 9-301(1) UCC sind die Drittwirkungen aber erheblich eingeschränkt. Nach attachment gehen einem Sicherungsrecht etwa perfektionierte Sicherungsrechte vor, auch wenn diese später vereinbart werden.[87] Weiterhin haben Gläubiger mit Besitzpfandrechten

---

81 *Anderson*, § 9-203:45 mit weiteren Nachweisen in Fn. 8; Coogan/Hogan/Vagts/McDonnell-*McDonnell*, § 2B.02, S. 2B-6.

82 *White/Summers*, § 22-6, S. 988, für Fälle der Ermächtigung S. 989.

83 Nunnemaker Transp. Co. v. United California Bank, 456 F2d 28, 10 UCCRS 468 (9th Cir. 1972).

84 Sog. "after-aquired-property-clause".

85 Arkla Exploration C. v. Norwest Bank of Minneapolis, 948 F2d 656 (10th Cir. 1991); Morton Booth Co. v. Tiara Furniture Inc., 564 P2d 210, 214 (Supreme Court Oklahoma 1977).

86 *White/Summers*, § 22-6, S. 987 mit weiteren Nachweisen in Fn. 12.

87 Unerheblich ist dabei auch Kenntnis des nachfolgenden Sicherungsnehmers vom vorhergehenden, Hutchison v. C.I.T. Corp., 576 FSupp 1 (District Court D Kentucky 1982), affirmed 726 F2d 300; In re Smith, 326 FSupp 1311 (District Court D Minnesota 1971); Line Oak Farm Corp. v. Riverside Fertilizer Co., 428 NW2d 175 (Supreme

der in § 9-301(3) UCC genannten Art Vorrang. Schließlich erwirbt der gutgläubige Erwerber des Sicherungsgutes unbelastetes Eigentum, sofern das zugrundeliegende Geschäft beiderseitig erfüllt wurde.

Die Wirkungen des attachments beziehen sich daher im wesentlichen auf das Verhältnis zwischen Gläubiger und Sicherungsgeber. Im übrigen ist das vereinbarte Sicherungsrecht auch ungesicherten Drittgläubigern gegenüber wirksam und - abgesehen von den bereits erwähnten Pfandrechtsgläubigern - allen nachfolgenden Sicherungsnehmern, die keine perfection vorgenommen haben, sowie denjenigen, die das Eigentum in Kenntnis des angeknüpften Sicherungsrechtes erworben haben.

2. Perfection des Sicherungsrechts

Als Voraussetzung für ein zweckerfüllendes Sicherungsrecht ist neben dem attachment die sogenannte "perfection" erforderlich, § 9-303(1) UCC. Dieser Vorgang ist insbesondere wegen der Nachrangigkeit des unperfektionierten Sicherungsrechts gegenüber dem perfektionierten gemäß § 9-301 UCC von besonderer Bedeutung. Mit der perfection erlangt das Sicherungsrecht eine Publizität, an die eine weitgehende Drittwirkung geknüpft ist.

a) Voraussetzungen der Perfection

Es gibt verschiedene Methoden der perfection. Teilweise können die Parteien unter diesen frei wählen. Häufig sind sie jedoch an eine bestimmte Vorgehensweise gebunden, welche von der Art des Sicherungsgutes und der zugrunde liegenden Forderung abhängt.

(1) Registereintragung

Die wichtigste und häufigste Methode der perfection ist die in den §§ 9-401 ff. UCC geregelte Eintragung des Sicherungsrechts in ein Register, das sogenannte "filing".[88] Die Eintragung erfolgt, indem eine Urkunde über die Sicherungsabrede, das sogenannte "financing statement" (etwa "Finanzierungsanzeige"), beim zuständigen Register eingereicht und dort unter dem Namen des Schuldners aufbewahrt wird. Die Finanzierungsanzeige kann auch schon vor Erfüllung aller Voraussetzungen des attachment eingetragen werden, § 9-401(1) S. 2 UCC.

Court Nebraska 1988); KAOP Co. v. Midway National Bank, 372 NW2d 774, 41 UCCRS 1045 (Court of Appeals Minnesota 1985).

88 *Duncan/Lyons*, § 3.04, S. 3-22; *Henson*, § 4.4, S. 62.

(a) Inhaltliche Anforderungen an die Finanzierungsanzeige

Die Finanzierungsanzeige muß gemäß § 9-402(1) UCC ein bestimmtes Mindestmaß an Informationen und die Unterschrift des Schuldners enthalten. Anzugeben sind zum einen Name und Postanschrift des Gläubigers und des Schuldners.[89] Das wichtigste Erfordernis ist eine Beschreibung des Sicherungsgutes. Dieses muß der Art nach beschrieben oder einzeln aufgezählt werden; im Falle von Sicherungsgut mit engem Bezug zu einem Grundstück, wie z.B. Bodenschätzen, Einbauten oder noch nicht geernteten Früchten, muß zusätzlich das Grundstück bezeichnet werden.[90]

Darüber hinausgehende Informationen können zwar eingetragen werden, werden aber regelmäßig mit erhöhten Gebühren belegt.[91] Dies entspricht der Idee des "filing", nicht jede Information im Register bereitzustellen, sondern auf das Sicherungsrecht hinzuweisen und interessierte Dritte in die Lage zu versetzen, sich bei den Parteien der Sicherungsvereinbarung über die Einzelheiten zu erkundigen.[92]

Die Wirksamkeit des financing statement wird durch geringfügige Fehler bei den Angaben nicht beeinträchtigt, sofern die falschen Angaben nicht irreführend sind.[93]

(b) Ort der Eintragung

Erforderlich ist weiterhin, daß die Eintragung in dem örtlich zuständigen Register erfolgt, da die Eintragung in ein unzuständiges Register grundsätzlich nicht zur perfection führt.

Bei der Auswahl des jeweils zuständigen Registeramtes muß zunächst festgestellt werden, das Recht welchen Staates anzuwenden ist.[94] Anknüpfungspunkt ist dafür grundsätzlich der Ort der Belegenheit des Sicherungsgutes im Zeitpunkt der perfection.[95] Wird das Sicherungsgut in einen anderen Staat verbracht, so ist dort gemäß § 9-103(1)(d) UCC eine erneute Eintragung erforderlich, für die aber eine Frist von vier Monaten eingeräumt wird.

---

89 § 9-402(1) und (7) UCC.

90 § 9-402(1), (3) und (5) UCC; vgl. dazu Official Comment zu UCC § 9-401 [Absatz 1].

91 § 9-403(5) UCC des offiziellen Textes schlägt dies vor, davon haben auch nahezu sämtliche Staaten Gebrauch gemacht. Vgl. 3A ULA§ 9-403, S. 626 ff.

92 Coogan/Hogan/Vagts/McDonnell-*Hillinger*, § 6.01[1], S. 6-5; *White/Summers*, § 22-18, S. 1030.

93 § 9-402(8) UCC.

94 Dazu *Duncan/Lyons*, § 6.03[1], S. 6-15; *Davenport/Murray*, § 4.03(b), S. 157.

95 § 9-103(1)(b) UCC.

In der jeweiligen Rechtsordnung wird der Ort, an dem die Registrierung vorzunehmen ist, durch § 9-401(1) UCC bestimmt. In sämtlichen Staaten werden ein zentrales Register (zumeist beim Secretary of State in der jeweiligen Hauptstadt) und lokale Register geführt. Die Eintragung in die lokalen Register wird am Wohn- bzw. Geschäftssitz des Sicherungsgebers vorgenommen.
Die offizielle Version des Uniform Commercial Code sieht drei verschiedene Varianten vor, darüber hinaus haben einige Staaten sich nicht auf eine Auswahl aus diesem Katalog beschränkt, sondern abweichende Regelungen getroffen.[96] Für die Entscheidung des einzelstaatlichen Gesetzgebers für eine der Alternativen ist maßgeblich, ob das Eintragungssystem einen eher lokalen Bezug haben soll.[97]
Nach allen Alternativen hängt es entscheidend von der Art des Sicherungsgutes ab, wo die Eintragung zu erfolgen hat:
Für Holz auf dem Stamm, Bodenschätze und Grundstückszubehör als Sicherungsgut ist die Eintragung in das Register für Grundstückssicherheiten vorgeschrieben.[98] Für Sicherungsgut im Zusammenhang mit dem Betrieb einer Farm - Erzeugnisse, Zubehör und Forderungen aus dem Farmbetrieb - sowie für Sicherungsrechte an Konsumgütern ist die Eintragung in ein örtliches Register vorgesehen.[99] Bei allen anderen Sicherungsgütern ist die Eintragung zentral vorzunehmen.

Bei gutgläubiger Falscheintragung in ein örtlich oder sachlich falsches Register ist die Eintragung nicht schlechthin unwirksam, sondern gilt zumindest gegenüber denjenigen, die Kenntnis von der Finanzierungsanzeige haben.[100]

(c) Wirksamkeit der Eintragung

Wirksam wird die Eintragung mit Einreichung der Finanzierungsanzeige - üblicherweise auf einem Formblatt - unter Zahlung der Gebühr oder wenn der zuständige Beamte die Erklärung annimmt, § 9-403(1) UCC. Wenn das Sicherungsrecht eingetragen wurde, bevor die Voraussetzungen des attachment vorlagen, so wird es mit Eintritt der letzten Voraussetzung des attachment wirksam, § 9-402(1) Satz 2 UCC.[101] Auf diese Weise kann etwa ein

---

96 § 9-401(1)(b) 1. Alt.; § 9-401(1)(c) 2. und 3. Alt. UCC.

97 Derzeit haben 11 Staaten Alt. 1, 24 Staaten Alt. 2 und 12 Staaten Alt. 3 gewählt; vgl. ULA 3A § 9-401, S. 501. Dazu *Milger*, S. 79.

98 § 9-401(1)(a) UCC für Alt.1 des Absatzes 1, § 9-401(1)(b) UCC für Alt. 2 und 3.

99 § 9-401(1) 1. und 2. Alt. UCC.

100 § 9-401(2) UCC.

101 United States v Gleaners & Farmers Co-operative Elevator Co., 481 F2d 104, 12

Sicherungsrecht an einem Gegenstand vereinbart und eingetragen werden, den der Sicherungsgeber erst später erwerben will. Mit dem Erwerb des Gegenstandes durch den Sicherungsgeber erlangt diese Sicherheit ihre perfection.

Die Eintragungswirkung erlischt generell nach fünf Jahren, § 9-403(2) UCC, wenn sie nicht gemäß § 9-403(3) UCC verlängert wird. Ausnahmen gelten hier, wenn der Sicherungsnehmer mittlerweile das Sicherungsgut in Besitz genommen hat oder der Ablauf der Frist während eines Insolvenzverfahrens erfolgt. In diesen Fällen wirkt die perfection ebenfalls fort.[102]

Bei Ablauf der fünfjährigen Frist steht das Sicherungsrecht einem unperfektioniertem gleich und verliert damit den Vorrang gegenüber zunächst nachrangigen Gläubigern mit perfektionierten Sicherheiten.[103]

Auf sein perfektioniertes Sicherungsrecht kann der Sicherungsnehmer gemäß § 9-406 UCC durch eine Freigabeerklärung an das Registeramt ganz oder teilweise verzichten. Ist der Sicherungszweck weggefallen, so ist auf Verlangen des Schuldners der Sicherungsnehmer zur Abgabe einer derartigen Erklärung gemäß § 9-404 UCC verpflichtet.

(d) Auskünfte aus dem Register

Jeder Interessent hat ein Recht, sich Auskünfte aus dem Register erteilen zu lassen, UCC § 9-407(2), oder selbst Einsicht[104] zu nehmen. Für die Erteilung der Auskünfte wird eine Gebühr erhoben, die je nach Staat variiert. Derzeit liegt sie in den meisten Staaten zwischen $ 3 und $ 10.[105] Dagegen ist die Einsichtnahme gebührenfrei.

(2) Spezialgesetzliche Regelungen zur Perfection

Einige Gesetze enthalten zur perfection von Sicherungsrechten eigene Vorschriften, die die Vorschriften des Artikel 9 Uniform Commercial Code

---

UCCRS 1232 (7th Cir. 1973); Re United Thrift Stores, Inc., 242 FSupp 714, 2 UCCRS 864 (District Court D New Jersey 1965), affirmed 363 F2d 11, 3 UCCRS 468 (3rd Cir. 1965).

102 § 9-303(2) bzw. § 9-403(2) UCC.

103 Official Comment zu § 9-403 UCC [Absatz 3].

104 Ansicht des Attorney General of Missouri, veröffentlicht in 6 UCCRS 570; *Anderson*, § 9-407:11.

105 Nach 3A ULA § 9-407, S. 712 ff.

verdrängen.[106] So sehen die von sämtlichen Staaten verabschiedeten Certificate of Title Acts eine Eintragung des Sicherungsrechts an Kraftfahrzeugen in die Fahrzeugpapiere vor.[107]

(3) Besitzergreifung durch den Sicherungsnehmer

Die Inbesitznahme des Sicherungsgutes durch den Sicherungsnehmer aufgrund einer Sicherungsvereinbarung führt zum "pledge" (Faustpfandrecht), welches seit jeher im common law eine anerkannte Methode der Forderungssicherung war.[108] Zwar hat der Begriff wegen der Einführung des einheitlichen Sicherungsrechtes durch Artikel 9 Uniform Commercial Code keine eigenständige Bedeutung mehr. Geblieben ist aber die Möglichkeit der perfection durch Besitzübertragung in § 9-302(1)(a) UCC. Dies ist bei den meisten Vermögensgegenständen wahlweise anstelle einer Eintragung möglich.

Bei Geld und nahezu allen Wertpapieren ist die Inbesitznahme sogar die einzige Möglichkeit der perfection, § 9-304(1).[109] Dagegen ist bei anderen Sicherungsgütern wie z.B. bei Forderungen und anderen immateriellen Rechten die Inbesitznahme schon praktisch nicht möglich, so daß die perfection nur durch Registereintragung erfolgen kann.[110] Die Besitznahme an einer Urkunde ist dann ausreichend, wenn das Recht darin in einer Weise verkörpert ist, die es erkennbar ausschließlich repräsentiert.[111] Diese Qualität erfüllen die in § 9-305 UCC genannten verbrieften Rechte, wie z.B. Akkreditive (letters of credit), Kreditzusagen (advices of credit), Schuldtitel (instruments) und sogenannte "chattel paper" (kombinierte Schuld- und Sicherungsurkunden). Für andere Sicherheiten an immateriellen Rechten, etwa an einfachen Forderungen, ist dagegen die Eintragung zur perfection des Sicherungsrechts unerläßlich, selbst wenn eine Urkunde über das Recht ausgestellt wurde.

---

106 Z.B. Federal Aviation Act von 1958 für Luftfahrzeuge, Federal Copyright Act für Urheberrechte sowie die einzelstaatlichen Regelungen für Kraftfahrzeuge, Wasserfahrzeuge, Mobilheime etc.; dazu *Stone*, S. 390 f.

107 Coogan/Hogan/Vagts/McDonnell-*Hillinger*, § 6.04[6], S. 6-115 f.; *Stone*, S. 391.

108 *Gilmore*, § 14.1, S. 438; *Duncan/Lyons*, § 3.03, S. 3-14.

109 Für die in Artikel 8 Uniform Commercial Code geregelten Wertpapiere ergibt sich dies aus § 8-321(1) UCC.

110 So die Begründung in Official Comment zu § 9-305 UCC [Absatz 1].

111 Vgl. Coogan/Hogan/Vagts/McDonnell-*Worley*, § 6A.03[3], S. 6A-32; *White/Summers*, § 22-12, S. 1011.

(4) Automatische Perfection

Nur in den wenigen Fällen des § 9-302(1)(b) bis (g) UCC wird auf eine Publizität durch Eintragung, Besitz oder sonstige Bekanntgabe an Dritte verzichtet. In diesen Fällen - auf die sogleich näher eingegangen wird - erlangt der Sicherungsnehmer, ohne weitere Schritte unternehmen zu müssen, ein perfektioniertes Sicherungsrecht. Dabei endet auch die Wirkung der perfection nicht durch Zeitablauf.[112]

Allerdings ist in diesen Fällen ein gutgläubiger Erwerb des Gegenstandes frei von Rechten des Sicherungsnehmers möglich, § 9-307(2) UCC. Wenn dies verhindert werden soll, so muß zusätzlich eine Eintragung in das Register vorgenommen werden.

(a) Sicherungsrechte an Konsumgütern bei Kaufpreisfinanzierung

Den quantitativ wichtigsten Fall der automatischen perfection stellt das sogenannte "purchase money security interest" an Konsumgütern gemäß § 9-302(1)(d) UCC dar. Bei der Kaufpreisfinanzierung für Konsumgüter[113] ist für die perfection am erworbenen Gegenstand weder eine Registereintragung noch der Besitz des Sicherungsnehmers nötig. Die Zweckmäßigkeit dieser Regelung ist für besonders werthaltige Konsumgüter umstritten, da so große Teile des schuldnerischen Vermögens für Dritte unerkennbar belastet sein können.[114] Einige Staaten haben daher eine wertmäßige Höchstgrenze für die automatische perfection bei Konsumgütern eingeführt. Diese variiert je nach Staat von $ 250 bis $ 2000.[115]

Eine automatische perfection erfolgt hingegen nicht bei der Besicherung von Kaufpreisfinanzierungen von Kraftfahrzeugen. Diese unterfallen zwar der Definition des Konsumgutes in § 9-109(1) UCC, sofern sie zur privaten Nutzung angeschafft worden sind. Durch die bereits angesprochenen Certificate of Title Acts wird jedoch eine speziellere und daher vorrangige Regelung getroffen.[116]

---

112 *Davenport/Murray*, § 4.05(a), S. 200 f.; *Henson*, S. 112.

113 Diese "consumer goods" werden in § 9-109(1) UCC definiert.

114 Coogan/Hogan/Vagts/McDonnell-*Hillinger*, § 6.04[1][b], S. 6-83 f.; *White/Summers*, § 22-9, S. 998 f.

115 Colorado Revised Stat. § 4-9-302(1)(d): $ 250; Wisconsin Stat. § 409.302(1)(d): $ 500; Kansas Stat. § 84-9-302(1)(d): $ 1000; Maryland Code, Commercial Law § 9-302(1)(d): $ 1500; Maine Revised Stat. Title 11 § 9-302(1)(d): $ 2000.

116 Siehe oben (2), S. 58 f.; dazu auch *Kripke/Felsenfeld*, S. 175; *White/Summers*, § 22-9 Fn. 23, S. 999.

(b) Abtretung eines nicht bedeutenden Anteils der Außenstände

Bei der Übertragung eines nicht bedeutenden Teils der Außenstände an einen Gläubiger zur Sicherung besteht keine Eintragungspflicht, um den Erwerb zu perfektionieren, § 9-302(1)(e) UCC. Zweifelhaft ist dabei, was unter einem "bedeutenden Teil" in diesem Sinne zu verstehen ist. Hier wurden von der Rechtsprechung und der Literatur mehrere Kriterien erwogen.[117]

Der Wortlaut der Norm legt eine quantitative Sichtweise nahe, die allein auf das Verhältnis des abgetretenen Teils zur Gesamtsumme der Außenstände abstellt. Die Grenze liegt nach der dazu vorliegenden Rechtsprechung bei 20 %.[118] In Betracht gezogen wurde auch ein qualitatives Kriterium, nämlich ob die Abtretung für den Sicherungsnehmer eine Besonderheit oder gar eine Einmaligkeit darstellt. Wer als Gläubiger regelmäßig Außenstände von einzelnen oder verschiedenen Personen erwerbe, solle Eintragungen in das Register vornehmen.[119] Schließlich wird auch eine Gesamtschau aller Umstände durchgeführt, wobei sowohl der Gesichtspunkt der Einmaligkeit wie auch das Verhältnis zu den gesamten Außenständen nur einzelne Faktoren unter mehreren sind.[120] Allerdings hat sich noch keiner der vorgeschlagenen Tests durchgesetzt. Angesichts dieser ungeklärten Rechtslage ist einem Abtretungsempfänger zu raten, sich nicht auf die automatische perfection zu verlassen, sondern die erworbenen Forderungen in jedem Fall durch Eintragung abzusichern.[121] In Kalifornien[122] und Washington[123] ist dies ohnehin erforderlich, da diese Staaten § 9-302(1)(e) UCC nicht übernommen haben.

---

117 Eine Übersicht findet sich in George W. Ultch Lumber Co. v. Hall Plastering, Inc., 477 FSupp 1060 [1068 f.], 28 UCCRS 1095 [1105 ff] mit weiteren Nachweisen (District Court WD Missouri 1979).

118 Miller v. Wells Fargo Bank International Corp., 406 FSupp 452, 457 (District Court SD New York 1975), affirmed 540 F2d 548 (2nd Cir. 1976); Standard Lumber Co. v. Chamber Frames, Inc., 317 FSupp 837 (District Court D Arkansas 1970); In re AM International, Inc., 46 BR 566 (Bankruptcy Court D Tennessee 1985).

119 Official Comment zu § 9-302 UCC [Absatz 5]; dem folgend Architectural Woods, Inc., v. State of Washington, 562 P2d 248, 250 (Washington Supreme Court 1977).

120 In re B. Hollis Knight Co., 605 F2d 397 (8th Cir. 1979); In re Tri-County Materials, Inc., 114 BR 160 (District Court D Illinois 1990).

121 Official Comment zu UCC § 9-302 [Absatz 5]; *Henson*, S. 147; *Duncan/Lyons*, § 3.02[2], S. 3-10 f.

122 Vgl. California Commercial Code § 9302(1).

123 Vgl. Revised Code Washington 62A.9-302(1).

(c) Zeitweilige Perfection

In einigen Fällen wird ein Sicherungsrecht an bestimmten Wertpapieren für einen Zeitraum von 21 Tagen automatisch perfektioniert, § 9-302(1)(b) UCC in Verbindung mit § 9-304(4), (5) UCC. Damit soll die Sicherung von kurzfristigen Geschäftskrediten ermöglicht werden.[124]
Eine automatische perfection für einen Zeitraum von zehn Tagen tritt gemäß § 9-306(3) UCC ein, wenn Sicherungsgut ersetzt wird. Dem Sicherungsnehmer wird in dieser Zeit die Möglichkeit gegeben, die Registereintragung für die Surrogate vorzunehmen, so daß sich das Sicherungsrecht daran ohne Unterbrechung fortsetzt.

b) Wirkungen der Perfection

Nach der perfection entwickelt das Sicherungsrecht umfangreiche Drittwirkung und geht grundsätzlich allen zeitlich nachfolgenden Sicherungsnehmern und Erwerbern vor. Die perfection hat dagegen keine Auswirkungen auf das Verhältnis zwischen dem Sicherungsnehmer und dem Schuldner.[125]

Nach perfection des Sicherungsrechtes kann ein Rechtsverlust des erstrangigen Sicherungsnehmers nur noch durch die in § 9-307 und § 9-312 UCC geregelten Transaktionen eintreten, z.B. durch Verkauf der Sache im gewöhnlichen Geschäftsbetrieb des Sicherungsgebers.

Grundsätzlich treten die Wirkungen der perfection mit der Eintragung in das Register ein. Zum Teil wird diese Wirkung allerdings auch auf einen früheren Zeitpunkt zurückbezogen. Gemäß § 9-301(2) UCC wirkt bei einer Sicherheit zur Kaufpreisfinanzierung die perfection auf den Erwerb des Sicherungsgutes durch den Sicherungsgeber, also den Käufer, zurück, wenn der Sicherungsnehmer innerhalb von zehn Tagen die Finanzierungsanzeige registrieren läßt.[126]

IV. Die Realisierung der Sicherungsrechte

Von entscheidender Bedeutung für die Interessen der Beteiligten ist die Frage, unter welchen Voraussetzungen und auf welche Art und Weise die Verwertung

---

124 *White/Summers*, § 22-11, S. 1004; *Duncan/Lyons*, § 3.02[3], S. 3-11.

125 Matter of Drewry, 966 F2d 236 (7th Cir. 1992); Bank of America National Trust and Saving Association v. Denver Hotel Association, l.P., 830 P2d 1138 (Court of Appeals Colorado 1992); Citizens State Bank of Lena v Diemer, 494 NE2d 1224 (Court of Appeals Illinois 1986).

126 In der Mehrzahl der Regelungen der Einzelstaaten ist die Frist auf 20 Tage festgelegt, zum Teil auch auf 15 oder 21.

der Sicherheit durchgeführt werden kann. Der Uniform Commercial Code regelt diese Frage in den §§ 9-501 ff. UCC.

1. Voraussetzung der Verwertung

Maßgebende Voraussetzung für die Verwertung eines durch attachment wirksam begründeten Sicherungsrechts ist nach § 9-501(1) UCC der sogenannte "default" des Schuldners. Was darunter zu verstehen ist, richtet sich mangels gesetzlicher Konkretisierung nach den Regelungen der Sicherungsvereinbarung.[127] Jede Verletzung der Sicherungsvereinbarung durch den Schuldner begründet einen default .[128]
In den weitaus häufigsten Fällen handelt es sich dabei um die Nichtzahlung der fälligen Schuld.[129] Häufig sind auch Verstöße gegen Pflichten wie die ausreichende Versicherung des Sicherungsgutes, das Verbot der weiteren Belastung, das Verbot der Verbringung an einen anderen Ort oder auch das Gebot der werterhaltenden Behandlung als Verletzungsgründe vereinbart.[130] Schließlich können selbst Ereignisse, auf die der Schuldner nur begrenzten oder keinen Einfluß hat, den default auslösen, z.B. der Tod des Schuldners[131].

Die Durchsetzung solcher Bestimmungen ist aber von besonderen Umständen abhängig, die eine Gefährdung des Gläubigers begründen.[132]

Wenn eine derartige Leistungsstörung vorliegt, richten sich die Befugnisse des Sicherungsnehmers nach den vertraglichen Vereinbarungen sowie den gesetzlichen Regelungen der §§ 9-501 bis 9-507 UCC. Dort werden typische

---

127 Manufacturers Hanover Leasing Corp. v. Ace Drilling Co., 726 FSupp 966, 968 mit weiteren Nachweisen (District Court SD New York 1989); Whisenhunt v. Allen Parker Company, 168 SE2d 827, 6 UCCRS 969 (Court of Appeals Georgia 1969); Bankers Trust Co. v J. V. Dowler & Co., 47 NY2d 128, 390 NE2d 766, 26 UCCRS 549 (New York Court of Appeals, 1979). Vgl. auch *Gilmore*, § 43.3., S. 1193; *Bailey/Hagedorn*, S. 81; *White/Summers*, § 25-2, S. 1189 jeweils mit Beispielen.

128 Barsco, Inc. v. H.W.W., Inc., 346 So2d 134, 136 (District Court of Appeals Florida, First District, 1977). Eine Aufzählung findet sich bei Coogan/Hogan/Vagts/McDonnell-*Hogan/Worley*, § 8.03[1], S. 8-17 ff.

129 *Bailey/Hagedorn*, S. 81, 333; Coogan/Hogan/Vagts/McDonnell-*Hogan/Worley*, § 8.03[1], S. 8-17.

130 Vgl. *Davenport/Murray*, § 6.02, S. 261; *Henson*, § 10-2, S. 351.

131 Vgl. Trust Company Bank v Johnson, 239 SE2d 542 (Georgia Court of Appeals 1977); *Henson*, S. 350; *Börner* S. 179.

132 John Deere Co. v. Broomfield, 803 F2d 408, 410 (8th Cir. 1986); Jacket House, Inc., v. Bank Lemmi Trust Co. of New York, 503 NYS2d 941, 943 (Supreme Court New York County 1986).

Maßnahmen genannt, die allein oder in Kombination mit anderen durchgeführt werden können. Der Sicherungsnehmer kann sodann - abgesehen von vertraglichen Vereinbarungen oder spezialgesetzlichen Beschränkungen des Vollstreckungsrechts - den persönlichen Anspruch gegen den Schuldner durchsetzen und in das sonstige Vermögen vollstrecken, ohne zunächst auf das Sicherungsgut zuzugreifen.[133]

2. Die Durchführung der Verwertung

Die Verwertung des Sicherungsgutes kann auf verschiedene Weise vorgenommen werden. Das Gesetz unterscheidet in § 9-504(3) UCC zwischen privaten und öffentlichen Verwertungsverfahren. Unter der öffentlichen Verwertung wird eine öffentliche Versteigerung verstanden, während die private Verwertung alle anderen Verfahren umfaßt.[134] Statthaft ist jeweils die gesamte oder teilweise Verwertung des Sicherungsgutes, welches nach § 9-504(1) Satz 1 UCC veräußert, vermietet oder sonst verwertet werden darf. Handelt es sich bei dem Sicherungsgut um einfache oder verbriefte Forderungen, so ist der Sicherungsnehmer berechtigt, die jeweiligen Drittschuldner zu benachrichtigen und die Forderungen selbst einzuziehen, § 9-502(1) UCC.

a) Die Inbesitznahme des Sicherungsgutes

Zum Zweck der Verwertung hat der Sicherungsnehmer nach der Leistungsstörung einen Anspruch darauf, das Sicherungsgut in Besitz zu nehmen, UCC § 9-503. Er darf dabei grundsätzlich den Gegenstand auch selbst an sich nehmen und muß nicht in jedem Fall gerichtliche Hilfe in Anspruch nehmen. Diese Selbsthilfe ist allerdings dann unzulässig, wenn damit eine Störung des Rechtsfriedens verbunden ist, § 9-503 Satz 2 UCC.[135] Dies ist etwa der Fall, wenn der Sicherungsgeber mit der Inbesitznahme nicht einverstanden ist.

b) Bekanntgabe der Verwertungsabsicht

Die Verwertungsabsicht muß dem Schuldner grundsätzlich vor der Verwertung angezeigt werden, wenn er nicht nach Eintritt des default auf dieses Recht verzichtet hat, § 9-504(3) Satz 3 UCC. Auch die anderen Sicherungsnehmer, von

---

133 Vgl. z.B. Federal Deposit Insurance Corp. v. First National Finance Co., 587 F2d 1009, 1013 (9th Cir. 1978); Seacomm Federal Credit Union v. Hanley, 525 NYS2d 441, 442 (New York Supreme Court, Appellate Division, 3rd Department, 1988); Curtis v. Firth, 850 P2d 749, 761 (Idaho Supreme Court 1993); AVCO Financial Services of Billings One, Inc., v. Christiaens, 652 P2d 220, 222 (Montana Supreme Court 1982).

134 Vgl. dazu *Gilmore*, § 44.6, S. 1243; *Bailey/Hagedorn*, S. 358; *Duncan/Lyons*, § 5.04[2], S. 5-22.

135 Dazu *White/Summers*, § 25-6; *Bailey/Hagedorn*, S. 344 ff.; jeweils mit Beispielen.

denen der verwertende Gläubiger schriftlich Kenntnis erlangt hat, sind zu benachrichtigen, § 9-504(3) Satz 5 UCC. Bei der Art und Weise der Benachrichtigung ist umstritten, ob eine schriftliche Benachrichtigung erforderlich ist oder eine mündliche Erklärung ausreicht. Dies wird von Staat zu Staat unterschiedlich gehandhabt.[136] Inhaltlich hat die Benachrichtigung über die Absicht des geplanten Verkaufs zu informieren, das fragliche Sicherungsgut zu beschreiben und den Wert der zugrunde liegenden Forderung anzuführen.[137]
Weitere Informationspflichten hängen von der Art der geplanten Verwertung ab. Bei öffentlicher Versteigerung müssen Ort und Zeit der Auktion genannt werden, bei einer anderen Verwertung muß der Termin genannt werden, nach dem die Veräußerung durchgeführt werden soll.[138]
Im Gegensatz dazu besteht keine Pflicht, den Sicherungsgeber vor Einziehung einer sicherungsweise abgetretenen Forderung zu benachrichtigen.[139]

c) Das Erfordernis der wirtschaftlichen Angemessenheit der Verwertung

Ob eine Verwertung rechtmäßig ist, beurteilt sich nach der wirtschaftlichen Angemessenheit. Dabei kommt es darauf an, daß die Umstände des Verkaufs, also Zeit, Ort und der erzielte Preis, wirtschaftlich angemessen sind.[140] Der erzielte Preis hat für die Beurteilung dieser Frage durch die Gerichte eine entscheidende Bedeutung gewonnen,[141] obwohl nach der gesetzlichen Regelung die Möglichkeit, einen höheren Preis zu erzielen, nicht allein die Verwertung zu einer wirtschaftlich unangemessenen machen soll, § 9-507(2) Satz 1 UCC. Für die Frage,

136 Schriftlich: u.a. Chrysler Credit Corp. v. H&H Chrysler-Plymouth Dodge, Inc., 927 F2d 270 (6th Cir. 1991); mündlich: u.a. Matter of Excello Press Inc., 890 F2d 896 (7th Cir. 1989); Smith v. Mark Twain Nat. Bank, 805 F2d 278 (8th Cir. 1986). Zum Streitstand mit ausführlichen Nachweisen: Coogan/Hogan/Vagts/McDonnell-*Hogan/Worley*, § 8.06[3][c], S. 8-123 f.

137 Travis v. Boulevard Bank N.A., 880 FSupp 1226 (District Court ND Illinois 1995); Wilmington Trust Co. v Conner, 415 A2d 773, 28 UCCRS 900 (Delaware Supreme Court 1980).

138 § 9-504(3) UCC; vgl. dazu Jones v. Union Motor Co., 779 SW2d 537 (Arkansas Court of Appeals 1989); Krana v. Equilease Corp., 3 UCCRS 2d 750, 758 (District Court MD Iowa 1986); *Anderson*, § 9-504:49 f. mit weiteren Nachweisen.

139 Kersten v. Continental Bank, 628 P2d 592 (Arizona Court of Appeals 1981); Western Decor & Furnishings Industries, Inc., v. Bank of America, 26 UCCRS 567 (California Court of Appeals 1979); Cullen Frost Bank v. Dallas Sportswear Co., 730 SW2d 668, 3 UCCRS2d 1592 (Texas Supreme Court 1987).

140 § 9-504(3) UCC.

141 Vgl. Volini v. Dubas, 613 NE2d 1295 (Illinois Appellate Court 1993); dazu auch *White/Summers*, § 25-15, S. 1234 ff.

was genau unter wirtschaftlicher Angemessenheit zu verstehen ist, ergeben sich aus § 9-507(2) UCC aber Anhaltspunkte.

Wirtschaftliche Angemessenheit liegt danach jedenfalls vor, wenn die Waren auf einem anerkannten Markt wie der Aktienbörse gehandelt werden und auf diesem verkauft oder anderweitig zu dem dort geltenden Preis verwertet werden. Auch der Verkauf in Übereinstimmung mit den üblichen geschäftlichen Gepflogenheiten von Händlern, die mit Waren der Art des Sicherungsgutes handeln, erfüllt die Voraussetzung. Schließlich sind auch Verkäufe in gerichtlichen Verfahren als wirtschaftlich angemessen anzusehen. Aus diesen Regelungen folgt aber nicht, daß eine anderweitige Vorgehensweise die wirtschaftliche Angemessenheit ausschließt.[142]
Die Durchführung einer wirtschaftlich unangemessenen Verwertung wird von den Gerichten unterschiedlich sanktioniert.[143] Gesetzlich vorgeschrieben ist der Ersatz der Schäden des Schuldners, § 9-507(1) UCC. Teilweise wird dem Sicherungsnehmer das Recht versagt, den Teil der Forderung geltend zu machen, der durch den erzielten Erlös nicht getilgt werden konnte.[144] Die freihändige Verwertung des Sicherungsgutes birgt deswegen für den Sicherungsnehmer eine gewisse Gefahr. Diese Unsicherheit kann allerdings vermieden werden, wenn zuvor eine gerichtliche Einwilligung zum geplanten Verkauf eingeholt wird oder aber das Gericht diesen nachträglich genehmigt.[145]
Ein anderer Weg für den Gläubiger besteht in der Übernahme des Sicherungsgutes zur Befriedigung der gesamten Forderung. Dieses Recht aus § 9-505(2) UCC wird "strict foreclosure" genannt. Dazu gibt der Sicherungsnehmer dem Sicherungsgeber und anderen nachrangigen Rechtsinhabern an der Sache schriftlich die Absicht bekannt, das Sicherungsgut zu übernehmen. Widerspricht keine der benachrichtigten Parteien diesem Angebot innerhalb einer

---

142 Official Comment § 9-507 [Absatz 2 a. E.]; ausführlich *Rudow*, UCC Law Journal 19 (1987), 144 f. mit weiteren Nachweisen.

143 Vgl. *White/Summers*, § 25-19, S. 1252; *Epstein*, S. 88; Coogan/Hogan/Vagts/ McDonnell-*Hogan/Worley*, § 8.08[2], S. 8-167.

144 So z.B. Matter of Excello Press, Inc., 890 F2d 896, 904 mit weiteren Nachweisen (2nd Cir. 1989); In re Jones, 107 BR 888 (Bankruptcy Court ED Missouri 1989); In re Britt, 78 BR 514 (Bankruptcy Court SD Ohio 1987); Fleming v. Carroll Publishing Co., 581 A2d 1219, 1223 f. (DC Court of Appeals 1990); America Honda Financing Corp. v. Bennett, 439 NW2d 459 (Nebraska Supreme Court 1989).

145 In re Zsa Zsa Ltd., 475 F2d 1393 (2nd Cir. 1973); National Westminster Bank v. Ross, 130 BR 656 (District Court SD New York 1991); Bryant v. American National Bank & Trust Co., 407 FSupp 360 (District Court ND Illinois 1976); Cramton v. Altus Bank, 96 So2d 902 (Alabama Supreme Court 1992).

bestimmten Frist oder akzeptieren sie es ausdrücklich, gilt die Schuld als erloschen, und der Gläubiger wird Eigentümer des Sicherungsgutes.

d) Die Verwendung des Erlöses

Der Erlös des Verkaufs wird nach § 9-504(1)(a) und (b) UCC zunächst auf die Kosten der Inbesitznahme und der Verwertung und danach auf die gesicherte Verbindlichkeit angerechnet. Üblicherweise enthalten die Sicherungsvereinbarungen eine Erstreckung des Sicherungsrechts auch auf die Zinsen der Hauptschuld sowie die Kosten der Rechtsverfolgung,[146] die dann ebenfalls aus dem Erlös befriedigt werden. Ein etwaiger Überschuß wird unter gewissen Voraussetzungen an den nächstrangigen Sicherungsrechtsinhaber[147] oder schließlich an den Schuldner[148] ausgezahlt. Wenn die Verbindlichkeit und die Kosten den Erlös übersteigen und die persönliche Schuld somit nicht vollständig getilgt wird, hat der Schuldner die Differenz auszugleichen.[149] Handelt es sich um einen nicht persönlich haftenden Sicherungsgeber, so haftet dieser nicht für das Defizit, hätte aber nach § 9-112 UCC einen Anspruch auf einen etwaigen Überschuß aus der Verwertung seines Sicherungsgutes.

3. Gegenrechte des Schuldners

Die Gegenrechte des Schuldners bestimmen sich ebenfalls nach der Sicherungsvereinbarung und den Vorschriften der §§ 9-501 ff. UCC. Diese Regelungen sind weitgehend zwingend, nur auf einige kann verzichtet werden, § 9-501(3) UCC. Die wichtigste Möglichkeit des Schuldners, sich gegen die Verwertung des Sicherungsgutes zu wehren, ist sein Ablösungsrecht aus § 9-506 UCC, dem "right of redemption". Gegen Zahlung der gesicherten Schuld kann der Schuldner das Sicherungsrecht und die Verwertungsbefugnis des Gläubigers zum Erlöschen bringen, solange die Verwertung noch nicht erfolgt ist. Wegen der weit verbreiteten "acceleration clause", die bei einer Leistungsstörung die gesamte Forderung fällig macht, reicht im Regelfall die Leistung einer versäumten Rate nicht mehr aus, vielmehr muß die gesamte Darlehenssumme nebst Zinsen gezahlt werden.[150] Dazu kommen häufig noch die Kosten der Rechtsverfolgung durch den Sicherungsnehmer.

---

[146] Vgl. *Henson/Davenport*, 5 ULA-UCC Forms, Formular 9:1000 Absatz 5.

[147] § 9-504(1)(c) UCC.

[148] § 9-504(2) UCC.

[149] § 9-504(2) UCC; dazu *Bailey/Hagedorn*, S. 357.

[150] Official Comment zu § 9-506 UCC [Absatz 1].

Weiterhin gewährt § 9-507(1) Satz 1 UCC dem Schuldner das Recht, unrechtmäßige Maßnahmen des Gläubigers gerichtlich rückgängig machen zu lassen. Außerdem kann der Schuldner für die Schäden, die ihm durch das rechtswidrige Verhalten des Gläubigers bei der Verwertung des Sicherungsgutes entstehen, Schadensersatz verlangen, § 9-507(1) Satz 2 UCC. Häufig wird diese Schadensersatzverpflichtung durch die rechtswidrige Inbesitznahme des Sicherungsgutes, fehlende Ankündigung der Verwertung oder den Verkauf zu einem unangemessen niedrigen Preis verursacht.[151]

4. Die Rechte Dritter

Auch nachrangigen Sicherungsnehmern und anderen Rechtsinhabern steht nach § 9-506 UCC ein Ablösungsrecht zu. Im Falle der Verwertung erlöschen nämlich die nachrangigen Sicherungsrechte am Sicherungsgut, § 9-504(4) UCC, und die nachrangigen Sicherungsgläubiger erhalten lediglich einen eventuell verbleibenden Erlös.
Wenn der verwertende Gläubiger mangels Kenntnis von nachrangigen Sicherungsgläubigern den Überschuß an den Schuldner auskehrt, setzt sich nach § 9-306(3)(b) UCC das Sicherungsrecht an diesem Geldbetrag solange fort, wie er im Vermögen des Schuldners unterscheidbar vorhanden ist.

Betreibt ein nachrangiger Sicherungsgläubiger die Verwertung, so kann der vorrangige Sicherungsgläubiger die Verwertung an sich ziehen,[152] wenn auch er sich gegenüber dem Schuldner auf einen default berufen kann. Der vorrangige Sicherungsgläubiger kann die Verwertung aber auch von dem nachrangigen Gläubiger durchführen lassen. Bei einer Verwertung bleibt das vorrangige Sicherungsrecht an der Sache dann gemäß § 9-504(4) UCC erhalten. In diesen Fällen besteht allerdings kein Anspruch gegen den verwertenden Gläubiger auf Auskehrung des Erlöses.[153]

V. Sonstige Sicherheiten an beweglichen Sachen

Der Geltungsbereich des Artikel 9 Uniform Commercial Code umfaßt die wichtigsten und am häufigsten vorkommenden vertraglichen Sicherheiten an beweglichen Sachen und Forderungen. Daneben gibt es aber noch eine Vielzahl von

---

151 *Bailey/Hagedorn*, S. 372 f.; vgl. etwa Bezanson v. Fleet Bank of New Hampshire, 29 F3d 16 (1st Cir. 1994); Bank of China v. Chan, 937 F2d 780 (2nd Cir. 1991).

152 *White/Summers*, § 25-9, S. 1216.

153 Chadron Energy Corp. v First National Bank, 459 NW2d 718, 732 (Nebraska Supreme Court 1990); *White/Summers*, § 25-9, S. 1216 f. mit weiteren Nachweisen. Anders nur Consolidated Equipment Sales, Inc. v. First State Bank & Trust Co., 627 P2d 432 [438], 31 UCCRS 677 (Oklahoma Supreme Court 1981).

anderweitig kodifizierten oder im common law entwickelten Sicherungsrechten.[154]

1. Bundesgesetzlich geregelte Sicherheiten

Verschiedene Bundesgesetze sehen Sicherungsrechte für besondere Fallkonstellationen vor. Wenn in diesen Bundesgesetzen die Rechtsverhältnisse der Beteiligten geregelt sind, gehen sie Artikel 9 Uniform Commercial Code vor.[155] Soweit eine spezielle Regelung fehlt, bleibt Artikel 9 ergänzend anwendbar.[156]

Viele dieser Gesetze beschränken sich auf die Bestimmung besonderer Methoden der perfection durch Registrierung. Dies betrifft insbesondere Sicherungsrechte an Schiffen,[157] an Flugzeugen,[158] an Urheberrechten,[159] Patenten[160] und an Kraftfahrzeugen von Transportunternehmen[161]. Zur Erlangung eines gegen Dritte wirksamen Sicherungsrechts an diesen Gegenständen und Rechten ist die Registrierung in besonderen Registern erforderlich.[162] Ansonsten gilt mangels weiterer Bestimmungen für die Rechtsbeziehung der Beteiligten, etwa zur Verwertung oder Erlösverteilung, Artikel 9 Uniform Commercial Code.

Umfassender hingegen ist die Regelung des Steuerpfandrechts des Bundes (sogenanntes "federal tax lien").[163] Dieses Sicherungsrecht entsteht gemäß 26 USC § 6321 an allen Vermögensgegenständen des Steuerschuldners, der die fälligen Steuern nicht getilgt hat. Zur Wirksamkeit gegen Dritte sieht 26 USC § 6323(f) die Eintragung einer Bekanntmachung in besonderen Steuerpfandrechtsregistern vor. Auch die Durchsetzung des Sicherungsrechts wird abweichend von Artikel 9 geregelt: nach 26 USC § 7403 ist dafür die Durchführung eines besonderen gerichtlichen Verfahrens erforderlich.

---

154 Dazu ausführlich *Lee*, North Carolina Law Review 44 (1966), 322 ff.

155 § 9-104(a) UCC.

156 Official Comment zu § 9-104 UCC [Absatz 1]; *Duncan/Lyons*, § 1.05[2], S. 1-44; *Henson*, S. 22.

157 Ship Mortgage Act, 46 USCA § 31321.

158 Federal Aviation Act, 49 USCA § 1403.

159 17 USCA § 205.

160 35 USCA § 261.

161 Revised Interstate Commerce Act, 49 USCA § 11304.

162 So ausdrücklich auch UCC § 9-302(3), (4).

163 Title 26 USC (Internal Revenue Code).

2. Nichtvertragliche Sicherheiten der Einzelstaaten

Der Großteil der besonders geregelten Sicherungsrechte findet sich nicht in bundesgesetzlichen Regelungen, sondern in den Gesetzen bzw. im jeweiligen common law der Einzelstaaten. Da diese gesetzlichen Sicherungsrechte nicht durch vertragliche Vereinbarung entstehen, wird im folgenden nicht näher auf sie eingegangen.

3. Abtretung spezieller Ansprüche

Ebenfalls nicht durch den Uniform Commercial Code geregelt ist die Sicherung durch Abtretung von Lohnforderungen, § 9-104(d) UCC.
Das Recht der Einzelstaaten etwa auf dem Gebiet der Lohnabtretung zu Sicherungszwecken ist trotz seiner praktischen Relevanz sehr unterschiedlich. Teilweise ist die Lohnabtretung unzulässig[164] oder wird nur für ganz spezielle Zwecke zugelassen[165]. In den meisten Staaten hingegen ist sie zulässig, wird aber gesetzlich beschränkt. Diese Beschränkungen sind vielfältiger Natur; häufig handelt es sich um Formvorschriften für die Abtretungserklärung und um das Erfordernis der Zustimmung durch den Arbeitgeber oder den Ehegatten. Aber auch der Umfang der Abtretung oder die Dauer werden begrenzt.
Die Durchsetzbarkeit bei Eintritt des Sicherungsfalles hat z.B. Illinois gesetzlich geregelt. Danach kann der Sicherungsnehmer 40 Tage nach Eintritt des default vom Arbeitgeber des Sicherungsgebers Zahlung der fälligen und abgetretenen Lohnansprüche verlangen. Er muß aber 20 Tage vor diesem Zahlungsverlangen den Sicherungsgeber von der drohenden Maßnahme in Kenntnis setzen.[166]

Auch die sicherungsweise Abtretung von Schadensersatzansprüchen, Ansprüchen aus Bankkonten und Versicherungen ist in Gesetzen außerhalb des Artikel 9 Uniform Commercial Code in der Fassung von 1972 gesondert geregelt. Allerdings hat 1998 die zur Anpassung des Uniform Commercial Code zuständige Kommission eine überarbeitete Fassung des Artikel 9 vorgelegt. Darin wird vorgeschlagen, diese Ansprüche in den Anwendungsbereich des Artikel 9 einzubeziehen.[167]

---

164 Vgl. Alabama Code § 8-5-21, District of Columbia Code § 28-2305 und Missouri Stat. § 432.030.

165 Connecticut General Stat. § 52-316a(i): nur für Unterhaltszahlungen und Gewerkschaftsbeiträge.

166 Illinois Code 48 § 39.01 ff. Ähnlich auch New York Personal Property Law §§ 48 ff.

167 Dies ist in sämtlichen Staaten durch Inkrafttreten des Revised Article 9 zum 1. Juli 2001 erfolgt, vgl. oben § 1 C, S. 36.

C. Die Systematik dinglicher Sicherheiten im Insolvenzrecht

I. Die Begriffsbestimmungen des Bankruptcy Code

Die zentrale Begriffsdefinition der dinglichen Sicherheit für das Insolvenzrecht nennt § 101(37) BC. Danach handelt es sich bei einem "lien" um eine Belastung oder ein Recht an einem Vermögensgegenstand zur Sicherung der Zahlung einer Verbindlichkeit oder der Erfüllung einer sonstigen Verpflichtung.[168]

Bei weiteren Definitionen unterscheidet der Bankruptcy Code die Sicherheiten nach der Art ihrer Entstehung.[169] Bei dem security interest handelt es sich nach § 101(51) BC um eine auf vertraglicher Vereinbarung beruhende Sicherheit.[170] Bei den statutory lien handelt es sich um durch besondere gesetzliche Regelungen geschaffene Sicherheiten.[171] Nach der Art des Sicherungsgutes wird jeweils nicht unterschieden.

Sachliche Unterschiede sind mit dieser Unterscheidung allerdings nicht verbunden. Zumeist beziehen sich die Regelungen über Sicherheiten im Bankruptcy Code allgemein auf liens. Nur vereinzelt heben Sonderbestimmungen auf die Art der Sicherheit und ihrer Entstehung ab.[172] Daneben gibt es allerdings auch Sonderbestimmungen, die auf die zu sichernde Forderung[173] oder die Art des Sicherungsgutes[174] abstellen. Soweit die Differenzierung zu sachlichen Abweichungen führt, wird dies im folgenden jeweils ausdrücklich hervorgehoben.

II. Die Zweiteilung des gesicherten Anspruchs

In § 506(a) BC wird gesetzlich bestimmt, daß ein gesicherter Anspruch insoweit besteht, wie die Forderung durch ein Recht an einem Massegegenstand gesichert ist.[175] Für den übersteigenden Teil des Anspruchs, aus dem wegen des

---

168 § 101(37) BC: "... 'lien' means charge against or interest in property to secure payment of a debt or performance of an obligation; ...".

169 Vgl. *Riesenfeld*, Festschrift Drobnig, S. 621, 622.

170 Damit sind insbesondere die oben unter B, S. 48 ff., dargestellten auf Art. 9 UCC beruhende Sicherheiten an beweglichen Sachen erfaßt.

171 § 101(53) BC; vgl. dazu oben B V 1, S. 69 f.

172 So ist die Anfechtung gesetzlicher Sicherheiten in § 545 BC gesondert geregelt.

173 Etwa z.T. bei der Kaufpreisfinanzierung, vgl. dazu unten § 11 A III, S. 364.

174 So in bestimmten Fallgestaltungen bei Immobiliarsicherheiten.

175 Dazu *Orr/Klee*, UCC Law Journal 11 (1979), 315 ff.; *Riesenfeld*, Festschrift Drobnig, S. 621, 622 ff.

Wertes des Sicherungsgutes der Sicherungsnehmer keine Befriedigung erwarten darf, handelt es sich um einen ungesicherten Anspruch. Soweit der Wert des Sicherungsgutes der gesicherten Forderung entspricht oder diese übersteigt, ist für eine Zweiteilung kein Raum, der Sicherungsnehmer ist dann mit dem gesamten Anspruch gesichert. Bei einer Übersicherung werden auch Nebenforderungen wie z.B. Zinsen ab Verfahrenseröffnung und Rechtsverfolgungskosten, sofern diese nach dem zugrunde liegenden Rechtsverhältnis geschuldet sind und das Befriedigungsrecht dafür gilt, als gesicherte Ansprüche behandelt.[176] Zinsen, die vor Stellung des Eröffnungsantrages aufgelaufen sind, werden bereits zur Hauptforderung hinzugerechnet.[177]

---

176 § 506(b) BC. Zinsen werden auf sämtliche Sicherheiten gezahlt, vgl. United States v. Ron Pair Enterprises, 109 SCt 1026 (1989); Rechtsverfolgungskosten hingegen nur für vertragliche, In re Pointer, 952 F2d 82 (5th Cir. 1992), certiorari denied 505 US 1222, 112 SCt 3035, 120 LEd2d 904 (1992).

177 Vgl. HR Report No. 595, 95th Congress, 1st Session, S. 352 (1977); Senate Report No. 989, 95th Congress, 2nd Session, S. 62 (1978); Rake v. Wade, 508 US 464 [471], 113 SCt 2181 [2191], 124 LEd2d 424 (1993).

§ 3 Grundlegendes zu den Absonderungsrechten im deutschen Insolvenzrecht

A. Die Reform des Insolvenzrechts

In Deutschland gilt seit dem 1. Januar 1999 die Insolvenzordnung.[1] Mit deren Verkündung am 18. Oktober 1994 wurde eine sechzehnjährige Gesetzgebungsarbeit abgeschlossen. 1978 hatte der damalige Bundesjustizminister Vogel eine Kommission eingesetzt, deren Aufgabe es war, Vorschläge für ein effizientes, wirtschaftsnahes und sozialbezogenes Insolvenzrecht zu erarbeiten.[2] Damit wurde in der Bundesrepublik - ebenso wie in einer Vielzahl anderer westeuropäischer Staaten - eine Reform des nationalen Insolvenzrechts auf den Weg gebracht.[3]

Die Kommission legte die Ergebnisse ihrer Tätigkeit 1985 in einem Ersten Bericht und ergänzend 1986 in einem Zweiten Bericht vor. Aufbauend auf den in den Berichten enthaltenen Leitsätzen und der daran anschließenden Diskussion in Wissenschaft und Praxis formulierte das Bundesministerium der Justiz 1988 einen Diskussionsentwurf für ein Insolvenzgesetz. Dieser mündete nach weiterer Überarbeitung unter Berücksichtigung der Stellungnahmen der Bundesressorts, der Landesjustizverwaltungen und der interessierten Verbände und Organisationen 1989 in einem Referentenentwurf. 1991 verabschiedete die Bundesregierung einen Regierungsentwurf und brachte diesen im folgenden Jahr in das Gesetzgebungsverfahren ein.[4] Der Rechtsausschuß des Bundestages hat an diesem Entwurf erhebliche Modifikationen zur Straffung vorgenommen und dem Bundestag zur Annahme empfohlen.[5] Dabei waren auch die dinglichen Mobiliarsicherheiten Gegenstand verschiedener Änderungen.

Dieser Gesetzesentwurf wurde im Bundestag einstimmig angenommen.[6] Hingegen rief der Bundesrat, insbesondere wegen der zu erwartenden Mehrbelastung

---

[1] BGBl. I, 1994, 2866 (InsO) und 2911 (EGInsO). Zur Geschichte der Insolvenzrechtsreform vgl. etwa *Hofmann*, DRiZ 1994, 4 11 ff.; *Schmidt-Räntsch*, Rn. 172 ff.; Kübler/Prütting-*Prütting*, Einleitung Rn. 15 ff.

[2] Bundesministerium der Justiz, Recht-Informationen Nr. 3 vom 30.3.1978, S. 17, 23.

[3] Zu den Rechtsentwicklungen im westeuropäischen Ausland vgl. *Arnold*, ZIP 1985, 321.

[4] Vgl. zur InsO BR-Drucksache 1/92 vom 3. Januar 1992 und BT-Drucks. 12/2443 vom 15. April 1992. Zum EGInsO vgl. BT-Drucks. 12/3803.

[5] BT-Drucks. 12/7302.

[6] Vgl. Plenarprotokoll 12/222 der Sitzung vom 21. April 1994.

der Landesjustizverwaltungen, den Vermittlungsausschuß an.[7] Daraus resultierte schließlich eine Verschiebung des Inkrafttretens um zwei Jahre.[8]

B. Die Systematik dinglicher Sicherheiten in der Insolvenzordnung

In der Insolvenzordnung bleibt die aus der Konkurs-, Gesamtvollstreckungs- und Vergleichsordnung bekannte Unterscheidung dinglicher Sicherheiten in Aus- und Absonderungsrechte erhalten. Andere in der Wirtschaftspraxis ebenso zur Finanzierung eingesetzte Institute wie Leasing und echtes Factoring wurden nicht im Zusammenhang mit den dinglichen Kreditsicherheiten geregelt.

I. Der einfache Eigentumsvorbehalt als Aussonderungsrecht

Die Regelung des Aussonderungsrechts in § 47 InsO entspricht sachlich den §§ 43 KO, 26 Abs. 1 VglO. Auch weiterhin ist für die Frage des Bestehens oder Nichtbestehens des Aussonderungsrechts die Massezugehörigkeit des fraglichen Gegenstandes entscheidend. Handelt es sich um ein Aussonderungsrecht, so wird der Inhaber mit diesem Recht kein Insolvenzgläubiger. Vielmehr bestimmt sich das Aussonderungsrecht nach den allgemeinen, außerhalb des Insolvenzverfahrens geltenden Gesetzen.

Durch den einfachen Eigentumsvorbehalt wird dem Vorbehaltsverkäufer grundsätzlich ein Aussonderungsrecht nach § 47 InsO gewährt.[9] Dies gilt auch, wenn zugleich ein verlängerter bzw. erweiterter Eigentumsvorbehalt vereinbart war.[10] Sobald allerdings bei dem verlängerten Eigentumsvorbehalt durch Weiterverkauf oder -verarbeitung und beim erweiterten Eigentumsvorbehalt durch Zahlung des Kaufpreises der Verlängerungs- bzw. Erweiterungszustand eintritt, ist der Vorbehaltsverkäufer nicht mehr zur Aussonderung, sondern zur

---

7 BR-Drucksache 336/94, Beschluß vom 20. Mai 1994.

8 Vgl. BT-Drucks. 12/7984, Beschlußempfehlung des Vermittlungsausschusses vom 16.6.1994 sowie die Annahme durch den Bundestag, Plenarprotokoll 12/234 vom 17.6.1994; BR-Drucksache 644/94, Beschluß des Bundesrates vom 8.7.1994.

9 Statt aller *Bork*, Rn. 238; HK-*Eickmann*, § 47 Rn. 5; *Gottwald/Adolphsen*, Kölner Schrift, Rn. 13; *Obermüller/Hess*, Rn. 26, 798; *Hess/Obermüller*, Rn. 1179; kritisch dazu allerdings *Häsemeyer*, Rn. 10.11; Hess/Weis/Wienberg-*Weis*, § 47 Rn. 54; a.A. Smid-*Smid*, § 47 Rn. 21.

10 *Bork*, Rn. 239; Braun-*Bäuerle*, § 47 Rn. 30, 33; MünchKomm-*Ganter*, § 47 InsO Rn. 92, 114; FK-Joneleit/*Imberger*, § 47 Rn. 17; *Pohlmann*, Rn. 446; zweifelnd noch *Obermüller/Hess*, Rn. 801.

abgesonderten Befriedigung berechtigt.[11] Das Ergebnis ist unumstritten, wenn sich auch bei der dogmatischen Begründung Schwierigkeiten ergeben.[12]

Wegen der weiteren Bestimmungen der §§ 107 Abs. 2, 103 InsO erfährt das Aussonderungsrecht des Vorbehaltsverkäufers allerdings eine Einschränkung. Für dieses typische Sicherungsmittel des Warenlieferanten enthält die Insolvenzordnung im Vergleich mit der bisherigen Rechtslage somit keine Änderung der systematischen Einordnung.

II. Die abgesonderte Befriedigung bei sonstigen Sicherheiten an Mobilien

Auch für die Regelung der Sicherungsrechte an beweglichen Gegenständen wird an der Systematik der Konkursordnung festgehalten.

1. Pfandrechte als Grundtypus des Rechts auf abgesonderte Befriedigung

Nach § 50 InsO berechtigten rechtsgeschäftliche Pfandrechte, Pfändungspfandrechte sowie gesetzliche Pfandrechte zur abgesonderten Befriedigung. In Abweichung zur Konkursordnung sind hier schon die gesetzlichen Pfandrechte mit einbezogen, während die Konkursordnung als Grundmodell der abgesonderten Befriedigung ausschließlich auf die Inhaber rechtsgeschäftlicher Pfandrechte abstellte und für die gesetzlichen Pfandrechte, wie für andere Vorzugsrechte, auf dieses Grundmodell verwies.

2. Die sonstigen Absonderungsrechte

Die Absonderungsrechte der sonstigen Mobiliarsicherheiten ergeben sich aus § 51 InsO, der den Pfandrechtsinhabern verschiedene andere Rechtsinhaber gleichstellt. Hier findet sich - wie bereits in § 27 Abs. 2 VglO - ausdrücklich eine Bestimmung, welche die sonstigen Sicherungsnehmer erfaßt: § 51 Nr. 1 InsO nennt die Gläubiger, denen der Schuldner "zur Sicherung eines Anspruchs eine bewegliche Sache übereignet" hat. Weiterhin werden Gläubiger, denen der Schuldner zur Sicherung "ein Recht übertragen hat" genannt, was auf sicherungsweise Forderungsabtretung zielt. Daneben lassen sich unter diese Formulierung ohne weiteres auch seltenere Sicherungsrechte, wie z.B. an Patenten, Geschäftsanteilen, Urheberrechten etc., fassen.

---

11 BT-Drucks. 121/2443, S. 125 ("Zu § 58") und ("Zu § 59"); BT-Drucks. 12/7302, S. 160, zu Nr. 33 ("Zu § 58"); *Bork*, Rn. 238; Hess/Weis/Wienberg-*Weis*, § 47 Rn. 67; Nerlich/Römermann-*Andres*, § 47 Rn. 23, 29; *Pohlmann*, Rn. 445.

12 Vgl. dazu sogleich unter B II 3, S. 76 ff.

Mit dieser Bestimmung werden die derzeit praktisch wichtigsten vertraglichen Mobiliarsicherheiten, nämlich die Sicherungsübereignung und die Sicherungszession, anders als in der Konkursordnung,[13] geregelt. Zudem läßt die weite Formulierung Raum für die Erstreckung der Regelungen für abgesonderte Befriedigung auf künftige, durch Rechtsfortbildung zu entwickelnde vertraglichen Sicherungsrechte.

3. Die Sonderformen des Eigentumsvorbehaltes

Weiterhin ist unter die Regelung des § 51 Nr. 1 InsO der Eigentumsvorbehalt in den Erweiterungs- und Verlängerungsformen zu fassen. Sowohl die Vorausabtretung der Kaufpreisforderung bei Weiterverkauf eines unter Eigentumsvorbehalt erworbenen Gegenstandes als auch das aufgrund einer Verarbeitungsklausel bei Weiterverarbeitung erworbene Eigentum berechtigen - wie bisher - nur zur Absonderung.[14]

Allerdings ergeben sich für beide Sonderformen des Eigentumsvorbehaltes dogmatische Probleme, die Beschränkung auf eine abgesonderte Befriedigung herzuleiten. Diese Schwierigkeiten dürften keine praktische Relevanz erlangen, da über das Ergebnis Einigkeit herrscht: Sämtliche rechtlich zulässigen Sonderformen des Eigentumsvorbehaltes gewähren ein Recht auf abgesonderte Befriedigung.

a) Die Herleitung des Absonderungsrechts bei Verlängerung

Bei der Verlängerung durch Vorausabtretungsklausel ergibt sich das Recht auf abgesonderte Befriedigung ohne weiteres durch Anwendung des § 51 Nr. 1 Alt. 2 InsO. Denn der Vorbehaltskäufer hat dem Verkäufer zur Sicherung des Anspruchs entsprechend der Vorschrift "ein Recht übertragen", nämlich - durch vorweggenommene Abtretung - die Ansprüche auf Kaufpreiszahlung aus der Weiterveräußerung.

Bei einer Verlängerung des Eigentumsvorbehalts durch Erstreckung auf eine gemäß § 950 BGB neu hergestellte Sache ergibt sich ein entsprechendes Ergebnis auf Grundlage der vom Gesetzgeber vertretenen dogmatischen Konstruktion

---

13 Die Konkursordnung regelte im Bereich der vertraglichen Mobiliarsicherheiten lediglich das Pfandrecht als Absonderungsrecht. Hingegen war in § 27 Abs. 2 VglO die Übertragung eines Rechts oder einer Sache zur Sicherung eines Anspruchs als Absonderungsrecht bereits ausdrücklich erwähnt.

14 *Bork*, Rn. 238; Braun-*Bäuerle*, § 47 Rn. 30 f.; Hess/Weis/Wienberg-*Weis*, § 47 Rn. 72, 86; *Marotzke* ZZP 109 (1996), 429, 432; Nerlich/Römermann-*Andres*, § 47 Rn. 23, 29; *Pohlmann*, Rn. 445.

aus § 51 Nr. 1 Alt. 1 InsO. Die Begründung des Regierungsentwurfs folgt einer in der Literatur verbreiteten Ansicht,[15] die einen Zugriff auf die neue Sache nur durch vorweggenommene Übereignung zuläßt. Der Vorbehaltskäufer erlangt danach für eine logische Sekunde als Hersteller das Eigentum, bevor die antizipierte Übereignung wirksam wird.[16]

Nach der Rechtsprechung des Bundesgerichtshofes hingegen kann die Erstrekkung durch eine Verarbeitungsklausel erfolgen, wobei der Vorbehaltslieferant zum Geschäftsherrn des Umbildungs- bzw. Verarbeitungsvorganges wird. An der neu hergestellten Sache erwirbt der Sicherungsnehmer danach originär das Eigentum.[17]
Folgt man dieser dogmatischen Konstruktion, schlägt eine Subsumtion unter § 51 Nr. 1 InsO fehl. Da es sich dann zweifellos nicht um die Übereignung einer Sache im Sinne der ersten Alternative handelte, bliebe nur die Beurteilung als Übertragung eines Rechts in der zweiten Alternative. Aber auch als solches kann es nicht qualifiziert werden. Denn nach überwiegender - auch vom Bundesgerichtshof vertretener - Ansicht vollzieht sich der Eigentumserwerb nach § 950 BGB unabhängig vom rechtsgeschäftlichen Willen der Beteiligten.[18] Somit steht ein übertragbares Recht auf diesen Eigentumserwerb für die Kreditsicherung nicht zur Verfügung.
Um das vom Gesetzgeber angestrebte und auch nirgends in Frage gestellte Ziel - die Ausstattung des verlängerten Eigentumsvorbehalts lediglich mit Absonderungs- und nicht mit Aussonderungskraft - zu erreichen, blieben dem Bundesgerichtshof zwei Möglichkeiten: die Aufgabe der Rechtsprechung zur Frage des Eigentumserwerbs im Rahmen des § 950 BGB oder eine Analogie zu §§ 50 Abs. 1, 51 Abs. 1 Nr. 1 InsO.

---

15 *Säcker*, JR 1966, 51; Erman-*Hefermehl*, § 950 Rn. 7; Staudinger-*Wiegand*, § 950 Rn. 34, 40; Palandt-*Bassenge*, § 950 Rn. 11 mit weiteren Nachweisen.

16 Vgl. BT-Drucks. 12/2443, S. 125 ("Zu § 58") und ("Zu § 59"); BT-Drucks. 12/7302, S. 160, zu Nr. 33 ("Zu § 58").

17 BGHZ 14, 114, 117; 20, 159, 163; offengelassen in 46, 117; 79, 16, 23; BGH, NJW 1952, 661; 1983, 2022; 1991, 1480. Dem folgend *Serick* IV, § 44 III 6b, S. 157. Kritisch zur dogmatischen Konstruktion, aber dem Ergebnis zustimmend *Henckel*, Festschrift Zeuner, S. 196.

18 BGH NJW 1989, 3213; *Serick* IV, § 44 III 6 a, S. 153; Staudinger-*Wiegand*, § 950 Rn. 20 ff. mit weiteren Nachweisen. Nach a.A. ist § 950 BGB zugunsten des Vorbehaltskäufers abdingbar, *Flume*, NJW 1950, 844; *Baur/Stürner*, Sachenrecht, § 53 b I 3; Soergel-*Mühl*, § 950 Rn. 3 mit weiteren Nachweisen.

b) Die Herleitung des Absonderungsrechts bei Erweiterung

Beim erweiterten Eigentumsvorbehalt berechtigt nach Tilgung der Kaufpreisforderung das vorbehaltene Eigentum nicht mehr zur Aussonderung, sondern nur zur Absonderung. Dies entspricht der Rechtslage nach der Konkursordnung[19] und sollte auch durch die Reform nicht geändert werden[20]. Allerdings ergibt sich diese Folge nicht aus dem Wortlaut des Gesetzes. Lediglich nach der von *Serick* vertretenen Ansicht,[21] wonach die Vereinbarung des erweiterten Eigentumsvorbehaltes eine bedingte Übereignung darstelle, welche einzig von der Zahlung des Kaufpreises abhängig sei und gleichzeitig eine vorweggenomme Rückübereignung an den Vorbehaltsverkäufer zur Sicherung seiner sonstigen Forderungen enthalte, ließe sich das Ergebnis aus dem Gesetz herleiten. Angesichts der antizipierten Sicherungsübereignung wäre dann die Übereignung einer beweglichen Sache zur Sicherung eines Anspruchs als Voraussetzung des § 51 Nr.1, 1. Alternative InsO gegeben. Da aber ein derartiger Wille den Parteien nicht unterstellt werden kann, sondern es sich im Gegenteil tatsächlich um eine "Nichtübereignung" zur Sicherung handelt, ist zur Erreichung des gewollten Ergebnisses daher rechtstechnisch eine Analogie erforderlich, wie sie bereits unter der Konkursordnung zu § 48 KO allgemein anerkannt war.[22]

---

19 BGHZ 98, 160, 170; BGH NJW 1978, 632; 1971, 799 mit weiteren Nachweisen, *Kuhn*, WM 1972, 209; a.A. nur LG Stuttgart, MDR 1958, 100, 101 für Aussonderung im Vergleichsverfahren.

20 BT-Drucks. 12/2443, S. 125.

21 *Serick* V, § 68 III 2 b, S. 692 ff. und BB 1978, 1477, 1483. Dem folgend Jaeger/*Henckel*, § 17 Rn. 62; Kuhn/*Uhlenbruck*, § 17 Rn. 18i; *Kilger*, 15. Auflage, § 17 KO Anm. 3 d.

22 Vgl. *Marotzke*, ZZP 109 (1996), 429, 433 in Fn. 20. Diese wird allgemein allerdings nicht thematisisert, da das Ergebnis unbestritten ist, vgl. MünchKomm-*Ganter*, § 47 InsO Rn. 93 mwN.

§ 4 Die Einbeziehung des Sicherungsgutes in die Insolvenzmasse

Bevor auf die einzelnen Regelungen zur Behandlung dinglicher Sicherheiten im Insolvenzverfahren eingegangen wird, soll zunächst kurz skizziert werden, ob und wie Sicherungsgut im Vermögen des Schuldners in die Insolvenzmasse einbezogen wird.

A. USA

Die Insolvenzmasse ("estate") entsteht im US-amerikanischen Insolvenzverfahren nach § 541 (a) BC mit Stellung des Eröffnungsantrages. Dies ist unabhängig davon, nach welchem Kapitel das Verfahren dem Antrag zufolge durchgeführt werden soll, und wer den Antrag gestellt hat.

Da der Schuldner weiterhin auch eigenständiger Vermögensträger bleibt, kommt es zu einer Zweiteilung der Vermögensmassen.[1] So muß im folgenden genau zwischen dem Vermögen der Masse ("property of the estate") und dem Vermögen des Schuldners ("property of the debtor") unterschieden werden. Dies erlangt etwa Bedeutung für die Regelungen des automatischen Verfahrensstopps.[2]
Im Reorganisationsverfahren stellt die Masse den Bestand dar, für den eine Neustrukturierung versucht wird. Grundsätzlich bleibt hier der Schuldner selbst verwaltungs- und verfügungsbefugt - allerdings unterliegt er dabei Beschränkungen. Im Reorganisationsverfahren ist der Wert der Masse die unterste Grenze dessen, was durch den Plan an Zahlungen für die ungesicherten Gläubiger vorgesehen werden muß.[3]

Im Liquidationsverfahren nach Kapitel 7 stellt die Masse den Teil des schuldnerischen Vermögens dar, der vom - mit der Verwaltung betrauten - trustee in Geld umgewandelt und anschließend anteilig an die Gläubiger verteilt wird, §§ 704(1), 726 BC.

---

1 Zum Verhältnis der beiden Vermögensmassen zueinander vgl. Begier v. IRS, 496 US 53 [58 f.], SCt 2258, 110 LEd2d 46 (1990).

2 Vgl. unten § 5 A I, S. 95 ff.

3 §§ 1129(a)(7), 1325(a)(4) BC. Vgl. unten § 9 A V 3, S. 315 ff. und § 10 A I 2, S. 346.

I. Grundsatz der Einbeziehung der vermögenswerten Güter des Schuldners

In die Masse fallen mit nur wenigen Ausnahmen sämtliche Vermögensrechte, welche der Schuldner im Zeitpunkt des Eröffnungsantrags innehat.[4] § 541(a) BC regelt die Voraussetzungen, unter denen Gegenstände in die Masse fallen, wobei erklärtermaßen versucht wurde, den Wortlaut möglichst weitreichend zu formulieren und damit alles, was der Schuldner an vermögenswerten Rechten hat, zu erfassen.[5] Ausdrücklich für unerheblich erklärt werden bei dieser Frage der Ort der Belegenheit der Sache und die Besitzverhältnisse an der jeweiligen Sache. Ebenfalls unerheblich ist, wer die formale Eigentümerstellung innehat;[6] dies deckt sich mit den allgemeinen zivilrechtlichen Grundsätzen der Unbeachtlichkeit der Eigentumsverhältnisse im Kreditsicherungsrecht.

In § 541(b) und (c)(2) BC hingegen ist geregelt, welche Vermögensgegenstände insolvenzfrei bleiben. Dazu gehören etwa der Besitz an Grundstücken trotz beendeten Mietverhältnisses und Ruhestandsansprüche. Zu diesen Ausnahmen gehört jedoch z.B. *nicht* das insolvenzbefreite Eigentum, welches zunächst in die Masse fällt und gegebenenfalls daraus an den Schuldner ausgesondert wird.[7]

II. Voraussetzungen der Einbeziehung

Nach § 541 BC fallen sämtliche Vermögenswerte zur Masse, an welchen der Schuldner Rechte innehat. Hier stellt sich zunächst die Frage, nach welchen Rechtsquellen beurteilt wird, ob dem Schuldner an einem Gegenstand Rechte zustehen. Des weiteren ist festzustellen, in welcher Weise die Gegenstände in die Masse übergehen.

1. Rechtsquellen

Problematisch wird hier das Verhältnis des Bundesrechts zum Recht der einzelnen Staaten, da das Bundesrecht nur wenige Regelungen zu dieser Frage enthält.[8] Wenn das Bundesrecht selbst keine Regelung enthält, muß also auf das

---

4 *Epstein*, S. 172; *Epstein/Nickles/White*, § 2-8 b, S. 39.

5 Vgl. HR Report No. 595, 95th Congress, 1st Session, S. 367 (1977); Senate Report No. 989, 95th Congress, 2nd Session, S. 82 (1978).

6 State of Missouri v. U.S., Bankruptcy Court for Eastern District of Arkansas, 647 F2d 768 (8th Cir. 1981), certiorari denied 454 US 1162, 102 SCt 1035, 71 LEd2d 318; In re Carraway, 65 BR 51 (Bankruptcy Court ED North Carolina 1986).

7 Matter of Yonikus, 974 F2d 901 (7th Cir. 1992); Tignor v. Parkinson, 729 F2d 977 (4th Cir. 1984); Shirkey v. Leake, 715 F2d 859 (4th Cir. 1983); In re Alsberg, 161 BR 680 (9th Cir. BAP California 1993), affirmed 68 F3d 312. Zum insolvenzbefreitem Vermögen siehe unten VI, S. 86.

8 Allgemein zur Anwendung des Rechts der Einzelstaaten im Bankruptcy-Verfahren:

Recht des jeweiligen Einzelstaates zurückgegriffen werden.[9] Bei Widersprüchen zwischen den Rechtsordnungen geht allerdings das Bundesrecht vor.[10] Zum Teil enthält der Bankruptcy Code dagegen selbst Regelungen, um für bestimmte Vermögensgüter, die nach den Rechtsordnungen der Staaten unterschiedlich beurteilt wurden, jedenfalls im Insolvenzverfahren einheitliche Behandlung zu erreichen.[11] Da diese Sonderregelungen nur ganz vereinzelt vorkommen, ist grundsätzlich zur Bestimmung der Natur und des Umfangs des Rechts auf die Rechtsordnung des Einzelstaates abzustellen.

Als Vermögenswerte in diesem Sinn gelten alle Rechte, unabhängig davon, ob sie auf rechtlichen oder billigkeitsrechtlichen Gründen beruhen. Die Masse ist nicht auf das beschränkt, was der Schuldner als Eigentümer innehat.[12] So gehen alle Rechte an beweglichen und unbeweglichen Sachen, Ansprüche sowie bloße Besitzrechte - etwa des Mieters an der Mietsache - über.[13] Dieser Übergang wird auch nicht durch gesetzliche oder vertragliche Regelungen gehindert, welche außerhalb des Insolvenzverfahrens die Übertragung des speziellen Vermögensgegenstandes auf einen anderen Rechtsträger wirksam unterbinden.[14] Beispielsweise hindert die Nichtabtretbarkeit eines Schmerzensgeldanspruches nach dem einschlägigen Recht des jeweiligen Staates nicht die Einbeziehung in die Masse.[15]

Countryman, New York University Law Review 47 (1972), 407, 431-473.

9 Butner v. United States, 440 US 48 [54 f.], 99 SCt 914, 59 LEd2d 136 (1979); Barnhill v. Johnson, 503 US 393 [398], 112 SCt 1386, 118 LEd2d 39 (1992).

10 So schon Board of Trade of Chicago v. Johnson, 264 US 1, 44 SCt 232, 68 LEd 533 (1924).

11 Dies gilt etwa für die Rechte des Grundstückseigentümers, der einem Dritten die Befugnis der Gas- bzw. Erdölförderung übertragen hat, vgl. § 541(b)(4), dazu HR Report No. 103-835, 103rd Congress, 2nd Session, S. 32 (October 4, 1994).

12 In re 48th Street Steakhouse, Inc., 61 BR 182 (Bankruptcy Court SD New York 1986), affirmed 77 BR 409, affirmed 835 F2d 427, certiorari denied 485 US 1035, 108 SCt 1596, 99 LEd2d 910.

13 Vgl. In re Scaife, 825 F2d 357 (11th Cir. 1987); dazu *Norton*, § 51:4, S. 51-13 f. mwN.

14 § 541(c) BC. Dies gilt nicht ausnahmslos, vgl. § 541(c)(2) BC für Beschränkungen der Übertragbarkeit der Rechte des Schuldners als Nutznießers eines trust, wenn dies vom einschlägigen Recht des Einzelstaats bestimmt wird. Dazu In re Neuton, 922 F2d 1379 (9th Cir. 1990).

15 In re Cottrell, 82 BR 45 (District Court D Kentucky 1987), affirmed 876 F2d 540 (6th Cir. 1989).

2. Art der Einbeziehung

Die Rechte gehen nach § 541(a)(1) BC so auf die Masse über, wie sie zum Zeitpunkt des Verfahrensbeginns beim Schuldner vorhanden waren.[16] Dies stellt § 541(d) BC für eine Rechtsstellung ohne tatsächlichen Wert klar. Als Beispiel wird dort eine vom Insolvenzschuldner bereits vor Verfahrensbeginn veräußerte Grundstückssicherheit genannt, an welcher der Insolvenzschuldner formal die Rechtsinhaberschaft behält, um das Recht später treuhänderisch für den Erwerber gegen den Verpflichteten durchzusetzen. Hier erlangt die Masse zwar kein über die Rechtsstellung des Insolvenzschuldners hinausgehendes Recht, welches einen wirtschaftlichen Wert hätte. Trotzdem erlangt bei Verfahrenseröffnung die Masse nach § 541(a)(1) BC die formale Rechtsinhaberschaft. Dies gilt ebenso für alle anderen Fälle, in denen der Schuldner als Treuhänder für einen Dritten fungiert. Auch hier geht nur die formale Rechtsinhaberschaft in die Masse ein, die wirtschaftliche Nutznießerschaft verbleibt beim Dritten.[17] Da der jeweilige Gegenstand keinen wirtschaftlichen Wert hat, könnte in diesen Fällen eine Freigabe aus der Insolvenzmasse erfolgen.

III. Einbeziehung von Sicherungsgut

Ebenfalls in die Insolvenzmasse fallen Vermögensgegenstände des Schuldners, welche vor Eröffnung des Verfahrens mit Sicherungsrechten belastet worden sind. Durch die Einbeziehung des Gegenstandes in die Masse wird das Sicherungsrecht nicht verändert.[18]

Häufig wird das einbezogene Vermögensrecht aus dem nicht durch die Belastung aufgezehrten Anteil am Wert des Sicherungsgutes bestehen, welches dem Schuldner zusteht, der sogenannten "equity".[19] Eine Einbeziehung erfolgt aber auch, wenn die Belastung den Wert des Sicherungsgutes übersteigt und der Schuldner daher bei wirtschaftlicher Betrachtung kein Vermögensinteresse mehr am Gegenstand hat.[20] Denn grundsätzlich besteht auch dort ein

---

16 Drewes v. Schonteich, 31 F3d 674 (8th Cir. 1994); Matter of Jones, 768 F2d 923, 927 (7th Cir. 1985); In re Reed, 940 F2d 1317 (9th Cir. 1991).

17 Vgl. Universal Bonding Insurance Co. v. Gittens and Sprinkle Enterprises, Inc., 960 F2d 366 (3rd Cir. 1992); Matter of TTS, Inc., 158 BR 583 (District Court D Delaware 1993).

18 United States v. Whiting Pools, Inc., 462 US 198, 103 SCt 2309, 76 LEd2d 515 (1983); In re Contractors Equipment Supply, Inc., 861 F2d 241 (9th Cir. 1988).

19 In re Cerniglia, 137 BR 722 (Bankruptcy Court SD Illinois 1992).

20 In re Alsberg, 161 BR 680 (9th Cir. BAP 1993), affirmed 68 F3d 312; In re Brown, 22 BR 844 (Bankruptcy Court ND New York 1982) , affirmed 39 BR 83, affirmed 734 F2d 119 (2nd Cir.).

übergangsfähiges Recht des Schuldners in der Möglichkeit, das Sicherungsgut durch Zahlung der offenen Forderung auszulösen (right of redemption).[21]

Bei beweglichem Vermögen enden nach der Regelung des § 9-506 UCC erst durch die Verwertung (bzw. die bindende Veräußerungsverpflichtung oder die Übernahme durch den Gläubiger unter Tilgung der Schuld) sämtliche Rechte des Schuldners am Gegenstand.

Bei einem Vertrag, bei dem der Verkäufer ein Kaufpreis-Sicherungsrecht ("purchase money security interest") hält, erwirbt der Käufer bei entsprechender Ausgestaltung des Vertrages zunächst nur ein bedingtes Besitzrecht, welches von der Erfüllung der Verpflichtung abhängig ist. Dieses Besitzrecht ist in Ermangelung weiterer Rechte, wie etwa des formalen Eigentums oder einer durch entsprechende Zahlungen erworbenen equity, auch das einzige Recht, das an die Masse fällt, soweit es nicht wegen Verzuges bereits erloschen ist.[22]

Beim Faustpfandrecht erlöschen sämtliche Rechte des Pfandschuldners ebenfalls durch Ablauf der "redemption period", in welcher das Pfand wieder ausgelöst werden konnte bzw. in der es dem Pfandleiher durch gesetzliche Bestimmung untersagt war, das Pfandgut zu verkaufen. Nach Ablauf dieser Frist hat der Schuldner keinerlei Rechte mehr am Gegenstand, welche in die Masse übergehen könnten.[23]

Wenn ein derartiges Recht an einem Sicherungsgegenstand in die Masse gelangt, so gilt auch hier, daß der Übergang zu keiner Verbesserung führt, sondern die Rechte so auf die Masse übergehen, wie sie zum Zeitpunkt des Verfahrensbeginns beim Schuldner vorhanden waren.[24]

---

21 In re Harrisson, 987 F2d 677 (10th Cir. 1993); In re Harris, 886 F2d 1011 (8th Cir. 1989); In re Rigden, 795 F2d 727 (9th Cir. 1986); In re Bialac, 712 F2d 426 (9th Cir. 1983). Vgl. dazu oben § 2 B IV 3, S. 67 f.

22 Vgl. etwa in In re Thomas, 883 F2d 991, 996 (11th Cir. 1989), certiorari denied 497 US 1007, 110 SCt 3245, 111 LEd2d 75.

23 In re Dunlap, 158 BR 724 (District Court MD Tennessee 1993); Matter of Evans, 22 BR 608 (Bankruptcy Court D Nebraska 1982).

24 In re Thomas, 883 F2d 991, 995 mit weiteren Nachweisen (11th Cir. 1989); Moody v. Amoco Oil Co., 734 F2d 1200 (7th Cir. 1984), certiorari denied 469 US 982, 105 SCt 386, 83 LEd2d 321; In re Squyres, 172 BR 592 (Bankruptcy Court CD Illinois 1994).

IV. Die Behandlung von Nacherwerb

Obwohl der Umfang der Masse grundsätzlich durch die Rechte des Schuldners im Zeitpunkt der Verfahrenseröffnung bestimmt wird, werden zum Teil auch andere, nach diesem Zeitpunkt vom trustee oder dem Schuldner erworbene Vermögensgegenstände erfaßt. So werden in den Verfahren nach den Kapiteln 12 und 13 auch das vom Schuldner während des Verfahrens erzielte Einkommen sowie nach Eröffnung des Verfahrens erworbene Gegenstände Teil der Masse.[25]

Für Verfahren nach Kapitel 7 und 11 gilt dies nicht, dort behält der Schuldner alle durch seine Arbeitsleistung nach Verfahrensbeginn erzielten Einnahmen und Neuerwerb für sich selbst, § 541(a)(6) BC.

Sämtliche Einnahmen, welche durch die zur Masse gehörigen Vermögensgegenstände anfallen, etwa durch Veräußerung oder Fruchtziehung, fallen wiederum in die Masse.[26] Gleiches gilt für durch Anfechtung oder anfechtungsähnliche Institute Erlangtes.[27] Letzteres ist besonders für die Anfechtung wegen Gläubigerbevorzugung oder Anfechtung eines Sicherungsrechtes wichtig, weil damit werthaltige Güter in die Masse gelangen.

V. Sicherheiten an künftigen Vermögensgegenständen

Nach § 552(a) BC wird Vermögen, das nach Eröffnung des Verfahrens durch den Schuldner oder die Masse erworben wurde, nicht mit einem vor Verfahrensbeginn vereinbarten Sicherungsrecht belastet.[28] Auf diese Weise wird etwa die Wirkung der sogenannten "floating liens" an Warenlagern, gesamten Einrichtungen oder dem Forderungsbestand beendet. Wird die Ware, der Einrichtungsgegenstand oder die Forderung nach Verfahrensbeginn erworben, so erlangt der Sicherungsnehmer an diesem Gegenstand kein Recht auf vorrangige Befriedigung, auch wenn vor Verfahrensbeginn die Erstreckung der Sicherheit auf später durch den Schuldner erworbene Gegenstände vereinbart war.[29]Auch Einkommen, das der Schuldner nach Verfahrensbeginn hat, unterliegt nicht

---

25 §§ 1207(a), 1306(a) BC.

26 § 541(a)(6), (7) BC.

27 § 541(a)(3) BC.

28 Diese Regelung beschränkt sich nach ihrem Wortlaut auf vereinbarte Sicherheiten, nicht aber auf gesetzliche oder gerichtliche. Dies ergibt sich aus der Definition der "security agreements" in § 101(50) BC.

29 Vgl. *Collier*, ¶ 552.01[1], S. 552-4; *Weintraub/Resnick*, ¶ 5.11[5], S. 5-76.

einer vor Verfahrensbeginn begründeten Sicherheit.[30] Denn hier entsteht der Anspruch erst mit der Erbringung der Gegenleistung.[31]

Die in Absatz (b) geregelten Ausnahmen beziehen sich auf Erlöse, Erträge und Früchte von Gegenständen oder Rechten, die einem Gläubiger zuvor zur Sicherheit gegeben wurden. Die Erstreckung auf derartige Erzeugnisse muß grundsätzlich ausdrücklich vereinbart werden und nach dem materiellen Zivilrecht des betreffenden Staates zulässig sein.[32] Gleichzeitig wird bei derartigen Sicherungsrechten dem Bankruptcy Court ein weiter Ermessensspielraum für eine abweichende Regelung gewährt, um so im Einzelfall zufällige und nicht gerechtfertigte Bevorzugungen auszugleichen.[33] So wird die Erstreckung des Sicherungsrechts auf derartige Erzeugnisse insoweit beschränkt, wie aus der Masse auf Kosten der allgemeinen Gläubiger Aufwendungen gemacht wurden, um die Erzeugnisse zu erzielen.[34]
Sofern es sich um Pacht- oder Mietzahlungen handelt, bestimmt § 552(b)(2) BC einen besonderen Schutz des Sicherungsnehmers. Selbst in Staaten, in denen ein Sicherungsrecht an Pacht- und Mietzahlungen nach dem materiellen Zivilrecht eigentlich nicht zulässig ist, werden diese im Bankruptcy-Verfahren als zulässig und wirksam anerkannt.[35]

---

30 Zum BA Local Loan Co. v. Hunt, 292 US 234, 243 ff., 54 SCt 695, 78 LEd 1230 (1934). Zum BC etwa In re Miranda Soto, 667 F2d 235, 237 (1st Cir. 1981); In re Rumker, 184 BR 621, 627 (Bankruptcy Court SD Georgia 1995) mit weiteren Nachweisen.

31 In re Miranda Soto, 667 F2d 235, 237 (1st Cir. 1981); In re Rumker, 184 BR 621, 629 (Bankruptcy Court SD Georgia 1995).

32 Dies ist der Fall, da § 9-204 UCC diese Möglichkeit eröffnet. Teilweise erstrecken besondere gesetzliche Regelungen der Einzelstaaten das Sicherungsrecht auch ohne gesonderte Vereinbarung auf Erzeugnisse. Dies ist ausreichend, vgl. *Butler*, S. 279 f.; *Collier*, ¶ 552.02[3], S. 552-10.

33 Zu diesem Spielraum In re Jones, 908 F2d 859 (11th Cir. 1990); United Virginia Bank v. Slab Fork Coal Co., 784 F2d 1188 (4th Cir. 1986), certiorari denied 477 US 905, 106 SCt 3275, 91 LEd2d 565f.

34 Senate Report No. 989, 95th Congress, 2nd Session, S. 91 (1978); vgl. dazu Matter of Village Prop., Inc., 723 F2d 441, 444 (5th Cir. 1984), cert. denied 466 US 974, 104 SCt 2350, 80 Led2d 823 (1984); J. Catton Farms., Inc., v. First National Bank of Chicago, 779 F2d 1242 (7th Cir. 1985).

35 HR Report 103-834, 103rd Congress, 2nd Session, S. 27 ff. (October 4, 1994); 140 Cong. Rec. H 10768 (October 4, 1994).

VI. Die vom Insolvenzverfahren ausgenommenen Vermögensgegenstände

Die gesetzliche Regelung des § 522 BC sieht vor, daß der Schuldner, sofern es sich bei diesem um eine natürliche Person handelt, bestimmte Gegenstände aus dem Insolvenzverfahren befreien lassen kann. Dies war durch die Rechtsprechung zum Bankruptcy Act so ausgestaltet, daß diese ausgenommenen Vermögensgegenstände ("exempt property"), welche der Schuldner für einen Neubeginn benötigte, gar nicht erst in die Masse gezogen wurden.[36] Dies wurde bei der Reform 1978 durch die ausdrückliche Regelung in § 541(a) BC geändert. Die Gegenstände werden jetzt zunächst Teil der Masse und können auf Antrag des Schuldners auf diesen persönlich zurück übertragen werden.

Bei der Frage, welche Gegenstände befreit werden, hat der Schuldner nach der gesetzlichen Regelung in § 522(b) BC grundsätzlich die Wahl, ob er vom Ausnahmenkatalog des Bankruptcy Code in § 522(d) BC Gebrauch macht, oder ob er - wie von § 522(b)(2)(A) BC zugelassen - die im Recht des betreffenden Einzelstaats vorgesehenen Befreiungen geltend macht. Allerdings ist den Einzelstaaten die Möglichkeit eingeräumt, die Wahl der bundesgesetzlichen Regelung auszuschließen, wovon derzeit 36 Staaten Gebrauch gemacht haben.[37]
Auch wenn die Regelungen der einzelnen Staaten teilweise inhaltlich voneinander und von der bundesgesetzlichen Regelung abweichen, so lassen sich trotzdem eine Vielzahl von Übereinstimmungen feststellen.[38] So sind bei beweglichen Sachen üblicherweise Kleidung, privat genutzte Möbel, zur Ausübung des Berufs erforderliche Gegenstände und ein Kraftfahrzeug ausgenommen. Der Schuldner behält seine Lohnersatzansprüche wegen Arbeitsunfähigkeit oder Arbeitslosigkeit, Krankheitsbeihilfen und vergleichbare Ansprüche sowie seine Lebensversicherung. Grundeigentum kann der Schuldner normalerweise als insolvenzfreies Vermögen reklamieren, wenn das Haus oder die Wohnung als Wohnsitz für die Familie genutzt wird.

Die dingliche Haftung der als Sicherungsgut hingegebenen Gegenstände wird nicht dadurch beeinträchtigt, daß das Sicherungsgut vom Schuldner im Bankruptcy-Verfahren als insolvenzfreies Vermögen geltend gemacht wird.[39]

---

36 Lockwood v. Exchange Bank, 190 US 294, 23 SCt 751, 47 LEd2d 1061 (1903); Lines v. Frederick, 400 US 18, 91 SCt 113, 27 LEd2d 124 (1970).

37 *Epstein*, S. 176. Eine Aufstellung der Staaten, die die bundesgesetzliche Regelung ausgeschlossen haben, findet sich bei *Frey/McConnico/Frey*, S. 256.

38 Zum folgenden insbesondere *Epstein/Nickles/White*, § 8-6, S. 466 ff.

39 § 522(c)(2) BC; dazu *Epstein/Nickles/White*, § 8.1, S. 455 ff.

B. Deutschland

Mit Eröffnung des Insolvenzverfahrens entsteht die Insolvenzmasse im Sinne des § 35 InsO, die als Grundlage für die Befriedigung der Insolvenzgläubiger in Beschlag genommen wird. Rechtsträger der Vermögensgegenstände bleibt der Schuldner.[40] Allerdings wird das Verwaltungs- und Verfügungsrecht nach § 80 Abs. 1 InsO dem Schuldner entzogen und dem Insolvenzverwalter übertragen.

I. Die Bildung der Masse aus dem der Zwangsvollstreckung unterliegenden Vermögen

Nach § 35 InsO fällt grundsätzlich das gesamte Vermögen des Schuldners im Zeitpunkt der Verfahrenseröffnung in die Insolvenzmasse. Daneben wird nach § 35 InsO auch der Nacherwerb des Schuldners, also die Vermögensgegenstände, die er nach Verfahrenseröffnung erwirbt, einbezogen. Dies betrifft etwa das Arbeitseinkommen des Schuldners.[41] Aber auch Schenkungen und Erbschaften sind erfaßt. Diese Regelung weicht von der bisherigen Rechtslage in Deutschland ab, wonach derartiger Nacherwerb konkursfrei blieb.[42]
Als Ausnahme bestimmt § 36 Abs. 1 InsO, daß unpfändbare Vermögensgegenstände nicht zur Masse gehören. Sie verbleiben bei dem weiterhin verwaltungs- und verfügungsbefugten Schuldner.
Mit dem Hinweis auf das pfändungsfreie Vermögen wird auf die Regelungen der §§ 811 ff., 850 ff. ZPO Bezug genommen. Danach unterliegen der Zwangsvollstreckung etwa nicht Gegenstände des persönlichen Gebrauchs, Haushaltsgegenstände und die Gegenstände, die zur Entfaltung der persönlichen Arbeitsleitung erforderlich sind.[43] Von dem Arbeitseinkommen ist nach § 850 c ZPO der pfändungsfreie Anteil des Arbeitseinkommens ausgenommen.

II. Die Einbeziehung von Sicherungsgut

In § 35 InsO wird für die Bildung der Masse darauf abgestellt, welches Vermögen dem Schuldner "gehört". Entscheidend ist also grundsätzlich die Eigentumslage. Somit fallen sämtliche im Eigentum des Schuldners stehenden Vermögensgegenstände zur Masse, selbst wenn der Schuldner einem Gläubiger das Recht eingeräumt hat, aus dem Gegenstand Befriedigung zu verlangen.

---

[40] Vgl. *Häsemeyer*, Rn. 9.01; Kübler/Prütting-*Holzer*, § 35 Rn. 4; Nerlich/Römermann-*Andres*, § 35 Rn. 7.

[41] Vgl. BT-Drucks. 12/2443, S. 122 ("Zu § 42").

[42] §§ 1, 2 KO; Für die GesO *Smid*, § 1 Rn. 38; *Hess/Binz/Wienberg*, § 1 Rn. 214; a.A. Smid-*Zeuner*, GesO, § 7 Rn. 12; *ders.* S. 101. Kritisch zur Neuregelung *Häsemeyer*, Rn. 9.02.

[43] Vgl. § 811 Abs. 1 Nr. 1, 2, 5 bis 7 und 12 ZPO.

Daneben fallen ebenfalls Gegenstände in die Masse, welche der Schuldner zur Sicherheit auf einen Gläubiger übertragen hat.[44] Dies ergibt sich aus den Regelungen über die Absonderungsrechte, die keinen Sinn machten, wenn der Gegenstand, aus dem die absonderte Befriedigung verlangt werden kann, nicht zunächst in die Masse fiele. Dabei ist es jeweils irrelevant, ob die Belastung den Wert des Gegenstandes übersteigt.
Da Gegenstände, die gemäß § 811 ZPO nicht der Pfändung unterworfen sind, nicht in die Masse fallen, verbleiben sie beim Schuldner, auch wenn an ihnen dingliche Sicherheiten bestehen. Auch aus der Sonderregelung des § 811 Abs. 2 ZPO, wonach der Inhaber eines einfachen Eigentumsvorbehaltes die Zwangsvollstreckung wegen der Kaufpreisforderung in den fraglichen Gegenstand betreiben kann, ergibt sich für derartiges Eigentumsvorbehaltsgut nichts anderes. Denn da das Insolvenzverfahren der Befriedigung der Gläubigergesamtheit dient, können der Masse nicht Vermögensgegenstände zufallen, die nur einem bestimmten Gläubiger zur Zwangsvollstreckung zustehen.[45]

III. Sicherheiten an nach Eröffnung erworbenen Vermögensgegenständen

Vereinbart der Schuldner vor Verfahrenseröffnung, daß dem Gläubiger an einem künftigen Gegenstand eine Sicherheit zustehen soll - etwa bei der Sicherungsübereignung künftig in ein Warenlager eingebrachter Gegenstände - so entsteht diese Sicherheit bei einem Erwerb des Gegenstandes durch die Masse nicht mehr. Nach § 91 InsO ist für Gläubiger der Erwerb von Rechten an Massegegenständen ausgeschlossen.
Forderungen, die erst nach Eröffnung entstehen, werden somit nicht Gegenstand einer Sicherungsabtretung, Verpfändung bzw. Pfändung. Ist allerdings die Forderung vor Verfahrenseröffnung zumindest dem Grunde nach entstanden, so ist eine Zession, Verpfändung bzw. Pfändung wirksam, auch wenn die Fälligkeit der zur Sicherheit übertragenen Forderung erst nach Eröffnung eintritt.[46] So sind etwa Steuererstattungsansprüche bereits durch die Überzahlung entstanden, auch wenn ihr Bestehen und die genaue Höhe erst erhebliche Zeit später festgestellt wird.

---

44 HK-*Eickmann*, § 35 Rn. 5; Breutigam/Blersch/Goetsch-*Breutigam*, § 35 Rn. 13; Smid-*Smid*, § 35, Rn. 4.

45 Zu dem Parallelproblemen des §§ 850 d, 850 f Abs. 2 ZPO HK-*Eickmann*, § 36 Rn. 5; Hess/Weis/Wienberg-*Weis*, §§ 35, 36 Rn. 68.

46 Vgl. HK-*Eickmann*, § 91 Rn. 12; Smid-*Smid*, § 91 Rn. 5. Alle Voraussetzungen für die Abtretung oder Verpfändung, etwa die Verpfändungsanzeige, müssen allerdings vor Verfahrenseröffnung erfüllt sein.

Von diesen Grundsätzen sind durch Sonderregelungen aber Ausnahmen gemacht worden. Bei Miet- und Pachtzinsforderungen, über die der Schuldner vor Verfahrenseröffnung verfügt[47] hat, ist die Wirksamkeit durch § 110 Abs. 1 InsO zeitlich begrenzt. Eine entsprechende Regelung gilt nach § 114 Abs. 1 InsO für die Verfügung über Arbeitseinkommen.[48]

Bei Früchten erwirbt die Masse als Eigentümerin der Muttersache gemäß § 953 BGB das Eigentum. Dieses ist allerdings bei Pfandrechten an der Muttersache nach § 1212 BGB ebenfalls Gegenstand der Sicherheit. Gleiches gilt für Grundpfandrechte wegen § 1120 BGB.

Hat der Gläubiger kein Pfandrecht an der Muttersache, so können die Früchte im Wege einer antizipierten Sicherungsübereignung oder durch eine Aneignungsgestattung nach § 956 BGB als Sicherheit genutzt werden. Bei einer zwischenzeitlichen Verfahrenseröffnung scheitert der Erwerb des Sicherungsnehmers aber wiederum an § 91 InsO. So ist etwa zur Konkursordnung entschieden, daß eine Aneignungsgestattung nach § 956 BGB ihre Wirkung mit der Konkurseröffnung verliert.[49] Dies ist auf die Insolvenzordnung zu übertragen.[50]

Lediglich in den Fällen, in denen die Rechtsordnung den Erwerb einer Sicherheit an einer künftigen Sache ausdrücklich zuläßt, gilt etwas anderes. Dies betrifft etwa das Pfändungspfandrecht für Früchte auf dem Halm nach § 810 ZPO und das Früchtepfandrecht[51]. Zwar ist dabei umstritten, ob das Pfandrecht bereits vor der Trennung entsteht.[52] Jedenfalls erlangt der Gläubiger aber eine Rechtsposition, die sich ungeachtet der Insolvenzeröffnung in ein Pfandrecht umwandelt.[53] Schließlich hat auch derjenige, der ein wirksames dingliches Fruchtziehungsrecht innehat, etwa den Nießbrauch, selbst nach Eröffnung einen

---

47 Nach § 110 Abs. 2 InsO ist dies auch eine Verfügung im Wege der Zwangsvollstreckung.

48 Vgl. zu beiden näher unten § 6 B I 1, S. 176 f.

49 Vgl. BGHZ 27, 360, 366 f.; Staudinger-*Gursky*, § 956 Rn. 26 f. mit weiteren Nachweisen.

50 Etwa Palandt-*Bassenge*, § 956 Rn. 5; Smid-*Smid*, § 91 Rn. 7.

51 § 1 Abs. 1 des Gesetzes über Sicherung der Düngemittel- und Saatgutversorgung vom 19.1.1949 (BGBl. I S. 476).

52 Dafür etwa Stein/Jonas-*Münzberg*, § 810 Rn. 2 mit weiteren Nachweisen; a.A. Jaeger/*Henckel*, § 15 Rn. 54.

53 Stein/Jonas-*Münzberg*, § 810 Rn. 2 mit weiteren Nachweisen; Jaeger/*Henckel*, § 15 Rn. 54. Für die Pfändung nach § 810 wird sich das Problem in der Praxis nur vereinzelt stellen, denn nach § 810 Abs. 1 S. 2 ZPO soll eine Pfändung der ungeernteten Früchte frühestens einen Monat vor der Reife erfolgen. Auf der anderen Seite sind alle Pfändungen innerhalb des letzten Monats vor Insolvenzeröffnung gemäß § 88 InsO unwirksam. Eine Fruchtziehung während des Insolvenzverfahrens bei wirksamer Pfändung nach § 810 ZPO wird also nur in ganz atypischen Fallgestaltungen erfolgen.

Anspruch gegen die Masse auf Fruchtziehung und erwirbt daher das Eigentum an der Frucht.[54] Die Übertragung eines Nießbrauchs an einer beweglichen Sache zur Forderungssicherung ist auch möglich.[55]

C. Vergleichung

Die Insolvenzmasse wird in den USA bereits mit der Stellung des Eröffnungsantrages gebildet, in Deutschland jedoch erst mit der Eröffnung des Verfahrens durch das Insolvenzgericht. Dabei fallen jeweils die vermögenswerten Gegenstände des Schuldners in diesem Zeitpunkt in die Masse. Sowohl in der deutschen wie in der US-amerikanischen Rechtsordnung werden Gegenstände aus dem Vermögen des Schuldners, die Gläubigern als Sicherheit dienen, grundsätzlich in die Insolvenzmasse einbezogen. Dabei ist die Höhe der Belastung irrelevant, insbesondere werden auch über ihren Wert hinaus belastete Gegenstände erfaßt. Dies erscheint im Hinblick auf eine geordnete Verwaltung der Gegenstände und eine Prüfung der bestehenden Rechte in beiden Rechtsordnungen als unabdingbar.

Unterschiede gibt es auch bei der Einbeziehung der Gegenstände, die nach der Bildung der Masse vom Schuldner erworben werden: In den USA wird der Neuerwerb des Schuldners, etwa durch seine Arbeitskraft erzieltes Einkommen, bei den Verfahren nach den Kapiteln 7 und 11 nicht zur Masse gezogen. Dies erfolgt lediglich bei den selteneren Verfahren nach den Kapiteln 12 und 13, die allerdings nur auf Antrag des Schuldners durchgeführt werden können.
Aufgrund dessen kann der Schuldner in den USA zumeist mit seinem Neuerwerb am Wirtschaftsleben teilnehmen - und etwa Sicherheiten an neu erworbenen Gegenständen bestellen. Im Gegensatz dazu erfolgt in Deutschland die Einbeziehung des gesamten Neuerwerbs in die Masse. Diese Einbeziehung endet erst, wenn auch das Verfahren selbst endet.

In die Masse fallen Gegenstände nicht nur bei der ursprünglichen Bildung zum Verfahrensbeginn oder durch nachträglichen Erwerb durch den Schuldner. Die Masse kann auch selbst Gegenstände erwerben, etwa durch Austausch von Massegegenständen oder Fruchtziehung.
Eine Wertminderung dieses Erwerbs durch Belastung mit dinglichen Sicherheiten, die vor Beginn des Insolvenzverfahrens vereinbart waren, wird weitgehend

---

[54] *Häsemeyer*, Rn. 10.19; Hess/Weis/Wienberg-*Weis*, § 91 Rn. 27; Nerlich/Römermann-*Wittkowski*, § 91 Rn. 30; zur KO Jaeger/*Henckel*, § 15 Rn. 82.

[55] Vgl. etwa BGH, WM 1966, 653; WM 1965 479.

verhindert. Beide Rechtsordnungen sehen vor, daß an diesen Gegenständen Gläubiger grundsätzlich keine Rechte mehr erwerben können.
Dieser Grundsatz ist in den USA hinsichtlich der Früchte oder Surrogate von Sicherungsgut aufgeweicht. Erlöse, Erträge und Früchte von Gegenständen oder Rechten, die einem Gläubiger zuvor zur Sicherheit gegeben wurden, fallen unter eine vor Verfahrensbeginn vereinbarte Erstreckung des Sicherungsrechtes. In Deutschland ergibt sich dieses für Früchte einer verpfändeten oder gepfändeten Sache bereits aus den Regelungen des allgemeinen Zivilrechts. Denn die Masse erwirbt das Eigentum bereits mit der Belastung durch das Pfandrecht. An anderen Gegenständen ist in den USA der Erwerb von Sicherungsrechten hingegen nicht möglich, in Deutschland zumindest weitgehend ausgeschlossen. Hier bestehen nur Ausnahmen für das Pfändungspfandrecht an Früchten auf dem Halm und einem besonderen gesetzlichen Früchtepfandrecht des Düngemittel- oder Saatgutlieferanten. Daneben werden auch dingliche Aneignungsberechtigungen gewahrt, etwa bei Nießbrauch.
Auffällig ist die Behandlung von Sicherheiten an Pacht- oder Mietzahlungen. In den USA wird ein Sicherungsnehmer des zugrunde liegenden Grundstücks besonders privilegiert, wenn sich die Sicherheit vereinbarungsgemäß auch auf die künftige Miete und Pacht erstreckt, selbst wenn das allgemeine Zivilrecht des Einzelstaates dies eigentlich nicht erlaubt. Im Gegensatz dazu wird in Deutschland die Geltung von Sicherheiten an Miet- und Pachtforderungen aus unbeweglichen Gegenständen im Insolvenzverfahren auf maximal 45 Tage beschränkt, wenn diese Forderungen nicht zugunsten des Sicherungsnehmers gemäß § 1123 Abs. 1 BGB vom Haftungsverband der Hypothek erfaßt sind. In den USA wird die Privilegierung mit dem Interesse des Kreditgebers begründet, wirksam auf die flüssigen und werthaltigen künftigen Einnahmen aus dem Sicherungsgut zuzugreifen.[56] Immerhin ist dort bei derartigen Sicherheiten dem Bankruptcy Court ein weiter Ermessensspielraum für eine abweichende Regelung gegeben. So können im Einzelfall zufällige und nicht gerechtfertigte Bevorzugungen ausgeglichen werden.

Immerhin tritt hier ein grundsätzlicher Unterschied zwischen beiden Rechtsordnungen zutage. In den USA wird dem Sicherungsnehmer die Möglichkeit gegeben, zu seiner Befriedigung auch auf die mit dem Sicherungsgut erzielten Einnahmen und Erlöse zuzugreifen. Im Gegensatz dazu beschränkt sich in Deutschland die Befriedigungsmöglichkeit weitgehend auf den Wert des Sicherungsgutes selbst. Ein Zugriff auf künftige Nutzungen wird weitgehend ausgeschlossen. Möglich ist dies nur sehr beschränkt, nämlich durch die gesetzliche Erstreckung

[56] Vgl. HR Report 103-834, 103rd Congress, 2nd Session, S. 29 (Oct. 4, 1994), 140 Cong. Rec. H10768 (Oct. 4, 1994).

des Pfandrechtes auf Früchte und die Möglichkeit der Bestellung eines Nießbrauchs. Der Nießbrauch an einer beweglichen Sache als Sicherheit ist zwar möglich. Im Geschäftsverkehr wird derzeit allerdings - soweit ersichtlich - von dieser Möglichkeit kein Gebrauch gemacht.

Eine prinzipielle Ausnahme von der Einbeziehung von Sicherungsgut in die Masse wird in Deutschland für den einfachen Eigentumsvorbehalt vorgenommen. Die aus der Konkursordnung bekannte Unterscheidung zwischen Aus- und Absonderungsrechten wurde auch in der Insolvenzordnung beibehalten. Bei der Aussonderung wird die fehlende Zugehörigkeit eines Gegenstandes zur Insolvenzmasse reklamiert. Ein Zugriff der Gläubiger auf den Gegenstand erreicht die falsche Vermögensmasse, da lediglich das schuldnerische Vermögen für die Verbindlichkeiten des Schuldners haftet. Der Absonderungsberechtigte hingegen macht ein Befriedigungsrecht an dem Gegenstand geltend, welches dem Anspruch der einfachen Gläubiger auf Befriedigung aus dem Vermögen des Schuldners vorgeht.
Zur Rechtfertigung dieser Ausnahmeregelung kann auf ein besonderes Interesse des Verkäufers verwiesen werden, wieder in den Besitz des gelieferten Gegenstandes zu kommen. Stärker als andere Sicherungsnehmer verfügt der Lieferant einer Sache über Möglichkeiten des Absatzes. Dieses Bedürfnis der Rückgabe endet dort, wo der Gegenstand in seiner ursprünglichen Form nicht mehr vorhanden ist - etwa wegen einer Verarbeitung oder Veräußerung.

Das Bedürfnis wird in den Vereinigten Staaten nicht gesehen. Dies zeigt sich daran, daß es zwar gewisse Privilegierungen für den Sicherungsnehmer bei einer Kaufpreisfinanzierung gibt.[57] Diese gelten aber nicht nur für den Warenlieferanten, sondern auch für den Geldkreditgeber, der den Erwerb von einem Dritten finanziert. Hier dürfte der Grund der Privilegierungen eher in der Förderung des Warenverkehrs zu suchen sein.

Daraus kann geschlossen werden, daß die Aussonderungsbefugnis des Eigentumsvorbehaltsverkäufers in Deutschland ohne erhebliche Nachteile hätte abgeschafft werden können. Dies ist in der Reformdiskussion auch verschiedentlich gefordert worden.[58] Wegen der abweichenden Interessenlage des Vorbehaltslieferanten im Hinblick auf die Rücknahme des Sicherungsgutes ist die

---

57 Siehe dazu näher unten § 11 A III, S. 364.

58 Vgl. etwa Erster Bericht, Leitsatz 1.1.4. Abs. 1 d ; § 55 Abs. 1 Nr. 1 DiskE/RefE; *Drobnig*, Gutachten F des 51. DJT, S. F 95; *ders.* ZGR 1986, 252, 260; *Rümker*, in: Kübler (Hrsg.), Neuordnung des Insolvenzrechts, S. 137. Dagegen *Serick*, Neue Rechtsentwicklungen, S. 267.

Beibehaltung der Unterscheidung in Aus- und Absonderungsrechte meiner Ansicht nach gerechtfertigt - auch wenn die Vereinheitlichung den Vorteil der Vereinfachung der Systematik dinglicher Sicherheiten in der Insolvenz mit sich gebracht hätte.

§ 5 Die Beschränkung des Erwerbs und der Durchsetzung dinglicher Sicherheiten

Von entscheidender Bedeutung für die Kreditsicherung ist die Frage, wie und in welcher Weise die Rechtsordnung im Zusammenhang mit einem Insolvenzverfahren die Masse schützt. So wird der Erwerb und die Durchsetzung von dinglichen Sicherheiten beschränkt.

Hier ist darauf hinzuweisen, daß in Deutschland zwischen dem Schutz der künftigen Masse, solange das Gericht über einen Insolvenzantrag noch nicht entschieden hat, und dem Schutz der Masse nach der Verfahrenseröffnung zu unterscheiden ist. In den Vereinigten Staaten fehlt diese Unterscheidung, da dort die Masse bereits unmittelbar mit der Antragstellung entsteht und ab diesem Zeitpunkt entsprechenden Schutzregelungen bis zur Beendigung des Insolvenzverfahrens unterworfen wird.

A. USA

Bei der Frage, welche Beschränkungen dinglich gesicherte Gläubiger aufgrund des Insolvenzverfahrens hinnehmen müssen, hat im US-amerikanischen Recht der sogenannte "automatic stay" entscheidende Bedeutung. Daneben besteht die Befugnis des Bankruptcy Court, weitere Sicherungsmaßnahmen anzuordnen.

I. Der Automatic Stay

Mit dem "automatic stay" des § 362 BC wird ein Verfahrensstopp verhängt, durch welchen der Beginn und die Fortsetzung nahezu sämtlicher Maßnahmen jeglicher Beteiligter zur Durchsetzung ihrer Rechte gegen den Schuldner verhindert werden. Es erfolgt eine weitgehende Sicherung des schuldnerischen Vermögens vor Zugriffen aller Insolvenzgläubiger und sonstiger Rechtsinhaber. Lediglich Maßnahmen von Neugläubigern gegen den Schuldner persönlich unterliegen von Ausnahmen abgesehen keinerlei Einschränkungen, da diese am Insolvenzverfahren und der Verteilung der Masse nicht teilnehmen.[1]

---

1 Taylor v. First Federal Savings & Loan Association of Monessen, 843 F2d 153 (3rd Cir. 1988); Turner Broadcasting Systems, Inc. v. Sanyo Electric Inc., 33 BR 996 (District Court D Georgia 1983), affirmed 742 F2d 1465 (11th Cir. 1984); Broadcast Music, Inc., v. Game Operators Corp., 107 BR 326 (District Court D Kansas 1989).

1. Allgemeines zum Automatic stay

a) Zweck der Regelung

Die Regelung des § 362 BC verfolgt mehrere Zwecke.[2] Zum einen wird insbesondere der Schutz des Schuldners betont.[3] Dieser ist nicht mehr den - berechtigten oder unberechtigten - Versuchen der Gläubiger ausgesetzt, ihre Forderungen zu realisieren. Die so geschaffene Atempause benötigen der Schuldner oder der eingesetzte vorläufige Verwalter ("interim trustee"), um den wirtschaftlichen Ist-Zustand zu beurteilen und gegebenenfalls einen Zahlungs- oder Reorganisationsplan auszuarbeiten.[4]
Der automatic stay führt darüber hinaus zur Erhaltung der Masse vom Zeitpunkt der Verfahrenseröffnung an. Damit werden andererseits auch die Gläubiger geschützt, da der sogenannte Wettlauf der Gläubiger unterbunden wird.[5] Eine Bevorzugung schnellerer oder besonders hartnäckiger Gläubiger, die die gleichmäßige Befriedigung aller Gläubiger gefährden könnte, wird vermieden.[6] Damit wird der Funktion des Insolvenzverfahrens Rechnung getragen, die Forderungsrealisierung der einzelnem Gläubiger durch ein einheitliches Verfahren für alle Gläubiger gemeinsam zu organisieren.[7] Außerdem wird so der Verbund der schuldnerische Vermögensgegenstände erhalten, welcher möglicherweise für eine erfolgreiche Reorganisation erforderlich ist.[8]

Wegen der doppelten Schutzrichtung, welche auch die Interessen der Gläubigergesamtheit einschließt, hat der Schuldner nicht die Möglichkeit, mit

---

2 Zum gesetzgeberischen Anliegen vgl. Independent Union of Flight Attendants v. Pan American World Airways, Inc., 966 F2d 457 (9th Cir. 1992); In re Torrez, 132 BR 924 (Bankruptcy Court ED California 1991).

3 So etwa In re Indian Palms Associates, Ltd., 61 F3d 197 (3rd Cir. 1995); Maritime Electric Co., Inc., v. United Jersey Bank, 959 F2d 1194 (3rd Cir. 1991); In re Stringer, 847 F2d 549 (9th Cir. 1988).

4 HR Report No. 595, 95th Congress, 1st Session, S. 174 (1977); In re Siciliano, 13 F3d 748 (3rd Cir. 1994).

5 Checkers Drive-In Restaurants, Inc., v. Commissioner of Patents & Trademarks, 51 F3d 1078, 1082 (DC Cir. 1995); Lynch v. Johns-Manville Sales Corp., 710 F2d 1194 (6th Cir. 1983); Matter of Holtkamp, 669 F2d 505 (7th Cir. 1982).

6 Pursifull v. Eakin, 814 F2d 1501 (10th Cir. 1987); In re Paul, 67 BR 342 (Bankruptcy Court D Massachusetts 1986). Vgl. auch HR Report No. 595, 95th Congress, 1st Session, S. 174 f. (1977).

7 Dazu *Jackson*, S. 151 f., *Cowans*, § 11.3(a), S. 458.

8 *Bienenstock*, S. 97; *Broude*, § 4.01, S. 4-2; *Collier*, ¶ 362.03[2], S. 362-14.

allgemeiner Wirkung auf den automatic stay zu verzichten.[9] Will der Schuldner, soweit er die Verwaltungsbefugnis als "debtor in possession" behalten hat, nach Verfahrenseröffnung die Befreiung eines einzelnen Gläubigers von den Beschränkungen im Rahmen einer Vereinbarung erzielen, muß dies den anderen Gläubigern bekannt gemacht und gegebenenfalls vom Gericht bestätigt werden.[10]

b) Geschichtliche Entwicklung

Die jetzige gesetzliche Regelung hat sich aus der Rechtsprechung zum Bankruptcy Act von 1841 entwickelt.[11] Zunächst hatten die Gerichte Vollstreckungsmaßnahmen gegen den Schuldner, sein Eigentum oder die Masse durch einstweilige Verfügungen unterbunden; dies wurde später vom Supreme Court mit der den Bankruptcy Courts originär zustehenden Kompetenz gerechtfertigt.[12]

In den Jahren 1934 und 1935 wurden in den Bankruptcy Act erstmals ausdrückliche Regelungen aufgenommen, die diese Entscheidungsbefugnis der Gerichte für das Reorganisationsverfahren des damaligen Kapitels X gesetzlich festschrieben.[13] Sie betrafen ihrem Wortlaut nach zunächst nur die Möglichkeit der Insolvenzgerichte, den Beginn oder die Fortsetzung gerichtlicher Verfahren zur Durchsetzung von Sicherungsrechten zu verbieten. Daraus hatten die Gerichte die weitergehende Befugnis hergeleitet, auch außergerichtliche Maßnahmen zur Durchsetzung von Gläubigerrechten unterbinden zu dürfen.[14] Diese Verfahrensweise und die daraus resultierenden Beschränkungen der Gläubigerrechte wurden vom Supreme Court bestätigt und für verfassungsgemäß erachtet.[15]

Unverzichtbare Voraussetzung für eine gerichtliche Verfügung war jeweils ein Antrag, entweder durch den Schuldner oder den trustee.[16] Von diesem

---

9 Maritime Electric Co., Inc. v. United Jersey Bank, 959 F2d 1194 (3rd Cir. 1991); Ostano Commerzanstalt v. Telewide Systems, Inc., 790 F2d 206 (2nd Cir. 1986).

10 Bankruptcy Rule 4001(d), vgl. dazu etwa In re Randall Enterprises, Inc., 115 BR 292 (Bankruptcy Court D Colorado 1990).

11 Siehe bereits Ex parte City Bank of New Orleans, 44 US (Howard Bd. 3) 292 (1845).

12 Local Loan Co. v. Hunt, 292 US 234 [240], 54 SCt 695, 78 LEd 1230 (1934).

13 § 77 BA (11 USC § 205), August 7, 1935, chapter 774, 49 Stat. 911; § 77B BA (11 USC § 207), June 7, 1934, chapter 421, 48 Stat. 912.

14 In re Prudence-Bonds Corp., 77 F2d 328 (2nd Cir. 1935), certiorari denied 296 US 584 (1935).

15 Continental Illinois National Bank & Trust Co. v. Chicago, Rock Island & Pacific Railway Co., 294 US 648, 55 SCt 595, 79 LEd 1110 (1935).

16 Vgl. nur Clarke v. Larremor, 188 US 486, 23 SCt 363 (1903).

Erfordernis rückten erstmals die Bankruptcy Rules von 1973 ab, durch deren Bestimmungen ohne weitere Anträge und gerichtliche Entscheidungen eine Vielzahl von Vollstreckungsmaßnahmen durch die Gläubiger ausgeschlossen waren[17] - diese enthielten somit erstmals eine automatische Beschränkung der Durchsetzung von Gläubigerrechten. Der so erreichte Schutz war allerdings nicht vollständig, so daß eine Vielzahl von Gläubigerhandlungen möglich blieben.[18]
Die mit dem Bankruptcy Reform Act 1978 eingeführte Regelung des § 362 BC erreicht nunmehr im Zusammenspiel mit speziellen Bestimmungen in den Kapiteln 11 und 13 einen nahezu lückenlosen Schutz des Schuldners und seines Vermögens und führt damit zu einer allgemeinen Beschränkung der individuellen Durchsetzbarkeit von Gläubigerrechten im Insolvenzverfahren.

c) Dauer des Automatic Stay

Der automatic stay wird durch den Antrag auf Eröffnung des Verfahrens gemäß §§ 301, 302 oder 303 BC ausgelöst und ist daher unabhängig davon, welche Partei den Eröffnungsantrag gestellt hat und welche Art von Verfahren beantragt wurde. Für einen Gläubigerantrag wird zum Teil vertreten, daß erst der gerichtliche Eröffnungsbeschluß ("order for relief") diese Wirkung hat.[19] Dies erscheint aufgrund des eindeutigen gesetzlichen Wortlautes, der ausschließlich auf den Umstand der Antragstellung abstellt und keine Einschränkung hinsichtlich der Person des Antragstellers macht, zweifelhaft. Deswegen wird auch überwiegend die Ansicht vertreten, daß auch bei unfreiwilligen Verfahren der Verfahrensstopp bereits durch den Eröffnungsantrag ausgelöst wird.[20] Im folgenden wird der maßgebende Zeitpunkt der Stellung des Erföffnungsantrages auch als "Verfahrensbeginn" bezeichnet, um den aus dem deutschen Recht stammenden Begriff der "Verfahrenseröffnung" zu vermeiden. Dieser paßt nicht auf den hier maßgeblichen Zeitpunkt der Verfahrenseinleitung.

Der automatic stay endet grundsätzlich erst mit der Beendigung des Insolvenzverfahrens durch abschließende Verfahrenshandlungen des Gerichtes.[21] Durch

---

17 Bankruptcy Rules (1973) 401, 601, 10-601, 11-44, 12-43 und 13-401; dazu *Collier*, ¶ 362.LH[3], S. 362-126 f.

18 *Coogan*, Georgia Law Review 14 (1980), 153, 159; *Levy*, S. 97 f.

19 In re Acelor, 169 BR 764, 765 (Bankruptcy Court SD Florida 1994); In re Benson, 33 BR 572 (Bankruptcy Court ND Ohio 1983).

20 Constitution Bank v. DiMarco, 155 BR 913 (District Court ED Pennsylvania 1993); In re Oxford Dev., Ltd., 115 BR 216 (Bankruptcy Court WD Missouri 1990); *Collier*, ¶ 362.02, S. 362-12; *Norton*, § 36:4, S. 36-7.

21 § 362(c) BC, dazu *Epstein/Nickles/White*, § 3-23(a), S. 256 ff.; *Levy*, S. 107 f.

bestimmte Ereignisse kann der Verfahrensstopp für bestimmte Gegenstände oder Maßnahmen schon vorher enden, etwa durch Entfernung des Vermögensgegenstandes aus der Masse. Neben diesen Fällen des automatischen Erlöschens gibt es nach § 362(d) BC auch die Möglichkeit für einzelne Gläubiger, die Wirkungen des automatic stay durch das Gericht aufheben oder zumindest einschränken zu lassen.

d) Wirkungen

Die Wirkungen des automatic stay treten von Gesetzes wegen ein, es bedarf also grundsätzlich keiner weiteren Regelung durch das Gericht. Etwas anderes gilt bei einem Antrag auf Durchführung eines Hilfsverfahrens für ein ausländisches (d.h. nicht US-amerikanisches) Insolvenzverfahren gemäß § 304 BC. Dort hat das US-amerikanische Gericht nach § 304(b) BC aber die Möglichkeit, durch besondere Anordnung einen vergleichbaren Schutz herbeizuführen.

Rechtsakte und Maßnahmen, die den automatic stay verletzen, sind grundsätzlich unwirksam.[22] Dies gilt auch dann, wenn der Gläubiger in Unkenntnis des Bankruptcy-Verfahrens gehandelt hatte, also vom Verfahrensstopp nichts wußte.[23] Verletzt ein Gläubiger wissentlich den automatic stay, hat er darüber hinaus nach § 362(h) BC entstandene Verluste zu ersetzen.[24] Weiterhin können bewußte Verstöße als strafbare Mißachtung des Gerichts geahndet werden.[25]

2. Anwendungsbereich

Der Anwendungsbereich des automatic stay bestimmt sich nach § 362 BC. Absatz (a) nennt zunächst die Maßnahmen, die von der Regelung betroffen werden. Um einen umfassenden Schutz zu erreichen, wird dieser Teil von den Gerichten weit ausgelegt.[26] Absatz (b) nennt hingegen die vom

---

22 Franklin Saving Association v. Office of Thrift Supervision, 31 F3d 1020 (10th Cir. 1994); Ellis v. Consolidated Diesel Elec. Corp., 894 F2d 371, 372 (10th Cir. 1990); In re Shamblin, 890 F2d 123, 125 (9th Cir. 1989).

23 In re Smith, 876 F2d 524, 526 (6th Cir. 1989); In re Sumpter, 171 BR 835; Bailey v. Campbell, 862 P2d 461, 469 mit weiteren Nachweisen (Oklahoma Supreme Court 1991); Lawrenson v. Global Marine, Inc., 869 SW2d 519 (Texas Court of Appeals 1993).

24 Vgl. dazu In re Goodman, 991 F2d 613 (9th Cir. 1993); In re Bloom, 875 F2d 224 (9th Cir. 1989); Pettitt v. Baker 876 F2d 456 (5th Cir. 1989); dazu auch *Cowans*, § 11.3(l), S. 478.

25 So schon Local Loan Co. v Hunt, 292 US 234 [240], 54 SCt 695, 78 LEd 1230 (1934); Borg-Warner Acceptance Corp. v. Hall, 685 F2d 1306 (11th Cir. 1982).

26 Vgl. etwa In re Parr Meadows Racing Association, 880 F2d 1540 (2nd Cir. 1989); In re

Anwendungsbereich ausgenommenen Maßnahmen. Diese Bestimmungen werden eng ausgelegt.[27] Dabei ist jeweils zu beachten, daß bei der Wirkung des automatic stay nicht nur danach unterschieden wird, welcher Rechtsträger handelt und um welche Art von Maßnahme es geht, sondern auch, ob die Maßnahme gegen die Masse, gegen das sonstige Eigentum des Schuldners oder gegen den Schuldner selbst gerichtet ist.[28] Nicht beeinträchtigt werden hingegen Verfahren, die der Schuldner gegen Dritte initiiert hat.[29]

a) Beschränkungen für alle Gläubiger

Die Regelung des § 362(a)(1) BC bestimmt den Stillstand jeder Art von Verfahren oder Maßnahme gegen den Schuldner. Das bedeutet, daß bereits laufende Klagen und Vollstreckungsverfahren unterbrochen werden und neue nicht begonnen werden können. Auch die Durchsetzung bereits vor Verfahrenseröffnung erlangter Urteile wird unzulässig, § 362(a)(2) BC. Der automatic stay richtet sich aber nicht nur gegen justizförmige Verfahren, sondern auch gegen private Maßnahmen gegen den Schuldner zur Realisierung einer Forderung, wie z.B. die Aufforderung zur Zahlung oder die Aufrechnung gegen eine Forderung des Schuldners, die zur Masse gehört.[30]

Dieser weitgehende Schutz des Schuldners vor gerichtlichen, behördlichen und privaten Handlungen erfährt durch § 362(b) BC aus den verschiedenen Gründen Einschränkungen. So gilt die Beschränkung z.B. nicht für Maßnahmen der Strafverfolgung des Schuldners, welche aus öffentlichen Interessen ungeachtet des Insolvenzantrages eröffnet und auch fortgesetzt werden können, § 362(b)(1) BC.

Computer Communications Inc., 824 F2d 725 (9th Cir. 1987); In re Baldwin-United Corp., 57 BR 759 (District Court SD Ohio 1985).

27 In re Glasply Marine Industries, Inc., 971 F2d 391 (9th Cir. 1992); In re Stringer, 847 F2d 549, 552 (9th Cir. 1988).

28 *Epstein/Nickles/White*, § 3-4, S. 87; vgl. auch Interstate Commerce Commission v. Holmes Transportation, Inc., 931 F2d 984, 987 (1st Cir. 1991); Association of St. Croix Condominium Owners v. St. Croix Hotel Corp., 682 F2d 446 (3rd Cir. 1982).

29 Brown v. Armstrong, 949 F2d 1007 (8th Cir. 1991); Martin-Trigona v. Champion Federal Savings and Loan Association, 892 F2d 575 (7th Cir. 1989); Mesiti v. Microdot, Inc., 156 BR 113 mit weiteren Nachweisen (District Court D New Hampshire 1993).

30 § 362(a)(6), (7) BC.

Eine Reihe von anderen Ausnahmen soll Regierungsstellen die Ausübung ihrer behördlichen Befugnisse ermöglichen.[31] Der Grund für diese Regelungen liegt in einigen früheren gerichtlichen Entscheidungen zum Bankruptcy Act, die implizierten, daß auch sämtliche Maßnahmen von Behörden unter die Regelung des automatic stay fielen.[32] Da diese Ansicht gegen vorrangige öffentliche Interessen verstieß, kam es im Bankruptcy Code zu der ausdrücklichen Zulassung derartiger behördlicher Maßnahmen. Dies stellt zwar eine Einschränkung des angestrebten Schutzes dar, wird aber hingenommen, soweit es nicht zu einer vorrangigen Befriedigung staatlicher Stellen in ihrer Eigenschaft als Gläubiger führt.[33]

Problematisch ist die Anwendung dieser Ausnahmeregelungen dann, wenn es um die Durchsetzung gerichtlicher Titel geht, die die Behörden in Wahrnehmung ihrer Befugnisse erlangt haben. Dies ist nach § 362(b)(5) BC nur gestattet, soweit es sich nicht um Titel handelt, die auf Zahlung von Geld gerichtet sind. Dabei ist die Formulierung klarer Abgrenzungskriterien schwierig.[34]
Auch Privatpersonen sind in bestimmten Einzelfällen von den Beschränkungen des automatic stay befreit. So können Unterhaltszahlungen weiterhin eingezogen werden, solange sie aus dem sonstigen Eigentum des Schuldners und nicht aus der Masse geleistet werden, § 362(b)(2)(B) BC. Für Forderungen aus besonderen Geschäften - etwa Warentermin- oder Swapgeschäften - ist die Aufrechnung weiterhin zulässig.[35]
Ein Vermieter darf nach Ablauf der Vertragsdauer Maßnahmen zur Wiedererlangung der Mietsache ergreifen, wenn die Mietsache nicht Wohnzwecken dient, § 363(b)(10) BC. Schließlich sind die wertpapierrechtlichen Prozeduren - etwa die Vorlegung von übertragbaren Wertpapieren (z.B. Scheck, Wechsel, Inhaberschuldverschreibungen) sowie bei Nichtzahlung die Bekanntmachung und der Protest vom automatic stay ausgenommen, § 362(b)(11) BC.

---

[31] Vgl. § 362(b)(4), (5), (8), (9), (12), (13), (14), (15), (16) BC.

[32] Vgl. Commodity Futures Trading Commission v. Incomco, Inc., 649 F2d 128 (2nd Cir. 1981) on remand 559 FSupp 529 (District Court SD New York 1983).

[33] National Labor Relations Board v. Sawulski, 158 BR 971 (District Court ED Michigan 1993); United States v. Caro, 47 BR 995 (D New York 1985); In re Ngan Gung Restaurant, Inc., 183 BR 689 (Bankruptcy Court SD New York 1995).

[34] Vgl. nur die Begründungen in Ohio v. Kovacs, 469 US 274, 105 SCt 705, 83 LEd2d 649 (1985) und Penn Terra Ltd. v. Department of Environmental Resources, 733 F2d 267 (3rd Cir. 1984).

[35] Vgl. §§ 362(b)(6), (7), (14) BC.

b) Beschränkungen der Gläubiger mit dinglichen Sicherheiten

Die gesicherten Gläubiger sind für Maßnahmen gegen den Schuldner den allgemeinen Beschränkungen für die Durchsetzung von Forderungen im Insolvenzverfahren unterworfen, welche für alle Rechtsträger gelten. Daneben enthalten die Regelungen des automatic stay auch eine Reihe von weiter gehenden Beschränkungen der besonderen Möglichkeiten, die sich für die gesicherten Gläubiger aus der Existenz der Sicherungsvereinbarung und des Sicherungsgutes ergeben.

(1) Maßnahmen des Erwerbs und der Durchsetzung einer Sicherheit

Von grundlegender Bedeutung für die Sicherung des Vermögens im Hinblick auf eine gleichmäßige Verteilung an alle Gläubiger ist die Erhaltung der durch § 541 BC geschaffenen Insolvenzmasse. Daher verhindert § 362(a)(4) BC sämtliche Maßnahmen zur Begründung, perfection oder Durchsetzung eines Sicherungsrechtes an einem zur Masse gehörenden Gegenstand.[36] Diese Bestimmung betrifft vor allem Gläubiger, die es versäumt haben, ein vereinbartes Sicherungsrecht an einem Vermögensgegenstand in das entsprechende Register einzutragen und es auf diese Weise drittwirksam zu machen. Dies kann nach Eröffnung des Verfahrens nicht mehr nachgeholt werden. Somit erlangen diese Gläubiger aufgrund des Vorrangs des trustee mit seinem hypothetischen Pfändungspfandrecht nach § 544(a)(1) BC keinerlei Vorzugsstellung im Insolvenzverfahren.

(2) Die Zulässigkeit der Perfection in besonderen Fällen

Eine Ausnahme vom automatic stay sieht § 362(b)(3) BC zur perfection eines Sicherungsrechts vor. Die erstmalige perfection darf danach noch durchgeführt werden, wenn die Maßnahme innerhalb der von den zugrunde liegenden materiellen Norm bestimmten Frist stattfindet.[37] Damit wird auf die Regelung des § 9-301(2) UCC Bezug genommen, die eine Rückwirkung der Eintragung auf einen früheren Zeitpunkt bestimmt. Somit ist insbesondere die perfection des sogenannten purchase-money security interest und gesetzlicher Pfandrechte, etwa des mechanic's lien, auch nach Stellung des Eröffnungsantrags zulässig.[38]

---

36 Eine entsprechende Regelung für Gegenstände, die nicht in die Masse fallen, sondern bei dem Schuldner verbleiben, trifft § 362(a)(5) BC.

37 Vgl. § 362(b)(3) iVm. § 546(b) BC.

38 In re Lionel Corp., 29 F3d 88 (2nd Cir. 1994); In re Larson, 979 F2d 625 (8th Cir. 1992); In re Yobe Electric, Inc., 728 F2d 207 (3rd Cir. 1984).

Nicht betroffen von dem automatic stay ist auch die Eintragung einer Verlängerungserklärung, wie sie gemäß § 9-403(3) UCC nach Ablauf von fünf Jahren zur weiteren Erhaltung der perfection erforderlich wird.[39] Nimmt der Sicherungsnehmer diese Möglichkeit während des Insolvenzverfahrens nicht wahr, so kann er innerhalb von 60 Tagen nach Beendigung des Insolvenzverfahrens diese Maßnahme wirksam nachholen, § 9-403(2) Satz 3 UCC. Einen Nachteil durch Ablauf des fünfjährigen Zeitraumes während des Verfahrens erleidet der Sicherungsnehmer nicht. Denn für das Insolvenzverfahren wird für die Beurteilung der Wirksamkeit des Sicherungsrechts auf den Zeitpunkt der Verfahrenseröffnung abgestellt.[40]

(3) Die Realisierung von Sicherheiten

Auch die Realisierung eines bereits perfektionierten Sicherungsrechts ist unzulässig, wobei insbesondere Versuche zur Erlangung des Besitzes oder der sonstigen Kontrolle über Vermögensgegenstände der Masse durch § 362(a)(3) BC gestoppt werden. Der Inhaber eines Pfandrechts darf daher auch bei Vorliegen der ansonsten erforderlichen Voraussetzungen das Sicherungsgut nicht mehr in Besitz nehmen, wie es ihm nach der Regelung in § 9-503 UCC gestattet wäre.[41] Im Gegenteil, die Nichtrückgabe des vor Eröffnung des Verfahrens rechtmäßig in Besitz genommenen Sicherungsgutes wird als Verletzung des automatic stay angesehen.[42]

Weiterhin ist der Sicherungsnehmer gehindert, die Verwertung des Sicherungsgutes zu betreiben und - wenn diese bereits begonnen wurde - fortzusetzen.[43] Das bedeutet insbesondere, daß nach Stellung des Eröffnungsantrags keine

---

39 In re Larson, 979 F2d 625, 627 (8th Cir. 1992); In re Morton, 866 F2d 561, 564 (2nd Cir. 1989); In re Stuber, 142 BR 435, 438 (Bankruptcy Court D Kansas1992); a.A. In re Bond Enterprises, Inc., 54 BR 366, 369 (Bankruptcy Court D New Mexico 1985).

40 In re Bond Enterprises, Inc., 54 BR 366, 369 mit weiteren Nachweisen (Bankruptcy Court D New Mexico 1985).

41 *Orr/Klee*, UCC Law Journal 11 (1979), 322; *Duncan/Lyons*, § 7.01[2], S. 7-3

42 United States v. Whiting Pools, Inc., 462 US 198 [206], 103 SCt 2309, 76 LEd2d 515 (1983).

43 Sunshine Development Inc. v. Federal Deposit Insurance Corp., 33 F3d 106, 111 (1st Cir. 1994); In re Graves, 33 F3d 242 (3rd Cir. 1994); Valley Transit Mix of Ruidesso, Inc. v. Miller, 928 F2d 354 (10th Cir. 1991).

Versteigerung erfolgen darf.[44] Zur Sicherheit abgetretene Forderungen darf der Sicherungsnehmer ebenfalls nicht einziehen.[45]

Die Beschränkung von Verwertungshandlungen durch den automatic stay findet seine Grenzen dort, wo dem Schuldner keinerlei Rechte mehr am Sicherungsgut zustehen. Dies ist etwa der Fall, wenn der Gläubiger im Zeitpunkt der Verfahrenseröffnung die Verwertung schon so weit betrieben hat, daß dem Schuldner insbesondere kein Auslösungsrecht ("right to redeem") wegen Verzicht oder Ablauf der einzuhaltenden Frist mehr zusteht.[46] So kann auch eine bereits erfolgte Verwertung nicht mehr rückgängig gemacht werden.[47]

In bestimmten Fällen, in denen staatliche Stellen als gesicherte Gläubiger auftreten, sind diese durch spezielle Sonderregelungen vom Verfahrensstillstand befreit. So ist etwa nach einer 90tägigen Schonfrist die Zwangsverwertung von Wasserfahrzeugen[48], an denen das Transportministerium ein spezielles Sicherungsrecht nach dem Merchant Marine Act von 1936[49] innehat, nach § 362(b)(12) BC möglich. Entsprechendes gilt für derartige Sicherungsrechte des Handelsministeriums, § 362(b)(13) BC.
Abgesehen davon bestehen für staatliche Stellen bei der Ausübung von Gläubigerrechten keine Privilegien. So sind etwa die Steuerbehörden mit dem gesetzlichen Pfandrecht für Steuerforderungen aus der Zeit vor Verfahrenseröffnung den Beschränkungen des automatic stay unterworfen wie andere gesicherte Gläubiger auch.[50]

---

44 In re Peters, 184 BR 799 (9th Cir. BAP 1995); Homer National Bank v. Namie, 96 BR 652, 654 (District Court WD Louisiana 1989); In re Koresko, 91 BR 689 (Bankruptcy Court ED Pennsylvania 1989).

45 In re Westchase I Associates, L.P., 126 BR 692, 696 f. (District Court WD North Carolina 1991); Rivera Feliciano v. Sistema de Retiro del E.L.A., 111 BR 380 (Bankruptcy Court D Puerto Rico 1990).

46 *Baird/Jackson*, S. 537. Zum right of redeem vgl. oben § 2 B IV 3, S. 67.

47 So bereits Straton v. New, 283 US 318, 323 (1930); In re Lashley, 825 F2d 362 (11th Cir. 1987).

48 Title 46 USC § 31325.

49 § 207 und Title IX Merchant Marine Act.

50 In re Pinkstaff, 974 F2d 113 (9th Cir. 1992); Makoroff v. Lockport, 916 F2d 890 (3rd Cir. 1990); In re Nashville White Trucks, Inc., 731 F2d 376 (6th Cir. 1984). Für Steuerforderungen nach Verfahrenseröffnung gilt der automatic stay nicht, § 362(b)(18) BC.

(4) Die Ausnahmeregelung für besonderes Sicherungsgut

Die Regelungen der §§ 1110, 1168 BC enthalten für das Reorganisationsverfahren spezielle Schutzmechanismen für Kreditgeber mit dinglichen Sicherheiten an bestimmten Gegenständen des Flug-, Wasser- oder Eisenbahntransportgewerbes. Zur Begründung für die Privilegierungen, deren Vorläufer bereits im Bankruptcy Act enthalten waren, wurde darauf hingewiesen, daß die Finanzinstitute ermutigt werden sollen, dem Transportgewerbe mit geringen Kosten verbundene Kredite zur Verfügung zu stellen.[51]

Die Sonderregelung erlaubt die Inbesitznahme des Sicherungsgutes ungeachtet der Eröffnung des Insolvenzverfahrens nach Maßgabe der vertraglichen Vereinbarungen. Weder gelten hier die Beschränkungen des automatic stay, noch kann das Gericht durch sonstige Anordnungen diese Maßnahme unterbinden.[52]

Um die Inbesitznahme und Verwertung des Sicherungsgutes durch den Sicherungsnehmer zu verhindern, hat der trustee innerhalb einer 60tägigen Frist nach Verfahrenseröffnung die Erfüllung sämtlicher Ansprüche des Sicherungsnehmers aus der Sicherungsvereinbarung, die nach Verfahrenseröffnung fällig geworden sind, verbindlich zuzusagen. Weiterhin hat er die Leistungspflichten, mit denen sich der Schuldner im Verzug befindet, innerhalb dieser Frist bzw. innerhalb von dreißig Tagen nach Verzugseintritt zu erfüllen.[53]

(5) Wirkung für Maßnahmen gegen Dritte

Aus dem automatic stay ergibt sich hingegen keine Beschränkung für die Verfolgung der Ansprüche gegen Mitschuldner ("codebtors") und Bürgen ("sureties" bzw. "guarantors").[54] Grundsätzlich können die Gläubiger also gegen Mitverpflichtete vorgehen, auch wenn ein Insolvenzantrag für den Hauptschuldner gestellt wurde, da der automatic stay für den Schuldner einer derartigen

---

51 HR Report No. 595, 95th Congress, 1st Session, S. 238 f. (1977). Weiter wird ausgeführt, daß die Kreditwirtschaft gedroht habe, sie werde derartige Finanzierungen künftig nicht mehr durchführen, wenn die Vorgängerregelungen der § 77(j) bzw. 205(j) BA ersatzlos gestrichen würden (aaO., S. 239). Somit ist die Existenz dieser Sonderregelung auch als Beispiel für die erfolgreiche Einflußnahme der Kreditwirtschaft auf die Gesetzgebung anzusehen.

52 Zu dieser gerichtlichen Kompetenz sogleich unter II, S. 117 f.

53 §§ 1110(a)(1), 1168(a)(1) BC.

54 Vgl. für codebtors Royal Truck & Trailer, Inc. v. Armadora Maritima Salvadorena, 10 BR 488 (District Court D Illinois 1981); In re Passmore, 156 BR 595 (Bankruptcy Court ED Wisconsin 1993); für guarantors Credit Alliance Corp. v. Williams, 851 F2d 119 (4th Cir. 1988); *Cowans*, § 11.3(i), S. 469 mit weiteren Nachweisen; für sureties Willis v. Celotex Corp., 978 F2d 146 (4th Cir. 1992), certiorari denied 113 SCt 1846, 123 LEd2d 470; *Epstein/Nickles/White*, § 3-5, S. 90; *Leo/Wilson*, S. 9-8 mit weiteren Nachweisen.

Mitverpflichtung keine Wirkung entfaltet. Gleiches gilt für Dritte, die ein Sicherungsrecht an einem ihnen gehörenden Gegenstand zur Verfügung gestellt haben.[55] Nur in seltenen Fällen haben die Gerichte die Ausdehnung des Schutzes aus Billigkeitserwägungen auch auf den Mitverpflichteten verfügt - wenn nämlich die Verflechtungen zwischen Hauptschuldner und Mitverpflichteten derart eng waren, daß ein Vorgehen gegen den Mitverpflichteten den Hauptschuldner unmittelbar getroffen hätte.[56]
Eine beschränkte gesetzliche Erstreckung des automatic stay auf Mitverpflichtete sehen hingegen die Regelungen in den Kapiteln 12 und 13 vor. Nach den insoweit gleichlautenden Bestimmungen werden auch Maßnahmen gegen guarantors und sureties durch den automatic stay für die Dauer dieser speziellen Verfahren gestoppt.[57] Die Voraussetzungen weichen allerdings in Einzelheiten von denen des § 362 BC ab. So muß die zugrundeliegende Verbindlichkeit aus einem Konsumgeschäft stammen, d.h. deren Eingehung muß vorrangig privaten Interessen dienen[58] und auch die Mitverpflichtung darf nicht geschäftsmäßig eingegangen sein[59]. Wenn diese Voraussetzungen gegeben sind, gilt der automatic stay für gerichtliche und außergerichtliche Maßnahmen nicht nur gegen den Schuldner, sondern auch gegen die Mitverpflichteten.

3. Aufhebung oder Beschränkung durch das Gericht

Aus der Regelung des automatic stay ergibt sich eine erhebliche Beeinträchtigung der Rechte von Sicherungsnehmern. Diese können wegen dieser Bestimmung den im Sicherungsrecht gebundenen Wert während des Insolvenzverfahrens nicht realisieren und sind darüber hinaus der Gefahr einer Wertminderung ausgesetzt. Aufgrund dieses Umstandes und wegen des weiten Anwendungsbereiches des § 362(a) BC ist für die Gläubiger die Frage nach einer Befreiung von den Beschränkungen von großer Bedeutung: Nach § 362(d) BC ist das Insolvenzgericht auf Antrag befugt, einen Beteiligten von den Beschränkungen des automatic stay zu befreien.[60]

---

55 In re Chugach Forest Prods., 23 F3d 241 (9th Cir. 1994); In re Geris, 973 F2d 318 (4th Cir. 1992).

56 Z.B. In re Western Real Estate Fund., Inc., 922 F2d 592, 599 (10th Cir. 1990); In re A.H. Robins Co., Inc., 880 F2d 694, 700 ff. (4th Cir. 1989), certiorari denied 493 US 959, 110 SCt 376, 107 LEd2d 362 (1989)

57 §§ 1201 und 1301 BC. Zu diesem Verfahren unten § 10, S. 345 ff.

58 Zur Defintion der "consumer debts" vgl. § 101(7) BC.

59 §§ 1201(a)(1), 1301(a)(1) BC.

60 Das formelle Verfahren bei der Befreiung regeln die Bankruptcy Rules 4001, 9013, 9014.

Mit dieser gerichtlichen Aufhebungsbefugnis wird zum einem dem Umstand Rechnung getragen, daß durch die weite Fassung des § 362(a) BC auch Verfahren unzulässig werden, die in keiner Beziehung zum Insolvenzverfahren stehen - etwa Scheidungs- oder Sorgerechtsprozesse.[61] Gleiches gilt, wenn es um die Herausgabe einer Sache geht, an welcher der Schuldner keine Rechte geltend machen kann.[62] Zum anderen kann der Verfahrensstopp aus verschiedenen Gründen für die Gläubiger unbillig sein, etwa wenn der Insolvenzantrag in betrügerischer Absicht gestellt wurde.[63]

Welche Wirkung die Befreiung entfaltet, ist nicht gesetzlich geregelt, vielmehr muß das Gericht selbst bestimmen, in welcher Weise der Antragsteller künftig vorgehen kann. Im Gesetz werden aber denkbare Möglichkeiten in § 363(d) BC beispielhaft genannt. Häufig wird die Beschränkung des automatic stay für den Antragsteller mit ex nunc Wirkung aufgehoben, das Gericht kann der Aufhebung aber auch ex tunc Wirkung geben.[64] Daneben kann das Gericht den automatic stay - wie in § 362(d) BC ausdrücklich bestimmt - in jeglicher Form modifizieren, befristen und die Fortdauer von Bedingungen abhängig machen.
Für Inhaber vertraglicher Mobiliarsicherheiten sind vor allem zwei der geregelten Aufhebungsgründe einschlägig. Daneben hat auch die Generalklausel Anwendung auf Maßnahmen von Sicherungsnehmern gefunden.

a) Der fehlende Schutz des Sicherungsnehmers

In § 362(d)(1) BC wird als Beispiel für einen Grund zur Aufhebung des automatic stay der fehlende Schutz eines Rechts am schuldnerischen Vermögen genannt. Diese Bestimmung erlangt insbesondere für dinglich gesicherte Gläubiger besondere Bedeutung. Dies spiegelt sich darin wieder, daß Sicherungsnehmer diese Bestimmung von den verschiedenen Aufhebungsgründen am häufigsten geltend machen.[65] Ungesicherte Gläubiger dagegen können sich, da ihnen keine Rechte an einzelnen Gegenständen des Schuldnervermögens zustehen, nicht auf diese Norm berufen.

---

61 HR Report No. 595, 95th Congress, 1st Session, S. 344 (1977).

62 In re Fernstrom Storage and Van Co., 938 F2d 731, 735 (7th Cir. 1991); dazu auch *Cowans*, § 9.10; S. 203.

63 In re Dixie Broadcasting, Inc., 871 F2d 1023 (11th Cir. 1989), certiorari denied 493 US 853, 110 SCt 154, 107 LEd2d 112; In re Natural Land Corp., 825 F2d 296 (11th Cir. 1987); In re Sonnax, 907 F2d 1280, 1286 (2nd Cir. 1990).

64 In re Schwartz, 954 F2d 568, 573 (9th Cir. 1992); In re Albany, 749 F2d 670 (11th Cir. 1984); Scrima v. John Sevries Agency, Inc., 103 BR 128, 135 (District Court WD Michigan 1989); dazu *Levy*, S. 117 ff.

65 *Collier*, ¶ 362.07[3][a], S. 362-81; *Epstein/Nickles/White*, § 3-1, S. 83.

Diese Vorschrift ist vor allem vor dem Hintergrund des fünften Zusatzartikels der Verfassung[66] zu sehen, der den Schutz des Eigentums gewährleistet.[67] Dieser Schutz wird für das Insolvenzrecht durch § 361 BC konkretisiert. Auf diese Regelung nimmt § 362(d)(1) BC für die Aufhebung des automatic stay Bezug. Allerdings wird im Bankruptcy Code keine Definition des hinreichenden Schutzes ("adequate protection") gegeben; § 361 BC nennt lediglich Beispiele, wie der hinreichende Schutz hergestellt werden kann.[68]
Um festzustellen, ob im Rahmen des § 362(d)(1) BC das Recht des Gläubigers am Sicherungsgegenstand hinreichend gesichert ist, wird in drei Schritten vorgegangen: Zunächst wird der Wert des Interesses des Gläubigers festgestellt, dann die möglichen Wertverluste, denen dieses Interesse ausgesetzt ist, und schließlich, ob das festgestellte Risiko durch andere Maßnahmen als die Aufhebung des automatic stay ausgeglichen werden kann.[69]

(1) Die Bewertung des gläubigerischen Interesses

Bei der Bewertung des gläubigerischen Interesses am Sicherungsgut muß unterschieden werden zwischen den vollgesicherten bzw. übersicherten Gläubigern, deren Forderung hinter dem Wert des Sicherungsgutes zurückbleibt oder zumindest ebenso hoch ist, und den untersicherten Gläubigern. Bei den vollgesicherten Gläubigern ergibt sich das geschützte Interesse aus der Höhe der zustehenden Forderung. Bei den untersicherten Gläubigern hingegen kommt es letztlich nicht auf die Forderungshöhe an, da das geschützte Interesse durch den Wert des Sicherungsgutes begrenzt wird.[70] Die angemessene Bewertung der Gegenstände ist allerdings mit erheblichen Schwierigkeiten verbunden.[71]

(a) Vorrangige Belastungen

Bei der Beurteilung sind auch vorrangige Belastungen zu berücksichtigen, durch die sich der Wert des Sicherungsgutes für den antragstellenden Gläubiger

---

66 Fifth Amendment von 1791. Darin ist bestimmt: "No person shall be deprived of ... property, without due process of law; nor shall private property be taken for public use, without just compensation."

67 Wright v. Union Central Life Ins. Co., 311 US 273, 61 SCt 196 (1940), rehearing denied 312 US 711, 61 SCt 445 (1941); Louisville Joint Stock Land Bank v. Radford, 295 US 555 (1935).

68 *Carey*, UCC Law Journal 19 (1987), 320 f.; *Murphy*, § 7.08, S. 7-16.

69 Grundlegend dazu In re Martin, 761 F2d 472, 477 (8th Cir. 1985).

70 So schon Wright v. Union Central Life Ins. Co., 311 US 273, 61 SCt 196 (1940); vgl. auch § 506(a) BC.

71 Ausführlich zur Bewertungsproblematik *Fortgang/Mayer*, UCLA Law Review 32 (1985), 1061.

ebenfalls verringert. Sofern die vorrangigen Belastungen den Wert des Sicherungsgutes übersteigen, hat das Sicherungsinteresse keinen realen Wert mehr für den nachrangigen Sicherungsnehmer, dieser kann in derartigen Fällen also auch keine Befreiung erlangen.[72]

(b) Die Bewertung des Sicherungsgutes

Für die letztlich erforderliche Bewertung des Sicherungsgutes stehen mehrere Methoden zu Verfügung: So kann auf den auf dem Markt erzielbaren Preis,[73] den Liquidationswert[74] oder den going concern value[75] abgestellt werden. Daneben kann im Einzelfall auch der Buchwert, der Anschaffungswert oder der Wiederbeschaffungswert zugrunde gelegt werden.[76]

Der Gesetzgeber selbst hat keine eindeutige Aussage über die Methode der Bewertung getroffen, sondern es den Gerichten für den Einzelfall überlassen, den Wert des Sicherungsgutes zu bestimmen. Zumindest läßt sich aus den Gesetzgebungsmaterialien erkennen, daß weder der "forced sale" bzw. "liquidation value" noch der "going concern value" ausnahmslos zugrunde gelegt werden soll.[77] Die Bewertung soll vielmehr berücksichtigen, für welchen Zweck sie vorgenommen wird und auch welche Nutzung des Sicherungsgutes vorgesehen ist.[78] Die Gerichte haben dementsprechend verschiedene Methoden der Bewertung je nach Verfahrensart, Verfahrensstadium und Art der vorgesehenen Verwendung entwickelt.

---

72 In re Lopez-Soto, 764 F2d 23, 26 (1st Cir. 1985).

73 Vgl. etwa In re George Ruggiere Chrysler-Plymouth, Inc., 727 F2d 1017, 1020 (11th Cir. 1984).

74 Vgl. etwa In re Sharon Steel Corp., 159 BR 165 (Bankruptcy Court WD Pennsylvania 1993). In Liquidationsverfahren nach Kapitel 7 soll dieser Wert nach *Norton*, § 35:3; S. 35-6, grundsätzlich maßgeblich sein.

75 Auf diesen wird abgestellt, wenn der Schuldner den Betrieb fortführt, vgl. schon Consolidated Rock Products Co. v. Du Bois, 312 US 510, 61 SCt 675 (1941); In re Pembroke Manor Apartments, 547 F2d 805 (4th Cir. 1977); zuletzt Matter of Rash, 31 F3d 325, 329 mit weiteren Nachweisen (5th Cir. 1994, aufgehoben und zurückverwiesen 117 SCt 1879 (1997)); In re Chateaugay Corp., 154 BR 29 (Bankruptcy Court SD New York 1993).

76 Vgl. dazu *Norton*, § 35:3; S. 35-7.

77 HR Report No. 595, 95th Congress, 1st Session, S. 356 (1977).

78 Dazu bestimmt § 506(a) Satz 2 BC: "Such value shall be determined in light of the purpose of the valuation and of the proposed disposition or use of such property..."

In der Regel wird bei einem vorgesehenen oder auch bereits erfolgten Verkauf auf den Liquidationserlös abgestellt.[79] Soll das Sicherungsgut beim Schuldner verbleiben, dann wird üblicherweise auf den "going concern value" abgestellt, welcher wiederum den üblichen Marktpreis wiedergibt.[80] Da es für bestimmte Waren häufig überhaupt keinen funktionierenden Markt gibt, treten in der Praxis auch bei dieser Bewertung erhebliche Probleme auf. Darüber hinaus haben auch die Parteien je nach den Umständen wechselnde Interessen an einer höheren oder niedrigeren Bewertung und können auch innerhalb eines Verfahrens ohne Nachteil unterschiedliche Bewertungen vor Gericht vertreten.[81] Insgesamt ergibt sich dadurch für die Gerichte im zu entscheidenden Fall eine weite Bandbreite von möglichen Beurteilungen des Wertes. Bei besonderen Umständen wird von sonst üblichen Bewertungskriterien abgewichen.[82]
Zudem erlangt eine einmal erfolgte Bewertung keine Bindungswirkung, so daß in einem späteren Verfahrensstadium durchaus ein anderer Betrag zugrunde gelegt werden kann.[83]

(c) Einbeziehung des entgangenen Gewinnes

Fraglich war auch, ob bei der Bewertung des zu schützenden Sicherungsinteresses ein Anspruchs auf Ersatz für entgangenen Gewinn (sogenannte "lost opportunity cost") aufgrund der verzögerten Verwertung - im Ergebnis also eine Verzinsung des bei Verfahrensbeginn gegebenen Wertes des Sicherungsrechts - einzubeziehen sei. Für die übersicherten Gläubiger ergibt sich die Möglichkeit aus der Regelung des § 506 (b) BC, welcher die Einbeziehung von Zinsen und bestimmten Kosten bis zum Wert des Sicherungsgutes bestimmt.

---

79 So etwa Ford Motor Credit Co. v. Dobbins, 35 F3d 860, 870 (4th Cir. 1994); In re Two S Corp., 875 F2d 240 (9th Cir. 1989); *Collier*, ¶ 506.03[6][b], S. 506-40.

80 Vgl. etwa In re Coker, 973 F2d 258 (4th Cir. 1992); In re Arnold and Baker Farms, 177 BR 648 (9th Cir. BAP Arizona 1994); In re Penick, 170 BR 914 (Bankruptcy Court WD Michigan 1994).

81 Vgl. In re California Hancock, Inc., 88 BR 226 (9th Cir. BAP California 1988); *Luper/Richards*, Commercial Law Journal 98 (1993), 35, 43; kritisch dazu *Cowans*, § 12.33, S. 132; *Labovitz*, Commercial Law Journal 98 (1993), 162, 163 f. mit weiteren Nachweisen.

82 Vgl. in Re Mitchell, 954 F2d 557, 560 (9th Cir. 1992), certiorari denied 113 SCt 303 (1992): "Großhandelspreis"; In re Southmark Storage Associates Ltd. Partnership, 130 BR 9 (Bankruptcy Court D Connecticut): Unternehmensbewertung nach der "Cash-Flow"-Methode.

83 In re Midway Partners, 995 F2d 490 (4th Cir. 1993), certiorari denied 510 US 1010, 114 SCt 599, 126 LEd2d 564 (1993); Matter of Stoecker, 5 F3d 1022 (7th Cir. 1993); In re Snowshoe Co., Inc., 789 F2d 1085 (4th Cir. 1986).

Für die untersicherten Gläubiger gibt es allerdings keine vergleichbare Regelung. Die mit diesem Problem befaßten Courts of Appeals hatten diese Frage unterschiedlich beurteilt.[84] Erst eine Entscheidung des Supreme Court beendete diese Unsicherheit.[85] Darin wurde nach ausführlicher Diskussion der Gesetzessystematik, der Gesetzgebungsgeschichte und der verschiedenen Interessen festgestellt, daß unter § 362(d)(1) BC der untersicherte Gläubiger keinen Ausgleich für diesen Verzögerungsschaden beanspruchen kann.[86]

(2) Risiken der Wertminderung

Soll das Fehlen des hinreichenden Schutzes bejaht werden, muß der Werterhalt des festgestellten Interesses gefährdet sein. Eine derartige Gefährdung liegt regelmäßig dann vor, wenn das Sicherungsgut weiterhin benutzt werden soll und dadurch an Wert verliert oder wenn durch eine ungünstige Entwicklung des maßgeblichen Marktes ein geringerer Erlös zu erzielen ist.[87] Auch die Erhöhung der Forderung, die durch ein vorrangiges Sicherungsrechts abgesichert wird, durch auflaufende Zinsen kann zu einer Wertminderung der nachrangigen Sicherheit führen.[88] Häufig besteht die Gefährdung auch nur im Fehlen einer ausreichenden Versicherung, die bei einem Verlust des Gegenstandes den Wert ersetzt.[89]

Allerdings bedeutet nicht jede drohende oder eingetretene Verschlechterung des Werts des Sicherungsgutes notwendigerweise auch eine Gefährdung des gläubigerischen Interesses. So kann nämlich die Befriedigung der Forderung trotz eines wertmindernden Ereignisses der genannten Art sichergestellt sein, wenn der Wert des Sicherungsgutes die Forderung übersteigt. Bei einem derartigen Sicherheitspolster (sogenannte "equity cushion") hat der übersicherte Gläubiger

---

84 Zustimmend Grundy Nat. Bank v. Tandem Mining Corp., 754 F2d 1436 (4th Cir. 1985); In re American Mariner Industries, Inc., 734 F2d 426 (9th Cir. 1984); ablehnend In re Briggs Transportation Co., 780 F2d 1339 (8th Cir. 1985); In re Timbers of Inwood Forest Associates, 808 F2d 363 (5th Cir. 1987, affirmed); dazu auch *Carey*, UCC Law Journal 19 (1987), 387.

85 United Savings Association of Texas v. Timbers of Inwood Forest Associates, Ltd., 484 US 365, 108 SCt 626, 98 LEd2d 740 (1988).

86 United Savings Association of Texas v. Timbers of Inwood Forest Associates, Ltd., 484 US 365 [370 ff.] (1988); danach änderte auch der Court of Appeals des 9. Gerichtsbezirks seine Rechtsprechung, vgl. In re Cimarron Investors, 848 F2d 974 (9th Cir. 1988).

87 Vgl. In re Sun Valley Ranches, Inc., 823 F2d 1373, 1376 (9th Cir. 1987); Green Point Bank v. Treston, 188 BR 9 (District Court SD New York 1995).

88 *Epstein/Nickles/White*, § 3-27 b, S. 288 mit weiteren Nachweisen.

89 Matter of East-West Associates, 106 BR 767, 773 (District Court SD New York 1989); Matter of Holly's, Inc., 140 BR 463 (Bankruptcy Court WD Michigan 1992).

also keinen ausreichenden Grund, um die Aufhebung des automatic stay zu verlangen.[90]

(3) Risikoausgleichende Maßnahmen (Adequate Protection)

Wenn eine Gefährdung des gläubigerischen Interesses gegeben ist, kann diese gegebenenfalls auch durch Maßnahmen des Verwalters oder des Schuldners ausgeglichen werden, ohne daß eine Aufhebung des automatic stay erfolgen muß. Erforderlich ist, daß dadurch ein angemessener Schutz (adequate protection) gegen das bestehende Risiko geschaffen wird. Dieser Ausgleich kann durch die in § 361 BC vorgesehenen Ersatzleistungen erfolgen. Dies sind nach § 361(1) BC einmalige oder periodische Zahlungen an den Gläubiger, nach § 361(2) BC die Stellung einer zusätzlichen oder Ersatzsicherheit. Schließlich enthält § 361(3) BC eine allgemeine Regelung, für weitere Maßnahmen, die ein unbezweifelbares Äquivalent[91] ("undubitable equivalent") für das fragliche Recht sichern. Hier wird häufig auch eine Vereinbarung zwischen den Beteiligten über ausgleichende Maßnahmen getroffen. Diese müssen allerdings - um ungerechtfertigte Gläubigerbevorzugung zu verhindern - den weiteren Beteiligten bekanntgegeben und vom Gericht bestätigt werden.[92]

In etwas abgewandelter Form gelten die dargestellten allgemeinen Regeln nach § 1205(a) BC auch für das spezielle Verfahren für Farmbetriebe im Familienbesitz nach Kapitel 12. Zwar ist die Anwendung des § 361 BC dort ausdrücklich ausgeschlossen, jedoch haben die besonderen Bestimmungen des § 1205(b)(1) bis (4) BC einen vergleichbaren Inhalt. So ist auch dort die Geldleistung, die Gewährung von Ersatzsicherheiten sowie der Schutz durch anderweitige Maßnahmen zulässig. Abgestellt wird allerdings jeweils auf den Wert der Sache, um deutlich zu machen, daß keinesfalls Zinszahlungen auf die gläubigerische Forderung gewährt werden dürfen.[93] Für belastetes Farmland ist

---

90 Vgl. In re Mellor, 734 F2d 1396 (9th Cir. 1984); In re Public Service Co., 88 BR 558 (Bankruptcy Court D New Hampshire 1988); In re Helionetics, Inc., 70 BR 433 (Bankruptcy Court CD California 1987).

91 Der Begriff "undubitable equivalent" wurde geprägt in In re Muriel Holding Corp., 75 F2d 941 (2nd Cir. 1935).

92 Vgl. Rule 4001(d)(1); dazu In re Manchester Center, 123 BR 378, 381 (Bankruptcy Court CD California 1991).

93 HR Report No. 958, 99th Congress, 2nd Session, S. 49 f. (1986). Die Regelung erging, bevor der Supreme Court in United Savings Association of Texas v. Timbers of Inwood Forest Associates, Ltd., 484 US 365, 108 SCt 626 (1988) auch für alle anderen Verfahren die Zinszahlung auf das gläubigerische Interesse für unzulässig erklärte.

zusätzlich die Zahlung der ortsüblichen Miete an den Gläubiger zur Herbeiführung der adequate protection vorgesehen.[94]

b) Fehlendes Interesse des Schuldners am Sicherungsgut

Die Befreiung vom automatic stay wird dem Berechtigten nach § 362(d)(2) BC auch gewährt, wenn der Schuldner kein rechtliches Interesse an einem Gegenstand hat. Dies ist bei belasteten Gegenständen häufig der Fall.
Ein beachtenswertes Interesse des Schuldners ergibt sich zum einen, wenn der Wert des Gegenstandes die Belastungen übersteigt und dem Schuldner somit noch ein wirtschaftlicher Restwert ("equity") zusteht.[95] Für diese Feststellung sind sämtliche bestehenden Belastungen an dem Gegenstand zusammenzurechnen, es wird also nicht nur das Sicherungsrecht des antragstellenden Gläubigers berücksichtigt.[96]
Zum anderen wird als beachtenswertes Interesse auch anerkannt, wenn der Schuldner für eine effektive Reorganisation auf das Sicherungsgut angewiesen ist.[97]
Fehlt es an diesem schützenswerten Interesse des Schuldners, so ist der Antragsteller hinsichtlich des fraglichen Gegenstandes vom automatic stay zu befreien.

Mit dieser Regelung wird dem Umstand Rechnung getragen, daß eine Einschränkung der Gläubigerrechte nur dort vertretbar ist, wo dadurch eine Förderung des Verfahrenszweckes erreicht wird. Wenn aber weder bei einer Liquidation ein verteilungsfähiger Anteil aus einem Gegenstand zu erlangen ist, noch dieser Gegenstand zur Reorganisation erforderlich ist, läßt sich eine Einschränkung der Rechte eines Sicherungsnehmers nicht rechtfertigen.[98]

c) Die Aufhebung aus Billigkeitsgründen

Nach der Generalklausel des § 362(d)(1) BC kann auch aus sonstigen, nicht näher bestimmten Gründen eine Aufhebung des Verfahrensstopps gewährt

---

94 § 1205(b)(3) BC.

95 § 362(d)(2)(A) BC.

96 In re Indian Palms Associates, Ltd., 61 F3d 197 (3rd Cir. 1995); Matter of Sutton, 904 F2d 327 (5th Cir. 1990); Stewart v. Gurley, 745 F2d 1194 (9th Cir. 1984); In re Mellor, 734 F2d 1396 (9th Cir. 1984). Dagegen hatten einige Instanzgerichte nur das Sicherungsrecht des Antragstellers und diesem vorrangige Rechte in Abzug gebracht, die nachrangigen aber außer acht gelassen. So etwa In re Cote, 27 BR 510 (District Court D Oregon 1983); In re Palmer River Reality, Inc., 26 BR 138 (District Court D Rhode Island 1983).

97 § 362(d)(2)(B) BC.

98 *Jackson*, S. 182; *Epstein/Nickles/White*, § 3-25, S. 267.

werden. Bei den gerichtlich entschiedenen Fällen handelte es sich um reine Einzelfallentscheidungen, bei denen eine Verallgemeinerung kaum möglich ist,[99] da sie weitgehend auf Billigkeitserwägungen beruhen.[100]
Für Sicherungsrechtsinhaber von Bedeutung ist, daß bei mißbräuchlicher Stellung des Eröffnungsantrags ("bad faith filing") durch den Schuldner regelmäßig ohne weitere Voraussetzungen eine Aufhebung des stay gewährt wird.[101] Ein solcher Mißbrauch liegt etwa vor, wenn das Ziel des Schuldners einzig die Verzögerung der bevorstehenden Verwertung des Sicherungsguts ist und sich der Schuldner nicht in finanziellen Schwierigkeiten befindet oder eine Reorganisation offensichtlich keine Aussicht auf Erfolg hätte.[102] Auch hier ist eine umfassende Berücksichtigung der Umstände des Einzelfalls vorzunehmen. Indizien für eine betrügerische Absicht ergeben sich etwa aus dem Termin der Antragstellung, den Äußerungen des Schuldners anderen Gläubigern gegenüber und dem finanziellen Gebaren vor Antragstellung.[103] In derartigen Fällen kommt es nicht darauf an, ob weitere Gründe des § 362(d) BC - wie z.B. das Fehlen eines Sicherheitspolsters - vorliegen.[104]

4. Beendigung des Automatic Stay

Neben den bisher genannten Gründen, die zur Aufhebung des automatic stay führen, ergeben sich aus § 362(c) und (e) BC die Situationen, in denen der automatic stay aus sich heraus endet.

---

99 Vgl. auch *Epstein/Nickles/White*, § 3-30, S. 310 f.

100 Einen Überblick über die verschiedenen Gründe geben die Auflistungen in In re Sonnax, 907 F2d 1280, 1286 (2nd Cir. 1990); In re Curtis, 40 BR 795 (Bankruptcy Court D Utah 1984). Weitere Beispiele bei *Epstein/Nickles/White*, § 3-25, S. 267.

101 Vgl. nur In re Dixie Broadcasting, Inc., 871 F2d 1023, 1027 (11th Cir. 1989), certiorari denied 493 US 853; 110 SCt 154, 107 LEd2d 112 (1989); Matter of Little Creek Development Co., 779 F2d 1068, 1073 (5th Cir. 1989); In re Phoenix Piccadilly, Ltd., 849 F2d 1393, 1394 f. (11th Cir. 1988); In re Natural Land Corp., 825 F2d 296 (11th Cir. 1987).

102 Matter of Little Creek Development Co., 779 F2d 1068, 1073 (5th Cir. 1989); In re Ahlers, 794 F2d 388 (8th Cir. 1986), aufgehoben aus anderen Gründen durch Norwest Bank Worthington v. Ahlers 485 US 197 (1988).

103 In re Swedeland Development Group, Inc., 16 F3d 552 (3rd Cir. 1994); Matter of Canal Plan, L.P., 921 F2d 569 (5th Cir. 1991); In re Dixie Broadcasting, Inc., 871 F2d 1023, 1027 mit weiteren Nachweisen (11th Cir. 1989).

104 In re Wieseler, 934 F2d 965 (8th Cir. 1991); In re Phoenix Piccadilly, Ltd., 849 F2d 1393, 1395 (11th Cir. 1988).

a) Ausscheiden des Gegenstandes aus der Masse

Nach § 362(c)(1) BC endet der automatic stay für Vermögensgegenstände, sobald diese nicht mehr zur Masse gehören. Grundsätzlich sind die vorhandenen Vermögensgegenstände zum Nutzen aller Gläubiger in der Masse zu verwalten. Sobald aber ein Vermögensgegenstand aus der Masse entfernt wird, erlischt dieses Bedürfnis des automatic stay zugunsten der Gläubiger.

Ein häufiger Fall der Entfernung eines Gegenstandes aus der Masse ist die Freigabe ("abandonment") durch den trustee gemäß § 554 BC.[105] Ebenfalls zur Entfernung aus der Masse kommt es, wenn die Gegenstände gemäß § 522 BC als insolvenzfreies Eigentum ("exempt property") anzusehen sind und daher freigegeben werden.[106]
Bei der Freigabe ist zu beachten, daß Maßnahmen gegen den Schuldner oder sein Eigentum wegen § 362(a)(5) BC weiterhin dem automatic stay unterliegen, auch wenn die Masse nicht mehr betroffen ist.[107] In den meisten Fällen wird aber die Freigabe zugunsten des Schuldners vorgenommen.[108] Da mit der Freigabe selbst noch keine Aufhebung des automatic stay verbunden ist, muß der Sicherungsrechtsinhaber diese zusätzlich erlangen, um die Verwertung der Sache betreiben zu können.[109] In der Praxis ist die Verbindung dieser Anträge üblich.[110]

Etwas anderes gilt bei einem Ausscheiden des Gegenstandes aus der Masse durch Veräußerung oder Freigabe an einen Dritten.[111] Übernimmt etwa der Erwerber den Vermögensgegenstand mit Belastungen, so wird er durch den automatic stay nicht geschützt.[112] Dies gilt auch, falls ein nachrangiger

---

105 Vgl. dazu unten § 7 A II 5, S. 227 f.

106 HR Report No. 595, 95th Congress, 1st Session, S. 343 (1977); Senate Report No. 989, 95th Congress, 2nd Session, S. 52 (1978).

107 HR Report No. 595, 95th Congress, 1st Session, S. 343 (1977); Senate Report No. 989, 95th Congress, 2nd Session, S. 52 (1978); dazu In re Walker, 51 F3d 562, 566 (5th Cir.1995).

108 *Cowans*, § 9.8, S. 199; vgl. auch In re Dewsnup, 908 F2d 588 (10th Cir. 1990), affirmed 502 US 410, 112 SCt 773, 116 LEd2d 903 (1992); In re Bell, 700 F2d 1053 (6th Cir. 1983).

109 In re Bell, 700 F2d 1053 (6th Cir. 1983); In re Walker, 168 BR 114 (District Court ED Louisiana 194), affirmed 51 F3d 562; In re Ward, 74 BR 465 (District Court D New Jersey 1987).

110 Vgl. Thompson-*Thomas*, § 84.03(e)(2), S. 473.

111 § 363(f) bzw. § 725 BC.

112 In re Hall's Motor Transit Co., 889 F2d 520, 523 (3rd Cir. 1989). Wegen dieser für den

Sicherungsrechtsinhaber nach Befreiung vom automatic stay die Verwertung durchführt und der Gegenstand mit einem vorrangigen Pfandrecht belastet veräußert wird. In diesen Fällen kann der vorrangige Sicherungsrechtsinhaber ohne weiteres sein Sicherungsrecht durchsetzen.[113]

b) Ablauf durch Beendigung des Verfahrens

Auch die Beendigung des Insolvenzverfahrens führt zu einer Aufhebung des automatic stay, § 362(c)(2) BC. Dies hängt mit dem wesentlichen Anliegen der Regelung zusammen, den ordnungsgemäßen Ablauf des Verfahrens zu gewährleisten. Dieser Zweck fällt bei der Verfahrensbeendigung fort.[114] Dies gilt gleichermaßen für die beiden möglichen Varianten der Verfahrensbeendigung des closing[115] und der Einstellung ("dismissal")[116] Auch die Entscheidung über die Gewährung der Restschuldbefreiung führt zu einer Aufhebung des automatic stay für Maßnahmen gegen den Schuldner und sein freies Vermögen.[117] Diese vorzeitige Entscheidung über die Restschuldbefreiung läßt aber die Masse unberührt, so daß die Aufhebung nicht Maßnahmen gegen die Masse betrifft.[118]

Schließlich führt auch die gerichtliche Bestätigung eines Reorganisationsplanes gemäß § 1141(b) BC zur Beendigung der Wirkung des automatic stay.[119] Allerdings kann eine Verlängerung der Verfahrensunterbrechung im Plan selbst angeordnet sein, diese wird dann durch die gerichtliche Entscheidung wirksam und führt zu einem nahtlosen Übergang der Beschränkung der Gläubigerrechte.

c) Automatisches Erlöschen bei Untätigkeit des Gerichts

Einen besonderen Schutz des eine Aufhebung begehrenden Gläubigers gegen Verfahrensverzögerung sieht § 362(e) BC vor. Bei Untätigkeit des Gerichts - wenn also weder eine den stay bestätigende noch eine aufhebende Entscheidung

---

Erwerber ungünstigen Rechtsfolge wird von dieser Möglichkeit nur selten Gebrauch gemacht.

113 In re Reserves Development Corp., 821 F2d 520, 521 (8th Cir. 1987); Piccolo v. Dime Savings Bank of New York, 145 BR 753, 756 (District Court ND New York 1992).

114 *Collier*, ¶ 362.06[2], S. 362-77; *Epstein/Nickles/White*, § 3-23(a), S. 256.

115 § 350(a) BC.

116 Je nach Art des Verfahren §§ 707, 1112, 1208 oder § 1307 BC.

117 § 362(c)(2)(C) BC.

118 Dafür gilt nur § 362(c)(1) BC.

119 Hillis Motors, Inc. v. Hawaii Automobile Dealers' Association, 997 F2d 581, 587 (9th Cir. 1993); US, Department of Air Force, v. California Parachute Corporation, 907 F2d 1469 (4th Cir. 1990).

getroffen wird - ergibt sich die Aufhebung mit ex-nunc Wirkung 30 Tage ab Antragstellung des Gläubigers aus § 362(e) Satz 1 BC. Eine derartige Untätigkeit liegt dann nicht vor, wenn das Gericht innerhalb dieser Frist zunächst eine vorläufige Entscheidung nach einer Vorverhandlung ("preliminary hearing") trifft.[120] Dann muß nach der Regelung des § 362(e) Satz 4 BC die endgültige Verhandlung nach weiteren drei Wochen durchgeführt worden sein.
Diese Aufhebung wirkt nur im eröffneten Verfahren. Denn sie gilt nur für die Gestattung von Maßnahmen gegen die Masse, wohingegen eine vergleichbare Regelung für Anträge auf Befreiung vom automatic stay für Maßnahmen gegen den Schuldner selbst oder das bei ihm verbleibende Eigentum nicht besteht.

II. Die gerichtliche Untersagung von Maßnahmen der Gläubiger

Neben dem Schutz vor Maßnahmen gegen Schuldner und Masse durch den automatic stay bestehen nach § 105 BC weitere Regelungsmöglichkeiten durch das Gericht.[121] Von diesen wird allerdings in der Praxis nur restriktiv Gebrauch gemacht.[122]
Bei § 105 BC handelt es sich um die Generalklausel für die gerichtlichen Befugnisse im Bankruptcy-Verfahren, wonach nahezu unbeschränkt Regelungen getroffen und wieder aufgehoben werden können.[123] Allerdings dürfen die Gerichte diese Rechtsmacht nicht benutzen, um eindeutige Wertungen des Gesetzgebers zu umgehen.[124] Auch sollen die Gerichte nur bei klaren und eindeutigen Umständen von dieser Rechtsmacht Gebrauch machen und dabei insbesondere die Nachteile des in seinen Rechten eingeschränkten Gläubigers berücksichtigen.[125]

---

120 § 362(a) Satz 2 und 3 BC; dazu HR Report No. 595, 95th Congress, 1st Session, S. 344 (1977).

121 Eine vergleichbare allgemeine Regelung für sämtliche Gerichte des Bundes enthält Title 28 USC § 1651: "Writs. (a) The Supreme Court and all courts established by Act of Congress may issue all writs necessary or appropriate in aid of their respective jurisdictions and agreeable to the usages and principles of law. (b) An alternative writ or rule nisi may be issued by a justice or judge of a court which has jurisdiction."

122 Zu § 2(a)(15) BA, der Vorgängeregelung des § 105 BC, vgl. Younger v. Harris 401 US 37, 91 SCt 746, 27 LEd2d 669 (1971).

123 Im einzelnen vgl. *Levy*, S. 33 ff., 99 f.; für Beispiele vgl. *Norton*, § 105 BC, S. 94 ff.

124 In re Fesco Plastics Corp., 996 F2d 152 (7th Cir. 1993); In re Dominelli, 788 F2d 584, 586 (9th Cir. 1986).

125 In re Drexel Burnham Lambert Group, 960 F2d 285 (2nd Cir. 1992); A. H. Robins Co., Inc. v. Piccinin, 788 F2d 994 (4th Cir. 1986), certiorari denied 479 US 876, 107 SCt 251, 93 LEd2d 177.

Bedeutung erlangt die Befugnis in Fällen, die trotz des weiten Anwendungsbereichs von § 362(a) BC nicht unter den automatic stay fallen. Voraussetzung ist, daß wegen der besonderen Umstände des Einzelfalls das Bedürfnis besteht, Maßnahmen gegen den Schuldner oder andere Beteiligte zu verhindern, wenn dadurch auch die Werthaltigkeit der Masse bedroht wird.[126] Dies können z.B. Verfahren oder Vollstreckungen gegen Mitschuldner sein, deren Vermögen - wie oben[127] gesehen - nicht unter den Schutz des automatic stay fallen.
Von großer praktischer Bedeutung ist die gerichtliche Untersagung von Maßnahmen, die das Reorganisationsverfahren nach Kapitel 11 beeinträchtigen könnten.[128] Für gesicherte Gläubiger, die eine Aufhebung des stay wegen Untätigkeit des Gerichts nach § 362(e) BC erlangt haben, kann diese Befugnis besondere Bedeutung erlangen. Nach überwiegender Ansicht ist das Gericht nämlich nach § 105(a) BC befugt, den automatic stay wiederherzustellen.[129]

III. Der Schutz der Masse gegen Verfügungen des Schuldners

Während die Wirkungen des automatic stay sich gegen Maßnahmen von außen gegen die Masse richten, kann auch eine Vermögensverschlechterung durch einen weiterhin verwaltungsbefugten Schuldner drohen. Bei den sogenannten involuntary cases, bei denen nicht der Schuldner selbst, sondern Gläubiger einen Antrag gestellt haben, bleibt der Schuldner bis zur Entscheidung des Gerichts über die Durchführung des Verfahrens hinsichtlich der Masse grundsätzlich verwaltungs- und verfügungsbefugt, § 363(f) BC. Gegen Verfügungen des Schuldners wird die Masse auf zwei Arten geschützt.

1. Bestellung eines Interim Trustee

Eine Möglichkeit zum Schutz gegen Vermögensverschlechterung ist die Bestellung eines sogenannten interim trustee nach § 303(g) BC. Dies erfolgt auf

---

126 In re Heincy, 858 F2d 548 (9th Cir. 1988); In re Ennis, 50 BR 119 (Bankruptcy Court D Nevada 1985).

127 Vgl. oben A I 2 b (5), S. 105 f.

128 In re Prudential Lines, Inc., 928 F2d 565, 574 (2nd Cir. 1991), certiorari denied 502 US 821, 112 SCt 82, 116 LEd2d 55 (1991).

129 In re Wedgewood Realty Group, Ltd., 878 F2d 693, 700 f. mit weiteren Nachweisen (3rd Cir. 1989); Matter of Kozak Farms, Inc., 47 BR 399 (District Court D Missouri 1985); In re McNeely, 51 BR 816 (Bankruptcy Court D Utah 1985); grundsätzlich auch In re Looney, 823 F2d 788, 793 (4th Cir. 1987), certiorari denied 484 US 977, 108 SCt 488, 98 LEd2d 486. Nur vereinzelt wird angenommen, daß § 105 BC die Gerichte nicht dazu ermächtigt: In re Marine Power & Equipment Co., 71 BR 925, 930 (District Court WD Washington 1987); In re Jones, 89 BR 1 (Bankruptcy Court D DC 1988); In re Wood, 33 BR 320, 322 f. (Bankruptcy Court D Idaho 1983).

Antrag, wenn die Besorgnis besteht, daß eine Verschlechterung der Masse eintreten könnte. Ob der interim trustee zur Inbesitznahme der Masse und deren Verwaltung und Verwertung oder nur zur Überwachung des Schuldners befugt ist, hat das Gericht bei der Anordnung dieser Maßnahme zu bestimmen.[130]

2. Anfechtung von Übertragungen nach Antragstellung

Vermögensübertragungen, die im Zeitraum zwischen Antragstellung und Verfahrenseröffnung erfolgten, können nach Verfahrenseröffnung vom trustee nach § 549 BC angefochten werden. Dies gilt zum einen für Verfügungen, die der Schuldner bei einem Gläubigerantrag nach § 303(f) BC weiterhin vornehmen konnte.[131] Zum anderen gilt dies aber auch für alle anderen Vermögensübertragungen, die nicht gesetzlich oder gerichtlich autorisiert waren, § 549(a)(2)(B) BC.

Soweit im Austausch für die Vermögensübertragungen ein Gegenwert erbracht wurde, wird der Empfänger geschützt, § 549(b) BC. Gleiches gilt für den gutgläubigen Erwerber von Grundstücksrechten, § 549(c) BC.

B. Deutschland

I. Gerichtlicher Schutz des Schuldnervermögens nach Eröffnungsantrag

In § 21 InsO[132] ist die gerichtliche Anordnung von Sicherungsmaßnahmen im Eröffnungsverfahren, d.h. zwischen Antragstellung und der gerichtlichen Entscheidung über die Verfahrenseröffnung, vorgesehen. Dazu bestimmt § 21 Abs. 1 InsO in einer Generalklausel die Befugnis des Insolvenzgerichts, alle Maßnahmen zu treffen, "die erforderlich erscheinen, um bis zur Entscheidung über den Antrag eine den Gläubigern gegenüber nachteilige Veränderung in der Vermögenslage des Schuldners zu verhüten." In der Begründung wird dazu deutlich gemacht, daß zur Verhinderung derartiger Vermögensverschlechterungen ein Unternehmen im Regelfall für die Dauer des Eröffnungsverfahrens fortgeführt werden soll.[133]

---

130 Bankruptcy Rule 2001(c).

131 § 549(a)(2)(A) BC.

132 Eine ähnliche Vorschrift enthielt § 2 Abs. 3 GesO; nach der KO erfolgten Sicherungsmaßnahmen nach § 106 KO.

133 BT-Drucks. 12/2443, S. 115 ("Zu § 25").

Beispielhaft konkretisiert wird die Sicherungsbefugnis durch Absatz 2, wonach diese Maßnahmen insbesondere in der Bestellung eines vorläufigen Insolvenzverwalters (Nr. 1), der Anordnung eines allgemeinen Verfügungsverbotes bzw. eines Zustimmungserfordernisses für Verfügungen (Nr. 2) oder Untersagung bzw. einstweiligen Einstellung von Einzelzwangsvollstreckungsmaßnahmen in bewegliche Sachen (Nr. 3) bestehen können. Besondere Bedeutung für dingliche Sicherheiten haben insbesondere die Nrn. 2 und 3.

1. Verfügungsverbot und -beschränkungen als Hindernisse für den Erwerb von Sicherheiten

Nach § 21 Abs. 2 Nr. 2 InsO kann das Gericht dem Schuldner die Verfügung über die Gegenstände seines Vermögens allgemein untersagen oder von der Zustimmung eines vorläufigen Insolvenzverwalters abhängig machen. Obwohl das Verfügungsverbot grundsätzlich unabhängig von der Bestellung eines vorläufigen Insolvenzverwalters ist, kann davon ausgegangen werden, daß regelmäßig beides nebeneinander angeordnet wird. Die Rechtsstellung des vorläufigen Insolvenzverwalters ergibt sich dann aus § 22 Abs. 1 InsO.
Die Wirkungen von Verfügungsverbot und -beschränkung sind die eines absoluten Veräußerungsverbotes, wie sich aus der Verweisung des § 24 Abs. 1 auf die §§ 81, 82 InsO ergibt.[134]

Sicherungsnehmer können daher ab dem Zeitpunkt der Anordnung grundsätzlich keine Sicherheiten mehr vom Schuldner erwerben. Ausgenommen ist - wegen § 81 Abs. 1 Satz 2 InsO[135] - der gutgläubige Erwerb von Sicherungsrechten an unbeweglichem Vermögen im Sinne des § 865 ZPO. Weiterhin ist bei der Bestellung eines vorläufigen Insolvenzverwalters unter Anordnung einer Verfügungsbeschränkung nach § 21 Abs. 2 Nr. 2, 2. Alternative InsO mit dessen Zustimmung der Erwerb einer Sicherheit möglich. Wird der vorläufige Insolvenzverwalter unter Anordnung des allgemeinen Verfügungsverbotes nach § 21 Abs. 1 Nr. 2, 1. Alternative InsO bestellt, so geht die Verwaltungs- und Verfügungsbefugnis auf ihn über. Der Erwerb einer Sicherheit kann dann von ihm erfolgen.

---

[134] *Bork*, Rn. 106; *Gerhardt*, Kölner Schrift, S. 193, 195, Rn. 5; *Haarmeyer/Wutzke/Förster*, Handbuch, Kapitel 3, Rn. 262; *Häsemeyer*, Rn. 7.37; Hess/Weis/Wienberg-*Hess*, § 24 Rn. 3; *Pohlmann*, Rn. 263; Smid-*Smid/Thiemann*, § 24, Rn. 2; *Uhlenbruck*, KTS 1994, 169, 179; *Uhlenbruck*, Kölner Schrift, S. 325, 336 f., Rn. 12; mit dogmatisch abweichender Begründung auch *Engelhardt*, S. 74.

[135] Dieser verweist auf §§ 892, 893 BGB, §§ 16, 17 des Gesetzes über Rechte an eingetragenen Schiffen und Schiffsbauwerken sowie §§ 16, 17 des Gesetzes über Rechte an Luftfahrzeugen.

In diesen Fällen ist aber zu beachten, daß durch die Zustimmung bzw. die Willenserklärung des vorläufigen Insolvenzverwalters eine spätere Anfechtung der Sicherheitenbestellung nicht ausgeschlossen wird. Unter Berücksichtigung der bisherigen Rechtsprechung zur Anfechtung von Sequesterhandlungen kann selbst der personengleiche spätere Insolvenzverwalter die Anfechtung vornehmen.[136]

Neben der Verhängung eines allgemeinen kann das Gericht auch besondere Verfügungsverbote oder -beschränkungen für bestimmte Gegenstände anordnen. Es handelt sich hierbei - im Gegensatz zu dem allgemeinen Verfügungsverbot - um relative Veräußerungsverbote im Sinne des § 136 BGB.[137] Der rechtsgeschäftliche Erwerb einer Sicherheit ist hier - bei entsprechender Wissenslage - möglich, da gemäß § 135 Abs. 2 BGB bei relativen Veräußerungsverboten gutgläubiger Erwerb erfolgen kann.
In der Praxis wird aus Haftungsgesichtspunkten überwiegend nicht ein allgemeines Verfügungsverbot verhängt, sondern ein Zustimmungsvorbehalt nach § 21 Abs. 2 Ziffer 2, 2. Alt. InsO angeordnet. Danach sind Verfügungen des Schuldners nur mit Zustimmung des vorläufigen Insolvenzverwalters wirksam.

2. Beschränkung von Zwangsvollstreckungsmaßnahmen

Die Regelung des § 21 Abs. 2 Nr. 3 InsO ermächtigt das Gericht, künftige Vollstreckungsmaßnahmen der Gläubiger in das bewegliche Vermögen zu untersagen oder einstweilen einzustellen.[138] In Betracht kommt das allgemeine Verbot sämtlicher Vollstreckungsakte oder die einstweilige Einstellung einer

---

136 BGHZ 118, 374, 380 f.; 97, 87, 91; 86, 190, 191; Kilger/*Schmidt*, § 29 Anm. 12 mit weiteren Nachweisen. Nach der Gegenansicht von Jaeger/*Henckel*, § 29 Rn. 27 ff; *Henckel*, JZ 1986, 694, erfordert die Anfechtung, daß der Anfechtungsgegner durch Androhung der Leistungsverweigerung Druck ausgeübt hat.

Inwieweit sich dies nach der InsO geändert hat, insbesondere weil vom vorläufigen Insolvenzverwalter mit Verfügungsbefugnis eingegangene Verbindlichkeiten gemäß § 55 InsO als Masseschulden zu qualifizieren sind, untersucht *Pohlmann*, Rn. 507 ff. Gegen das Anfechtungsrecht in diesen Fällen *Obermüller*, Bankpraxis, Rn. 5.224a; Braun-*de Bra*, § 129 Rn. 22 mwN.

137 *Gerhardt*, Kölner Schrift, S. 193, 200 f., Rn. 16; HK-*Kirchhof*, § 24 Rn. 4; Kübler/Prütting-*Pape*, § 24 Rn. 2. Die von *Häsemeyer*, Rn. 7.37; *Pohlmann*, Rn. 259; *Kießling/Singhof*, DZWiR 2000, 353, 357 ff., und *Engelhardt*, S. 137, vertretene Gegenansicht überzeugt - angesichts der ausdrücklichen Beschränkung der Verweisung auf § 21 Abs. 2 Nr. 2 InsO - nicht.

138 Soweit es um Zwangsvollstreckungsmaßnahmen in das unbewegliche Vermögen geht, liegt die Kompetenz für eine einstweilige Einstellung der Zwangsversteigerung nach § 30 d Abs. 4 ZVG ausschließlich beim Vollstreckungsgericht.

bestimmten, gegebenenfalls bereits begonnenen Vollstreckung. Diese Befugnis ergänzt die Rückschlagsperre und vervollständigt so den Schutz der Masse im Vorfeld der Verfahrenseröffnung gegen Vollstreckungshandlungen. Ein Vollstreckungsverbot für Insolvenzgläubiger nach Verfahrenseröffnung enthält § 89 InsO.
Der Hauptanwendungsfall für die Beschränkung der Zwangsvollstreckung findet sich in der Zwangsvollstreckung wegen Geldforderungen. Diese betrifft auch die gesicherten Gläubiger wegen ihrer Zahlungsansprüche. Ein ebenfalls wichtiger Aspekt ist in diesem Zusammenhang aber auch die Wirkung auf die Herausgabevollstreckung der Ab- und Aussonderungsberechtigten.[139]

3. Auf dingliche Sicherheiten bezogene Anordnungen

Die Generalklausel des § 21 Abs. 1 InsO enthält keine ausdrücklichen Grenzen, in denen sich die gerichtliche Anordnung zu bewegen hat. Es können daher nicht von vornherein bestimmte rechtlich relevante Handlungen als Gegenstand derartiger Anordnungen ausgeschieden werden. Inwieweit daher auch Handlungen jeder Art im Zusammenhang mit der Durchsetzung oder Verwertung dinglicher Sicherheiten beschränkt werden können, ist für den jeweiligen Einzelfall zu ermitteln. Ein Problem mit erheblicher praktischer Bedeutung stellt in diesem Zusammenhang die Frage nach der Herausgabe von Absonderungsgut und entsprechend von Vorbehaltsgut dar. Daneben ist die Frage nach Beschränkungen bei der Verwertung des Sicherungsgutes zu untersuchen.

a) Herausgabe von Absonderungsgut

In der Praxis versuchen Sicherungsnehmer in der Krise verstärkt, auf das Sicherungsgut zuzugreifen, und verlangen somit vom Schuldner die Herausgabe zum Zwecke der Verwertung. Dieses Herausgabeverlangen ist nach allgemeinem Zivilrecht unter den Voraussetzungen der Sicherungsvereinbarung berechtigt. Durch das Herausziehen von Gegenständen aus dem Vermögen des Schuldners kann aber eine Zerschlagungsautomatik in Gang gesetzt werden, die den wertvernichtenden Zerfall des schuldnerischen Vermögens beschleunigt. Dies wurde in der Reformdiskussion zur Konkursordnung stark bemängelt.[140]

Für das eröffnete Verfahren enthält die Insolvenzordnung Regelungen, die eine solche Zerschlagung vermeiden sollen, indem in §§ 166 ff. InsO Verwertungs- und Benutzungsrechte zugunsten der Masse statuiert werden. Es besteht allerdings die Gefahr, daß diese Regelungen nicht mehr wirksam werden können,

---

139 Dazu sogleich näher unter 3 a (1), S. 123 ff.

140 Vgl. hierzu ausführlich *Kilger*, KTS 1975, 142, 148 ff.

wenn die Zerschlagung bereits vor Verfahrenseröffnung unumkehrbar in Gang gesetzt wird.
Wenn von den Absonderungsberechtigten versucht wird, das Sicherungsgut aus dem Vermögen des Schuldners herauszuziehen, so liegt es nahe, an ein gerichtliches Verbot an den Schuldner, die Gegenstände herauszugeben, zu denken. Diese Maßnahme ist in der Gesetzesbegründung ausdrücklich genannt.[141]

Hier sind zunächst die Auswirkungen eines derartigen Verbotes zu untersuchen. Sodann werden mögliche Mißbrauchsgefahren angesprochen und wie diesen zu begegnen ist. Weiterhin wird geprüft, inwieweit die Wirkungen einer derartigen Anordnung gegebenenfalls bereits durch die Bestellung eines vorläufigen Insolvenzverwalters unter Anordnung eines allgemeinen Verfügungsverbotes gegen den Schuldner erreicht werden und welche Auswirkungen das Vollstreckungsverbot auf bereits titulierte Herausgabeansprüche hat.

(1) Gerichtliches Herausgabeverbot gegenüber Absonderungsberechtigten

Wenn das Gericht das Verbot der Herausgabe angeordnet hat, so ergeben sich folgende Konsequenzen: Der Gegenstand darf nicht mehr an den Sicherungsnehmer herausgegeben werden, auch wenn dieser aufgrund eines bereits eingetretenen Sicherungsfalles nach allgemeinem Zivilrecht die Herausgabe verlangen könnte. Der Gegenstand verbleibt daher zunächst beim Schuldner bzw. beim vorläufigen Verwalter. Mit Verfahrenseröffnung ergreift der Insolvenzverwalter nach § 148 Abs. 1 InsO Besitz an dem Sicherungsgut. Sodann kann der Insolvenzverwalter angesichts der an seinen Besitz anknüpfenden Verwertungsbefugnis (§ 166 Abs. 1 InsO) die Sache verwerten oder sonst verwenden.

Wird die Sache schließlich vom Verwalter verwertet, muß der Sicherungsnehmer zunächst den Zeitverlust hinnehmen und sich von dem Verwertungserlös die Pauschale für die Feststellung des Rechts und die Verwertungskosten abziehen lassen.[142] Zu den abzuziehenden Verwertungskosten zählt dabei auch die Umsatzsteuer, die nach § 172 Abs. 2 Satz 2 InsO gesondert in Ansatz zu bringen ist. Erst den dann noch verbleibenden Betrag bekommt der Sicherungsnehmer schließlich ausgezahlt.

---

[141] BT-Drucks. 12/2443, S. 115 f. ("Zu § 25").

[142] Dazu ausführlich unten § 8 B I 1 a, S. 267 ff.

Erfolgt eine Reorganisation des schuldnerischen Unternehmens, hängt die Rechtsstellung des Sicherungsnehmers vom Inhalt des Plans ab, jedenfalls ist hier mit einer weiteren erheblichen Zeitverzögerung zu rechnen.[143]
Für den Zeitraum der Verzögerung der Verwertung von Absonderungsgut sieht § 169 Satz 1 InsO als Ausgleich die Zahlung der geschuldeten Zinsen vor. Für den Fall einer gerichtliche Anordnung nach § 21 InsO im Eröffnungsverfahren verlegt § 169 Satz 2 InsO den Verzinsungsbeginn vor. Erhält der gesicherte Gläubiger grundsätzlich Zinsen erst ab dem Berichtstermin, so hat er nach dieser Norm Anspruch auf Zinsen beginnend nach Ablauf von drei Monaten nach der Anordnung im Eröffnungsverfahren.

Ohne ein Herausgabeverbot könnte der Sicherungsnehmer den Herausgabeanspruch vor Verfahrenseröffnung geltend machen und sodann die Verwertung selbst betreiben, auch wenn zwischenzeitlich (nach Besitzergreifung) das Verfahren eröffnet sein sollte (vgl. § 173 Abs. 1 InsO). Bei der Verwertung mindern zwar die tatsächlich anfallenden Aufwendungen den Erlös des Sicherungsnehmers. Aber zumindest der Abzug der Feststellungspauschale fällt hier weg.

Möglicherweise erspart sich der Sicherungsnehmer auch den Abzug von Umsatzsteuer. Denn nach dem Wortlaut des § 170 Abs. 2 Satz 2 InsO hat der verwertende Sicherungsnehmer einen der Umsatzsteuer entsprechenden Betrag nur dann zur Masse zu erstatten, wenn der Verwalter ihm das Sicherungsgut zur Verwertung überlassen hat. Diese Voraussetzungen liegen bei einer Herausgabe vor Verfahrenseröffnung aber nicht vor. Die Umsatzsteuer fällt bei einer derartigen Verwertung trotzdem bei der Masse als Massekosten an, da jedenfalls nach der bisherigen Rechtsprechung des Bundesfinanzhofes auch hier der steuerbare Umsatz erst in der Verwertung liegt.[144] Somit erhielte der Sicherungsnehmer den Erlös inklusive des Umsatzsteueranteils, ohne diesen abführen zu müssen.[145]

---

143 Zu den dinglichen Sicherheiten im Sanierungsverfahren siehe unten § 9, S. 287 ff.

144 Vgl. BFH, ZIP 1994, 1705; so auch FG Köln, UR 1993, 167. Kritisch dazu *Onusseit/Kunz*, Rn. 341 mit weiteren Nachweisen.

145 *Marotzke*, ZZP 109 (1996), 429, 464 vermeidet dieses Ergebnis durch eine Analogie zu § 171 Abs. 2 Satz 3 InsO, dagegen Braun-*Gerbers*, § 173 Rn. 3; Uhlenbruck-*Uhlenbruck*, § 173 Rn. 4; FK-*Wegener*, § 173 Rn. 5; *Onusseit*, KTS 1994, 23 f.; in Betracht kommt auch eine Abführpflicht des Sicherungsnehmers selbst nach umsatzsteuerrechtlichen Regelungen (§ 51 Abs. 1 Satz 1 Nr. 2 UStDV bzw. der ab dem 01.01.2002 geltende § 13 b UStG; diese Vorschriften gelten aber nur für Sicherungsübereignungen).

Für den Sicherungsnehmer ergeben sich bei einer Eigenverwertung daher erhebliche zeitliche und finanzielle Vorteile.

(2) Mißbrauchsgefahren

Der anzuerkennende Zweck, eine unwirtschaftliche oder reorganisationshemmende Herauslösung eines Vermögensgegenstandes aus dem Sachverbund des Schuldners zu vermeiden, führt zu einer unvermeidbaren Positionsverschlechterung des Sicherungsnehmers im Eröffnungsverfahren. Darüber hinaus begründet die Möglichkeit, das Herausgabeverbot nach § 21 Abs. 1 InsO anzuordnen, eine gewisse Mißbrauchsgefahr. Es könnte nämlich über die Feststellungskosten des § 171 Abs. 1 InsO oder über das Benutzungsrecht des § 172 InsO versucht werden, auf Kosten des Absonderungsberechtigten die Masse verbessernde Einnahmen zu erzielen. Wie nahe dies liegt, zeigt sich daran, daß bereits einige Stimmen in der Literatur von einer Masseschmälerung durch Verlust des Kostenbeitrages sprechen, etwa bei der Frage der Verwertung während des Eröffnungsverfahrens.[146]

Bei dieser Argumentation wird übersehen, daß die Einführung des Kostenbeitrages den Ausgleich tatsächlicher Aufwendungen, die bei der Masse anfallen, herbeiführen soll.[147] Eine Masseanreicherung über diesen Ausgleich hinaus entspricht aber nicht dem Zweck des § 21 InsO. Diese Funktion war zwar zunächst in den Vorschlägen der Insolvenzrechtskommission enthalten,[148] wurde dann allerdings bereits für den Diskussionsentwurf verworfen.[149]

Wenn für eine Anordnung nach § 21 Abs. 1 InsO die tatsächliche Besorgnis der nachteiligen Veränderung der Vermögenslage des Schuldners erforderlich ist,[150] so darf diese nicht lediglich darin bestehen, daß die Masse im späteren Verfahren die Festellungspauschale vereinnahmen könnte. Zu bejahen ist diese Voraussetzung daher nur dann, wenn das Sicherungsgut zur Aufrechterhaltung des laufenden Geschäftsbetriebes erforderlich ist oder bei einer Veräußerung im Rahmen einer Sachgesamtheit zu höheren Erlösen führt.

---

146 Braun-*Gerbers*, § 166 Rn. 20; *Braun/Uhlenbruck*, S. 254; Kübler/Prütting-*Pape*, § 22 Rn. 25; in diese Richtung auch *Uhlenbruck*, Kölner Schrift, S. 325, 352, Rn. 29.

147 Vgl. BT-Drucks. 12/2443, S. 180 ("Zu § 195").

148 Erster Bericht, Leitsatz 3.1.2., dazu Erster Bericht, Einleitung S. 18 f., Begründung S. 312.

149 DiskE, Begründung S. A 27.

150 Zu diesem Zweck BT-Drucks. 12/2443, S. 115 f. ("Zu § 25").

Andererseits sollten - um etwaige Reorganisationen nicht bereits im Vorwege scheitern zu lassen - die Gerichte bei der Beurteilung grundsätzlich großzügig entscheiden.

(3) Herausgabeverbot bei Bestellung eines vorläufigen Insolvenzverwalters und Erlaß eines allgemeinen Verfügungsverbotes

Zweifelhaft ist auch, ob eine ausdrückliche Anordnung des Herausgabeverbotes erforderlich ist, wenn das Gericht bereits einen vorläufigen Insolvenzverwalter bestellt hat und dem Schuldner ein allgemeines Verfügungsverbot auferlegt hat. Für den Fall der Anordnung der vorläufigen Insolvenzverwaltung wird teilweise ein Herausgabeverbot bezüglich des Absonderungsgutes angenommen. Dies wird mit der Verpflichtung des vorläufigen Verwalters begründet, die gesetzmäßigen Rechte des späteren Insolvenzverwalters sicherzustellen. Dessen Verwertungs- und Nutzungsrechte aus §§ 166 Abs. 1, 172 Abs. 1 InsO würden ansonsten häufig vereitelt. Gleiches gelte für die Unternehmensfortführung. Denn die zur abgesonderten Befriedigung Berechtigten würden angesichts der Nachteile, die ihnen im eröffneten Verfahren drohten, das Sicherungsgut sofort abzuziehen versuchen - gegebenenfalls auch ohne Eintritt des Verwertungsreife.[151]
Auch andere Literaturstimmen gehen davon aus, daß dem vorläufigen Insolvenzverwalter die Herausgabe an den Absonderungsberechtigten verboten ist. Dieser habe dafür Sorge zu tragen, daß die Absonderungsrechte nicht vor der Verfahrenseröffnung realisiert werden.[152]
Darüber hinaus wird dem vorläufigen Verwalter zum Teil ein Benutzungsrecht an dem Sicherungsgut zugebilligt.[153]

Meines Erachtens können diese Argumente nicht begründen, warum ein Absonderungsberechtigter an der Durchsetzung der ihm zustehenden Rechte im Eröffnungsverfahren gehindert sein soll. Hier ist zunächst zu berücksichtigen, daß die vertraglichen Verpflichtungen des Schuldners grundsätzlich auch für den vorläufigen Insolvenzverwalter bindend sind.[154] Somit wäre dieser im Eröffnungsverfahren - ebenso wie der Schuldner selbst - zur Herausgabe des Sicherungsgutes an den Absonderungsberechtigten zur Verwertung verpflichtet.

---

151 *Pohlmann*, Rn. 464, 466; HK-*Kirchhof*, § 22 Rn. 8; *Eckardt*, ZIP 1999, 1734, 1738.

152 *Braun/Uhlenbruck*, S. 237; *Obermüller/Hess*, Rn. 129; ähnlich Braun-*Gerbers*, § 166 Rn. 20 f.

153 *Pohlmann*, Rn. 472; *Uhlenbruck*, Kölner Schrift, S. 325, 337, Rn. 12; *Braun/Uhlenbruck*, S. 254; *Eckardt*, ZIP 1999, 1734, 1738.

154 BGHZ 146, 165, 174; *Pohlmann*, Rn. 460; für den Sequester gemäß § 106 KO: *Herbert*, S. 155.

Die insbesondere von *Pohlmann* angeführte Funktion des vorläufigen Insolvenzverwalters, das Vermögen des Schuldners zu sichern und ein etwa vorhandenes Unternehmen fortzuführen, reicht nicht aus, um ohne ausdrückliche gesetzliche Regelung eine so einschneidende Beschränkung der Rechte der Absonderungsberechtigten anzunehmen. Zwar spricht für diese Ansicht der Pflichtenkreis des vorläufigen Insolvenzverwalters, der nach § 22 Abs. 1 Satz 2 Nr. 1 InsO zur Sicherung des schuldnerischen Vermögens berufen ist. Dazu wird man zwanglos auch den Erhalt des Besitzes von Gegenständen zählen können, soweit bei diesen die Berechtigungen unklar sind. Andererseits kann von dem Pflichtenkreis des vorläufigen Insolvenzverwalters nicht ohne weiteres auf die Mittel geschlossen werden, mit denen er zur Erfüllung dieser Aufgabe ausgestattet ist.

Ein Blick auf § 22 Abs. 1 Satz 1 InsO zeigt, daß die Sicherung des schuldnerischen Vermögens bei Einsetzung eines vorläufigen Verwalters grundsätzlich durch Entzug der schuldnerischen Verfügungs- und Verwaltungsbefugnis geschieht. Dies sind Maßnahmen, die einzig die Rechtsstellung des Schuldners betreffen. Daß darüber hinaus Einschränkungen der Rechte Dritter erfolgen sollten, ist nicht ersichtlich.

Im übrigen ist dies zur Sicherung des schuldnerischen Vermögens auch nicht erforderlich. Denn wenn konkret durch Herausgabe eines Gegenstandes durch den vorläufigen Insolvenzverwalter die Verschlechterung der Reorganisationsaussichten oder die Vereitelung einer wirtschaftlich sinnvollen Verwertung drohen sollte, so kann der vorläufige Verwalter bei Gericht eine Anordnung nach § 21 Abs. 1 InsO anregen und so die Herausgabe ausdrücklich verbieten lassen.
Soweit *Pohlmann* argumentiert, der vorläufige Insolvenzverwalter sei zur Prüfung der Wirksamkeit bzw. der Möglichkeit einer Insolvenzanfechtung der geltend gemachten Sicherheiten kaum in der Lage,[155] so ist dagegen anzuführen, daß er dazu im Hinblick auf seinen Gutachterauftrag nach § 22 Abs. 1 Satz 2 Nr. 3 Halbsatz 1 InsO ohnehin verpflichtet ist.

Auch die von *Uhlenbruck*[156] vorgenommene Analogie zu §§ 166 ff. InsO und die daraus abgeleitete Pflicht des vorläufigen Insolvenzverwalters, das Absonderungsgut nicht an den Sicherungsnehmer herauszugeben, sondern es zu nutzen und gegebenenfalls zu verwerten, überzeugt nicht.

---

155 Rn. 464 am Ende.

156 *Braun/Uhlenbruck*, S. 254, anders noch in Kölner Schrift, 1. Auflage, S. 259, Rn. 33; wo das Vorliegen der Voraussetzungen der §§ 166 ff. InsO für eine Benutzung bis zur Verfahrenseröffnung nicht als erforderlich angesehen wird.

Damit würde die Rechtsstellung des vorläufigen Insolvenzverwalters in wesentlichen Teilen der des späteren Insolvenzverwalters angenähert. Dies widerspräche aber dem vorläufigen Charakter dieser Maßnahme. Aus diesem Grund sind die Befugnisse des vorläufigen Verwalters zum Teil ausdrücklich geregelt.[157] Zum anderen Teil werden sie durch Bezug auf genau spezifizierte Regelungen über die Befugnisse des Insolvenzverwalters bestimmt.[158] Ein darüber hinaus gehendes, vom Gesetzgeber übersehenes Regelungsbedürfnis besteht auch hinsichtlich der Herausgabe von Absonderungsgut während des Eröffnungsverfahrens nicht.
Denn in § 169 Satz 2 InsO wird die Rechtsstellung des Absonderungsberechtigten, der aufgrund einer Anordnung nach § 21 InsO bereits im Eröffnungsverfahren an der Verwertung gehindert ist, hinsichtlich des Verzinsungsbeginns für die Ausgleichszahlung geregelt.[159] Daraus ergibt sich, daß der Gesetzgeber das vorliegende Problem nicht übersehen hat. Es ist vielmehr - angesichts einer fehlenden ausdrücklichen Verweisung auf die §§ 166 ff. InsO für den vorläufigen Verwalter - anzunehmen, daß das Sicherungsgut unter den allgemeinen zivilrechtlichen Voraussetzungen an den zur abgesonderten Befriedigung Berechtigten im Eröffnungsverfahren herausgegeben werden sollte, wenn nicht das Gericht ausdrücklich das Gegenteil anordnet.[160]

Eine Stütze findet dieses Ergebnis schließlich in der Gesetzesbegründung. Dort wird das Verbot an den Schuldner, die fragliche Sache an den Absonderungsberechtigten herauszugeben, als "andere Maßnahme"[161] in Abgrenzung zu den in § 21 Abs. 2 InsO genannten Maßnahmen (insbesondere also der Bestellung eines vorläufigen Insolvenzverwalters und der Verhängung eines Verfügungsverbotes) bezeichnet. Daraus kann geschlossen werden, daß dieses Herausgabeverbot nicht schon den zuletzt genannten Maßnahmen innewohnt. Denn in diesem Fall hätte es näher gelegen, von "milderen" oder "weniger weitgehenden" Maßnahmen zu sprechen als lediglich von "anderen".

Aus den genannten Gründen ist im übrigen auch davon auszugehen, daß dem vorläufigen Insolvenzverwalter ein über die Befugnisse des Schuldners nach allgemeinem Zivilrecht hinausgehendes Nutzungsrecht aus einer Analogie zu § 172 Abs. 1 InsO nicht zusteht.

157 Vgl. § 22 InsO.

158 Vgl. § 21 Abs. 2 Nr. 1 InsO.

159 Vgl. dazu bereits oben (1), S. 124.

160 Ebenfalls gegen eine Analogie der §§ 166 ff. InsO Kübler/Prütting-*Kemper*, § 166 Rn. 13.

161 Vgl. BT-Drucks. 12/2443, S. 116 ("Zu § 25").

Festzuhalten ist das Ergebnis, daß eine Verweigerung der Herausgabe durch den vorläufigen Insolvenzverwalter nur rechtmäßig ist, wenn das Herausgabeverbot gerichtlich angeordnet ist. Verweigert der vorläufige Insolvenzverwalter die Herausgabe aber in rechtswidriger Weise, so kann der Absonderungsberechtigte den darauf beruhenden Ausfall, insbesondere also Feststellungskosten und Umsatzsteuer, gegebenenfalls als Schadensersatzanspruch gegen die Masse oder auch gegen den vorläufigen Verwalter persönlich geltend machen.[162]

(4) Geltung eines allgemeinen Vollstreckungsverbotes für den Absonderungsberechtigten

Ist ein Herausgabeanspruch des Absonderungsberechtigten bereits tituliert, so ist auch die Vollstreckung daraus durch die Anordnung eines Vollstreckungsverbotes nach § 21 Abs. 2 Nr. 3 InsO unzulässig. Die Gesetzesbegründung stellt zwar nur allgemein auf die Befugnis des Gerichtes ab, einstweilig den Absonderungsberechtigten bei seinem Zugriff auf das Sicherungsgut zu beschränken.[163] Damit ist auch die Herausgabevollstreckung wegen des Sicherungsgutes zum Zweck der Verwertung durch den Sicherungsnehmer gemeint.[164] Dieses Vollstreckungsverbot ist auch sachgerecht, da auch hier die Gefahr besteht, daß ein Gegenstand aus dem Verbund herausgelöst werden könnte, der zur Reorganisation erforderlich ist.

Wird die Herausgabevollstreckung des Absonderungsberechtigten einstweilen eingestellt, so sieht § 169 Abs. 1 Satz 2 InsO für einen Teil des enstandenen Zeitverlustes - nämlich beginnend drei Monate nach der Anordnung - die Zahlung von Zinsen vor. Bei einem Wertverlust des Sicherungsgutes kann der Sicherungsnehmer einen Ausgleich nach § 172 InsO verlangen.[165]

b) Beschränkungen hinsichtlich der Herausgabe von Vorbehaltsgut

Das Problem der nachteiligen Wirkungen einer Herausgabe eines im Vermögen des Schuldners befindlichen Gegenstandes stellt sich auch bei Aussonderungsgut, speziell bei vom Schuldner unter Eigentumsvorbehalt erworbenen Gegen-

[162] Die Haftung der Masse für durch den vorläufigen Insolvenzverwalter mit Verfügungsbefugnis begründete Verbindlichkeiten folgt aus § 55 Abs. 2 InsO, seine persönliche Haftung aus §§ 21 Abs. 2 Nr. 1 iVm. 60 Abs. 1 InsO.

[163] BT-Drucks. 12/2443, S. 116 ("Zu § 25").

[164] *Gerhardt*, Kölner Schrift, S. 193, 202 f., Rn. 20; HK-*Kirchhof*, § 21 Rn. 22; Kübler/Prütting-*Pape*, § 21 Rn. 29, Breutigam/Blersch/Goetsch-*Blersch*, § 21 Rn. 35, Smid-*Smid/Thiemann*, § 21 Rn. 50.

[165] BT-Drucks. 12/2443, S. 116 ("Zu § 25"), S. 182 ("Zu § 197"). Bei der einstweiligen Einstellung der Zwangsversteigerung in unbewegliches Vermögen sieht § 30 e Abs. 1 Satz 2 ZVG eine vergleichbare Regelung hinsichtlich der Zinszahlungen vor.

ständen. Der vom Schuldner gekaufte und in Besitz genommene Gegenstand kann nämlich ebenso wie bereits im Eigentum des Schuldners stehende Gegenstände in das Vermögen des Schuldners eingebunden und daher für eine Reorganisation oder den wirtschaftlich sinnvollen Verkauf als Teil einer Sachgesamtheit erforderlich sein.

Hierzu ist zunächst zu klären, ob im Eröffnungsverfahren der Schuldner bzw. ein gegebenenfalls eingesetzter vorläufiger Insolvenzverwalter zur Herausgabe des Vorbehaltsgutes an den Vorbehaltsverkäufer verpflichtet ist. Sodann ist die Möglichkeit der gerichtlichen Anordnung eines Herausgabeverbotes zu prüfen. Schließlich interessiert in diesem Zusammenhang, inwieweit ein von dem aussonderungsberechtigten Vorbehaltsverkäufer erlangter Herausgabetitel auch im Eröffnungsverfahren vollstreckbar ist.

(1) Herausgabe von Vorbehaltsware im Eröffnungsverfahren

Der Antrag auf Eröffnung eines Insolvenzverfahrens hat zunächst keine Auswirkungen auf die Rechtsstellung des Schuldners und seine vertraglichen Beziehungen. Somit bleibt er ohne weiteres den vertraglichen Verpflichtungen unterworfen. Dazu gehört auch, daß er zur Herausgabe des unter Eigentumsvorbehalt gekauften Gegenstandes verpflichtet ist, wenn seitens des Verkäufers der Rücktritt erklärt ist, § 448 Abs. 2 BGB. Zum Rücktritt berechtigen dabei insbesondere der Zahlungsverzug bei fruchtlosem Ablauf einer Nachfrist (§ 323 BGB) und sonstige Plichtverletzungen (§ 324 BGB). Ob diese Voraussetzungen bereits vor der Antragstellung vorlagen oder erst während des Eröffnungsverfahrens eintreten, ist für die Herausverpflichtung gleichgültig. Liegen die Voraussetzungen nicht vor, so ist der Schuldner vertraglich zum Besitz der Sache berechtigt und muß diese nicht herausgeben.

Zweifelhaft ist, ob die Herausgabeverpflichtung auch für einen vorläufigen Insolvenzverwalter nach § 21 Abs. 2 Nr. 1 InsO gilt. Zum Teil wird dies nämlich verneint.[166] Argumentiert wird mit dem Wahlrecht des späteren Verwalters nach §§ 103, 107 Abs. 1 InsO. Dieses werde ausgehöhlt, wenn dem Aussonderungsberechtigten das Sicherungsgut herausgegeben werden müsse.[167] Dieser Sichtweise ist aber nur für den Fall zu folgen, daß noch ein Wahlrecht des Verwalters

---

166 *Obermüller/Hess*, Rn. 840; *Uhlenbruck*, Kölner Schrift, S. 325, 352, Rn. 28; Smid-*Smid/Thiemann*, § 22 Rn. 93; *Braun/Uhlenbruck*, S. 254 f.; Nerlich/Römermann-*Mönning*, § 22 Rn. 140; *Thiemann*, Rn. 345.

167 *Ampferl*, Rn. 538; *Haarmeyer/Wutzke/Förster*, Handbuch, Kapitel 3, Rn. 346; *Obermüller/Hess*, Rn. 798; *Uhlenbruck*, Kölner Schrift, S. 325, 351 f., Rn. 28; früher noch deutlicher *ders.*, Kölner Schrift 1. Auflage, S. 243, Fn. 11, S. 260, Rn. 33 sowie Fn. 75.

durch Eröffnung des Insolvenzverfahrens entstehen kann. Liegt hingegen ein wirksamer Rücktritt vor, so ist das Recht des Käufers auf Eigentumsverschaffung erloschen.[168] Der Kaufvertrag ist dann endgültig gescheitert und kann auch später nicht durch ein Erfüllungsverlangen des Insolvenzverwalters wieder aufleben.[169] Hier kann der Verwalter nur noch im beiderseitigen Einvernehmen einen Erwerb herbeiführen, nicht mehr aber durch einseitige Erfüllungswahl nach §§ 107 Abs. 2, 103 InsO. Daher geht an dieser Stelle die Argumentation mit dem Wahlrecht des Verwalters fehl.
Das Ergebnis entspricht übrigens auch der zu § 106 KO anerkannten Ansicht, daß der Herausgabeanspruch des Vorbehaltsverkäufers auch durch Anordnung der Sequestration unbeeinträchtigt bleibt.[170]

(2) Zulässigkeit des gerichtlichen Verbots der Herausgabe von Vorbehaltsware

Zweifelhaft ist, inwieweit dem Eigentumsvorbehaltsverkäufer, dem im Insolvenzverfahren grundsätzlich ein die Aussonderung ermöglichendes Recht zusteht, durch gerichtliche Anordnungen im Eröffnungsverfahren die Herausgabe vorenthalten werden kann. Die Beantwortung dieser Frage läßt sich indes nicht pauschal vornehmen. Vielmehr muß unterschieden werden danach, in welchem Stadium sich die Vertragsabwicklung befindet.

Durch den Abschluß des Kaufvertrages erwirbt der Schuldner zunächst ein vertragliches Besitzrecht an dem Kaufgegenstand. Dieses steht dem Schuldner und dementsprechend dem vorläufigen Insolvenzverwalter auch im Eröffnungsverfahren zu. Denn durch den Eröffnungsantrag allein verändert sich diesbezüglich noch nicht die Rechtsstellung des Schuldners. Zu diesem Zeitpunkt hat der Vorbehaltsverkäufer daher keinen Herausgabeanspruch. Hier kann das Gericht die freiwillige Herausgabe sowohl durch den Schuldner als auch durch den vorläufigen Insolvenzverwalter verbieten. Denn dem Verkäufer werden dadurch keine Rechte abgeschnitten.

---

168 Nach der Rechtslage vor dem Gesetz zur Modernisierung des Schuldrechts, welches am 1. Januar 2002 in Kraft getreten ist, genügte neben dem Rücktritt bereits der fruchtlose Ablauf einer gesetzten Nachfrist. Zum alten Recht noch BGHZ 54, 214, 216. Vgl. dazu ausführlich unten § 11 B II 1 b, S. 366.

169 FK-*Wegener*, § 107 Rn. 16. Zu § 17 Abs. 1 KO, der nach der Begründung in BT-Drucks. 12/2443 S. 145 ("Zu § 117"), inhaltlich unverändert in die Insolvenzordnung übernommen wurde, vgl. Kuhn/*Uhlenbruck*, § 43 Rn. 28.

170 Vgl. Kuhn/*Uhlenbruck*, § 106 Rn. 18 mit weiteren Nachweisen.

Hat der Vorbehaltsverkäufer wirksam gemäß § 449 BGB den Rücktritt vom Vertrag erklärt, endet das Besitzrecht des Käufers an der Sache.[171] Hier ist zweifelhaft, ob das Gericht nach § 21 Abs. 1 InsO berechtigt ist, ein Herausgabeverbot für die Vorbehaltsware anzuordnen.
Gegen die Möglichkeit dieser Anordnung spricht, daß das Aussonderungsgut nicht zur späteren Masse gehören würde. Die Herausgabe derartiger Gegenstände wird daher jedenfalls nicht unmittelbar zu einer nachteiligen Veränderung der Vermögenslage des Schuldners führen.

Auf der anderen Seite ist auch hier zu beachten, daß es dem Zweck der Anordnungen nach § 21 InsO entspricht, dem Gutachter die zur Prüfung der rechtlichen und wirtschaftlichen Gegebenheiten erforderliche Zeit einzuräumen, ohne vollendete Tatsachen zu schaffen. Möglicherweise sollte in diesem Verfahrensstadium von dem vorläufigen Verwalter nicht die Prüfung und Erfüllung von Aussonderungsansprüchen verlangt werden. Denn dies gehört grundsätzlich zu den Pflichten des Insolvenzverwalters im Rahmen des eröffneten Verfahrens. Erst dort wird die Ist-Masse in die Soll-Masse überführt.[172]

Gegen diese Argumentation ist aber - wie bereits zur Frage der Herausgabe von Absonderungsgut - vorzubringen, daß der vorläufige Insolvenzverwalter ohnehin verpflichtet ist, die Werthaltigkeit der Masse im Rahmen des § 21 Abs. 1 Satz 2 Nr. 3 InsO zu überprüfen. Dazu gehört auch, die Rechtslage hinsichtlich der Gegenstände zu klären, an denen Aussonderungsansprüche geltend gemacht werden. Kommt dieser angesichts eines entsprechenden Nachweises des Eigentumsvorbehaltes und des Rücktritts durch den Vorbehaltsverkäufer zu dem Ergebnis, daß die Sache im späteren Verfahren auszusondern wäre, sprechen keine Gesichtspunkte dagegen, die Herausgabe bereits im Eröffnungsverfahren zuzulassen.

Gegen dieses Ergebnis spricht auch nicht § 22 Abs. 1 Nr. 2 InsO, wonach ein Unternehmen des Schuldners bis zur Entscheidung über die Verfahrenseröffnung durch den vorläufigen Insolvenzverwalter weiter zu betreiben ist.[173] Denn es kann nicht angenommen werden, daß die Fortführung des Unternehmens

---

171 Vgl. zu § 455 BGB a.F. BGHZ 54, 214, 216 f.; siehe ausführlich unten § 11 B II 3 b (2), S. 371 ff.

172 *Pohlmann*, Rn. 115.

173 In diesem Sinne aber *Pohlmann*, Rn. 114, nach dem der vorläufige Verwalter nach § 22 Abs. 1 InsO auch (angeblich) mit Ab- bzw. Aussonderungsrechten belastete Gegenstände in Besitz zu nehmen hat. Daraus ergibt sich allerdings nicht zwingend ein Verbot der Herausgabe.

unter Verletzung der Rechte Dritter - hier des Aussonderungsberechtigten - vorgenommen werden soll.

Weiterhin ist zu berücksichtigen, daß ein Aussonderungsberechtigter, der einen Titel vor Verfahrenseröffnung erwirkt hat, selbst im Verfahren die Herausgabevollstreckung betreiben kann.[174] Denn ihn betrifft das Vollstreckungsverbot des § 89 nicht.[175] Wenn also der Aussonderungsberechtigte selbst im Verfahren die Vollstreckung betreiben kann, so wird man kaum die Vollstreckung vor Verfahrenseröffnung verbieten können. Dies wäre jedenfalls sinnlos, da die Vollstrekkung sofort nach Eröffnung fortgesetzt werden könnte.

Schließlich ist noch darauf hinzuweisen, daß eine Zinszahlung für den Aussonderungsberechtigten, dessen Herausgabeanspruch verzögert wird, anders als für den zur Absonderung Berechtigten, in § 169 Abs. 1 InsO nicht vorgesehen ist.[176] Dies spricht dafür, daß der Gesetzgeber eine Verzögerung der Erfüllung des Herausgabeanspruchs eines Aussonderungsberechtigten nicht hinnehmen wollte. Denn ansonsten hätte es nahegelegen, wegen der - im Vergleich zu den Absonderungsberechtigten ähnlichen - Interessenlage auch für diesen Fall eine Entschädigung vorzusehen.[177] Wegen der damit verbundenen Gefahren einer entschädigungslosen Verzögerung eines berechtigten Herausgabeverlangens darf die Herausgabe von Aussonderungsgut in diesem Fall nicht verboten werden.

Im Ergebnis ist folgendes festzuhalten: Bei Vorbehaltsware ist zu unterscheiden, ob der Aussonderungsanspruch bereits feststeht oder ob der Kaufvertrag sich in einem Stadium befindet, bei dem der spätere Verwalter noch die Möglichkeit hat, Erfüllung zu wählen. Das Gericht darf nur im letzteren Fall die Herausgabe verbieten. Denn in diesem Fall hat der Schuldner noch ein vertragliches Besitzrecht. Erlischt dieses endgültig, etwa durch Rücktritt des Vorbehaltsverkäufers während des Vorverfahrens, endet auch das Herausgabeverbot. Denn weder der vorläufige Insolvenzverwalter noch der Schuldner dürfen den unrechtmäßigen Besitz zugunsten der späteren Masse auf Kosten des Aussonderungsberechtigten fortsetzen.

---

174 *Häsemeyer*, Rn. 11.28; für die KO Jaeger/*Henckel* § 6 Rn. 96, § 14 Rn. 31.

175 § 47 InsO, dazu *Häsemeyer*, Rn. 11.28; HK-*Eickmann*, § 89 Rn. 16.

176 *Obermüller/Hess*, Rn. 840; *Braun/Uhlenbruck*, S. 255.

177 A.A. Kübler/Prütting-*Pape*, § 21 Rn. 29, danach soll der Aussonderungsberechtigte dies entschädigungslos hinnehmen. Zumindest einen Wertausgleichanspruch analog § 172 InsO wird dann aber zugestanden werden müssen, vgl. *Ampferl*, Rn. 572 ff. mwN.

(3) Vollstreckungsverbote für Aussonderungsberechtigte

Zweifelhaft ist, ob auch ein zur Aussonderung Berechtigter - insbesondere ein Eigentumsvorbehaltsverkäufer - an der Vollstreckung eines bereits erwirkten Herausgabetitels gegen den Schuldner während des Vorverfahrens gehindert werden kann,[178] etwa durch Anordnung eines allgemeinen Vollstreckungsverbotes oder gerichtliche Einzelanordnung.

Diese Frage ist weder ausdrücklich gesetzlich geregelt, noch läßt sie sich aus den Materialien erschließen. In der Gesetzesbegründung wird zwar bezüglich der Anordnung nach § 21 Abs. 2 Nr. 3 InsO auf die automatische Vollstrekkungssperre des § 89 InsO Bezug genommen: Mit einer derartigen Anordnung werde die Wirkung des Vollstreckungsverbotes in das Eröffnungsverfahren vorgezogen.[179] Nach § 89 InsO sind Aussonderungsberechtigte aber nicht gehindert, die Herausgabevollstreckung durchzuführen. Bereits zu § 14 KO war dies anerkannt.[180] Das tragende Argument dafür ist, daß es sich bei der Herausgabevollstreckung des Aussonderungsberechtigten nicht um eine "Zwangsvollstreckung für einzelne Insolvenzgläubiger" im Sinne des § 89 Abs. 1 InsO handelt.[181] Eine derartige Einschränkung auf "Insolvenzgläubiger" enthält § 21 Abs. 2 Nr. 1 InsO aber nicht, denn dort wird allgemein die "Zwangsvollstreckung gegen den Schuldner" als Gegenstand der Beschränkung genannt. Die unterschiedliche Formulierung findet ihre Ursache aber nicht in dem Willen des Gesetzgebers, für die beiden Instrumente unterschiedliche Wirkungen anzuordnen. Denn dies wäre in der Begründung angesprochen worden. Da aber einschränkungslos auf die Wirkungen des § 89 InsO Bezug genommen wurde, muß auch von einer identischen Wirkung ausgegangen werden. Somit ist der Anlaß für die unterschiedliche Formulierung einzig darin zu sehen, daß im Eröffnungsverfahren noch keine Insolvenzgläubiger existieren, ihre Benennung im Rahmen des § 21 InsO also sprachlich ungenau gewesen wäre.

Somit gilt eine nach § 21 Abs. 2 Nr. 3 InsO allgemein angordnete Vollstrekkungssperre nicht für die Herausgabevollstreckung der zur Aussonderung Berechtigten.[182]

---

[178] Dafür etwa *Uhlenbruck*, Kölner Schrift, S. 325, 352, Rn. 28; MünchKomm-*Haarmeyer*, § 21 InsO Rn. 73; Kübler/Prütting-*Pape*, § 21 Rn. 28; Breutigam/Blersch/Goetsch-*Blersch*, § 21 Rn. 35; Nerlich/Römermann- *Mönning*, § 21 Rn. 86; *Vallender*, ZIP 1997, 1993, 1997.

[179] BT-Drucks. 12/2443, S. 117 ("Zu § 25").

[180] Vgl. Jaeger/*Henckel* § 14 Rn. 21 mit weiteren Nachweisen.

[181] Entsprechend stellte § 14 KO auf die "Zwangsvollstreckung einzelner Konkursgläubiger" ab.

[182] Wie hier *Gerhardt*, Kölner Schrift, S. 193, 203, Rn. 20; HK-*Kirchhof* § 21 Rn. 20; *Lohkemper*, ZIP 1995, 1641, 1650; a.A. Nerlich/Römermann-*Mönning*, § 21 Rn. 86

Uhlenbruck wendet sich gegen die Möglichkeit einer Herausgabevollstreckung durch den Eigentumsvorbehaltsverkäufer. Er argumentiert - ebenso wie bei der Frage nach der Herausgabepflicht - mit dem Wahlrecht des späteren Verwalters nach §§ 103, 107 Abs. 1 InsO. Dieses werde ausgehöhlt, wenn dem Aussonderungsberechtigten die Herausgabe gestattet wäre.[183] Dieser Sichtweise ist aber nur für den Fall zu folgen, daß noch ein Wahlrecht des Verwalters durch Eröffnung des Insolvenzverfahrens entstehen kann. Wenn aber der Aussonderungsberechtigte bereits einen vollstreckbaren Herausgabetitel innehat, wird damit offenkundig, daß die ordnungsgemäße Erfüllung des abgeschlossenen Kaufvertrages durch Rücktritt endgültig gescheitert ist. In diesen Fällen steht aber auch im Insolvenzverfahren dem Verwalter kein Erfüllungswahlrecht mehr zu. Somit ist die Vollstreckung des Titels - wie für andere Aussonderungsberechtigte - möglich. Dies Ergebnis ist auch sachgerecht, da nicht ersichtlich ist, warum der Schuldner bzw. der vorläufige Insolvenzverwalter Zugriff auf das Aussonderungsgut haben sollte, wo dies jedenfalls nach Verfahrenseröffnung herauszugeben wäre und somit nicht dauerhaft für eine Reorganisation zur Verfügung stünde.

Auch *Lohkemper* vertritt die Ansicht, die Herausgabevollstreckung des Aussonderungsberechtigten könne nicht durch gerichtliche Anordnung beschränkt werden.[184] Die Möglichkeit eines Vollstreckungsverbotes gegen Absonderungsberechtigte beruhe auf der Gefahr der Vereitelung des Zweckes der §§ 166 ff. InsO. Da sich diese Regelungen aber ausdrücklich nur auf absonderungsberechtigte Gläubiger bezögen, sei die Herausgabevollstreckung Aussonderungsberechtigter nicht abwehrbar.[185]

Meines Erachtens reicht dieses Argument für sich genommen nicht aus, um das richtige Ergebnis zu begründen. Denn die hier fraglichen gerichtlichen Maßnahmen verfolgen noch weitere Zwecke, als lediglich die Verwertungsmöglichkeit des Verwalters am Absonderungsgut sicherzustellen. Insbesondere geht es bei der Anordnung von Sicherungsmaßnahmen um den Zusammenhalt des

---

und § 22 Rn. 140; FK-*Schmerbach*, § 21 Rn. 77. Auch der BGH, Z 146, 165, 173, geht ohne Begründung davon aus, daß das Insolvenzgericht dem vorläufigen Insolvenzverwalter den Sicherungsauftrag erteilen kann, fremde Gegenstände nicht herauszugeben.

183 *Uhlenbruck*, Kölner Schrift, 1. Auflage, S. 243, Fn. 11; S. 260, Rn. 33 sowie Fn. 75. Diesem folgend *Ampferl*, Rn. 545 ff.

184 *Lohkemper*, ZIP 1995, 1641, 1650; ebenso bis zur 2. Aufl. FK-*Schmerbach*, § 21 Rn. 77.

185 *Lohkemper*, aaO.

schuldnerischen Vermögens zur Gläubigergleichbehandlung und der Erhaltung der Reorganisationsfähigkeit bzw. einer wirtschaftlich sinnvollen Verwertung.[186]

Die Masse hat allerdings keinen Anspruch darauf, diese Möglichkeiten auf Kosten von Aussonderungsberechtigten zu erhalten. Denn diesen gegenüber kann der Insolvenzverwalter nicht - wie bereits gesehen - durch einseitige Erklärung auf das Aussonderungsgut zugreifen. Vielmehr ist er darauf angewiesen, eine gütliche Einigung herbeiführen. Da dem vorläufigen keine weitergehenden Rechte als dem endgültigen Insolvenzverwalter eingeräumt werden, darf auch im Eröffnungsverfahren nicht ohne weiteres auf das Vorbehaltsgut zugegriffen werden. Auch hier ist eine gütliche Einigung nötig, bei der der Vorbehaltsverkäufer im Zweifel nur gegen Zahlung des ursprünglich vereinbarten Kaufpreises auf die Rückabwicklung des Vertrages verzichten wird.

c) Beschränkung von Verwertungshandlungen des Sicherungsnehmers

Eine weitere Zweifelsfrage ist, ob durch die Ermächtigung des § 21 Abs. 1 InsO auch gerichtliche Anordnungen gedeckt sind, die sich gegen Dritte, etwa gegen Gläubiger mit Aus- oder Absonderungsrechten, richten. In Betracht kommt hier etwa das Verbot an einen im Besitz des Sicherungsgutes befindlichen Sicherungsnehmer, dieses zu verwerten.

Beispiel: Die Bank B hat sich für einen Kredit den Fuhrpark eines Frachtunternehmens F zur Sicherung übereignen lassen. F gerät in Zahlungsrückstand. Entsprechend der Sicherungsvereinbarung läßt B sämtliche Fahrzeuge bei F abholen und beraumt eine Versteigerung an. Sodann beantragt F die Eröffnung eines Insolvenzverfahrens. Der eingesetzte vorläufige Insolvenzverwalter findet einen Interessenten, der das Unternehmen mit allen Bestandteilen aus der Insolvenzmasse erwerben möchte - jedoch nur, wenn er auch den Fuhrpark erhält. Die Verwertung der dem Unternehmen verbliebenen Aktiva bliebe weit hinter dem Anteil an einer Gesamtübertragung zurück.
Fraglich ist, ob das Insolvenzgericht auf Anregung des vorläufigen Insolvenzverwalters befugt ist, der B zu verbieten, die Kraftfahrzeuge versteigern zu lassen.

Für eine Erstreckung der Anordnungsbefugnis auch auf derartige Maßnahmen spricht der in § 21 Abs. 1 InsO genannte Zweck, nachteilige Veränderungen im Vermögen des Schuldners zu vermeiden. Im genannten Beispiel liegt diese Gefährdung durch die Versteigerung vor, da dadurch die Möglichkeit einer günstigen Veräußerung des Unternehmens als Ganzes vereitelt würde.

---

186 BT-Drucks. 12/2443, S. 116 f. ("Zu § 25").

Dieser Zweck ist allerdings teleologisch auf Vermögensverschlechterungen zu begrenzen, die im Insolvenzverfahren durch die Masse nicht hingenommen werden müssen.
Im vorliegenden Beispiel könnte die Bank nach der Eröffnung des Verfahrens sofort die Versteigerung fortsetzen, da die Regelung des § 166 Abs. 1 InsO nur ein Verwertungsrecht des Insolvenzverwalters vorsieht, wenn er im Besitz des Absonderungsgegenstandes ist. Wenn allerdings der Sicherungsnehmer Besitzer ist, kann er nach § 173 Abs. 1 InsO die Verwertung - unabhängig vom Insolvenzverfahren - fortsetzen. Aus dieser Regelung ergibt sich, daß der Gesetzgeber eine Verschlechterung der Masse durch eine Verwertung von beweglichen Gegenständen, die sich nicht mehr im Besitz des Schuldners befinden, hinnehmen wollte. Der Regierungsentwurf sah eine Bestimmung vor, wonach der Insolvenzverwalter von dem Sicherungsnehmer die zur Fortführung des Unternehmens benötigten Sachen heraus verlangen können sollte.[187] Diese Regelung wurde allerdings in den Empfehlungen des Rechtsausschusses für überflüssig erachtet. Der Insolvenzverwalter wird insoweit auf den Weg verwiesen, die zugrundeliegende Verbindlichkeit zu erfüllen und die Sache nach allgemeinen zivilrechtlichen Regelungen durch Zahlung der gesicherten Forderung auszulösen.[188] Diese Auslösungsmöglichkeit dürfte in der Praxis nur in seltenen Fällen zur Verfügung stehen, da es häufig an ausreichenden liquiden Mitteln fehlen wird. Der Verwalter wird vielmehr eine gütliche Einigung mit dem Sicherungsnehmer zu erreichen suchen.
Wenn aber bereits ein Insolvenzverwalter im eröffneten Verfahren kein Zugriffsrecht auf einen bereits an einen Sicherungsnehmer herausgegebenen, mit einem Absonderungsrecht belegten Gegenstand hat, so wird man dieses erst recht nicht dem vorläufigen Insolvenzverwalter zubilligen können. Auch dieser ist daher darauf zu verweisen, sich mit dem Sicherungsnehmer zu einigen, etwa indem er diesem eine Beteiligung an dem höheren Erlös in Aussicht stellt.

d) Einziehung zur Sicherheit abgetretener bzw. verpfändeter Forderungen

Zur Sicherheit abgetretene oder verpfändete Forderungen darf der Sicherungsnehmer unter den Voraussetzungen der Sicherungsvereinbarung während des Eröffnungsverfahrens einziehen, ebenso der vorläufige Insolvenzverwalter, auf den die Verwaltungs- und Verfügungsbefugnis übergegangen ist, bzw. der mit der Forderungseinziehung gerichtlich beauftragt wurde. Die vertragliche Einziehungsermächtigung des Sicherungszessionars endet weder durch Eintritt einer

---

187 § 199 RegE, dazu BT-Drucks. 12/2443, S. 183 ("Zu § 199").

188 BT-Drucks. 12/7302, S. 178 ("Zu § 199").

Krise noch durch einen Insolvenzantrag oder die Anordnung von Sicherungsmaßnahmen im Insolvenzeröffnungsverfahren.[189] Auch hier gilt der Grundsatz, daß im Insolvenzeröffnungsverfahren für den Schuldner und für den vorläufigen Insolvenzverwalter die vertraglichen Vereinbarungen gelten.[190] Bis zum Widerruf bzw. bis zu der Eröffnung des Insolvenzverfahrens wirkt daher die dem Schuldner erteilte Einziehungsermächtigung fort.

Nach einem wirksamen Widerruf der Einziehungsermächtigung darf auch ein vorläufiger Insolvenzverwalter die zur Sicherung abgetretenen Forderungen nicht einziehen.[191] Zwar wird teilweise in Analogie zum Recht des endgültigen Insolvenzverwalters aus § 166 Abs. 2 InsO, sicherungsweise abgetretene Forderungen einzuziehen, das Gegenteil angenommen.[192] Diese Analogie ist allerdings abzulehnen. Die vorläufige Insolvenzverwaltung dient nicht der Mehrung der Masse durch Verwertungshandlungen,[193] sondern der Sicherung der zukünftigen Masse. Da es sich bei der Forderungseinziehung hingegen um eine typische Verwertungshandlung dreht, fehlt es an der für eine Analogie erforderlichen vergleichbaren Interessenlage. Allein das Interesse, die Masse durch etwaige Feststellungs- oder Verwertungskostenbeiträge nach § 171 InsO anzureichern, rechtfertigt nichts anderes. Denn auch diese Pauschalen fallen allein für eine Feststellung bzw. Verwertung im eröffneten Verfahren an.

Umstritten ist, welche besonderen Anordnungen das Insolvenzgericht im Rahmen des § 21 InsO hinsichtlich der Einziehung der zur Sicherung abgetretenen Forderungen treffen darf. Teilweise haben die Insolvenzgerichte den Sicherungszedenten verboten, die abgetretenen Forderungen einzuziehen.[194]

---

189 HK-*Kirchhof*, § 22 Rn. 9; *Mitlehner*, ZIP 2001, 677, 678; MünchKomm-*Roth*, § 398 BGB Rn. 54; zur KO BGHZ 144, 192, 198 f., 200 mwN. auf die Gegenansicht.

190 Vgl. BGHZ 146, 165, 174; *Pohlmann*, Rn. 428. Für die Sequestration nach § 106 KO Kuhn/*Uhlenbruck*, § 106 Rn. 13 f.; *Herbert*, S. 140 f.; *Koch*, S. 139.

191 HK-*Kirchhof*, § 22 Rn. 9; *Ampferl*, Rn. 630; *Haarmeyer/Wutzke/Förster*, Handbuch, Kapitel 3, Rn. 355. Im Ergebnis auch *Foltis*, ZInsO 1999, 386, 390, mit der Begründung, nach dem Widerruf gehöre die zur Sicherung abgetretene Forderung nicht mehr zum Vermögen des Sicherungszedenten. Dem ist im Hinblick auf das auch nach dem Widerruf bestehende fiduziarische Rechtsverhältnis zwischen den Parteien der Sicherungsvereinbarung nicht zu folgen. Differenzierend *Mitlehner*, ZIP 2001, 677, 678: Einziehungsrecht des vorläufigen Insolvenzverwalters, wenn der Widerruf nach Anordnung der Sicherungsmaßnahmen erfolgte.

192 *Uhlenbruck*, Kölner Schrift, S. 325, 353, Rn. 29; *Thiemann*, Rn. 278.

193 BGHZ 146, 165, 173.

194 Vgl. KG NZI 1999, 500; LG Berlin NZI 1999, 416, 417; jeweils zu AG Charlottenburg, Beschluß vom 19.2.1999 (nicht veröffentlicht); BayObLG, NZI 2001,

Teilweise wurde darüber hinaus der vorläufige Insolvenzverwalter befugt, die Forderungseinziehung auch für diese Forderungen zu betreiben.[195] Derartige Anordnungen sind unzulässig.[196] Denn im Rahmen des Inkassos durch einen Absonderungsberechtigten für zur Sicherheit abgetretene Forderungen ist keine Fallgestaltung denkbar ist, in welcher das Vermögen des Schuldners gefährdet wird.

Entsprechend gilt für verpfändete Forderungen, daß im Insolvenzeröffnungsverfahren keine über eine etwa fortgeltende vertragliche Einziehungsermächtigung hinausgehende Befugnis zur Einziehung durch den vorläufigen Insolvenzverwalter besteht oder gerichtlich angeordnet werden darf. Dies folgt zwingend daraus, daß diese Forderungen selbst im eröffneten Verfahren durch den Sicherungsnehmer eingezogen werden.[197]

Die praktische Relevanz des Problems darf allerdings nicht überschätzt werden. Häufig findet der vorläufige Insolvenzverwalter eine noch nicht widerrufene Einziehungsermächtigung vor, aufgrund derer er auch ohne weitere gerichtliche Anordnungen das Inkasso - auch für mit Drittrechten belastete Forderungen - betreiben darf. Selbst bei einem erfolgten Widerruf hat der Sicherungszessionar regelmäßig erhebliche Schwierigkeiten bei der Einziehung der Forderungen: Er benötigt die zum Einzug erforderlichen Daten, nämlich Namen und Adressen der Drittschuldner sowie die Höhe des geschuldeten Betrages. Kann den Drittschuldnern gegenüber tatsächlich die Offenlegung erfolgen, erfolgt nur selten eine Zahlung, sei es, daß die Drittschuldner die Zahlung zu verzögern oder durch Erhebung unberechtigter Einwendungen zu vermeiden suchen, sei es, daß sie aufgrund der Unsicherheiten die Zahlung bis zur eindeutigen Klärung zurückhalten. Dies führt häufig dazu, daß der vorläufige Insolvenzverwalter und der Absonderungsberechtigte im beiderseitigen Interesse eine einvernehmliche Regelung über den Einzug treffen.

592, 593 f., zu AG Ingolstadt, Beschluß vom 14.3.2001 (nicht veröffentlicht); für diese Befugnis auch *Bork*, Rn. 109, Fn. 22.

195 AG Duisburg, ZIP 1999, 1366, gegen die Zulässigkeit dieser Maßnahme allerdings *Bork*, Rn. 109, Fn. 22.

196 *Haarmeyer/Wutzke/Förster*, Handbuch, Kapitel 3, Rn. 356; HK-*Kirchhof*, § 21 Rn. 28; *Klasmeyer/Elsner/Ringstmeier*, Kölner Schrift, S. 1083, 1096, Rn 52; *Lwowski/Tetzlaff*, NZI 1999, 395, 397; *Mitlehner*, ZIP 2001, 677, 678.

197 Vgl. BT-Drucks. 12/2443, S. 179 ("Zu § 191").

4. Aufhebung der gerichtlichen Maßnahmen

Aus § 25 Abs. 1 InsO ergibt sich, daß das Insolvenzgericht die zum Schutz der Masse getroffenen Anordnungen jederzeit wieder aufheben kann. Diese Aufhebung erfolgt, wenn die entsprechende Maßnahme entbehrlich wird.[198] Im Hinblick auf die Schutzfunktionen, die mit Eröffnung des Verfahrens in Kraft treten, verlieren die vorläufigen Maßnahmen ihre Wirkungen auch mit Erlaß des Eröffnungsbeschlusses.[199]

II. Schutz der Masse nach Verfahrenseröffnung

Auch nach Eröffnung des Insolvenzverfahrens ist bei den Regelungen zum Schutz der Masse zu unterscheiden, ob der Zugriff von innen oder von außen erfolgt. Als Zugriff von außen ist zum einen die Zwangsvollstreckung anzusehen, zum anderen der Erwerb von Rechten ohne weitere Handlungen des Schuldners. Hiergegen richten sich das Vollstreckungsverbot nach § 89 InsO und der Ausschluß des Rechtserwerbs nach § 91 InsO. Gegen Verfügungen des Schuldners richtet sich die Entziehung der Verwaltungs- und Verfügungsbefugnis nach § 80 Abs. 1 InsO.

1. Übertragung der Verfügungsmacht auf den Verwalter

Durch die Verfahrenseröffnung geht das Verwaltungs- und Verfügungsrecht nach § 80 Abs. 1 InsO auf den Insolvenzverwalter über. Der Schuldner verliert also - von den Fällen der Eigenverwaltung nach § 270 InsO abgesehen - die Verfügungsbefugnis. Rechtsübertragungen an Dritte, etwa die Bestellung einer Sicherheit, kann der Schuldner daher nicht mehr vornehmen. Bereits erfolgte Vorausverfügungen, etwa bei Globalzession, Eigentumsvorbehalt mit Vorausabtretung oder antizipierter Sicherungsübereignung bei Warenlagern, werden unwirksam.[200]

2. Schutz gegen Vollstreckung

Während des Insolvenzverfahrens ist eine Vollstreckung nach § 89 InsO grundsätzlich nicht zulässig. Für Absonderungsberechtigte gilt dies, insoweit sie die Verwertungsrechte des Insolvenzverwalters nach § 166 ff. InsO verletzen.[201] Ist allerdings auch der Insolvenzverwalter zur Herausgabe des Sicherungsgutes

---

198 HK-*Kirchhof*, § 21 Rn. 34 und § 25 Rn. 3; FK-*Schmerbach*, § 25 Rn. 3; Kübler/Prütting-*Pape*, § 25 Rn. 3; Nerlich/Römermann-*Mönning*, § 21 Rn. 108.

199 Kübler/Prütting-*Pape*, § 25 Rn. 6; Smid-*Smid/Thiemann*, § 25 Rn. 6.

200 Vgl. Braun-*Kroth*, § 91 Rn. 14 f.; *Engelhardt*, S. 190.

201 HK-*Eickmann*, § 89 Rn. 19; Nerlich/Römermann-*Wittkowski*, § 89 Rn. 19; Breutigam/Goetsch/Blersch-*Blersch*, § 89 Rn. 5.

verpflichtet, können etwa bestehende Titel auf ihn als Rechtsnachfolger des Schuldners umgeschrieben und vollstreckt werden.

3. Auswirkungen der Verfahrenseröffnung auf die Realisierung dinglicher Sicherheiten

Nach Verfahrenseröffnung sind die Rechte der Insolvenzgläubiger, zu denen auch die Absonderungsberechtigten gehören, wenn ihnen der Schuldner persönlich haftet, nur nach den Vorschriften der Insolvenzordnung geltend zu machen.[202] Diese überlagern als speziellere Regelungen die vertraglichen Vereinbarungen und die allgemeinen zivilrechtlichen Regelungen.

Für den dinglich gesicherten Gläubiger in seiner Eigenschaft als Absonderungsberechtigten ergibt sich die Beschränkung auf die Rechte aus der Insolvenzordnung aus §§ 49 f. InsO. Auch eine Verwertung beweglicher Sachen durch den gesicherten Gläubiger kann daher nur noch insoweit erfolgen, wie nicht in die Rechte des Insolvenzverwalters nach §§ 166 ff. InsO eingegriffen wird.[203]
Da sich § 166 InsO ausschließlich auf bewegliche Sachen und zur Sicherheit abgetretene Forderungen erstreckt, sind die Inhaber von Sicherheiten an sonstigem beweglichem Vermögen an einer Verwertung nicht gehindert. Deren Verwertungsbefugnis folgt in diesen Fällen aus § 173 Abs. 1 InsO. Betroffen sind etwa zur Sicherheit verpfändete Forderungen sowie Mitgliedschaftsrechte (z.B. Gesellschaftsanteile) und gewerbliche Schutzrechte (z.B. Patente, Lizenzen, Urheber- und Markenrechte).[204]
Darüber hinaus sind auch bewegliche Sachen, die nicht im Besitz des Insolvenzverwalters sind, der Verwertungsbefugnis des Insolvenzverwalters entzogen. Auch diese Gegenstände können daher ohne weitere gesetzliche Einschränkung verwertet werden.

Jeweils zu beachten hat der dinglich gesicherte Gläubiger allerdings die vertraglichen Vereinbarungen über Art und Weise der Verwertung.

4. Wegfall der Beschränkungen

Während des laufenden Insolvenzverfahrens ist eine gerichtliche Aufhebung der gesetzlichen Regelungen zum Schutz der Masse grundsätzlich nicht vorgesehen. Wenn der Sicherungsnehmer die Realisierung seiner Sicherheit vornehmen

---

202 Vgl. § 87 InsO.

203 *Gottwald/Adolphsen*, S. 827, Rn. 77; Braun-*Gerbers*, § 166 Rn. 15; Smid-*Smid*, § 173 Rn. 3.

204 Zu der Verwertungsbefugnis vgl. unten § 7 B I , S. 232 ff.

will, muß der Insolvenzverwalter den Gegenstand zunächst freigeben. Einen Anspruch darauf hat der Sicherungsnehmer allerdings insoweit nicht, wie ein Verwertungsrecht des Insolvenzverwalters besteht.
Etwas anderes gilt bei der einstweiligen Einstellung eines Zwangsversteigerungs- bzw. Zwangsverwaltungsverfahren für unbewegliches Vermögen. Die Anordnungen werden gemäß §§ 30 f Abs. 1, 153 c Abs. 1 ZVG auf Antrag des Gläubigers durch das Zwangsversteigerungsgericht aufgehoben, wenn die Voraussetzungen für die Anordnung weggefallen sind.

Nach Abschluß des Insolvenzverfahrens durch die sogenannte Aufhebung im Sinne des § 200 InsO erhält der Schuldner die Verfügungs- und Verwaltungsbefugnis hinsichtlich der noch verbliebenen Massegegenstände zurück.[205] Dies betrifft aber lediglich die Teile des Vermögens, die nicht zur Verteilung gekommen sind. Im Regelfall dürften dies keine werthaltigen Gegenstände sein.
Die Insolvenzgläubiger, und damit auch dinglich gesicherte Gläubiger, können gemäß § 201 InsO nach der gerichtlichen Aufhebung des Verfahrens ihre restlichen Forderungen gegen den Schuldner unbeschränkt geltend machen, es sei denn, der Schuldner ist in den Genuß der Restschuldbefreiung gekommen. Ebenfalls zulässig ist die Vollstreckung in das Vermögen des Schuldners.

C. Vergleichung

Beide Rechtsordnungen sehen Mechanismen zum Erhalt der Insolvenzmasse vor. Es besteht nämlich das Erfordernis, die Masse als Haftungsgrundlage für die Ansprüche der allgemeinen Gläubiger zu bewahren. Dies dient der Akzeptanz des Insolvenzverfahrens und der Einbindung der Gläubiger in das geregelte Verfahren. Daneben ist es auch im Hinblick auf geplante Reorganisationen wichtig, die dafür erforderlichen Gegenstände aus dem schuldnerischen Vermögen in der Masse zu behalten. Schließlich dient es auch der Gläubigergleichbehandlung, wenn der Zugriff einzelner verhindert wird.
Der Schutz der Masse richtet sich auch gegen dinglich gesicherte Gläubiger. Denn diese beanspruchen, aus Gegenständen der Masse vorrangig befriedigt zu werden. Soweit der Erwerb oder die Durchsetzung dieser Vorzugsrechte zu einer Schmälerung der Masse führen, kommt es dann zu einer Interessenkollision mit den allgemeinen Gläubigern.

---

[205] Vgl. HK-*Irschlinger*, § 200 Rn. 6; Kübler/Prütting-*Holzer*, § 200 Rn. 7; Smid-*Smid*, § 200 Rn. 9.

Wie sich aus den ausdrücklichen gesetzlichen Regelungen hinsichtlich der Beschränkungen beim Erwerb und der Durchsetzung dinglicher Sicherheiten und der Vielzahl der dazu ergangenen Entscheidungen zeigt, wird diesem Interessenkonflikt in den USA ein erheblicher Stellenwert eingeräumt. Die Bedeutung des Verfahrensstopps für dingliche Sicherheiten zeigt sich dort auch daran, daß die erste gesetzliche Vorgängerregelung des automatic stay die Durchsetzung dinglicher Sicherheiten im Reorganisationsverfahren beschränkte. Auch in Deutschland finden sich ausdrückliche Regelungen dieses Konfliktes, etwa bei der einstweiligen Einstellung der Zwangsversteigerung von unbeweglichem Vermögen im Antragsverfahren.

I. Die zeitliche Komponente

Die Vergleichung zeigt einen wesentlichen Unterschied in den beiden Rechtsordnungen bei dem Beginn der Schutzmechanismen. Dieser folgt aus dem unterschiedlichen Zeitpunkt, zu dem das zu schützende Gut - die Masse - gebildet wird. Während diese in den Vereinigten Staaten bereits durch die Antragstellung entsteht, wird sie in Deutschland erst mit dem gerichtlichen Eröffnungsbeschluß kreiert. In den Vereinigten Staaten besteht daher ein weitgehend einheitliches Schutzinstrumentarium, während in Deutschland auf zwei unterschiedliche Instrumentarien zurückgegriffen werden muß - je nachdem, ob es um den Schutz der Masse eines bereits eröffneten Verfahrens oder um den Schutz der künftigen Masse geht.

Bei Verfahrensbeendigung folgt aus der Natur der Sache, daß auch ein Schutz der Masse nicht mehr erforderlich ist. Daher endet der Schutz in beiden Rechtsordnungen zu diesem Zeitpunkt.

II. Die Effektivität des Schutzes der Masse

Das US-amerikanische System bietet nicht nur den grundsätzlich früher einsetzenden, sondern auch den umfangreicheren Schutz. Mit dem Instrument des automatic stay werden nahezu sämtliche Maßnahmen von Gläubigern unterbunden, die nach Beginn des Verfahrens zu einer Vermögensverschlechterung der Masse führen würden. Diese Wirkung tritt automatisch bereits mit der Antragstellung ein.
Im Vergleich dazu sind in Deutschland derartige Maßnahmen weiterhin möglich: Der Eröffnungsantrag hindert dinglich gesicherte Gläubiger nicht, das Sicherungsgut herauszuverlangen und zu verwerten. Das Gericht kann zwar im Antragsverfahren eine ganze Reihe von Anordnungen treffen, die hier einen weitgehenden Schutz herstellen. Die dabei zur Verfügung gestellten

Instrumente zielen aber in erster Linie auf den Schutz der Masse gegen Verfügungen des Schuldners und nicht gegen Zugriffe von Dritten.[206] Einige Maßnahmen können - wie gesehen - nicht verhindert werden, etwa das Herausgabeverlangen des Eigentumsvorbehaltsverkäufers oder die Verwertung von Forderungen und Rechten sowie beweglicher Sachen im Besitz des Sicherungsnehmers. Ein weitergehender Schutz ist in Deutschland nach dem gerichtlichen Eröffnungsbeschluß gewährleistet. Ab diesem Zeitpunkt scheitert sowohl der Erwerb von Sicherheiten wie auch, abhängig von der Art des Sicherungsgutes, zumindest zum Teil deren Durchsetzung.
In den USA finden sich allerdings auch verschiedene Ausnahmen hinsichtlich des Verfahrensstopps im Zusammenhang mit dem Erwerb und der Durchsetzung dinglicher Sicherheiten. Der Erwerb von Sicherheiten ist auch nach Verfahrensbeginn möglich, wenn das allgemeine Zivilrecht - bei einem gestreckten Erwerbstatbestand - den Erwerb auf einen Zeitpunkt vor Verfahrensbeginn zurück bezieht. Dies betrifft insbesondere Sicherheiten zur Kaufpreisfinanzierung, bei denen die erforderliche perfection auf den Zeitpunkt des Eigentumserwerbs des Sicherungsgutes durch den Sicherungsgeber zurück bezogen wird, und gesetzliche Sicherheiten, bei denen auf den Zeitpunkt der Leistungserbringung durch den Sicherungsnehmer abgestellt wird. Daneben ist die Durchsetzung eines Sicherungsrechtes an Gegenständen, die im Transportgewerbe eingesetzt werden, nach einer kurzen Frist möglich, in welcher der Verwalter die Erfüllung der gesicherten Verbindlichkeiten zusagen und etwaige Rückstände ausgleichen muß.

Vergleichbare spezielle Ausnahmeregelungen gibt es in Deutschland nicht. Sie erklären sich in den Vereinigten Staaten einerseits aus dem Versuch, das Insolvenzrecht mit dem allgemeinen Zivilrecht zu harmonisieren, andererseits aus einer bewußten Privilegierung. Ob letztere angesichts des Verstoßes gegen die Gläubigergleichbehandlung rechtspolitisch erforderlich ist, muß bezweifelt werden. Auch die Übernahme allgemeiner zivilrechtlicher Wertungen im Hinblick auf die veränderte Interessenlage reicht für eine Begründung von Privilegierungen nicht aus. Denn während das allgemeine Zivilrecht vorwiegend den Interessenkonflikt der Vertragsparteien regelt, müssen in der Insolvenz auch die Interessen der Gläubigergesamtheit berücksichtigt werden.
In Deutschland ist allerdings der Schutz der Masse gegenüber der Verwertung durch dinglich gesicherte Gläubiger lückenhaft. Hier werden, abhängig von der Art des Sicherungsgutes, Verwertungen durch die Sicherungsnehmer in

---

206 Eine Ausnahme stellt hier § 21 Abs. 2 Nr. 3 InsO dar, wonach die Zwangsvollstreckung gegen den Schuldner während des Eröffnungsantragsverfahrens beschränkt wird.

erheblichen Umfang zugelassen. Dies gilt für Rechte, wie etwa Gesellschaftsanteile und gewerbliche Schutzrechte, und für verpfändete Forderungen. Außerdem gilt der Schutz gegen Verwertungen beweglicher Sachen nicht, soweit sie sich nicht im Besitz des Insolvenzverwalters befinden. Im Hinblick auf die Ermöglichung einer Reorganisation, bei der insbesondere gewerbliche Schutzrechte oder bestimmte bewegliche Sachen erforderlich sein können, ist die deutsche Regelung unvollständig. Daraus dürfte sich ein erhebliches reorganisationshemmendes Potential ergeben. Möglicherweise können die entsprechenden Sicherungsnehmer die daraus resultierende Rechtsmacht auch im Verhandlungswege zur Durchsetzung ungerechtfertigter Vorteile ausnutzen.

III. Die Interessen des dinglich gesicherten Gläubigers

Die höhere Effektivität des Schutzes der Masse in den USA führt andererseits zu einer nicht erforderlichen Beschränkung der Interessen der dinglich gesicherten Gläubiger - insbesondere im Hinblick auf die Realisierung der Sicherheiten. In diesem Zusammenhang ist darauf hinzuweisen, daß der allgemeine Verfahrensstopp zu mißbräuchlichen Eigenanträgen durch Schuldner selbst geführt hat. Durch die sofort eintretende Wirkung des automatic stay können etwa unmittelbar bevorstehende Versteigerungstermine verhindert werden. Angesichts dessen ist für die dinglich gesicherten Gläubiger die Frage nach der Vermeidung dieser Verzögerung bzw. nach einem finanziellen Ausgleich während dieser Verzögerungen wesentlich.
Die US-amerikanische Rechtsordnung sieht hier die Möglichkeit vor, den Verfahrensstopp zu beseitigen oder zumindest einen Schutz des status quo für den dinglich gesicherten Gläubiger im Hinblick auf den Zeitwert seiner Sicherheit zu gewähren.
Eine derartige Regelung gibt es in Deutschland nicht. Das Insolvenzgericht kann zwar die im Antragsverfahren getroffenen Schutzanordnungen wieder aufheben oder beschränken. Nach Eröffnung des Verfahrens sind gerichtliche Befreiungen von den gesetzliche Beschränkungen durch das Gericht hingegen - abgesehen von der Aufhebung der einstweiligen Einstellung der Zwangsverwertung bei unbeweglichem Vermögen - nicht vorgesehen. Hier ist der gesicherte Gläubiger darauf verwiesen, die Freigabe des betreffenden Sicherungsgutes bei dem Insolvenzverwalter zu erreichen.

Die Beschränkungen des automatic stay von der Antragstellung bis - im äußersten Fall - zur Verfahrensbeendigung muß der gesicherte Gläubiger in den Vereinigten Staaten entschädigungslos hinnehmen. In vielen Fällen werden zwar schon vorher die Wirkungen beendet, etwa durch Verwertung des

Sicherungsgutes durch den Verwalter, Freigabe oder gerichtliche Entscheidung über die Aufhebung, trotzdem kann es hier zu mehrjährigen Verzögerungen bei der Realisierung der Sicherheit kommen. In Deutschland ist für diese Verzögerungen eine Verzinsungspflicht des gesicherten Interesses vorgesehen: Für den Zeitraum der Verzögerung der Verwertung von Absonderungsgut ist als Ausgleich die Zahlung der geschuldeten Zinsen auf den gesicherten Teil der Forderung vorgesehen. Diese Verzinsung beginnt mit dem Berichtstermin bzw. drei Monate nach einer gerichtlichen Anordnung des Verwertungsstopps. Ein Wertausgleich ist nur vorgesehen, soweit die Masse durch den Gebrauch des Sicherungsgutes auch einen Nutzen hat.[207]
In den Vereinigten Staaten erfolgt hingegen keine Verzinsung der Forderung bzw. des Wertes der Sicherheit. Der gesicherte Gläubiger hat lediglich Anspruch auf den Schutz des Wertes seiner Sicherheit. Dies geschieht zumeist durch eine zusätzliche oder andere Sicherheit bzw. durch laufende Ausgleichszahlungen. Kann dieser Schutz nicht gegeben werden, muß der Sicherungsnehmer von den Beschränkungen des Verfahrensstopps befreit werden.

Hier zeigt sich ein grundlegender Unterschied der Sichtweisen in den beiden Rechtsordnungen. In den USA wird es als ausreichend angesehen, den status quo aufrechtzuerhalten, indem dem dinglich gesicherten Gläubiger der Wert des Sicherungsgutes erhalten wird. In Deutschland geht es in erster Linie um den Ausgleich des finanziellen Verlustes durch Vorenthaltung des bei der Verwertung der Sicherheit zu realisierenden Betrages. Hier wird also die weitere Abwicklung des Rechtsverhältnisses zwischen gesichertem Gläubiger und Schuldner vorausgesetzt. Dies scheint im Hinblick auf das Insolvenzverfahren als Maßnahme zur Gesamtbereinigung der finanziellen Verhältnisse des Schuldners sinnvoller als die bloße Aufrechterhaltung des status quo.

Der Ausgleich der Wertverluste der Sicherheit durch Nutzung des Gegenstandes durch die Masse ist dabei erforderlich, um ungerechtfertigte Vermögensverschiebungen zu Lasten des dinglich gesicherten Gläubigers zu vermeiden. Er wird in beiden Rechtsordnungen gewährleistet.

Abschließend ist zu bemerken, daß auch das US-amerikanische System keinen vollständigen Schutz gegen Wertverluste gewährleistet. Bei der Frage, ob der dinglich gesicherte Gläubiger für eine Verwertung vom Verfahrensstopp befreit wird oder ob ein ausreichender Schutz seines Interesses gegeben ist, handelt es sich um Prognoseentscheidungen. Sollte sich diese Prognose später als falsch

---

[207] Dazu genauer unten § 7 B I 3 b (4), S. 241 f., bzw. II 1 b, S. 248 f.

herausstellen, kann der gesicherte Gläubiger mit einem Teil der Forderung ausfallen.

Entscheidend gegen die US-amerikanische Regelung spricht aber die Unsicherheit des gesicherten Gläubigers, ob und welche laufenden Zahlungen oder Ersatzsicherheiten gestellt werden. Gerade im Rahmen der geschäftlichen Kreditgewährung ist die Vorhersehbarkeit derartiger Rückzahlungsmodalitäten aber erforderlich. Besser geeignet ist hier die deutsche Lösung, die es dem gesicherten Gläubiger ermöglicht, genauer zu kalkulieren und damit die Kreditkosten allgemein niedrig zu halten. Denn die zeitlichen Grenzen für den Verzinsungsbeginn sind klar geregelt. Zu den maßgeblichen Terminen kann der Gläubiger dementsprechend mit dem Erlös der Sicherheitenverwertung rechnen oder mit laufenden Zahlungen, die seinen Zinsverlust ausgleichen. Zu sehen ist allerdings auch, daß dieser Ausgleich durch eine Verschlechterung der Masse erkauft wird. Um hier unnötige Kosten zu vermeiden, müssen daher die Insolvenzverwalter zügig die Freigabe des Sicherungsgutes erklären oder selbst die Verwertung durchführen, wenn ein Gegenstand nicht mehr für die Masse benötigt wird.

§ 6 Die Beschränkung dinglicher Sicherheiten im Insolvenzverfahren

Von entscheidender Bedeutung für die Werthaltigkeit einer Sicherheit ist, inwieweit ihre Wirksamkeit im Insolvenzverfahren beschränkt oder sogar vollständig versagt wird.

Der Verwalter kann sowohl in den USA als auch in Deutschland sämtliche Verteidigungsmöglichkeiten des allgemeinen Zivilrechts zugunsten der Masse ausüben, die dem Schuldner vor Verfahrensbeginn gegenüber dem dinglich gesicherten Gläubiger zustanden.[1] Da sich hieraus aber keine insolvenzrechtlichen Besonderheiten ergeben, wird auf diese Einwendungen oder Gegenrechte des Verwalters hier nicht weiter eingegangen.

Darüber hinaus gibt es in beiden Rechtsordnungen die Insolvenzanfechtung, die innerhalb eines Insolvenzverfahrens ausgeübt werden kann. Die Anfechtungsmöglichkeiten sind zwar nicht vorrangig gegen dingliche Sicherheiten gerichtet; trotzdem kommt ihnen für die gesicherten Gläubiger erhebliche Bedeutung zu. Neben der Anfechtung finden sich aber noch andere Instrumente, die dazu führen können, daß gesicherte Gläubiger sich aus dem Sicherungsgut nicht oder nur beschränkt befriedigen können.

A. USA

Das US-amerikanische Recht kennt zwei unterschiedliche Methoden, um Wirkungen von Rechtshandlungen, welche vor Verfahrensbeginn erfolgt waren, zu beseitigen. Dies gilt ungeachtet der Tatsache, daß die Transaktionen nach den Regelungen des allgemeinen Zivilrechts wirksam wären.[2]
Zum einen gibt es verschiedene Anfechtungstatbestände, die die Beseitigung von bestimmten, der Masse ungünstigen Rechtsfolgen erlauben (unten III.).[3] Ebenfalls als eine Art von Anfechtungsregelung anzusehen ist außerdem das Recht des Schuldners, Sicherheiten am nach § 522(f) BC insolvenzfreien Vermögen zu vernichten.[4]

---

[1] In den USA ist dies in § 558 BC geregelt. In Deutschland kann dies aus § 80 InsO hergeleitet werden.

[2] *Collier*, ¶ 545.01, S. 545-2, Fn. 1; *Norton*, § 57:1, S. 57-3.

[3] Dazu sogleich unter II, S. 150 ff.

[4] Dazu unten III 3, S. 163 f. Die prozessuale Durchsetzung ist in den Bankruptcy Rules 4003(d), 9014 abweichend geregelt.

Neben der Insolvenzanfechtung steht eine Regelung, die bereits durch den Umstand der Verfahrenseröffnung eine Änderung der Rechtslage durch verschiedene Fiktionen herbeiführt, ohne daß weitere rechtliche Erklärungen oder Handlungen erforderlich wären (unten II).[5] Hier hat der Verwalter bzw. der eigenverwaltende Schuldner das eingeräumte Vorrecht geltend zu machen und gegebenenfalls den Vermögensgegenstand einzuziehen. Die beiden Instrumente werden in der Praxis allerdings nicht unterschiedlich behandelt. Dies zeigt sich schon an der gemeinsamen Bezeichnung als "avoidance powers", aber auch an der einheitlichen prozessualen Durchsetzung[6].

Schließlich ist zum Teil bereits durch die Verfahrenseröffnung das Recht des Sicherungsnehmers beschränkt, der eine Sicherheit an künftigem Erwerb vereinbart hatte.

I. Beschränkung der Sicherheiten an künftigem Erwerb

An Vermögen, das nach Eröffnung des Verfahrens durch den Schuldner oder die Masse erworben wurde, kann eine vor Verfahrensbeginn vereinbarte Sicherheit nach § 552(a) BC grundsätzlich nicht mehr entstehen.[7] Dies gilt unter anderem auch für Einkommen, das der Schuldner nach Verfahrensbeginn erwirbt.[8] Ausnahmen gelten lediglich für Erlöse, Erträge und Früchte von Gegenständen oder Rechten, die einem Gläubiger zuvor zur Sicherheit gegeben wurden, § 552(b) BC. Die Erstreckung auf derartige Erzeugnisse muß grundsätzlich ausdrücklich vereinbart werden und nach dem materiellen Zivilrecht des betreffenden Staates zulässig sein.[9]

II. Die insolvenzrechtliche Vorrangeinräumung

Durch drei Fiktionen in § 544(a) BC erhält der trustee eine Rechtsstellung, die ihm Vorrang vor noch nicht vollständig vorgenommenen Rechtsübertragungen gewährt. Die aus der eingeräumten Rechtsstellung resultierenden Befugnisse werden "strong-arm-powers" genannt. Als einer der wesentlichen Zwecke der

---

5 Dazu sogleich unter I.

6 Das Verfahren ist in Bankruptcy Rule 7001(2) einheitlich geregelt.

7 Vgl. bereits oben § 4 A V, S. 84 f.

8 In re Miranda Soto, 667 F2d 235, 237 (1st Cir. 1981); In re Rumker, 184 BR 621, 629 (Bankruptcy Court SD Georgia 1995).

9 Für Erlöse, Erträge und Früchte eröffnet § 9-204 UCC diese Möglichkeit im Rahmen seines Anwendungsbereichs. Teilweise erstrecken besondere gesetzliche Regelungen der Einzelstaaten das Sicherungsrecht auch ohne gesonderte Vereinbarung auf Erzeugnisse. Dies ist ausreichend, vgl. *Butler*, S. 279 f.; *Collier*, ¶ 552.02[3], S. 552-10.

strong-arm-Regelung wird die Verhinderung bzw. Unbrauchbarmachung publizitätsloser Sicherheiten gesehen.[10]

Die Fiktion des § 544(a)(3) BC gibt dem trustee die Stellung eines gutgläubigen Erwerbers der schuldnerischen Grundstücksrechte. Dies hat nur Auswirkungen auf Grundpfandrechte.
Weiterhin erhält der trustee nach § 544(a)(2) BC die Stellung eines ungesicherten Gläubigers, der einen erfolglosen Vollstreckungsversuch in das Vermögen des Schuldners unternommen hat. Mit dieser Fiktion, die nur geringe praktische Bedeutung hat, soll sichergestellt werden, daß der trustee bestimmte billigkeitsrechtliche Maßnahmen durchsetzen kann, die teilweise aufgrund örtlicher Besonderheiten des Prozeßrechts einen derartigen Vollstreckungsversuch voraussetzen.[11] Allein aus der Stellung des trustee als fiktiver ungesicherter Gläubiger ergeben sich hingegen keine Einschränkungen der Rechte der Sicherungsnehmer, da selbst die unperfektionierten Sicherungsrechte - von wenigen Ausnahmen abgesehen -[12] dem ungesicherten Gläubiger gemäß § 9-301 UCC vorrangig sind.[13]
Für den Gläubiger mit einer Mobiliarsicherheit ist insbesondere die Regelung des § 544(a)(1) BC relevant. Der trustee wird danach so gestellt, als hätte er zum Zeitpunkt der Verfahrenseröffnung ein Pfändungspfandrecht, ein sogenanntes "judicial lien", an sämtlichen Vermögensgegenständen des Schuldners erworben. Als derartiger lien creditor genießt der Inhaber des Pfändungspfandrechtes nach § 9-301(1)(b) UCC Priorität vor allen Inhabern nicht perfektionierter vertraglicher Sicherheiten nach Artikel 9 UCC.[14]

Eine Ausnahme sieht § 546(b)(2) BC vor. Wenn nach allgemeinem Zivilrecht der Sicherungsnehmer trotz zeitlich nachfolgender perfection Vorrang vor Drittrechten hat, ist diese nachträgliche perfection auch nach Verfahrensbeginn

---

10 Vgl. dazu Matter of Quality Holstein Leasing, 752 F2d 1009, 1014 (5th Cir. 1985). Bei dieser Entscheidung wurde einem publizitätslosen Grundpfandrecht in der Insolvenz die Wirksamkeit versagt.

11 In re Ozark Restaurant Equipment Co., Inc., 816 F2d 1222, 1229 f., Fn. 12, (8th Cir. 1987), certiorari denied 484 US 848, 108 SCt 147, 98 LEd2d 102 (1987). Vgl. *Teofan/Creel*, St. Mary's Law Journal 11 (1979), 311, 313.

12 Der einfache Gläubiger hat z.B. gemäß § 6-104(1) UCC (1987) Vorrang vor dem Erwerber wesentlicher Bestandteile des schuldnerischen Vermögens, auch wenn es sich dabei um eine Sicherungsrechtsübertragung handelt.

13 *Stone*, S. 475; *White/Summers*, § 23-8, S. 1110.

14 Vgl. *Jackson*, S. 70; ausführlich *Dawson*, University of Florida Law Review 36 (1984), 38, 50.

möglich und ausreichend. Dies betrifft insbesondere den Fall einer Sicherheit für eine Kaufpreisfinanzierung.[15]
Die strong-arm-Regelung bedeutet für die Forderungssicherung insbesondere, daß dem trustee gegenüber all diejenigen Sicherheiten unwirksam sind, die bei Eröffnung des Verfahrens entweder noch nicht, nicht mehr oder fehlerhaft perfektioniert waren.[16] Damit entwertet die fehlende oder fehlerhafte perfection, etwa die Eintragung im örtlich unzuständigen Register, die Sicherheit für den Sicherungsnehmer im Insolvenzverfahren.[17] Daneben sind auch nicht eingetragene Abtretungen[18] oder publizitätslose billigkeitsrechtliche Rechte[19] dem trustee gegenüber unwirksam. Auch derartige Konstruktionen eignen sich daher nicht als Sicherungsmittel.

III. Insolvenzanfechtung

Die US-amerikanische Insolvenzanfechtung enthält zwei unterschiedliche Tatbestände, die für dingliche Sicherungen Relevanz haben. Der eine knüpft an die Bevorzugung eines Gläubigers an, der andere an die Behinderung bzw. Schädigung der Befriedigungsaussichten der Gläubigergesamtheit.

1. Die Anfechtung von Gläubigerbegünstigungen

Die Anfechtung der Übertragung eines Gegenstandes aus dem schuldnerischen Vermögen wegen Gläubigerbegünstigung gemäß § 547 BC stellt die praktisch wichtigste Anfechtungsmöglichkeit dar.[20] Zweck der Regelung ist einerseits die Sicherung des Grundsatzes der Gläubigergleichbehandlung, indem Gläubigerzugriffe im Vorfeld der Insolvenz nachträglich unwirksam gemacht werden.[21]

---

15 Nach § 9-301(2) UCC kann der Sicherungsnehmer bei einer Kaufpreisfinanzierung innerhalb einer Frist von - je nach Staat - 10 bis 21 Tagen eine perfection vornehmen, deren Wirkung sich auf den Tag des Erwerbs des Sicherungsgutes zurückbezieht. Vgl. oben § 2 B III 2 b, S. 63.

16 *Collier*, ¶ 544.05, S. 544-10; *Duncan/Lyons*, § 7.02[1], S. 7-6; *Epstein*, S. 228.

17 First National Bank v. Turley, 705 F2d 1024 (8th Cir. 1983); In re Zweygardt, 149 BR 673 (District Court D Kansas 1992); In re Bush, 159 BR 209 (Bankruptcy Court ED Kentucky 1993); dazu *Coogan*, Georgia Law Review Bd 14 (1980), 153, 170 f.

18 In re Scottsdale Medical Pavilion, 159 BR 295 (9th Cir. BAP Arizona 1993), affirmed 52 F3d 244; In re BNT Terminals, Inc., 125 BR 963 (Bankruptcy Court ND Illinois 1990); In re Harbour Town Associates, Ltd., 99 BR 823 (Bankruptcy Court MD Tennessee 1989).

19 Dazu z.B. In re Bridge, 18 F3d 195 (3rd Cir. 1994); In re Seaway Express Corp., 912 F2d 1125 (9th Cir. 1990); In re Tleel, 876 F2d 769 (7th Cir. 1989).

20 So *Rubenstein*, Banking Law Journal 112 (1995), 422.

21 HR Report No. 595, 95th Congress, 1st Session, 178 (1977); In re Smith, 966 F2d

Daneben bewirkt die Anfechtungsmöglichkeit aber auch die Untauglichkeit publizitätsloser Sicherungsrechte, welche erst in der Krise des Schuldners durch Eintragung insolvenzfest gemacht werden sollen.[22]
Die Anfechtung derartiger Bevorzugungen zielt zwar nicht vorrangig auf die Gewährung von Sicherungsrechten ab, sondern allgemein auf sämtliche Leistungen des Schuldners an Gläubiger vor Verfahrensbeginn. Dennoch kann auch eine Sicherheitenbestellung bei Vorliegen der in § 547(b) BC genannten Voraussetzungen angefochten werden.[23]

Die Anfechtungsmöglichkeit wegen Gläubigerbegünstigung gilt im übrigen auch für perfektionierte Sicherungsrechte, welche ansonsten Vorrang vor dem hypothetischen Pfandrecht des trustee genießen.[24] Lediglich für gesetzliche Pfandrechte ist diese Art der Anfechtung nach § 547(c)(6) BC ausdrücklich ausgeschlossen.

Ob die Übertragung eines Gegenstandes aus dem Vermögen des Schuldners als Gläubigerbegünstigung anfechtbar ist, hängt vom Vorliegen der fünf in § 547(b) BC genannten Voraussetzungen ab (unten a). Dagegen schließt § 547(c) BC für besondere Fallgestaltungen die Anfechtbarkeit aus (unten b).

a) Voraussetzungen

Die Vermögensübertragung muß von dem Schuldner zugunsten eines Gläubigers wegen einer schon zum Zeitpunkt der Übertragung bestehenden Schuld erfolgen, § 547(b)(1), (2) BC. Ebenso anfechtbar wie unmittelbare Vermögensübertragungen sind nach § 547(b)(1) BC indirekte Zuwendungen an den Gläubiger. Als entscheidend wird nämlich nicht die direkte Leistungsbeziehung, sondern vielmehr die gläubigerbevorzugende[25] und zusätzlich masseschädigende[26] Wirkung angesehen.

1527, 1535 (7th Cir. 1992), certiorari dismissed 506 US 1030, 113 SCt 683, 121 LEd2d 604 (1992); In re Barefoot, 952 F2d 795 (4th Cir. 1991).

22 In re Gulino, 779 F2d 546 (9th Cir. 1985); *Baird/Jackson*, S. 512.

23 Der Begriff "transfer" umfaßt nach der weiten Definition des § 101(54) BC auch die Bestellung von Sicherheiten. Vgl. etwa Vogel v. Russell Transfer, Inc., 852 F2d 797, 798 (4th Cir. 1988).

24 Siehe oben II, S. 152.

25 In re T.B. Westex Foods, Inc., 950 F2d 1187 (5th Cir. 1992); Matter of Compton Corp., 831 F2d 586, 591 (5th Cir. 1987), on rehearing 835 F2d 584 (1988); grundlegend schon National Bank of Newport v. National Herkimer County Bank, 225 US 178 [184], 32 SCt 633 [635], 56 LEd 1042 [1046] (1912).

26 In re Kemp Pacific Fisheries, Inc., 16 F3d 313 (9th Cir. 1994); In re Castletons, Inc.,

Die fragliche Übertragung muß innerhalb der letzten 90 Tage vor Stellung des Eröffnungsantrags erfolgt sein, § 547(b)(4)(A) BC. Soweit es sich bei dem Begünstigten um einen sogenannten Insider handelt, verlängert sich der Zeitraum auf ein Jahr.[27]

Bei der Beurteilung, wann die Übertragung erfolgte, wird auf den Moment des endgültigen Rechtserwerbs abgestellt. Maßgeblich ist danach, wann das Recht nach dem materiellen Zivilrecht gegen Dritte durchsetzbar ist.[28] Für die Sicherungsrechte ist dies der Termin der perfection, welche in der überwiegenden Zahl der Fälle durch Eintragung in ein Register erfolgt.[29] Da je nach Art des Sicherungsrechtes und des Sicherungsgutes auch andere Methoden der perfection erforderlich sein können,[30] muß in diesen Fällen auf den Termin etwa einer Eintragung auf einem Eigentumszertifikat,[31] des Besitzerwerbs[32] oder der Anzeige an den Drittschuldner[33] abgestellt werden.

Erfolgt die perfection des Sicherungsrechtes innerhalb einer Frist von zehn Tagen nach Begründung, ist nach § 547(e)(2)(A) BC bereits der Zeitpunkt der Begründung durch die Sicherungsvereinbarung maßgeblich.

Erforderlich ist nach § 547(b)(3) BC weiterhin, daß der Schuldner schon zum Zeitpunkt der Übertragung insolvent war, wobei dies im Sinne einer Überschuldung verstanden wird. Diese liegt vor, wenn die Verbindlichkeiten den Wert des in einem Insolvenzverfahren verwertbaren Vermögens (das insolvenzfreie Vermögen wird also nicht eingerechnet) übersteigen.[34]

Nach § 547(f) BC wird vermutet, daß der Schuldner seit neunzig Tagen vor Stellung des Eröffnungsantrages insolvent gewesen ist. Dieser Zeitraum gilt

---

990 F2d 551, 555 (10th Cir. 1993); In re Bohlen Enterprises, Ltd., 859 F2d 561 (8th Cir. 1988); *Collier*, ¶ 547.03[2], S. 547-21 mit weiteren Nachweisen in Fn. 23.

27 § 547(b)(4)(B) BC. Bei "insidern" handelt es sich insbesondere um Personen, die in einer engen Beziehung zum Schuldner stehen, wie etwa Verwandte, verbundene Unternehmen, leitende Angestellte etc., § 101(31) BC.

28 § 547(e)(2) BC.

29 So schon In re Custer, 55 F2d 718, 719 (District Court D Ohio 1931). Zur perfection durch Eintragung vgl. etwa Vogel v. Russell Transfer, Inc., 852 F2d 797 (4th Cir. 1988).

30 Dazu vgl. oben § 2 B III 2 a (1) bis (4), S. 55 ff.

31 Vgl. z.B. Matter of McClintock, 571 F2d 317 (5th Cir. 1978).

32 Vgl. z.B. In re Gulino, 779 F2d 546 (9th Cir. 1985).

33 Vgl. z.B. Decatur Contracting v. Belin, Belin & Naddeo, 898 F2d 339, 347 (3rd Cir. 1990).

34 § 101(32) BC.

ebenfalls bei der Insideranfechtung.[35] Widerlegt werden kann diese Vermutung, indem der Gläubiger Tatsachen anführt, die begründete Zweifel an der Überschuldung des Schuldners wecken; er muß also nicht den vollen Gegenbeweis führen.[36] Dann ist es wiederum Sache des trustee, die Überschuldung zu beweisen.

Schließlich ist zu prüfen, ob der Gläubiger durch die Vermögensübertragung eine Verbesserung seiner Position erlangt hat.[37] Das maßgebliche Kriterium ist hier, ob der Gläubiger durch die Übertragung einen größeren Anteil erhielte als bei einer Verteilung in einem Liquidationsverfahren nach Kapitel 7.[38] Dies gilt auch dann, wenn das Verfahren tatsächlich nach Kapitel 11, 12 oder 13 durchgeführt wird.[39]

Die Anfechtung wegen Gläubigerbevorzugung ist unabhängig von der Willenslage der Beteiligten. Es kommt daher weder auf den Willen des Schuldners noch auf eine eventuelle Kenntnis des Gläubigers als Leistungsempfänger an.[40]

b) Ausschluß der Anfechtung wegen Gläubigerbevorzugung

Schließlich nennt § 547(c) BC besondere Fallgestaltungen, bei denen die Übertragung nicht angefochten werden kann, auch wenn die allgemeinen Anfechtungsvoraussetzungen des § 547(b) BC vorliegen. Hier finden sich Sonderregelungen für Sicherheiten bei Kaufpreisfinanzierungen (sogenannten "purchase money security interests") und Sicherheiten mit wechselndem Bestand

---

35 Es findet also keine Ausdehnung auf die Jahresfrist statt, in der Übertragungen an Insider anfechtbar sind, vgl. Matter of Lamar Haddox Contractor, Inc., 40 F3d 118 (5th Cir. 1994); In re Perry, 158 BR 694 (Bankruptcy Court ND Ohio 1993); In re S.N. Brown Electric Corp., 136 BR 598 (Bankruptcy Court D Massachusetts 1992); In re Old World Cone Co., 119 BR 473, 476 (Bankruptcy Court ED Pennsylvania 1990).

36 HR Rep No. 595, 95th Congress, 1st Session, S. 375 (1977), Senate Report No. 989, 95th Congress, 2nd Session, S. 89 (1978); aus der Rechtsprechung etwa In re Koubourlis, 869 F2d 1319,1322 (9th Cir. 1989); WJM, Inc. v. Massachusetts Department of Public Welfare, 840 F2d 996, 1010 (1st Cir. 1988); In re World Financial Services Center, Inc., 78 BR 239 (9th Cir. BAP 1987), affirmed 860 F2d 1089.

37 § 547(b)(5) BC. Sog. "greater amount test" bzw. "greater percentage test".

38 § 547(b)(5)A) BC.

39 Vgl. In re LCO Enterprises, 12 F3d 938, 941 (9th Cir. 1993); In re Tenna Corp., 801 F2d 819, 821 (6th Cir. 1986); In re Lewis W. Shurtleff, Inc., 778 F2d 1416, 1420 ff (9th Cir. 1986).

40 In re Craig Oil, 785 F2d 1563, 1566 (11th Cir. 1986); *Countryman*, Vanderbilt Law Review 38 (1985), 713, 748, 778; *Collier*, ¶ 547.01, S. 547-10.

(sogenannte "floating liens").[41] Im Zusammenhang mit Sicherungsrechten erlangt daneben der Anfechtungsausschluß für gegenseitigen Leistungsaustausch Bedeutung.
In allen diesen Fällen ist eine Anfechtung nicht oder nur soweit als Teilanfechtung möglich, wie die Gegenleistungen nicht zur Abdeckung des Wertes der vom Gläubiger empfangenen Werte ausreicht.[42]
Im übrigen ist auch bei üblichen Zahlungen des gewöhnlichen Geschäftsverkehrs und bei Transaktionen von Verbrauchern mit einem Volumen von weniger als $ 600 die Anfechtung nach § 547(c)(2) BC ausgeschlossen.[43]

(1) Anfechtungsausschluß bei gegenseitigem Leistungsaustausch

Nach § 547(c)(1) BC besteht ein gesetzlicher Ausschluß der Anfechtung, soweit der Schuldner gleichzeitig eine Gegenleistung erhält und dieses den vorherigen Vereinbarungen entspricht.
Der Gesetzeswortlaut, der einen "contemporaneous exchange" verlangt, wird relativ eng ausgelegt. Zwar muß der Leistungsaustausch nicht im Wortsinne "gleichzeitig" erfolgen, aber doch zeitnah. Bei der Frage, was als zeitnah anzusehen ist, muß für den Einzelfall auf die Dauer der Verzögerung und ihren Grund, die Art der Transaktion und den Willen der Parteien abgestellt werden.[44]
Bei späterer perfection in der Präferenzperiode stellt die Sicherheit eine Leistung auf eine frühere Schuld dar und ist damit anfechtbar.[45]
Das Erfordernis der Vereinbarung verhindert die nachträgliche Besicherung einer zunächst ungesicherten Forderung innerhalb der Präferenzperiode.[46]

---

41 Dazu sogleich unter (3) und (4), S. 157 ff.

42 In re Spade, 903 F2d 971, 975 f. (3rd Cir. 1990); In re Nucorp Energy, Inc., 902 F2d 729 (9th Cir. 1990); In re Jet Fla, 861 F2d, 1555, 1558 f. (11th Cir. 1988). A.A. nur In re George Rodman, Inc., 792 F2d 125 (10th Cir. 1986). Das Gericht hat seine Ansicht inzwischen relativiert, vgl. In re Robinson Bros. Drilling, 877 F2d 32 (10th Cir. 1989).

43 § 547(c) (2) und (8) BC. Dazu ausführlich *Norton*, § 57:19 und § 57:27. Besondere Probleme für Sicherungsrechte ergeben sich daraus nicht.

44 Vgl. Pine Top Insurance Co. v. Bank of America National Trust and Savings Association, 969 F2d 321, 328 (7th Cir. 1992).

45 In re Holder, 892 F2d 29 (4th Cir. 1989); In re Tressler, 771 F2d 358 (3rd Cir. 1985; In re Arnett, 731 F2d 358, 363 (6th Cir. 1984); In re McLaughlin, 183 BR 171 (Bankruptcy Court WD Wisconsin 1995).

46 Vgl. In re Wadsworth Building Components, Inc., 711 F2d 122 (9th Cir. 1983); In re Lee and Ota, 179 BR 149 (9th Cir. BAP 1995); *Collier*, ¶ 547.04[1][a], S. 547-45.

(2) Anfechtungsausschluß für nachträgliche Vermögenszuwendungen

Nach § 547(c)(4) BC ist die Anfechtung in dem Umfang ausgeschlossen, wie der fragliche Gläubiger nach der Transaktion seinerseits Vermögensgegenstände an den Schuldner übertragen und dafür weder bereits eine Gegenleistung noch eine wirksame Sicherung erhalten hat. Damit soll die Bereitschaft derartiger Gläubiger gestärkt werden, auch bei finanziellen Problemen des Schuldners weiter mit ihm Geschäfte vorzunehmen und damit eine Sanierung zu erleichtern.[47] Die Übertragung eines Vermögensgegenstandes kann auch hier die Freigabe von Sicherungsgut sein.[48]

(3) Die Sonderregelung für Kaufpreisfinanzierungen

Für Sicherungsübertragungen zur Finanzierung eines Kaufs enthält § 547(c)(3) BC eine Konkretisierung des Grundsatzes aus § 547(c)(1) BC, nach dem eine Übertragung nicht angefochten werden kann, soweit im Austausch andere Werte in das Vermögen des Schuldners gelangen.

Diese Regelung ist auf das purchase money security interest zugeschnitten und nimmt dieses unter erweiterten Voraussetzungen von der Anfechtbarkeit aus.[49] Danach wird noch nach Eröffnung des Insolvenzverfahrens dem Sicherungsnehmer gestattet, binnen 20 Tagen nach Besitzerwerb durch den Schuldner an der durch das Darlehen finanzierten Kaufsache sein Sicherungsrecht nachträglich - aber im Insolvenzverfahren rangwahrend und anfechtungsfest - zu perfektionieren. Diese Regelung ist für das purchase money security interest abschließend. Daher kann die Ausnahmeregelung des § 547(c)(1) BC (siehe oben (1)), der keine genau bestimmte Frist enthält, auf die nachträgliche Sicherung einer Kaufpreisfinanzierung nicht angewendet werden.[50]

Diese Regelung entspricht der materiell-rechtlichen Regelung der meisten Einzelstaaten, die dem Darlehensgeber eines purchase money security interest ebenfalls eine Gnadenfrist von 20 Tagen einräumen. In diesem Zeitraum kann

---

[47] Southern Technical College, Inc., v. Hood, 89 F3d 1381 (8th Cir. 1996); In re Martin, 184 BR 985 (District Court MD Alabama 1995), affirmed 101 F3d 708 (11th Cir. 1996).

[48] Vgl. In re H & S Transportation Co., Inc., 939 F2d 355 (6th Cir. 1991); Drabkin v. A.I. Credit Corp., 800 F2d 1153 (DC Cir. 1986).

[49] § 547(c)(3)(A), (B) BC.

[50] Vgl. Matter of Locklin, 101 F3d 435, 443 (5th Cir. 1996); In re Holder, 892 F2d 29, 31 (4th Cir. 1989); In re Davis, 734 F2d 604, 607 (11th Cir. 1984); In re Vance, 721 F2d 259, 262 (9th Cir. 1983).

das Sicherungsrecht noch rangwahrend und drittwirksam perfektioniert werden.[51]
Auch gegen den Vorrang nach § 544 BC ist der Kreditgeber hier geschützt. Gemäß § 546(b) BC ist eine nach Verfahrenseröffnung erfolgende perfection wirksam, wenn diese auch nach allgemeinem materiellen Zivilrecht vorgesehen ist. Einen derartigen Fall regelt die Bestimmung des § 9-301(2) UCC, die eine derartige Nachfrist für die Herstellung der Drittwirkung des purchase-money security interest abweichend vom Prioritätsprinzip vorsieht.[52] Diese nachträgliche perfection innerhalb der vorgeschriebenen Fristen wird konsequenterweise auch nicht den Beschränkungen des automatic stay unterworfen, wie in § 362(b)(3) BC ausdrücklich bestimmt wird.[53]

Diese Ausnahmeregelungen sind erforderlich, weil die gegebene Konstellation die gleichzeitige Übertragung der Sicherheit gegen Darlehenshingabe nicht zuläßt. Denn der Käufer benötigt die Darlehensvaluta bereits, um den Kaufgegenstand zu erwerben. Erst nach dem Erwerb kann er aber dem Darlehensgeber eine Sicherheit an der Kaufsache einräumen.

(4) Die Sonderregelung bei Sicherungsrechten mit wechselndem Bestand

Für die Anfechtung wegen Gläubigerbegünstigung bei Sicherungsrechten mit wechselndem Sicherungsgut - nämlich an Warenlagern oder Außenständen[54] - trifft § 547(c)(5) BC eine Sonderregelung. Bei diesen sogenannten floating liens ist nicht nur der aktuelle Bestand zum Zeitpunkt der Sicherungsvereinbarung oder der perfection Gegenstand der dinglichen Haftung. Vielmehr erstreckt sich

---

51 § 9-301(2) UCC sieht eine Frist von 10 Tagen vor. Der Großteil der Staaten hat allerdings eine davon abweichende Regelung getroffen. Danach ist im allgemeinen Zivilrecht eine perfection innerhalb von 15, 21, vorwiegend aber 20 Tagen mit Rückwirkung möglich. Für die Insolvenzanfechtung wegen Gläubigerbegünstigung darf die Frist von 20 Tagen in § 547(c)(3)(B) BC nicht überschritten werden. Diese geht den z.T. längeren Fristen in den verschiedenen Einzelstaaten vor, vgl. Fidelity Financial Services, Inc., v. Fink, 522 US 211, 118 SCt 651, 139 LEd2d 571 (1998); In re Locklin, 101 F3d 435, 442 (5th Cir. 1996); In re Walker, 77 F3d 322, 323 (9th Cir. 1996); a.A. etwa In re Hesser, 984 F2d 345, 348 f. (10th Cir. 1993).

52 HR Report No. 595, 95th Congress, 1st Session, S. 371 (1978); Senate Report No. 989, 95th Congress, 2nd Session, S. 86 (1978).

53 Dazu *Duncan/Lyons*, § 7.02[2], S. 7-8 f.; *Epstein/Nickles/White*, § 3-18, S. 197.

54 Keine Geltung hat die Regelung hingegen für Sicherheiten an Gegenständen der Betriebs- oder Geschäftsausstattung, vgl. Matter of Vitreous Steel Products Co., 911 F2d 1223 (7th Cir. 1990); *Collier*, ¶ 547.04[5], S. 547-61, Fn. 61; *Epstein/Nickles/White*, § 6-35, S. 638.

das Sicherungsrecht zulässigerweise auch auf später zur Sachgesamtheit gelangende Vermögensgegenstände.[55]

Die Sonderregelung hat folgenden Grund: Bei gewöhnlichen geschäftlichen Unternehmungen werden die allgemeinen Voraussetzungen der Anfechtung nach § 547(b) BC regelmäßig vorliegen. Aufgrund der Fluktuation des Bestandes wird das bei Verfahrenseröffnung vorhandene Sicherungsgut häufig erst innerhalb der Präferenzperiode von 90 Tagen vor Verfahrenseröffnung erworben worden sein, während das ursprünglich vorhandene Gut weiter veräußert oder durch Einziehung erloschen sein dürfte. Dies hätte den Effekt, daß der Großteil des Sicherungsgutes dem gesicherten Gläubiger entzogen werden könnte. Das floating lien wäre also weitgehend entwertet. Wegen der wirtschaftlichen Bedeutung derartiger Sicherungsrechte sollen diese aber auch im Insolvenzverfahren grundsätzlich wirksam bleiben.[56]

Nach § 547(c)(5) BC wird die für eine Anfechtung erforderliche Gläubigerbegünstigung in einer Weise festgestellt,[57] welche die Besonderheiten des wechselnden Bestandes berücksichtigt.
Als Anfechtungsmasse relevant ist der Wert der Besserstellung, die der Sicherungsnehmer während der Präferenzperiode erzielt hat. Dazu wird zunächst die Differenz zwischen der Höhe der Forderung und dem Wert der Sicherheit neunzig Tage vor Verfahrenseröffnung berechnet (bei Insidern beträgt diese Frist ein Jahr).[58] Die ermittelte Untersicherung wird mit der Differenz zum Zeitpunkt des Verfahrensbeginns verglichen. Ist die Differenz bei Verfahrensbeginn kleiner, so kann der Unterschied als Gläubigerbegünstigung angefochten werden, da sich der ungesicherte Anteil der ausstehenden Forderung des gesicherten Gläubigers verringert hat.[59] Diese Berechnungsmethode wird als "improvement in position test" bezeichnet.

---

[55] Das materielle Zivilrecht regelt dies in §§ 9-108, 9-204(1) UCC.

[56] Grain Merchants of Indiana v. Union Bank and Savings Company, 408 F2d 209, 214 (7th Cir. 1969).

[57] Ein Beispiel für das schrittweise Vorgehen enthält In re Ebbler Furniture and Appliances, Inc., 804 F2d 87, 89 f. (7th Cir. 1986). Unter dem BA wurde allein auf den Zeitpunkt der perfection der Sicherungsvereinbarung abgestellt, DuBay v. Williams, 417 F2d 1277, 1288 mit weiteren Nachweisen (9th Cir. 1969).

[58] Wenn erst danach die Gegenleistung des Sicherungsnehmers an den Schuldner erfolgte, ist der Zeitpunkt dieser Leistung anstelle der 90 Tages- oder Jahresfrist maßgeblich, § 547(c)(5)(B) BC.

[59] In re Wesley Industries, Inc., 30 F3d 1438, 1442 (11th Cir. 1994); In re Ebbler Furniture and Appliances, Inc., 804 F2d 87, 90 (7th Cir. 1986); In re Lackow Bros., Inc., 752

Beispiel: D hat C zur Sicherung eines Darlehns ein Sicherungsrecht an seinem gesamten Warenbestand eingeräumt, welches in das zuständige Register eingetragen wurde. Am 1. März betrug der Wert des Warenbestandes $ 70.000. Am 1. Juli, dem Tag der Verfahrenseröffnung, war dieser Wert auf $ 90.000 angewachsen, weil D mehr Waren gekauft als verkauft hat. Die gesicherte Schuld beträgt über den gesamten Zeitraum $ 100.000. Die Differenz zwischen ausstehender Schuld und Sicherheit betrug 90 Tage vor Antragstellung $ 30.000, am Tag der Antragstellung nur noch $ 10.000. Den Differenzbetrag von $ 20.000 kann der trustee als Gläubigerbegünstigung anfechten.

Dieses Verfahren führt häufig zu Schwierigkeiten, da es eine nachträgliche Bewertung des Sicherungsgutes erfordert.[60] Zu den Maßstäben, nach denen die Bewertung erfolgen soll, hat der Gesetzgeber aber keine Bestimmungen getroffen, sondern dies den Gerichten überlassen.[61]
Auch aus der bisherigen Rechtsprechung lassen sich nur wenige allgemeingültige Aussagen für die Art der Bewertung gewinnen. Für entscheidend wird jeweils die Lage des Einzelfalls angesehen.[62] Weitgehend wird allerdings der Wert des Sicherungsgutes für den Sicherungsnehmer zugrunde gelegt.[63] Als solcher kann, da der Wert für den Gläubiger üblicherweise erst in der Verwertung realisiert wird, grundsätzlich der Liquidationswert angesetzt werden.[64] Vereinzelt wurde auch auf den Wert im laufenden Unternehmen[65], den Buchwert[66] oder bei Warenlagern auf den Einkaufspreis[67] abgestellt.

F2d 1529, 1531 f. (11th Cir. 1985).

60 Vgl. *Collier*, ¶ 547.04[5], S. 547-62 f.; *Cowans*, § 10.7(h), S. 311; *Duncan/Lyons*, § 8.08[2], S. 8-31 f.

61 HR Report No. 595, 95th Congress, 1st Session, S. 216; 2nd Session, S. 211 (1977). Zu den verschiedenen denkbaren Methoden *Cohen*, Minnesota Law Review 66 (1982), 641.

62 In re Clark Pipe & Supply Co., 893 F2d 693, 695 mit weiteren Nachweisen (5th Cir. 1990), rehearing denied 899 F2d 11; In re Ebbler Furniture & Appliances, Inc., 804 F2d 87 (7th Cir. 1986).

63 In re Royal Golf Products Corp., 908 F2d 91 (6th Cir. 1990); In re Clark Pipe & Supply Co., 893 F2d 693, 698 f. (5th Cir. 1990); *Easterbrook*, Sondervotum in In re Ebbler Furniture & Appliances, Inc., 804 F2d 87, 91 f. (7th Cir. 1986).

64 So auch In re Missionary Baptist Foundation, 796 F2d 752, 761f. (5th Cir. 1986) unter Berufung auf *Cohen*, Minnesota Law Review 66 (1982), 641, 664.

65 Matter of Lackow Brothers, Inc., 752 F2d 1529, 1531 (7th Cir. 1985). Hier hatten die Parteien allerdings keine Anhaltspunkte für eine andere Bewertung geliefert.

66 Dieser soll dem going concern value entsprechen, vgl. In re Universal Foundry Co, 163 BR 528, 532 (District Court ED Wisconsin 1993), affirmed 30 F3d 137.

67 In re Ebbler Furniture & Appliances, Inc., 804 F2d 87 (7th Cir. 1986).

Veränderungen des Schuldsaldos während der Präferenzperiode werden von den Gerichten üblicherweise ohne weiteres in die Differenzberechnung einbezogen.[68] Dagegen spricht allerdings, daß beispielsweise Zahlungen des Schuldners nicht das gesetzliche Kausalitätserfordernis erfüllen, wonach die Reduzierung des ungesicherten Teils der Forderung durch die Bestellung der Sicherheit *verursacht* sein muß. Daran zeigt sich, daß eine schematische Anwendung des beschriebenen Tests aus dogmatischen Erwägungen zumindest bedenklich ist.[69]
Eine Änderung der gerichtlichen Praxis ist im Hinblick auf die einfache Handhabung in Zukunft wohl nicht zu erwarten. Der Rechtsprechung muß aber zugute gehalten werden, daß die Ausnahmeregelungen des § 547(c)(1) bis (4) BC zusätzlich geprüft werden, sofern die gesicherte Partei sich darauf beruft und der damit bezweckte Schutz der Sicherungsnehmer also auch durch die Gerichte gewahrt werden kann.[70]
Der Inhaber des floating lien kann sich gegen die Anfechtung mit der Behauptung verteidigen, daß seine Positionsverbesserung nicht zu Lasten der ungesicherten Gläubiger erfolgt sei.[71] Eine derartige masseunschädliche Besserstellung liegt zum Beispiel dann vor, wenn Wertsteigerungen des ansonsten unveränderten Sicherungsgutes (etwa durch Anstieg des Marktpreises für die betreffenden Gegenstände) eingetreten sind und sich dadurch der ungesicherte Teil der Forderung verringert hat.[72]

c) Praktische Konsequenzen der Anfechtbarkeit wegen Gläubigerbevorzugung

Trotz der 90tägigen Präferenzperiode, innerhalb derer gläubigerbegünstigende Transaktionen von der Anfechtung bedroht sind, ergeben sich für den

---

68 Vgl. etwa Hager v. Gibson, 109 F3d 201 (4th Cir. 1997); In re Wesley Industries, Inc., 30 F3d 1438 (11th Cir. 1994); In re J.A.S Markets, Inc., 113 BR 193, 199 (Bankruptcy Court WD Pennsylvania 1990). Ebenso auch der Großteil der Literatur, vgl. etwa *Kaye*, American Bankruptcy Law Journal 54 (1980), 197, 207; *Duncan*, Arkansas Law Review 36 (1982), 22. *Epstein/Nickles/White*, § 6-35, S. 641 mahnen hingegen eine größere Sorgfalt in der Anwendung des improvement in position tests bei derartigen Fallgestaltungen an.

69 *White/Israel*, Commercial Law Journal 98 (1993), 6; ebenso *Duncan/Lyons*, § 8.08[2], S. 8-34 f., soweit es um Zahlungen des Schuldners geht.

70 Vgl. etwa In re J.A.S Markets, Inc., 113 BR 193, 199 f. (Bankruptcy Court WD Pennsylvania 1990).

71 § 547(c)(5) BC: "...to the prejudice of other creditors holding unsecured claims ..." Dazu In re Bullion Reserve of North America, 836 F2d 1214 (9th Cir. 1988), certiorari denied 486 US 1056, 108 SCt 2824, 100 LEd2d 925; In re Wind Power Systems, Inc., 841 F2d 288 (9th Cir. 1988).

72 HR Report No. 595, 95th Congress 1st Session, S. 377 (1978).

Geschäftsverkehr keine tiefgreifenden Beschränkungen der Besicherbarkeit von Krediten. Bei dem üblichen Geschäftsablauf, bei dem der Kredit gegen Stellung einer Sicherheit gewährt wird, ist wegen der Regelung des § 547(c)(1) BC für den Sicherungsnehmer keine Anfechtung zu befürchten. Dabei sollte die perfection der Sicherheit durch Eintragung allerdings zeitnah zur Kreditauszahlung geschehen, was aber auch ungeachtet eines drohenden Insolvenzverfahrens für den Gläubiger angeraten ist, um einen Rangverlust beim Zugriff auf das Sicherungsgut zu vermeiden. Denn nach § 9-312(5)(a) UCC bestimmt sich der Rang nach dem Prioritätsprinzip: Das früher perfektionierte Sicherungsrecht genießt Vorrang. Wegen der fehlenden sonstigen Haftungsmasse führt ein Nachrang in der Insolvenz des Schuldners für den Gläubiger zum weitgehenden Ausfall seiner Forderung.

Seine Wirkungen entfaltet das Anfechtungsrecht wegen Gläubigerbegünstigung daher besonders gegen nachträgliche Sicherungsversuche, mit denen ein Gläubiger angesichts einer drohenden Insolvenz des Schuldners versucht, eine Besserstellung vor anderen Gläubigern zu erlangen. Nicht aber beeinträchtigt wird das Sicherungsbedürfnis des vorsichtig handelnden Kreditgebers, der seine Forderung von Anfang an gegen das Insolvenzrisiko zu schützen versucht.

2. Betrügerische Transaktionen

Nach § 548 BC sind betrügerische Übertragungen ("fraudulent transfers") zum Nachteil der Gläubiger des Schuldners der Anfechtung unterworfen. Die Transaktion muß nach § 548(a) BC innerhalb eines Jahres vor Verfahrenseröffnung erfolgt sein.[73] Handelt es sich um die Bestellung einer Sicherheit, so ist als maßgeblicher Zeitpunkt der Transaktion auf den drittwirksamen Erwerb der Rechtsposition durch perfection abzustellen.[74]
Das Gesetz unterscheidet zwischen betrügerischen Transaktionen zur Behinderung anderer Gläubiger, § 548(a)(1) BC, und der Vermögensverschleuderung, § 548(a)(2) BC.

---

73 Daneben gehen nach § 544(b) BC auf den trustee die Anfechtungsmöglichkeiten des allgemeinen Zivilrechts (§§ 5, 6 und 8 UFCA und § 4(a)(2), (5) UFTA) über, die außerhalb des Insolvenzverfahrens von jedem geschädigten Gläubiger ausgeübt werden können. Die Voraussetzungen dieser Anfechtung decken sich weitgehend mit denen des § 548 BC. Lediglich die zumeist mehrjährigen Anfechtungsfristen sind für die Masse günstiger als § 548 BC, der auf Transaktionen innerhalb des letzten Jahres vor Verfahrenseröffnung beschränkt ist

74 § 548(d)(1) BC, dazu Madrid v. Lawyers Title Insurance Corp., 725 F2d 1197 (9th Cir. 1984), certiorari denied 469 US 833, 105 SCt 125, 83 LEd2d 66 (1984).

Nach § 548(a)(1) BC ist eine Transaktion anfechtbar, wenn der Schuldner den Willen hatte, damit aktuelle oder spätere Gläubiger in ihren Rechten zu behindern bzw. die Durchsetzung der Rechte zu verzögern oder vollständig zu vereiteln. Der Nachweis dieser Absicht ist naturgemäß schwierig, auch wenn es den Gerichten regelmäßig ausreicht, wenn Indizien aufgezeigt werden, die einen Schluß auf die Motivation des Schuldners zulassen.[75]
Auf die Höhe einer Gegenleistung kommt es in diesen Fällen grundsätzlich nicht an. Jedoch erlaubt ein inadäquater Gegenwert als eines von mehreren Indizien einen Schluß auf die gläubigerschädigende Intention.[76] Aber auch bei Vorliegen einer Gegenleistung ist die Anfechtung nicht ausgeschlossen, wenn die Gegenleistung sofort beiseite geschafft wird.[77]
Nach § 548(a)(2) BC sind Transaktionen anfechtbar, die für die Gläubigergesamtheit schädigende Wirkungen haben, weil Vermögen des Schuldners ohne entsprechende Gegenleistung weggegeben wurde. Voraussetzung ist, daß der Schuldner bei Vornahme der Vermögensverfügung einer Insolvenz nahe war: Entweder lag der Insolvenzgrund bereits vor oder hat zumindest gedroht.[78]
In beden Fällen wird ein gutgläubiger Leistungsempfänger in Höhe einer von ihm erbrachten Gegenleistung geschützt, § 548(c) BC.

3. Die Instrumente des Schuldners zur Befreiung von Sicherungsgut

Neben den zugunsten der Masse wirkenden Instrumenten hat auch der Schuldner persönlich die Möglichkeit, zu seinen Gunsten Sicherungsrechte anzufechten oder zumindest auf vorteilhafte Art abzulösen. Dies wird durch die Idee des "fresh start" gerechtfertigt, wonach dem Schuldner - sofern es sich um eine natürliche Person handelt - trotz des Vermögensverfalls ein Neuanfang durch Erhalt der erforderlichen Gegenstände ermöglicht werden soll.[79] Ebenfalls wird verhindert, daß die gesicherten Gläubiger sich ungerechtfertigte Vorteile verschaffen mit der Drohung, das vom Schuldner benötigte Sicherungsgut zu

---

75 Vgl. In re Sherman, 67 F3d 1348 (8th Cir. 1995); Max Sugarman Funeral Home, Inc., v. A.D.B. Investors, 926 F2d 1248, 1254 (1st Cir. 1991); In re Otis & Edwards, P.C., 115 BR 900, 913 (Bankruptcy Court ED Michigan 1990).

76 Dies ist auch einer der Anfechtungsgründe im materiellen Zivilrecht, vgl. § 4(b)(8) UFTA. Zur Anwendung auf § 548(a)(1)(A) BC vgl. Teitelbaum v. Parameswaran, 50 BR 780, 784 (District Court SD New York 1985); In re Kuhns, 101 BR 233, 240 f. (Bankruptcy Court D Montana 1989).

77 In re FBN Food Services, Inc., 82 F3d 1387, 1393 f. (7th Cir. 1996).

78 § 548(a)(2)(B) BC.

79 HR Report No. 595, 95th Congress, 1st Session, S. 362 (1977); Senate Report No. 989, 95th Congress, 2nd Session, S. 76 (1978).

verwerten und damit dem Schuldner Wiederbeschaffungskosten zu verursachen, die außer Verhältnis zu dem erzielten Erlös stehen.[80]
Bei Sicherungsgut des Schuldners, das nach § 522 BC nicht in die Insolvenzmasse fällt, wird das Sicherungsrecht grundsätzlich durch das Insolvenzverfahren nicht beeinträchtigt. Dem Schuldner persönlich stehen aber zwei Instrumente zur Verfügung, um unter gewissen Voraussetzungen das Sicherungsrecht auszulöschen und so in den Genuß unbelasteten Eigentums zu kommen.

Zum einen gibt § 522(f) BC dem Schuldner ein besonderes Anfechtungsrecht, mit dem das Sicherungsrecht ohne weiteren Ausgleich ausgelöscht und die gesicherte Forderung in eine ungesicherte umgewandelt werden kann. Die Möglichkeit zur Anfechtung besteht bei besitzlosen Sicherungsrechten an genau spezifizierten Gegenständen des persönlichen oder beruflichen Bedarfs, wenn diese Sicherheiten nicht zur Finanzierung des Kaufpreis gedient hatten.
Da diese Anfechtung keine weiteren Voraussetzungen hat, bieten derartige Sicherheiten dem Gläubiger in der Insolvenz des Schuldners keine Vorzugsrechte.

Zum anderen enthält § 722 BC für das Liquidationsverfahren ein Ablösungsrecht des Schuldners. Dieser kann ein Sicherungsrecht an Haushaltsgütern durch Zahlung des gegenwärtigen Zeitwertes ablösen. Anders als außerhalb der Insolvenz nach § 9-506 UCC ist also nicht die Zahlung der gesamten Forderung erforderlich.[81] Der unbefriedigte Teil des gesamten Anspruchs besteht nach der Ablösung gemäß § 722 BC als ungesicherter Anspruch weiter, unterliegt aber auch einer etwaigen Restschuldbefreiung.

IV. Rechtsfolgen der Vorrangeinräumung und der Anfechtung dinglicher Sicherheiten

Die Rechtsfolgen der Anfechtung bzw. der Geltendmachung eines Vorrangs bestimmen sich nach §§ 550, 551 BC, sofern nicht schon die einzelnen Normen spezielle Wirkungen festlegen. Deren wichtigste Konsequenz ist die relative Unwirksamkeit der Transaktion. Darüber hinaus kommt es zu einem Übergang des fraglichen Rechts auf die Masse und - unter bestimmten Voraussetzungen - zum Entstehen von Ersatzansprüchen der Masse.

---

80 *Norton*, § 69:1, S. 69-2; *Epstein/Nickles/White*, § 8-25, S. 537.

81 HR Report No. 595, 95th Congress, 1st Session, S. 381 (1977); *Weintraub/Resnick*, ¶ 4.08[4], S. 4-57.

1. Anknüpfungspunkt der Rechtsfolgen bei dinglichen Sicherheiten

Zur Bestimmung der Rechtsfolgen der Anfechtung bzw. der Geltendmachung des Vorrangs[82] wird zunächst nach der Art des angegriffenen Rechts unterschieden. Im Verhältnis zu dinglichen Sicherheiten ist dabei zu beachten, daß als Gegenstand der Anfechtung bzw. der Geltendmachung des Vorrangs verschiedene Rechtshandlungen in Betracht kommen. Dies sind vor allem das Entstehen der zugrunde liegenden Forderung, die Vereinbarung des Sicherungsrechtes und die perfection, aber auch z.B. eine eventuelle Verwertung des Sicherungsgutes. So treten jeweils auch unterschiedliche Wirkungen ein, je nachdem, welcher Rechtsakt angegriffen wird.

Wird etwa die Vereinbarung oder die perfection der Sicherheit angefochten, so wird der Gläubiger am Insolvenzverfahren als Inhaber einer ungesicherten Forderung beteiligt, es fällt also nur sein Zugriff auf die Sicherheit fort.[83] Wenn aber die Forderung selbst angefochten wurde, ist der Anfechtungsgegner mangels Forderung in keiner Weise am Verfahren beteiligt.[84]

2. Übergang des angegriffenen Rechts auf die Masse

Bei der Ausübung der Anfechtung bzw. der Geltendmachung des Vorrangs kommt es nicht zum Wegfall der Rechtswirkungen ex tunc, sondern zu einem Übergang des angegriffenen Rechts auf die Masse, § 551 BC.

Damit die Ausübung eines der fraglichen Instrumente ausschließlich zugunsten der Masse wirken kann, ist zum Teil auch der Fortbestand des angegriffenen Rechts erforderlich. Dies gilt insbesondere für das Verhältnis zu nachrangigen Rechtsinhabern des Anfechtungsgegners. Wenn etwa die Bestellung einer Sicherheit angefochten wurde, so geht dieses daher nicht unter, sondern gemäß § 551 BC auf die Masse über. Damit werden ungerechtfertigte Besserstellungen eventueller nachrangiger Sicherungsnehmer verhindert.[85] Ansonsten bestünde die Gefahr, daß durch die Beseitigung eines vorrangigen Rechts ein nachrangiger Rechtsinhaber aufrückt und so eine Rechtsstellung erlangt, die nach materiellem Zivilrecht nicht gerechtfertigt wäre.

---

[82] §§ 544, 545, 547, 548, 724(a) BC.

[83] Vgl. In re Pacific Exp., Inc., 780 F2d 1482, 1486 (9th Cir. 1986); *Duncan/Lyons*, § 7.02, S. 7-5

[84] Vgl. § 506(d) BC.

[85] HR Report No. 595, 95th Congress, 1st Session, S. 376 (1978); Senate Report No. 989, 95th Congress, 2nd Session, S. 91 (1978); *McCoid*, American Bankruptcy Law Journal 59 (1985), 175.

Beispiel: Schuldner S hat für eine $ 10.000-Forderung des G 1 diesem nachträglich ein Sicherungsrecht an seinem Kraftfahrzeug eingeräumt. Später nimmt S bei der Bank G 2 einen Kredit in Höhe von $ 10.000 auf und bestellt dafür ein nachrangiges Sicherungsrecht am gleichen Kraftfahrzeug. Das Kraftfahrzeug hat einen Wert von $ 15.000. S fällt in Insolvenz. Der trustee ficht das Sicherungsrecht des G 1 als begünstigenden Transfer erfolgreich an, das Sicherungsrecht der Bank G 2 hingegen ist aufgrund des Leistungsaustauschs unanfechtbar.

Nach der Anfechtung ist G 1 ungesicherter Gläubiger ohne Befriedigungsrecht aus dem Kraftfahrzeug. Wenn das Sicherungsrecht des G 1 ersatzlos wegfiele, könnte die Bank G 2 auf ihre Forderung von $ 10.000 allerdings volle Befriedigung aus dem Sicherungsgut erwarten. Als nachrangiger Sicherungsgläubigerin stand ihr zuvor - da das Kraftfahrzeug nicht zur Deckung beider Verbindlichkeiten ausgereicht hätte - nur der Resterlös nach Befriedigung des G 1 zu, nämlich $ 5.000. Derartige ungerechtfertigte Besserstellungen zu verhindern ist der Zweck des § 551 BC. Der trustee hält das erstrangige Sicherungsrecht in Höhe von $ 10.000, G 2 kann erst nach der Befriedigung dieses Rechts auf den Restwert zugreifen.

Da die Wirkungen des angefochtenen Rechts anderen Beteiligten gegenüber bestehen bleiben und nur im Verhältnis der Masse zum Anfechtungsgegner die Rechtswirkungen aufgehoben werden, wird von einer relativen Unwirksamkeit gesprochen.

Zur Durchsetzung der Anfechtung bzw. der Geltendmachung des Vorrangs gewährt § 550 BC einen Herausgabeanspruch, so daß das vermögenswerte Recht körperlich zur Masse gezogen werden kann.[86] Nur ausnahmsweise kann - nach Anordnung durch das Gericht - auch der Wert der Sache heraus verlangt werden, § 550(a) BC. Dieser Wertersatzanspruch ist insbesondere in Dreiecksfällen relevant, bei denen sich die Anfechtung nicht gegen den direkten Leistungsempfänger richtet, sondern einen durch die Transaktion tatsächlich Begünstigten.

3. Stellung des Anfechtungsgegners

Wird die Bestellung oder perfection einer Sicherheit angefochten, so bleibt der Anfechtungsgegner Inhaber einer ungesicherten Forderung. Geht es um die Befriedigung der Forderung, lebt diese wieder auf.[87] Weiterhin wird der gutgläubige Anfechtungsgegner für Aufwendungen, soweit diese noch werterhöhend vorhanden sind, geschützt und erhält insofern gemäß § 550(e) BC ein Pfandrecht

---

[86] Wellmann v. Wellmann, 933 F2d 215 (4th Cir. 1991), certiorari denied 502 US 925, 112 SCt 339, 116 LEd2d 279; In re First Capital Mortgage Loan Corp., 917 F2d 424 (10th Cir. 1990).

[87] Vgl. dazu *Epstein*, S. 186 f.; *Buchbinder* S. 271 f. Allerdings werden derartige Streitigkeiten unter Einbeziehung der Insolvenzforderung häufig verglichen, vgl. *Buchbinder*, aaO.; *Weintraub/Resnick*, ¶ 7.09, S. 7-83 f.

an dem zurück zu gewährenden Gegenstand. Für die Gegenleistung, die im Zusammenhang mit einer gläubigerschädigenden Rechtshandlung an den Schuldner erbracht wird, gilt dieser Schutz gemäß § 548(c) BC bei Gutgläubigkeit des Anfechtungsgegners ebenso.

V. Relevanz des Vorrangs und der Anfechtung für dingliche Sicherheiten

Im folgenden soll aufgezeigt werden, wie und für welche Rechtsakte bei dem Erwerb und der Durchsetzung einer Sicherheit sowie bei der Befriedigung der gesicherten Forderung die Regelungen des Vorrangs und der Anfechtung praktisch relevant sind.

1. Erwerb der Sicherheit

Für den Geschäftsverkehr ist vorrangig von Interesse, inwieweit die rechtsgeschäftliche Bestellung einer Sicherheit insolvenzfest ist. Dies setzt zunächst voraus, daß sie vor Verfahrensbeginn drittwirksam gemacht wurde oder ihre Drittwirkung auf den Termin vor Verfahrensbeginn zurückbezogen wird. Denn die Instrumente des Bankruptcy Code zur Anreicherung der Masse zielen insbesondere auf die Ausschaltung nicht drittwirksamer Rechte. Daneben sind die Anfechtungsmöglichkeiten sowohl zugunsten der Masse als auch zugunsten des insolvenzfreien Vermögens des Schuldners für die Inhaber dinglicher Sicherheiten relevant.

a) Verlust der Sicherheit bei fehlender Drittwirkung

Ist bei einer vereinbarten Sicherheit an einem beweglichen Gegenstand bei Verfahrensbeginn die für die Erlangung der Drittwirksamkeit erforderliche perfection nicht mit Wirksamkeit nach allgemeinem Zivilrecht erfolgt, ist die Sicherheit wertlos. Der trustee erlangt nach § 544(a)(1) BC die Stellung eines Gläubigers mit einem gerichtlichen Pfandrecht an allen Vermögensgegenständen des Schuldners. Damit erhält er gemäß § 9-301(1)(b) UCC zugunsten der Masse Priorität vor allen Inhabern nicht perfektionierter Sicherungsrechte.[88] Damit führt auch jeder wesentliche Fehler bei der perfection, etwa die Eintragung im örtlich unzuständigen Register, zur Wertlosigkeit der Sicherheit im Insolvenzverfahren.[89]

---

[88] Vgl. *Jackson*, S. 70; Dawson, University of Florida Law Review 36 (1984), 38, 50.

[89] Vgl. First National Bank v. Turley, 705 F2d 1024 (8th Cir. 1983); In re Zweygardt, 149 BR 673 (District Court D Kansas 1992); In re Bush, 159 BR 209 (Bankruptcy Court ED Kentucky 1993); dazu *Coogan*, Georgia Law Review Bd 14 (1980), 153, 170 f.

Für eventuelle Gegenleistungen, die der Gläubiger im Hinblick auf den Erwerb der Sicherheit an den Schuldner erbracht hat, wird er nicht geschützt.[90] Eine Ausnahme gilt lediglich für den Erwerb einer Sicherheit an einem Gegenstand in den Fällen, in denen das allgemeine Zivilrecht eine Rückwirkung der perfection vorsieht, § 546(b)(2) BC. So ist etwa bei einer Kaufpreisfinanzierung die perfection innerhalb einer Frist von - je nach Bundesstaat - zehn bis 21 Tagen drittwirksam und damit auch nicht dem Vorrang des trustee im Insolvenzverfahren unterworfen.

b) Die Anfechtung der Perfection

Wegen der Funktionslosigkeit nicht drittwirksamer dinglicher Sicherheiten im Insolvenzverfahren stellt sich die Frage, inwieweit die perfection, mit der die Drittwirksamkeit hergestellt wird, anfechtbar ist.

(1) Anfechtung wegen Gläubigerbegünstigung

Grundsätzlich ist der Erwerb einer Sicherheit, sobald die entsprechende perfection innerhalb der letzten 90 Tage vor Stellung des Eröffnungsantrages erfolgte, wegen Gläubigerbegünstigung anfechtbar, § 547(b)(4)(A) BC. Soweit es sich bei dem Begünstigten um einen sogenannten Insider handelt, verlängert sich der Zeitraum auf ein Jahr, § 547(b)(4)(B) BC. Voraussetzung ist, daß der Schuldner bereits zu diesem Zeitpunkt überschuldet war; dies wird für die 90 Tage vor Verfahrensbeginn gesetzlich vermutet.

Von der Anfechtung ist der Erwerb dinglicher Sicherheiten ausgeschlossen, soweit eine zeitnahe Gegenleistung des Sicherungsnehmers vereinbart wurde und tatsächlich erfolgte, § 547(c)(1) BC. Dies ist etwa die Auszahlung der Valuta als gesichertes Darlehen an den Schuldner, wenn die vereinbarte Sicherheit kurz darauf perfektioniert wird. Was dabei als ausreichend kurzer Zeitraum anzusehen ist, hängt von den Umständen des Einzelfalles ab. Entscheidend sind dabei die Dauer der Verzögerung und deren Ursache, die Art der Transaktion und der Wille der Parteien.[91]

Für den Erwerb einer Sicherheit bei der Kaufpreisfinanzierung, dem purchase money security interest, wird die perfection von der Anfechtung ausgeschlossen, wenn sie binnen einer Frist von 20 Tagen nach Besitzerwerb des Schuldners erfolgt. Zu beachten ist allerdings, daß diese Sicherheit auch bei Beachtung

---

90 Dies folgt aus § 548(c) BC.

91 Vgl. Pine Top Insurance Co. v. Bank of America National Trust and Savings Association, 969 F2d 321, 328 (7th Cir. 1992); dazu *Collier*, ¶ 547.04[1], S. 547-43 f., Fn. 4.

dieser Frist durch den Vorrang des § 544(a)(1) BC wertlos ist, wenn der Sicherungsnehmer etwaige kürzere einzelstaatliche Fristen aus § 9-301(2) UCC, auf welche § 546(b)(2) BC verweist, nicht einhält.

(2) Anfechtung wegen gläubigerbehindernder Absicht

Die Bestellung einer Sicherheit innerhalb eines Jahres vor Verfahrensbeginn kann wegen gläubigerbehindernder Absicht anfechtbar sein. Dazu muß der Schuldner gerade mit der Bestellung die anderen Gläubiger bei ihrer Befriedigung behindern wollen. Der Nachweis dieser Absicht wird durch den trustee häufig nur anhand von Indizien, etwa eine unangemessen niedrige Gegenleistung, zu führen sein. Die erforderliche gläubigerbehindernde Wirkung liegt hingegen bei der Bestellung einer Sicherheit grundsätzlich vor. Sie ist darin zu sehen, daß das Sicherungsgut nicht mehr zu Befriedigung eines anderen Gläubigers genutzt werden kann und damit deren Befriedigungsaussichten geschmälert werden.

Da die Anfechtung von dem Kenntnisstand des Erwerbers unabhängig ist, kann der Sicherungsnehmer auch bei Unkenntnis von den Absichten des Schuldners seine Sicherheit durch diese Anfechtung verlieren. Allerdings wird er in Höhe einer Gegenleistung, die im Austausch für die Sicherheiten gegeben wurde, durch § 548(c) BC geschützt.

(3) Anfechtung wegen Vermögensverschleuderung

Nur in Ausnahmefällen wird die Bestellung einer dinglichen Sicherheit die Voraussetzungen einer Vermögensverschleuderung im Sinne des § 548(a)(1)(B) BC erfüllen. Denn zumeist wird durch die Kreditgewährung eine angemessene Gegenleistung erfolgt sein.[92] Wenn es überhaupt an einer Gegenleistung fehlt, so entsteht das Sicherungsrecht - wegen seiner Abhängigkeit von der Forderung - bereits nach allgemeinem Zivilrecht nicht.

Möglich ist eine Anfechtung wegen Vermögensverschleuderung hingegen regelmäßig bei der Besicherung einer fremden Schuld. Denn dort wird - von besonderen Fallgestaltungen abgesehen - die Leistung, die der Sicherungsnehmer an einen Dritten erbracht hat, nicht als ausreichend angesehen.[93]

---

92 *Duncan/Lyons*, § 7.03[2], S. 7-11.

93 Vgl. In re Bargfrede, 117 F3d 1078 (8th Cir. 1997); Jobin v. Resolution Trust Corporation, 160 BR 161, 169 (District Court D Colorado 1993); In re Octagon Roofing, 124 BR 522 (Bankruptcy Court ND Illinois 1991).

c) Nachträgliche Sicherung

Die nachträgliche Sicherung einer zunächst ungesicherten Forderung in der Präferenzperiode stellt eine anfechtbare Gläubigerbevorzugung dar.[94] Der Ausschluß der Anfechtung bei gegenseitigem Leistungsaustausch nach § 547(c)(1) BC greift hierbei nicht ein, selbst wenn die Sicherung kurz nach dem Forderungserwerb erfolgte. Denn Voraussetzung ist, daß der zeitnahe Leistungsaustausch bereits Gegenstand der Vereinbarung zwischen Gläubiger und Schuldner gewesen sein muß.[95] Dies ist bei einer zunächst ungesicherten Forderung nicht gegeben.

Darüber hinaus können zusätzlich die Voraussetzungen der Anfechtung wegen Gläubigerbehinderung vorliegen. Wenn beide Anfechtungsmöglichkeiten gegeben sind, wird der trustee die Anfechtung wegen Gläubigerbevorzugung ausüben, da deren Voraussetzungen leichter nachzuweisen sind als die gläubigerhindernde Absicht des Schuldners und der Anfechtungsgegner dort keinen Schutz wegen einer etwa erbrachten Gegenleistung genießt.

Hingegen liegen die Voraussetzungen für eine Anfechtung wegen Vermögensverschleuderung bei der nachträglichen Besicherung einer eigenen Schuld des Schuldners nicht vor. Zwar erlangt der Schuldner im unmittelbaren Austausch keine Gegenleistung. Im Rahmen des § 548(a)(2)(A) BC werden aber auch Gegenleistungen anerkannt, wenn diese zuvor von dem Anfechtungsgegner erbracht wurden. Eine derartige Gegenleistung liegt bei der nachträglichen Besicherung einer Forderung in dem zuvor gegebenen Kredit.

Entsprechend der Anfechtung einer Sicherheit für eine fremde Schuld ist die nachträgliche Besicherung einer fremden Schuld als Vermögensverschleuderung anfechtbar.[96]

d) Austausch der Sicherheiten

Bei einem Austausch von Sicherheiten kann eine Anfechtung wegen Gläubigerbevorzugung erfolgen, soweit die neu erworbene Sicherheit den Wert der freigegebenen übersteigt und der Gläubiger nicht ohnehin übersichert war. Ansonsten liegt die erforderliche Besserstellung des Sicherungsnehmers nicht vor.

Bei den floating liens an Warenlagern und Außenständen ist aufgrund des regelmäßig vorliegenden Austausches der Sicherheiten eine Sonderregelung

---

94 Vgl. In re Wadsworth Building Components, Inc., 711 F2d 122 (9th Cir. 1983); In re Lee and Ota, 179 BR 149 (9th Cir. BAP 1995); *Collier*, ¶ 547.04[1][a], S. 547-45 mit weiteren Nachweisen.

95 Vgl. oben III 1 b (1), S. 156.

96 Vgl. oben b (3), S. 169.

hinsichtlich der Feststellung der Gläubigerbesserstellung geschaffen worden. Hier ist die Verringerung des ungesicherten Forderungsteil innerhalb der 90tägigen Präferenzperiode anfechtbar.

e) Die Anfechtung des Schuldners bei insolvenzfreien Gegenständen

Sofern Gegenstände, welche nach § 522 BC nicht in die Masse fallen,[97] als Sicherheit dienen, wird diese nicht durch Anfechtungen oder den Vorrang des trustee zugunsten der Masse gefährdet.
Allerdings enthält § 522(f) BC ein besonderes Recht des Schuldners, das Sicherungsrecht anzufechten und die außerhalb des Verfahrens gesicherte Forderung in eine ungesicherte umzuwandeln. Die Möglichkeit zur Anfechtung besteht bei besitzlosen Sicherungsrechten an genau spezifizierten Gegenständen des persönlichen oder beruflichen Bedarfs. Auch bei diesen Gegenständen kann der Schuldner die Sicherheit nicht anfechten, wenn sie der Sicherung der Kaufpreisfinanzierung dient.

f) Keine Auslösung des Sicherungsgutes zum Zeitwert

Weder dem Schuldner noch dem trustee steht über die Regelung des § 722 BC hinaus ein Recht zu, gegen Zahlung des Wertes des Sicherungsgegenstandes das Sicherungsrecht an einem insolvenzbefangenem Gegenstand auszulöschen, wenn der gesicherte Forderungsbetrag höher ist. Diese Methode, eine Forderung des Sicherungsrechtes zu entkleiden, wird als "strip-down" des Sicherungsrechtes oder auch als "lien stripping" bezeichnet.
Die Mehrzahl der untergerichtlichen Entscheidungen hatte die Zulässigkeit des lien-stripping bis zu einer Entscheidung des Supreme Court 1992 mit folgender Begründung bejaht:[98] Nach § 506(a) BC werde der Anspruch des Gläubigers in einen gesicherten und einen ungesicherten Anspruch geteilt.[99] Der Teil des Anspruchs, der nicht mehr vom Wert des Sicherungsgutes gedeckt ist, gelte als ungesicherter Anspruch. Aus § 506(d) BC ergebe sich, daß ein Sicherungsrecht unwirksam sei, soweit es nicht einen zugelassenen *gesicherten* Anspruch ("allowed secured claim") sichere. Somit sei das Gericht verpflichtet, die Sicherheit auf den Marktwert des belasteten Gegenstandes zu beschränken.[100]

---

[97] Siehe dazu oben § 4 A VI, S. 86.

[98] Vgl. z.B. Gaglia v. First Federal Savings & Loan Association, 889 F2d 1304 (3rd Cir. 1989); In re Folendore, 862 F2d 1537, 1539 (11th Cir. 1989) mit weiteren Nachweisen auf die untergerichtliche Rechtsprechung. Zur Interpretation des § 506(d) BC etwa *Caldarone*, Washington & Lee Law Review 45 (1988), 1393; *Howard*, American Bankruptcy Law Journal 65 (1991), 373.

[99] Vgl. dazu oben § 2 C II, S. 71 f.

[100] Vgl. die Zusammenfassung in Dewsnup v. Timm, 112 SCt 773 [774]. Im diesem Fall

Der Supreme Court folgte dieser formalen Argumentation in der Entscheidung *Dewsnup v. Timm* nicht.[101] Er stützte sich dabei insbesondere auf den Umstand, daß der Gesetzgeber nicht zu erkennen gegeben habe, daß ein neues Instrument zur Beschränkung von Sicherungsrechten eingeführt werden sollte.[102] Weiterhin würde dem Sicherungsnehmer durch die Reduzierung seiner Sicherheit auf den momentanen Wert des Sicherungsgegenstandes auch die Wertsteigerungschance genommen. Diese fiele ansonsten dem Schuldner bzw. der Masse zu, was als ungerechtfertigter Gewinn anzusehen wäre. Denn diese Wertsteigerung stehe als Ausfluß der vertraglichen Vereinbarungen dem Sicherungsnehmer zur Sicherung zu. Beide Vertragspartner gingen bei Vertragsschluß davon aus, daß dem Sicherungsnehmer solange ein Recht an dem Sicherungsgut zustehen soll, bis die zu sichernde Forderung vollständig abgelöst oder der Gegenstand durch Zwangsverwertung veräußert werde.[103]
Für die Reorganisationsverfahren nach den Kapiteln 11, 12 und 13 ergeben sich aus *Dewsnup* keine Einschränkungen, was die Anwendung des § 506(a), (d) BC angeht.[104] Wie das Gericht selbst hervorhob, sollten die gezogenen Schlüsse auf den zur Entscheidung vorgelegten Fall beschränkt bleiben.[105] Soweit es im Reorganisationsverfahren um die Behandlung von Sicherungsrechten geht, erlauben die Regelungen grundsätzlich eine Modifizierung durch einen Plan.[106]

2. Aufrücken im Rang

Eine anfechtbare indirekte Gläubigerbevorzugung liegt gegenüber einem nachrangig gesicherten Gläubiger vor, wenn dieser aufgrund der Zahlung des Schuldners an einen vorrangig gesicherten Gläubiger bessere Befriedigungsaussichten erhält. Die Besserstellung muß dann innerhalb der letzten 90 Tage vor

---

handelte es sich bei dem Sicherungsgut um ein Grundstück.

101 Dewsnup v. Timm, 502 US 410, 112 SCt 773, 116 LEd2d 903 (1992); so auch die Vorinstanz, 908 F2d 588 (10th Cir. 1990). Dazu *Newborn*, Arizona State University Law Journal Bd 25 (1993), 547.

102 Dewsnup v. Timm, 112 SCt 773, 778 f. Unter § 67(d) BA war anerkannt, daß Sicherungsrechte durch das Bankruptcy Verfahren grundsätzlich unbeeinträchtigt bleiben sollten. Vgl. dazu Farrey v. Sanderfoot, 500 US 291 [297], 111 SCt 1825 [1829], 114 LEd2d 337 (1991); früher schon Louisville Joint Stock Land Bank v. Radfort, 295 US 555 [559], 55 SCt 854 [858], 79 LEd 1593, (1935).

103 Dewsnup v. Timm, 112 SCt 778.

104 Vgl. Wade v. Bradford, 39 F3d 1126 (10th Cir. 1994); In re Crook, 966 F2d 539, Fn. 1 (10th Cir.), certioari denied 506 US 985, 113 SCt 491, 121 LEd2d 430 (1992); In re Bellamy, 962 F2d 179, 182 f. (2nd Cir. 1992).

105 Dewsnup v. Timm, 112 SCt 778.

106 Dazu siehe unten § 9 A III 2 b, S. 297 f.

Stellung des Eröffnungsantrags erfolgt sein, § 547(b)(4)(A) BC. Soweit es sich bei dem indirekt Begünstigten um einen sogenannten Insider handelt, verlängert sich der Zeitraum auf ein Jahr, § 547(b)(4)(B) BC.

Beispiel: S hat einen Kredit in Höhe von $ 100.000 bei G 1 aufgenommen und diesen durch ein security interest nach Art. 9 UCC an seinem Warenlager abgesichert. Außerdem hat S einen Kredit ebenfalls in Höhe von $ 100.000 bei G 2 aufgenommen und durch ein nachrangiges Sicherungsrecht am selben Warenlager besichert. Das Warenlager hat einen Wert von $ 150.000. Zahlt S $ 50.000 an G 1, so erhöht sich dadurch der Wert der zweitrangigen Sicherheit: Konnte G 2 zuvor nur einen Erlös von $ 50.000 aus der Verwertung des Warenlagers erwarten, so erlangt er nach der Zahlung des S an G 1 volle Deckung. Die Positionsverbesserung des G 2 ist als Gläubigerbevorzugung anfechtbar.

Erfolgt die Rangverbesserung durch Aufgabe der Sicherheit durch den vorrangig gesicherten Gläubiger, ist in der Insolvenz des Schuldners keine Anfechtung möglich. Hier fehlt es an der nach § 547(b) BC erforderlichen Weggabe eines Rechtes aus dem Vermögen des Schuldners, da die Besserstellung im Rang auf Kosten eines anderen Gläubigers geschieht.

3. Verwertung des Sicherungsgutes

Die zwangsweise Verwertung des Sicherungsgutes kann ebenfalls Gegenstand der Anfechtung sein. Denn auch die Zwangsverwertung ist ein "transfer" im Sinne der Anfechtungsvorschriften.[107]

Eine Anfechtung der Verwertung aufgrund einer drittwirksam perfektionierten Sicherheit wegen Gläubigerbegünstigung kommt allerdings nicht in Betracht. Denn das Erfordernis des § 547(b)(5) BC, wonach der Gläubiger durch den fraglichen Transfer mehr erhalten muß als bei einer Liquidation nach Kapitel 7, ist bei einer Zwangsverwertung nicht gegeben. Der gesicherte Gläubiger hätte auch im Liquidationsverfahren bis zur Höhe seiner Forderung Anspruch auf den in der Sache verkörperten Wert.

Hingegen ist dieses Erfordernis bei der Zwangsverwertung einer gegen den Sicherungsgeber ebenfalls durchsetzbaren nicht perfektionierten Sicherheit gegeben.[108] Derartige Transaktionen in der Präferenzperiode sind daher anfechtbar.

---

107 In re Lindsay, 59 F3d 942, 947 (9th Cir. 1995); In re Littleton, 888 F2d 90 (11th Cir. 1989), rehearing denied 890 F2d 1167; In re Hulm, 738 F2d 323 (8th Cir. 1984), certiorari denied 469 US 990, 105 SCt 398, 83 LEd2d 331 (1984).

108 In re PC Systems, Inc., 163 BR 382, 385 (Bankruptcy Court SD Florida 1994), affirmed 178 BR 888 (District Court SD Florida 1995), affirmed 83 F3d 436 (11th Cir. 1996).

Für langanhaltende Diskussionen sorgte die Frage, ob und unter welchen Voraussetzungen die Zwangsverwertung einer dinglichen Sicherheit als Vermögensverschleuderung anfechtbar ist.
Die Kontoverse geht auf die Entscheidung *Durrett* des Court of Appeals des fünften Gerichtsbezirks im Jahre 1980 zurück. Das Gericht äußerte in einem obiter dictum, daß auch bei einer Zwangsverwertung von dem bei sonstigen Verfügungen relevanten Marktwert auszugehen sei. Von diesem müsse mindestens ein Anteil von 70 % erreicht werden. Ein darunter liegender Betrag sei unangemessen niedrig.[109]
Die jetzt auch vom Supreme Court vertretene Gegenposition zu *Durrett* nimmt an, daß der bei der Zwangsverwertung unter Beachtung aller Verfahrensvorschriften[110] erzielte - nicht durch unzulässige Absprachen manipulierte - Erlös per se "reasonably equivalent value" ist.[111] Damit dürfte sich der gesamte Streit erledigt haben. Zwar erging die Entscheidung des Supreme Court zu einer zwangsweise Verwertung von Grundeigentum Es kann aber davon ausgegangen werden kann, daß die Gerichte diese Regel künftig ebenso bei der zwangsweisen Verwertung beweglicher Sachen anwenden.[112]

---

109 Durrett v. Washington National Insurance Co., 621 F2d 201 (5th Cir. 1980). Die Entscheidung erging noch zum BA, konnte aber ohne weiteres auf den BC übertragen werden, da § 548(a) BC eine vergleichbare Vorschrift enthält. § 67(d)(2)(a) BA lautete: "Every transfer made ... by a debtor within one year prior to the filing of the petition initiating a proceeding under this title by or against him is fraudulent ... if made without fair consideration...". Dabei enthielt Absatz (1) die maßgebliche Definition: "... (e) consideration given for the property ... is "fair" (1) when, in good faith, in exchange and as a fair equivalent therefor, property is transferred."

110 Wenn die Durchführung der Verwertung nicht allen Verfahrensvorschriften entspricht, kann der trustee die deswegen aus der Rechtsordnung des betreffenden Einzelstaats resultierenden Rechte des Schuldners gemäß § 558 BC geltend machen, In re Ocean Beach Club Inc., 79 BR 505, 507 (Bankruptcy Court SD Florida 1987).

111 BFP v. Resolution Trust Corporation, 511 US 566, 114 SCt 1757, 128 LEd2d 556 (1994) rehearing denied 512 US 1247, 114 SCt 1771, 129 LEd2d 884. Die Entscheidung erging mit 5 zu 4 Stimmen. Zuvor schon Matter of Winshall Settlors' Trust, 758 F2d 1136, 1139 (6th Cir. 1985); zuletzt In re Lindsay, 59 F3d 942, 947 (9th Cir. 1995).

112 *Henning* weist darauf hin, daß es keine konzeptuellen Unterschiede zwischen beiden Arten von Sicherungsgut gibt, aus denen sich in dieser Frage eine Ungleichbehandlung ergeben müßte, North Carolina Law Review 63 (1985), 257, 258. Andererseits betont der Supreme Court, daß seine Entscheidung nur die Zwangsversteigerung von Immobilien betrifft und Zwangsverwertungen beweglicher Sachen in anderer Weise behandelt werden können, BFP v. Resolution Trust Corp., 114 SCt 1757, 1761, Fn. 3 (1994). Eine Bindung der unteren Gerichte besteht daher also nicht.

4. Befriedigung der Forderung

Eine anfechtungsrelevante Befriedigung der gesicherten Forderung kann entweder durch freiwillige Leistung des Schuldners an den Gläubiger, durch Zwangsvollstreckung des Gläubigers oder durch Verwertung des Sicherungsgutes erfolgen.

In allen diesen Fällen führt die Leistung an einen Gläubiger, dessen Forderung vollständig und wirksam gesichert ist, nicht zu einer Positionsverbesserung und ist daher nicht als Gläubigerbevorzugung anfechtbar.[113] Denn das Erfordernis des § 547(b)(5) BC, wonach der Gläubiger durch die fragliche Transaktion mehr erhalten muß als bei einer Liquidation nach Kapitel 7, ist in diesen Fällen nicht gegeben.

Bei nur teilweise gesicherten Gläubiger muß unterschieden werden: Leistungen zur Schuldtilgung führen grundsätzlich zu einer anfechtbaren Gläubigerbevorzugung, da dadurch der ungesicherte Teil der Forderung verkleinert wird.[114] Wenn die Leistung den ungesicherten Teil übersteigt, so liegt für den Teil der Leistung, der in den gesicherten Teil hineinreicht, keine Begünstigung vor.[115] Bei der Befriedigung des Gläubigers aus der Verwertung des Sicherungsgutes, bei der die einschlägigen Verfahrensvorschriften beachtet wurden, bemißt sich der Wert der Sicherheit letztlich nach dem erzielten Erlös, so daß die Auskehr an den Sicherungsnehmer ebenfalls keine Gläubigerbevorzugung ist.

B. Deutschland

Die Insolvenzordnung enthält neben der Insolvenzanfechtung verschiedene andere Instrumente, die nicht auf die Anreicherung der Masse durch Rückabwicklung benachteiligender Maßnahmen abzielen, sondern sich gegen Maßnahmen der Gläubiger richten, die den Grundsatz der Gläubigergleichbehandlung gefährden. Dies sind unter anderem die Rückschlagsperre des § 88 InsO für Sicherheiten, die im Rahmen der Forderungsvollstreckung erlangt werden. Im folgenden werden nur die Instrumente betrachtet, die Einfluß auf vertragliche Mobiliarsicherheiten haben.

---

113 In re Hagen 922 F2d 742, 745 f. (11th Cir. 1991); Lewis v. Diethorn, 893 F2d 648, 650 f. (3rd Cir. 1990), certiorari denied 498 US 950, 111 SCt 369, 112 LEd2d 332 (1990); Braniff Airways, Inc. v. Exxon Co., U.S.A., 814 F2d 1030, 1033 ff. (5th Cir. 1987).

114 Porter v. Yukon National Bank, 866 F2d 355, 359 (10th Cir. 1989); In re Air Conditioning, Inc. of Stuart, 845 F2d 293, 296 f. (11th Cir. 1988), certiorari denied 488 US 993, 102 SCt 557, 102 LEd2d 584 (1988).

115 Levit v. Ingersoll Road Finance Corp., 874 F2d 1186, 1200 (7th Cir. 1989); Porter v. Yukon National Bank, 866 F2d 355, 359 (10th Cir. 1989).

I. Beschränkung dinglicher Sicherheiten durch die Verfahrenseröffnung

Für das Insolvenzverfahren wird die Wirksamkeit von Verfügungen des Schuldners über zwei Arten von Forderungen in ihrer zeitlichen Geltung beschränkt. Diese Rechtsfolge ist automatische Folge der Eröffnung des Verfahrens, weitere Erklärungen des Insolvenzverwalters oder des Schuldners sind dafür nicht erforderlich.

1. Verpfändung oder Abtretung von Bezügen aus einem Dienstverhältnis

Eine Beschränkung erfahren Abtretungen und Verpfändungen von Bezügen aus einem Dienstverhältnis und andere, an ihre Stelle tretende laufende Zahlungen, etwa aus der Arbeitslosen-, Arbeitsunfähigkeits- und der Rentenversicherung. Nach § 114 Abs. 1 InsO[116] verlieren Abtretungen und Verpfändungen dieser Forderungen nach einem Zeitraum von zwei Jahren, beginnend mit Ende des Monats der Verfahrenseröffnung, ihre Wirkung.

Das erklärte Ziel des Gesetzgebers war dabei, die Restschuldbefreiung nach §§ 286 ff. InsO zu fördern.[117] Grundsätzlich soll das vom Schuldner erzielte pfändbare Einkommen während des Insolvenzverfahrens und der anschließenden Wohlverhaltensperiode an die allgemeinen Gläubiger fließen. Durch die Beschränkung der Wirksamkeit einer vorher erfolgten Abtretung oder Verpfändung wird sichergestellt, daß auch bei Vorausverfügungen zumindest das Einkommen aus dem restlichen Zeitraum von knapp vier Jahren den Insolvenzgläubigern zur Verfügung stehen.

Der Gesetzgeber geht davon aus, daß sich durch die in Aussicht gestellte Restschuldbefreiung der wirtschaftliche Wert der Sicherheit regelmäßig dadurch erhöht, daß der Schuldner motiviert wird, einer geregelten Arbeit nachzugehen und - wegen der Sanktion der Versagung einer Restschuldbefreiung - gehindert wird, Einkünfte zu verschleiern.[118] Ob diese Wirkung tatsächlich eintreten wird, kann aber angesichts der Dauer der Wohlverhaltensperiode bezweifelt

---

116 Nach Änderung durch das Gesetz zur Änderung der Insolvenzordnung vom 27.10.2001. Nach der bis zum 01.12.2001 geltenden alten Fassung des § 114 Abs. 1 belief sich diese Frist auf drei Jahre.

117 BT-Drucks. 12/2443, S. 150 ("Zu § 132"); 12/7302, S. 170, zu Nr. 73 ("Zu § 132").

118 BT-Drucks. 12/2443, S. 150 ("Zu § 132"); 12/7302, S. 170, zu Nr. 73 ("Zu § 132"); dazu *Lotz*, S. 123.

werden.[119] Da sich der Gesetzgeber für eine Restschuldbefreiung entschieden hat, ist eine Beschränkung der Lohn- und Gehaltsabtretung als flankierende Maßnahme unabdingbar.[120] Denn das Ziel, dem Schuldner einen neuen und unbelasteten Start zu ermöglichen, wird nicht erreicht, wenn ihm die Früchte seiner Arbeitskraft als Grundlage seiner künftigen Existenz nur zu einem geringen Teil zur Verfügung stehen.

Für die sicherungsweise Abtretung und die Verpfändung von Bezügen aus Dienstverhältnissen ergeben sich aus dieser Regelung ganz erhebliche Einschnitte. Bis zur Geltung der Insolvenzordnung waren diese ohne zeitliche Beschränkung zulässig und wurden in den Insolvenzverfahren nicht beschnitten.

2. Verfügungen über Miet- und Pachtzahlungen

Auch die Verfügung über künftige Forderungen des Schuldners aus der Vermietung und Verpachtung von unbeweglichen Sachen wird beschränkt. Nach § 110 Abs. 1 InsO ist jede Art von Verfügung nur bis zum Ende des bei Eröffnung des Verfahrens laufenden Monats wirksam; bei Eröffnung nach dem fünfzehnten Tag des Monats endet die Wirkung mit dem Ende des nachfolgenden Monats. Die Abtretung oder Verpfändung lebt nach der Beendigung des Verfahrens oder der Freigabe des unbeweglichen Gegenstandes wieder auf.[121]

Für Inhaber von Sicherheiten an derartigen Forderungen aufgrund von Verpfändung oder Abtretung ergibt sich aus dieser Regelung eine durch Insolvenzeröffnung verursachte erhebliche Entwertung der Sicherheit. Die Beschränkung gilt allerdings nicht für Grundpfandgläubiger, denen der künftige Mietzins wegen der Zugehörigkeit zum Haftungsverband der Hypothek gemäß §§ 1123, 1124 BGB gebührt.[122]

Hingegen ist die Verfügung über Miet- und Pachtzinsraten aus der Vermietung bzw. Verpachtung beweglicher Sachen und Rechte unbeschränkt wirksam.[123]

---

119 Durch das Gesetz zur Änderung der Insolvenzordnung vom 27.10.2001 wurde die Wohlverhaltensperiode von sieben auf sechs Jahre verkürzt.

120 *Heyer*, S. 38; *Lotz*, S. 123; für eine Beschränkung allein zum Zweck der gemeinschaftlichen Gläubigerbefriedigung: *Scholz*, ZIP 1988, 1157, 1162; *ders.*, MDR 1987, 7, 12; *Balz*, ZRP 1986, 12, 16; zweifelnd *Moltrecht*, S. 129.

121 FK-*Wegener*, § 110 Rn. 14; zur KO RGZ 138, 72.

122 HK-*Marotzke*, § 110 Rn. 10; FK-*Wegener*, § 110 Rn. 10; zur KO OLG München, ZIP 1993, 136, 137; Kilger/*Schmidt*, § 21 Anm. 4 a.E.

123 BGHZ 109, 368, 376 f. mwN.

Die beschränkte Wirkung der Vorausverfügung über Miet- und Pachtzinsforderungen ist in der Reformdiskussion nicht in Frage gestellt worden. Die sachliche Rechtfertigung der Regelung ergibt sich aus dem Wirksambleiben des Miet- bzw. Pachtvertrages in der Insolvenz.[124] Wie bereits das Reichsgericht feststellte, sei der Mietzins das Äquivalent für die Mietnutzung, welche dem Mieter während des Konkurses gewährt werde. Die Früchte dieser Nutzung gebührten aber nicht dem Abtretungsempfänger, sondern der Gläubigerschaft, welcher deswegen auch der Anspruch auf den Mietzins zukommen soll.[125]

II. Insolvenzanfechtung

Die Anfechtung in der Insolvenz dient der Rückgängigmachung von Vermögensverschiebungen, die entweder kurz vor Verfahrenseröffnung erfolgten oder aufgrund der weiteren Umstände den Insolvenzgläubigern gegenüber als unwirksam behandelt werden sollen. Im Rahmen der Neuregelung der Insolvenzanfechtung (§§ 129 bis 147 InsO) erfolgte eine Reihe von Klarstellungen, die lediglich die bestehenden Wertungen in der konkursrechtlichen Rechtsprechung und Literatur normierten. Darüber hinaus ergaben sich eine Anzahl von Veränderungen, deren Ziel es vor allem war, eine wirksamere Ausgestaltung des Anfechtungsrechts zu erreichen.[126] Daraus resultierte zum Teil eine Verschärfung der Anfechtungsvorschriften.[127]

Im folgenden soll ein kurzer Überblick über die Voraussetzungen und Rechtsfolgen der Insolvenzanfechtung gegeben werden. Sodann erfolgt die Anwendung auf die Rechtshandlungen im Rahmen einer Kreditsicherung.

1. Allgemeine Voraussetzungen der Anfechtbarkeit

Die Benachteiligung der Insolvenzgläubiger in ihrer Gesamtheit ist nach § 129 Abs. 1 InsO allgemeine Voraussetzung für jede Art der Anfechtung.[128] Diese Benachteiligung liegt vor, wenn die Möglichkeiten der allgemeinen Gläubiger, sich aus der Insolvenzmasse zu befriedigen, ohne das fragliche Verhalten günstiger gewesen wären, das heißt, die Befriedigung vereitelt, verkürzt, erschwert

---

124 §§ 108 Abs. 1 InsO, 21 Abs. 1 KO, 51 Abs. 1 VglO, 9 Abs. 3 Satz 1 GesO.

125 RGZ 1, 347, 348; ähnlich auch 6, 109, 112 f.; neuestens BGHZ 106, 236. Ausführlich zu der Vorgängerregelung Jaeger/*Henckel*, § 21 Rn. 34 ff.

126 Vgl. DiskE, Begründung S. B 113.

127 Wobei die in den Entwürfen vorgesehenen weitergehenden Regelungen durch den Rechtsausschuß noch entschärft wurden, vgl. BT-Drucks. 12/7302, S. 154; kritisch dazu *Gravenbrucher Kreis*, ZIP 1994, 585, 586 f.

128 BT-Drucks. 12/2443, S. 157 ("zu § 144").

oder verzögert wird.[129] Grundsätzlich ist dabei jeder auch lediglich mittelbare Zusammenhang zwischen der Rechtshandlung und der Gläubigerbenachteiligung ausreichend. Insbesondere schadet nicht, wenn noch weitere Umstände oder Zwischenschritte hinzukommen müssen, um die Befriedigungsmöglichkeiten zu verschlechtern.[130] Lediglich für die Anfechtung nach § 132 InsO sowie nach § 133 Abs. 2 InsO ist ein unmittelbarer Zusammenhang erforderlich.
Keine Gläubigerbenachteiligung liegt bei einem sogenannten "Bargeschäft" im Sinne des § 142 InsO vor. Danach ist eine Leistung des Schuldners, für die unmittelbar eine gleichwertige Gegenleistung in sein Vermögen gelangt ist, nur unter den engen Voraussetzungen der vorsätzlichen Benachteiligung im Sinne des § 133 InsO anfechtbar. Damit sind vermögensneutrale oder dem Schuldner günstige Geschäfte auch in der Krise grundsätzlich nicht anfechtbar.
Zur Annahme eines Bargeschäfts müssen Leistung und Gegenleistung durch Parteivereinbarung miteinander verknüpft sein.[131] Durch die Verwendung des Begriffes "unmittelbar" in § 142 InsO soll dabei klargestellt werden, daß dazu ein enger zeitlicher Zusammenhang erforderlich ist.[132] Dabei sei unschädlich, wenn zwischen den beiden Leistungen eine gewisse Zeitspanne liegt. Entscheidend sei, daß deren Dauer nicht dazu führt, daß unter Berücksichtigung der Zahlungsbräuche das Rechtsgeschäft den Charakter eines Kreditgeschäftes annimmt.[133] Übertragen auf den Fall der Kreditsicherung heißt dies: Das Rechtsgeschäft darf nicht den Charakter eines ungesicherten Kreditgeschäftes haben.

Nach § 146 Abs. 1 InsO gilt für die Anfechtung eine zweijährige Verjährungsfrist. Die Verjährung beginnt mit Eröffnung des Verfahrens. Auch nach Verjährung des Anfechtungsanspruchs kann allerdings der Insolvenzverwalter die Erfüllung der auf der anfechtbaren Rechtshandlung beruhenden Leistungspflicht verweigern, § 146 Abs. 2 InsO.

---

129 *Bork*, Rn. 212; HK-*Kreft*, § 129 Rn. 36; Kübler/Prütting-*Paulus*, § 129 Rn. 22 mit weiteren Nachweisen.

130 HK-*Kreft*, § 129 Rn. 45; Kübler/Prütting-*Paulus*, § 129 Rn. 37; *v. Campe*, S. 46. Zur KO BGH LM Nr. 16 zu § 29 KO; Kilger/*Schmidt*, § 29 KO Anm. 13 mit weiteren Nachweisen.

131 BT-Drucks. 12/2443, S. 167 ("Zu § 161"); vgl. auch *Obermüller/Hess*, Rn. 748; dazu weniger streng und mehr vom Ergebnis argumentierend Kübler/Prütting-*Paulus*, § 142 Rn. 3.

132 BT-Drucks. 12/2443, S. 167 ("Zu § 161"). Ein enger kausaler Zusammenhang ist nicht ausreichend.

133 BT-Drucks. 12/2443, S. 167 ("Zu § 161"); Uhlenbruck-*Hirte*, § 142 Rn. 13; Braun-*de Bra*, § 142 Rn. 14.

2. Die speziellen Anfechtungstatbestände

Die systematische Aufteilung der Tatbestände der Insolvenzanfechtung entspricht der der Konkursanfechtung. Es wird weiterhin zwischen der kongruenten, der inkongruenten Deckung und der unmittelbar nachteiligen Leistung unterschieden.[134] Deutlicher voneinander getrennt als bisher sind die verschiedenen Anfechtungsarten nun in jeweils eigenständigen Vorschriften geregelt.

a) Anfechtung wegen vorsätzlicher Benachteiligung

Nach § 133 Abs. 1 InsO unterliegen Rechtshandlungen des Schuldners der Anfechtung, mit welchen dieser vorsätzlich die Gläubiger benachteiligen wollte. Erfaßt werden Rechtshandlungen innerhalb eines Zeitraumes von zehn Jahren vor dem Insolvenzantrag.

Bei dem Schuldner erfordert dieser Tatbestand zumindest bedingten Vorsatz.[135] Auf der Seite des Anfechtungsgegners ist die bloße Kenntnis vom schuldnerischen Vorsatz ausreichend. Eigener Vorsatz, die Gläubigergesamtheit schädigen zu wollen, ist beim Anfechtungsgegner nicht erforderlich.

Die Durchsetzung dieser Anfechtung wird durch eine Beweiserleichterung erheblich verbessert: Der Verwalter muß zwar weiterhin den Benachteiligungsvorsatz des Schuldners beweisen. Jedoch wird die Kenntnis des Anfechtungsgegners von diesem Vorsatz vermutet, wenn er von der drohenden Zahlungsunfähigkeit und der benachteiligenden Wirkung wußte, § 133 Abs. 1 Satz 2 InsO.

Angesichts dieser Beweiserleichterung könnte dieser Anfechtungstatbestand - bei entsprechend hohen Anforderungen der Rechtsprechung an die Erbringung des Gegenbeweises - ein wirksames und zeitlich weit zurückgreifendes Instrument zur Masseanreicherung werden. Gerade für sämtliche im Zusammenhang mit Sicherungsgeschäften vorgenommene Rechtshandlungen des Schuldners kommt die Anfechtung wegen vorsätzlicher Benachteiligung in Betracht. Denn für die Vorsatzanfechtung ist es nach § 142 InsO irrelevant, ob es sich um ein Bargeschäft handelt. Dies ist auch gerechtfertigt: Wegen der subjektiven Anforderungen ist der Anfechtungsgegner weniger schützenswert als bei anderen Anfechtungstatbeständen.

---

134 Dazu *Eichberger*, S. 7 f.; *Hess/Weis*, InVo 1996, 141; Nerlich/Römermann-*Nerlich*, § 129 Rn. 4.

135 *Bork*, Rn. 215; Smid-*Zeuner*, § 133 Rn. 30; HK-*Kreft*, § 133 Rn. 10; *Henckel*, Kölner Schrift, S. 813, 836, Rn. 49 mit weiteren Nachweisen auf die Rechtsprechung zu § 31 KO.

b) Rechtshandlungen mit unmittelbar benachteiligender Wirkung

Rechtsgeschäfte des Schuldners, welche nach oder innerhalb von drei Monaten vor dem Insolvenzantrag erfolgen und die Insolvenzgläubiger unmittelbar benachteiligen, sind gemäß § 132 Abs. 1 InsO anfechtbar. Erforderlich ist weiterhin die Zahlungsunfähigkeit des Schuldners und die Kenntnis des anderen Teils von der Zahlungsunfähigkeit bzw. der Stellung des Eröffnungsantrages zum Zeitpunkt der Rechtshandlung.

Während für die anderen Anfechtungsarten gemäß § 129 InsO jeder ursächliche Zusammenhang des Rechtsgeschäftes mit der Schlechterstellung der Gläubiger ausreicht, genügt dies hier nicht. Die Benachteiligung muß vielmehr unmittelbar durch die Vornahme des Rechtsgeschäftes eingetreten sein.[136] Diese Unmittelbarkeit ist gegeben, wenn das anzufechtende Geschäfts selbst die benachteiligende Wirkung hat und diese nicht erst aus einem außerhalb dieses Geschäfts liegenden Umstand resultiert.[137] Spätere Ereignisse haben für den Ursachenzusammenhang außer Betracht zu bleiben.[138]

Die Anfechtung wegen unmittelbar nachteiliger Rechtshandlungen erfaßt keine Rechtshandlungen, die einem Insolvenzgläubiger eine Befriedigung oder Sicherung gewähren oder ermöglichen. Insoweit gelten die Spezialregelungen der §§ 130, 131 InsO.[139] Die Vorschrift zielt im wesentlichen auf Absprachen und Unterlassungen des Schuldners, die zu einer Vermögensminderung führen. Für die Kreditsicherung hat diese Regelung daher nur geringe Relevanz.

c) Anfechtung bei kongruenter Deckung

Bei Rechtshandlungen, die dem Gläubiger Sicherung oder Befriedigung gewähren bzw. ermöglichen, ist die Anfechtung nach § 130 Abs. 1 Nr. 1 InsO einschlägig. Die Bezeichnung als kongruente Deckung ergibt sich in Abgrenzung

---

[136] BT-Drucks. 12/2443, S. 159 f. ("Zu § 147") und BT-Drucks. 12/7302 S. 173, zu Nr. 85 ("Zu § 147 Abs. 1"); dies folgt als Umkehrschluß aus der Begründung BT-Drucks. 12/2443, S. 157 ("Zu § 144").

[137] BT-Drucks. 12/2443, S. 159 ("Zu § 147"); *v. Campe*, S. 46; Vgl. zu § 29 KO BGHZ 128, 184, 190; BGH ZIP 1993, 271, 273; *Gerhardt*, Systematische Einordnung, S. 248; Kuhn/*Uhlenbruck*, § 29 Rn. 21.

[138] *Jauernig* § 51 V 2, S. 245; *Eichberger*, S. 46; Kübler/Prütting-*Paulus*, § 129 Rn. 36; Braun-*de Bra*, § 132 Rn. 5.

[139] BT-Drucks. 12/2443, S. 159 f. ("Zu § 147") und BT-Drucks. 12/7302 S. 173, zu Nr. 85 ("Zu § 147 Abs. 1"); *Henckel*, Kölner Schrift, S. 813, 834, Rn. 47; *Hess/Weis*, Rn. 336. Zu diesen sogleich unter c und d.

zu der Anfechtung nach § 131 InsO daraus, daß hier auf die Rechtshandlung ein Anspruch bestand.
Wer die Rechtshandlungen vorgenommen hat, ist unerheblich. Erfaßt werden daher nicht nur Handlungen des Schuldners, sondern auch solche des Gläubigers oder eines Dritten sowie Vollstreckungsmaßnahmen und auf gerichtlichen Entscheidungen beruhende Vermögensverschiebungen.[140]
Zeitlich ist erforderlich, daß die Rechtshandlung innerhalb von drei Monaten vor Eröffnungsantrag bzw. nach dem Antrag erfolgt war.[141]

Die Anfechtung erfordert nach § 130 Abs. 1 Nr. 1 InsO, daß der Anfechtungsgegner Kenntnis von der Zahlungsunfähigkeit hatte.[142] Erfolgte die Rechtshandlung nach dem Insolvenzantrag, reicht nach Abs. 1 Nr. 2 auch die Kenntnis von diesem.

Bei diesen subjektiven Voraussetzungen wird die Kenntnis von Umständen, die zwingend auf die Krise schließen lassen, der Kenntnis der Zahlungsunfähigkeit bzw. des Eröffnungsantrages selbst gleichgestellt.[143]
Hier ist zweifelhaft, welcher Maßstab dabei anzuwenden ist, da das Gesetz und auch die Begründungen keine weitere Erläuterung dazu enthalten.
Der Regierungsentwurf stellte in diesem Zusammenhang auf eine "grob fahrlässige Unkenntnis" ab.[144] Für die entsprechende Regelung in § 10 Abs. 1 Nr. 4 GesO war entscheidend, ob dem Anfechtungsgegner eine der objektiven Voraussetzungen "den Umständen nach bekannt sein mußte". Auch dafür wurde weitgehend der Maßstab der groben Fahrlässigkeit angewandt.[145]
Aus der Begründung des Rechtsausschusses zu den Änderungen, welche letztlich Gesetzeskraft erlangten, ergibt sich hingegen, daß der Begriff der groben Fahrlässigkeit als zu unscharf vermieden werden und im Interesse der Rechtssicherheit ein noch darüber hinausgehender, der positiven Kenntnis stark angenäherter Maßstab angewendet werden sollte.[146]

---

[140] BT-Drucks. 12/2443, S. 157 ("Zu § 144").

[141] Bisher wurde nach § 33 KO ein Zeitraum von sechs Monaten erfaßt.

[142] Für nahestehende Personen im Sinne des § 138 InsO wird das Vorliegen der subjektiven Voraussetzungen vermutet, § 130 Abs. 3 InsO.

[143] § 130 Abs. 2 InsO. Dies entspricht sachlich der Regelung der § 10 Abs. 1 Nr. 4 GesO.

[144] § 145 RegE, vgl. BR-Drucks. 1/92.

[145] Kilger/*Schmidt*, § 10 GesO Anm. 2d; für einfache Fahrlässigkeit hingegen *Haarmeyer*/*Wutzke*/*Förster*, § 10 Rn. 89.

[146] Bericht des Rechtsausschusses zu § 145 RegE, BT-Drucks. 12/7302, S. 173.

Angesichts dieser Äußerungen wird nur in ganz eindeutigen Fällen angenommen werden dürfen, daß die Kenntnis der Umstände zum Schluß auf Zahlungsunfähigkeit bzw. Eröffnungsantrag zwingt. Dementsprechend kann mit *Henckel* darauf abgestellt werden, daß "sich ein redlich und vernünftig Denkender angesichts der Tatsachen der Einsicht nicht verschließen konnte".[147] Hier liegt es nahe, die Parallele zur Auslegung von Willenserklärungen zu ziehen und auf einen verobjektivierten Empfängerhorizont abzustellen.

Die Änderungen des Rechtsausschusses und seine Begründung scheinen darauf abzuzielen, einen von der Rechtsprechung zu § 30 Nr. 2 KO aufgestellten Grundsatz hinfällig werden zu lassen. Danach sollte die Kenntnis der Tatsachen, aus denen das Gericht auf die Zahlungsunfähigkeit schließt, bei dem Anfechtungsgegner nicht ausreichen, denn es dürfe seine subjektive Meinung nicht als unerheblich zurückgewiesen werden.[148] Das Reichsgericht hat allerdings auch schon den Schluß von den - dem Anfechtungsgegner bekannten - Tatsachen auf die Kenntnis von der Zahlungseinstellung als möglich erachtet.[149] Damit war bei näherer Betrachtung die Rechtsprechung zur Konkursordnung von der jetzigen Gesetzeslage nicht sehr weit entfernt.

Der Regelung hat daher tatsächlich lediglich die Funktion einer Beweiserleichterung. Der Verwalter muß nicht mehr - wie unter der Geltung der Konkursordnung - die konkrete gedankliche Umsetzung der beim Anfechtungsgegner vorhandenen Informationen in die Erkenntnis der Zahlungsunfähigkeit bzw. der Stellung des Eröffnungsantrages nachweisen. Diese gedankliche Umsetzung konnte aber auch bisher - bei entsprechender Sachlage - angesichts von Indizien als bewiesen erachtet werden.

Mit dieser nur marginalen Änderung wird allerdings das Ziel, das Anfechtungsrecht zu verschärfen, zumindest für kongruente Deckungen und Sicherungen verfehlt.[150] Dazu wäre es hingegen nach dem Regierungsentwurf gekommen. Denn dieser hätte mit dem Maßstab der groben Fahrlässigkeit zu einer echten Sanktion für schuldhaftes Verhalten des Anfechtungsgegners geführt.

---

[147] Kölner Schrift, S. 813 , 825 f., Rn. 29. Weitergehend stellte er zu § 30 KO darauf ab, ob sich der Anfechtungsgegner bewußt der Erkenntnis entzogen hat, vgl. Jaeger/*Henckel*, § 30 KO Rn. 50.

Dies erfordert aber, daß kein vernünftiger Zweifel an der Möglichkeit der Umsetzung besteht.

[148] RGZ 23, 112, 114; BGH KTS 1964, 166, 169; dem folgend Kilger/*Schmidt*, § 30 Anm. 9; Kuhn/*Uhlenbruck*, § 30 Rn. 28 mit weiteren Nachweisen.

[149] RGZ 23, 112, 115.

[150] Darauf weist *v. Campe*, S. 139, zutreffend hin.

d) Inkongruente Deckung

Für anfechtbar werden durch § 131 InsO Rechtshandlungen erklärt, die Gläubigern eine inkongruente Sicherung oder Befriedigung gewähren oder ermöglichen. Die erforderliche Inkongruenz liegt vor, wenn dem Gläubiger kein auf die konkrete Rechtshandlung abzielender Anspruch zusteht.[151]

In zeitlicher Hinsicht sind mit diesem Instrument sämtliche innerhalb des letzten Monats vor Eröffnungsantrag oder danach erfolgten inkongruenten Sicherungs- und Befriedigungshandlungen ohne weitere Voraussetzungen anfechtbar.[152]

Für Rechtshandlungen im zweiten und dritten Monat vor Antragstellung ist erforderlich, daß entweder der Schuldner bereits zahlungsunfähig war, wobei es auf die Kenntnis des Anfechtungsgegners davon nicht ankommt (Nr. 2), oder daß dem Gläubiger die benachteiligende Wirkung bekannt war (Nr. 3). Für die Kenntnis der benachteiligenden Wirkung reicht wiederum die Kenntnis von Umständen, die zwingend auf die Benachteiligung schließen lassen.[153]

3. Rechtsfolgen der Anfechtung von Sicherheiten

Die Rechtsfolgen der Insolvenzanfechtung ergeben sich aus §§ 143, 144 InsO. Nach § 143 Abs. 1 Satz 1 InsO ist der Anfechtungsgegner verpflichtet, zur Masse zurückzugewähren, was aus dem Vermögen des Schuldners durch die anfechtbare Rechtshandlung veräußert, weggegeben oder aufgegeben worden ist.

Bei diesem Rückgewähranspruch handelt es sich um einen obligatorischen Anspruch.[154] Diese dogmatische Einordnung entsprach bereits unter der Geltung der Konkursordnung der überwiegenden Ansicht, wenn es auch eine Reihe von Gegenansichten gab.[155] Für die Regelung der Insolvenzordnung wird in der Gesetzesbegründung eine Stellungnahme zu dieser Streitfrage ausdrücklich nicht abgegeben, da die praktische Relevanz gering sei.[156] Aus dem selben Grunde wird hier auf eine Darstellung des Streitstandes verzichtet.

---

151 Hess/Weis/Wienberg-*Weis*, § 131 Rn. 9; Kübler/Prütting-*Paulus*, § 131 Rn. 4; Smid-*Zeuner*, § 131 Rn. 1.

152 *Henckel*, Kölner Schrift, S. 813, 829, Rn. 37; HK-*Kreft*, § 131 Rn. 19.

153 § 131 Abs. 2 Satz 1 InsO. Zum Maßstab vgl. oben c, S. 182 f.

154 *Bork*, Rn. 223; *Hess/Weis*, Rn. 64; für die haftungsrechtliche Theorie *v. Campe*, S. 267.

155 Vgl. *Gerhardt/Kreft*, S. 173. Ausführlich zum Meinungsstreit unter der KO Jaeger/*Henckel*, § 37 Rn. 2 ff. mit weiteren Nachweisen.

156 BT-Drucks. 12/2443, S. 157 ("Zu § 144"); vgl. bereits Begründung zu Leitsatz 5.1, Erster Bericht S. 402.

Bei den Rechtsfolgen der Anfechtung kann nach Primär- bzw. Sekundäransprüchen unterschieden werden. Schließlich ist auch das Interesse des Anfechtungsgegners an einem Wiederaufleben seiner Rechte berücksichtigt.

a) Primäransprüche

Der Inhalt des Rückgewähranspruches ist gesetzlich nicht ausdrücklich geregelt. Zur Bestimmung muß daher in erster Linie auf den gesetzgeberischen Zweck abgestellt werden: Die Insolvenzmasse soll durch die Anfechtung in den Zustand versetzt werden, in dem sie sich ohne die anfechtbare Rechtshandlung befände, dies erfolgt grundsätzlich durch Rückgewähr in Natur.[157] Allerdings kann aus besonderen Erwägungen von diesem Grundsatz durchaus abgewichen werden.

Bei der Bestellung von Sicherheiten wird daher regelmäßig ein Verzicht des Anfechtungsgegners auf das Recht gefordert werden können. Ist der Anfechtungsgegner im Besitz der Sache, so kann der Verwalter daneben die Rückgabe des Sicherungsgutes verlangen.[158] Zur Sicherung abgetretene Forderungen sind zurückabzutreten.[159]

Begehrt der Gläubiger mit einer anfechtbar erlangten Sicherheit die abgesonderte Befriedigung, so kann dem die Anfechtbarkeit als Einrede entgegengehalten werden.[160] Dieses Leistungsverweigerungsrecht besteht gemäß § 146 Abs. 2 InsO sogar noch nach Verjährung des Anfechtungsrechtes.

Gerade im Zusammenhang mit der Bestellung von Sicherheiten kann die schematische Rückabwicklung der angefochten Rechtsakte zu nicht sachgerechten oder unbilligen Ergebnissen führen.[161] Etwa kann aus Gründen der Vereinfachung der Auseinandersetzung zwischen den Parteien ein Abrücken von dem Grundsatz der Rückgewähr in Natur geboten sein. So kann der Insolvenzverwalter als Minus zu der Rückübertragung auch die Duldung der Zwangsvollstreckung in die Sache verlangen.[162] So wird z.B. bei einem Streit

---

157 BT-Drucks. 12/2443, S. 167 f. ("Zu § 162").

158 Uhlenbruck-*Hirte*, § 143 Rn. 12; Smid-*Zeuner*, § 143 Rn. 14; *Hess/Weis*, Rn. 751.

159 Smid-*Zeuner*, § 143 Rn. 13; Nerlich/Römermann-*Nerlich*, § 143 Rn. 36; *Hess/Weis*, Rn. 750. Zur KO auf Grundlage der haftungsrechtlichen Theorie auch *K. Schmidt*, JuS 1970, 547, *ders.* JZ 1987, 894. Nach a.A. kann der Verwalter ohne Rückabtretung aus den Forderungen vorgehen, vgl. *v. Campe*, S. 285 mit weiteren Nachweisen auf die Rechtslage nach der KO.

160 Kübler/Prütting-*Paulus*, § 143 Rn. 20; *v. Campe*, S. 286; zur KO RGZ 30, 90, 92.

161 Dazu bereits RG, JW 1909, 142.

162 *Bork*, Rn. 223, Fn. 41; *Hess/Weis*, § 143, Rn. 746; *Häsemeyer* Rn. 21.13; Nerlich/Rö-

über die Anfechtung eines Besitzpfandrechtes der Verwalter demnach gegen den Anfechtungsgegner auf Duldung der Zwangsvollstreckung klagen, statt zunächst Herausgabe zu verlangen und dann selbst die Verwertung vorzunehmen. Dies gilt natürlich nur, soweit der Verwalter eine derartige Verwertung ohnehin durchführen will. Ist hingegen der tatsächliche Zugriff auf das Sicherungsgut nützlich - etwa für eine Reorganisation - wird der Verwalter die Herausgabe betreiben.

Gegebenenfalls kann auch nur durch besondere Ausgestaltung die ungerechtfertigte Besserstellung eines Dritten auf Kosten der Masse vermieden werden.

Beispiel: Der Schuldner S ist Inhaber einer Forderung in Höhe von EUR 15.000. Zunächst tritt er diese in anfechtbarer Weise zur Sicherung einer eigenen Verbindlichkeit gegenüber seinem Gläubiger G 1 diesem ab. Die Forderung des G 1 gegen S beträgt EUR 10.000. Anschließend tritt S die Forderung in unanfechtbarer Weise (unter Hinweis auf die Vorabtretung) seinem Gläubiger G 2 ab, ebenfalls zur Sicherung einer Forderung in Höhe von EUR 10.000 gegen S.

Hier droht bei einem Wegfall des anfechtbar bestellten Pfandrechtes des G 1 eine ungerechtfertigte Besserstellung des nachfolgenden Gläubigers G 2 durch Aufrücken in den ersten Rang, der im Gegensatz zum zweiten Rang volle Befriedigung verspricht.
Wie der Blick auf das US-amerikanische Recht zeigt,[163] muß die Besserstellung des G 2 durch eine geeignete Ausgestaltung der Rückgewähr im Einzelfall vermieden und sichergestellt werden, daß wirtschaftlich die Masse den Nutzen aus der Anfechtung ziehen kann. Im Beispiel würde der Insolvenzverwalter die Einziehung der Forderung gemäß § 166 Abs. 2 InsO betreiben und den auf G 1 entfallenden Erlös zur Masse ziehen.

b) Sekundäransprüche

An die Stelle des Anspruchs auf Rückgewähr in Natur oder auch neben diesen können verschiedene Sekundäransprüche treten. Diese ergeben sich über die Verweisung in § 143 Abs. 1 Satz 2 InsO unmittelbar aus dem Bereicherungsrecht oder über § 819 Abs. 1 BGB aus § 818 Abs. 4 BGB in Verbindung mit den allgemeinen zivilrechtlichen Vorschriften. Der Sicherungsnehmer als Anfechtungsgegner ist damit - bei entsprechender Wissens- bzw. Willenslage - einem weiten Haftungsspektrum ausgesetzt.

---

mermann-*Nerlich*, § 143 Rn. 11; Uhlenbruck-*Hirte*, § 143 Rn. 47. Zur Rechtslage nach der KO wurde dies teilweise bestritten, vgl. Jaeger/*Henckel*, § 37 Rn. 56; für § 3 AnfG (a.F.) BGH KTS 1958, 184, 185.

163 Vgl. dazu oben A IV 2, S. 165 f.

Kann die Rückgewähr nicht in Natur erfolgen, so hat der Anfechtungsgegner gemäß § 143 Abs. 1 Satz 2 InsO in Verbindung mit § 818 Abs. 2 BGB Wertersatz zu leisten.[164] Abzustellen ist auf den Wert der Bereicherung, wie sie beim Anfechtungsgegner vorhanden ist.[165] Nur auf diese Weise wird der gewollten Haftungsbegrenzung Geltung verschafft. Denn nur in den Fällen einer verschuldeten Unmöglichkeit der Rückgewähr oder Verschlechterung des zurückzugewährenden Gegenstandes soll der Anfechtungsgegner nach §§ 989, 990 BGB bis zum vollen Wert der Sache Schadensersatz leisten.[166] Daraus folgt aber im Umkehrschluß, daß bei fehlendem Verschulden die Herausgabe auf den Wert der vorhandenen Bereicherung beschränkt ist.

Für den Inhaber der mit dem Besitz verbundenen Sicherheit ergeben sich daraus keine besonderen Konsequenzen. Denn dieser war aufgrund seiner Nebenpflichten aus der Sicherungsabrede ohnehin zur schonenden Behandlung des Sicherungsgutes verpflichtet.

Der Anfechtungsgegner ist auch verpflichtet, gegebenenfalls neben der Rückgewähr in Natur oder dem Wertersatz gezogene bzw. schuldhaft nicht gezogene Nutzungen herauszugeben.[167] Gleiches gilt für Surrogate, etwa was als Ersatz für Zerstörung, Beschädigung oder Entziehung erhalten wurde.[168] Ebenfalls nach § 818 Abs. 1 BGB ist auch herauszugeben, was der Anfechtungsgegner auf Grund des erlangten Rechts erwirbt. Dies sind bei einer anfechtbaren Forderungsabtretung etwa die eingezogenen Beträge. Auf der anderen Seite kann der

---

164 Unter der Konkursordnung war der Wertersatzanspruch zwar allgemein anerkannt, der Gesetzeswortlaut enthielt allerdings keine Bestimmung über die Folge der Unmöglichkeit der Rückgewähr in Natur. Einen Ansatz für eine dogmatische Herleitung des Wertersatzanspruchs gab Jaeger/*Henckel*, § 37 Rn. 85. Aus den Motiven I, S. 190 f. ergibt sich, daß der KO-Gesetzgeber den Wertersatzanspruch vom Wortlaut des § 37 Abs. 1 KO als erfaßt ansah.

165 Vgl. HK-*Kreft*, § 143 Rn. 28; *Breutigam/Tanz*, ZIP 1998, 717, 724 f.; methodisch anders, im Ergebnis ebenso Uhlenbruck-*Hirte*, § 143 Rn. 32 iVm. Rn 28; Nerlich/Römermann-*Nerlich*, § 143 Rn. 27; FK-*Dauernheim*, § 143 Rn. 15 ff.

166 BT-Drucks. 12/2443, S. 167 ("Zu § 162"); *Bork*, Rn. 226; *Henckel*, Kölner Schrift, S. 813, 850, Rn. 83. Nach der zur Konkursanfechtung allgemein vertretenen Ansicht haftete der Anfechtungsgegner auch für den zufälligen Untergang, vgl. Jaeger/*Henckel*, § 37 Rn. 98 mit weiteren Nachweisen auf die ständige Rechtsprechung seit RGZ 44, 92, 94.

167 Dies ergibt sich aus § 818 Abs. 1 bzw. § 819 Abs. 1 iVm. §§ 818 Abs. 4, 292 Abs. 2, 987 Abs. 2 BGB, vgl. dazu HK-*Kreft*, § 143 Rn. 19; Kübler/Prütting-*Paulus*, § 143 Rn. 59; Nerlich/Römermann-*Nerlich*, § 143 Rn. 12.

168 HK-*Kreft*, § 143 Rn. 22; Nerlich/Römermann-*Nerlich*, § 143 Rn. 29.

Anfechtungsgegner unter den Voraussetzungen des § 994 Abs. 2 BGB Aufwendungen ersetzt bekommen.

c) Wiederaufleben der Forderungen und Sicherheiten des Anfechtungsgegners

Nach § 144 Abs. 1 InsO lebt die Forderung des Anfechtungsgegners bei Rückgewähr des anfechtbar Erlangten wieder auf. Aus der Gesetzesbegründung ergibt sich weiter, daß nicht nur die anfechtbar befriedigten Forderungen, sondern auch wirksam bestellte Sicherungsrechte für diese Forderungen wiederaufleben.[169] Dies entsprach bereits einhelliger Auffassung in Rechtsprechung und Literatur zu § 39 KO.[170] Entsprechendes gilt bei einem anfechtbaren Tausch von Sicherheiten. Dort lebt die ursprüngliche - geringwertigere - Sicherheit wieder auf.

Wird hingegen die Neubestellung einer Sicherheit wirksam angefochten, so lebt bei Rückgewähr zwar der Anspruch auf Sicherheitenbestellung auf. Dieser ist allerdings in der Insolvenz wertlos.[171]

4. Anfechtungsrelevante Rechtshandlungen im Zusammenhang mit dinglichen Sicherheiten

Als anfechtbare Rechtshandlungen kommen bei dinglichen Sicherheiten nahezu sämtliche Rechtsakte im Verlauf der Rechtsbeziehung zwischen Sicherungsgeber und -nehmer in Betracht. Im folgenden wird die Anwendung der einzelnen Anfechtungsarten in den typischen Konstellationen im Zusammenhang mit der Sicherung einer Forderung dargestellt. Außer acht bleiben Rechtsakte, die keinen spezifischen Bezug zu vertraglichen Mobiliarsicherheiten aufweisen, etwa der Abschluß eines Darlehens- oder Kaufvertrages.

a) Erwerb der Sicherheit

Besondere Relevanz für den Geschäftsverkehr hat die Frage, inwieweit der Erwerb der Sicherheit im Insolvenzverfahren angefochten werden kann. Ist dieser Erwerb nämlich dauerhaft wirksam, so gründet sich darauf die spätere bevorzugte Behandlung des gesicherten Gläubigers in der Insolvenz. Daneben sind aber auch andere Transaktionen, etwa im Zusammenhang mit bereits bestehenden Sicherheiten, zu prüfen.

---

169 BT-Drucks. 12/2443, S. 168 ("Zu § 163"); so auch HK-*Kreft*, § 144 Rn. 3.

170 RGZ 3, 208, 209 (für die Paulianische Klage nach Pandekten Buch 42, Titel 8); 20, 157, 161 f. (für das AnfG a.F.); BGH NJW 1974, 57 (für Personalsicherheiten); Jaeger/*Henckel*, § 39 Rn. 10.

171 *Henckel*, Kölner Schrift, S. 813, 851, Rn. 85.

(1) Bestellung einer Sicherheit

Bei der rechtsgeschäftlichen Neubestellung einer Sicherheit ist für die Auswahl des einschlägigen Anfechtungstatbestandes zu unterscheiden, ob es sich um eine inkongruente oder um eine kongruente Sicherung handelt. Daneben kommt eine Anfechtung wegen vorsätzlicher Benachteiligung in Betracht.

(a) Anfechtung wegen inkongruenter Sicherung

Hatte der Sicherungsnehmer keinen Anspruch auf die konkrete Sicherheit, ist die Anfechtung wegen inkongruenter Deckung einschlägig. Inkongruent ist die Sicherheitenbestellung nach dem Wortlaut des Gesetzes, wenn sie nicht, nicht in der Art oder nicht zu der Zeit zu beanspruchen war.[172] Ein derartiger Anspruch setzt voraus, daß hinsichtlich Art, Umfang und Zeitpunkt der Sicherheitenbestellung die vorhergehende schuldrechtliche Beziehung hinreichend bestimmt ist.[173] Entscheidendes Kriterium ist die für eine Einklagbarkeit erforderliche Konkretisierung des Anspruchs.[174] Daher geben keinen Anspruch auf eine bestimmte Sicherheit etwa die Besicherungsansprüche in den Allgemeinen Geschäftsbedingungen der Privatbanken oder Sparkassen.[175]

Unschädlich ist es hingegen, wenn bei der Bestellung der Sicherheit geringfügige Abweichungen von der zuvor getroffenen Vereinbarung auftreten. Dies gilt sowohl in zeitlicher Hinsicht wie auch im Hinblick auf die Art des Sicherungsmittels. Es reicht aus, wenn die tatsächlich bestellte Sicherheit der zuvor vereinbarten gleichwertig ist.[176] Abzustellen ist dabei auf den konkreten Haftungsgegenstand, so daß die Bestellung einer Grundschuld statt einer Hypothek, die Übertragung von Sicherungseigentum statt eines Pfandrechtes oder die Sicherungsabtretung einer Forderung statt der Forderungsverpfändung nicht schadet.[177] Denn in allen erwähnten Fällen besteht in der Insolvenz ein

---

[172] Vgl. § 131 Abs. 1, Halbsatz 1 InsO.

[173] Zu § 30 Nr. 2 KO *Häsemeyer*, 1. Auflage, S. 481.

[174] Kübler/Prütting-*Paulus*, § 131 Rn. 9; *v. Campe*, S. 162; zur KO BGH ZIP 1993, 276; KTS 1968, 235, 236; Kilger/*Schmidt*, § 30 Anm. 20; Kuhn/*Uhlenbruck*, § 30 Rn. 52.

[175] Uhlenbruck-*Hirte*, § 131 Rn. 15; FK-*Dauernheim*, § 131 Rn. 17; Nerlich/Römermann-*Nerlich*, § 131 Rn. 39; Hess/Weis/Wienberg-*Weis*, § 131 Rn. 44 f.

[176] Kübler/Prütting-*Paulus*, § 131 Rn. 13; Nerlich/Römermann-*Nerlich*, § 131 Rn. 49; zur KO Jaeger/*Henckel*, § 30 Rn. 229.

[177] *Serick* III, § 35 IV 3 a, S. 324 f.; HK-*Kreft*, § 131 Rn. 17; FK-*Dauernheim*, § 131 Rn. 22; Braun-*de Bra*, § 131 Rn. 28; zur KO Jaeger/*Henckel*, § 30 Rn. 229 mit weiteren Nachweisen. A.A. nur Hess/Weis/Wienberg-*Weis*, § 131 Rn. 23. Allgemein zur Abgrenzung Insolvenzrechtshandbuch-*Huber*, § 49 Rn. 34 ff.

Absonderungsrecht an dem konkreten Gegenstand, welches auch aufgrund der Art des Sicherungsrechtes nicht zu unterschiedlichen Rechtsfolgen führt.

Die Bestellung einer inkongruenten Sicherheit innerhalb des letzten der Antragstellung vorhergehenden Monats oder nach der Antragstellung ist nach § 131 Abs. 1 Nr. 1 InsO ohne weitere Voraussetzungen anfechtbar. Lag der Zeitpunkt der Bestellung im zweiten oder dritten Monat vor dem Insolvenzantrag, so ist sie anfechtbar, wenn entweder der Sicherungsgeber zu diesem Zeitpunkt bereits zahlungsunfähig war oder dem Sicherungsnehmer die benachteiligende Wirkung der Sicherheitenbestellung bekannt gewesen ist.[178] Die erstgenannte Alternative wird, da sich die Zahlungsunfähigkeit als äußere Tatsache einfacher wird nachweisen lassen, praktisch erheblich relevanter.
Wenn es sich bei dem Sicherungsnehmer um eine persönlich oder gesellschaftsrechtlich nahestehende Person im Sinne des § 138 InsO handelt, so greift zusätzlich die Vermutung der Kenntnis der Gläubigerbenachteiligung.[179] Der Anfechtungsgegner muß dann die eigene Unkenntnis der benachteiligenden Wirkung nachweisen.

(b) Anfechtung bei kongruenter Sicherung

Hatte der Sicherungsnehmer einen Anspruch auf Bestellung der Sicherheit zu der Zeit und auf diese Weise, ist eine Anfechtung unter den subjektiven Voraussetzungen für eine kongruente Sicherung möglich. Ebenfalls als kongruente Sicherung zu beurteilen ist die Durchsetzung eines bestehenden Anspruchs auf Besicherung im Wege der Zwangsvollstreckung.[180]
Erfolgte die Bestellung der Sicherheit nach dem Eröffnungsantrag, so ist sie anfechtbar, wenn der Sicherungsnehmer die Zahlungsunfähigkeit oder den Eröffnungsantrag kannte, § 130 Abs. 1 Nr. 2 InsO. Erfolgte sie in den drei Monaten vor dem Eröffnungsantrag, so ist sie anfechtbar, wenn der Sicherungsgeber zu

---

178 § 131 Abs. 1 Nr. 2 bzw. § 131 Abs. 1 Nr. 3 InsO. Der Kenntnis von der benachteiligenden Wirkung gleichgestellt wird durch § 131 Abs. 2 Satz 1 InsO die Kenntnis des Sicherungsnehmers von Umständen, die den Schluß auf die benachteiligende Wirkung zulassen. Beispiel: Die Hausbank des Schuldners erhält Kenntnis von erfolglosen Vollstreckungsversuchen anderer Gläubiger und läßt sich ihre bis dahin ungesicherten Kredite besichern. In diesem Fall ist die Krise erkennbar und eine Benachteiligung der anderen Gläubiger liegt auf der Hand.

179 § 131 Abs. 2 Satz 2 iVm. § 131 Abs. 1 Nr. 3 InsO.

180 Nerlich/Römermann-*Nerlich*, § 131 Rn. 38; HK-*Kreft*, § 131 Rn. 15; a.A. *v. Campe*, S. 168: inkongruente Deckung. Zur KO wie hier BGHZ 34, 254, 256 f.; *Eichberger*, S. 141; Jaeger/*Lent*, § 30 Rn. 55. Angesichts eines obiter dictum in BGH NJW 1997, 3445 f. ist allerdings davon auszugehen, daß die BGH-Rechtsprechung auch zur Insolvenzordnung beibehalten wird.

diesem Zeitpunkt bereits zahlungsunfähig war und der Sicherungsnehmer dies wußte, § 130 Abs. 1 Nr. 1 InsO. Der Kenntnis des Sicherungsnehmers von der Zahlungsunfähigkeit wird wiederum die Kenntnis von Umständen gleichgestellt, die zwingend auf die objektiven Voraussetzungen der Zahlungsunfähigkeit bzw. die Antragstellung schließen lassen. Hier ist noch nicht im Einzelnen absehbar ist, wie in der Praxis das "zwingend ... schließen lassen" ausgelegt wird.[181]

Zweifelhaft kann daneben das Vorliegen des Merkmals der Gläubigerbenachteiligung sein, da der Sicherungsgeber und spätere Insolvenzschuldner zumeist auch eine Leistung erhält - etwa den Kaufgegenstand oder die Darlehensvaluta. Hier kommt das Vorliegen eines - die Anfechtung nach § 130 Abs. 1 InsO ausschließenden - Bargeschäftes im Sinne des § 142 InsO in Betracht, da dem schuldnerischen Vermögen auch Haftungsmasse zugeführt wird.

Unter der Konkursordnung wurde bei einem nahen zeitlichen Zusammenhang zwischen der Zusage des Kredites und der Vereinbarung der Sicherheit überwiegend ein Bargeschäft angenommen, auch wenn die Bestellung der Sicherheit erst später erfolgte.[182] Teilweise wurde das Erfordernis des zeitlichen Zusammenhanges überhaupt als überflüssig angesehen.[183]

Für die Insolvenzordnung hat der Gesetzgeber deutlich gemacht, daß wegen des Erfordernisses der "Unmittelbarkeit" der Gegenleistung auch ein enger zeitlicher Zusammenhang gegeben sein muß.[184] Für die Frage der Anfechtbarkeit der Besicherung eines Kredites erfordert dies, daß zwischen Auszahlung der Darlehensvaluta und dem Erwerb der Sicherheit durch den Anfechtungsgegner nur eine verkehrsüblich kurze Zeitspanne liegt.[185]

Bei der Auslegung dieses Unmittelbarkeitserfordernisses ist der Zweck des § 142 InsO zu beachten: Es geht darum, daß die in der Krise befindliche Person nicht vom Geschäftsverkehr ausgeschlossen sein soll.[186] Daraus ergibt sich ohne

---

181 Vgl. dazu oben 2 c, 182 f.

182 BGH WM 1977, 254; WM 1978, 133, 135.

183 *Canaris*, Festschrift 100 Jahre KO, S. 83; *K. Schmidt*, WM 1983, 490, 494; *Harm Peter Westermann*, KTS 1982, 165, 168; in diese Richtung auch *Häsemeyer*, ZIP 1994, 419.

184 BT-Drucks. 12/2443, S. 167 ("Zu § 161").

185 Uhlenbruck-*Hirte*, § 142 Rn. 14; Nerlich/Römermann-*Nerlich*, § 142 Rn. 11; *Obermüller/Hess*, Rn. 244; *v. Campe*, S. 161; Smid-*Zeuner*, § 142 Rn. 6.

186 BT-Drucks. 12/2443, S. 167 ("zu § 161"); zur KO bereits Jaeger/*Henckel*, § 30 Rn. 8

weiteres die Rechtfertigung dafür, bei der Bestellung der Sicherheit den Parteien eine verkehrsüblich kurze Zeitspanne zuzubilligen und für den Leistungsaustausch nicht Gleichzeitigkeit zu fordern. Dies gilt, soweit die normalen Geschäftsabläufe eine gewisse Bearbeitungszeit erfordern. Denn wenn die Voraussetzungen für ein anfechtungsfestes Bargeschäft nur mit einem wirklichkeitsfremden Geschäftsverhalten erreicht werden könnten, wäre der Schuldner auf diesem Wege wieder vom Geschäftsverkehr ausgeschlossen.

Hervorzuheben ist nach allem, daß für die Anfechtung des Erwerbs einer Sicherheit, auf die ein Anspruch bestand, in allen Fällen Kenntnis des Sicherungsnehmers von der Krise des Schuldners oder von zwingend auf die Krise hindeutenden Umständen erforderlich ist.

(c) Die Anfechtung wegen Benachteiligungsvorsatz

Handelt der Schuldner bei der Bestellung der Sicherheit mit dem zumindest bedingten Vorsatz, seine Gläubiger zu benachteiligen, und weiß der Sicherungsnehmer dies, ist der Vorgang gemäß § 133 InsO anfechtbar, wenn er innerhalb der letzten zehn Jahre vor dem Insolvenzantrag erfolgte. Bedingt vorsätzlich handelt der Schuldner, wenn er es für möglich gehalten hat, daß die Bestellung der Sicherheit die Befriedigungsaussichten der allgemeinen Insolvenzgläubiger zumindest erschweren oder verzögern würde und diese Folge billigend in Kauf genommen hat.

Kann der Insolvenzverwalter beweisen, daß der Sicherungsnehmer zu dem fraglichen Zeitpunkt von der drohenden Zahlungsunfähigkeit und der benachteiligenden Wirkung der Sicherheitenbestellung für die Befriedigung der allgemeinen Gläubiger wußte, so wird nach § 133 Abs. 1 Satz 2 InsO die Kenntnis von dem Benachteiligungsvorsatz vermutet. Sodann obliegt es dem Sicherungsnehmer als Anfechtungsgegner, den Gegenbeweis für diese negative innere Tatsache zu führen, was häufig schwerfallen dürfte.[187]

Auch die Verteidigung des Sicherungsnehmers, er habe zugleich mit dem Erwerb des Sicherungsrechtes eine gleichwertige Gegenleistung erbracht - etwa durch Auszahlung eines Kredites - nützt hier nicht. Denn für die Anfechtung wegen vorsätzlicher Gläubigerbenachteiligung ist dies unerheblich, da die Einschränkung der Anfechtbarkeit bei sogenannten Bargeschäften nach § 142 InsO keine Anwendung findet. Dies ist etwa einschlägig bei dem Austausch einer Sicherheit gegen Kreditauszahlung, wenn der Sicherungsnehmer weiß, daß der

---

mwN.

187 *Henckel*, Kölner Schrift, S. 813, 839, Rn. 52; Smid-*Zeuner*, § 133 Rn. 48.

Schuldner das erhaltene Geld zur Schädigung seiner Gläubiger verschleudern will.

(2) Nachträgliche Erstreckung einer Sicherheit auf eine ungesicherte Forderung

Während im Normalfall eine bereits bestehende oder neu begründete Forderung durch die bestellte Sicherheit gedeckt werden soll, kann es auch zu der umgekehrten Konstellation kommen. Es besteht zunächst ein dingliches Sicherungsrecht, etwa eine Globalzession. Sodann wird dieser Sicherheit eine Forderung unterstellt. Diese kann der Sicherungsgläubiger bereits zuvor als ungesicherte Forderung innegehabt haben, oder er kann sie selbst originär oder durch Abtretung von einem Dritten erwerben.

Wird eine bestehende ungesicherte Forderung einer bereits bestehenden Sicherheit unterstellt, so erfordert dies eine entsprechende Sicherungsabrede zwischen den Parteien. Diese Vereinbarung ist nach den gleichen Grundsätzen anfechtbar wie die Neubestellung einer Sicherheit. Auf die diesbezüglichen Ausführungen kann verwiesen werden[188] - mit der Einschränkung, daß es an der Voraussetzung der benachteiligenden Wirkung fehlt, wenn der Wert der Sicherheit durch die ursprünglich gesicherte Forderung bereits aufgezehrt war.
Erfolgt bei dieser Konstellation die Anfechtung, bleibt die Sicherheit für die ursprünglich gesicherten Forderungen erhalten.

Beim originären Erwerb einer Forderung durch den Inhaber einer Sicherheit ergeben sich in der Regel keine rechtlichen Schwierigkeiten. Die Einbeziehung der neuen Forderung unter eine bereits bestehende Sicherheit unterfällt den Regelungen der kongruenten oder inkongruenten Sicherung, je nachdem, ob ein Anspruch des Sicherungsnehmers bestand, die neue Forderung der Sicherheit zu unterstellen. Häufig wird in diesen Fällen im übrigen die Anfechtung ausscheiden, weil es sich um ein Bargeschäft im Sinne des § 142 InsO handelt. Dies ist etwa zu bejahen, wenn durch Auszahlung eines Kredites oder durch Warenlieferung an den Schuldner dieser eine wertäquivalente Gegenleistung erhält. Dann käme nur eine Anfechtung wegen vorsätzlicher Gläubigerbenachteiligung in Betracht.

Erwirbt der Sicherungsnehmer die Forderung durch Zession von einem ungesicherten Gläubiger, wird teilweise die Anfechtung wegen inkongruenter oder kongruenter Deckung bereits mit dem Argument abgelehnt, die tatbestandlichen

---

188 Vgl. oben (1), S. 189 ff.

Voraussetzungen dafür fehlten. Der Anfechtungsgegner müsse bereits vor der fraglichen Rechtshandlung die entsprechende Forderung innegehabt haben. Bei der geschilderten Fallgestaltung sei er hingegen noch gar kein Insolvenzgläubiger.[189] Daraus wird dann der Schluß gezogen, eine Deckungshandlung im Sinne der §§ 130, 131 InsO liege nicht vor.[190] Eine Anfechtung sei nur unter den engeren Voraussetzungen des § 132 InsO möglich.[191]

Diese Argumentation, die allein auf der formalen Abgrenzung des Begriffs "Insolvenzgläubiger" gründet, vermag allerdings nicht zu überzeugen. Zum einen kann auch durch eine reine Wortlautauslegung des Gesetzestextes der Anfechtungsgegner unter diesen Begriff subsumiert werden. Denn § 38 InsO enthält eine Legaldefinition, die grundsätzlich auch für die §§ 129 ff. InsO Geltung beanspruchen kann. Demzufolge sind "Insolvenzgläubiger" alle, die zum Zeitpunkt der Insolvenzeröffnung einen persönlichen Anspruch gegen den Schuldner haben. Da auch der Sicherungsnehmer in der geschilderten Konstellation einen persönlichen Anspruch gegen den Schuldner zur Zeit der Verfahrenseröffnung hat, erfüllt er diese Voraussetzung.

Auch im Hinblick auf den Regelungszweck ist ein Ausschluß der Anfechtbarkeit in diesen Fällen nicht zu rechtfertigen. Es besteht hier eine dem Normalfall des Sicherheitenerwerbs durch den Inhaber einer ungesicherten Forderung vergleichbare Interessenlage.

Daneben ist unbestritten, daß auch der umgekehrte Versuch, Sicherheit und Forderung zusammenzuführen - nämlich durch die Übertragung der Sicherheit auf den bis dato ungesicherten Gläubiger -, der Anfechtung unterliegt. In beiden Fällen wird den allgemeinen Gläubigern ein Haftungsgegenstand entzogen und zur Deckung einer bereits bestehenden Forderung verwendet. Diesen Fall regeln aber vor allem die §§ 130, 131 InsO. Wollte man die gleichgelagerten Fälle unterschiedlich behandeln, bestünde die Gefahr der Umgehung.[192]

Als Ergebnis bleibt festzuhalten, daß mit der überwiegenden Ansicht bereits zum Konkursrecht[193] das nachträgliche Unterstellen einer Forderung unter eine

---

189 *V. Campe*, S. 164; zu § 30 Nr. 2 KO bereits Jaeger/*Henckel*, § 30 Rn. 227; *Eichberger*, S. 116.

190 *V. Campe*, S. 164.

191 *V. Campe*, aaO. Nach einer anderen Ansicht bedarf es keiner Anfechtung, da es sich bei der Geltendmachung der Sicherheit um eine unzulässige Rechtsausübung handele, BGH NJW 1975, 122, 123; *Serick* § 35 IV 5 c, S. 335; offengelassen in BGHZ 59, 230, 232.

192 Vgl. schon zur KO: BGHZ 59, 230, 234 f.

193 BGHZ 59, 230, 233; BGH LM Nr. 4 zu § 15 KO = NJW 1975, 122, 123; WM 1975, 947, 948; *Baur/Stürner*, Insolvenzrecht, Rn. 19.35; Kuhn/*Uhlenbruck*, § 30 Rn. 52 e, h mit weiteren Nachweisen.

bereits bestehende Sicherheit neben der Absichtsanfechtung auch der Anfechtung wegen kongruenter oder inkongruenter Deckung unterfällt. Ob § 130 oder § 131 InsO einschlägig ist, bestimmt sich danach, ob der Sicherungsgläubiger einen Anspruch auf Sicherung der Forderung hatte. Häufig dürfte es sich allerdings um einen Fall der inkongruenten Deckung handeln.[194]

Eine erfolgreiche Anfechtung führt in den drei geschilderten Fällen dazu, daß die bereits bestehende oder neue erworbene Forderung von dem Sicherungsgläubiger nur als ungesicherte Forderung geltend gemacht werden kann.

(3) Die gleichzeitige Sicherung von Alt- und Neuforderungen

Zu Problemen kann die Gewährung einer Sicherheit zugleich für einen neu gewährten Kredit und für eine bisher ungesicherte Forderung führen. Für die Altforderung liegt nämlich im Gegensatz zur neuen Forderung kein Bargeschäft vor.[195] Daraus folgt insoweit unter den Voraussetzungen der §§ 130 ff. die Anfechtbarkeit. Wenn genau bestimmt ist, inwieweit das Sicherungsrecht für die verschiedenen Teile haftet, ist die Anfechtung auf den die Altforderungen abdeckenden Teil zu beschränken. Ist eine derartige Teilbarkeit nicht gegeben, folgt daraus die Anfechtbarkeit der gesamten Sicherheit.[196] Um in diesen Fällen nicht der Gefahr des völligen Verlustes der Sicherheit ausgesetzt zu sein, sollte daher die Sicherungsvereinbarung konkret bestimmen, in welcher Reihenfolge für welche Forderungen der zugrundeliegende Gegenstand haftet.

(4) Austausch der Sicherheiten

Im Zuge der Rechtsbeziehungen zwischen Sicherungsgeber und Sicherungsnehmer kann das Bedürfnis für einen Austausch von Sicherheiten entstehen, etwa um dem Sicherungsgeber die Verfügung über einen belasteten Vermögensgegenstand zu ermöglichen. Der Sicherungsnehmer bestellt dem Gläubiger dabei eine neue Sicherheit. Im Gegenzug gibt der Gläubiger eine zuvor gehaltene Sicherheit frei.
Häufig wird der Sicherungsnehmer so eine inkongruente Sicherheit erlangen, da er zunächst keinen - einklagbaren - Anspruch auf deren Bestellung hatte. Unabhängig von der Kongruenz kommt die Unanfechtbarkeit der Bestellung der

[194] Davon wird zumeist ohne weiteres ausgegangen, vgl. Hess/Weis/Wienberg-*Weis*, § 131 Rn. 47; *Hess/Weis*, Rn. 308, 310; *Baur/Stürner*, Insolvenzrecht, Rn. 19.35; FK-*Dauernheim*, § 131 Rn. 20; HK-*Kreft*, § 131 Rn. 12; Braun-*de Bra*, § 131 Rn. 23.

[195] Smid-*Zeuner*, § 142 Rn. 2; HK-*Kreft*, § 142 Rn. 7; für § 30 KO Nr. 2 BGH ZIP 1993, 271, 274; Jaeger/*Henckel*, § 30 Rn. 110.

[196] Vgl. *v. Campe*, S. 166; FK-*Dauernheim*, § 142 Rn. 4; zur KO BGH ZIP 1993, 271, 274; RGZ 114, 206, 210.

neuen Sicherheit gemäß § 142 InsO in Betracht, wenn bei dem Austausch eine höchstens gleichwertige Sicherheit erlangt wurde.[197] Erlangt der Sicherungsnehmer allerdings eine höherwertige Sicherheit, die ihm auf Kosten der Gläubigerallgemeinheit bessere Befriedigungsaussichten einräumen, so liegt die für die Anfechtung erforderliche Gläubigerbenachteiligung vor.

Ein Sicherheitentausch erfolgt auch beim verlängerten Eigentumsvorbehalt, sobald das Vorbehaltsgut weiterverkauft oder -verarbeitet wird. Hier ist zunächst entscheidend, ob es durch diesen Verkauf bzw. diese Verarbeitung zu einer Wertsteigerung bei dem Sicherungsgut gekommen ist. Übersteigt der Wert der vorausabgetretenen Forderung bzw. der neu hergestellten Sache nicht den Wert des Vorbehaltsgutes vor dem Verkauf oder der Verarbeitung, so fehlt es bereits an der Gläubigerbenachteiligung. Hier hat der Sicherungsnehmer eine schlechtere bzw. nur gleich werthaltige Sicherheit erlangt. Erfolgte hingegen eine Wertsteigerung, so ist diese vom Sicherungsnehmer auf Kosten der Gläubigerallgemeinheit vereinahmt worden.
In diesen Fällen liegt also die erforderliche Gläubigerbenachteiligung vor, es sei denn, der Gläubiger war auch bereits zuvor voll gesichert. In diesem Fall, wenn etwa die gesicherte Forderung aufgrund einer Anzahlung unter dem Wert des Vorbehaltsgutes lag, kommt nämlich die Werterhöhung des Sicherungsgutes der Gläubigerallgemeinheit zugute.

Die Rechtsprechung ging für die Konkursordnung ohnehin von einer fehlenden Gläubigerbenachteiligung aus. Der Erwerb der Kaufpreisforderung durch den Vorbehaltsverkäufer mindere das Vermögen des Schuldners nicht, da das zur Veräußerung gelangte Gut ebenfalls nicht im Vermögen des Schuldners gestanden habe und ohne die Lieferung der Ware ein Verkauf gar nicht möglich gewesen wäre.[198]

Diese Argumentation ist aber lückenhaft: Es wird übersehen, daß die Kaufpreisforderung auch auf den Bemühungen des Vorbehaltskäufers als Weiterverkäufer beruht. Diese Möglichkeit, einen Mehrwert zu erzielen, resultiert zwar aus der vom Vorbehaltsverkäufer eingeräumten Verfügungsbefugnis. Sie gehört aber zum Vermögen des Schuldners. Diese vermögenswerte Position tauscht

---

[197] Kübler/Prütting-*Paulus*, § 131 Rn. 12; *v. Campe*, S. 162; zur KO etwa RG HRR 33, 335; Kilger/*Schmidt*, § 29 Anm. 17. Die Unanfechtbarkeit läßt sich auch auf das Fehlen einer gläubigerbenachteiligenden Wirkung stützen, vgl. Uhlenbruck-*Hirte*, § 129 Rn. 120.

[198] Vgl. BGHZ 64, 312, 315 für Eigentumsvorbehalt mit Vorausabtretungsklausel.

der Schuldner durch die Vornahme der Veräußerung in einen Teil des Kaufpreisanspruches ein.
Daß der Mehrwert durch Veräußerung dem Verkäufer gebührt und nicht dem Eigentümer der Ware, zeigt sich etwa auch im Bereicherungsrecht. Dort hat nur bei den Fällen der Nichtberechtigung des Verkäufers der Eigentümer nach § 816 Abs. 1 BGB einen Anspruch auf den Erlös. Ansonsten hat er sich nach § 818 Abs. 2 BGB mit Wertersatz zu begnügen, der sich nach dem objektiven Wert richtet.[199]
Serick hat eine Lösung des Problems für die Rechtslage unter der Konkursordnung entwickelt. Er will das Absonderungsrecht an dem neuen Sicherungsgut durch den Wert der Sache vor Verarbeitung bzw. Verkauf begrenzen.[200] Wenn diese Lösung auch den Vorteil der Einfachheit und Klarheit hat, so findet die Begrenzung auf den Wert des Vorbehaltsgutes weder im materiellen Zivilrecht noch im Insolvenzrecht eine Stütze. Nach materiellem Zivilrecht gebührt dem Vorbehaltsverkäufer beim verlängerten Eigentumsvorbehalt das Surrogat bis zur gesamten Höhe der eigenen Forderung, unabhängig vom Wert der gelieferten Sache.
Die einzige Möglichkeit einer Beschränkung liegt also in der Anfechtung, wobei eine Teilanfechtung nach den Wertanteilen zu erfolgen hat. Eine Gläubigerbenachteiligung liegt insoweit vor, wie der Vorbehaltsverkäufer über den Wert der zuvor bestehenden Sicherheit hinaus durch die Vorausabtretung oder Verarbeitung eine Befriedigungsmöglichkeit erworben hat. Dieser Wertanteil steht wirtschaftlich dem Vorbehaltskäufer und haftungsrechtlich seinen Gläubigern zu. Der Erwerb ist grundsätzlich kongruent, es sei denn, die Verlängerungsform selbst wurde nachträglich in der Krise vereinbart.
Schließlich müssen die weiteren Voraussetzungen des § 130 Abs. 1 Nr. 1 bzw. Nr. 2 InsO vorgelegen haben. Bei Erwerb der Forderung bzw. Neuherstellung der Sache muß der Schuldner zahlungsunfähig gewesen sein, oder der Eröffnungsantrag muß bereits gestellt worden sein. Von diesen Tatsachen oder den darauf zwingend hindeutenden Umständen muß der Eigentumsvorbehaltsverkäufer schließlich zum Zeitpunkt des Sicherheitentauschs Kenntnis gehabt haben.

Nach dem Grundsatz der Rückgewähr in Natur hat der Anfechtungsgegner nach erfolgreicher Anfechtung des Sicherheitentauschs die neue Sicherheit aufzugeben. Fraglich ist, was mit der ursprünglichen Sicherheit geschieht. Für den Fall der Rückabwicklung der Befriedigung einer gesicherten Forderung äußert der

---

[199] Vgl. etwa Palandt-*Thomas*, § 818 Rn. 19.

[200] ZIP 1982, 507, 509 ff.

Gesetzgeber, die Sicherheit lebe wieder auf.[201] Gleiches dürfte für den Sicherheitentausch gelten. Problematisch ist dies allerdings, wenn das ursprüngliche Sicherungsgut nicht mehr in der Masse vorhanden ist. Diesen Fall regelt § 144 Abs. 2 InsO: Nur was in der Masse noch unterscheidbar vorhanden oder soweit die Masse daraus noch bereichert ist, kann erstattet werden. Ansonsten geht der gesicherte Gläubiger leer aus.[202]

b) Aufrücken im Rang

Als inkongruente oder kongruente Sicherung anfechtbar ist die mittelbare Bevorzugung eines nachrangig gesicherten Gläubigers durch Befriedigung des vorrangig gesicherten Gläubigers. Dies setzt voraus, daß die Rangverbesserung ursächlich für eine erhöhte Befriedigung ist, der Gläubiger also nicht bereits durch die nachrangige Sicherung voll abgedeckt war.

Unter den engeren Voraussetzungen für eine kongruente Deckung ist der Vorgang gegenüber dem aufrückenden Sicherungsgläubiger anfechtbar, wenn auf die Rangverbesserung ein Anspruch bestand, etwa weil die Sicherungsvereinbarung für den nachrangigen Gläubiger die Befriedigung des vorrangigen Gläubigers durch den Schuldner vorsah. Ebenfalls als kongruente Deckung dürfte es anzusehen sein, wenn die Sicherheitenübertragung als erstrangig bezeichnet wurde, etwa weil der Schuldner den Gläubiger über das vorrangige Recht nicht informiert hatte. In diesen Fällen wäre es eine überflüssige Formalie, die Parteien auf die - kongruente - Neubestellung der Sicherheit zu verweisen, auf die der Gläubiger weiterhin einen Anspruch hätte.

Inkongruent wäre die Rangverbesserung, wenn der Gläubiger lediglich einen Anspruch auf Bestellung der Sicherheit, nicht aber der besserrangigen Sicherheit hätte.

Nicht anfechtungsrelevant ist der Verzicht des vorrangigen Gläubigers auf die Sicherheit oder den Vorrang, da diese Besserstellung des nachrangigen Gläubigers nicht auf Kosten der Befriedigungsaussichten der allgemeinen Insolvenzgläubiger erfolgt.

c) Verwertung des Sicherungsgutes und vorbereitende Handlungen

Den Rechtsakten des Sicherungsnehmers bei der Verwertung fehlt es an der für eine Anfechtung erforderlichen Gläubigerbenachteiligung, wenn dem Vermögen des Schuldners nur das entzogen wird, was dem Sicherungsnehmer auch im

---

201 BT-Drucks. 12/2443, S. 168 ("zu § 163").

202 Eine Teilanfechtung, wie sie HK-*Kreft*, § 129 Rn. 78, allgemein für Masseschmälerung mit "begrenztem" Umfang erwägt, verstößt gegen das aus §§ 143, 144 Abs. 2 InsO ersichtliche Verbot der Saldierung der ausgetauschten Leistungen

Insolvenzverfahren zustünde. Bei wirksam bestellten und nicht der Anfechtung unterworfenen Sicherheiten erlangt der verwertende Sicherungsnehmer daher grundsätzlich nur das, was er bei abgesonderter Befriedigung nach §§ 165 ff. InsO erlangt hätte.
Die benachteiligende Wirkung kann auch nicht mit der Einsparung der Kostenbeiträge begründet werden, die bei einer Verwertung durch den Insolvenzverwalter nach §§ 170 Abs. 1, 171 InsO von dem Erlös zur Masse gezogen werden. Denn diese sollen nicht die Masse anreichern und damit der Befriedigung der allgemeinen Gläubiger dienen, sondern lediglich die Kosten abdecken, die der Masse zusätzlich durch die Verwertung entstehen.[203]
Anknüpfungspunkt für eine vorsätzliche Benachteiligung und eine unmittelbar nachteilige Rechtshandlung nach § 132 Abs. 1 InsO kann die Zustimmung des Schuldners zur Art der Verwertung sein, sofern aus der Verwertung sodann ein unangemessen niedriger Erlös resultiert. Ist der Erlös hingegen adäquat, liegt auch in der Zustimmung des Schuldners zur Verwertung keine Gläubigerbenachteiligung.

Die Besitzübertragung an den Sicherungsnehmer zum Zweck der Verwertung ist nicht anfechtbar.[204] Dieses Verhalten - die Übergabe oder Duldung der Wegnahme durch den Sicherungsgeber - stellt keine Rechtshandlung oder rechtlich relevante Unterlassung im Sinne der §§ 129 ff. InsO dar. Rechtshandlungen in diesem Sinne können zwar auch Realakte sein.[205] Entscheidend ist aber, daß das tatsächliche Verhalten auch rechtliche Folgen nach sich zieht. Dies ist bei der Besitzübertragung nicht der Fall. Zwar kann der Sicherungsnehmer nunmehr die Verwertung des Sicherungsgutes betreiben, dies ist aber nur eine rein tatsächliche Folge des Umstandes, daß er die Sache nunmehr in unmittelbarem Besitz hat.

---

203 Vgl. *Henckel*, Kölner Schrift, S. 813, 819, Rn. 14; *Obermüller*, Rn. 6.237; Kübler/Prütting-*Kemper*, § 170 Rn. 6; *Eckardt*, ZIP 1999, 1734, 1739.

204 MünchKomm-*Lwowski*, § 166 InsO Rn. 74; HK-*Kreft*, § 129 Rn. 57: a.A. *Henckel*, Kölner Schrift, S. 813, 819 f., Rn. 15 ff., für die Vorsatzanfechtung - allerdings ohne Begründung, warum es sich bei der Herausgabe um eine Rechtshandlung im Sinne des § 133 InsO handeln soll.

205 Vgl. für andere Realakte wie Verarbeitung, Vermischung *Bork*, Rn. 207; *Hess/Weis*, Rn. 77; Kübler/Prütting-*Paulus*, § 129 Rn. 11 f.; ausdrücklich für die Ansichnahme von Sicherungsgut Breutigam/Blersch/Goetsch-*Breutigam*, § 129 Rn. 6; *Eckardt*, ZIP 2001, 1734, 1739.

d) Befriedigung der Forderung

Zahlt der Schuldner auf eine Forderung, ist für eine Anfechtung grundsätzlich zunächst nach der Kongruenz dieser Leistung zu fragen, um festzustellen, ob die Anfechtung nach § 130 InsO für kongruente Deckungen einschlägig ist oder die Anfechtung des § 131 InsO für inkongruente Deckungen. Erhält der gesicherte Gläubiger im Wege der Zwangsvollstreckung Befriedigung, so handelt es sich nach überwiegend vertretener Ansicht[206] um eine inkongruente Deckung. Für die sonstigen Fragen der Anfechtung ist dieser Fall aber der freiwilligen Zahlung gleichzustellen.

Besteht für die befriedigte Forderung eine Sicherheit, so ist im Hinblick auf den Anfechtungsausschluß bei Bargeschäften im Sinne des § 142 InsO zu klären, ob durch die Befriedigung dem schuldnerischen Vermögen ein entsprechender Gegenwert zugeflossen ist. Bei akzessorischen Sicherheiten wächst dem Schuldner durch den Wegfall des Sicherungsrechts von selbst ein Gegenwert zu, bei nichtakzessorischen entsteht ein Anspruch auf Freigabe der Sicherheit. Somit fehlt es in diesen Fällen schon an der vorausgesetzten Gläubigerbenachteiligung.[207]

Erst wenn der Zahlung kein Freiwerden einer Sicherheit gegenübersteht, ist der Weg für eine Anfechtung nach §§ 130, 131 InsO frei. Dieser Fall liegt vor, wenn bei einer nur teilweisen Sicherung eine Befriedigung auch für den nicht durch die Sicherheit gedeckten Teil erfolgte. Hier kommt der Anfechtungsausschluß aus § 142 InsO lediglich hinsichtlich des Teils des Anspruchs zum Zuge, der auch von der Sicherheit gedeckt war und der somit zum Freiwerden der Sicherheit führt. Für den ungesicherten Teil erfolgt die Anfechtung wie gegenüber sonstigen Gläubigern als kongruente oder inkongruente Befriedigung.

In der Befriedigung eines gesicherten Gläubigers kann auch eine vorsätzliche Benachteiligung im Sinne des § 133 Abs. 1 InsO liegen. Erforderlich ist dafür der bedingte Vorsatz des Schuldners, durch die fragliche Befriedigung des gesicherten Gläubigers die Befriedigungsaussichten der sonstigen Gläubiger zu vereiteln, verkürzen, erschweren oder verzögern. Schließlich muß es auch hier tatsächlich zu einer Gläubigerbenachteiligung gekommen sein. Daran wird es

---

206 Vgl. Smid-*Zeuner*, § 131 Rn. 20; HK-*Kreft*, § 131 Rn. 15 mwN.; a.A. Kübler/Prütting-*Paulus*, § 130 Rn. 23.

207 A.A. einzig OLG Frankfurt/Main MDR 1968, 675, wonach die Berücksichtigung des Anwachsens eine verbotene "Vorteilsausgleichung" sei. Bei einem unmittelbaren Zusammenhang des Vermögenszuwachses mit der fraglichen Rechtshandlung kann von einem Vorteil in diesem Sinne nicht ausgegangen werden, denn dieser findet seine Ursache in anderen Ereignissen, vgl. Jaeger/*Henckel*, § 30 Rn. 132.

regelmäßig fehlen, wenn der Anfechtungsgegner sein Recht auch im Insolvenzverfahren hätte durchsetzen können.

Hat der Sicherungsnehmer das Sicherungsgut selbst oder durch Dritte verwertet, so ist seine Befriedigung aus dem Erlös keine gläubigerbenachteiligende Rechtshandlung. Denn dem Vermögen des Schuldners wird auf diese Weise nur das entzogen, was auch für das Absonderungsrecht im Insolvenzverfahren hätte berücksichtigt werden müssen.
Etwas anderes gilt aber auch dann nicht, wenn der Schuldner die Verwertung vorgenommen hat und den erzielten Erlös an den Gläubiger auskehrt. Denn bei diesem Erlös handelt es sich um den Gegenwert des bereits nicht mehr zur Masse gehörenden Sicherungsgutes. Dieser gebührt dem Absonderungsberechtigten, so daß durch die Zahlung nichts aus der Masse abgeflossen ist.[208]

C. Vergleichung

Die vorstehende Untersuchung hat gezeigt, daß Beschränkungen dinglicher Sicherheiten in den Insolvenzverfahren beider Rechtsordnungen vielfältig vorkommen. Der Zweck der entsprechenden Regelungen, insbesondere der Anfechtungsregelungen, ist es, die in den jeweiligen Gesetzen zum Ausdruck kommenden Verteilungsregelungen durchzusetzen und davon abweichende Bevorzugungen zu verhindern. Dies führt zu mehr Verteilungsgerechtigkeit.[209] Diese ist einerseits von den Wertentscheidungen des Gesetzgebers abhängig. Andererseits haben beide Gesetzgeber bei der jeweiligen Neuordnung des insolvenzrechtlichen Anfechtungsrechtes nicht nur den Interessenkonflikt der Gläubiger in der Insolvenz berücksichtigt, sondern auch die Gepflogenheiten des Geschäftsverkehrs und das Bedürfnis nach Rechtssicherheit.[210]

I. Systematik der Beschränkungen

In beiden Rechtsordnungen hat das Rechtsinstitut der Insolvenzanfechtung eine wesentliche Funktion bei der Anreicherung der Masse und der Herstellung der Verteilungsgerechtigkeit. Übereinstimmendes Merkmal der Insolvenzanfechtung ist die Möglichkeit des Insolvenzverwalters oder des eigenverwaltenden

---

208 *Obermüller*, Rn. 6.236; zur KO vgl. BGH ZIP 1983, 961, 965; RG, Gruchot 46, 1111.

209 Dazu für das US-amerikanische Recht *Norton*, § 54:1, S. 54-2; *Frey/McConnico/ Frey*, S. 275.

210 Vgl. HR Report No. 595, 95th Congress, 1st Session, S. 372 (1977); Senate Report No. 989, 95th Congress, 2nd Session, S. 87 (1978); BT-Drucks. 12/7302, S. 173, Nr. 83 ("Zu § 145").

Schuldners, unter gewissen Voraussetzungen eine nach allgemeinem Zivilrecht erfolgte Vermögenszuordnung zu verändern, insbesondere Vermögensverschiebungen rückgängig zu machen.
Die Vorschriften der Insolvenzanfechtung können jeweils unterteilt werden in Transaktionen, die eine Besserstellung eines Gläubigers zur Folge haben (unten II. 1), und solche, die zur Schädigung der allgemeinen Gläubiger führen (unten II. 2.). Die Regelungen des US-amerikanischen Rechts über die Anfechtung von Sicherheiten, welche an Gegenständen des persönlichen Bedarfs bestehen (dazu unten II. 3.), verfolgt sozialpolitische Zwecke. Sie ist auch im US-amerikanischen Insolvenzanfechtungsrecht ein Fremdkörper, da sie weder die Verbesserung der Insolvenzmasse noch die Gläubigergleichbehandlung bezweckt, sondern dem Schuldner einen Neuanfang ermöglichen soll. Diesen Zweck hat die Bestimmung mit der Beschränkung der Lohnabtretung im Insolvenzverfahren gemein.

Neben der Insolvenzanfechtung sind weitere Instrumente vorhanden, die zur Anreicherung der Masse dienen. Das US-amerikanische Insolvenzrecht regelt drei Fiktionen, die dem trustee eine Rechtsstellung gewähren, mit der insbesondere nicht drittwirksame - weil publizitätslose - Sicherheiten in der Insolvenz ihre Wirkung verlieren (unten II. 4.). Die Ausgestaltung dieser Fiktionen weist deutlich auf die Funktion des Insolvenzverfahrens als Verfahren zur bestmöglichen Befriedigung der Gläubiger hin: Zwei der Fiktionen knüpfen an Vorzugsrechte eines vollstreckenden Gläubigers an. Zugleich haben diese Fiktionen eine erhebliche wirtschaftliche Bedeutung, da es erklärtes Ziel des Gesetzgebers war, damit publizitätslose Sicherheiten zu verhindern und jedenfalls in der Insolvenz wirkungslos zu stellen.
Das deutsche Recht kennt ein derartiges Instrument neben der Insolvenzanfechtung nicht. Allerdings ist anzumerken, daß diese "strong-arm-powers" des US-amerikanischen Rechts der Insolvenzanfechtung stark angenähert sind. Dies zeigt sich an der einheitlichen Bezeichnung als "avoidance powers" und der einheitlichen prozessualen Durchsetzung.
Schließlich werden in beiden Rechtsordnungen dingliche Sicherheiten, die an einen Erwerb des Schuldners in der Zukunft anknüpfen, für den Zeitraum nach Verfahrensbeginn wirkungslos (dazu unten II. 5.).

Daß der Verwalter im Insolvenzverfahren daneben auf alle dem Schuldner bereits nach allgemeinem Zivilrecht zustehenden Rechtsbehelfe zugreifen kann, ist in beiden Rechtsordnungen selbstverständlich. Auf diese Rechte wurde nicht weiter eingegangen.

II. Die einzelnen Instrumente zur Mehrung der Masse

1. Anfechtung bei gläubigerbevorzugenden Handlungen

Die Anfechtung von Rechtshandlungen, die im Vorfeld der Insolvenz zu Befriedigungen oder Sicherungen einzelner Gläubiger geführt haben, ist von wesentlicher Bedeutung für die Herbeiführung der Verteilungsgerechtigkeit. In beiden Rechtsordnungen finden sich daher Vorschriften, die dieses Problem regeln. Das US-amerikanische Insolvenzrecht kennt hierzu zwei Normen: § 545 BC für den Erwerb von gesetzlichen Sicherheiten, der für vertragliche Sicherheiten nicht einschlägig ist, und § 547 BC für alle sonstigen Vermögensübertragungen an einen Gläubiger. Das deutsche Recht unterscheidet bei der Anfechtung gegenüber Gläubigern zwischen Vermögensübertragungen, auf die kein konkreter Anspruch bestand (sogenannte inkongruente Deckung, § 131 InsO), und jenen, die in der Weise erfolgten, wie es vorhergehenden Vereinbarungen entsprach (kongruente Deckung, § 130 InsO).

Erfaßt werden im US-amerikanischen Recht Vermögensübertragungen in einem Zeitraum von 90 Tagen vor Verfahrensbeginn. Handelt es sich bei dem Gläubiger um einen Insider, also eine persönlich oder gesellschaftsrechtlich nahestehende Person, beträgt der Zeitraum ein Jahr. In Deutschland sind Transaktionen innerhalb eines Zeitraumes von drei Monaten vor dem Antrag erfaßt. Der Umstand, daß der Leistungsempfänger eine nahestehende Person ist, verlängert diesen Zeitraum nicht, sondern zieht gesetzliche Vermutungen hinsichtlich der subjektiven Voraussetzungen nach sich.

Beide Rechtsordnungen verlangen als Voraussetzung für die Anfechtung das Erfordernis der gläubigerbenachteiligenden Wirkung. Dies führt etwa dazu, daß Austauschgeschäfte, bei denen der Schuldner gleichzeitig mit der Vermögensweggabe eine adäquate Gegenleistung erhält, zumindest nicht als Gläubigerbevorzugung anfechtbar sind. Diese Einschränkung der Anfechtbarkeit von Sicherungen in der kritischen Zeit ist wesentlich für die Bedürfnisse des Rechtsverkehrs. Kreditvergabe würde ansonsten zu einem unkalkulierbaren wirtschaftlichen Risiko, vor dem sich der vorsichtige Kreditgeber gerade durch Sicherheiten zu schützen versucht.

Die Ausnahme für Austauschgeschäfte rechtfertigt sich aus dem Umstand, daß sich der Gläubiger keinen ungerechtfertigten Vorteil auf Kosten anderer Gläubiger verschafft hat. Allein diese Regelung kann auch erreichen, daß der in die Krise geratene Schuldner bei einer Sanierung Geldkreditgeber findet. Denn diese werden häufig nur gegen - auch in einem etwaigen späteren Insolvenzverfahren wirksame - Sicherheiten bereit sein, das erhöhte Risiko eines Scheiterns des

Sanierungsversuches und die daraus resultierende Nichtrückzahlung in Kauf zu nehmen.

Beide Rechtsordnungen haben allerdings keine nähere Bestimmung getroffen, wann eine derartige Gleichzeitigkeit noch anzunehmen ist. Somit bleibt den Gerichten überlassen, dies für den Einzelfall und unter Berücksichtigung der Art der Transaktion zu entscheiden. Lediglich für Kaufpreisfinanzierungen ist in den USA festgelegt, daß ein gleichzeitiger Austausch vorliegt, wenn der drittwirksame Erwerb der Sicherheit innerhalb von zwanzig Tagen nach der Besitzerlangung des Sicherungsgebers an dem Sicherungsgut erfolgt. Dies hat seinen Grund in der Harmonisierung des Insolvenzrechts mit dem allgemeinen Zivilrecht. Eine Übertragung dieser Fristbestimmung auf andere Rechtsordnungen wäre nur sinnvoll, wenn auch dort eine dem US-amerikanischen Recht vergleichbare Regelung des allgemeinen Zivilrechts Geltung hätte.

Die flexible Handhabung der zeitlichen Grenzen für einen Leistungsaustausch erscheint angesichts der Vielzahl der Transaktionen, die mit der Anfechtung erfaßt werden können, sachgerecht. Klare gesetzliche Vorgaben hätten zwar zu mehr Rechtssicherheit geführt. Bei atypischen Sachverhalten oder bei zukünftigen, derzeit noch nicht absehbaren Entwicklungen der Vertragspraxis könnten sich derartige Regelungen als zu starr erweisen und so zu unbilligen Ergebnissen führen.

In den USA besteht darüber hinaus gemäß § 547(c)(3) BC ein Anfechtungsausschluß in Höhe des Wertes der Leistungen, die von dem Anfechtungsgegner nach der kritischen Vermögensübertragung an den Schuldner erfolgten. Dies können etwa Darlehen sein, die der Kreditgeber nach Sicherung einer Altverbindlichkeit neu an den Schuldner gewährt. Derartige Leistungen stehen nicht in einem Austauschverhältnis zur kritischen Leistung. Sie würden daher in Deutschland nicht als Bargeschäft angesehen und beschränken die Anfechtbarkeit der vorhergehenden Vermögensübertragung nicht.
Der US-amerikanische Gesetzgeber begründet den Anfechtungsausschluß mit der Idee, die Sanierung eines in die Krise geratenen Unternehmens durch Aufrechterhalten der Vertragsbeziehungen zu fördern. Erforderlich wäre dies nicht, da eine entsprechende Wirkung auch möglich wäre durch Stehenlassen der Altverbindlichkeit und Neugewährung eines Kredites Zug-um-Zug gegen Bestellung der Sicherheit. Ob Gläubiger nach Erhalt von gegebenenfalls anfechtbaren Deckungen tatsächlich in solchen Situationen erneut in Vorleistungen treten wollen, darf bezweifelt werden. Der Gläubiger kann ebenfalls hoffen, daß sich

der Insolvenzantrag solange verzögert, bis die fragliche Transaktion außerhalb der Präferenzperiode liegt.
Eine sinnvolle Klarstellung ist hingegen die US-amerikanische Regelung über die Sicherheiten mit wechselndem Bestand, die sogenannten floating liens. Hier wird eine anfechtbare Besserstellung insoweit bejaht, wie vom Beginn der Präferenzperiode bis zur Verfahrenseinleitung der ungesicherte Anteil der Forderung verringert wird.[211] Dies ist eine pragmatische und in der Praxis ohne größere Probleme umsetzbare Regelung. In Deutschland wird man in diesen Fällen jeden Gegenstand der Sachgesamtheit isoliert betrachten müssen. Zu denken wäre allerdings an eine Anwendung der Regelungen über das Bargeschäft. Dafür müßte der Wille der Parteien dahin ausgelegt werden, daß die Befugnis des Sicherungsgebers, im ordnungsgemäßen Geschäftsgang über das Sicherungsgut zu verfügen, erteilt wird, damit im Gegenzug neue Gegenstände in die Sachgesamtheit eingebracht werden. Tatsächlich dürfte die Gestattung allerdings neben dem Interesse des Gläubigers an einer Fortsetzung der Lieferbeziehung erfolgen, damit der Sicherungsnehmer mit den Erlösen der Veräußerung die gesicherte Forderung befriedigt.
Im Hinblick auf die Äußerungen der Gerichte zur Frage des Bargeschäftes bei der Verfügung über Kontokorrentkredite wird man allerdings davon ausgehen müssen, daß auch beim Austausch von Sachgesamtheiten ein Bargeschäft ausgeschlossen ist.

Im deutschen Recht bestehen für die Anfechtung wegen Gläubigerbevorzugung zum Teil noch subjektive Voraussetzungen. Nur für die inkongruente Deckung wird darauf weitgehend verzichtet. Dort wird für den Zeitraum des zweiten und dritten Monats vor Antragstellung als alternative Voraussetzung zum Vorliegen der Zahlungsunfähigkeit auf die Kenntnis des Anfechtungsgegners von der benachteiligenden Wirkung der Transaktion abgestellt. Bei der kongruenten Deckung ist hingegen erforderlich, daß der Anfechtungsgegner von dem Insolvenzantrag oder der Zahlungsunfähigkeit des Schuldners weiß oder angesichts der Umstände wissen müßte.
Anders hingegen in den USA, wo subjektive Elemente als Voraussetzung für eine Anfechtung wegen Gläubigerbevorzugung nicht erforderlich sind. Lediglich bei der Frage, ob der Anfechtungsgegner wegen Aufwendungen an der zurückzugewährenden Sache geschützt wird, kommt es darauf an. War der Anfechtungsgegner gutgläubig, erhält er gemäß § 550(e) BC ein Pfandrecht an dem Anfechtungsgegenstand in Höhe seiner Aufwendungen, soweit der Wert der Sache sich dadurch erhöht hat.

---

[211] Dazu oben A III 1 b (4), S. 158 ff.

Durch diesen Verzicht auf subjektive Voraussetzungen ist die US-amerikanische Anfechtung wegen Gläubigerbevorzugung im Vergleich zur deutschen effektiver. Denn derartige subjektive Voraussetzungen, die in Deutschland von dem Insolvenzverwalter festgestellt und im Prozeß bewiesen werden müssen, erhöhen das Risiko eines Scheiterns des Anfechtungsanspruchs. Dies wird auch durch die gesetzlichen Vermutungen nicht ausgeglichen, da dazu vom Insolvenzverwalter zumindest bewiesen werden muß, daß der Anfechtungsgegner Kenntnis von Umständen hatte, aus denen auf die Krise hätte geschlosen werden müssen. Im übrigen ist noch unklar, welcher Maßstab bei der Beurteilung der Frage, ob der Anfechtungsgegner auf die Zahlungsunfähigkeit zwingend schließen mußte, anzuwenden ist. Hier hängt es entscheidend von den Gerichten ab, ob durch diese Vermutungen tatsächlich die Anfechtung erleichtert wird oder ob die Anforderungen so hoch gesetzt werden, daß diese Vermutung keine wesentliche praktische Bedeutung erhält.

Die Anfechtung wegen Gläubigerbevorzugung wird im US-amerikanischen Recht vom Vorliegen einer Insolvenzsituation zum Zeitpunkt der Transaktion abhängig gemacht. Für die Anfechtung wird vermutet, daß der Insolvenzgrund der Überschuldung innerhalb des 90tägigen Zeitraumes vorlag. Diese Vermutung kann der Anfechtungsgegner durch entsprechende Indizien widerlegen. Dann trägt der Insolvenzverwalter die Beweislast für den Nachweis der Überschuldung zum Zeitpunkt der Transaktion.
Im deutschen Recht wird hier die Unterscheidung der Anfechtung wegen kongruenter und inkongruenter Deckung relevant: Bei inkongruenter Deckung ist das Vorliegen eines Insolvenzgrundes für den letzten Monat vor Antragstellung und danach nicht erforderlich. Für den Zeitraum des zweiten und dritten Monats vor Antragstellung und für die Anfechtung wegen kongruenter Deckung ist das Vorliegen des Insolvenzgrundes der Zahlungsunfähigkeit erforderlich, sofern bei der inkongruenten Deckung der Anfechtungsgegner keine Kenntnis von der benachteiligenden Wirkung hat. Im Hinblick auf die Effektivität der Insolvenzanfechtung wäre zu überlegen, ob nicht im deutschen Recht der zweite Insolvenzgrund, die Überschuldung, der Zahlungsunfähigkeit auch als Voraussetzung für die Anfechtungstatbestände gleichzustellen wäre.

Die Unterscheidung danach, ob der Anfechtungsgegner einen Anspruch auf die Vermögensübertragung hatte, diese also kongruent oder inkongruent ist, kennt das US-amerikanische Recht im Zusammenhang mit Sicherungen (anders als für Zahlungen im üblichen Geschäftsverkehr) nicht.

2. Anfechtung bei Masseschmälerungen

Beide Rechtsordnungen unterscheiden für die Anfechtung bei Masseschmälerungen zwischen der Anfechtung aufgrund eines Verhaltens des Schuldners mit gläubigerschädigendem Vorsatz und der auf sonstigen Gründen beruhenden Masseschmälerung.

Während für die Vorsatzanfechtung neben der masseschmälernden Wirkung in den USA keine weiteren Voraussetzungen gegeben sind, erfordert die deutsche Regelung Kenntnis des Anfechtungsgegners von dem Vorsatz des Schuldners oder von der drohenden Zahlungsunfähigkeit und der gläubigerbenachteiligenden Wirkung. Dies ist in der Praxis häufig schwer nachzuweisen. In den USA ist die Kenntnis des Anfechtungsgegners von den Umständen allerdings nicht vollständig irrelevant. Handelt nämlich der Anfechtungsgegner gutgläubig, so hat er in Höhe seiner Gegenleistung ein Pfandrecht an dem zurückzugewährenden Gegenstand. Die engeren Voraussetzungen der Vorsatzanfechtung in Deutschland rechtfertigen sich jedoch daraus, daß dort Transaktionen aus einem Zeitraum von zehn Jahren vor dem Insolvenzantrag abgedeckt sind. In den USA beschränkt sich diese Anfechtung auf den Zeitraum von einem Jahr.
Für Gläubiger, die nachträglich eine Sicherheit erhalten, ist von Bedeutung, daß in den USA bereits die Gewährung des ungesicherten Kredites als eine die Benachteiligung ausschließende Gegenleistung anerkannt wird. Es kommt hier also nicht auf einen gleichzeitigen Leistungsaustausch an. Anders hingegen in Deutschland, wo die Frage, inwieweit der Gläubiger bereits zuvor eine Gegenleistung erbracht hat, keine Rolle spielt. Im Ergebnis führt dies dazu, daß die US-amerikanische Vorsatzanfechtung für Vermögenszuwendungen im Rahmen von Austauschgeschäften, auch wenn diese sich über einen langen Zeitraum erstrecken, keine Wirkung entfaltet.

Handelt es sich um eine Masseschmälerung, bei der ein Vorsatz des Schuldners zur Gläubigerbenachteiligung nicht gegeben ist, verkürzt sich im deutschen Recht der erfaßte Zeitraum auf drei Monate vor der Antragstellung. Daneben sind weitere Voraussetzungen die Unmittelbarkeit der masseschmälernden Wirkung, das Vorliegen des Insolvenzgrundes der Zahlungsunfähigkeit und die Kenntnis des Anfechtungsgegners von der Zahlungsunfähigkeit oder dem Insolvenzantrag. Angesichts dieser Voraussetzungen steht fest, daß die Regelung in der Praxis ebenfalls nur selten zur Anwendung kommen wird.
Die US-amerikanische Regelung läßt hingegen bereits einen unangemessen niedrigen Gegenwert und den Umstand, daß ein Insolvenzgrund vorlag oder drohte, ausreichen. Die Masse als Haftungsgrundlage für sämtliche Gläubiger

wird dadurch erheblich effektiver vermehrt, wobei der gutgläubige Anfechtungsgegner im Hinblick auf seine Gegenleistung geschützt wird.

3. Sicherheiten an insolvenzfreiem Vermögen

Die Möglichkeit des Schuldners in den USA, Sicherheiten an Haushaltsgegenständen anzufechten oder gegen Zahlung des Zeitwertes auszulösen, hat in Deutschland keine Entsprechung. Zwar kann auch in Deutschland der Schuldner solche Gegenstände zur Sicherung übertragen, die in der Zwangsvollstrekkung wegen Geldforderungen nach § 811 Ziffer 1 ZPO unpfändbar sind[212] und daher über § 36 InsO nicht Teil der Insolvenzmasse werden. In Deutschland sind derartige Fälle über die Wirksamkeit der Sicherungsübertragung im Hinblick auf § 138 BGB zu klären. Eine Sonderbehandlung in der Insolvenz erfahren solche Sicherheiten nicht. Die wirtschaftliche Bedeutung dieser Sicherheiten ist angesichts der geringen Werte der betroffenen Gegenstände aber beschränkt. In der Praxis spielt derartiges Sicherungsgut keine erhebliche Rolle.

4. Die US-amerikanischen Fiktionen

In den USA bewirken die in § 544 BC geregelten Fiktionen einen Vorrang des Verwalters zugunsten der Masse, der alle nicht drittwirksam bestellten Sicherheiten an Vermögensgegenständen des Schuldners entwertet. Dieses Instrument wirkt insbesondere gegen die nicht perfektionierten Sicherheiten. Diese Sicherheiten verlieren dadurch in der Insolvenz des Sicherungsgebers die Befriedigungsfunktion, die sie im Zwei-Personen-Verhältnis aufweisen.

Für das Institut des Vorrangs gibt es keine Entsprechung im deutschen Recht. Eine vergleichbare Interessenlage tritt in Deutschland allerdings auch nicht auf, da dem deutschen Zivilrecht die zwischen Sicherungsnehmer und -geber wirksame Sicherheit ohne Drittwirkung fremd ist.

5. Beschränkung der Sicherheiten an künftigem Erwerb

Schließlich wird in beiden Rechtsordnungen die Verfügung über Vermögen, das nach Eröffnung des Verfahrens durch den Schuldner oder die Masse erworben wurde, beschränkt. In den USA wirkt dieser Ausschluß der Erwerbsmöglichkeit sofort mit Verfahrenseröffnung. Auch in Deutschland gibt es Beschränkungen, die allerdings mit zeitlicher Verzögerung wirken: Vorausverfügungen über Arbeitseinkommen enden zwei Jahre nach der Verfahrenseröffnung, Forderungen aus der Vermietung oder Verpachtung von unbeweglichem Vermögen nach frühestens einem halben, spätestens eineinhalb Monaten.

---

212 Vgl. Palandt-*Bassenge*, § 930 Rn. 22 mwN.

Im Hinblick auf das Arbeitseinkommen wird in den USA die Idee, dem Schuldner einen unbelasteten Neustart auch bei einer Vorausabtretung zu ermöglichen, konsequenter durchgeführt. Durch den Wegfall einer derartigen Sicherheit bereits bei Antragstellung steht etwa im Schuldenbereinigungsverfahren frühzeitig mehr Masse zur Verteilung an die allgemeinen Gläubiger zur Verfügung als in Deutschland. Ob hier die Möglichkeit des gesicherten Gläubigers, auch nach Verfahrenseröffnung noch für zwei Jahre auf das Einkommen zuzugreifen, für die Vergabe von Krediten von Bedeutung ist, darf bezweifelt werden. Für die Motivation der Schuldner, einer Erwerbstätigkeit nachzugehen, wäre es sinnvoller gewesen, auch hier eine Beschränkung, etwa mit Verfahrenseröffnung, wirksam werden zu lassen. Dies wäre - wie das US-amerikanische Modell zeigt - möglich gewesen. In Deutschland hätte also der Gesetzgeber durchaus zum Nutzen der allgemeinen Gläubiger einen stärkeren Einschnitt vornehmen können.

Der Zugriff im Insolvenzverfahren auf Miet- und Pachtzinsforderungen wegen einer Abtretung wird in den USA lediglich gewährt, wenn der Abtretungsempfänger zugleich Inhaber eines Sicherungsrechtes an dem Gegenstand der Verpachtung bzw. Vermietung ist. Das Interesse des Gläubigers an einer werthaltigen und liquiden Sicherheit wird nur in diesem Fall höher eingeschätzt als das Interesse der allgemeinen Gläubiger an einer Masseanreicherung.[213] Ansonsten gilt auch dort das Prinzip, daß eine Sicherheit an Forderungen, die nach Verfahrenseröffnung entstehen, nicht insolvenzfest ist.

Die Beschränkung im deutschen Recht trifft im übrigen ebenfalls nicht einen Grundpfandrechtsinhaber, da dieser als solcher gemäß § 1123 BGB bereits Zugriff auf Mieten und Pachten hat und dieser im Insolvenzverfahren nicht beschränkt wird.

III. Folgen der Beschränkungen für Sicherheiten

Für die Bestellung von Sicherheiten ergibt sich aus der Anfechtungsfestigkeit bei der Gewährung einer entsprechenden Gegenleistung keine Gefährdung des üblichen Kreditgeschäfts mit Sicherung. In den USA besteht in den Fällen der Besicherung eine größere Einschränkung der Anfechtbarkeit, da für die Vorsatzanfechtung auch frühere Gegenleistungen des Anfechtungsgegners anerkannt werden. Bei der Anfechtung wegen Gläubigerbevorzugung hingegen wird anfechtungsmindernd auch berücksichtigt, was der Anfechtungsgegner nach der kritischen Transaktion dem Schuldner noch zugewandt hat. Diese Einschränkungen gelten in Deutschland nicht.

---

213 Vgl. dazu oben unter § 4 A VI, S. 86.

Es sollte aber in beiden Rechtsordnungen auf den genauen Zeitablauf bei Kreditgewährung und Besicherung geachtet werden, um eine die Anfechtung ausschließende Gleichzeitigkeit nachzuweisen. In Deutschland besteht hier derzeit noch eine rechtliche Unsicherheit, da die bisherige Rechtsprechung zur Konkursordnung zu den Bargeschäften für die Insolvenzordnung nur eingeschränkt übernommen werden kann. Hier kann also derzeit nur empfohlen werden, den Austausch möglichst gleichzeitig vorzunehmen.

Nachträglichen Sicherungen von Forderungen droht in beiden Rechtsordnungen die Insolvenzanfechtung wegen Gläubigerbevorzugung. Die entsprechenden Regelungen sind in den USA deutlich effektiver ausgestaltet, da dort weitgehend auf subjektive Elemente verzichtet wird. Die deutsche Regelung belastet den Insolvenzverwalter mit der Beweislast für subjektive Elemente, was dazu führen dürfte, daß von den gesetzlichen Möglichkeiten der Anfechtung seltener Gebrauch gemacht wird. Dies steht allerdings im Widerspruch zu der erklärten Absicht des Gesetzgebers.

§ 7 Verwaltung und Verwertung des Sicherungsgutes

A. USA

Die Veräußerung von Massegegenständen ist die Hauptaufgabe des trustee im Liquidationsverfahren nach Kapitel 7.[1] Aber auch in allen anderen Verfahren gibt es Situationen, in denen die Veräußerung von Vermögensgegenständen durch den trustee oder den debtor in possession die vorteilhafteste Lösung ist, etwa weil der Gegenstand in einem Verfahren nach Kapitel 11 für die Reorganisation nicht benötigt wird und durch einen Verkauf oder Vermietung zusätzliche finanzielle Mittel erlangt werden. Neben der Veräußerung und Vermietung ist auch die Nutzung besonders zu erwähnen. So ist etwa bei der Fortführung eines Betriebes erforderlich, daß die vorhandenen Maschinen oder Bürogeräte auch für die Zeit des Insolvenzverfahrens weiter benutzt werden können.

I. Die Verwaltung der Masse

1. Verwaltungsbefugnis

Die Verwaltungsbefugnis hängt von der Art des gewählten Verfahrens ab. Im Liquidationsverfahren ist die Bestellung eines Verwalters (des "trustee") obligatorisch.[2] Dieser hat neben der Verwaltung der Masse auch die Aufgabe, das Massevermögen zu veräußern und den Erlös an die Gläubiger zu verteilen, was dem Zweck des Verfahrens entspricht. Auch im Verfahren nach Kapitel 12 und 13 wird nach §§ 1202(a), 1302(a) BC ein trustee bestellt, allerdings hat der Schuldner weiterhin gewisse Verwaltungsbefugnisse, kann etwa seine Geschäfte unter der Aufsicht des trustee weiterführen, § 1304 BC, und verbleibt grundsätzlich im Besitz der Masse, § 1306(b) BC. Die wesentliche Aufgabe des trustee besteht hier in der Verteilung der Zahlungen, die nach dem Plan vom Schuldner geleistet werden. Daneben hat er auch noch Kontrollpflichten.

Grundsätzlich verbleibt der Schuldner auch in Kapitel 11-Verfahren als sogenannter "debtor in possession" im Besitz der Masse. Ein besonders bestellter trustee übernimmt die Verwaltung nur, wenn aufgrund der besonderen Umstände des Einzelfalls der Schuldner selbst als ungeeignet erscheint, etwa aufgrund seiner Inkompetenz oder Unredlichkeit.[3]

---

[1] Vgl. § 704(1) BC.

[2] §§ 701, 702, 703 BC.

[3] § 1104(a) BC. Entsprechendes gilt nach § 1204(a) BC auch im Verfahren nach Kapitel 12.

2. Die Verpflichtung zur Herausgabe des Sicherungsgutes

Nach § 542(a) BC ist jeder, der sich im Besitz von Massevermögen befindet, welches der trustee oder der selbstverwaltende Schuldner nach § 363 BC veräußern, benutzen oder vermieten darf oder das der Schuldner nach § 522 BC als insolvenzbefreites Eigentum beanspruchen kann, zur Übergabe des Gegenstandes an die Masse verpflichtet. Dies gilt nicht, wenn das fragliche Gut nur minimalen Wert oder Nutzen für die Masse hat.

Daraus ergibt sich, daß grundsätzlich auch der gesicherte Gläubiger, der das Sicherungsgut in Besitz genommen hat, zur Rückgabe an den trustee bzw. den debtor in possession verpflichtet ist, solange der Masse noch Rechte daran zustehen.[4] Erst wenn der Sicherungsnehmer die Sache schon derart verwertet hat, daß sämtliche Rechte des Schuldners erloschen sind, besteht diese Pflicht zur Rückgabe nicht.[5]

Der gesicherte Gläubiger kann allerdings vor der Rückgabe die Gewährung angemessenen Schutzes ("adequate protection") seines Interesses an dem Sicherungsgut im Sinne des § 361 BC verlangen.[6] Als Schutzmaßnahmen gegen einen drohenden Verlust des Sicherungsnehmers sind dort die Gewährung einer Ersatzsicherheit, laufende Geldzahlungen oder sonstige, vom Gericht in ihrer Angemessenheit zu beurteilende Maßnahmen vorgesehen. Bei reinen Besitzpfandrechten ist die Gewährung der adequate protection deswegen besonders wichtig, weil ansonsten durch Rückgabe des Pfandgutes an den Schuldner das Pfandrecht erlöschen würde.[7]

Von der Pflicht zur Rückgabe von Sicherungsgut sind auch Regierungsstellen als Gläubiger nicht ausgenommen, wie dies der Supreme Court festgestellt hat.[8] Die Bundessteuerbehörde mußte daraufhin in einem Reorganisationsverfahren bereits vor Verfahrenseröffnung beschlagnahmte Gegenstände zurückgeben. In der Literatur wurde im Anschluß an diese Entscheidung die Ansicht vertreten, daß in einem Liquidationsverfahren ein anderer Maßstab gelten müsse, da dort der trustee die Verwertung ebenso vornehme, die ansonsten der Sicherungs-

---

4 Dazu oben § 4 A III, S. 82 f.

5 Printables, Inc., v. Brittany Dyeing & Printing Corp., 126 BR 162 (District Court SD New York 1991); In re Block 1524 Construction Corp., 75 BR 276 (Bankruptcy Court ED New York 1987).

6 United States v. Whiting Pools, Inc., 462 US 198 [203 f.], 103 SCt 2309, 76 LEd2d 515 (1983); In re Empire for Him, Inc., 1 F3d 1156, 1160 (11th Cir. 1993).

7 In re Crowe, 160 BR 299 (Bankruptcy Court ND Texas 1993); In re Robinson, 89 BR 682, 684 (Bankruptcy Court SD Ohio 1988).

8 United States v. Whiting Pools, Inc., 462 US 198 [203 f.], 103 SCt 2309, 76 LEd2d 515 (1983).

nehmer vornehme.[9] Der Supreme Court selbst hatte diese Frage ausdrücklich offengelassen.[10]

Von einem Court of Appeals wurde danach entschieden, daß die Pflicht zur Übertragung des Besitzes nicht nur in Reorganisationsverfahren besteht, sondern ebenso in Liquidationsverfahren.[11]

Die Verpflichtung zur Rückgabe des Sicherungsgutes bedeutet zwar keine Beschränkung der Anerkennung der Rechte im Insolvenzverfahren an sich, führt allerdings zu zeitlicher Verzögerung, einer erschwerten Befriedigung aus dem Sicherungsgut und einer erhöhten Gefährdung der Werthaltigkeit. Deswegen wird teilweise empfohlen, bei einer drohenden Insolvenz des Schuldners eine schnelle Verwertung anzustreben.[12]

II. Benutzung, Verkauf und Vermietung von Massegegenständen

Die Befugnis des trustee bzw. des eigenverwaltenden Schuldners zur Verwertung von Massegegenständen wird durch § 363 BC geregelt. Als Verwertungsmethoden werden in § 363(b) BC die Nutzung, der Verkauf und die Vermietung genannt. Der Begriff Nutzung wird dabei weit ausgelegt. Er umfaßt jegliche tatsächliche Nutzung, Verwendung und sonstigen Einsatz des Gegenstandes. So stellt etwa auch die Vornahme einer Zahlung eine "Nutzung" des entsprechenden Geldes dar.[13]

Im Liquidationsverfahren ist die Veräußerung nach § 363(b) BC die typische Verwertungsmethode, mit welcher der trustee sämtliches Vermögen, etwa auch das Anlagevermögen, in Geld umwandelt und somit die Verteilung der Masse an die Gläubiger vorbereitet.

Die Befugnis zur Verwertung im Rahmen des Insolvenzverfahrens betrifft grundsätzlich auch die Gegenstände, die der Schuldner als dingliche Sicherheit eingesetzt hat. Für diese enthalten die Regelungen des § 363(c)(2), (3) und (4) sowie § 363(f) BC allerdings weitere Bestimmungen, welche bei der Verwer-

---

9 *Epstein/Nickles/White*, § 2-8 b, Fn. 2; *Ginsberg*, § 5.04; *F. Dielmann*, S. 82.

10 United States v. Whiting Pools, Inc., 462 US 198 [Fn. 17], 103 SCt 2309, 76 LEd2d 515 (1983).

11 In re Gerwer, 898 F2d 730, 734 (9th Cir. 1990).

12 *Orr/Klee*, UCC Law Journal 11 (1979), 330.

13 Vgl. In re Continental Airlines, Inc., 780 F2d 1223 (5th Cir. 1986); In re Nemko, 143 BR 980 (Bankruptcy Court ED New York 1992); In re Rodgewood Apartments of De-Kalb County, Ltd., 183 BR 784, 794 f. (Bankruptcy Court SD Ohio 1995).

tung von Sicherungsgut zusätzlich zu den allgemeinen Erfordernissen eingehalten werden müssen.

1. Allgemeine Voraussetzungen der Verwertung von Massegegenständen

Zunächst soll kurz auf die Verwertung von unbelasteten Massegegenständen eingegangen werden, da diese allgemeinen Voraussetzungen auch bei der Verwertung von Sicherungsgut aus der Masse zu beachten sind (dazu unter 2.).

a) Die Verwertung im gewöhnlichen Geschäftsbetrieb

Ein unkompliziertes Verfahren für Transaktionen mit Massegegenständen ist für die Fälle vorgesehen, in denen im Insolvenzverfahren die Fortführung der Geschäftstätigkeit zugelassen wurde. Nach § 363(c)(1) BC können dann die im Rahmen des gewöhnlichen Geschäftsbetriebes liegenden Transaktionen vorgenommen werden, ohne daß die Beteiligten oder das Gericht darüber näher zu informieren wären, sofern die geplante Verwertungsmethode dem gewöhnlichen Geschäftsverkehr entspricht, § 363(c)(1) BC.

Dabei ist die Fortführung der geschäftlichen Tätigkeit in den Verfahren nach Kapitel 11, 12 und 13 grundsätzlich gestattet und wird vom Gericht nur aus besonderen Anlässen untersagt.[14] Im Liquidationsverfahren erfolgt die Ermächtigung des trustee durch das Gericht, wenn die Fortführung dem Interesse der Masse dient und die ordnungsgemäße Liquidation nicht beeinträchtigt wird.[15]

Schwieriger ist hingegen die Feststellung, welche Transaktionen sich im Rahmen des gewöhnlichen Geschäftsbetriebes ("in ordinary course of business") bewegen. Die Gerichte stellen einen doppelten Vergleich an.[16] Zum einen wird die geplante Verwertung mit anderen Geschäften der Branche verglichen, in der auch der Schuldner tätig ist.[17] Zusätzlich wird auch noch geprüft, welche Art der Geschäfte der Schuldner vor Verfahrenseröffnung durchführte, um festzustellen, ob die Gläubiger mit der nun nach Verfahrenseröffnung durchgeführten Transaktion auch außerhalb eines Bankruptcy-Verfahrens hätten

---

14 Vgl. §§ 1108, 1203, 1204 und 1304(b) BC.

15 § 721 BC.

16 In re Roth American, Inc., 975 F2d 949, 952 f. (3rd Cir. 1992); In re Dant & Russell, Inc., 853 F2d 700, 704 (9th Cir. 1988); In re H&S Transportation Co., Inc., 115 BR 592, 598 (District Court MD Tennessee 1990); dazu *Weintraub/Resnick*, Uniform Commercial Code Law Journal 19 (1987), 364.

17 Sog. "horizontal dimension test". Zuerst In re Waterfront Companies, Inc., 56 BR 31, 34 f. (Bankruptcy Court D Minnesota 1985).

rechnen können.[18] Wenn die geplante Transaktion nach beiden Maßstäben nicht ungewöhnlich ist, darf sie durchgeführt werden.

b) Die Verwertung außerhalb des gewöhnlichen Geschäftsbetriebes

Entspricht die Verwertungshandlung nicht dem gewöhnlichen Geschäftsbetrieb oder ist die Fortsetzung der Geschäftstätigkeit im Insolvenzverfahren nicht zulässig, muß vor einer Verwertung von Massegegenständen allen Beteiligten davon Mitteilung gemacht werden, § 363(b) BC. Wenn einer der Beteiligten der geplanten Verwertung widerspricht, wird eine Anhörung durchgeführt, an deren Ende das Gericht über die Zulässigkeit der Verwertung entscheidet.[19] Mitteilungs- und widerspruchsberechtigt sind dabei neben sämtlichen Gläubigern auch die Inhaber dinglicher Sicherheiten.[20]

Wenn wegen des Widerspruchs eines Beteiligten eine gerichtliche Entscheidung erforderlich wird, wenden die Gerichte unterschiedliche Kriterien für die Zulassung der Nutzung, Veräußerung oder Vermietung an. Üblicherweise wird eine besondere geschäftliche Rechtfertigung für die ungewöhnliche Transaktion gefordert.[21] Daneben wird ebenfalls verlangt, daß die geplante Verwertung zum besten Nutzen der Gläubiger bzw. der Masse erfolgt.[22]
Überspitzt wurde formuliert, daß es bei dieser Frage einzig darum gehe, ob bei der Verwertung der bestmögliche Preis erlangt würde.[23] Der Preis stellt tatsächlich das wichtigste Kriterium dar. Eine Vielzahl von geplanten Verwertungen scheiterten daran, daß das Gericht vorteilhaftere Arten der Verwertung gesehen hatte oder den Erlös als unangemessen niedrig ansah.[24] Ebenfalls einbezogen

---

[18] Sog. "vertical dimension test" bzw. "creditor expectation test". Grundlegend dazu In re James A. Phillips, Inc., 29 BR 391, 394 (District Court SD New York 1983); In re Watford, 159 BR 597, 599 (District Court MD Georgia 1993), affirmed 61 F3d 30 (11th Cir. 1995).

[19] Ansonsten wird dazu keine Verhandlung durchgeführt, vgl. Bankruptcy Rule 6004(e). Zum Verfahren allgemein Bankruptcy Rule 6004 iVm. Bankruptcy Rule 2002(a), (c) und (i).

[20] Vgl. In re Hutchinson, 5 F3d 750, 756 (4th Cir. 1993).

[21] Sog. "business justification", vgl. In re Broadmoor Place Investments, L.P., 994 F2d 744 (10th Cir. 1993), certiorari denied 510 US 1071, 114 SCt 877, 127 LEd2d 73 (1994); In re Chateaugay Corp., 973 F2d 141 (2nd Cir. 1992); In re Lionel, 722 F2d 1063 (2nd Cir. 1983); Continental Air Lines, 780 F2d 1223 (5th Cir. 1986).

[22] Dazu In re Broadmoor Place Investments, L.P. (vorige Anmerkung); In re Collins, 180 BR 447, 452 (Bankruptcy Court ED Virginia 1995); In re Brileya, 108 BR 444 (Bankruptcy Court D Vermont 1989).

[23] *Epstein/Nickles/White*, § 4-4 a, S. 384.

[24] Vgl. etwa In re Broadmoor Place Investments, L.P., 994 F2d 744 (10th Cir. 1993), cer-

werden die Auswirkungen auf eine eventuelle Reorganisation; wenn die Verwertung bestimmter Gegenstände die Durchführung einer erfolgreichen Reorganisation verhindert, so wird auch hier die gerichtliche Erlaubnis versagt.[25]

Verstöße gegen diese Erfordernisse führen zur Anfechtbarkeit der Verwertung.[26] Jedoch wird der Erwerber in seinem guten Glauben an das korrekte Zustandekommen der gerichtlichen Entscheidung und die Wirksamkeit des Verkaufes geschützt.[27]

2. Die Verwertung von Sicherungsgut

Trotz der grundsätzlichen Anerkennung von Sicherungsrechten im Bankruptcy-Verfahren kann der trustee bzw. der eigenverwaltende Schuldner unter bestimmten Voraussetzungen über das Sicherungsgut in einer Weise verfügen, die sämtliche Belastungen auslöscht. Daneben besteht auch die Möglichkeit, den Gegenstand mit der Belastung zu veräußern oder im Verfahren zu nutzen oder zu vermieten.

Da es sich bei dem Sicherungsgut um Massegegenstände handelt, müssen auch die allgemeinen Voraussetzungen für eine Verwertung gegeben sein.[28]

a) Die Veräußerung unter Erlöschen der Sicherheit

Für die Verwertung von Massegegenständen unter Vernichtung der Rechte Dritter durch unbelastete Übertragung des Sache an den Erwerber werden in § 363(f) BC fünf alternative Voraussetzungen genannt. Zusätzlich müssen dabei die bereits dargestellten Erfordernisse des Absatzes (b) oder (c) erfüllt werden, je nachdem, ob es um eine Verwertung innerhalb oder außerhalb des üblichen Geschäftsbetriebes geht.[29]

---

tiorari denied 510 US 1071, 114 SCt 877, 127 LEd2d 73 (1994); In re Martin-Trigona, 760 F2d 1334 (2nd Cir. 1985).

25 Vgl. In re Braniff Airways, Inc., 700 F2d 935 (5th Cir. 1983). Anzumerken ist, daß § 363 BC als allgemeine Regelung auch in den Sanierungsverfahren gilt.

26 In re Met-L-Wood Corp., 861 F2d 1012 (7th Cir. 1988), certiorari denied 490 US 1006, 109 SCt 1642, 104 LEd2d 157 (1989); In re New York City Shoes, Inc., 89 BR 479 (Bankruptcy Court ED Pennsylvania 1988).

27 Matter of Lloyd, 37 F3d 271 (7th Cir. 1994); In re WPRV-TV, Inc., 983 F2d 336 (1st Cir. 1993); In re Edwards, 962 F2d 641 (7th Cir. 1992); Hardage v. Herring National Bank, 837 F2d 1319 (5th Cir. 1988).

28 Vgl. zu diesen vorstehend 1.

29 *Epstein/Nickles/White*, § 4-7, S. 399.

(1) Veräußerungsbefugnisse des allgemeinen Zivilrechts

Bei der Alternative des § 363(f)(1) BC wird darauf abgestellt, ob das allgemeine Zivilrecht außerhalb des Bankruptcy Code einen Erwerb von Sicherungsgut gestattet, durch welchen das dingliche Recht des Sicherungsnehmers erlischt. Diese außerinsolvenzrechtliche Möglichkeit wird also durch die Eröffnung des Bankruptcy-Verfahrens und die Geltung der Verwertungsvorschriften des § 363 BC nicht eingeschränkt. Daraus folgt, daß der Sicherungsnehmer keinen weitergehenden Schutz erhält, als er außerhalb des Bankruptcy-Verfahrens beanspruchen kann. Diese Regelung zielt auf § 9-307(1) UCC ab, wonach unbelastetes Eigentum erwirbt, wer eine Sache im gewöhnlichen Geschäftsbetrieb kauft; die Kenntnis vom Sicherungsrecht ist dabei unerheblich. Der Einzelhändler, der sein Geschäft im Rahmen des Reorganisationsverfahrens weiterführt, kann daher unter Auslöschung der Sicherheit veräußern.

Abgesehen von den Fällen des § 9-307(1) UCC sind die Gerichte bei der Anerkennung außerinsolvenzrechtlicher Normen zur Rechtfertigung eines Verkaufs nach § 363(f)(1) BC sehr restriktiv.[30]

(2) Zustimmung des gesicherten Gläubigers und Zustimmungsfiktion

Ohne weiteres zulässig ist die Veräußerung, wenn der Sicherungsnehmer gemäß § 363(f)(2) BC zugestimmt hat. Legt der gesicherte Gläubiger trotz einer rechtzeitigen Benachrichtigung keinen oder keinen rechtzeitigen Widerspruch ein, so kann seine Zustimmung fingiert werden.[31] Somit kann bei einer Verkaufsankündigung das Sicherungsrecht an dem betreffenden Gegenstand allein durch Untätigkeit des Sicherungsgläubigers verlorengehen.

(3) Rechtliche Unsicherheit

Auch bei einer rechtlichen Unsicherheit über das Bestehen des Sicherungsrechts ist der trustee zur Veräußerung berechtigt, § 363(f)(4) BC.[32] Dies geht auf eine

---

[30] Vgl. etwa Matter of Spain, 83 BR 61 (Bankruptcy Court ND Alabama 1988); In re Fandrich, 63 BR 250 (Bankruptcy Court D North Dakota 1986); In re Manning, 37 BR 755 (Bankruptcy Court D Colorado 1984), aufgehoben aus anderen Gründen 831 F2d 205 (10th Cir. 1987); In re Red Oak Farms, 36 BR 856 (Bankruptcy Court WD Missouri 1984).

[31] Veltman v. Whetzal, 93 F3d 517 (8th Cir. 1996); Equibank, N.A. v. Wheeling-Pittsburgh Steel Corp., 884 F2d 80, 88 (3rd Cir. 1989); In re Elliot, 94 BR 343 (District Court ED Pennsylvania 1988); In re Tabore, Inc., 175 BR 855 (Bankruptcy Court D New Jersey 1994).

[32] Dazu In re Gerwer, 898 F2d 730 (9th Cir. 1990); In re Terrace Chalet Apartments, Ltd., 159 BR 821, 828 (District Court ND Illinois 1993).

ältere Entscheidung zurück, in der festgestellt wurde, daß keiner der Beteiligten ein Interesse daran hat, wenn eine wirtschaftlich sinnvolle Verwertungsmöglichkeit (etwa wegen drohenden Wertverfalls des Sicherungsgutes oder wegen einer kurzfristigen Veräußerungschance) nur deswegen ungenutzt bleibt, weil der Streit über die Rechtslage noch nicht entschieden wurde.[33]

(4) Veräußerungsbefugnis bei nicht vollständiger Belastung

Übersteigt der Veräußerungserlös den Wert aller Sicherheiten an dem Gegenstand, so ist die Verwertung gemäß § 363(f)(3) BC zulässig.[34]

In diesem Zusammenhang wird von der bisher vorliegenden Rechtsprechung die Frage uneinheitlich beantwortet, wie der Wert der Sicherheiten zu berechnen ist, wenn die Summe der gesicherten Forderungen den Wert des Sicherungsgutes übersteigt. Zumeist wird auf den Nennwert der gesicherten Forderungen abgestellt.[35]

Die Gegenansicht will eine Veräußerung schon zulassen, wenn damit der Wert des gesicherten Teils des Anspruchs (also begrenzt durch den Wert der Sache), als Erlös erlangt wird.[36]

Diese Auslegung erscheint aber zweifelhaft, da § 363(f)(3) BC die Veräußerung schon immer dann zuließe, wenn die Sache nicht unter Wert veräußert werden soll. Die sonstigen Alternativen des § 363(f) BC, etwa das Zustimmungs-

---

33 Coulter v. Blieden, 104 F2d 29, 32, (8th Cir. 1939), certiorari denied 308 US 583, 60 SCt 106, 84 LEd 488 (1939).

34 Die gesetzliche Regelung lautet: "(f) The trustee may sell property under subsection (b) or (c) of this section free and clear of any interest in such property of an entity other than the estate, only if- ...

(3) such interest is a lien and the price at which such property is to be sold is greater then *the aggregate value of all liens* on such property; ..." [Hervorhebungen des Verfassers].

35 Matter of Stroud Wholesale, Inc., 47 BR 999, 1001 f. (District Court ED North Carolina 1985); affirmed 983 F2d 1057 (4th Cir. 1993); In re Terrace Chalet Apartments, Ltd., 159 BR 821, 826 (District Court ND Illinois 1993); In re Perroncello, 170 BR 189 (Bankruptcy Court D Massachusetts 1994); In re Heine, 141 BR 185, 189 f. (Bankruptcy Court D South Dakota 1992). So auch Merritt in seinem Sondervotum in In re K.C. Machine & Tool Co., 816 F2d 238, 248 (6th Cir. 1987). Die Mehrheitsentscheidung hielt diese Frage im dort vorliegenden Fall nicht für entscheidungserheblich.

36 In re Grand Slam USA, Inc., 178 BR 460 (District Court ED Michigan 1995); In re WBQ Partnership, 189 BR 97, 105 mit weiteren Nachweisen (Bankruptcy Court ED Virginia); In re Beker Industries Corp., 63 BR 474, 477 (Bankruptcy Court SD New York 1986); In re Terrace Gardens Park Partnership, 96 BR 707 mit weiteren Nachweisen (Bankruptcy Court WD Texas 1989); In re Milford Group, Inc., 150 BR 904 (Bankruptcy Court MD Pennsylvania 1992).

erfordernis in Absatz (2) wären damit weitgehend überflüssig.[37] Sie erhielten nur dann Bedeutung, wenn die Sache unter Wert verkauft werden soll.
Gegen diese Ansicht spricht auch eine Änderung des Gesetzes im Jahr 1984, in der § 363(f)(3) BC sprachlich modifiziert wurde. Wurde zuvor auf den Wert des "interest" des gesicherten Gläubigers abgestellt, ist nach der Gesetzesänderung auf den Wert aller "liens" abzustellen.[38] Die Definition des Begriffes "lien" in § 101(37) BC[39] erfährt keine Einschränkung im Hinblick auf den Wert des zugrunde liegenden Sicherungsgutes. Es kann daher von der Absicht des Gesetzgebers ausgegangen werden, auch bei der Berechnung des Ablösungswertes in § 363(f)(3) BC eine derartige Einschränkung auf den Wert des Sicherungsgutes nicht vorzunehmen.

So hat auch ein Court of Appeals festgestellt, daß eine Veräußerung frei von Belastungen und Rechten Dritter grundsätzlich nur erfolgen soll, wenn diese vollständig befriedigt werden und die Masse darüber hinaus einen Mehrwert realisiert.[40]
Außerdem führte die gegenteilige Ansicht dazu, daß ein Gläubiger im Rahmen einer Verwertung gegen seinen Willen auf den Wert des zugrunde liegenden Sicherungsgutes beschränkt werden kann. Die Unzulässigkeit dieses sogenannten "strip down", bei dem ein Sicherungsrecht durch Zahlung des Zeitwertes des zugrunde liegenden Sicherungsgutes abgelöst wird, hat der Oberste Gerichtshof aber kürzlich im Rahmen des § 506(a) BC festgestellt.[41] Grundsätzlich ist in US-amerikanischen Rechtsordnungen die Ablösung (redemption) nur gegen Zahlung der gesamten Forderung möglich. Nur unter ganz besonderen Voraussetzungen, im Bankruptcy-Verfahren etwa bei Gegenständen, die der Schuldner als insolvenzbefreites Vermögen geltend machen kann, ist ein strip-down möglich.[42] Eine Zulassung dieser Maßnahme im Rahmen einer Verwertung nach § 363(f)(3) BC widerspräche also auch dem Grundgedanken dieser Entscheidung.

---

37 In re Perroncello, 170 BR 189, 192 (Bankruptcy Court D Massachusetts 1994); *Collier*, ¶ 363.06[4], S. 363-47; *Epstein/Nickles/White*, § 4-7, S. 402.

38 Die Phrase "value of such holder's interest" wurde zur Klarstellung durch die jetzt gültige Formulierung "value of all liens" ersetzt, vgl. *Norton*, § 363(f) BC, S. 304.

39 "(37) 'lien' means charge against or interest in property to secure payment of a debt or performance of an obligation".

40 In re Riverside Investment Partnership, 674 F2d 634, 640 (7th Cir. 1982).

41 Dewsnup v. Timm, 502 US 410, 112 SCt 773, 116 LEd2d 903 (1992).

42 § 722(b) BC, vgl. dazu oben § 6 A III 3, S. 163 f.

Als Erfordernis des § 363(f)(3) BC ist deswegen zu verlangen, daß der Erlös zur Erfüllung aller den Belastungen zugrunde liegenden Forderungen ausreicht. Ein Erlös, der nur zur Erfüllung der nach § 506(a) BC als gesichert anzusehenden Forderungen ausreicht und den danach ungesicherten Teil außer acht läßt, genügt diesen Anforderungen nicht.

(5) Veräußerungsbefugnis bei Bestehen eines Auslösungsrechtes

Schließlich besteht die Verwertungsbefugnis in den Fällen, in denen das Sicherungsrecht gegen eine Geldzahlung ausgelöst werden kann, § 363(f)(5) BC. Hier ist - anders als bei § 363(f)(3) BC - nicht erforderlich, daß die Auslösung durch Zahlung des Gesamtbetrages der gesicherten Forderung erfolgt. Vielmehr ist, je nach Inhalt des anzuwendenden Rechtssatzes, auch eine Abfindung mit einem geringeren Betrag als dem Nennwert der Forderungen möglich.[43]

In den verschiedenen Rechtsordnungen der Einzelstaaten sind derartige Maßnahmen im Sinne des § 363(f)(5) BC für dingliche Sicherheiten nicht zu finden. Eine Auslösung des Sicherungsgutes ist dort jeweils nur nach Zahlung der gesamten Forderung vorgesehen.

In den wenigen Fällen, in denen diese Regelung in der Praxis angewandt wurde, ist auf Regelungen des Bankruptcy Code zurückgegriffen worden. So wurde etwa die "cram down"-Regelung des § 1129(b)(2)(A) BC,[44] wonach die Ablösung eines Sicherungsrechts gegen Gewährung eines entsprechenden Gegenwertes in einem Reorganisationsplan zulässig ist, angewandt.[45] Dies soll über § 363(f)(5) BC auch im Liquidationsverfahren nach Kapitel 7 gelten.[46] Diese Argumentation ist aus systematischer Sicht äußerst zweifelhaft, da § 1129(b)(2)(A) BC nicht im Allgemeinen Teil des Chapter 3, sondern im Kapitel über das Reorganisationsverfahren angesiedelt ist. In der Mehrzahl der Fälle wird die Norm allerdings ohne weitere Begründung für unanwendbar erklärt.[47]

---

43 Vgl. In re Terrace Chalet Apartments, Ltd., 159 BR 821 (District Court ND Illinois 1993); In re Healthco International, Inc., 174 BR 174, 176 (Bankruptcy Court D Massachusetts 1994).

44 Vgl. dazu unten § 9 A V 2 b, S. 304 ff.

45 In re Oak Farms, 36 BR 856 (Bankruptcy Court WD Missouri 1984); grundsätzlich auch In re Hunt Energy Co., Inc., 48 BR 472 (Bankruptcy Court ND Ohio 1985), aus sachlichen Gründen aber abgelehnt. Dagegen In re Beker Industries Corp., 63 BR 474 (Bankruptcy Court SD New York 1986). Zweifelnd auch *Epstein/Nickles/White*, § 4-7, S. 404.

46 In re Grand Slam, USA, 178 BR 460 (District Court ED Michigan 1995); In re Healthco International, Inc., 174 BR 174 (Bankruptcy Court D Massachusetts 1994).

47 *Epstein/Nickles/White*, § 4-7, Fn. 20 mit weiteren Nachweisen.

b) Die Veräußerung des Sicherungsgutes unter Beibehaltung der Sicherheit

Der trustee kann einen belasteten Gegenstand auch unter Übernahme der Belastung durch den Erwerber veräußern.[48] Ein Erwerber wird zur Übernahme der Belastung aber regelmäßig nur dann bereit sein, wenn der Wert des Sicherungsgutes durch die Belastung nicht bereits aufgezehrt wird. Auch ist für den Erwerber zu berücksichtigen, daß der Sicherungsnehmer nach Ausscheiden des Gegenstandes aus der Masse den Beschränkungen des automatic stay nicht mehr unterworfen ist und sein Recht an dem Gegenstand durchsetzen kann.
Je nachdem, ob die Veräußerung im Rahmen des gewöhnlichen Geschäftsbetriebes oder außerhalb erfolgt, sind gegebenenfalls die Erfordernisse des § 362(b)(1) BC über die vorherige Bekanntgabe und gerichtliche Bestätigung einzuhalten.[49]

c) Die Verwendung von Sicherungsgut

Die Nutzung und Vermietung von Sicherungsgut durch den trustee ist grundsätzlich zulässig. Hier sind, anders als für die Veräußerung nach § 363(f) BC, keine besonderen Voraussetzungen geregelt. Gemäß § 363(e) BC ist dem Sicherungsnehmer aber auf Antrag auch hier der Schutz seines wirtschaftlichen Interesses zu gewähren, wenn dies durch die vorgesehene Benutzung oder Vermietung gefährdet ist.[50] Kann kein entsprechender Schutz gewährt werden, so darf die vorgesehene Verwendung nicht erfolgen.[51]

d) Die Behandlung von Cash Collateral

Eine erhebliche Einschränkung der Befugnisse des trustee bzw. debtor in possession besteht gemäß § 363(c)(2) bis (4) BC bei der Veräußerung und Verwendung von sogenanntem "cash collateral". Diese Einschränkungen gelten auch dann, wenn es um Verwertungshandlungen geht, die sich im Rahmen des gewöhnlichen Geschäftsbetriebes bewegen.

---

48 Vgl. In re Shooting Star Enterprises, Inc., 76 BR 154 (9th Cir. BAP 1987), affirmed 843 F2d 1576 (9th Cir. 1988); Cowans II, § 11.9(d), S. 589.

49 Vgl. oben 1, S. 214 ff.

50 Vgl. In re 5-Leaf Clover Corporation, 6 BR 304 (Bankruptcy Court SD West Virginia 1980); In re Kenny Kar Leasing, Inc., 5 BR 304 (Bankruptcy Court D California 1980).

51 In re Magness, 972 F2d 689 (6th Cir. 1992); Martin v. Commodity Credit Corporation, 761 F2d 472 (8th Cir. 1985); In re George Ruggiere Chrysler-Plymouth, 727 F2d 1017 (11th Cir. 1984).

Der Begriff "cash collateral" wird in § 363(a) BC definiert. Es handelt es sich dabei um besondere Arten von Vermögensgegenständen, die mit Sicherungsrechten belastet sind. Zum einen sind dies Bargeld, Kontoguthaben und besonders leicht verwertbare Sicherungsgüter wie etwa Wertpapiere. Darüber hinaus sind auch Gegenstände erfaßt, welche mit dem genannten Sicherungsgut erworben wurden. Der Grund für die Regelung ist das besondere Schutzbedürfnis für Inhaber dieser leicht flüchtigen Sicherungsmittel.

(1) Die Verwertung und Verwendung von Cash Collateral

Bei der Verwertung von cash collateral ist wiederum das in § 363(b) BC beschriebene Verfahren einzuhalten, das heißt die Verwendung des Sicherungsgutes ist allen Inhabern von Rechten daran bekannt zu geben. Stimmen alle Rechtsinhaber zu, kann die Verwertung durchgeführt werden. Widerspricht einer der Beteiligten, so hat wiederum das Gericht nach einer Anhörung zu entscheiden.

Das Gericht hat bei der Entscheidung nicht nur zu berücksichtigen, ob die Verwertung der Masse zum besten Nutzen gereicht, sondern vor allem, ob das Recht des Sicherungsnehmers ausreichend geschützt bleibt.[52]

Die Zustimmung zur Nutzung von cash collateral wird von gesicherten Gläubigern durchaus eingesetzt, um sich gewisse Vorteile zu verschaffen, etwa zur bevorzugten Benachrichtigung über den Geschäftsfortgang, die Zustimmung zur sofortigen Verwertung im Falle der weiteren Leistungsstörung oder die Zusage von Zahlungen.[53]

(2) Die Aufbewahrung von Cash Collateral

Auch die Aufbewahrung dieses besonderen Sicherungsgutes erfolgt nach besonderen Vorschriften. Sie muß jedenfalls getrennt von den anderen Gegenständen der Masse vorgenommen werden, § 363(c)(4) BC. Damit wird auf das Schutzbedürfnis des Gläubigers und auf das Wirksamkeitserfordernis des § 9-306 UCC Rücksicht genommen, welcher die Unterscheidbarkeit des Surrogates des Sicherungsgutes vom sonstigen Vermögen des Schuldners verlangt, damit das Sicherungsrecht sich an diesem Erlös fortsetzt.

3. Die Zurückstufung des Sicherungsrechts

Eine besondere Art der Nutzung des Sicherungsgut ist in § 364(d) BC vorgesehen. Danach kann in bestimmten Fällen ein vor- oder gleichrangiges Sicherungsrecht am Sicherungsgegenstand zugunsten eines neuen Kreditgebers

---

52 Dazu ausführlich sogleich unter 4.

53 *Epstein/Nickles/White*, § 4-5, S. 394.

eingeräumt werden. Der gesicherte Gläubiger verliert dadurch seine bisherige Rechtsposition und muß damit rechnen, als nachrangiger Sicherungsrechtsinhaber mit der Befriedigung aus dem Sicherungsgut auszufallen, wenn der Erlös nicht ausreicht, um die Forderungen sowohl des neugeschaffenen vorrangigen als auch des älteren, aber nunmehr nachrangigen Sicherungsrechtes, zu befriedigen.
Die Zurückstufung des Sicherungsrechts ist nur unter engen Voraussetzungen zulässig. Es muß sich um die ultima ratio zur Krediterlangung handeln. Versuche, einen ungesicherten Kredit (bei dem die Rückzahlungspflicht den Status von Masseverwaltungskosten und damit höchste Priorität bei der Verteilung der Masse hat) oder einen Kredit unter Gewährung von Sicherungsrechten an bisher unbelasteten Gegenständen bzw. unter Gewährung eines nachrangigen Sicherungsrechtes zu erlangen, müssen gescheitert sein.[54] Weiterhin muß nachgewiesen werden, daß das Interesse des zurückgesetzten Sicherungsnehmers ausreichend geschützt wird, § 364(d)(2) BC.
Der zurückgesetzte gesicherte Gläubiger soll das gleiche Maß an Schutz haben, wie er ohne die Zurücksetzung hätte.[55] Wenn dieser Schutz für den zurückgesetzten gesicherten Gläubiger aber tatsächlich erreicht werden kann, ist kaum ersichtlich, warum der neue Kreditgeber nicht anderweitig gesichert werden konnte.[56]

4. Der Schutz des Sicherungsnehmers bei Verwaltung und Verwertung

Der Sicherungsrechtsinhaber wird in seinem Interesse am Sicherungsgut in verschiedener Hinsicht geschützt. Zum einen ist durch die Benachrichtigungs- und Anhörungserfordernisse gewährleistet, daß ihm Gelegenheit gegeben wird, seine Interessen darzulegen.
Wenn eine Einigung zwischen dem gesicherten Gläubiger und dem trustee bzw. debtor in possession nicht erreicht werden kann, so darf der Gläubiger auf eine gerichtliche Entscheidung in seinem Sinne hoffen. Denn die Gerichte sind bei der Genehmigung der Verwertung eher restriktiv, wenn der gesicherte Gläubigers widerspricht.[57]

---

54 § 364(b) und (c)(1), (2) und (3) BC; vgl. dazu HR Report No. 595, 95th Congress, 1st Session, S. 347 (1977); Senate Report No. 989, 95th Congress, 2nd Session, S. 58 (1978).

55 In re Swedeland Development Group, Inc., 16 F3d 552 (3rd Cir. 1994); In re First South Savings Association, 820 F2d 700 (5th Cir. 1987); In re Playbell Rubber Products, Inc., 137 BR 897 (Bankruptcy Court ND Ohio 1992).

56 So *White/Summers*, § 23-9, S. 1114; *Coogan*, Georgia Law Review 14 (1980), 153, 170.

57 *Epstein/Nickles/White*, § 4-7, S. 401.

Liegt allerdings eine zustimmende Gerichtsentscheidung vor, gegen die der gesicherte Gläubiger Rechtsmittel einlegen will, so sollte er eine Aussetzung der Vollziehung für den Zeitraum des Rechtsmittelverfahrens beantragen, § 363(m) BC. Anderenfalls kann die Verwertung auf der Grundlage der angefochtenen Entscheidung erfolgen - mit der Wirkung, daß die Rechte des Rechtsmittelführers endgültig ausgelöscht werden und auch das Rechtsmittel wegen Erledigung zurückgewiesen wird.[58]
Ohne Zustimmung des gesicherten Gläubigers darf eine Verwertung unter Auslöschung der Sicherheit nur erfolgen, wenn ein angemessener Schutz ("adequate protection") dieser Rechte im Sinne des § 361 BC gegeben ist. Die Beweispflicht für das Bestehen des angemessenen Schutzes obliegt dem trustee bzw. dem eigenverwaltenden Schuldner, während der Sicherungsnehmer nur Wirksamkeit, Art und Umfang seines Rechts nachweisen muß.[59]
Das Gesetz sieht in § 361 BC verschiedene Methoden zur Herstellung dieses Schutzes vor.[60]

a) Arten der Adequate Protection

Möglich ist nach § 361(1) BC die Zahlung einer Nutzungsgebühr an den gesicherten Gläubiger. Diese kommt vor allem in Betracht, um eine Verringerung des Wertes durch Benutzung oder Vermietung, aber auch durch sonstige Ereignisse - wie Marktentwicklungen -, auszugleichen.
Weiterhin kann dem Sicherungsrechtsinhaber nach § 361(2) BC eine Ersatzsicherheit eingeräumt werden. Bei einer Veräußerung wird dem Sicherungsnehmer üblicherweise ein Sicherungsrecht am Erlös eingeräumt.[61] Dies wurde auch vom Gesetzgeber als die angemessene Art und Weise zur Herstellung von adequate protection in diesen Fällen der Verwertung nach § 363(f) BC angesehen.[62]
Möglich ist aber auch eine Ersatzsicherheit an anderen Gegenständen; dies erfordert aber das Vorhandensein weiterer Vermögensgegenstände, an denen die Masse ein werthaltiges Recht innehat.

---

58 Algeran, Inc. v. Advance Ross Corp., 759 F2d 1421 (9th Cir. 1985); Eweell v. Diebert, 137 BR 963, (District Court ED California 1990), affirmed 958 F2d 276 (9th Cir.).

59 § 363(o) BC.

60 Vgl. dazu bereits oben § 5 A I 3 a (3), S. 112 f.

61 Fitzgerald v. First Security Bank of Idaho, N.A., 77 F3d 322, 323 (9th Cir. 1996); In re O'Connor, 808 F2d 1393, 1398 (10th Cir. 1987); dazu auch *Chobot*, Commercial Law Journal 96 (1991), 136, 138.

62 Vgl. dazu HR Report No. 595, 95th Congress, 1st Session, 345 f. (1977); Senate Report No. 989, 95 Congress, 2nd Session, S. 56 (1978).

Schließlich kann auch jede anderweitige Sicherung der Interessen des Sicherungsnehmers erfolgen, soweit sie diesem nur ein unbezweifelbares Äquivalent ("undubitable equivalent") für das Sicherungsrecht gewährt, § 361(3) BC. Dies kann etwa die werthaltige Garantieerklärung eines Dritten sein.[63] Nicht ausreichend ist hingegen die Einordnung des Anspruchs des gesicherten Gläubigers als bevorzugter Masseanspruch für Verwaltungsausgaben.[64]

b) Bedeutung und Anwendungsbereich der Adequate Protection im Rahmen der Verwertung und Verwaltung von Sicherungsgut

Die adequate protection des Sicherungsnehmers muß zum einen bei der Entscheidung des Gerichts über die Gestattung der Verwertung des Gegenstandes nach einem Widerspruch berücksichtigt werden. Die Benutzung, der Verkauf bzw. die Vermietung kann insgesamt untersagt oder von Bedingungen abhängig gemacht werden, soweit dies zur Erreichung der adequate protection erforderlich ist, § 363(e) BC: Der Sicherungsnehmer kann nach dieser Vorschrift jederzeit, also auch nach bereits erfolgter Genehmigung der Verwertung beim Gericht seinen Schutz beantragen.

Eine weitergehende Sicherung für besondere Arten von Sicherungsgut im Reorganisationsverfahren enthalten die Bestimmungen der §§ 1110, 1168 BC. Diese gelten nur für Sicherungsrechte an bestimmten Gegenständen des Flug-, Wasser- und Eisenbahntransportgewerbes. Danach wird das Sicherungsrecht an dem besonderen Gegenstand, welcher in einem der genannten Transportgewerbe eingesetzt sein muß, dahingehend geschützt, daß die Inbesitznahme des Sicherungsgutes nach den vertraglichen Vereinbarungen zulässig ist. Hier hat das Gericht auch nicht die Möglichkeit, die Verwertung nach § 363 BC zuzulassen. Dies ist nur zulässig, wenn der trustee innerhalb einer 60tägigen Frist nach Verfahrenseröffnung die Erfüllung sämtlicher Ansprüche des Sicherungsnehmers aus der Sicherungsvereinbarung, die nach Verfahrenseröffnung fällig geworden sind, zusagt und zusätzlich die Leistungspflichten, mit denen sich der Schuldner im Verzug befindet, innerhalb dieser Frist bzw. innerhalb von dreißig Tagen nach Verzugseintritt erfüllt.[65]

---

63 HR Report No. 595, 95th Congress, 1st Session, S. 340 (1977); In re Swedeland Development Group, Inc., 16 F3d 552 (3rd Cir. 1994).

64 § 361(3) BC; vgl. dazu In re Blehm Land & Cattle Co., 859 F2d 137, 141 (10th Cir. 1988).

65 §§ 1110(a)(1); 1168(a)(1) BC. Dazu HR Report No. 595, 95th Congress, 1st Session, S. 405 (1977); Senate Report No. 989, 95th Congress, 2nd Session, S. 116 f. (1978).

c) Praktische Auswirkungen für den gesicherten Gläubiger

Trotz der genannten Schutzmechanismen kann es zu einem Ausfall des gesicherten Gläubigers kommen. Da es sich bei der Entscheidung des Gerichts zur adequate protection häufig um Prognoseentscheidungen handelt (Wie groß ist der Wertverlust durch die Benutzung? Kann der Schuldner die im Plan vorgesehenen Leistungen erbringen?), besteht keineswegs die vollständige Gewähr für den gesicherten Gläubiger, tatsächlich nicht schlechter gestellt zu werden, als er bei sofortiger Verwertung des Sicherungsgutes stünde.

Der Sicherungsnehmer erhält in diesen Fällen für den Ausfall einen erstrangigen Masseanspruch.[66] Neuerdings wird dafür aber einschränkend gefordert, daß durch die Verwendung des Sicherungsgutes auch ein Nutzen für die Masse entstanden ist.[67]

d) Erwerb des Sicherungsgutes durch den Sicherungsnehmer

Bei der Veräußerung des Sicherungsgegenstandes kann der Sicherungsnehmer selbst mitbieten. Erhält er den Zuschlag, ist er nach § 363(k) BC hinsichtlich des Kaufpreises zur Aufrechnung mit seiner gesicherten Forderung gegen den Schuldner berechtigt. Dies gilt bis zum Nennwert der gesicherten Forderung und beschränkt sich nicht nur auf den eigentlichen Wert des Sicherungsgutes, welcher nach § 506(a) BC für die Bestimmung des gesicherten Anspruchs gilt. Die Aufrechnungsbefugnis gilt also auch für den Teil der Forderung, mit dem der Gläubiger an sich als ungesicherter Gläubiger behandelt wird. Nicht hingegen zur Aufrechnung berechtigt ist der Gläubiger mit eventuell bestehenden sonstigen Ansprüchen, die nicht durch den fraglichen Gegenstand gesichert waren.[68]

Durch dieses Mitbietungsrecht mit Aufrechnungsbefugnis kann sich der Sicherungsnehmer wirksam gegen einen zu niedrigen Verkaufspreis schützen und als Erwerber - ohne neue Mittel aufwenden zu müssen - anschließend selbst im

---

66 Nach § 503(b)(1) iVm. § 507(a)(1), (b) BC. Der Wortlaut ist zwar unklar, die Intention des Gesetzgebers aber eindeutig, vgl. 124 Cong. Rec. H 11095 (September 28, 1978), S 1741 (October 6, 1978), Anmerkungen von Representative *Edwards* und Senator *DeConcini*. So entscheiden auch die Gerichte: In re Carpet Center Leasing, 991 F2d 682 (11th Cir. 1993), certiorari denied 510 US 1118, 114 SCt 1069, 127 LEd2d 388; In re Blehm Land & Cattle Co., 859 F2d 137 (10th Cir. 1988); In re Center Wholesale, Inc., 759 F2d 1440 (9th Cir. 1985);

67 Ford Motor Credit Co. v. Dobbins, 35 F3d 860, 865 ff. (4th Cir. 1994); In re Mid Region Petroleum, 1 F3d 1130, 1133 (10th Cir. 1993).

68 HR Report No. 595, 95th Congress, 1st Session, S. 346 (1977); Senate Report 989, 95th Congress, 2nd Session, S. 56 (1978); dazu auch *Norton*, § 37-21.

Wege des freihändigen Verkaufs versuchen, einen höheren Erlös zu erzielen. Falls zum Zeitpunkt der Verwertung der Marktpreis des Sicherungsgutes besonders niedrig ist, empfiehlt es sich unter Umständen für den Sicherungsnehmer auch, den Gegenstand zunächst selbst zu erwerben und erst nach einer Erholung des Marktes zu einem höheren Preis zu verwerten.

5. Freigabe des belasteten Gegenstandes

Gegenstände, die für die Masse nur minimalen Wert und Nutzen haben oder lediglich zu Belastungen führen, kann der trustee nach § 554(a) BC freigeben. Die Initiative zu einer derartigen Freigabe ("abandonment") kann auch von anderen Beteiligten ausgehen, etwa vom Schuldner selbst oder von Gläubigern, § 554(b) BC. Dabei sind nach Bankruptcy Rule 6007 vor Freigabe alle Beteiligten über die geplante Maßnahme zu unterrichten, bei Widerspruch eines Beteiligten ist eine gerichtliche Anhörung durchzuführen. Danach entscheidet dann das Gericht über das Ob und Wie des abandonment.

Im Hinblick auf eine Massevermehrung ist entscheidender Maßstab, ob der Wert bzw. der Nutzen für die Masse die Kosten der Verwaltung übersteigt. Ist dies nicht der Fall, so ist der Gegenstand für die Masse belastend.[69] Auch wenn Kosten und Nutzen sich etwa die Waage halten und damit kein nennenswerter Wertzuwachs für die Masse zu erwarten ist, kann die Freigabe erfolgen. Für gesicherte Gläubiger bedeutet dies, daß - sofern ihr Anspruch dem Wert der Sache entspricht oder diesen übersteigt und die Sache auch nicht für eine Reorganisation erforderlich ist - die Freigabe erfolgen kann.[70]
Die Freigabe erfolgt üblicherweise zugunsten desjenigen, der ein Recht zum Besitz an der Sache hat.[71] Regelmäßig werden die Gegenstände daher dem Schuldner zurückgegeben.[72] Zulässig ist aber auch die Freigabe an den Sicherungsnehmer, wenn dieser bei Eröffnung des Verfahrens ein Besitzrecht an der Sache innehatte.[73]

---

69 So schon zum Bankruptcy Act Hanover Ins. Co. v. Tyco Industries, Inc., 500 F2d 654 (3rd Cir. 1974); Federal Land Bank of Berkeley v. Nalder, 116 F2d 1004 (10th Cir. 1941), certiorari denied 313 US 578, 61 SCt 1095, 85 LEd 1535.

70 Vgl. *Weintraub/Resnick*, ¶ 4.06, S. 4-38.

71 Ohio v. Kovacs, 469 US 274 [Fn. 12], 105 SCt 705, 83 LEd2d 649 (1985); In re Wilson, 94 BR 886, 888 (Bankruptcy Court ED Virginia 1989); Historical and Revision Notes to § 554 BC, Notes of the Committees on the Judiciary, Senate Report No. 95-989, S. 92.

72 In re Dewsnup, 908 F2d 588 (10th Cir. 1990), affirmed 502 US 410, 112 SCt 773, 116 LEd2d 903 (1992); In re Bell, 700 F2d 1053 (6th Cir. 1983).

73 In re Service, 155 BR 512, 515 (District Court ED Missouri 1993); In re A. J. Lane &

Da die Übertragung grundsätzlich an den Schuldner erfolgt, kann der Sicherungsnehmer wegen des weiterhin geltenden Vollstreckungsstopps das Sicherungsrecht nicht realisieren. Dafür ist zusätzlich eine Aufhebung des automatic stay erforderlich.[74]

Sofern während des Verfahrens keine Disposition über das Sicherungsgut erfolgt ist, ergibt sich aus § 725 BC die Pflicht des trustee, vor der Schlußverteilung über den Gegenstand in irgendeiner Weise zu verfügen. Weitere Regelungen sind dazu nicht getroffen. Nach dem Willen des Gesetzgebers soll diese Norm ein flexibles Instrument zur alle Umstände berücksichtigenden Verfügung darstellen. Sichergestellt werden soll allerdings die Übertragung der fraglichen Gegenstände an den berechtigten gesicherten Gläubiger.[75] Anders als bei der Freigabe nach § 554 BC, dem sogenannten "abandonment", wird daher an dieser Stelle der Gegenstand zumeist direkt an den Sicherungsnehmer übertragen. Die Bestimmung kommt allerdings nur zur Anwendung, wenn über die entsprechenden Vermögensgegenstände keine andere Disposition getroffen wurde. Sie ist subsidiär zu den sonstigen Dispositionsmöglichkeiten, wie der Verwertung durch den trustee, der Freigabe an den Schuldner bzw. der Aufhebung des automatic stay, jeweils nebst Zwangsverwertung.[76]

Wenn über das Sicherungsgut - trotz § 725 BC - bis zur Beendigung des Verfahrens nicht disponiert wurde, fällt es gemäß § 554(c) BC an den Schuldner zurück, wobei die Sicherheit erhalten bleibt. Daran ändert auch eine eventuelle Restschuldbefreiung nichts, da diese nur die persönliche Haftung des Schuldners entfallen läßt, nicht aber die dingliche Haftung des Sicherungsgutes.[77] Der Gläubiger kann dann auf das Sicherungsgut zugreifen, da mit Verfahrensbeendigung auch der Verfahrensstopp endet.[78]

6. Die Verwertung durch den gesicherten Gläubiger

Wenn der gesicherte Gläubiger im Besitz des Sicherungsgutes geblieben ist oder der Gegenstand vom trustee freigegeben wurde, darf er die Verwertung des

---

Co., Inc., 133 BR 264 (Bankruptcy Court D Massachusetts 1991); *Cowans*, § 9.10, S. 202.

74 Vgl. dazu oben § 5 A I 4 a, S. 115 f.

75 Senate Report No. 989, 95th Congress, 2nd Session, S. 96 (1978).

76 *Collier*, ¶ 725.02, S. 725-3; *Norton*, § 72:1, S. 72-3.

77 Vgl. Johnson v. Home State Bank, 501 US 78 [83ff.], 111 SCt 2150 [2153 f.], 115 LEd2d 66 (1991); Wrenn v. American Cast Iron Pipe Co., 40 F3d 1162 [1164] mit weiteren Nachweisen (11th Cir. 1994).

78 § 362(d)(2) BC, vgl. dazu § 5 A I 4 b, S. 116.

Sicherungsgutes ausüben. Erforderlich ist allerdings zuvor eine Aufhebung des automatic stay.[79] Die Art und Weise der Verwertung richtet sich nach den Regeln des allgemeinen Zivilrechts zur Durchsetzung der dinglichen Haftung des Gegenstandes durch Zwangsverkauf.[80]

III. Behandlung des Erlöses

Welche Rechte der gesicherte Gläubiger bei einer Verwertung an dem Erlös erhält, ist von der Art und Durchführung der Verwertung und den zwischen den Parteien getroffenen Abreden bzw. den gerichtlichen Anprdnungen abhängig.

1. Der unbelastete Erwerb des Erlöses durch die Masse

Wenn das Sicherungsgut im Rahmen des § 363 BC unter Beibehaltung des Sicherungsrechtes verwertet wurde, handelt es sich bei dem Erlös um den Gegenwert des wirtschaftlichen Restwertes ("equity"), den die Masse am Sicherungsgut hatte. Da dies gerade den Teil des Sicherungsgutes betrifft, an welchem dem gesicherten Gläubiger kein Befriedigungsrecht mehr zusteht, erlangt dieser auch keinerlei Rechte am Erlös.[81] Der gesicherte Gläubiger kann allerdings beim Erwerber - nunmehr ohne die Beschränkungen des automatic stay - Befriedigung aus dem Sicherungsgut suchen. Auch wenn dem gesicherten Gläubiger als adequate protection eine Ersatzsicherheit an einem anderen Gegenstand bestellt wurde, verliert er durch seine Zustimmung bzw. die gerichtliche Entscheidung sämtliche Rechte am verwerteten Gegenstand und dem Erlös. Seine besonderen Rechte als gesicherter Gläubiger beschränken sich dann ausschließlich auf die gewährte Ersatzsicherheit.

2. Fortsetzung des Sicherungsrechts am Erlös

Als Normalfall ist der Gesetzgeber davon ausgegangen, daß sich das Sicherungsrecht bei einer Verwertung des ursprünglichen Sicherungsgutes am Erlös fortsetzt.[82]

Da es sich bei dem Erlös in den häufigsten Fällen um Geld oder Bankguthaben, damit also um cash collateral handeln dürfte, ist die weitere Verwendung nur

---

79 Vgl. dazu oben § 5 A I 3, S. 114 ff.

80 Vgl. etwa Matter of A-1 Paving and Contracting, Inc., 116 F3d 242 (7th Cir. 1997); In re ASI Reactivation, Inc., 934 F2d 1315, 1320 (4th Cir. 1991).

81 In re Shooting Star Enterprises, Inc., 76 BR 154 (9th Cir. BAP 1987), affirmed 843 F2d 1576 (9th Cir. 1988): zum BA noch Matter of Riverside Investment Partnership, 674 F2d 634, 640 (7th Cir. 1982).

82 HR Report No. 595, 95th Congress, 1st Session, S. 345 (1977); Senate Report No. 989, 95th Congress, 2nd Session, S. 56 (1978).

unter den besonders engen Voraussetzungen des § 363(c)(2) BC möglich. Die Verwaltung und Aufbewahrung muß getrennt vom restlichen Massevermögen geschehen, § 363(c)(4) BC. Diese getrennte Aufbewahrung führt dazu, daß sich die Sicherheit bereits nach allgemeinem Zivilrecht am Erlös fortsetzt. Denn nach § 9-306(4) UCC, der auch im Insolvenzverfahren wirksam ist, erlangt der Sicherungsnehmer am Surrogat des Sicherungsgutes eine neue Sicherheit. Bei dem Surrogat muß es sich allerdings um "cash proceeds" im Sinne der materiellrechtlichen Definition in § 9-306(1) UCC handeln. Diese entspricht aber im wesentlichen der Definition des "cash collateral" in § 363(1) BC.

Bei allen sonstigen Surrogaten, die nicht der Definition der "cash proceeds" entsprechen, wird die Erstreckung des Sicherungsrechts auf den Erlös nach § 552(b) BC anerkannt, wenn die getroffenen Absprachen in der zugrunde liegenden Sicherungsvereinbarung dies vorsehen. Auf die Erstreckung kann der Sicherungsnehmer zwar verzichten, an die Eindeutigkeit der Verzichtserklärung werden aber hohe Anforderungen gestellt, so daß allein in der Zustimmung des Sicherungsnehmers zur Verwertung kein derartiger Verzicht gesehen werden kann.[83]
In den Fällen, in denen keine Erstreckung im Sicherungsvertrag vereinbart wurde, wie etwa bei Grundpfandrechten üblich oder auch bei gesetzlichen Pfandrechten, muß das Sicherungsrecht am Surrogat ausdrücklich gewährt werden. Der Sicherungsnehmer kann dies durch einen Antrag bei Gericht auf adequate protection geltend machen, wenn der trustee nicht ohnehin schon den Erlös als Grundlage für eine Ersatzsicherheit vorgesehen hat.[84]

Im Regelfall erhält der Sicherungsnehmer bei einer Verwertung also ein Sicherungsrecht am Erlös, der dann zu seiner Befriedigung eingesetzt werden muß.

B. Deutschland

Einer der wesentlichen Kritikpunkte unter der Geltung der Konkursordnung waren die Regelungen über Verwaltung und Verwertung des Sicherungsgutes in der Insolvenz. Genannt worden sind insbesondere der Zerschlagungs-

---

[83] In re Hastie, 2 F3d 1042, 1045 (10th Cir. 1993); In re Bumper Sales, Inc., 907 F2d 1430, 1440 (4th Cir. 1990).

[84] Vgl. etwa In re Johns-Manville Corp., 837 F2d 89, 93 (2nd Cir. 1988), certiorari denied 488 US 868, 109 SCt 176, 102 LEd2d 145 (1988); In re Lady H Coal Co., Inc., 183 BR 233, 247 mit weiteren Nachweisen (Bankruptcy Court SD West Virginia 1996); In re Ayscue, 123 BR 28, 31 (Bankruptcy Court ED Virginia 1990).

mechanismus, der in Gang gesetzt wird, wenn der Sicherunsgnehmer dem Schuldner das Sicherungsgut entzieht, und die Auszehrung der Masse.[85]

Als Reaktion auf diese Schwächen des alten Rechts war es von Beginn an Ziel des Reformvorhabens, die dinglich gesicherten Gläubiger stärker in das Verfahren einzubeziehen.[86] Unter anderem wurde gefordert, daß der Individualzugriff der dinglich gesicherten Gläubiger im Interesse der Verteilungsgerechtigkeit beschränkt werden müsse.[87]
Während die Leitsätze und die ersten Entwürfe noch gravierende Einschnitte im Bereich Verwaltung und Verwertung vor allem des beweglichen Sicherungsgutes vorsahen,[88] erfolgte die Umsetzung der Gedanken letztendlich in einem sehr abgeschwächten Maße[89]. Zum einen wurden verfassungsrechtliche Bedenken im Hinblick auf Artikel 14 GG geäußert.[90] Zum anderen wurde es als ungerechtfertigt angesehen, eine Umverteilung dergestalt vorzunehmen, daß die dinglichen Sicherheiten zugunsten der ungesicherten Gläubiger beschnitten werden.[91]

Die heute gebräuchlichen Instrumente zur Kreditsicherung an beweglichen Sachen außer dem einfachen Eigentumsvorbehalt[92] berechtigen nach der Insolvenzordnung zur abgesonderten Befriedigung. Insofern wird die Frage nach der Verwertung von Sicherheiten an beweglichen Gegenständen, die zur abgesonderten Befriedigung berechtigen, auch künftig besondere Bedeutung erhalten. Die in der Reform des Insolvenzrechts in diesem Bereich vorgenommenen Änderungen betreffen vorrangig die Art und Weise der Verwertung des Sicherungsgegenstandes und die Beteiligung der Absonderungsberechtigten an den Kosten.[93] Auf der anderen Seite wurden aber auch verschiedene Regelungen zu ihrem Schutz vor finanziellen Einbußen eingeführt.

---

85 Vgl. etwa Erster Bericht, Begründung S. 295; *Drobnig*, Gutachten F 85; *Gottwald*, in: Leipold (Hrsg.), Insolvenzrecht im Umbruch, S. 197; *Kilger*, KTS 1975, 142, 148 ff.; *Landfermann*, KTS 1987, 381, 392; *Smid*, BB 1992, 501, 502.

86 Vgl. Erster Bericht, Leitsatz 1.1.5 Abs. 2.

87 Vgl. *Gottwald/Adolphsen*, Kölner Schrift, S. 1043, 1044, Rn. 1, 3.

88 Vgl. Erster Bericht, Leitsätze 2.4.4.1 ff., 3.3.1 ff; §§ 52 ff., 181 ff. DiskE; §§ 53 ff., 111, 181 ff RefE.

89 Vgl. hier §§ 56 ff., 121, 191 ff. RegE und die jetzt geltenden Regelungen der InsO.

90 Etwa *Serick*, ZIP 1989, 409, 419; *ders.* VI § 82 IV 5, S. 854 ff.; *Seuffert*, ZIP 1986, 1157.

91 Vgl. dazu MünchKomm-*Lwowski*, § 166 InsO Rn. 6; *Graf Lambsdorff*, ZIP 1987, 809; so auch Allgemeine Begründung des RegE, S. 48.

92 Zu diesem ausführlich unten § 11 B, S. 365 ff.

93 Die beiden Aspekte werden als das "Kernstück" der Reform des Rechts der Mobiliar-

I. Verwertungsbefugnis des Insolvenzverwalters

Der Verwalter ist nach § 166 Abs. 1 InsO zur freihändigen Verwertung beweglicher Sachen, an denen ein Absonderungsrecht besteht, berechtigt, soweit er diese im Besitz hat. Daneben ist er zur Einziehung oder zur Verwertung in anderer Weise von zur Sicherheit abgetretenen Forderungen befugt (§ 166 Abs. 2 InsO) und kann bewegliche Sachen, zu deren Verwertung er berechtigt wäre, auch anderweitig verwenden (§ 172 InsO).

Das Verwertungsrecht des Verwalters bezieht sich hingegen nicht auf verpfändete Forderungen, wie sich aus dem Wortlaut und der gesetzlichen Begründung eindeutig ergibt.[94]

Vereinzelt wird das Verwertungsrecht des Verwalters auch über den gesetzlichen Wortlaut hinaus beschränkt, etwa bei der offengelegten Zession[95], oder bei quasi-verbrieften Forderungen[96]. Diese Ansichten sind abzulehnen. Sie widersprechen dem klaren Willen des Gesetzgebers, der das Verwertungsrecht für offengelegte Abtretungen erwogen, aber schließlich verworfen hat.[97] Im übrigen sind auch andere als Sicherungsmittel eingesetzte Rechte, abgesehen von den Forderungen, nicht dem Verwertungsrecht des Verwalters unterworfen.[98] Dabei dreht es sich etwa um Mitgliedschaftsrechte, wie etwa Gesellschaftsanteile, und gewerbliche Schutzrechte, wie Patente, Lizenzen, Urheber- und Markenrechte. Dies gilt unabhängig von der Art des Sicherungsmittels sowohl für Sicherungsabtretung als auch für Verpfändung.

Wenn der Insolvenzverwalter nach § 166 InsO zur Verwertung befugt ist, so ist damit der Sicherungsnehmer vom Zugriff auf das Sicherungsgut für die Dauer des Insolvenzverfahrens ausgeschlossen.[99] Er bleibt in diesen Fällen auf die in

---

sicherheiten bezeichnet: *Gottwald*, in: Leipold (Hrsg.), Insolvenzrecht im Umbruch, S. 197, 199; *Gottwald/Adolphsen*, Kölner Schrift, S. 1043, 1076, Rn. 119; Smid-*Smid*, § 166 Rn. 1.

94 BT-Drucks. 12/2443, S. 179 ("Zu § 191"), vgl dazu unten unter 4, S. 245.

95 Nerlich/Römermann-*Becker*, § 166 Rn. 40; *Foltis*, ZInsO 1999, 386, 392; *Mitlehner*, ZIP 2001, 677, 679 f.

96 OLG Hamm ZInsO 2001, 1162, 1164, für Ansprüche aus einer Lebensversicherung, bei der sich der Versicherungsschein bei der Sicherungsnehmerin befand, zustimmend *Weis*, ZInsO 2002, 170, 176.

97 BGH, ZIP 2002, 1630, 1632. Dazu näher unter 4., S. 245 f.

98 Vgl. *Bork*, NZI 1999, 337, 342; *Obermüller*, Rn. 6.347; HK-*Landfermann*, § 166 Rn. 19; a.A. *Marotzke*, ZZP 109 (1996), 429, 449 f.; Nerlich/Römermann-*Becker*, § 166 Rn. 35.

99 *Gottwald/Adolphsen*, Kölner Schrift, S. 1043, 1070, Rn. 106; so bereits Erster Bericht, Leitsatz 1.3.4.1, 2.4.4.1 und 3.3.1, dazu *Landfermann*, KTS 1987, 381, 391.

der Insolvenzordnung bestimmten Rechte beschränkt, die sogleich näher untersucht werden.

1. Zweck der Verwertungsbefugnis des Insolvenzverwalters

Die Übertragung der Verwertungskompetenz für bewegliche Sachen auf den Insolvenzverwalter in den §§ 166 ff. InsO verfolgt einen doppelten Zweck. In den Vordergrund ist zu stellen, daß die Abschaffung der Verwertungsbefugnis des Sicherungsnehmers, wie sie in der Konkursordnung grundsätzlich anerkannt wurde, der Herauslösung der für die Fortführung des Unternehmens unentbehrlichen Betriebsmittel entgegen wirkt.[100] Daneben sind aber auch Verbesserungen des Ergebnisses bei einer Liquidation zu erwarten. Denn auch wenn das Unternehmen nicht fortgeführt wird, ist häufig ein höherer Erlös zu erwarten, wenn die einzelnen Gegenstände als Sachgesamtheit und nicht einzeln veräußert werden.[101]

Auf zur Sicherheit abgetretene Forderungen lassen sich die angeführten Gründe nicht ohne weiteres übertragen. Die Forderungen selbst werden zur Fortführung des Betriebes nicht erforderlich sein. Hier begründet der Gesetzgeber das Einziehungsrecht mit Zweckmäßigkeitserwägungen. Der Verwalter sei regelmäßig im Besitz der zur Geltendmachung gegen den Drittschuldner erforderlichen Informationen und Unterlagen, so daß der Sicherungsnehmer zur sachgerechten Durchsetzung ohnehin auf Auskunfterteilung und Unterstützung des Insolvenzverwalters angewiesen sei.[102]

Kritisch ist hingegen anzumerken, daß sonstige Rechte von der Verwertungsbefugnis nicht erfaßt werden. Für diese können nämlich die zu den beweglichen Sachen angeführten Gründe ebenso angeführt werden: Insbesondere Lizenzen, Patente und Markenrechte sind unter Umständen für die Fortführung oder ökonomisch sinnvolle Verwertung eines Unternehmens von existentieller Bedeutung.

Beispiel: Das schuldnerische Unternehmen S hat zur Sicherheit für den Geschäftskredit das für die Herstellung eines patentierten Produktes erforderliche Patent an die Bank B abgetreten. In der Insolvenz will der Verwalter das Unternehmen sanieren und fortführen.

---

[100] BT-Drucks. 12/2443, S. 178 f. ("Zu § 191"); BT-Drucks. 12/7302, S. 176, zu Nr. 106 ("Zu § 191 Abs. 2") und S. 178, zu Nr. 112 ("Zu § 199").

[101] BT-Drucks. 12/2443, S. 178 ("Zu § 191").

[102] BT-Drucks. 12/2443, S. 179 ("Zu § 191"); BT-Drucks. 12/7302, S. 176 zu Nr. 106 ("Zu § 191 Abs. 2") und S. 178, zu Nr. 112 ("Zu § 199").

Die Produktionsstätte ist auf die Herstellung anderer Produkte nur mit erheblichen Kosten umzustellen. Dementsprechend wäre bei einer isolierten Veräußerung ohne Patent nur ein sehr geringer Erlös erzielbar.

Hier führt das Auseinanderfallen der Verwertungsbefugnis zu einem erheblichen Mindererlös für die Masse. Dieser wäre nur zu vermeiden, wenn der Verwalter zu einer Einigung mit dem Sicherungsnehmer käme. Sinnvoller wäre es daher, das Verwertungsrecht auch für Patente und ähnliche Rechte bei dem Verwalter anzusiedeln und den Sicherungsnehmer auf den anteiligen Erlös an der Gesamtveräußerung zu verweisen.[103]
Zum Teil wird das Verwertungsrecht des Insolvenzverwalters in diesen Fällen mit einer Analogie begründet.[104] Eine analoge Anwendung des § 166 Abs. 2 InsO, dem Einziehungs- und Verwertungsrecht des Verwalters für abgetretene Forderungen, könnte das Problem aber nur zum Teil lösen. Denn eben solche Probleme wie bei der Abtretung gewerblicher Schutzrechte treten bei der Verpfändung auf. Eine Verwertungsbefugnis des Verwalters für verpfändete Forderungen regelt aber auch § 166 Abs. 2 InsO nicht.[105] Sinnvoll wäre daher lediglich eine Analogie zu § 166 Abs. 1 InsO.[106] Aber auch hier sprechen bereits formale Gründe gegen eine Analogie.[107] Der Gesetzgeber hat dazu eindeutig ausgeführt: "Rechte, an denen Absonderungsrechte bestehen, unterliegen *nur* insoweit einem Verwertungsrecht des Verwalters, als dieser nach Absatz 2 zur Einziehung oder sonstigen Verwertung von Forderungen berechtigt ist, die zur

---

103 Die Erstreckung des Verwertungsrechts des Verwalters auf alle mit Absonderungsrechten belasteten Rechte sah noch § 181 Abs. 2 DiskE vor.

104 *Marotzke*, ZZP 109 (1996), 429, 450; Nerlich/Römermann-*Becker*, § 166 Rn. 35; MünchKomm-*Lwowski*, § 166 InsO Rn 136; differenzierend nach Betriebsnotwendigkeit *Häcker*, Rn. 480, 1055. Wie hier *Bork*, NZI 1999, 337, 342; *Lwowski/Hoes*, WM 1999, 771, 776; *Obermüller*, Bankpraxis, Rn. 6.347; *Wallner*, ZInsO 1999, 453, 454; zweifelnd HK-*Landfermann*, § 166 Rn. 19; Uhlenbruck-*Uhlenbruck*, § 166 Rn. 14.

105 Daher vertritt *Marotzke*, ZZP 109 (1996), 429, 450, Fn. 104, eine doppelte Analogie, wobei er allerdings den klar geäußerten Willen des Gesetzgebers übergeht. Danach ist bei Verpfändungen kein Einziehungsrecht des Verwalters vorgesehen, vgl. BT-Drucks. 12/2443, S. 179 ("Zu § 191"). Auch die Änderungen des Rechtsausschusses hatten darauf keinen Einfluß. Denn die in dessen Begründung angesprochene "Abgrenzung zwischen der angezeigten Forderungsabtretung und der Forderungsverpfändung" (BT-Drucks. 12/7302, S. 176, zu Nr. 106 ("Zu § 191")) macht offensichtlich nur Sinn, wenn diese auch - anders als von *Marotzke* vertreten - unterschiedlich behandelt werden.

106 Wobei mangels Anknüpfungsfähigkeit das Besitzerfordernis wegfallen (so *Häcker*, Rn. 481) oder ersetzt werden müßte.

107 *Obermüller*, Bankpraxis, Rn. 6.347; im Ergebnis ebenso Nerlich/Römermann-*Becker*, § 166 Rn. 38; a.A. *Häcker*, Rn. 371 ff..

Sicherung abgetreten worden sind..."[108] Angesichts dieser Äußerung und der Streichung des Verwertungsrechts des Verwalters für alle Rechte, wie er noch in § 181 Abs. 2 des Diskussionsentwurfes vorgesehen war, bleibt kein Raum für eine Begründung des Verwertungsrechtes durch Analogie.

2. Besitz als Voraussetzung der Verwertungsbefugnis bei beweglichen Gegenständen

Entscheidende Voraussetzung für die Verwertungsbefugnis des Verwalters an den mit Absonderungsrechten belasteten beweglichen Gegenständen ist nach § 166 Abs. 1 InsO, daß diese sich in seinem Besitz befinden. Dies betrifft etwa die zur Sicherung übereigneten Gegenstände, soweit sie nicht wegen des Eintritts des Sicherungsfalles bereits an den Sicherungsnehmer herausgegeben sind, sowie mit einem Vollstreckungspfandrecht oder einem besitzlosen Pfandrecht belastete Gegenstände. Ausreichend ist hier auch der mittelbare Besitz,[109] etwa wenn ein zur Sicherheit übereignetes Fahrzeug vom Sicherungsgeber zur Reparatur gegeben wurde. Der mittelbare Besitz des Verwalters hingegen reicht nur dann nicht aus, wenn gerade der Absonderungsberechtigte oder ein in dessen Lager Stehender den Besitz mittelt.[110]

Zur Bejahung des Besitzes des Insolvenzverwalters im Sinne des § 166 Abs. 1 InsO ist im übrigen ausreichend, wenn nicht der Verwalter, sondern der Schuldner weiterhin die tatsächliche Sachherrschaft ausübt.[111] Es kann für die Rechte der Absonderungsberechtigten nicht darauf ankommen, in welchem Umfang der Insolvenzverwalter seine Besitzrechte aus § 148 InsO gegen den Schuldner bereits durchgesetzt hat.

Nicht im Besitz befindet sich der Verwalter im Falle eines Besitzpfandrechtes oder soweit wegen des Sicherungsfalles der Gegenstand zur Verwertung an den Sicherungsnehmer herausgegeben wurde. Ebenfalls keinen Besitz hat der Verwalter an gepfändeten und vom Gerichtsvollzieher nach § 808 Abs. 1 ZPO in Besitz genommenen Gegenständen. Denn nach allgemeiner Ansicht wird

---

108 BT-Drucks. 12/2443, S. 179 ("Zu § 191")(Hervorhebung durch den Verfasser.).

109 FK-*Wegener*, § 166 Rn. 4; HK-*Landfermann*, § 166 Rn. 11; Smid-*Smid*, § 166 Rn. 16; einschränkend Nerlich/Römermann-*Becker*, § 166 Rn. 17; a.A. Breutigam/Blersch/ Goetsch-*Breutigam*, § 166 Rn. 22; *Gaul*, ZInsO 2000, 256, 261; MünchKomm-*Lwowski*, § 166 InsO Rn. 37, *Haunschild*, DZWiR 1999, 60, 61; Kübler/Prütting-*Kemper*, § 166 Rn. 4.

110 Vgl. *Marotzke*, ZZP 109 (1996), 429, 443; *Bork*, Festschrift Gaul, S. 71, 75; in diese Richtung auch Nerlich/Römermann-*Becker*, § 166 Rn. 17.

111 *Marotzke*, ZZP 109 (1996), 429, 443; *Bork*, Festschrift Gaul, S. 71, 75; a.A. Kübler/ Prütting-*Kemper*, § 166 Rn. 4.

dadurch der Gerichtsvollzieher zum unmittelbaren Besitzer und mittelt dem Gläubiger diesen.[112]

3. Durchführung der Verwertung

In § 166 Abs. 1 InsO wird die Befugnis des Insolvenzverwalters zur freihändigen Verwertung von mit Absonderungsrechten belasteten beweglichen Gegenständen geregelt. Somit ist eine bestimmte Verwertungsmethode von diesem nicht einzuhalten. Beschränkungen des Verwalters zu Art und verfahrensrechtliche Durchführung derselben ergeben sich aber aus den §§ 166 ff. InsO.
Bei Forderungen hat die Verwertung nach § 166 Abs. 2 InsO durch Einziehung oder in anderer Weise zu erfolgen. Bei einer Forderungsverwertung "in anderer Weise" wird in erster Linie an einen Forderungsverkauf zu denken sein.[113]

a) Informationsansprüche der absonderungsberechtigten Gläubiger

Gemäß § 167 Abs. 1 Satz 1 InsO hat der Insolvenzverwalter dem gesicherten Gläubiger auf Verlangen Auskunft über den Zustand der Sache zu geben, zu deren Verwertung der Verwalter nach § 166 InsO berechtigt ist. Hinsichtlich der Forderungen gilt Entsprechendes nach § 167 Abs. 2 Satz 1 InsO. Diese Auskunftsbegehren kann der Verwalter bei beweglichen Sachen auch durch Gestattung der Besichtigung, bei Forderungen durch Gestattung der Einsicht in Bücher und Geschäftspapiere, erfüllen.[114] Der Verwalter ist bei seiner Entscheidung, wie der Gläubiger unterrichtet wird, frei.[115] Insbesondere darf er den Gläubiger nicht nur im Falle der Überlastung auf die Besichtigung oder Einsicht verweisen.[116] Für eine derartige Beschränkung ergibt sich weder aus dem Gesetzeswortlaut noch aus den Gesetzesmaterialien ein Anhaltspunkt.

---

112 Vgl. Thomas/Putzo-*Putzo*, § 808 Rn. 15; Stein/Jonas-*Münzberg*, § 808 Rn. 33 mit weiteren Nachweisen. Bleibt die gepfändete Sache beim Schuldner, ist dieser unmittelbarer Besitzer und Besitzmittler für den Gerichtsvollzieher; letzterer ist wiederum Besitzmittler des Gläubigers, vgl. Stein/Jonas-*Münzberg*, § 808 Rn. 34.

113 Uhlenbruck-*Uhlenbruck*, § 166 Rn. 13 und 16 mwN. Zu denken ist weiter an Verkauf, Factoring, oder Überlassung zur Einziehung an den gesicherten Gläubiger, vgl. Nerlich/Römermann-*Becker*, § 166 Rn. 54, mit weiteren Beispielen.

114 Für bewegliche Sachen § 167 Abs. 1 Satz 2 InsO; für Forderungen § 167 Abs. 2 Satz 2 InsO.

115 FK-*Wegener*, § 167 Rn. 4; Nerlich/Römermann-*Becker*, § 167 Rn. 10 f.; Hess/Weis/Wienberg-*Hess*, § 167 Rn. 8.

116 *Gundlach/Frenzel/Schmidt*, KTS 2001, 241, 246; Uhlenbruck-*Uhlenbruck*, § 167 Rn. 6 mwN.; a.A. *Braun/Uhlenbruck*, S. 346.

Dieses Auskunftsrecht ist erforderlich, damit der absonderungsberechtigte Gläubiger seine Rechte, insbesondere jene aus §§ 168 und 169 InsO, sachgerecht ausüben kann.[117]

b) Mitteilung der Veräußerungsabsicht

Nach § 168 Abs. 1 InsO ist dem Absonderungsberechtigten vom Insolvenzverwalter die Absicht der Veräußerung an einen Dritten mitzuteilen. Dies betrifft sowohl die Veräußerung beweglicher Sachen als auch die Abtretung von Forderungen. Obwohl in § 168 InsO auf die Verwertungsberechtigung des Insolvenzverwalters aus § 166 InsO verwiesen wird, ist die Regelung nach Sinn und Zweck auch für die Verwertung von anderen Gegenständen - etwa Rechten - anzuwenden, bei denen der Verwalter die Verwertungsbefugnis nicht aus § 166 InsO herleiten kann, sondern aus allgemeinem Zivilrecht. Denn auch dort besteht ein Informationsinteresse des Absonderungsberechtigten ebenso wie in dem gesetzlich geregelten Fall. Der erforderlichen geordneten Abwicklung entspräche es nicht, den Absonderungsberechtigten auf etwaige Informationsansprüche aus dem zugrunde liegenden Vertragsverhältnis zu verweisen.

Zu berücksichtigen sind auch die Interessen der Masse und des Insolvenzverwalters persönlich an der Einhaltung des formalisierten Verfahrens. Denn die Mitteilung führt zu einer Einbindung des Gläubigers in den Verwertungsprozess, die zu einem Ausschluß mit Ersatzansprüchen wegen vermeintlicher Fehler bei der Verwertung führen kann.[118]

Mit der Mitteilung der Veräußerungsabsicht soll in erster Linie vermieden werden, daß eventuell bestehende günstigere Verwertungsmöglichkeiten als die vom Insolvenzverwalter in Aussicht genommene ungenutzt bleiben und der Gläubiger dadurch einen Schaden erleidet.[119]

(1) Inhalt der Mitteilung

Die Mitteilung hat den Absonderungsberechtigten darüber zu informieren, in welcher Weise die Veräußerung geplant ist. Der genaue Inhalt bestimmt sich danach, wie die Veräußerung erfolgen soll: Ist ein freihändiger Verkauf vorgesehen, so muß die Mitteilung etwa den Preis sowie Zahlungs- und Gewährleistungsmodalitäten enthalten.[120] Obwohl der Preis das für das

---

117 BT-Drucks. 12/2443, S. 179 ("Zu § 192").

118 Dazu sogleich unten (4), S. 241 f.

119 BT-Drucks. 12/2443, S. 179 ("Zu § 193").

120 Vgl. dazu FK-*Wegener*, § 168 Rn. 3; HK-*Landfermann*, § 168 Rn. 4; *Lwowski/Heyn*,

Interesse des Absonderungsberechtigten maßgebende Kriterium ist, kann dieser hingegen ausnahmsweise - etwa bei einer geplanten Versteigerung - nicht angegeben werden. Hier ist dafür auf Zeit und Ort, aber auch auf die Art und Weise der öffentlichen Bekanntmachung des Termins hinzuweisen, damit der Absonderungsberechtigte entweder selbst teilnehmen oder potentielle Erwerber - etwa durch eigene Annoncen - auf den Versteigerungstermin hinweisen kann.

Dem Absonderungsberechtigten ist dabei ein Zeitraum von einer Woche einzuräumen, um auf andere, günstigere Verwertungsmöglichkeiten hinzuweisen.

(2) Die Reaktion des absonderungsberechtigten Gläubigers

Will der absonderungsberechtigte Gläubiger auf die Mitteilung der Veräußerungsabsicht die durch § 168 Abs. 2 InsO eingeräumte Befugnis nutzen und auf eine günstigere Verwertungsmöglichkeiten hinweisen, fragt sich, wie er dies tun kann. Das Gesetz gibt dazu nur zwei Anhaltspunkte. Es stellt in § 168 Abs. 3 Satz 1 InsO klar, daß auch die Übernahme des Sicherungsgutes durch den Absonderungsberechtigten selbst in Betracht kommt. Dies wirkt einer Verschleuderung des Gegenstandes entgegen. Eine Selbstverständlichkeit regelt § 168 Abs. 3 Satz 2 InsO, wonach als günstiger auch eine Verwertungsmöglichkeit anzusehen ist, die zur Einsparung von Kosten führt. In der Regel dürfte aber der erzielte Veräußerungserlös das maßgebliche Kriterium sein.[121]

Die vom Gläubiger benannte Verwertungsalternative muß hinreichend konkret sein.[122] Es reicht nicht aus, daß es sich um eine reine Chance handelt, weil ein Dritter Interesse bekundet bzw. eine Wohlwollenserklärung abgibt.[123] Vielmehr ist grundsätzlich die Abgabe eines bindenden Angebotes zu erwarten, das der Insolvenzverwalter sofort annehmen kann.[124] Denn wenn dem Verwalter

WM 1998, 478; *Klasmeyer/Elsner/Ringstmeier*, Kölner Schrift, S. 1083, 1089, Rn. 23; *Ehlenz*, ZInsO 2003, 165, 167.

121 Nerlich/Römermann-*Becker*, § 168 Rn. 21; FK-*Wegener*, § 168 Rn. 6; HK-*Landfermann*, § 168 Rn. 5.

122 Hess/Weis/Wienberg-*Hess*, § 168 Rn. 18; *Hess/Obermüller*, Rn. 777; MünchKomm-*Lwowski*, § 168 InsO Rn. 20; *Lwowski/Heyn*, WM 1998, 473, 478; *Obermüller*, Rn. 6.329.

123 Dies erwägt *Obermüller*, InVo 1996, 145; zweifelnd auch *Klasmeyer/Elsner/Ringstmeier*, Kölner Schrift, S. 1083, 1090, Rn. 30.

124 Kübler/Prütting-*Kemper*, § 168 Rn. 8; a.A. MünchKomm-*Lwowski*, § 169 InsO Rn. 23. Diese Ansicht läßt sich mit dem Zweck der einwöchigen Frist, eine zügige Abwicklung des Verfahrens zu ermöglichen, nicht vereinbaren, vgl. dazu BT-Drucks. 12/7302, S. 177 zu Nr. 107 ("Zu § 193"). Ausreichend ist allerdings auch der Hinweis auf unmittelbar zugängliche Verwertungsmethoden, etwa öffentliche Versteigerung.

zugemutet würde, mit dem beigebrachten Interessenten neu zu verhandeln, bestünde das Risiko, daß der zunächst in Aussicht genommene Erwerber abspringt und sich - sofern sich ein Vertragsschluß mit dem neuen Interessenten nicht realisieren läßt - die unter Umständen zeitaufwendige Suche nach einem neuen Abnehmer wiederholt.

Problematisch ist allerdings, wie zu verfahren ist, wenn der Absonderungsberechtigte eine andere Verwertungsart vorschlägt. Zu denken ist etwa an den Vorschlag einer öffentlichen Versteigerung anstelle eines freihändigen Verkaufs. Da der Verlauf einer Versteigerung nicht ohne weiteres vorherzusehen sein wird, muß hier sichergestellt sein, daß zumindest der in Aussicht genommene Kaufpreis erzielt wird. Dies kann der Gläubiger etwa durch Beibringen einer Garantieerklärung, einen entsprechenden Betrag zu bieten, tun.

Fraglich ist auch, was als günstigere Verwertungsmöglichkeit anzusehen ist. Das Gesetz stellt in § 168 Abs. 1 Satz 2 InsO ausdrücklich auf die Sichtweise des absonderungsberechtigten Gläubigers ab. Danach sind die Interessen der allgemeinen Insolvenzgläubiger oder des Schuldners unbeachtlich. Dies entspricht auch der Funktion dieses Institutes zur weitestgehenden Befriedigung des Gläubigers. Die Interessen der allgemeinen Gläubiger sind hingegen vom Verwalter zu berücksichtigen und können dazu führen, daß die Verwertungsalternative nicht wahrgenommen wird. Der Gläubiger ist nicht verpflichtet, diese bei seinem Nachweis zu berücksichtigen.
Allerdings kann nicht auf andere Interessen abgestellt werden, die neben der Funktion des Sicherungsmittels zur bestmöglichen Befriedigung des Gläubigers liegen.[125] Ein Affektionsinteresse des Gläubigers oder auch ein eventuell aufgrund bestehender Geschäftsbeziehungen vorhandenes Interesse, daß gerade ein bestimmter Dritter das Sicherungsgut erwerben kann, ist nicht geschützt.

(3) Die Wahlmöglichkeit des Insolvenzverwalters

Hat der zur Absonderung Berechtigte auf eine günstigere Verwertungsmöglichkeit hingewiesen, so folgt aus § 168 Abs. 2 InsO eine Wahlmöglichkeit des Insolvenzverwalters zur Wahrnehmung dieser Verwertungsalternative. Eine Verpflichtung besteht dazu hingegen nicht. Grundsätzlich wird der Verwalter die bessere Verwertungsmöglichkeit nutzen.[126] In Einzelfällen kann es allerdings auch sinnvoll sein, davon abzusehen. Dies ist etwa bei der Veräußerung von

---

[125] Breutigam/Blersch/Goetsch-*Breutigam*, § 168 Rn. 18; *Klasmeyer/Elsner/Ringstmeier*, Kölner Schrift, S. 1083, 1090, Rn. 29.

[126] BT-Drucks. 12/2443, S. 179 ("Zu § 193").

Sachgesamtheiten denkbar, zu denen auch mit Absonderungsrechten belastete Gegenstände gehören. Hier reicht es für den Absonderungsberechtigten nämlich aus, nur für den einzelnen Gegenstand, an dem ihm das Befriedigungsrecht zusteht, die Verwertungsalternative aufzuzeigen.[127] Dort kann es für die Masse ökonomischer sein, die Verwertung wie vorgesehen durchzuführen und den Unterschiedsbetrag an den Absonderungsberechtigten zu zahlen, als den fraglichen Gegenstand separat zu veräußern und auf die Gesamtverwertung zu verzichten.

Beispiel: Zur Sicherheit für den Geschäftskredit hat der Schuldner der Bank B die für die Produktion erforderlichen Maschinen übereignet. Nachdem die Gläubigerversammlung die Liquidation des Unternehmens beschlossen hat, findet der Verwalter einen Interessenten, der die Produktionsstätte komplett übernehmen möchte, um die Produktion fortzusetzen. Dabei würde er auch die bereits hergestellten Halbfertigwaren erwerben. Die B bezeichnet einen Dritten, der die Maschinen zu einem höheren Preis erwerben will, für die Halbfertigwaren aber keinen Bedarf hat. Für den Erwerb der Halbfertigwaren und des restlichen Inventars gibt es keine Käufer.

Hier wird der Verwalter das gesamte Unternehmen an den Interessenten veräußern, sobald er dafür einen höheren Preis erzielen kann als die Bank für die Maschinen allein. Denn dies ist für die Masse auch dann noch vorteilhafter, selbst wenn ein erheblicher Anteil des Erlöses als Ersatz an den Sicherungsnehmer gezahlt werden müßte, als die Verwertungsalternative wahrzunehmen und dabei gegebenenfalls noch Kosten für die Entsorgung der Halbfertigwaren zu tragen.

Auch wenn der absonderungsberechtigte Gläubiger vorschlägt, den Gegenstand selbst zu übernehmen, ist der Verwalter in seiner Entscheidung frei.[128] Soweit also in der Literatur zuweilen noch von einem "Eintrittsrecht des Gläubigers" gesprochen wird,[129] ist dies zumindest mißverständlich. Zwar war im Regierungsentwurf noch vorgesehen, daß der Verwalter dem absonderungsberechtigten Gläubiger den Gegenstand zu den Bedingungen der geplanten Veräußerung an den Dritten anzubieten hatte.[130] In diesen Fällen hätte der Absonderungs-

---

127 BT-Drucks. 12/2443, S. 179 ("Zu § 193").

128 Nahezu einhellige Ansicht, vgl. die Nachweise in Fn. 125; *Gundlach/Frenzel/Schmidt*, ZInsO 2001, 537, 540; a.A. nur *Gottwald/Adolphsen*, Kölner Schrift, S. 1043, 1081, Rn. 142.

129 Vgl. etwa *Braun/Uhlenbruck*, S. 407; *Klasmeyer/Elsner/Ringstmeier*, Kölner Schrift, S. 1083, 1091, Rn. 32 und S. 1098, Rn. 61; MünchKomm-*Lwowski*, § 168 InsO Rn. 57 ff.; *Obermüller/Hess*, Systematische Darstellung, Rn. 775; *Obermüller*, WM 1994, 1874.

130 § 193 Abs. 1 Satz 2 RegE. Dieser Paragraph trug die Überschrift "Eintrittsrecht des Gläubigers".

berechtigte durch Annahme des Angebotes tatsächlich den Gegenstand übernehmen können. Diese Regelung ist aber im Gesetzgebungsverfahren durch den Rechtsausschuß gestrichen worden.[131] Angesichts der jetzigen Regelung spricht aber nichts mehr für die Annahme eines wie auch immer gearteten Anspruches des absonderungsberechtigten Gläubigers auf bevorzugte Berücksichtigung bei der Veräußerung gegenüber Dritten.

(4) Ersatzansprüche des Sicherungsnehmers

Bei den Ersatzansprüchen, die dem absonderungsberechtigten Sicherungsnehmer im Zusammenhang mit der Verwertung beweglicher Gegenstände zustehen können, ist danach zu unterscheiden, ob der Insolvenzverwalter eine den Anforderungen genügende Mitteilung der Veräußerungsabsicht abgegeben hat.
War dies der Fall und nutzt der Verwalter die rechtzeitig aufgezeigte Alternative zur günstigeren Verwertung nicht, so hat er nach § 168 Abs. 2, 2. Alternative InsO den Absonderungsberechtigten so zu stellen, wie dieser im Falle der Wahrnehmung stünde. Dieser Ersatzanspruch ist Masseverbindlichkeit im Sinne des § 55 Abs. 1 Nr. 1 InsO.[132]

Im Streit um diesen Ersatzanspruch trägt der absonderungsberechtigte Gläubiger die Beweislast, daß die vom Verwalter nicht genutzte Verwertungsalternative tatsächlich bestand und sie den fraglichen höheren Erlös erbracht hätte.[133]
Aus dieser Beweislastverteilung ergibt sich auch, daß der Absonderungsberechtigte im eigenen Interesse ein bindendes Angebot zum Erwerb des Sicherungsgutes beibringen wird, da ansonsten der Beweis für einen höheren Erlös kaum gelingen dürfte. Beschränkte sich der Hinweis auf den Vorschlag einer anderen Verwertungsart, also etwa auf die öffentliche Versteigerung statt eines freihändigen Verkaufes, wird in aller Regel - von Fällen abgesehen, in denen der Versteigerungserlös offensichtlich den in Aussicht genommenen überstiegen hätte - der Nachweis eines hypothetischen besseren Erlöses fehlschlagen. Ein Ausweg dürfte hier nur in der bereits erwähnten Garantieerklärung zu sehen sein, in deren Betrag dann allerdings der Ersatzanspruch seine Grenze fände.
Hat der absonderungsberechtigte Gläubiger seinen eigenen Eintritt angeboten, so kann er auch hier lediglich die Differenz zu seinem eigenen Angebot ersetzt verlangen. Beschränkte sich der Vorschlag auf die Übernahme zu den in der Veräußerungsmitteilung genannten Konditionen, so ist eine derartige Differenz

---

131 BT-Drucks. 12/7302, S. 176 zu Nr. 107 ("Zu § 193"). In diesem Zuge wurde auch die Überschrift in die jetzt amtliche "Mitteilung der Veräußerungsabsicht" geändert.

132 MünchKomm-*Lwowski*, § 168 InsO Rn. 53; Nerlich/Römermann-*Becker*, § 168 Rn. 40; Breutigam/Blersch/Goetsch-*Breutigam*, § 168 Rn. 30.

133 BT-Drucks. 12/2443, S. 179 ("Zu § 193").

grundsätzlich nicht gegeben. Hier kann sich ein Ersatzanspruch lediglich in Höhe von ersparten Verwertungskosten ergeben.
Auf den Gewinn aus einer günstigen Weiterverkaufsmöglichkeit kann der Absonderungsberechtigte in diesen Fällen hingegen nicht verweisen. Denn nach dem Zweck der Mitteilungsabsicht, den Gegenstand aus der Masse möglichst günstig zu verwerten, sind an dieser Stelle etwaige Weiterveräußerungsgewinne unbeachtlich.

Lag eine genügende Mitteilung vor und unterläßt der Absonderungsberechtigte einen Hinweis auf eine günstigere Verwertungsmöglichkeit innerhalb der Wochenfrist oder rechtzeitig vor der Veräußerung, so sind ihm Ersatzansprüche gegen den Verwalter wegen der Verwertung abgeschnitten.[134] Dies ergibt sich zwar nicht unmittelbar aus dem Gesetz.[135] Dem Absonderungsberechtigten wird aber ein überwiegendes Mitverschulden im Sinne des § 254 Abs. 1 BGB angelastet werden können, wenn er sich nicht selbst um eine bessere Verwertungsmöglichkeit bemüht.

Lag hingegen keine genügende Mitteilung vor, ist der Insolvenzverwalter gemäß § 60 InsO dem Risiko ausgesetzt, wegen einer vermeintlich ungünstigen Verwertung dem dinglich Berechtigten Schadensersatz leisten zu müssen.

c) Zeitpunkt der Verwertung und Ausgleich bei Verzögerung

Aus § 159 InsO ergibt sich die Pflicht des Insolvenzverwalters, das massezugehörige Vermögen unverzüglich nach dem Berichtstermin zu verwerten. Da auch die mit Absonderungsrechten belasteten Gegenstände zur Masse gehören, betrifft diese Regelung auch die Gegenstände, zu deren Verwertung der Insolvenzverwalter nach § 166 InsO berechtigt ist. Die Verwertungspflicht besteht nach § 159 InsO dann nicht, wenn dem die Beschlüsse der Gläubigerversammlung entgegenstehen - etwa weil der fragliche Gegenstand für eine Sanierung erhalten werden muß.
Auf der anderen Seite kann der Insolvenzverwalter derartige Gegenstände auch bereits vor dem Berichtstermin veräußern, sei es, daß diese für eine Fortführung

---

134 MünchKomm-*Lwowski*, § 168 InsO Rn. 38; Breutigam/Blersch/Goetsch-*Breutigam*, § 168 Rn. 36; *Klasmeyer/Elsner/Ringstmeier*, Kölner Schrift, S. 1083, 1091, Rn. 34; *Haarmeyer/Wutzke/Förster*, Handbuch, Kapitel 5, Rn. 450; a.A. HK-*Landfermann*, § 168 Rn. 10.

135 Hingegen war nach dem nicht Gesetz gewordenen § 193 Abs. 1 Satz 3 RegE bei Einhaltung des dort geregelten Prozedere durch den Verwalter dem Absonderungsberechtigten ausdrücklich abgeschnitten, sich auf einen vermeintlich höheren Wert zu berufen, als bei der Verwertung tatsächlich erzielt wurde.

des Unternehmens nicht erforderlich sind oder die Zustimmung des Gläubigerausschusses bzw. der Gläubigerversammlung nach § 160 Abs. 1 InsO vorliegt.[136]
Wenn eine Verwertung des Gegenstandes bis zum Berichtstermin nicht erfolgt war, sind dem absonderungsberechtigten Gläubiger nach § 169 InsO bis zur Verwertung laufend Zinsen aus der Masse zu zahlen. Auf den Grund, warum die Verwertung nicht erfolgt ist, kommt es dabei nicht an.
Mit dieser Regelung wird einerseits der Insolvenzverwalter zu einer zügigen Verwertung angehalten, da er unnötige Belastungen der Masse mit Zinszahlungen vermeiden muß.[137] Zum anderen wird der absonderungsberechtigte Gläubiger vor einer Verzögerung der Verwertung geschützt, auf deren Zeitpunkt er keinen Einfluß nehmen kann. Mit den laufend gezahlten Zinsen soll er in die Lage versetzt werden, sich Liquidität in einer dem Verwertungserlös entsprechenden Höhe anderweitig zu besorgen.[138]

Die Verzinsungspflicht beginnt grundsätzlich mit dem Berichtstermin. Wenn allerdings der Gläubiger bereits vor Verfahrenseröffnung aufgrund einer Anordnung nach § 21 InsO an der Verwertung gehindert war, sind die Zinsen spätestens drei Monate nach der Anordnung zu zahlen.[139]
Für die Höhe des nach § 169 InsO zu zahlenden Zinssatzes wird auf die nach materiellem Zivilrecht vom Schuldner geschuldeten vertraglichen oder gesetzlichen Zinsen abgestellt.[140]
Die Verzinsungspflicht bezieht sich allerdings nicht auf den geschuldeten Betrag. Nach § 169 Satz 3 InsO erfolgt die Verzinsung nur soweit, wie mit einer Befriedigung aus dem Verwertungserlös zu rechnen ist. Praktisch bedeutet dies eine Verzinsung des Betrages, der dem Absonderungsberechtigten nach einer Verwertung mutmaßlich zustünde. Dies führt allerdings zu schwierigen Bewertungsproblemen. Während bei der entsprechenden Problematik in § 30 e ZVG für die Verzögerung einer Zwangsversteigerung bei unbeweglichen Gegenständen auf die Festsetzung des Schätzwertes (§ 74 a Abs. 5 ZVG) zurückgegriffen werden kann, fehlt ein solcher Anhaltspunkt bei beweglichen Sachen.

---

136 Zu letzterem Fall BT-Drucks. 12/7302, S. 175, zu Nr. 98 ("Zu § 177").

137 Auf ein Verschulden bei der Verzögerung der Verwertung kommt es nicht an, LG Stendal ZIP 2002, 765, 767; Uhlenbruck-*Uhlenbruck*, § 169 Rn 3 f.; HK-*Landfermann*, § 169 Rn. 7, a.A. Nerlich/Römermann-*Becker*, § 169 Rn. 12 ff.; *Lwowski/Heyn*, WM 1998, 473, 479 f.

138 Vgl. BT-Drucks. 12/2443, S. 177 ("Zu § 188").

139 § 169 Satz 2 InsO. Vgl. dazu bereits oben § 5 B I 3 a (1), S. 124.

140 Vgl. BT-Drucks. 12/2443, S. 180 ("Zu § 194") iVm. S. 177 ("Zu § 188").

Unklar ist auch, was geschehen soll, wenn sich nach der Verwertung herausstellt, daß der Gläubiger zuviel oder zuwenig Zinsen erhalten hat, weil der tatsächliche Erlös nicht mit dem bei der Verzinsung zugrunde gelegten Betrag übereinstimmt.[141] Hier nachträglich einen Ausgleich - etwa nach bereicherungsrechtlichen Grundsätzen - durchführen zu wollen, erscheint unpraktikabel.[142] Im übrigen ist dies auch nicht zur Vermeidung von ungerechtfertigten Bereicherungen erforderlich. Denn der Verwertungserlös gibt nur den Wert im Zeitpunkt der Verwertung an. Dieser Wert muß aber nicht übereinstimmen mit dem Wert während der Zinszahlungen.

d) Behandlung des Erlöses

An dem Erlös einer Verwertung von Sicherungsgut setzt sich das Sicherungsrecht nicht fort.[143] Aus den §§ 166 ff. InsO ergibt sich nämlich nichts derartiges für die Verwertung beweglicher Sachen.[144] Vielmehr besteht ein Anspruch auf Auszahlung des entsprechenden Betrages gegen den Insolvenzverwalter.

4. Anwendungsfälle der Verwertung durch den Insolvenzverwalter

Die Hauptanwendungsfälle für das Verwertungsrecht des Insolvenzverwalters sind wegen des Besitzerfordernisses in § 166 Abs. 1 InsO alle dinglichen Sicherheiten, bei denen dem Sicherungsgeber vom Sicherungsnehmer der Besitz am Sicherungsgut belassen wird. So ist es bei dem erweiterten Eigentumsvorbehalt und dem verlängerten Eigentumsvorbehalt mit Herstellerklausel, jeweils nach Eintritt der Sonderform, dem Sicherungseigentum und dem Vermieterpfandrecht. Ebenso fällt das Pfändungspfandrecht darunter, bei dem allerdings vor der Verwertung zunächst die Entstrickung durch den Gerichtsvollzieher erforderlich ist.[145]

Bei dem zur Aussonderung berechtigenden einfachen Eigentumsvorbehalt hat der Verwalter kein Verwertungsrecht.[146] Denn § 166 Abs. 1 InsO stellt

---

141 Dies fragt *Obermüller*, InVo 1996, 143.

142 So auch HK-*Landfermann*, § 169 Rn. 9; für eine nachträgliche Korrektur hingegen Nerlich/Römermann-*Becker*, § 169 Rn. 48.

143 A.A. *Harder*, KTS 2001, 97, 112 f.

144 Dies könnte bei mißbräuchlicher Verwendung des Erlöses durch den Insolvenzverwalter bei massearmen Verfahren zu einem Ausfall des Absonderungsberechtigten führen. Hier kann gegebenenfalls der Verwalter gemäß § 60 InsO in Anspruch genommen werden.

145 BT-Drucks. 12/2443 S. 178 ("Zu § 191"); *Gottwald*, in: Leipold (Hrsg.), Insolvenzrecht im Umbruch, S. 197 ff, 199; Smid-*Smid*, § 166 Rn. 18a.

146 Vgl. HK-*Landfermann*, § 166 Rn. 10; *Gottwald/Adolphsen*, S. 829, Rn. 81; *Newiger*,

ausdrücklich auf Sachen ab, an denen ein Absonderungsrecht besteht. Eine Analogie auch für Aussonderungsrechte ist nach dem klar zu Tage getretenen Willen des Gesetzgebers nicht denkbar.[147] Im Hinblick auf die Zerschlagungsproblematik bietet im übrigen die Möglichkeit der Erfüllungswahl gemäß §§ 107 Abs. 2, 103 InsO ausreichenden Schutz der Unternehmensgesamtheit.

Ebenfalls gilt das Verwertungsrecht des Insolvenzverwalters nach § 166 Abs. 2 InsO bei zur Sicherheit abgetretenen Forderungen unabhängig von der Frage, ob die Abtretung dem Drittschuldner offengelegt worden ist.[148]
Auf verpfändete Forderungen bezieht es sich hingegen nicht.[149] Nach dem Wortlaut des § 166 Abs. 2 InsO gilt das Verwertungsrecht des Verwalters nämlich nur bei abgetretenen Forderungen.
Ob diese Unterscheidung zwischen zur Sicherheit abgetretenen und verpfändeten Forderungen sachgerecht ist, muß bezweifelt werden.[150] Der Regierungsentwurf hatte bei der Frage des Verwertungsrechts an mit Absonderungsrechten belasteten Forderungen darauf abgestellt, ob eine Anzeige an den Drittschuldner erfolgt war. Eine Unterscheidung zwischen Verpfändung und Abtretung an sich wurde nicht vorgenommen.[151] Dies war konsequent, da das Anzeigeerfordernis des § 1280 BGB materiell-rechtlich die ansonsten beim Pfandrecht nach § 1205 Abs. 1 Satz 1 BGB erforderliche Besitzübergabe ersetzt. Bei einer Übertragung dieses Gedankens auf das Insolvenzverfahren konnte - entsprechend der bei beweglichen Sachen entscheidenden Besitzfrage - für Forderungen auf die Anzeige an den Drittschuldner abgestellt werden. Der Rechtsausschuß hat hingegen

---

Sparkasse 1994, 537; a.A. *Häsemeyer*, Rn. 11.10; Smid-*Smid*, § 47 Rn. 17 und § 51 Rn. 13.

147 Vgl. BT-Drucks. 12/2443, S. 179 ("Zu § 191"); BT-Drucks. 12/7302, S. 176 zu Nr. 106 ("Zu § 191 Abs. 2") und S. 178 zu Nr. 112 ("Zu § 199").

148 BGH, ZIP 2002, 1630, 1633; KG ZIP 2001, 2012, 2013 und die Vorinstanz LG Berlin ZInsO 2000, 459, 460; KG, NZI 1999, 500, 501; LG Limburg NZI 2000, 279; *Weis*, ZInsO 2002, 170, 173; a.A. Nerlich/Römermann-*Becker* § 166 Rn 40; *Foltis*, ZInsO 1999, 386, 392; *Mitlehner*, ZIP 2001, 677, 679 f.

149 BGH ZIP 2002, 1630, 1631; LG Tübingen NZI 2001, 261, 263; BT-Drucks. 12/7302, S. 176 zu Nr. 106 ("Zu § 191 Abs. 2") und S. 178 zu Nr. 112 ("Zu § 199"); Braun-*Gerbers*, § 166 Rn. 14; *Häcker*, Rn. 588; HK-*Landfermann*, § 166 Rn. 17; *Obermüller*, WM 1994, 1829, 1873; *Hess/Obermüller*, Rn. 1231; MünchKomm-*Lwowski*, § 166 InsO Rn 137; *Gundlach/Frenzel/Schmidt*, NZI 2001, 119, 123. A.A. einzig *Marotzke*, ZZP 109 (1996), 429, 448.

150 Kritisch dazu *Gottwald*, in: Leipold, Insolvenzrecht im Umbruch S. 199; *Marotzke*, ZZP 109 (1996), 429, 447; Kübler/Prütting-*Kemper*, § 166 Rn. 9; *Mitlehner*, ZIP 2001, 677, 680.

151 Vgl. BT-Drucks. 12/2443, S. 179 ("Zu § 191").

diese Unterscheidung wegen vermeintlicher praktischer Schwierigkeiten bei der Frage, bis wann die Anzeige nachgeholt werden könne, aufgehoben und die jetzige Regelung des § 166 Abs. 2 InsO eingeführt.[152]
Daraus ergibt sich die Konsequenz, daß bei einer Abtretung unter Anzeige an den Drittschuldner der Sicherungszessionar das Recht zur Einziehung nicht haben soll, während der Pfandgläubiger bei der Forderungsverpfändung und auch bei der Pfändung einer Forderung zum Zwecke der Vollstreckung das Einziehungsrecht hat.[153] Eine Übertragung des Vollrechts führt auf diese Weise zu weniger weitgehenden Rechten als die Übertragung des bloßen Befriedigungsrechts.[154] Vermieden werden kann diese Diskrepanz durch eine analoge Anwendung des § 166 Abs. 2 InsO[155] oder einen erst-recht-Schluß auf diese Vorschrift für die Forderungsverpfändung.
Ein die Besserstellung des Pfandrechts rechtfertigender Grund ist hier nicht ersichtlich. Auch hier gilt - ebenso wie bei der Sicherungsabtretung und unabhängig davon, ob eine Bekanntgabe an den Drittschuldner erfolgte oder nicht -, daß der Insolvenzverwalter regelmäßig besser zur Einziehung geeignet ist.

Gegen eine Analogie zu § 166 Abs. 2 InsO oder den erst-recht-Schluß spricht allerdings entscheidend, daß nach dem eindeutigen Willen des Gesetzgebers sich die Verwertungsbefugnis nicht auf verpfändete Forderungen bezieht. Schon in der Begründung zum Regierungsentwurf ist dies ausdrücklich ausgesprochen.[156] Auch aus den Änderungen des Rechtsausschusses zum jetzigen § 166 Abs. 2 InsO kann nicht entnommen werden, daß dies nicht mehr gelten soll. Denn in der Begründung dazu heißt es ebenso eindeutig: "Die Abgrenzung zwischen der angezeigten Forderungsabtretung und der Forderungsverpfändung, die nicht zu einem Verwertungsrecht des Verwalters führt, ..."[157] Die Unterscheidung soll nach dem Willen des Gesetzgebers also beibehalten werden.

---

152 BT-Drucks. 12/7302, S. 176 zu Nr. 106 ("Zu § 191 Abs. 2").

153 *Obermüller*, WM 1994, 1873, empfiehlt dem Sicherungsnehmer zur Vermeidung der Einziehungsbefugnis durch den Insolvenzverwalter den Verzicht auf die Sicherungsabtretung zugunsten der Verpfändung der Forderung. Die dafür erforderliche sofortige Anzeige an den Drittschuldner dürfte aber häufig nicht gewollt sein.

154 Dies hebt *Marotzke*, ZZP 109 (1996), 429, 447 hervor; ähnlich auch Kübler/Prütting-*Kemper*, § 166 Rn. 9.

155 Diese vertritt *Marotzke*, ZZP 109 (1996), 429, 448.

156 Vgl. BT-Drucks. 12/2443, S. 178 ("Zu § 191").

157 BT-Drucks. 12/7302, S. 176 zu Nr. 106 ("Zu § 191 Abs. 2"). Dies übersieht Kübler/Prütting-*Kemper*, § 166 Rn. 9.

Insoweit bleibt es für verpfändete Forderungen nach § 173 Abs. 1 InsO bei der Verwertungsbefugnis durch den Pfandgläubiger selbst.[158]

II. Nutzungs- und Verwendungsbefugnisse des Verwalters

Der Insolvenzverwalter ist nach §§ 166 ff. InsO nicht darauf beschränkt, die seinem Verwertungsrecht unterliegenden Gegenstände zu Geld zu machen. Die Liquidation des schuldnerischen Vermögens gehört zwar weiterhin zu den Aufgaben der Insolvenzverwaltung. Dementsprechend ist in § 159 InsO diese grundsätzliche Pflicht des Verwalters bestimmt. Allerdings wird ebenfalls dem Umstand Rechnung getragen, daß das Verfahrensziel auch in dem Erhalt eines Unternehmens bestehen kann.[159] In diesem Fall ist nicht die Veräußerung, sondern die sonstige Verwendung der dafür erforderlichen Massegegenstände sinnvoll. Soweit dies bewegliche Sachen betrifft, an denen Gläubigern ein Befriedigungsrecht zusteht, regelt § 172 InsO die entsprechende Befugnis des Insolvenzverwalters, statt einer Veräußerung den Gegenstand zu nutzen oder anderweitig zu verwenden.

1. Die Nutzung des zur Absonderung berechtigenden Gegenstandes

Das Nutzungsrecht des Insolvenzverwalters bezüglich der Gegenstände, an denen ein Recht zur abgesonderten Befriedigung besteht, regelt § 172 Abs. 1 InsO. Unter "Nutzen" in diesem Sinne ist das Gebrauchen des Sicherungsgutes ohne Aufzehren des Substanzwertes zu verstehen. Als Beispiele können genannt werden:
Die Verwendung der sicherungsübereigneten EDV-Anlage zur Fortführung der Buchhaltung oder der Betrieb gepfändeter Maschinen zur Aufrechterhaltung der Produktion. Auch die Vermietung oder Verpachtung an einen Dritten ist danach möglich. Abzugrenzen von der Nutzung ist das Verbrauchen, bei dem der Substanzwert aufgezehrt wird.

Das Verbrauchen eines Gegenstandes war dem Insolvenzverwalter unter bestimmten Voraussetzungen nach den Regelungen des Regierungsentwurfes gestattet.[160] Nach der Streichung dieser Befugnis im Gesetzgebungsverfahren ist der Insolvenzverwalter darauf angewiesen, mit dem Sicherungsnehmer eine

---

[158] BGH, ZIP 2002, 1630, 1632; *Häsemeyer*, Rn. 13.50; HK-*Landfermann*, § 173 Rn. 3; Hess/Weis/Wienberg-*Hess*, § 166 Rn. 55; Kübler/Prütting-*Kemper*, § 173 Rn. 5; *Obermüller*, InVo 1996, 144.

[159] Vgl. § 1 InsO.

[160] § 197 Abs. 2 RegE, dazu BT-Drucks. 12/2443, S. 182 ("Zu § 197").

einvernehmliche Vereinbarung zu treffen oder die gesicherte Forderung vollständig zu befriedigen, wenn er die Sache verbrauchen will.[161]

a) Besitz als Voraussetzung des Nutzungsrechtes

Die Nutzung des Sicherungsgutes setzt voraus, daß der Insolvenzverwalter nach § 166 InsO zu dessen Verwertung berechtigt ist, § 172 Abs. 1 Satz 1 InsO. Maßgebend ist damit wiederum der Besitz an dem fraglichen Gegenstand. Auch an dieser Stelle ist auf die Problematik, die mit dem Besitzerfordernis verbunden ist, hinzuweisen.[162] Noch stärker als bei der Verwertung kann es bei der Frage der Benutzung von bereits aus dem Besitz des Schuldners gelangten Gegenständen zu Beeinträchtigungen der Masse kommen.

Der Regierungsentwurf sah als Ausgleich die Möglichkeit des Insolvenzverwalters vor, eine gerichtliche Anordnung zu erwirken hinsichtlich der Herausgabe von Sicherungsgut, auf dessen Nutzung die Masse angewiesen ist.[163] Auch diese Möglichkeit wurde im Gesetzgebungsverfahren gestrichen, so daß der Insolvenzverwalter nunmehr darauf angewiesen ist, mit dem Sicherungsnehmer eine einvernehmliche Vereinbarung zu treffen oder die gesicherte Forderung vollständig zu befriedigen, wenn er die Sache verwenden will.[164]

b) Wertausgleich bei drohender Unterdeckung

Als weitere Voraussetzung des Nutzungsrechts schreibt § 172 Abs. 1 Satz 1 InsO einen Ausgleich des durch die Benutzung entstehenden Wertverlustes an den Absonderungsberechtigten vor. Dieser hat einen Anspruch auf laufende Zahlungen ab Eröffnung des Verfahrens als Masseverbindlichkeit und muß die Nutzung nur solange dulden, wie die Zahlungen erbracht werden.[165]

Nach § 172 Abs. 1 Satz 2 besteht allerdings keine Pflicht zum Wertausgleich, wenn der Absonderungsberechtigte keine Beeinträchtigung erleidet. Dies ist etwa der Fall, wenn der Absonderungsberechtigte übersichert ist und der Wert des Sicherungsgutes trotz des nutzungsbedingten Wertverlustes ausreicht, um die gesicherten Forderungen - inklusive Zinsen und Kosten - zu decken.

Es handelt sich hierbei um einen Wertausgleich und nicht um einen Nutzungsersatz. Dieses folgt bereits aus dem Wortlaut der Vorschrift, wonach eine

---

161 Vgl. BT-Drucks. 12/7302, S. 178, zu Nr. 111 ("Zu den §§ 197, 198").

162 Die Ausführungen zu oben I 1, S. 233 ff., gelten hier entsprechend.

163 § 199 RegE, dazu BT-Drucks. 12/2443, S. 183 ("Zu § 199").

164 Vgl. BT-Drucks. 12/7302, S. 178, zu Nr. 111 ("Zu § 199").

165 BT-Drucks. 12/2443, S. 182 ("Zu § 197").

Kausalität zwischen Nutzung und Wertverlust erforderlich ist.[166] Aus der Masse muß also nicht etwa der Wert der Nutzung an den Absonderungsberechtigten geleistet werden. Ebensowenig ist ein Wertverlust, der am Sicherungsgut allein durch Zeitablauf entsteht, auszugleichen. Diesen hat der Absonderungsberechtigte grundsätzlich entschädigungslos hinzunehmen. Gleiches gilt für Wertverluste durch höhere Gewalt oder Einwirkung Dritter.[167]
Vorteilhaft ist der Wertausgleich für den Absonderungsberechtigten, da er unter Umständen bereits kurz nach Eröffnung durch laufende Zahlungen einen Teil seines Kapitals zurückerhält. Auf der anderen Seite wird von der Masse verlangt, daß sie gerade in der Zeit kurz nach Verfahrenseröffnung, in der häufig finanzielle Mittel noch nicht ausreichend vorhanden sind, bereits derartige Zahlungen aufnimmt. In jedem Fall werden sich aus dieser Regelung schwierige Bewertungsprobleme hinsichtlich der Höhe des nutzungsbedingten Wertverlustes ergeben.

Der Ausgleichsanpruch ist grundsätzlich unabhängig von dem Verzinsungsanspruch aus § 169 InsO. Daraus folgt, daß beide nebeneinander bestehen können.[168] Allerdings wird bei der Bemessung des Zinsanspruches, der nach § 169 Satz 3 InsO abhängig vom Wert der Sicherheit ist, ein Wertverlust berücksichtigt. Das bedeutet, daß der zu verzinsende Betrag geringer wird, wenn das Sicherungsgut durch die Nutzung an Wert einbüßt.

2. Die Verbindung, Vermischung und Verarbeitung durch den Insolvenzverwalter

Schließlich ist in § 172 Abs. 2 InsO die Befugnis des Insolvenzverwalters geregelt, bewegliche Sachen, an denen ein Absonderungsrecht besteht, zu verbinden, zu vermischen und zu verarbeiten.

a) Voraussetzungen

Die Befugnis zur Verbindung, Vermischung und Verarbeitung knüpft wiederum an die Verwertungsbefugnis nach § 166 InsO und damit an die Besitzlage an.

---

166 § 172 Abs. 1 Satz 1: "dadurch".

167 Breutigam/Blersch/Goetsch-*Breutigam*, § 172 Rn. 10; Braun-*Gerbers*, § 172 Rn. 4; Kübler/Prütting-*Kemper*, § 172 Rn. 4; MünchKomm-*Lwowski*, § 172 InsO Rn. 26, 28; a.A. Nerlich/Römermann-*Becker*, § 172 Rn. 20.

168 *Bork*, Festschrift Gaul, S. 71; Braun-*Gerbers*, § 169 Rn. 3 und § 172 Rn. 8 *Haarmeyer/Wutzke/Förster*, Handbuch, Kapitel 5, Rn. 443; *Obermüller/Hess*, Systematische Darstellung, Rn. 779; Kübler/Prütting-*Kemper*, § 172 Rn. 10.

Aus den bereits genannten Gründen[169] ist dies problematisch und kann auch dazu führen, daß eine ökonomisch sinnvolle Verbindung oder Verarbeitung unterbleibt, wenn der Insolvenzverwalter mit dem Absonderungsberechtigten keine gütliche Einigung treffen kann und für die Erfüllung der gesicherten Forderung nicht ausreichend liquide ist.

Die zweite Voraussetzung besteht darin, daß "die Sicherung des absonderungsberechtigten Gläubigers nicht beeinträchtigt wird."[170] Diese Voraussetzung wird dann vorliegen, wenn die Sicherheit an dem Gegenstand bestehenbleibt (und dessen Wert durch die Maßnahme nicht oder jedenfalls nicht unter den Betrag der gesicherten Forderungen verringert wurde).[171]

Häufig werden die genannten Maßnahmen dazu führen, daß das Sicherungsgut und damit das bestehende Sicherungsrecht nicht bestehenbleiben:
Wird das Sicherungsgut nach §§ 946 f. BGB mit einem anderen, als Hauptsache anzusehenden, Gegenstand verbunden oder mit diesem nach § 948 BGB untrennbar vermischt bzw. vermengt, so erlöschen nach § 949 Satz 1 BGB Eigentum und sonstige bestehende Rechte. Entsprechendes ergibt sich nach § 950 Abs. 2 BGB, wenn aus dem Sicherungsgut eine neue bewegliche Sache hergestellt wird. In diesen Fällen wäre die Sicherheit des Absonderungsberechtigten vereitelt.

Der Verwalter muß daher in diesen Fällen dafür sorgen, daß eine Beeinträchtigung nicht erfolgt. Dies kann etwa darin bestehen, daß mit dem Sicherungsnehmer die Gestellung einer Ersatzsicherheit vereinbart wird.[172] Dabei kann auch auf die Sache, in der das Sicherungsgut aufgehen soll, zugegriffen werden. Allerdings erstreckt sich das Sicherungsrecht in diesen Fällen nicht automatisch auf die neue Sache.[173]

---

169 Vgl. oben I 1, S. 233 ff.

170 § 172 Abs. 2 Satz 1, 2. Halbsatz InsO.

171 Den Fall, daß die Verbindung, Vermischung oder Verarbeitung dazu führt, daß das Sicherungsgut erhalten bleibt und sich dessen Wert erhöht, behandelt § 172 Abs. 2 Satz 2 InsO. Dazu sogleich unter b.

172 BT-Drucks. 12/7302, S. 178, zu Nr. 111 ("Zu den §§ 197, 198").

173 Vgl. MünchKomm-*Lwowski*, § 172 InsO Rn. 60; Smid-*Smid*, § 172 Rn. 14; a.A. *Klasmeyer/Elsner/Ringstmeier*, Kölner Schrift, S. 1083, 1092, Rn. 35; *Harder*, KTS 2001, 97, 116.

b) Freigabeverpflichtung des Gläubigers bei Wertzuwachs der Sicherheit

Die Verbindung, Vermischung oder Verarbeitung des Sicherungsgutes kann auch dazu führen, daß sich das Sicherungsrecht an einem Gegenstand fortsetzt, der durch die Maßnahme an Wert gewonnen hat. Zu denken ist etwa an Fälle, in welchen das Sicherungsgut im Falle des § 947 Abs. 2 BGB als Hauptsache anzusehen ist und sich nach der wertsteigernden Verbindung gemäß § 949 Satz 3 BGB das Recht des Sicherungsnehmers daran fortsetzt.[174] Entsprechendes gilt für die Vermischung und Vermengung nach § 948 BGB.
Schließlich kann auch eine Verarbeitung dergestalt erfolgen, daß keine neue Sache im Sinne des § 950 BGB entsteht und das Sicherungsrecht an dem durch die Verarbeitung im Wert gesteigerten Gegenstand fortbesteht.

In allen diesen Fällen besteht nach § 172 Abs. 2 Satz 2 InsO die Verpflichtung des Gläubigers, die Sicherheit insoweit freizugeben, wie sie den Wert der bisherigen Sicherheit übersteigt.

Die sachliche Berechtigung dieser Regelung, die eine ungerechtfertigte Besserstellungen des Absonderungsberechtigten zulasten der Masse vermeidet, dürfte unbestritten sein. Allerdings führt auch diese wieder zu schwierigen Bewertungsproblemen, wenn die Beteiligten sich über die Wertanteile nicht einigen können.

III. Freigabe des belasteten Gegenstandes durch den Insolvenzverwalter

Der Verwalter ist schließlich - anstatt den belasteten Gegenstand selbst zu verwerten oder sonst zu verwenden - zur Freigabe an den Gläubiger berechtigt.[175] Dies ist zwar nicht ausdrücklich gesetzlich bestimmt, ergibt sich aber aus dem allgemeinen Verwaltungs- und Verfügungsrecht des § 80 InsO. In § 170 Abs. 2 InsO wird diese Freigabe an den absonderungsberechtigten Gläubiger zum Zwecke der Verwertung durch diesen auch vorausgesetzt.
Wenn es sich dabei um einen Gegenstand handelt, zu dessen Verwertung der Verwalter berechtigt wäre, ist aufgrund des Besitzerfordernisses des § 166 Abs. 1 InsO bei beweglichen Sachen die tatsächliche Herausgabe erforderlich.

---

174 So das Beispiel in BT-Drucks. 12/2443, S. 182 ("Zu § 197").

175 Vgl. HK-*Eickmann*, § 35 Rn. 28; *Haarmeyer/Wutzke/Förster*, Handbuch, Kapitel 5, Rn. 434; Kübler/Prütting-*Kemper*, § 170 Rn. 10 und § 166 Rn. 12; Smid-*Smid*, § 173 Rn. 4.

IV. Durchführung der Verwertung durch den Gläubiger

Das Verwertungsrecht des absonderungsberechtigten Gläubigers bleibt unberührt, wenn der Insolvenzverwalter nicht zur Verwertung berechtigt ist, § 173 Abs. 1 InsO. Aus dieser Regelung erwirbt der Sicherungsnehmer allerdings kein Verwertungsrecht, vielmehr wird ihm gestattet, das dort vorausgesetzte Recht auch im Insolvenzverfahren auszuüben. Das Recht selbst ergibt sich aus den gesetzlichen Vorschriften des zugrunde liegenden materiellen Rechts oder der Sicherungsvereinbarung. Wenn danach allerdings im Verhältnis zwischen Sicherungsnehmer und Schuldner als Sicherungsgeber letzterer zur Verwertung berechtigt oder verpflichtet ist, geht dieses Recht auf den Insolvenzverwalter über.

Bei der Durchführung der Verwertung durch den gesicherten Gläubiger ergeben sich die Bindungen aus den gesetzlichen und vertraglichen Regelungen des allgemeinem Zivilrechtes.[176] Die Insolvenzordnung sieht hier keine bestimmte Verwertungsart vor.[177] Dem Insolvenzverwalter wird in § 173 Abs. 2 InsO lediglich die Möglichkeit der Beschleunigung der Verwertung eingeräumt. Auf seinen Antrag kann nämlich das Gericht dem Sicherungsnehmer eine Frist bestimmen, innerhalb derer die Verwertung vorzunehmen ist. Erfolgt die Verwertung nicht fristgerecht, erlangt der Insolvenzverwalter nach § 173 Abs. 2 Satz 3 InsO ein Verwertungsrecht. Welche Folgen damit verbunden sind, bleibt angesichts fehlender näherer gesetzlicher Regelungen allerdings unklar.

So ist zweifelhaft, ob aus der Verwertungsbefugnis des Insolvenzverwalters folgt, daß der Gläubiger sein Verwertungsrecht verliert oder ob Gläubiger und Verwalter nebeneinander zur Verwertung berechtigt sind. Hierzu ergibt sich auch nichts aus der Gesetzesbegründung, in welcher lediglich ein Hinweis auf das Vorbild des § 127 Abs. 2 KO zu finden ist.[178] Zu dieser Norm hat sich die Ansicht durchgesetzt, daß das Verwertungsrecht des Gläubigers auch nach Ablauf der gesetzten Frist so lange besteht, bis der Verwalter durch eigenes Betreiben die Verwertungsmöglichkeit tatsächlich abgeschnitten hat.[179] Dies entspricht auch dem Zweck der aktuellen Regelung, die Verwertung von Sicherungsgut zu beschleunigen.[180] Somit ist auch für die Insolvenzordnung von

---

176 *Obermüller*, Rn. 6.397; Kübler/Prütting-*Kemper*, § 173 Rn. 7; Nerlich/Römermann-*Becker*, § 173 Rn. 10.

177 *Bork*, Rn. 255; Nerlich/Römermann-*Becker*, § 173 Rn. 10.

178 BT-Drucks. 12/2443, S. 183 ("Zu § 200").

179 RG Gruchot 48, 413; Kilger/*Schmidt*, § 127 KO Anm. 6; Jaeger/*Weber*, § 127 Rn. 10; Kuhn/*Uhlenbruck*, § 127 Rn. 19.

180 Vgl. BT-Drucks. 12/2443, S. 183 ("Zu § 200").

einem parallelen Verwertungsrecht von Gläubiger und Insolvenzverwalter auszugehen.[181]
Allerdings dürfte die praktische Bedeutung dieser Norm gering bleiben - ebenso wie die der Vorgängerregelung. Denn der Absonderungsberechtigte hat selbst ein Interesse an einer zügigen Verwertung, schon um den nach § 190 Abs. 1 InsO erforderlichen Nachweis seines Ausfalls im Hinblick auf seine Beteiligung an einer Verteilung zu führen.

C. Vergleichung

Die Verwaltung und insbesondere die Verwertung des Sicherungsgutes ist eine der entscheidenden Fragen der Rechtsbeziehung zwischen dem gesicherten Gläubiger und der Masse. Die Umwandlung des Sicherungsgutes in Geld birgt hier für beide Seiten Gefahren. Die Masse hat ein Interesse daran, weiterhin auf Gegenstände zurückgreifen zu können, die für die geordnete Abwicklung des Verfahrens erforderlich sind. Gegenstände, die für eine etwaige Reorganisation benötigt werden, sollten erhalten bleiben. Möglicherweise kann aus dem Sicherungsgut noch zur Verbesserung der Masse Nutzen gezogen werden, etwa durch Veräußerung oder durch sonstige Verwendung. Der gesicherte Gläubiger will vor einer Verschlechterung seiner Befriedigungsaussichten geschützt werden. Diese droht durch Wertverlust oder ungünstige bzw. verzögerte Verwertung des Sicherungsgutes.
Diesen zum Teil gegenläufigen Interessen müssen die insolvenzrechtlichen Regeln zur Verwaltung und Verwertung von Sicherungsgut Rechnung tragen.

I. Die Verwertung des Sicherungsgutes

Abweichende Ausgestaltungen finden sich in den beiden Rechtsordnungen bei der Anknüpfung der Verwertungsbefugnis. Das deutsche Recht ist geprägt durch unterschiedliche Regelungen für die Verwertung beweglicher und unbeweglicher Sachen, die mit Absonderungsrechten belastet sind. Der Verwalter darf bewegliche Gegenstände, die sich in seinem Besitz befinden, veräußern und benutzen. Ebenso darf er zur Sicherheit abgetretene Forderungen einziehen. In den USA wird bei der Verwertungsbefugnis weder eine Differenzierung nach Art des Sicherungsgutes noch nach der Besitzlage vorgenommen. Der Verwalter ist grundsätzlich zur Nutzung des Sicherungsgutes befugt. Dies ist für die

---

[181] FK-*Wegener*, § 173 Rn. 4; a.A. Breutigam/Blersch/Goetsch-*Breutigam*, § 173 Rn. 12; Braun-*Gerbers*, § 173 Rn. 5; Kübler/Prütting-*Kemper*, § 173 Rn. 14, die jeweils ohne Begründung von einem Verlust des Verwertungsrechtes bei dem Gläubiger ausgehen. Dieser Ansicht ist zuzugeben, daß ein paralleles Verwertungsrecht zu praktischen Schwierigkeiten, etwa einer Kollision von Verwertungshandlungen, führen kann.

Masse vorteilhafter als die deutsche Lösung, weil so die Masse Nutzungen jeglichen Sicherungsgutes erhält. Einschränkungen bestehen hier hinsichtlich besonders leicht flüchtiger Sicherungsmittel wie Geld oder Wertpapieren. Zur Veräußerung von Sicherungsgut ist der Verwalter dann berechtigt, wenn eine Zustimmung des Sicherungsnehmers vorliegt oder der Sicherungsnehmer die Verwertung nach allgemeinem Zivilrecht dulden muß, wenn das Sicherungsgut nicht über seinen vollen Wert belastet ist oder die Sicherheit streitig ist. Wenn der Verwalter das Sicherungsgut veräußern oder sonst benutzen darf, besteht auch ein Herausgabeanspruch gegen den besitzenden Sicherungsnehmer - wobei dessen Befriedigungsrechte gewahrt bleiben müssen.
Der Sicherungsnehmer darf in Deutschland die in seinem Besitz befindlichen körperlichen Gegenstände, verpfändeten Forderungen sowie sonstige zur Sicherheit übertragene Rechte verwerten. Hinsichtlich der unbeweglichen Gegenstände verbleibt das bestehende Initiativrecht bei ihm. In den USA bleibt zwar ebenfalls das Verwertungsrecht des Sicherungsnehmers aus dem allgemeinen Zivilrecht im Insolvenzverfahren bestehen. Wegen des automatic stay kann das Verwertungsrecht aber erst ausgeübt werden, wenn dessen Beschränkungen - etwa durch Ausscheiden des Gegenstandes aus der Masse oder durch eine gerichtliche Entscheidung - aufgehoben oder entsprechend modifiziert sind.

Im Hinblick auf diesen anders gearteten Ansatz des US-amerikanischen Rechts ist zu überprüfen, ob die Neuregelung des deutschen Gesetzgebers sachgerecht ist.
Für das deutsche Besitzkriterium spricht der Umstand der Rechtssicherheit, da zumeist ohne weiteres erkennbar ist, wer die Verwertung vornehmen darf. Im übrigen dürften auch Kosten eingespart werden, da zumeist keine Herausgabe des Sicherungsgutes an die andere Seite erfolgen muß.
Gegen das Abstellen auf die Besitzlage spricht, daß es insoweit zu einer Privilegierung des schnellen Gläubigers kommt, der sich nämlich bereits vor Verfahrenseröffnung in den Besitz der Sache gebracht hat - und dadurch möglicherweise den Zusammenbruch noch beschleunigt hat. Insofern könnte erwogen werden, auch solche Maßnahmen zur Besitzerlangung in der kritischen Zeit der Anfechtung zu unterwerfen.[182]

---

182 *Klasmeyer/Elsner/Ringstmeier*, Kölner Schrift, S. 1083, 1087, Rn. 17. De lege lata dürfte die Anfechtung regelmäßig an den subjektiven Voraussetzungen scheitern, da ein Vorsatz hinsichtlich der Vereitelung einer Sanierung durch Abzug des Sicherungsgutes angesichts einer Anzahl weiterer Voraussetzungen für das Gelingen der Sanierung nicht nachzuweisen sein dürfte. Nach *Bork*, Festschrift Gaul, S. 76, ergibt sich die Benachteiligungsabsicht aus der vom Gesetzgeber unterstellten ungünstigeren Verwertung durch den Sicherungsnehmer.

Besonders hervorzuheben ist in diesem Zusammenhang auch das Fehlen eines wirksamen Schutzes der Masse gegen Verwertung von Gegenständen, die für eine mögliche Reorganisation benötigt werden.[183] Durch das unmittelbar bestehende Verwertungsrecht des Sicherungsnehmers kann sich daher die getroffene Anknüpfung der Verwertungsbefugnis reorganisationshemmend auswirken.

II. Schutzmechanismen für den gesicherten Gläubiger

Bei den Schutzmechanismen für den gesicherten Gläubiger werden die entgegengesetzten Interessen besonders augenfällig. Im US-amerikanischen Recht ist das einzuhaltende Verfahren bei der Verwertung von Massegegenständen, das auch für die Verwertung von Sicherungsgut gilt, sehr umständlich. Zunächst sind sämtliche Gläubiger über die geplante Veräußerung zu unterrichten und nicht nur diejenigen, die mit besonderen Rechten an dem fraglichen Gegenstand ausgestattet sind. In Deutschland beschränkt sich eine derartige Benachrichtigungspflicht auf diejenigen, die ein Absonderungsrecht an dem Gegenstand innehaben. Nur bei besonders bedeutsamen Veräußerungen ist zusätzlich die Zustimmung des Gläubigerausschusses bzw. der Gläubigerversammlung einzuholen. Der Absonderungsberechtigte hat daraufhin kein Widerspruchsrecht, sondern lediglich ein Vorschlagsrecht für eine bessere Verwertungsmöglichkeit. Während in den USA bereits auf Antrag eines Gläubigers bzw. des Inhabers einer Sicherheit das Gericht über die Zulässigkeit der geplanten Verwertung zu entscheiden hat, kann in Deutschland die vorgesehene Verwertung wie geplant erfolgen. In diesem Fall ist lediglich der Schaden, der dem Absonderungsberechtigten durch die Nichtwahrnehmung der Verwertungsalternative entsteht, auszugleichen. Mit dieser Regelung dürften im Zusammenhang mit der Verwertung von Sicherungsgut die deutschen Gerichte seltener in Anspruch genommen werden. Allerdings verfolgen die Gerichte in den USA eine pragmatische Sichtweise, da sie in aller Regel danach entscheiden, ob die geplante Verwertung den bestmöglichen Erlös erzielt.

Ebenfalls ist besonders hervorzuheben, daß in den USA Veräußerungen, die bei der Fortführung der üblichen Geschäftstätigkeit vorgenommen werden sollen, auch ohne Benachrichtigung der Gläubiger und Sicherungsnehmer durchgeführt werden dürfen. Der Verwalter kann so z.B. im Rahmen eines Handelsbetriebes trotz einer Sicherheit am Warenlager weiterhin Veräußerungen vornehmen. Der Sicherungsnehmer ist in diesem Fall geschützt, da sich die Sicherheit am Erlös der Verwertung fortsetzt.

---

183 Dazu oben § 5 B II 3, S. 141, und § 5 C II, S. 143 ff.

Eine derartige Regelung fehlt in Deutschland, so daß der Verwalter hier entweder die Benachrichtigungserfordernisse einhalten muß oder - was vorzuziehen sein dürfte - eine Vereinbarung mit dem Absonderungsberechtigten trifft.
Schließlich ist der Sicherungsnehmer in den USA bei der Verwertung des Sicherungsgegenstandes durch ein Mitbietungs- und Aufrechnungsrecht besonders geschützt. Bei der Verwertung kann der Sicherungsnehmer selbst mitbieten. Erhält er den Zuschlag, ist er hinsichtlich des Kaufpreises zur Aufrechnung mit seiner gesicherten Forderung gegen den Schuldner berechtigt. Ein vergleichbares Vorkaufsrecht war in Deutschland in der Gesetzgebung zwar erwogen, letztlich aber nicht geregelt worden. Die US-amerikanische Regelung bietet dem Sicherungsnehmer zum einen Schutz gegen einen zu niedrigen Verwertungserlös, da er, ohne neue Mittel aufwenden zu müssen, das Sicherungsgut erwirbt und anschließend versuchen kann, einen höheren Erlös zu erzielen. Zum anderen kann der Sicherungsnehmer, wenn der Marktpreis des Sicherungsgutes zum Zeitpunkt der Verwertung besonders niedrig ist, den Gegenstand zunächst selbst zu erwerben und nach einer Erholung des Marktes zu einem höheren Preis zu verwerten suchen.
Nach der deutschen Regelung ist der Sicherungsnehmer jedenfalls bei der Verwertung zu einem ungünstigen Zeitpunkt nicht in der Lage, spätere Wertverbesserungen für sich nutzbar zu machen. Hingegen kann er bei einer Verwertung des Sicherungsgutes außerhalb eines Insolvenzverfahrens den Zeitpunkt der Verwertung beeinflussen. Aus dieser Regelung folgt eine schlechtere Kalkulierbarkeit des Kreditrisikos. Denn anders als in den USA muß der Sicherungsnehmer davon ausgehen, daß die Verwertung zum ungünstigsten Zeitpunkt vorgenommen wird und er diesen Zeitpunkt nicht beeinflussen kann.

III. Auswirkungen bei Nutzung des Sicherungsgutes

Abschließend ist festzustellen, daß die US-amerikanische Regelung massefreundlicher ist, was die Herausgabe von Gegenständen angeht, die zur geordneten Abwicklung des Verfahrens benötigt werden. Der Sicherungsnehmer ist dort nämlich grundsätzlich zur Herausgabe verpflichtet, wobei sein Befriedigungsrecht durch geeignete Maßnahmen gegen Wertverluste geschützt werden muß. Im Gegensatz dazu ist im deutschen Recht der Verwalter auf die Möglichkeit verwiesen, durch Befriedigung der gesamten Forderung die Freigabe des Gegenstandes zu erreichen. Zwar enthielt einer der Vorentwürfe eine Regelung, wonach die Herausgabe einer beweglichen Sache, die "für die Geschäftsführung des Verwalters benötigt" wird, auf Antrag gerichtlich anzuordnen war.[184] Letztendlich wurde dies aber nicht Gesetz.

---

[184] Vgl. § 199 RegE.

Hinsichtlich der Belastung der Masse wegen der Nutzung von Sicherungsgut ist hingegen die deutsche Regelung massefreundlicher. Denn soweit das Nutzungsrecht besteht, muß in Deutschland die Masse dem Sicherungsnehmer als Ausgleich für eine Verzögerung der Verwertung Zinsen und den durch die Nutzung entstehenden Wertverlust zahlen. In den USA ist neben einer Verzinsung ein Ausgleich jeglichen Wertverlustes vorgesehen, unabhängig von der Frage, ob dieser durch die Nutzung zugunsten der Masse oder durch sonstige Umstände verursacht wird. Für den Sicherungsnehmer wird das Risiko leichter kalkulierbar, da er grundsätzlich vom Erhalt der Sicherheit ab Verfahrensbeginn ausgehen oder eine Aufhebung des Verwertungsstopps erreichen kann.

§ 8 Die Befriedigung der gesicherten Gläubiger

A. USA

Von erheblicher Bedeutung für den gesicherten Gläubiger ist, wie die Befriedigung seines Anspruchs im Hinblick auf die Sicherheit erfolgt. Bei den Reorganisationsverfahren wird die Art und Weise der Befriedigung gesicherter Gläubiger zumeist in einem Plan geregelt.[1] Auch für das Liquidationsverfahren gibt es keine ausdrückliche Regelung über die Leistung an gesicherte Gläubiger.[2] Anstelle dessen enthält § 725 BC die Verpflichtung des trustee, über alle Gegenstände, an denen Rechte Dritter bestehen, vor der Schlußverteilung endgültig zu disponieren. Zu diesen Gegenständen gehören auch Gegenstände, an denen Dritte eine Sicherheit innehaben.[3] Dies betrifft nicht nur das ursprüngliches Sicherungsgut, sondern auch eventuelle Surrogate, an denen sich das Sicherungsrecht fortsetzt.[4]

Auch ohne ausdrückliche gesetzliche Regelung ist dabei anerkannt, daß der gesicherte Gläubiger bei der Verteilung des Vermögens, auf dem seine Sicherheit beruht, Vorrang vor allen anderen Beteiligten hat.[5]

Bei der Schlußverteilung selbst werden die gesicherten Forderungen in den einschlägigen Rangfolgeregelungen der §§ 726 und 507 BC hingegen nicht berücksichtigt.

I. Befriedigung aus dem Sicherungsgut oder dessen Surrogat

Die Methode der Befriedigung ist davon abhängig, wie zuvor mit dem Sicherungsgut verfahren wurde, insbesondere ob es zu einer Verwertung gekommen ist und der Anspruch somit aus dem Erlös befriedigt werden kann. Wenn das Sicherungsgut nicht verwertet worden ist, wird der Zugriff des Gläubigers auf das Sicherungsgut ermöglicht.

1. Die Zahlung aus dem Erlös nach erfolgter Verwertung

Soweit das Sicherungsrecht bei einer Verwertung ein Surrogat hervorbringt, so ist für die Befriedigung des gesicherten Gläubigers zu unterscheiden: Setzt sich

---

1 Dazu sogleich unten § 9 A III 2 b, S. 297 f.

2 HR Report No. 595, 95th Congress, 1st Session, S. 382 (1977); Senate Report No. 989, 95th Congress, 2nd Session, S. 96 (1978).

3 Beispielhaft für Drittrechte wird in § 725 BC das "lien" genannt.

4 HR Report No. 595, 95th Congress, 1st Session, S. 382 (1977); Senate Report No. 989, 95th Congress, 2nd Session, S. 96 (1978).

5 *Collier*, ¶ 725.01, S. 725-1; *Epstein/Nickles/White*, § 7-10, S. 300; *Weintraub/Resnick*, ¶ 5.16, S. 5-100.

das Sicherungsrecht an diesem Surrogat fort, so erfolgt die Auskehrung des Erlöses nach Aufhebung des automatic stay, Freigabe oder nach Disposition gemäß § 725 BC spätestens vor der Schlußverteilung. Der gesicherte Gläubiger erhält in diesen Fällen Befriedigung durch Auszahlung des Geldes, an dem die Sicherheit schließlich besteht. Setzt sich das Sicherungsrecht ausnahmsweise nicht am Erlös fort, so muß die Auszahlung des ihm gebührenden Erlösanteils oder die sonstige Zahlung aus der Masse in den Verwertungsbedingungen bestimmt werden. Denn nur so kann dem Sicherungsnehmer in diesen Fällen gemäß § 361(1) 1. Alternative BC die erforderliche adequate protection gewährt werden. Ohne dies oder einen anderweitigen Schutz ist eine Verwertung unzulässig.[6]

a) Der Umfang der Befriedigung

Der Umfang dessen, was der gesicherte Gläubiger aus dem Erlös erhält, bestimmt sich zunächst nach der Höhe der gesicherten Hauptforderung. Dazu werden bereits die schon vor Stellung des Eröffnungsantrags aufgelaufenen Zinsen und Kosten gerechnet.[7] Soweit der Erlös diese angemeldete Hauptforderung übersteigt, kann der Gläubiger nach § 506(b) BC daneben einerseits Zinsen für den Zeitraum ab Stellung des Eröffnungsantrags verlangen und andererseits - soweit vertraglich vereinbart - in angemessenem Rahmen seine Rechtsverfolgungskosten.[8] Bei nicht vertraglichen Sicherungsrechten hingegen werden - ebenso wie in den Fällen, in denen diese Kosten nicht vertraglich dem Schuldner auferlegt sind - die Rechtsverfolgungskosten nicht vom Sicherungsrecht umfaßt.[9]

Als Zinssatz ist nach nicht ganz einheitlicher Rechtsprechung auf den vertraglich vereinbarten abzustellen;[10] bei nichtvertraglichen Sicherungsrechten auf den gesetzlichen[11]. Allerdings können diese Beträge, insbesondere die Zinsen,

---

6 Vgl. oben § 7 A II 4 b, S. 225.

7 Rake v. Wade, 508 US 464, 113 SCt 2187 [2191], 124 LEd2d 424 (1993).

8 Dazu U.S. v. Ron Pair Enterprises, Inc., 489 US 235, 109 SCt 1026, 103 LEd2d 290 (1989), on remand 872 F2d 778; In re Laguna, 944 F2d 542 (9th Cir. 1991), certiorari denied 503 US 966, 112 SCt 1577, 118 LEd2d 219 (1992).

9 In re Brentwood Outpatient, Ltd., 43 F3d 256 (6th Cir. 1994), certiorari denied 514 US 1096, 115 SCt 1824, 131 LEd2d 745 (1995); Matter of Pointer, 952 F2d 82, 89 (5th Cir. 1992), certiorari denied 505 US 1222, 112 SCt 3035, 120 LEd2d 904 (1992).

10 In re Terry Ltd. Partnership, 27 F3d 241 (7th Cir. 1994), certiorari denied 513 US 948, 115 SCt 360, 130 LEd2d 313 (1994); Matter of Laymon, 958 F2d 72, 75 (5th Cir. 1992), certiorari denied 506 US 917, 113 SCt 328, 121 LEd2d 241 (1992).

11 ZB. Galveston Independent School District v. Heartland Federal Savings and Loan Association, 159 BR 198 (District Court SD Texas 1993); Wassermann v. City of Cam-

vom Gericht in der Höhe beschränkt oder gänzlich versagt werden, etwa weil sie unangemessen hoch sind.[12]

Für den untersicherten Gläubiger ergibt sich im Umkehrschluß aus § 506(b) BC hingegen, daß ihm ein Zinsanspruch für die Zeit nach Verfahrenseröffnung und die vertraglichen Ansprüche auf Erstattung der Kosten und Gebühren versagt werden.[13] Ein Verzinsungsanspruch wird dann nur als letztrangige Insolvenzforderung gemäß § 726(a)(5) BC bedient.

b) Abzug der Erhaltungs- und Verwertungskosten

Von dem für das Sicherungsgut erzielten Erlös kann der trustee nach § 506(c) BC vor der Auskehrung die aufgewendeten Kosten für die Erhaltung und Verwertung abziehen. Ziel der Regelung ist es, eine ungerechtfertigte Besserstellung des Sicherungsnehmers durch Erhaltung bzw. Verwertung des Sicherungsgutes zu verhindern.[14]

(1) Der Begriff der Erhaltungs- und Verwertungskosten

Erhaltungskosten sind beispielsweise Versicherungsprämien oder Lagerkosten; Kosten der Verwertung sind etwa die Gebühren des Versteigerers oder Anwaltshonorare für Verkaufsverhandlungen. Zu den Verwertungskosten gehören aber auch die bei der Verwertung angefallenen Steuern, welche aber ebenso dem "benefit"-Erfordernis unterliegen.[15]

Nicht zulässig ist hingegen die Beteiligung des gesicherten Gläubigers an den allgemeinen Kosten der Masseverwaltung.[16]

---

bridge, 151 BR 4, 5 (District Court D Massachusetts 1993).

12 In re Terry Ltd. Partnership, 27 F3d 241 (7th Cir. 1994), certiorari denied 513 US 948, 115 SCt 360, 130 LEd2d 313 (1994); Manufacturers National Bank v. Auto Specialities Mfg. Co., 18 F3d 358 (6th Cir. 1994); Matter of Lapiana, 909 F2d 221 (7th Cir. 1990).

13 United Savings Association of Texas v. Timbers of Inwood Forest Asoociates, Ltd., 484 US 365, 108 SCt 626, 98 LEd2d 740 (1988).

14 Vgl. United States v. Boatmen's First National Bank, 5 F3d 1157, 1159 (8th Cir. 1993); *Collier*, ¶ 506.05, S. 506-121.

15 Vgl. In re CS Associates, 29 F3d 903 (3rd Cir. 1994); Equibank, N.A. v. Wheeling-Pittsburgh Steel Corp., 884 F2d 80 mit weiteren Nachweisen (3rd Cir. 1989).

16 So schon Gugel v. New Orleans National Bank, 239 F 676 (5th Cir. 1917); Lerner Stores Corporation v. Electric Made Bake Shops, 24 F2d 780 (5th Cir. 1928); in jüngerer Zeit etwa Matter of P.C., Ltd., 929 F2d 203 (5th Cir. 1991); Matter of Trim-X, Inc., 695 F2d 296, 298 f. (7th Cir. 1982).

(2) Die Voraussetzungen der Abzugsfähigkeit

Die drei Voraussetzungen des § 506(c) BC verlangen, daß die Kosten zur Erhaltung oder Verwertung des Sicherungsgutes notwendig, der Höhe nach angemessen und zum Nutzen des gesicherten Gläubigers sind.[17]
Dabei wird insbesondere das letztgenannte Erfordernis sehr einschränkend interpretiert: Der Nutzen ("benefit") des gesicherten Gläubigers muß eine beabsichtigte und sichere Folge der Aufwendung sein und tatsächlich zu einer Verbesserung der Position im Sinne einer Werterhöhung oder -erhaltung geführt haben.[18] Wenn hingegen festgestellt wird, daß die Verwertung nicht im Interesse des Sicherungsnehmers durchgeführt wurde - etwa weil kein marktgerechter Preis erzielt wurde oder der erzielte Erlös auch ohne die besonderen Aufwendungen des trustee bei einer Verwertung des Gläubigers erzielt worden wäre - können die Kosten nicht abgezogen werden.[19] Ebenso ist nicht ausreichend, wenn der Sicherungsnehmer zwar besser gestellt wird, dies aber keine unmittelbar beabsichtigte, sondern eine eher zufällige Folge der Aufwendungen war.[20]

Nicht abhängig ist die Anwendung der Vorschrift von der Frage, in welchem Verhältnis die Höhe der Forderung zum Wert bzw. Erlös der Sache steht - ob also der Gläubiger unter- oder übersichert ist. Aus dem Wortlaut der Vorschrift läßt sich für eine derartige Sichtweise auch kein Anhaltspunkt finden.[21] Trotzdem ist ein District Court im Hinblick auf einige Gesetzgebungsmaterialien davon ausgegangen, daß der Abzug dieser Erhaltungs- und Verwertungskosten nur bei einer Übersicherung des Gläubigers in Betracht kommt.[22] Der daraufhin angerufene Court of Appeals stellte aber klar, daß für eine derartige

---

17 Matter of P.C., Ltd., 929 F2d 203 (5th Cir. 1991); In re Delta Towers, 924 F2d 74 (5th Cir. 1991).

18 Matter of Senior-G & A Operating Co., Inc., 957 F2d 1290 (5th Cir. 1992), rehearing denied; In re Parque Forestal, 949 F2d 504 (1st Cir. 1991); In re Cascade Hydraulics and Utility Service, Inc., 815 F2d 546 (9th Cir. 1987); In re Flaggstaff Foodservice Corp., 762 F2d 10, 13 (2nd Cir. 1985).

19 Brookfield Products Credit Association v. Borron, 738 F2d 951 (8th Cir. 1984); In re Modern Mix, Inc., 18 BR 746 (Bankruptcy Court SD Alaska 1982).

20 In re Visual Industries, Inc., 57 F3d 321 (3rd Cir. 1995); In re C.S. Associates, 29 F3d 903 (3rd Cir. 1994).

21 § 506(c) BC lautet: "The trustee may recover from property securing an allowed secured claim the reasonable, necessary costs and expenses of preserving, or disposing of, such property to the extent of any benefit to the holder of such claim.

22 In re Trim-X, Inc., No. 81-C-770 (District Court ND Illinois 1981, nicht veröffentlicht) mit Hinweis auf HR Report No. 595, 95th Congress, 1st Session, S. 357 (1977), Senate Report No. 989, 95th Congress, 2nd Session, S. 68 (1978).

Unterscheidung kein Raum ist.[23] Belegt wird dies zum einen mit den Äußerungen zweier in diesem Gesetzgebungsverfahren führenden Kongreßmitglieder,[24] zum anderen mit einigen Gerichtsentscheidungen zum Bankruptcy Act,[25] welche durch den Bankruptcy Code nicht ausdrücklich aufgehoben worden waren.

Allerdings fehlt es übersicherten Gläubigern an der erforderlichen Besserstellung. Wenn diese nämlich auch ohne die Aufwendung volle Befriedigung erhalten hätten, wird ihre finanzielle Situation nicht verbessert.[26] Im übrigen erstreckt sich nach den Vertragsbedingungen die Sicherheit regelmäßig auch auf die Nebenkosten, wie etwa Erhaltungs- und Verwertungskosten. Nur bei den untersicherten Gläubigern führt der Abzug der fraglichen Kosten also zu einer Minderung des ihnen zukommenden Anteils. Durch eine entsprechende Übersicherung kann ein Kreditgeber also die Schmälerung des Erlöses aufgrund von Verwertungskosten in der Insolvenz vermeiden.

Daneben wird eine Belastung des Erlöses mit derartigen Kosten zugelassen, wenn der gesicherte Gläubiger der Verwertung zugestimmt hat oder diese selbst verursacht hat.[27] Dies ist zwar nicht ausdrücklich gesetzlich bestimmt, ergibt sich aber aus den Entscheidungen zum Bankruptcy Act,[28] welche im Gesetzgebungsverfahren keine Einschränkung erfahren haben und deswegen weiterhin als geltendes Recht angesehen werden.[29] In diesen Fällen ist der Ersatz nicht auf die notwendigen oder nützlichen Aufwendungen beschränkt, sondern erfaßt die

---

23 Matter of Trim-X, Inc., 695 F2d 296, 298 f. (7th Cir. 1982).

24 124 Cong. Rec. H11089 (Sept. 28, 1978), abgedruckt in U.S.Code Cong. & Administrative News (1978), S. 6436, 6451 (Anmerkung von Representative *Edwards*); 124 Cong. Rec. S 17406, abgedruckt in U.S.Code Cong. & Administrative News (1978), S. 6505, 6520 (Anmerkung von Senator *DeConcini*).

25 Vgl. Textile Banking Co. v. Widener, 265 F2d 446 (4th Cir. 1959), Robinson v. Dikkey, 36 F2d 147 (3rd Cir. 1929), certiorari denied 281 US 750, 50 SCt 354, 74 LEd 1161 (1930); zum geltenden Recht noch In re Hotel Associates, Inc., 6 BR 108 (Bankruptcy Court ED Pennsylvania 1980).

26 In re Flaggstaff Foodservice Corporation, 739 F2d 73 (2nd Cir. 1984); In re Ruggio, 49 BR 450, 453 (Bankruptcy Court D Connecticut 1985); In re West Post Road Properties Corporation, 44 BR 244, 246 (Bankruptcy Court SD New York 1984).

27 United States v. Boatmen's First National Bank, 5 F3d 1157, 1159 (8th Cir. 1993); Matter of Trim-X, Inc., 695 F2d 296, 301 mit weiteren Nachweisen (7th Cir. 1982); Matter of Iberica Mfg., Inc., 180 BR 707 (Bankruptcy Court D Puerto Rico 1995).

28 In re Tyne, 257 F2d 310 (7th Cir. 1958); Equitable Loan & Sec. Co. v. Moss & Co., 125 F 609 (5th Cir. 1903).

29 Vgl. Matter of Trim-X, Inc., 695 F2d 296, 301 (7th Cir. 1982).

tatsächlich angefallenen.[30] Der Sicherungsnehmer ist dort nicht schutzbedürftig, da er in Kenntnis der vorgesehenen Verwertung seine Zustimmung erteilt hat.

(3) Wirkung des Kostenabzuges

Die abziehbaren Kosten können entweder vom erzielten Erlös abgezogen werden bzw. müssen vom gesicherten Gläubiger unabhängig davon erstattet werden. Wenn die Kosten nicht vom Erlös abgezogen werden können, weil weder die Zustimmung des gesicherten Gläubigers für deren Aufwendung gegeben war, noch die Voraussetzungen des § 506(c) BC vorlagen, so handelt es sich insoweit um Kosten der Verwaltung, für die nach § 507(a)(1) BC die Masse aufzukommen hat.[31]

Das Gericht hat nach § 552(b) BC allerdings die Möglichkeit, die Erstreckung der Sicherheit auf den Erlös aus Gründen der Billigkeit zu beschränken. Damit sollen ungerechtfertigte Bereicherungen von Sicherungsnehmern ausgeschlossen werden, die durch wesentliche Wertsteigerungen aufgrund von Aufwendungen der Masse finanziert wurden.[32] Bei den vorliegenden Entscheidungen dazu handelte es sich um die Fertigstellung halbfertiger Waren[33] oder einer ungewöhnlich vorteilhaften Veräußerung durch den trustee[34].

2. Die Befriedigung bei Verwertung durch den gesicherten Gläubiger

Die Befriedigung des gesicherten Gläubigers erfolgt grundsätzlich nach den allgemeinen zivilrechtlichen Regelungen, wenn die Verwertung von ihm selbst vorgenommen werden kann. Dies kommt allerdings nur dann in Betracht, wenn die Verwertung nicht bereits vom Verwalter vorgenommen wurde.

Für die Verwendung des erzielten Erlöses durch den gesicherten Gläubiger stellt der Bankruptcy Code keine besonderen Regelungen auf. Daher sind hier die allgemeinen zivilrechtlichen Grundsätze anwendbar, wonach der Erlös der Verwertung von Sicherungsgut auf die Hauptforderung, Kosten und Zinsen verwendet wird.[35] In § 506(b) ist die Zulässigkeit der Erstreckung der Sicherheit

---

[30] United States v. Boatmen's First National Bank, 5 F3d 1157 (8th Cir. 1993); In re Ofra Corporation of Philadelphia, 170 BR 257 (District Court ED Pennsylvania 1994).

[31] Equibank, N.A. v. Wheeling-Pittsburgh Steel Corp., 884 F2d 84, Fn 4 (3rd Cir. 1989); In re Smith-Douglas, Inc., 856 F2d 12 (4th Cir. 1988).

[32] Senate Report No. 989, 95th Congress, 2nd Session, S. 91 (1978).

[33] Vgl. Matter of Village Properties, Ltd., 723 F2d 441, 444 (5th Cir. 1984), certiorari denied 466 US 974, 104 SCt 2350, 80 LEd2d 823 (1984).

[34] Dazu *Weintraub/Resnick*, ¶ 5.11, S. 5-82.

[35] Vgl. oben § 2 B IV 2 d, S. 67.

auf die Nebenansprüche ausdrücklich ausgesprochen, sofern der Wert der Sicherheit dafür ausreicht.

Für Aufwendungen, die die Masse zur Erhaltung des Sicherungsgutes getätigt hat, kann der trustee nach § 506(c) BC vom gesicherten Gläubiger Ersatz verlangen. Zwar ist der Wortlaut dieser Vorschrift in mancher Hinsicht unklar.[36] Die Norm könnte auch dahingehend ausgelegt werden, daß der trustee für die Kosten nur auf das Sicherungsgut selbst bzw. dessen Erlös vor Auskehrung an den gesicherten Gläubiger zugreifen dürfte.[37] Die Gerichte sehen jedoch bei Verwertung durch den Sicherungsnehmer in der Vorschrift die Grundlage für einen Ersatzanspruch gegen den Sicherungsnehmer auf Zahlung der entsprechenden Beträge.[38] Auch hier ist Voraussetzung, daß die Aufwendungen notwendig, der Höhe nach angemessen und zum Nutzen des gesicherten Gläubigers sind.[39]

3. Ersatzansprüche bei Vereitelung der Sicherheit

Zu einer Vereitelung der Sicherheit kann es auf zweierlei Weisen kommen. Zum einen kann durch eine rechtswidrige Verwertung des Sicherungsgutes durch den eigenverwaltenden Schuldner oder den trustee das Befriedigungsrecht des Sicherungsnehmers vereitelt werden.[40] Wegen der zumeist gegebenen Erstreckung auf den Erlös kann der gesicherte Gläubiger zunächst darauf zugreifen. Daneben kann das Gericht nachträglich die erforderliche adequate protection herstellen, indem eine Ersatzsicherheit bestellt wird.[41] Die Masse haftet hier für Schädigungen des gesicherten Gläubigers.[42] Wenn die Vereitelung der Sicherheit durch Veräußerung, Nutzung oder sonstige Verwendung zu einem Nutzen der Masse führt, kann der Gläubiger seinen Wertverlust als

---

36 Vgl. zu den verschiedenen Auslegungsmöglichkeiten *Epstein/Nickles/White*, ¶ 11.9(e).

37 § 506(c): "The trustee may recover from property securing an allowed secured claim ..."

38 Vgl. Matter of Senior-G & A Operating Co., Inc., 957 F2d 1290, 1300 (5th Cir. 1992); In re Golden Plan of California, Inc., 829 F2d 705 (9th Cir. 1986); Matter of Trim-X, Inc., 695 F2d 296 (7th Cir. 1982).

39 Vgl. oben 1 b (2), S. 262 ff.

40 Der Fall, daß eine Sicherheit bereits vor dem Verfahrensbeginn vereitelt wird, ist nicht geregelt. Hier nimmt der Sicherungsnehmer als einfacher Gläubiger mit seiner Schadensersatzforderung am Verfahren teil.

41 Dazu In re Casbeer, 793 F2d 1436, 1443 (5th Cir. 1986).

42 Zum BA Mosser v. Darrow, 341 US 267, 71 SCt 680, 95 LEd 927 (1951); zum BC US v. Sapp, 641 F2d 182 (4th Cir. 1981); In re Oyster Bay Cove, Ltd., 161 BR 338, 342 (Bankruptcy Court ED New York 1993).

Masseverwaltungsanspruch im Sinne des § 507(a)(1) BC ersetzt verlangen.[43] Gegen den handelnden trustee bestehen Ersatzansprüche, wenn dieser vorsätzlich handelt.[44]
Handelt der ohnehin vermögenslose Schuldner, gehen Ersatzansprüche allerdings ins Leere. In diesen Fällen, in denen der eigenverwaltende Schuldner gegen die gesetzlichen oder gerichtlichen Bestimmungen verstoßen hat, wurden je nach Sachlage verschiedene Sanktionen verhängt. Dies konnten etwa der Entzug der Verwaltungsbefugnis bezüglich des fraglichen Vermögens, die Einsetzung eines trustee (oder eines Prüfers ohne Verwaltungsbefugnis) oder auch die Versagung der Bestätigung eines Reorganisationsplanes oder der Restschuldbefreiung sein.[45]
Dem gesicherten Gläubiger nützt dies regelmäßig nichts. Wenn nicht ausnahmsweise weiteres unbelastetes Vermögen vorhanden war, an dem das Gericht noch nachträglich eine Ersatzsicherheit bestellen kann, so führt die unzulässige Verwendung des Sicherungsgutes zum endgültigen Ausfall mit dem vormals gesicherten Teil des Anspruchs.

II. Beteiligung an der Verteilung aus der Masse

Der gesicherte Gläubiger wird an der Verteilung der Masse mit dem ungesicherten Teil seiner Forderung beteiligt, wenn er diesen Anspruch gemäß § 501 BC in dem Insolvenzverfahren angemeldet hat und dieser zugelassen wurde. Die Beteiligung erfolgt dann mit der auf den ungesicherten Teil entfallenden Quote.

Für die Feststellung, in welchem Umfang die Forderung als ungesichert gilt, ist § 506(a) BC maßgeblich. Danach ist der Anspruch bis zum Wert des Sicherungsgutes gesichert, der darüber liegende Anteil ungesichert. Bei einer bereits erfolgten Verwertung des Sicherungsgutes wird der Ausfall des gesicherten Gläubigers zugrunde gelegt. Denn in diesen Fällen wird als Wert auf den Erlös abgestellt.[46] Ist das Sicherungsgut noch nicht verwertet und die Bewertung des Sicherungsgutes streitig, sieht Bankruptcy Rule 3012 eine gerichtliche Entscheidung darüber vor. Diese muß der gesicherte Gläubiger veranlassen, wenn er an einer Verteilung der Masse teilnehmen will.[47]

---

43 Vgl. dazu In re Center Wholesale, Inc., 759 F2d 1440 (9th Cir. 1985); Baybank-Middleessex v. Ralar Distributors, Inc., 69 F3d 1200, 1204 (1st Cir. 1997).

44 In re Cochise College Park, Inc., 703 F2d 1339 (9th Cir. 1983); zum BA Sherr v. Winkle, 552 F2d 1367, 1375 (10th Cir. 1977)

45 Vgl. dazu *Chobot*, Commercial Law Journal 96 (1991), 138, 148 ff. mwN.

46 Ford Motor Credit Co. v. Dobbins, 35 F3d 860, 870 (4th Cir. 1994); In re Two "S" Corporation, 875 F2d 240, 244 (9th Cir. 1989).

47 In re Harrison, 987 F2d 677, 681 (10th Cir. 1993); In re Calvert, 907 F2d 1069, 1071

B. Deutschland

I. Befriedigung aus dem Sicherungsgut oder einem Surrogat

1. Befriedigung bei Verwertung durch den Insolvenzverwalter

Die Verwendung des Erlöses, welcher durch die Verwertung des Sicherungsgutes durch den Insolvenzverwalter erzielt wurde, bestimmt sich nach §§ 170 Abs. 1, 171 InsO. Erfaßt werden hierdurch nicht nur die Erlöse aus der Veräußerung eines belasteten Gegenstandes oder einer belasteten Forderung, sondern auch die Erlöse aus dem Forderungsinkasso, soweit dem zur Sicherheit abgetretene Forderungen zugrunde lagen.
Die Regelungen der Insolvenzordnung verdrängen die außerhalb des Insolvenzverfahrens geltenden vertraglichen und gesetzlichen Regelungen zur Verteilung des Erlöses aus einer Sicherheitenverwertung. Eine wesentliche Neuerung ergibt sich insbesondere durch eine Kostenbeteiligung der absonderungsberechtigten Gläubiger.

a) Die Kostenbeteiligung der absonderungsberechtigten Gläubiger

Im bisherigen Recht galt der Grundsatz, daß eine Beteiligung des Sicherungsnehmers an den durch seine Sicherheit verursachten Kosten im Insolvenzverfahren nicht erfolgt. In Abkehr davon sehen § 170 Abs. 1 und § 171 InsO vor, die Kosten der Feststellung des Sicherungsrechtes und der Verwertung des Sicherungsgutes vom Veräußerungserlös abzuziehen, bevor dieser an den Sicherungsnehmer ausgekehrt wird.
Als Grundlage für die Berechnung der pauschalierten Kosten ist auf den Bruttoerlös abzustellen.[48]

(1) Verwertungskosten

Kosten der Verwertung des Sicherungsgutes sind alle im Rahmen der Veräußerung und deren Vorbereitung anfallenden Kosten. Beispielhaft genannt seien etwa der Zeitaufwand des Verwalters bei der Suche nach Absatzmöglichkeiten, Transportkosten oder der Aufwand, den Gegenstand in einen verkaufsfähigen

---

(11th Cir. 1990); *Collier*, ¶ 506.03[9][a], S. 506-100 in Fn. 262.

48 BT-Drucks, 12/2443, S. 181 ("Zu § 196"); AG Köln, ZIP 2000, 2216; Uhlenbruck-*Uhlenbruck*, § 171 Rn. 3 mwN.; differenzierend nach Vorsteuerabzugsberechtigung der Masse LG Halle/Saale, ZInsO 2001, 270, 272, und *de Weerth*, NZI 2001, 74, 76: Sofern die Masse vorsteuerbezugsberechtigt ist, ermittle sich die Kostenpauschale aus dem Nettoerlös.

Zustand zu bringen (Reparatur, Fertigstellung von Halbfertigprodukten).[49] Zweifelhaft ist die Zuordnung zu diesen Kosten für den Aufwand der Ermittlung des Wertes, etwa Sachverständigengutachten. Hier wird zum Teil von der Zugehörigkeit zu den Feststellungskosten ausgegangen,[50] was angesichts der Beschränkung dieses Begriffs auf die Feststellung des Gegenstandes und der Rechte an diesem in § 171 Abs. 1 InsO nicht richtig ist.

Die Verwertungskosten sind nach § 171 Abs. 2 Satz 1 InsO pauschal mit 5 % vom Bruttoerlös anzusetzen. Allerdings sind hier bei einer erheblichen Abweichung der tatsächlich angefallenen Kosten von dem Pauschalbetrag die tatsächlich angefallenen Kosten maßgeblich, § 171 Abs. 2 Satz 2 InsO. Die Grenze der Erheblichkeit soll dabei jedenfalls gegeben sein, wenn die tatsächlichen Kosten die Hälfte bzw. das Doppelte der Pauschale betragen.[51]
Ein derartiger Fall, bei dem die tatsächlichen Kosten deutlich unter der Pauschale liegen, ist gegeben, wenn bei einer Lebensversicherung durch den Insolvenzverwalter lediglich ein Kündigungsschreiben bzw. die Erklärung des Nichteintrittes gegenüber dem Versicherungsunternehmen erfolgen mußte.[52]

(2) Feststellungskosten

Bei den Kosten der Feststellung geht es um die Kosten, die durch die tatsächliche Ermittlung und Trennung des Sicherungsgutes verursacht werden, sowie um die Kosten der Prüfung der bestehenden Rechtsverhältnisse.[53] Diese Kosten werden nach § 171 Abs. 1 Satz 2 InsO pauschal mit 4 % des Bruttoerlöses festgesetzt. Von diesem Pauschalbetrag kann auch bei erheblicher Abweichung der tatsächlichen Kosten nicht abgewichen werden.[54]

---

49 Vgl. dazu Breutigam/Blersch/Goetsch-*Breutigam*, § 171 Rn. 8; Kübler/Prütting-*Kemper*, § 171 Rn. 5; Nerlich/Römermann-*Becker*, § 171 Rn. 16; *Ehlenz*, ZInsO 2003, 165, 167.

50 FK-*Wegener*, §§ 170, 171, Rn. 4; *Ehlenz*, ZInsO 2003, 165, 167.

51 BT-Drucks. 12/2443, S. 181 ("Zu § 196"); FK-*Wegener*, §§ 170, 171 Rn. 8; Kübler/Prütting-*Kemper*, § 171 Rn. 7. Nach *Haarmeyer/Wutzke/Förster*, Handbuch, Kapitel 5, Rn. 457 soll dies bereits bei einer Abweichung von 25 % liegen. Gegen die Annahme fester Grenzen und für § 171 Abs. 2 Satz 2 InsO als reine Beweislastregel *Haunschild*, DZWiR 1999, 60, 62.

52 In diesem Fall wurde von AG Bonn, ZInsO 2001, 240, eine Pauschale von DM 50,00 für eine Lebensversicherung berücksichtigt, zustimmend Uhlenbruck-*Uhlenbruck*, § 171 Rn. 3; *Weis*, ZInsO 2002, 170, 175.

53 Vgl. BT-Drucks. 12/2443, S. 181 ("Zu § 196").

54 HK-*Landfermann*, § 171 Rn. 5; *Klasmeyer/Elsner/Ringstmeier*, Kölner Schrift, S. 1083, 1094, Rn. 45; Kübler/Prütting-*Kemper*, § 171 Rn. 4.

Für bewegliche Gegenstände, die als Zubehör dem Haftungsverband einer Immobilie unterfallen und daher Gegenstand eines Absonderungsrechtes an einem unbeweglichen Gegenstand sind, wird gemäß § 10 Abs. 1 Ziffer 1a ZVG ebenfalls ein Feststellungskostenbeitrag von 4 % des Wertes der beweglichen Gegenstände vorab aus dem Versteigererungserlös entnommen und in die Insolvenzmasse gezahlt.

(3) Umsatzsteuer

Schließlich hat der Insolvenzverwalter nach § 171 Abs. 2 Satz 3 InsO bei der Verwertung etwa anfallende Umsatzsteuerbeträge vor der Auskehrung des Erlöses an den Absonderungsberechtigten einzubehalten. Damit soll die Masse vor einer Schmälerung geschützt werden. Denn die aufgrund einer Verwertung während des Insolvenzverfahrens anfallende Umsatzsteuerforderung gegen den Schuldner ist als Masseverbindlichkeit anzusehen.[55]

(4) Kostenbeteiligung beim Eigenerwerb des Gläubigers

Wenn der Insolvenzverwalter sich zur Veräußerung des Sicherungsgutes an den absonderungsberechtigten Gläubiger selbst entschließt, so erfolgt eine Kostenbeteiligung ebenso wie bei der Veräußerung an einen Dritten. Denn auch hier entstehen die Kosten der Feststellung, der Vorbereitung und Durchführung des Verkaufs und die etwaige Umsatzsteuer. Diese Beträge müssen der Masse erstattet werden.[56]

(5) Besonderheiten bei der Eigenverwaltung des Schuldners

Ist der Schuldner zur Eigenverwaltung berechtigt, so regelt § 282 InsO seine Berechtigung zur Verwertung der Gegenstände, die Absonderungsrechten unterliegen. Bei einer derartigen Verwertung können allerdings nach § 282 Abs. 2 InsO keine Kosten für die Feststellung des Sicherungsrechtes vom Erlös abgezogen werden. Abzusetzen sind hingegen die tatsächlichen Verwertungskosten und gegebenenfalls anfallende Umsatzsteuer, § 282 Abs. 2 InsO.

---

[55] Vgl. etwa Kübler/Prütting-*Kemper*, § 171 Rn. 14; *Marotzke*, ZZP 109 (1996), 429, 462; *Welzel*, ZIP 1998, 1823; zur KO etwa BFH ZIP 1987, 1134, 1136; ZIP 1993, 1247 mit weiteren Nachweisen. Eine Änderung der diesbezüglichen steuerrechtlichen Grundlagen ist im Rahmen der Insolvenzrechtsreform nicht erfolgt, so daß von der Beibehaltung dieser Rechtsprechung ausgegangen werden kann.

[56] BT-Drucks. 12/2443, S. 180 f. ("Zu § 195"); Braun-*Gerbes*, § 168 Rn. 4; kritisch dazu *Gottwald*, in: Leipold (Hrsg.), Insolvenzrecht im Umbruch, S. 197, 201.

b) Befriedigung des absonderungsberechtigten Gläubigers

Mit dem Betrag, der nach Berücksichtigung der abzugsfähigen Kosten in der Masse verblieben ist, hat nach § 170 Abs. 1 Satz 2 InsO der Insolvenzverwalter den absonderungsberechtigten Gläubiger unverzüglich zu befriedigen. Getilgt werden mit dem zur Verfügung stehenden Betrag unter Anwendung des § 50 Abs. 1 InsO Kosten, Zinsen und die Hauptforderung. Diese für Pfandgläubiger geltenden Regelungen sind nach § 51 InsO für die sonstigen Absonderungsberechtigten ebenso anzuwenden.

Hat der absonderungsberechtigte Gläubiger das Sicherungsgut selbst erworben, wird der Kaufpreis nicht in voller Höhe an den Verwalter gezahlt und anschließend der für die Befriedigung des Absonderungsrechtes zur Verfügung stehende Erlösanteil zurückgezahlt. Vielmehr hat der Absonderungsberechtigte lediglich den nach § 171 InsO bestimmten Kostenanteil in die Masse zu zahlen.[57] Der verbleibende, nicht ausgezahlte Teil des Kaufpreises wird sodann auf die Zinsen, Kosten und die Hauptforderung angerechnet.

c) Auswirkungen der Kostenbeteiligung

Im Regelfall führt die Verwertung beweglicher Sachen durch den Insolvenzverwalter unter Berücksichtigung der Kostenbeteiligung zu einer Entwertung der Kreditsicherheit um 25 %, während bisher der Sicherungsnehmer im Konkurs, Vergleich oder Gesamtvollstreckung des Sicherungsgebers den vollen Bruttoerlös für sich vereinnahmen konnte. Schmälerungen der Befriedigungsaussichten waren nach dem alten Recht lediglich in zwei Fällen zu erwarten. Zum einen mußten die bei einer Eigenverwertung entstehenden Kosten einkalkuliert werden. Zum anderen war bei der Verwertung durch den Sicherungsnehmer ab 1.1.1993 wegen der Neufassung der Umsatzsteuer-Durchführungsverordnung der Umsatzsteueranteil vom Sicherungsnehmer einzubehalten und direkt an den Fiskus abzuführen.[58]

Zu beachten ist allerdings, daß diese Abzüge durch ausreichende Dimensionierung der zugrunde liegenden Sicherheiten aufgefangen werden können.[59] Es ist daher zu erwarten, daß die bisherige Rechtsprechung zur Zulässigkeit einer

---

57 Vgl. *Haarmeyer/Wutzke/Förster*, Handbuch, Kapitel 5, Rn. 456; Kübler/Prütting-*Kemper*, § 168 Rn. 14; MünchKomm-*Lwowski*, § 169 InsO Rn. 61 f.; *Obermüller*, Rn. 6.327, 6.336.

58 Vgl. § 51 Abs. 1 Satz 1 Nr. 2 UStDV. Mittlerweile regelt dies § 13 b Abs. 1 Nr. 2 UStG.

59 AG Hannover ZInsO 2000, 566, 567; AG Wittlich NZI 2000, 444, 445; BT-Drucks. 12/2443, S. 181 ("Zu § 195").

gewissen Übersicherung über die Hauptforderung hinaus angepaßt wird.[60] Die damit verbundene Problematik dürfte aber eher auf tatsächlicher Ebene zu finden sein, nämlich ob die Kreditnehmer Sicherheiten in dem erhöhten Umfang überhaupt anbieten können.[61]

Aus den Regelungen über die Verwendung des Erlöses und den Abzug der verschiedenen Kostenarten folgt für das Insolvenzverfahren überdies eine Stärkung der Verhandlungsmacht des Insolvenzverwalters. Denn wenn dieser die Ablösung der Sicherheit gegen Zahlung eines Geldbetrages anstrebt, kann er dem Sicherungsnehmer die Folgen einer ansonsten anstehenden freihändigen Verwertung aufzeigen, bei der im Regelfall ein Abzug von 25 % des Verwertungserlöses droht. Lediglich Gläubiger, bei denen der Erlös nach Abzug aller Kosten immer noch die Höhe der gesicherten Forderung erreicht, können einer derartigen freihändigen Verwertung gelassen entgegensehen. Alle anderen müssen finanzielle Einbußen erwarten und werden daher auch zu Zugeständnissen an die Masse bereit sein.

2. Befriedigung bei Verwertung durch den gesicherten Gläubiger

Bei einer Verwertung des Sicherungsgutes durch den Sicherungsnehmer bemißt sich die Verteilung des Erlöses nach den allgemeinen zivilrechtlichen Regelungen. Auch hier kann der Sicherungsnehmer sich hinsichtlich Kosten, Zinsen und Hauptforderung aus dem Erlös befriedigen.[62] Einen etwa erzielten Übererlös hat der Gläubiger an die Masse herauszugeben.[63]

---

60 Der Große Senat für Zivilsachen hat bereits vor Inkrafttreten der Insolvenzordnung erkennen lassen, daß angesichts der Umsatzsteuerbelastung des Gläubigers nach der InsO künftig eine entsprechend höhere Bemessung der Sicherheit erfolgen darf, Beschluß vom 27.11.1997, BGHZ 137, 212, 229. Eine Vorhersage über die künftig zulässige Quote kann allerdings angesichts der uneinheitlichen und schwankendenden Beträge in der bisherigen Rechtsprechung nicht gemacht werden. Genannt werden Grenzen von 150 % (*Gottwald/Adolphsen*, Kölner Schrift, S. 1043, 1078 ff., Rn. 136) bis 126 % (Kübler/Prütting-*Kemper*, § 170 Rn. 13). Ausführlich zu der höheren Bemessung der Sicherheit *Huth*, S. 162 ff.

61 Dazu *Uhlenbruck*, S. 71; *Bork*, Rn. 257, Fn. 25; *Obermüller*, InVo 1996, 146; *Huth*, S. 208.

62 Vgl. für das Pfandrecht etwa § 1210 BGB.

63 MünchKomm-*Lwowski*, § 173 InsO Rn. 21; Breutigam/Blersch/Goetsch-*Breutigam*, § 173 Rn. 8; Kübler/Prütting-*Kemper*, § 173 Rn. 8.

a) Feststellungs- und Verwertungskosten

Zweifelhaft ist, inwieweit bei einer Verwertung des Sicherungsgutes durch den Gläubiger ein Abzug vom Verwertungserlös zugunsten der Masse im Hinblick auf eine Kostenbeteiligung zu erfolgen hat.

Nicht in Betracht kommt hier ein Anspruch auf Erstattung von Verwertungskosten.[64] Diese fallen ohnehin nur beim Gläubiger an und nicht bei der Masse. Ein Erstattungsanspruch scheitert daher von vornherein. Dies läßt sich im übrigen auch aus der Regelung des § 170 Abs. 2 InsO herleiten. Wenn danach der Insolvenzverwalter bei einer Überlassung des Gegenstandes an den absonderungsberechtigten Gläubiger nur Kosten der Feststellung, nicht aber solche der Verwertung verlangen kann, dann erst recht nicht, wenn der Gläubiger von Anfang an zur Verwertung berechtigt war.

Hingegen kann bei den Kosten der Feststellung nicht pauschal damit argumentiert werden, diese fielen nicht an.[65] Denn angesichts der Beschreibung dieser Kosten in § 171 Abs. 1 InsO als "Kosten der tatsächlichen Feststellung des Gegenstandes und der Feststellung der Rechte an diesem" liegt auf der Hand, daß zumindest die Kosten der Prüfung der Rechtsverhältnisse auch anfallen können, wenn der Verwalter nicht im Besitz des Sicherungsgutes ist.

Im übrigen ist darauf hinzuweisen, daß angesichts der Verwertungsbefugnis der Absonderungsberechtigten bei Rechten und verpfändeten Forderungen durchaus Kosten der Masse entstehen können, etwa wenn der Verwalter zur Durchsetzung des Rechts Unterlagen herausgeben muß.

Trotzdem hat der verwertungsberechtigte Gläubiger keinen Kostenbeitrag hinsichtlich der Feststellung zu Masse zu leisten.[66] In der Gesetzesbegründung wird ausdrücklich nur darauf hingewiesen, daß der Kostenbeitrag bei den Gegenständen erhoben wird, bei denen der Insolvenzverwalter zur Verwertung berechtigt ist.[67] Mögliche Kosten bei der Verwertungsberechtigung des Gläubigers wurden zwar erkannt, aber offensichtlich als vernachlässigbar angesehen.[68]

---

64 OLG Frankfurt/Main, ZIP 2002, 2140, 2141; LG Marburg, ZIP 2002, 269; *Eckardt*, ZIP 1999, 1734, 1739 f.; BT-Drucks. 12/2443, S. 180 ("Zu § 195"); *Häsemeyer*, Rn. 13.51; Kübler/Prütting-*Kemper*, § 173 Rn. 9; Nerlich/Römermann-*Becker*, § 173 Rn. 13; *Obermüller*, Rn. 6.348, 6.355.

65 So aber für das Besitzpfandrecht *Obermüller*, Rn. 6.355.

66 *Häsemeyer*, Rn. 13.51; Kübler/Prütting-*Kemper*, § 173 Rn. 9; *Obermüller*, Rn. 6.348, 6.355.

67 BT-Drucks. 12/2443, S. 180 ("Zu § 195").

68 Diese verursachten "keine besonderen Kosten", BT-Drucks. 12/2443, S. 180 ("Zu § 195").

b) Umsatzsteuer

Äußerst fraglich ist schließlich die Lage hinsichtlich einer Beteiligung der Masse am Veräußerungserlös, soweit durch die Verwertung des Sicherungsgutes eine Umsatzsteuerforderung des Fiskus gegen die Masse verursacht wird.

(1) Zulässigkeit der Vereinnahmung des Umsatzsteueranteils durch den Gläubiger

Bisher wird vorwiegend die Ansicht vertreten, der Gläubiger könne bei einer Verwertung nach § 173 InsO auch die Umsatzsteuer vereinnahmen und müsse diese nicht an die Masse abführen.[69]

Dafür wird allein auf die systematische Stellung des § 171 Abs. 2 Satz 3 InsO verwiesen. Dieser beziehe sich über § 170 Abs. 1 InsO nur auf Verwertungen durch den Insolvenzverwalter.[70] Die Regelung des § 170 Abs. 2 InsO sei hingegen deswegen nicht anwendbar, weil sie ausdrücklich das Verwertungsrecht des Verwalters aus § 166 InsO voraussetze, das in den vorliegenden Fällen gerade fehlt.

Nach dieser Ansicht wäre bei einer umsatzsteuerpflichtigen Verwertung, etwa der freihändigen Veräußerung einer im Besitz des Sicherungsnehmers befindlichen zur Sicherung übereigneten beweglichen Sache, die Masse mit dem Umsatzsteuerbetrag belastet. Der Absonderungsberechtigte verursachte so durch einen Teil seiner Befriedigung der Masse Kosten und verschlechterte so die Befriedigungsquote der allgemeinen Insolvenzgläubiger. Dies entsprach auch der Rechtslage unter der Konkursordnung.[71]

(2) Abzug des Umsatzsteueranteils vom Verwertungserlös zugunsten der Masse

Nach der Gegenansicht ist der absonderungsberechtigte Gläubiger zur Zahlung des Umsatzsteuerbetrages auch bei der Verwertung des Sicherungsgutes nach § 173 InsO verpflichtet.

Dafür wird angeführt, daß durch die Reform die Rechtslage nach der Konkursordnung geändert werden und in den Fällen, in denen die Verwertung von Sicherungsgut zu einer Umsatzsteuerbelastung der Masse führt, der Umsatzsteuer-

---

69 Uhlenbruck-*Uhlenbruck*, § 171 Rn. 8; *Onusseit*, KTS 1994, 3, 20; *Obermüller*, Rn. 6.350, 6.355; *ders.*, WM 1994, 1869, 1875; Kübler/Prütting-*Kemper*, § 173 Rn. 10; *Welzel*, ZIP 1998, 1823, 1825; Braun-*Gerbers*, § 173 Rn. 3; Hess/Weis/Wienberg-*Hess*, § 173 Rn. 5 und § 171 Rn. 20 jeweils mwN.

70 Vgl. *Onusseit*, KTS 1994, 3, 20; *Häsemeyer*, Rn. 13.51.

71 Vgl. BGHZ 77, 139, 149 f.; 58, 292, 295 f.; ZIP 1980, 520, 522 f.

betrag vom Verwertungserlös abgezogen werden sollte.[72] So wird aus den §§ 170 Abs. 2, 171 Abs. 2 Satz 3 InsO ein allgemeiner Grundsatz des Insolvenzrechts gefolgert, wonach die Umsatzsteuerbelastung der Masse durch Sicherheitenverwertung durch Entnahme aus dem Sicherheitenerlös auszugleichen ist. Die Lösung sei unabhängig von der Regelung, wer zur Verwertung befugt ist.[73] Dementsprechend sei eine Analogie zumindest zu erwägen.[74]

(3) Stellungnahme

Der deutlich geäußerte Wille des Gesetzgebers, daß durch die Reform die nach der Konkursordnung bestehende Belastung der Masse mit der Umsatzsteuer durch Sicherheitenverwertung vermieden werden sollte, hat im Wortlaut des Gesetzes für die hier behandelte Frage keine Konkretisierung erfahren. Somit kommt in Betracht, diesem Gedanken im Wege einer Analogie Geltung zu verschaffen und sich über die systematische Auslegung hinwegzusetzen. Dazu ist eine planwidrige Lücke erforderlich, die durch Anwendung einer für einen vergleichbaren Sachverhalt getroffenen Regelung geschlossen werden kann.[75]

Vorliegend läßt sich nachweisen, daß beim Regierungsentwurf die Gefahr der Belastung der Masse mit Umsatzsteuer bei der Verwertung durch den Gläubiger übersehen wurde und somit eine Lücke vorliegt.

In der Gesetzesbegründung wird ausgeführt, die Kosten der Verwertung durch den Verwalter fielen regelmäßig nur bei mit Absonderungsrechten belasteten Gegenständen im Besitz des Verwalters (und der Forderungsabtretung) an.[76] In diesem Zusammenhang wird dann hinsichtlich der Feststellungskosten hervorgehoben, daß deren regelmäßiger Nichtanfall bei verpfändeten, im Besitz des Gläubigers befindlichen Gegenständen noch deutlicher sei.[77] Entgegen der Annahme, die diesen Äußerungen zugrunde liegt, ist das Problem des Umsatzsteueranfalls bei der Verwertung von verpfändeten Gegenständen ebenfalls gegeben. Nach der Rechtsprechung des Bundesfinanzhofes liegt nämlich auch bei

---

72 BT-Drucks. 12/2443, S. 89 (Allgemeine Begründung), S. 182 ("Zu § 196").

73 *Häsemeyer*, Rn. 23.61, anders wohl Rn. 13.51.

74 *Marotzke*, ZZP 109 (1996), 429, 463 f.; vorsichtig auch HK-*Landfermann*, § 171 Rn. 12; gegen diese Analogie und für eine gesetzliche Regelung *Onusseit*, KTS 1994, 3, 20.

75 Vgl. *Larenz*, Methodenlehre, S. 381.

76 BT-Drucks. 12/2443, S. 180 ("Zu § 195"). Daß die anfallende Umsatzsteuerverbindlichkeit als Teil der Verwertungskosten angesehen wird, ergibt sich aus § 171 Abs. 2 InsO.

77 BT-Drucks. 12/2443, S. 180 ("Zu § 195").

der Pfandverwertung durch den Pfandgläubiger ein sogenannter Doppelumsatz vor.[78] Die Belastung der Masse erfolgt dabei ebenso wie bei der Verwertung eines sicherungsübereigneten Gegenstandes.

Dieser Umstand ist übersehen worden und nicht Gegenstand einer geplanten Auslassung gewesen. Dies zeigt sich aus der vorherigen Entwicklung der Umsatzsteuerproblematik im Gesetzgebungsverfahren:
Die Kommission war in ihrem Abschlußbericht davon ausgegangen, daß ein Abzug des Umsatzsteuerbetrages vom Verwertungserlös zulasten der gesicherten Gläubiger nicht in Betracht komme, da dies einen zu weitgehenden Ausfall der gesicherten Gläubiger mit sich bringe.[79] Allerdings ist hierbei zu berücksichtigen, daß nach Leitsatz 3.2.2 ein pauschaler Verfahrensbeitrag geleistet werden sollte, der nach der Mehrheit der Mitglieder 25 % des Verwertungserlöses betragen sollte. Damit war ein Abzug vom Verwertungserlös zulasten des Sicherungsnehmers unabhängig von den tatsächlich im Zusammenhang mit dem einzelnen Sicherungsrecht bzw. dem zugrunde liegenden Gegenstand entstehenden Kosten vorgesehen. Dieser hätte jeden Inhaber von Mobiliarsicherheiten getroffen, da einzig der Insolvenzverwalter zur Verwertung berechtigt sein sollte.[80]
Diese Pauschallösung wurde im Diskussionsentwurf nicht aufgegriffen. Dort wurde eine Kostenbeteiligung an den tatsächlich entstehenden Verwertungskosten vorgeschlagen, die der jetzigen Regelung in § 171 Abs. 2 Satz 1, 2 InsO entspricht.[81] Durch Verwertung von Sicherungsgut verursachte Umsatzsteuern wurden dabei nicht als Verwertungskosten angesehen, vielmehr wurden diese Forderungen des Fiskus abweichend von der bis dahin ergangenen Rechtsprechung als einfache Insolvenzforderung eingestuft.[82] Die schädigende Wirkung der Umsatzsteuer für die Masse und die Befriedigungsaussichten der sonstigen Insolvenzgläubiger wäre dort also nicht in der jetzigen Schärfe aufgetreten. Es wäre lediglich zu einer Verringerung der Befriedigungsquote durch die Beteiligung des Fiskus mit diesen Forderungen als einfache Insolvenzforderung gekommen. Obwohl im Diskussionsentwurf bereits das Verwertungsrecht von der Besitzlage abhängig gemacht wurde, war eine Unterscheidung der Umsatzsteuerforderung danach, wer die Verwertung vornimmt, nicht vorgesehen. Dies war

---

78 Vgl. BFHE 77, 475; 99, 325; dazu Plückebaum/Malitzky-*Georgy*, § 3 Abs. 1 UmStG, Rn. 231 mwN.

79 Erster Bericht, Begründung, S. 315.

80 Vgl. Erster Bericht, Leitsatz 3.3.1 Abs. 2, S. 2.

81 Vgl. § 185 Abs. 3 DiskE.

82 § 190 DiskE, dazu Begründung S. A 53 f., B 182 f.

auch nicht erforderlich, da allen Sicherungsrechtsinhabern der Umsatzsteueranteil des Erlöses belassen werden sollte.

Die ausdrückliche Einordnung der durch Sicherheitenverwertung während des Verfahrens entstehenden Umsatzsteuer als einfache Insolvenzforderung wurde im Referentenentwurf ersatzlos gestrichen - wie man annehmen darf, auf Veranlassung der Finanzverwaltung. Das Problem, wie die dadurch drohende Belastung der Masse vermieden werden kann, wurde noch nicht geklärt, dies wurde zum Zeitpunkt der Veröffentlichung des Referentenentwurfs noch in den verschiedenen Bundesressorts erörtert.[83]

Aus dieser Entwicklung ergibt sich kein Anhaltspunkt, daß nunmehr einzelne Inhaber von Mobiliarsicherheiten hinsichtlich des Umsatzsteueranteils anderen gegenüber besser gestellt sein sollten. Denn es war niemals eine unterschiedliche Behandlung von Sicherungsgläubigern vorgesehen. Vielmehr war zumindest seit dem Diskussionsentwurf Leitbild der diesbezüglichen Regelungen, daß die Umsatzsteuerforderung durch Sicherheitenverwertung nicht die Masse belasten dürfe.

Allerdings ist die Gesetzgebungsgeschichte nach Einbringung des Regierungsentwurfes in den Rechtsausschuß in dieser Frage nicht völlig eindeutig. Denn die SPD-Fraktion im Rechtsausschuß hatte beantragt, ausdrücklich zu regeln, daß bei jeglicher Sicherheitenverwertung, die zu einer Umsatzsteuerbelastung der Masse führt - unabhängig, ob diese vom Insolvenzverwalter oder dem absonderungsberechtigten Gläubiger durchgeführt wird - eine Erstattung aus dem Verwertungserlös zu erfolgen habe.[84] Dies wurde allerdings bei der Abstimmung im Rechtsausschuß abgelehnt mit der lapidaren Begründung, es müsse jede weitere Belastung der gesicherten Gläubiger vermieden werden.[85]
Daraus könnte geschlossen werden, der Gesetzgeber habe sich hiermit gegen die Abführung des Umsatzsteuerbetrages aus dem Verwertungserlös bei einer Eigenverwertung des Gläubigers entschieden.[86]
Die kurze Argumentation der Mehrheit des Rechtsausschusses kann allerdings weder als stichhaltig angesehen werden, noch ergibt sich daraus ein eindeutiger

---

83 Nach Angaben des Bundesjustizministeriums, vgl.dazu den Hinweis des Verlages zum Referentenentwurf, S. IX.

84 Vgl. den Antrag der SPD-Fraktion zu einem § 200 a, BT-Drucks. 12/7302, S. 178, Nr. 110 ("Zu § 196").

85 BT-Drucks. 12/7302, S. 178, Nr. 110 ("Zu § 196").

86 So nämlich *Städtler*, S. 267 in Fn. 75.

Wille, dem Absonderungsberechtigten in den genannten Fällen den Umsatzsteueranteil zu belassen.
Es wäre den gesicherten Gläubigern nicht ein weiteres Opfer aufgebürdet worden, wie die Ausschußmehrheit ausweislich ihrer Argumentation wohl vermutet hat. Vielmehr hätte ein kleiner Teil der Absonderungsberechtigten damit etwas eingebüßt, was ihnen durch ein gesetzgeberisches Versehen hätte zukommen können. Es geht dabei um eine Einbuße, welche der überwiegende Teil der absonderungsberechtigten Gläubiger - angesichts der Regelung des § 171 Abs. 2 Satz 3 InsO - bereits hinnehmen muß. Somit hätte der Vorschlag die Gleichbehandlung dieser Gläubigergruppe sichergestellt, die - wie gezeigt - in allen vorherigen Entwürfen gegeben war.

Eine derartige finanzielle Ungleichbehandlung, die angesichts des jetzigen Umsatzsteuerbetrages von 16 % als erheblich anzusehen ist, wäre auch sachlich nicht gerechtfertigt. Denn die Unterscheidung bei der Frage, ob diese 16 % des Erlöses zur Befriedigung der gesicherten Forderung verwendet werden dürfen oder nicht, folgt einzig aus dem Verwertungsrecht. Dieses bestimmt sich bei den besitzlosen Mobiliarsicherheiten nach der Besitzlage. Die Besitzlage kann aber wiederum von Zufälligkeiten abhängen.[87]

Nach allem ist der Gläubiger, der gemäß § 173 InsO eine Verwertung des Sicherungsgutes vornimmt, in Analogie zu §§ 170 Abs. 2 Satz, 171 Abs. 2 Satz 3 InsO verpflichtet, eine aus der Verwertung resultierende Umsatzsteuerverpflichtung der Masse auszugleichen.

3. Ersatzansprüche bei Vereitelung der Sicherheit

Wird ein Gegenstand, der dem Recht eines Absonderungsberechtigten unterliegt, unberechtigt veräußert, erlangt der Absonderungsberechtigte unter bestimmten Voraussetzungen einen Ersatzabsonderungsanspruch analog § 48 InsO. Außerdem sind in derartigen Fällen Bereicherungsansprüche sowie Schadensersatzansprüche gegen die Masse bzw. den Verwalter denkbar.

a) Veräußerung durch den Insolvenzverwalter

Bei einer unberechtigten Veräußerung durch den Insolvenzverwalter erlangt der Absonderungsberechtigte ein Ersatzabsonderungsrecht.[88]

---

87 Siehe oben § 7 B I 1, S. 233 ff. Vgl. dazu auch *Bork*, Festschrift Gaul, S. 73.

88 Vgl. HK-*Eickmann*, § 48 Rn. 12 f.; Breutigam/Blersch/Goetsch-*Breutigam*, § 48 Rn. 12; Nerlich/Römermann-*Andres*, § 48 Rn. 17; kritisch *Dieckmann*, Festschrift Henckel, S. 121; Smid-*Smid*, § 48 Rn. 18.

Das Ersatzabsonderungsrecht hat zur Folge, daß der Absonderungsberechtigte ein Absonderungsrecht an dem Anspruch der Masse auf die Gegenleistung gegen den Erwerber erlangt, soweit die Gegenleistung noch aussteht. Ist die Gegenleistung bereits geflossen - unabhängig davon, ob dies vor oder nach der Verfahrenseröffnung erfolgte[89] -, erstreckt sich das Absonderungsrecht auf diese Gegenleistung, soweit sie noch unterscheidbar in der Masse vorhanden ist.
Dieses unter der Konkursordnung als Analogie zum Ersatzaussonderungsrecht anerkannte Institut war im Regierungsentwurf noch ausdrücklich geregelt.[90] Durch den Rechtsausschuß wurde diese Norm aus Gründen der redaktionellen Straffung gestrichen, wobei deutlich gemacht wurde, daß darin keine Entscheidung gegen das Ersatzabsonderungsrecht zu sehen ist, sondern das Institut weiterbestehen soll.[91]

Allerdings dürfte es unter der Insolvenzordnung für Handlungen des Insolvenzverwalters erheblich seltener zur Anwendung kommen als unter der Geltung der Konkursordnung. Denn das Ersatzabsonderungsrecht setzt eine *unberechtigte* Veräußerung voraus. Da aber anders als nach dem bisherigen Recht der Insolvenzverwalter gemäß § 166 InsO grundsätzlich zur Verwertung mit Absonderungsrechten belasteter beweglicher Sachen in seinem Besitz berechtigt ist, wird dieses Merkmal zumeist nicht vorliegen.

Ist hingegen der Insolvenzverwalter zur Verwertung im Sinne des § 166 Abs. 1 InsO nicht berechtigt, wird häufig eine Vereitelung des Absonderungsrechts aus tatsächlichen oder rechtlichen Gründen nicht in Betracht kommen: Bei beweglichen Sachen im Besitz des Sicherungsnehmers fehlt wegen des fehlenden Zugriffs bereits tatsächlich die Möglichkeit zu einer Vereitelung des Absonderungsrechts. Bei Rechten hingegen ist ein gutgläubiger Erwerb vom Nichtberechtigten bzw. ein gutgläubiger lastenfreier Erwerb anders als bei beweglichen Sachen in §§ 932 ff. BGB nicht geregelt. Insoweit übernimmt der Erwerber den Gegenstand belastet mit dem dinglichen Recht des Absonderungsberechtigten; dessen Befriedigungsrecht wird daher nicht vereitelt.

Ein denkbarer Anwendungsfall ist die Veräußerung von beweglichen Gegenständen durch den Insolvenzverwalter, wenn diese als Grundstückszubehör dem Haftungsverband einer unbeweglichen Sache unterworfen sind. Darüber hinaus

---

89 Anders noch § 46 KO.

90 Vgl. § 60 RegE, dazu BT-Drucks. 12/2443, S. 125 f. ("Zu § 60").

91 Zur Begründung Rechtsausschuß, BT-Drucks. 12/7302, S. 160; zustimmend *Landfermann*, Festschrift Henckel, S. 515, 529 Fn. 57; einschränkend *Dieckmann*, Festschrift Henckel, S. 120 ff.

dürfte das Ersatzabsonderungsrecht wegen Veräußerung durch den Verwalter lediglich in atypischen Einzelfällen bestehen.

Neben dem Ersatzabsonderungsrecht besteht ein Schadensersatzanspruch nach § 823 Abs. 1 BGB als Masseverbindlichkeit nach § 55 Abs. 1 Nr. 1 InsO, wenn der Verwalter das Absonderungsrecht rechtswidrig und schuldhaft vereitelt hatte. Weiterhin kommt ein Bereicherungsanspruch, ebenfalls als Masseverbindlichkeit, in Betracht, §§ 812 BGB, 55 Abs. 1 Nr. 3 InsO. Schließlich haftet der Verwalter für sein Verschulden nach § 60 InsO auch persönlich.

b) Veräußerung durch den Schuldner vor Eröffnung des Insolvenzverfahrens

Das Ersatzabsonderungsrecht gilt analog § 48 Satz 1, 1. Alternative InsO auch für den Fall der unberechtigten Veräußerung eines zur Absonderung berechtigenden Gegenstandes durch den Schuldner vor Verfahrenseröffnung.[92]
Zwar ist die Regelung des Ersatzaussonderungsrechtes in den Fällen, in denen der Schuldner Aussonderungsgut vor Verfahrenseröffnung veräußert (§ 48 Satz 1, 1. Alternative InsO), rechtspolitisch zweifelhaft. Denn auf diese Weise werden Ansprüche, die zum Zeitpunkt der Insolvenzeröffnung einfache, ungesicherte schuldrechtliche Forderungen darstellen, im Insolvenzverfahren privilegiert.[93] Der Gesetzgeber hat sich aber dessen ungeachtet mit eindeutigem Wortlaut für das Ersatzaussonderungsrecht auch bei unberechtigten Veräußerungen des Schuldners bereits vor Verfahrenseröffnung entschieden.[94]
Angesichts der identischen Interessenlage zwischen den Inhabern von Absonderungs- und Aussonderungsrecht, soweit ihr Recht vereitelt wird, ist kein Grund ersichtlich, sie im Hinblick auf die Ersatzleistung unterschiedlich zu behandeln.

II. Die Beteiligung an der Verteilung der Masse

Der gesicherte Gläubiger nimmt an der anteilsmäßigen Befriedigung der einfachen Insolvenzgläubiger teil, soweit er aufgrund seiner Sicherheit keine Befriedigung erlangt oder auf die abgesonderte Befriedigung verzichtet. Voraus-

---

92 OLG Stuttgart, ZIP 2001, 2183, 2184; FK-*Joneleit/Imberger*, § 48 Rn. 22; *Jauernig*, § 45 V, S. 218; a.A. *Marotzke*, ZZP 109 (1996), 429, 436; kritisch auch *Dieckmann*, Festschrift Henckel, S. 121 f.

93 *Marotzke*, aaO., 435. Nach dem RegE war dies nicht vorgesehen, vgl. BT-Drucks. 12/2443, S. 125 ("Zu § 55").

94 Zur Begründung BT-Drucks. 12/7302, S. 160, zu Nr. 30 ("Zu § 55"). Ausführlich dazu *Dieckmann*, Festschrift Henckel, S. 97 ff.

setzung dafür ist, daß ihm der Schuldner auch persönlich haftet. Diese Regelung in § 52 InsO entspricht der bisherigen Rechtslage.[95]
Bei der Beteiligung an Zahlungen aus der Masse an die Insolvenzgläubiger ist zu unterscheiden, ob es sich um Abschlagsverteilungen oder die Schlußverteilung handelt.

1. Die Berücksichtigung des Absonderungsberechtigten bei Abschlagsverteilungen

Während des laufenden Insolvenzverfahrens kann der Insolvenzverwalter bei entsprechender Liquiditätslage der Masse an die Insolvenzgläubiger Abschlagsverteilungen leisten, § 197 InsO. Hier stellt sich das Problem, daß die Absonderungsberechtigten grundsätzlich nur hinsichtlich ihres Ausfalls an den Verteilungen teilnehmen. Steht der Ausfall fest, erhält er auf diesen Betrag die anteilige Befriedigung wie die sonstigen Insolvenzgläubiger.

Wenn der Gläubiger zur Verwertung des Sicherungsgutes berechtigt ist, hat er die Höhe des Ausfalls gemäß § 190 Abs. 1 InsO nachzuweisen.[96] Dies kann durch Vorlage entsprechender Belege geschehen.
Möglicherweise steht in dem Zeitpunkt der Abschlagsverteilung aber die Höhe des Ausfalls noch nicht fest, etwa weil die Verwertung des Sicherungsgutes bis dahin nicht erfolgt war. In diesem Fall erfolgt keine Beteiligung an der Abschlagsverteilung. Wenn der absonderungsberechtigte Gläubiger jedoch nachweist, daß er die Verwertung betreibt und den vermutlichen Ausfall glaubhaft macht, so wird ein entsprechender Anteil bei der Verteilung zumindest zurückbehalten, § 190 Abs. 2 Satz 2 InsO. Wenn hingegen allein der Insolvenzverwalter zur Verwertung des Sicherungsgutes berechtigt ist, ist von diesem gemäß § 190 Abs. 3 Satz 2 InsO der mutmaßliche Ausfall zu schätzen und der danach ermittelte Anteil zurückzubehalten. Steht in diesen Fällen nach erfolgter Verwertung die Höhe des Ausfalls fest bzw. hat der Gläubiger den erforderlichen Nachweis geführt, so werden die zurückbehaltenen Beträge an den Absonderungsberechtigten ausgezahlt.

Um diese recht umständliche Prozedur zu vermeiden, kann der Gläubiger auch auf die abgesonderte Befriedigung verzichten und somit Beteiligung an den Abschlagsverteilungen anteilig in Höhe des Verzichts erreichen. Hinsichtlich des

---

95 Vgl. § 64 KO, § 27 Abs. 1 Satz 1 VglO.

96 Gemäß §§ 190 Abs. 1 Satz 1, 189 Abs. 1 InsO hat dies innerhalb einer zweiwöchigen Ausschlußfrist nach öffentlicher Bekanntgabe des Verteilungsverzeichnisses zu erfolgen.

Teils, für den der Verzicht erklärt wurde, kann der Absonderungsberechtigte aber später nicht mehr auf das Sicherungsgut oder dessen Erlös zugreifen. Dies wird also nur Sinn machen, wenn völlig sicher ist, daß die Verwertung des Sicherungsgutes einen bestimmten Erlös nicht überschreiten wird. Im übrigen sind Abschlagsverteilungen in der Praxis selten, so daß sich das Problem für den Absonderungsberechtigten zumeist nicht ergeben wird.

2. Die Beteiligung an der Schlußverteilung

Bei der Schlußverteilung, die gemäß § 196 Abs. 1 InsO nach beendigter Verwertung der Insolvenzmasse erfolgt, bestimmt sich die Beteiligung des absonderungsberechtigten Gläubigers nach § 190 Abs. 1 InsO.
Danach hat - wie bei der Abschlagsverteilung - der zur Verwertung berechtigte Absonderungsberechtigte fristgerecht den Nachweis für die Höhe des Ausfalls zu erbringen. Dies gilt auch hinsichtlich der Beträge, die bereits bei Abschlagsverteilungen zurückgehalten wurden. Tut er dies nicht, fällt er gemäß § 190 Abs. 1 Satz 2 InsO auch bei der Verteilung endgültig aus, die entsprechenden Beträge werden an die sonstigen Gläubiger ausgeschüttet.[97]

Ist hingegen der Insolvenzverwalter allein zur Verwertung berechtigt, so hat der Verwalter dafür zu sorgen, daß der Gegenstand vor der Schlußverteilung verwertet wird und damit der Ausfall feststeht.[98] Dies ergibt sich schon aus § 196 Abs. 1 InsO, wonach die Schlußverteilung erst nach beendigter Verwertung der Masse durchzuführen ist. Fraglich ist, wie bei einem Verbleib des Gegenstandes in der Masse entgegen dieser grundsätzlichen Pflicht zu verfahren ist. Dies kann etwa der Fall sein, wenn es sich um einen unverwertbaren Gegenstand handelt, über dessen Verbleib gemäß § 197 Abs. 1 Satz 3 InsO im Schlußtermin entschieden werden soll. In diesem gesetzlich nicht geregelten Fall wird § 190 Abs. 3 Satz 2, 1. Halbsatz InsO analog anzuwenden sein, wonach der Verwalter den Ausfall des Absonderungsberechtigten zu schätzen hat.[99] Bei einem unverwertbaren Gegenstand dürfte dies regelmäßig den Gesamtbetrag der Forderung ausmachen.

---

[97] § 190 Abs. 2 Satz 3 InsO, vgl. dazu *Hess/Obermüller*, Verfahrensbeteiligte, Rn. 1257.

[98] BT-Drucks. 12/2443 S. 186 ("Zu § 218").

[99] A.A. Nerlich/Römermann-*Westphal*, § 190 Rn. 46; Braun-*Kießner*, § 191 Rn. 16: Der Absonderungsberechtige sollte hinsichtlich des mutmaßlichen Ausfalls auf die Sicherheit verzichten.

C. Vergleichung

Eine Forderungssicherung erfüllt ihren Zweck nur, wenn der gesicherte Gläubiger auch in der Insolvenz des Schuldners Befriedigung aus dem Sicherungsgut erlangen kann. Die beiden Rechtsordnungen erkennen dieses Bedürfnis daher an. Bei einem entsprechend hohen Erlös erhält der gesicherte Gläubiger nach der Verwertung des Sicherungsgutes Zahlung auf die Hauptforderung, seine Kosten und die Zinsen. Im Detail ergeben sich bei einer Gegenüberstellung der einzelnen Regelungen deutliche Unterschiede, die für die Kalkulation einer Sicherheit und die Bewertung des Risikos einer Kreditvergabe erhebliche Bedeutung haben. Das wesentliche Problem stellt hier die Beteiligung des gesicherten Gläubigers an den verschiedenen Kosten dar.

I. Kostenbeteiligungen

Ein auffälliger Unterschied besteht bei der Frage, welche Kosten vom Erlös der Sicherheitenverwertung in Abzug gebracht werden, bevor sich der gesicherte Gläubiger daraus befriedigen darf. Gleichlautend wird in beiden Rechtsordnungen die Aussage getroffen, die gesicherten Gläubiger dürften nicht mit den allgemeinen Kosten des Insolvenzverfahrens belastet werden. Hier besteht kein innerer Zusammenhang, der einen Abzug und damit eine Schmälerung der Befriedigungsaussichten rechtfertigte.[100]
Bei den Kosten, die im Hinblick auf das Sicherungsgut anfallen, wird eine Beteiligung in unterschiedlichen Formen vorgenommen. Das US-amerikanische Recht gestattet hier, den Erlös mit den Verwertungs- und Erhaltungskosten zu belasten, sofern diese notwendig, der Höhe nach angemessen und zum Nutzen des gesicherten Gläubigers sind. Diese Kosten müssen von dem trustee bzw. dem eigenverwaltenden Schuldner überdies zielgerichtet aufgewandt worden sein. Wegen des Nutzen-Erfordernisses können auch keine Aufwendungen in Abzug gebracht werden, die fehlgeschlagen sind, indem sie nicht zu einer Verbesserung des Erlöses geführt haben.

Anders hingegen wird im deutschen Recht für die Mobiliarsicherheiten ein Kostenabzug bei der Verwertung unabhängig von deren tatsächlichen Nutzen für den gesicherten Gläubiger vorgenommen. Nimmt der Verwalter oder der eigenverwaltende Schuldner die Verwertung vor, sind aus dem Erlös die dabei angefallenen Kosten zu erstatten. Hierbei wird von einem Satz von 5 % des Erlöses ausgegangen. Bei einer erheblichen Abweichung sind allerdings die tatsäch-

---

100 In der deutschen Reformdiskussion wurde dies z.T. anders gesehen. Die Leitsätze 3.3.2 und 2.3.9 des ersten Berichts sahen vor, zwischen 15 und 25 % des Erlöses auch zur Deckung allgemeiner Verfahrenskosten heranzuziehen.

lichen Kosten zu erstatten. Gegen unsachgemäße Kosten muß sich der gesicherte Gläubiger auch bereits vor der Verwertung zur Wehr setzen. Weist er nämlich trotz Mitteilung über die geplante Veräußerung nicht auf eine kostengünstigere Verwertungsmöglichkeit hin, verliert er jegliche Ersatzansprüche.[101]
Eine Pauschale von 4 % des Verwertungserlöses fließt - unabhängig von den tatsächlichen Kosten - als Feststellungskosten in die Masse, sofern ein Verwalter bestellt ist. Zusätzlich sind hier noch anfallende Umsatzsteuern bei der Verwertung ebenfalls vom Erlös abzuziehen.

In erheblich geringerem Umfang wird in Deutschland der durch Immobilien gesicherte Gläubiger bei seinem Zugriff auf den Erlös beschränkt. Die Feststellungskostenpauschale von 4 % berechnet sich hier nicht aus dem Gesamterlös. Abgestellt wird vielmehr auf den Anteil des Erlöses, der auf die vom Haftungsverband erfaßten und daher mitverwerteten Mobilien entfällt. Dies rechtfertigt sich damit, daß hinsichtlich des unbeweglichen Vermögensgegenstandes durch die Registereintragung regelmäßig keine zu überprüfenden Rechtsunsicherheiten bestehen. Es wäre allerdings falsch, aus diesem Gedanken herleiten zu wollen, warum in den USA derartige Kosten nicht in Abzug gebracht werden müssen. Zwar ist dort bei der ganz überwiegenden Zahl der Mobiliarsicherheiten eine Registereintragung vorhanden. Der Grund für die Verweigerung einer Erstattung ist aber im fehlenden Nutzen einer derartigen tatsächlichen und rechtlichen Prüfung durch den trustee für den gesicherten Gläubiger zu sehen. Vielmehr handelt es sich dabei um Aufgaben, die der trustee im Rahmen der Verwaltung der Masse erledigen muß.

Die Feststellungspauschale belastet in Deutschland den gesicherten Gläubiger mit Kosten, die zumindest an der Grenze zu den allgemeinen Verwaltungskosten stehen. Denn die Feststellung, ob und inwieweit der Masse an einzelnen Gegenständen ein freier Wert zusteht, ist die ureigenste Aufgabe des Insolvenzverwalters im Interesse der Gläubigergesamtheit. Hier ist durchaus die Wertentscheidung des Gesetzgebers zu erkennen, die Sonderrechte der gesicherten Gläubiger zugunsten der Masse zu beschränken. In den USA ist die Kostenbeteiligung dagegen erheblich freundlicher für die gesicherten Gläubiger.

Interessant ist auch der Vergleich des Kostenabzuges bei einer Verwertung durch den gesicherten Gläubiger selbst. In den USA gibt es hier keine Besonderheiten, das heißt die notwendigen, angemessenen und zielgerichteten Aufwendungen der Masse werden gedeckt. Regelmäßig sind dies lediglich die

---

101 Vgl. oben § 7 B I 3 b (4), S. 241 f.

Erhaltungskosten, welche die Masse vor einer Freigabe aufgewandt hat. Lediglich bei der Kostenerstattung ist ein abweichendes Procedere erforderlich, da der trustee keinen direkten Zugriff auf den Erlös hat und den Erstattungsanspruch gegen den gesicherten Gläubiger geltend machen muß.

Im deutschen Recht weicht auch der Umfang der in Abzug zu bringenden Kosten ab. Hinsichtlich der Feststellungskosten wird zunächst danach unterschieden, ob der Verwalter die Sache dem gesicherten Gläubiger freigibt. In diesem Fall hat der Gläubiger nach Verwertung neben etwaiger Umsatzsteuerbelastungen der Masse auch die Feststellungspauschale zu zahlen. Dies ist konsequent, da der Verwalter wiederum tatsächliche und rechtliche Feststellungen zu treffen hat. War der gesicherte Gläubiger hingegen bereits anfänglich zur Verwertung des Sicherungsgutes berechtigt, etwa weil es sich um Sachen in seinem Besitz, Rechte oder verpfändete Forderungen handelte, muß kein Betrag für die Feststellung an die Masse gezahlt werden. Hier ist nach richtiger Auffassung allerdings davon auszugehen, daß eine etwaige Umsatzsteuerbelastung der Masse durch den Sicherungsnehmer auszugleichen ist; allerdings ist die Rechtslage hier noch nicht geklärt.
Erstattungsfähige Verwertungskosten fallen bei einer Eigenverwertung des gesicherten Gläubigers jeweils nicht an.

Aus dieser Gegenüberstellung ergibt sich, daß das deutsche Recht die Frage nach der Erstattungsfähigkeit von Kosten aus dem Blickwinkel der Masse betrachtet. Soweit es hier im Zusammenhang mit Sicherungsgut zu Kosten kommt, sind diese zu erstatten. Dabei wird, wie sich an den Feststellungskosten zeigt, auch ein relativ loser Bezug als ausreichend angesehen. Es wird dort auch auf den Nachweis der tatsächlich anfallenden Kosten verzichtet. Dies führt zu einer Verbesserung der Masse im Vergleich zu den USA, wo eine direkte Beziehung zur Verbesserung des Erlöses einer Verwertung verlangt wird. Der entscheidende Standpunkt dort ist also der des Gläubigers.

Abschließend ist zu bemerken, daß in beiden Rechtsordnungen eine Übersicherung des gesicherten Gläubigers über seine Hauptforderung und die Zinsen hinaus, nämlich zur Abdeckung der Kosten im Zusammenhang mit den Kostenbelastungen in der Insolvenz zulässig ist.

II. Ersatzleistungen

Bei einer Vereitelung der Sicherheit ist in beiden Rechtsordnungen danach zu unterscheiden, ob dies vor Verfahrensbeginn oder danach erfolgte.

Bei einer Vereitelung durch den Schuldner vor Verfahrensbeginn hat der gesicherte Gläubiger grundsätzlich einen Schadensersatzanspruch, der im späteren Insolvenzverfahren eine einfache Forderung begründet. Zum Teil wird aber auch der Zugriff auf ein Surrogat zugelassen. In den USA erstreckt sich die Sicherheit bei beweglichen Sachen und Forderungen aufgrund vertraglicher Vereinbarung regelmäßig auf den Erlös oder ein sonstiges Surrogat des Sicherungsgutes. Daher ist der Sicherungsnehmer weiterhin dinglich gesichert, wenn der Sicherungsgeber durch die Veräußerung eine Gegenleistung erhält. Gleiches gilt im deutschen Recht über die - rechtspolitisch zweifelhafte - analoge Ersatzabsonderung. Trotz der unterschiedlichen Grundlagen kommen die beiden Rechtsordnungen so zu einem identischen Ergebnis, bei dem sich die Sicherheit an der ausstehenden Gegenleistung bzw. der unterscheidbar im schuldnerischen Vermögen befindlichen Gegenleistung fortsetzt. In den USA beruht dies allerdings auf einer privatrechtlichen Vereinbarung, die auch in der Insolvenz Wirkung behält. In Deutschland handelt es sich dabei um eine vom Gesetzgeber angelegte Analogie. In den Genuß dieser Surrogation kommen allerdings auf diese Weise auch dinglich gesicherte Gläubiger, bei welchen die Erstreckung auf Surrogate nicht vertraglich vereinbart war. Dies ist systemfremd, weil diese Gläubiger so besser gestellt werden, als sie außerhalb der Insolvenz stünden.

In beiden Rechtsordnungen ist bei einer endgültigen Vereitelung der Sicherheit vor Verfahrensbeginn, etwa durch unentgeltliche Weggabe oder Verbrauch, die dingliche Sicherung ersatzlos vernichtet. Hier kann sich der Sicherungsnehmer lediglich mit seinem Schadensersatzanspruch als einfacher Gläubiger am Insolvenzverfahren beteiligen.
Bei einer Vereitelung der Sicherheit nach Verfahrensbeginn erlangt sowohl in den USA als auch in Deutschland der Sicherungsnehmer ein dingliches Recht an dem Ersatzgegenstand. In den USA wird die vertragliche Erstreckung auf Surrogate auch bei Beginn eines Insolvenzverfahrens anerkannt, in Deutschland erfolgt dies über das ebenfalls aus einer Analogie resultierende, aber allgemein anerkannte Ersatzabsonderungsrecht. Hier konnte dies nicht der Parteivereinbarung überlassen werden, weil die Anknüpfung einer Sicherheit an Gegenstände, welche die Masse nach Verfahrenseröffnung erworben hat, nicht zugelassen wird.

Bei einer endgültigen Vereitelung der Sicherheiten während des Insolvenzverfahrens werden in den USA je nach Verschuldensgrad dem Rechtsinhaber Ansprüche gegen die Masse bzw. die handelnde Person gewährt. Daneben kann gerichtlich eine Ersatzsicherheit an einem anderen Vermögensgegenstand bestellt werden. Erfolgte die Vereitelung der Sicherheit mit Nutzen für die Masse, so wird der Ersatzanspruch als Masseverwaltungsanspruch vorrangig befriedigt. In Deutschland bestehen hier Schadensersatzansprüche und gegebenenfalls Ansprüche aus einer ungerechtfertigten Bereicherung gegen die Masse. In beiden Rechtsordnungen haftet also die Masse für eine Vereitelung der Sicherheit. Der Schutz des Sicherungsnehmers reicht in den USA angesichts der Möglichkeit, eine Ersatzsicherheit zu bestellen, allerdings weiter als in Deutschland. Zum Tragen kommt dies allerdings erst, wenn sich später eine Masseunzulänglichkeit herausstellt und die Masseverbindlichkeiten nicht mehr beglichen werden können.

III. Weitere Befriedigung

Beiden Rechtsordnungen ist gemein, daß gesicherte Gläubiger, sofern ihnen der Schuldner persönlich haftet, insoweit an der Verteilung der Masse an die allgemeinen Gläubiger partizipieren, wie die Forderung durch den Wert des Sicherungsgutes nicht gedeckt ist. Die jeweilige Quote erhält der gesicherte Gläubiger also nicht auf die gesamte Forderung, um danach auf die Sicherheit zuzugreifen. Dies führte zu einer Besserstellung zum Nachteil der ungesicherten Gläubiger.
Bei der Verteilung ist der gesicherte Gläubiger in den USA besser gestellt. Er kann sowohl bei den Abschlagszahlungen als auch an der Schlußverteilung selbst dann partizipieren, wenn die Sicherheit noch nicht verwertet ist. Das Gericht hat hier für diese Zwecke den Wert der Sicherheit zu schätzen. Hingegen muß in Deutschland der gesicherte Gläubiger seinen Ausfall nachweisen. Dazu muß die Verwertung erfolgt sein. Kann der Absonderungsberechtigte diesen Nachweis aufgrund der noch nicht erfolgten Verwertung nicht erbringen, wird er weder bei Abschlagszahlungen noch bei der Schlußverteilung berücksichtigt. Während Beträge, die der Quote auf den mutmaßlichen Ausfall entsprechen, bei den Abschlagsverteilungen zurückgehalten und dann nach Verwertung an den gesicherten Gläubiger ausgekehrt werden, fällt der Gläubiger endgültig aus, wenn die Verwertung bis zur Schlußverteilung nicht erfolgt ist.

Ungeregelt ist die Frage, wie verfahren wird, wenn der Insolvenzverwalter zur Verwertung berechtigt war und dies versäumt hat. In diesen Fällen sollte in Deutschland über eine Analogie ebenfalls der mutmaßliche Ausfall geschätzt werden und die entsprechende Beteiligung an der Schlußverteilung erfolgen. Dies entspräche im Ergebnis der US-amerikanischen Regelung.

§ 9 Dingliche Sicherheiten in den Sanierungsverfahren

A. USA

Der überwiegende Teil der Insolvenzverfahren in den USA wird als Liquidationsverfahren nach Kapitel 7 des Bankruptcy Code durchgeführt.[1] Daneben hält das US-amerikanische Recht noch verschiedene andere Verfahren zur Bewältigung der Insolvenz des Schuldners zur Verfügung. In diesen soll die Verwertung des schuldnerischen Vermögens innerhalb einer kurzen Frist gerade vermieden werden.

I. Überblick

1. Systematik der Sanierungsverfahren

Diese Sanierungsverfahren finden sich in vier Kapiteln. Kapitel 9 ist beschränkt auf die Fälle, in denen der Schuldner eine Gebietskörperschaft oder eine Behörde ist. Da diese Fälle nur sehr selten vorkommen und Kapitel 9 keine besonderen Bestimmungen für Sicherungsrechte enthält, wird auf dieses Kapitel nicht weiter eingegangen. Das eigentliche Reorganisationsverfahren enthält Kapitel 11. Dieses Verfahren ist zwar vorrangig für unternehmerisch tätige juristische und natürliche Personen gedacht, aus dem Wortlaut der gesetzlichen Voraussetzungen ergibt sich aber kein Ausschluß für natürliche Personen, die nicht geschäftlich tätig sind.[2]

Kapitel 13 ist speziell auf die Schuldenregulierung natürlicher Personen mit geregeltem Einkommen zugeschnitten. Dort wird das künftige Einkommen zur Befriedigung der Gläubiger einbezogen.

Kapitel 12 regelt schließlich ein Verfahren zur Schuldenbereinigung von landwirtschaftlichen Betrieben in Familienbesitz.

Obwohl einzig Kapitel 11 die "reorganization" in seinem Namen trägt, sind auch die anderen genannten Kapitel als Reorganisationsverfahren bzw. Sanierungsverfahren zu bezeichnen, weil auch dort die Umstrukturierung der finanziellen Verhältnisse des Schuldners erreicht werden soll und darin der kennzeichnende Unterschied zum Liquidationsverfahren besteht.

---

[1] Auf Kapitel 7 entfallen etwa 70 % aller Insolvenzen und 60 % der Unternehmens-Insolvenzen, vgl. oben § 2 A I 3 c, S. 44 in Fn. 36.

[2] Toibb v. Radloff, III, 501 US 157 [166], 111 SCt 2197, 115 LEd2d 145 (1991), mit abweichendem Sondervotum *Stevens* 111 SCt 2202; *Mednick*, Commercial Law Journal 86 (1981), 294.

Charakteristisch für alle diese Verfahren ist das Instrument des (Reorganisations-) Planes. Er regelt die künftige materielle Behandlung der in der Masse enthaltenen Vermögensgegenstände sowie die Ansprüche und Rechtsverhältnisse der Beteiligten.

2. Praktische Bedeutung der Sanierungsverfahren

Häufig beantragen die Schuldner zunächst die Eröffnung eines derartigen Sanierungsverfahrens, da sie möglicherweise noch auf eine erfolgreiche Wiederbelebung der Geschäftstätigkeit hoffen oder die Chance sehen, auf diese Weise zumindest einen Teil ihres Vermögens vor den Gläubigern zu retten.[3] Auch die Abwehr konkret drohender Zwangsvollstreckungsmaßnahmen ist ein wichtiges Motiv.[4] Die Mehrzahl dieser Fälle wird allerdings später gerichtlich in ein Liquidationsverfahren überführt, etwa wenn für eine erfolgreiche Sanierung keine Aussicht besteht.

Die Erfolgschancen für eine erfolgreiche Reorganisation nach Kapitel 11, welches ohne weitere Voraussetzungen allen Schuldnern offensteht, sind für den überwiegenden Teil der Antragsteller gering. Es hat sich gezeigt, daß kleine und mittlere Unternehmen nur in rund einem Drittel der Fälle das Reorganisationsverfahren erfolgreich durchlaufen, nur bei großen Unternehmen liegt die Erfolgsquote um die 70 %.[5]

3. Anwendung der allgemeinen Regelungen

Es gelten auch während der Verfahren nach Kapitel 11, 12 und 13 die allgemeinen Regelungen der Kapitel 1, 3 und 5 - und die sich daraus ergebenden Einschränkungen und Schutzmechanismen für gesicherte Gläubiger. Erst durch einen wirksamen, das heißt gerichtlich bestätigten Plan können diese Regelungen außer Kraft gesetzt werden. Denn ein solcher Plan bestimmt gemäß § 1141 BC allein die künftigen Rechtsverhältnisse der Beteiligten. Dies erforderte einige Sonderregelungen, welche die Einschränkungen und Schutzmechanismen den sich aus der flexiblen Handhabung mittels eines Planes ergebenden

---

3 Vgl. *Cowans*, § 20.1, S. 3.

4 *LoPucki*, American Bankruptcy Law Journal 57 (1983), 114 ff.

5 1987 lag die Erfolgsquote für Unternehmen mit einem Umsatz bis zu 25 Millionen Dollar (dies waren 41 % der Fälle) bei 30 %; bei Unternehmen mit mehr als 100 Millionen Dollar (7 % aller Fälle) lag die Erfolgsquote bei 69 % (nach *Brown*, Wall Street Journal vom 14. Juli 1988, S. 25 Spalte 3 f.). Weitere Nachweise bei *Epstein/Nickles/White*, § 10.2 Fn. 3-6.

Erfordernissen anpassen. Sobald der Plan wirksam bestätigt ist, kann auch das Gericht keine Änderungen der Rechtsverhältnisse mehr vornehmen.[6]

II. Allgemeines zum Reorganisationsverfahren nach Kapitel 11

Die Darstellung des Reorganisationsverfahrens nach Kapitel 11 kann hier nur in Grundzügen erfolgen. Darüber hinaus beschränkt sie sich auf die Behandlung von dinglichen Sicherheiten in der Reorganisation.[7]

Im Gesetzgebungsverfahrens zum Bankruptcy Code wurde hervorgehoben, daß die finanzielle Rehabilitation eines angeschlagenen Unternehmens häufig vorzugswürdig sei. Sie vermeide Arbeitsplatzvernichtung und die Verschleuderung von geschäftlichen Organisationsstrukturen. Ein Unternehmen finanziell zu rehabilitieren, sei darüber hinaus auch im Interesse der Gläubiger und Anteilseigner.[8]

Die Natur des Planverfahrens als Instrument zur Bewältigung der Reorganisation von Einzelschuldnern bis zu Konzernen mit Umsätzen von mehreren Milliarden Dollar erfordert eine große Flexibilität. So ist etwa eine der entscheidenden Voraussetzungen für eine erfolgreiche Reorganisation die Beschaffung von neuen Geldmitteln. Regelmäßig wird daher in einem Reorganisationsplan vorgesehen, ob und wie diese Mittel beschafft werden sollen; etwa durch den Verkauf von einigen Vermögensgegenständen, neue Kreditaufnahme - gegebenenfalls gegen Stellung von Sicherheiten - oder durch Emission neuer Wertpapiere. Alle diese zur Bereinigung der finanziellen Schwierigkeiten wichtigen Fragen regelt der Plan.[9]
Daneben bestimmt der Plan auch Art, Umfang und Zeitpunkt der Leistungen an die Gläubiger und sonstige Rechtsinhaber. Entscheidender Gesichtspunkt für das Gelingen der Reorganisation ist angesichts der vielen Einzelfragen das Aushandeln der einzelnen Bestimmungen des Planes zwischen den Beteiligten.[10] Jede Regulierung des Gesetzgebers könnte sich somit im Einzelfall als Hindernis für die sinnvolle und von den Beteiligten ausgehandelte Bewältigung der Krise

---

6 Vgl. Hillis Motors, Inc., v. Hawaii Automobile Dealers' Association, 997 F2d 581, 589 (9th Cir. 1993); Pettibone Corp. v. Easley, 935 F2d 120, 122 (7th Cir. 1991).

7 Allgemein zum Reorganisationsverfahren *Riesenfeld*, Das amerikanische Sanierungsverfahren, KTS 1983, 85 ff.; *Bienenstock*, Bankruptcy Reorganization; *Broude*, Reorganizations Under Chapter 11 of the Bankruptcy Code. Zur Rechtslage unter dem BA ausführlich *Flessner*, Sanierung und Reorganisation, 1980.

8 Vgl. HR Report No. 595, 95th Congress, 1st Session, S. 220 (1977).

9 Zum Vorstehenden *Frey/McConnico/Frey*, S. 474 f.; *Epstein* S. 348.

10 *Bienenstock*, S. 575; *Epstein/Nickles/White*, § 10.2, S. 5; *Murphy*, § 17.15, S. 17-25.

erweisen. Das Gesetz enthält aus diesem Grund nur einige Grundregeln und überläßt den Beteiligten die nähere Ausgestaltung.[11] Daß es sich dennoch um ein justizförmig ausgestaltetes Verfahren handelt, zeigt sich insbesondere am Erfordernis der gerichtlichen Bestätigung. Diese stellt die wesentliche Voraussetzung für das Inkrafttreten eines Planes dar.

Üblicherweise bleibt während des gesamten Verfahrens der Schuldner als "debtor in possession" mit der Verwaltung der Masse betraut und ist auch zur Weiterführung der Geschäfte berechtigt, § 1108 BC. Nur unter besonderen Umständen wird ein trustee für die Verwaltung oder ein sogenannter "examiner" zur Überprüfung des finanziellen Verhaltens des Schuldners bestellt.[12] Das Gericht kann aber nach § 1107(a) BC auch mit weniger einschneidenden Maßnahmen die Befugnisse des debtor in possession einschränken, z.B. seine Verwaltungsbefugnis von der Erfüllung bestimmter Bedingungen abhängig machen.

III. Die Aufstellung des Planes

1. Planinitiative

Dem Schuldner soll im Reorganisationsverfahren nach Kapitel 11 zunächst die Zeit gegeben werden, einen Plan nach seinen Vorstellungen auszuarbeiten.[13] Grundsätzlich hat er nach § 1121(b) BC während eines Zeitraumes von 120 Tagen nach Verfahrenseröffnung das ausschließliche Recht, einen Plan vorzulegen.[14] Nur wenn der Schuldner in diesem Zeitraum, der gegebenenfalls vom Gericht verlängert oder verkürzt werden kann, keinen Plan vorgelegt hat oder es innerhalb von 180 Tagen seit Verfahrenseröffnung nicht zur Annahme des Planes durch die Gläubiger kommt, können auch andere Beteiligte, unter anderem gesicherte Gläubiger, Reorganisationspläne einreichen, § 1121(c) BC.

2. Inhalte des Planes

Das Gesetz unterscheidet bei den Inhalten des Planes zwischen obligatorischen und fakultativen Inhalten. Neben einigen formalen Erfordernissen und

---

11 *Collier*, ¶ 1100.01, S. 1100-6; *Norton*, § 75:1, S. 75-6.

12 Vgl. § 1104 BC.

13 *Mednick*, Commercial Law Journal 86 (1981), 294.

14 Kritisch dazu *Bienenstock*, S. 577 f.; *LoPucki*, American Bankruptcy Law Journal 57 (1983), 269 ff. Sofern ein trustee eingesetzt ist, hat dieser nach § 1106(a)(5) BC die Möglichkeiten für die Durchführung eines Planes zu prüfen und diesen gegebenenfalls aufzustellen.

Informationspflichten gehört zu den obligatorischen Bestandteilen insbesondere die Verpflichtung zur Einteilung der Beteiligten in Gruppen.
Bei den im Gesetz genannten möglichen Bestandteilen des Planes handelt es sich um sehr allgemein formulierte Klauseln darüber, wessen Rechtsstellung beeinträchtigt werden kann und wie die Rechtsverhältnisse geregelt werden können. Eine nähere Bestimmung dieser materiell-rechtlichen Aspekte war angesichts der vielfältigen Fallgestaltungen, die durch einen Plan bewältigt werden müssen, weder sinnvoll noch möglich. Vielmehr wird durch eine Generalklausel in § 1123(b)(6) BC deutlich gemacht, daß im Plan jegliche Regelung getroffen werden kann, solange diese nicht gegen die sonstigen zwingenden Bestimmungen verstößt.

Ausdrückliche Erwähnung haben unter anderem die gesicherten Gläubiger gefunden. Es wird ausdrücklich festgestellt, daß auch ihre Rechte in der Reorganisation einer Modifikation unterworfen werden können.[15]

a) Gruppenbildung

Ein obligatorischer und auch wesentlicher Teil des Planes ist die Einteilung der Gläubiger und sonstiger Rechtsinhaber in Gruppen, § 1122(a) BC. Die Einteilung in verschiedene Gruppen erlangt zum einen deswegen Bedeutung, weil von den Beteiligten nur innerhalb dieser Gruppen über den Plan abgestimmt wird. Zum anderen ist vorgeschrieben, daß die Mitglieder einer Gruppe gleich behandelt werden müssen, es sei denn, das zurückgesetzte Gruppenmitglied ist mit der Schlechterstellung einverstanden, § 1123(a)(4) BC.

(1) Grundsätze der Gruppeneinteilung

Das Gesetz gibt als einzigen Anhaltspunkt zur Klassifizierung der Beteiligten das Verbot vor, Ansprüche oder Rechte, die nicht im wesentlichen gleichartig ("substantially similar") sind, in einer Gruppe zusammenzufassen, § 1122(a) BC.
Wesentlich ungleichartig sind Ansprüche etwa deswegen, weil sie unterschiedliche Ränge in der Prioritätsregelung des Bankruptcy-Verfahren einnehmen oder wenn Sicherheiten bestehen.

Es darf aber aus der gesetzlichen Bestimmung nicht im Umkehrschluß gefolgert werden, daß alle wesentlich gleichartigen Ansprüche in einer Gruppe zusammen zu fassen wären.[16] Vielmehr wird gesehen, daß der Gesetzgeber die Gruppen-

---

15 § 1123(b)(5) BC.

16 Vgl. etwa In re Bryson Properties, XVIII, 961 F2d 496, 502 mit weiteren Nachweisen

einteilung gerade nicht strikt regeln, sondern dem Planverfasser je nach den Umständen des Einzelfalles weiten Spielraum gewähren wollte.[17]

Der grundsätzlich bestehende Spielraum bei der Gruppeneinteilung ist tatsächlich stark eingeschränkt, da die Rechtsprechung das Vorliegen besonderer Umstände verlangt, wenn ungesicherte Forderungen, die als im wesentlichen gleichartig angesehen werden, in unterschiedliche Gruppen eingeteilt werden sollen. Soweit es sich nicht um einen Fall der in § 1122(b) BC gesetzlich geregelten Ausnahme für Bagatellansprüche zum Zweck der Verfahrensvereinfachung handelt, ist dies nach allgemeiner Ansicht nur aus besonderen Gründen zulässig.[18]
Erwogen wird teilweise, Ansprüche aus Warenlieferungen bevorzugt zu behandeln und dazu die Klassifizierung gesondert von den sonstigen ungesicherten Ansprüchen vorzunehmen. Dies kann etwa wünschenswert sein, wenn der Schuldner bei der Fortführung des Unternehmens auf die Aufrechterhaltung der Geschäftsverbindung mit diesen Lieferanten angewiesen ist und diesen daher im Plan besondere Zugeständnisse machen möchte.

Die Rechtsprechung ist in dieser Frage nicht einheitlich, einige Gerichte lassen eine derartige Sonderbehandlung zu, während andere die Eigenschaft als Warenlieferungsanspruch nicht als rechtfertigendes Kriterium zulassen.[19]

(4th Cir. 1992); certiorari denied 506 US 866, 113 SCt 191, 121 LEd2d 134 (1992); *Riesenfeld*, California Law Review 75 (1987), 391, 393; *ders.* KTS 44 (1983), 85, 93. A.A. nur In re Bloomingdale Partners, 170 BR 984, 991 ff. (Bankruptcy Court ND Illinois 1994) mit ausführlicher Diskussion.

17 In re United States Truck Co., 800 F2d 581 (6th Cir. 1986). Vgl. *Weintraub/Resnick*, UCC Law Journal 26 (1993), 78.

18 Matter of Woodbrook Associates, 19 F3d 312, 317 (7th Cir. 1994); In re Briscoe Enterprises, Ltd., II, 994 F2d 1160, 1167 (5th Cir. 1993), certiorari denied 510 US 992, 114 SCt 550, 126 LEd2d 451 (1993); John Hancock Mutual Life Ins. Co. v. Route 37 Business Park Associates, 987 F2d 154 (3rd Cir. 1993); In re Greystone III Joint Venture, 948 F2d 134 (5th Cir. 1991), certiorari denied 506 US 821, 113 SCt 72, 121 LEd2d 37 (1992); Matter of Greystone III Joint Venture 995 F2d 1274, 1279 (5th Cir. 1991); In re Holywell Corp., 913 F2d 873, 880 (11th Cir. 1990); In re Jersey Medical Center, 817 F2d 1055 (3rd Cir. 1987); Hanson v. First Bank of South Dakota, N.A., 828 F2d 1310 (8th Cir. 1987); In re United States Truck Co., 800 F2d 581 (6th Cir. 1986); In re Le Blanc 622 F2d 872 (5th Cir. 1980).

19 Für eine unterschiedliche Behandlung In re Lumber Exchange Building Limited Partnership, 968 F2d 647, 649 (8th Cir. 1992); In re Bryson Properties, XVIII, 961 F2d 496 (4th Cir. 1992), certiorari denied 506 US 866, 113 SCt 191, 121 LEd2d 134 (1992); dagegen Hanson v. First Bank of South Dakota, N.A., 828 F2d 1310, 1313 (8th Cir. 1987); mit Einschränkungen auch In re Greystone III Joint Venture, 948 F2d 134, 141

(2) Die Klassifizierung gesicherter Ansprüche

Das Gesetz enthält ebenfalls keine ausdrücklichen Bestimmungen über die Grundsätze, nach denen die Klassifizierung von gesicherten Ansprüchen zu erfolgen hat. In der Gerichtspraxis anerkannt ist, daß der ungesicherte und der gesicherte Teil des Anspruchs, der aufgrund der Zweiteilung nach § 506(a) BC bei einer untersicherten Forderung entsteht, in unterschiedliche Gruppen eingebracht werden müssen.[20]

(a) Die Einordnung des gesicherten Teils

Für den gesicherten Teil einer Forderung gilt, daß er in eine gesonderte Gruppe eingeordnet wird. Diese Gruppen bestehen regelmäßig nur aus einem einzigen Anspruch.[21] Dies ergibt sich mittelbar aus dem gesetzlichen Verbot der Zusammenfassung ungleichartiger Ansprüche in einer Gruppe.

Da jeder Sicherungsrechtsinhaber aus der Art seines Sicherungsgutes und dem Rang seines Sicherungsrechtes unterschiedliche Rechte hat, ist grundsätzlich jeder gesicherte Anspruch in eine eigene Gruppe zu klassifizieren.[22] Diese Auffassung leitet sich, soweit es um Sicherungsrechte an Grundstücken geht, aus dem common law Grundsatz her, daß jede Grundstücksparzelle einzigartig sei.[23] Demgemäß sind auch Sicherungsrechte, welche an verschiedenen Grundstücken bestehen, immer unterschiedlich.

Eine andere Sichtweise nimmt - soweit ersichtlich - nur eine vereinzelt gebliebene Entscheidung des Court of Appeals für den siebten Gerichtsbezirk aus dem Jahre 1937 ein.[24] Dort wurde die Zusammenfassung von Inhabern dinglicher

---

(5th Cir. 1991), certiorari denied 506 US 821, 113 SCt 72, 121 LEd2d 37 (1992).

20 In re Overland Park Merchandise Mart Partnership, L.P., 167 BR 647 (Bankruptcy Court D Kansas 1994); In re D&W Realty Corp., 165 BR 127, 129 (District Court SD New York 1994).

21 In re Commercial Western Finance, Corp., 761 F2d 1329, 1338 (9th Cir. 1985); *Klee*, American Bankruptcy Law Journal 53 (1979), 151 und 153, Fn. 124; Advisory Committee (Anmerkung 1983), abgedruckt in *Norton*, Bankruptcy Rule 3014, S. 225.

22 Kyser v. MacAdam, 117 F2d 232 (2nd Cir. 1941); FGH Realty Credit Corp. v. Newark Airport/Hotel Limited Partnership, 155 BR 93, 99 mit weiteren Nachweisen (District Court D New Jersey 1993); *Bienenstock*, S. 606 Fn. 83, S. 669; *Collier*, ¶ 1122.03[4], S. 1122-9.

23 Vgl. *Broude*, § 9.02[2], S. 9-9; *Cowans*, § 20.19, S. 81.

24 In re Palisades-On-The-Desplaines, 89 F2d 214 (7th Cir. 1937), abweichendes Sondervotum *Briggle*, S. 218. Es handelte sich um eine Entscheidung zu einem Reorganisationsplan nach § 77B(c)(6) BA (11 USCA § 207(c)(6)). Kritisch dazu ebenfalls *Broude*, § 9.02[1], S. 9-8.

Sicherheiten an verschiedenen Grundstücksparzellen damit begründet, daß diese jeweils erstrangig waren, die jeweiligen Grundstücke am gleichen Ort lagen und nahezu zur gleichen Zeit vom Schuldner erworben worden waren.
Diese Entscheidung ist allerdings als überholt anzusehen, auch wenn sie bisher nicht von nachfolgenden Entscheidungen ausdrücklich verworfen wurde. Nach einer neueren Entscheidung, die sich mit dem Präzedenzfall auseinandersetzte, soll dies die einzig mögliche Ausnahme vom allgemeinen Grundsatz "unterschiedliches Sicherungsgut - verschiedene Gruppen" sein.[25]

Auch wenn verschiedene Gläubiger eine Sicherheit an einem Gegenstand innehaben, ist regelmäßig eine isolierte Klassifizierung erforderlich. Denn bei der Frage, ob Ansprüche bzw. Rechte im wesentlichen gleichartig sind, kommt es auch auf den Rang an.[26] Eine Zusammenfassung derartiger Sicherheiten ist danach nur möglich, wenn sie gleichrangig sind - eine Situation, die nur selten vorkommt.
Zu einer der wenigen Ausnahmen einer statthaften Zusammenfassung zweier Sicherungsrechte in einer Gruppe kann es beim Zusammentreffen eines mechanic's lien mit einem vertraglichen Sicherungsrecht am selben Gegenstand kommen. Denn nach dem materiellen Zivilrecht einiger Einzelstaaten erhält der Inhaber eines mechanic's lien den gleichen Rang wie der Inhaber des erstrangigen vertraglichen Sicherungsrechtes.[27]

(b) Die Einordnung des Ausfallanteils

Weiterhin ist nach überwiegender Auffassung der ungesicherte Restanspruch einer gesicherten Forderung zusammen mit den allgemeinen ungesicherten Forderungen innerhalb einer Gruppe zu klassifizieren.[28]

---

25 In re Commercial Western Finance Corp., 761 F2d 1329, 1338 (9th Cir. 1985). Damit hat das Court of Appeals des 9. Gerichtsbezirks vermieden, die Präzedenzentscheidung zu verwerfen.Vgl zu dieser Methode im Umgang mit überholten Entscheidungen, *Hay*, S. 10.

26 In re Richard Buick, Inc., 126 BR 840 (Bankruptcy Court ED Pennsylvania 1991); In re Holthoff, 58 BR 216 (Bankruptcy Court ED Arkansas 1985).

27 Beispiel nach *Cowans*, § 20.19, S. 81.

28 Vgl. In re Swedeland Dev. Group, 16 F3d 552 (3rd Cir. 1994); Hanson v. First Bank of South Dakota, N.A., 828 F2d 1310 (8th Cir. 1987); zuletzt In re Elmwood, Inc., 182 BR 845, 849 mit weiteren Nachweisen auf die obergerichtliche Rechtsprechung (District Court D Nevada 1995).

Das führt zu folgender Problematik:[29] Erleiden gesicherte Gläubiger einen Ausfall, so dürfen sie in der Gruppe der ungesicherten Gläubiger mitstimmen. Diese Gruppe kann bei einem hohen Ausfallanteil von den gesicherten Gläubigern dominiert werden. Auf diese Weise kann die Reorganisation verhindert werden, obwohl die Behandlung des gesicherten Anteils den Mindestanforderungen der genannten Art entspricht und ein Widerspruch des gesicherten Gläubigers in dieser Eigenschaft wegen der Möglichkeit des cram down die Reorganisation nicht verhindern kann.

Die Gegenansicht will zur Lösung dieses Problems eine gesonderte Gruppe mit den ungesicherten Restansprüchen der gesicherten Gläubiger zulassen. Es sei ein wesentlicher Unterschied in der Tatsache zu sehen, daß dem dinglich gesicherten Gläubiger als Inhaber des ungesicherten Forderungsteils weitergehende Rechte zukommen als dem normalen ungesicherten Gläubiger.[30] Denn aus § 1111(b) BC resultiere die Möglichkeit des gesicherten Gläubigers, sich auch für den ungesicherten Teil auf die Sicherheit zu berufen.[31] Es sei zu befürchten, daß der gesicherte Gläubiger durch sein Stimmverhalten in der Gruppe der allgemeinen ungesicherten Gläubiger die Annahme des Planes verhindere, um damit sein Interesse als Sicherungsnehmer an der baldigen Zwangsverwertung durchzusetzen.[32]

Diese Ansicht hat sich 1994 auch erstmals ein Court of Appeals zumindest für die Ausfallforderungen der gesicherten Gläubiger, denen der Schuldner nicht persönlich haftet, angeschlossen.[33] Es stellt insbesondere darauf ab, daß der ungesicherte Teil der gesamten Forderung deswegen verschieden sei, weil er außerhalb des Verfahrens nach Kapitel 11 gar nicht berücksichtigt würde.[34] Diese Argumentation ist zweifelhaft, da die für non-recourse Ansprüche in § 1111(b) BC angeordnete rechtliche Gleichbehandlung im Verfahren nach Kapitel 11 mit den sonstigen Ansprüchen, für die der Schuldner persönlich haftet, verletzt

---

29 Vgl. nur In re Bryson Properties, XVIII, 961 F2d 496 (4th Cir. 1992); Matter of Greystone, 995 F2d 1274, 1280 (5th Cir. 1991); In re Coventry Commons Associates, 155 BR 446 (District Court ED Michigan 1993).

30 Vgl. etwa In re Gato Realty Trust Corp., 183 BR 15 (Bankruptcy Court D Massachusetts 1995); In re SM 104 Ltd., 160 BR 202, 218 (Bankruptcy Court SD Florida 1993) mit weiteren Nachweisen auch zur herrschenden Meinung.

31 Vgl. zu dieser Wahlmöglichkeit des § 1111(b) BC unten V 3 c (2), S. 318 f.

32 So zuerst In re Aztec Co., 107 BR 585, 587 (Bankruptcy Court MD Tennessee 1989).

33 Matter of Woodbrook, 19 F3d 312 (7th Cir. 1994), rehearing denied.

34 Matter of Woodbrook, 19 F3d 312, 318 (7th Cir. 1994).

würde.[35] Auch das Argument der besonderen Motivation für eine Abstimmung gegen den Plan wird verworfen. Denn abgesehen von böswilliger Schädigungsabsicht oder Illegalität befaßt sich das Gesetz nicht mit den Gründen für ein bestimmtes Abstimmungsverhalten.
Darüber hinaus wird ein Gläubiger nicht nur als Inhaber einer bestimmten Forderung seine Entscheidung treffen, sondern seine sämtlichen wirtschaftlichen Interessen gleichzeitig berücksichtigen. Dies ist als typisches Verhalten eines Beteiligten in einem Bankruptcy-Verfahren nicht zu beanstanden.[36] Auch das Bestehen eines Wahlrechtes nach § 1111(b) BC wird daher von der überwiegenden Ansicht nicht als zulässiges Unterscheidungskriterium angesehen.[37]

(3) Die Überprüfung der Gruppeneinteilung durch das Gericht

Von den Gerichten wird im Rahmen der Planbestätigung[38] die Überprüfung der Gläubigereinteilung typischerweise in drei Schritten vorgenommen. Zunächst ist maßgeblich, ob ungleichartige Ansprüche in einer Gruppe zusammengefaßt wurden, was gegen § 1122(a) BC verstieße. Dann wird geprüft, ob gleichartige Ansprüche in verschiedene Gruppen eingeteilt wurden, um das Abstimmungsergebnis zu manipulieren. Dies ist unzulässig.[39] Wird keine Manipulationsabsicht festgestellt, muß die unterschiedliche Einteilung aus "vernünftigen Erwägungen" gerechtfertigt sein.[40]
Der Planverfasser kann im übrigen den Schwierigkeiten einer statthaften Einteilung der Ansprüche und Rechte entgehen. Denn auf Antrag nimmt das Gericht die Klassifizierung vor.[41]

---

35 John Hancock Mutual Life Insurance Co. v. Route 37 Business Park Associates, 987 F2d 154, 161 (3rd Cir. 1993); In re Lumber Exchange Building Limited Partnership, 968 F2d 647, 649 (8th Cir. 1992); Matter of Greystone III Joint Venture, 995 F2d 1274, 1279 f. (5th Cir. 1991).

36 Zum Vorstehenden John Hancock Mutual Life Insurance Co. v. Route 37 Business Park Associates, 987 F2d 154, 161 (3rd Cir. 1993).

37 Matter of Greystone III Joint Venture, 995 F2d 1274 (5th Cir. 1991); In re Boston Post Road Ltd. Partnership 21 F3d 477, 483 (2nd Cir. 1994), certiorari denied 513 US 1109, 115 SCt 897, 130 LEd2d 782.

38 Dazu siehe unten IV, S. 335 f.

39 Vgl. Matter of Greystone III Joint Venture, 948 F2d 134 (5th Cir. 1991), certiorari denied 113 SCt 72, 121 LEd2d 37; Matter of Wabash Valley Power Association, Inc., 72 F3d 1305, 1321 mit weiteren Nachweisen (7th Cir. 1995); Kritisch Matter of Woodbrook Associates, 19 F3d 312, 318 (7th Cir. 1994), wegen der Schwierigkeiten, das subjektive Element festzustellen.

40 Vgl. aus der Praxis der Bankruptcy Courts In re Bloomingdale Partners, 170 BR 984, 995 mit weiteren Nachweisen (Bankruptcy Court ND Illinois 1994).

41 Diese Möglichkeit sieht Bankruptcy Rule 3013 vor.

b) Materielle Veränderungen der Sicherheiten im Plan

Die grundlegende Ermächtigung zur Modifikation von Sicherungsrechten enthält § 1123(b)(5) BC.[42]

Zunächst kann die zugrundeliegende Forderung genauso wie die eines ungesicherten Gläubigers verändert werden. Dabei kann etwa die Forderungshöhe, die Höhe des Zinssatzes oder das Fälligkeitsdatum geändert werden; häufig wird die Verpflichtung zur Zahlung in eine Ratenzahlungsverpflichtung umgewandelt.

Über die dargestellten Modifikationen der Forderung hinaus kann bei gesicherten Gläubigern die Verbindung zwischen Forderung und Sicherungsgut beeinträchtigt werden.

Die Forderung kann beispielsweise vollständig vom Sicherungsrecht entkleidet und fortan als ungesicherte Forderung behandelt werden. Es kann auch der Rang der Sicherheit verändert werden. Das Sicherungsgut kann ausgetauscht werden, oder der Gläubiger erhält im Austausch ein völlig anderes Sicherungsrecht, als er vorher innehatte.

Es kann andererseits vorgesehen werden, das Sicherungsgut an den Sicherungsrechtsinhaber freizugeben oder es an Dritte entweder unter Beibehaltung oder auch unter Auslöschung der Sicherheit zu veräußern.

Den theoretisch bestehenden Möglichkeiten sind dabei kaum Grenzen gesetzt. Allerdings ist der Sicherungsrechtsinhaber diesen Beeinträchtigungen nicht rechtlos ausgesetzt. Vielmehr sieht das Gesetz verschiedene Mindeststandards vor, die bei Widerspruch eines einzelnen Gläubigers oder einer Gläubigergruppe gegen den Plan einzuhalten sind.[43]

Der Plan kann aber auch vorsehen, daß die Sicherheit völlig unbeeinträchtigt bleibt. Wenn nämlich die Ansprüche einer Gruppe durch einen Plan nicht modifiziert werden, so wird nach § 1126(f) BC die Zustimmung der Gruppe zu diesem Plan unwiderleglich vermutet.

Diese Bestimmung ermöglicht es dem Planverfasser, wenn seine Verhandlungen mit einem Sicherungsrechtsinhaber fehlgeschlagen sind, dessen erwarteten Widerstand im Hinblick auf die spätere Abstimmung durch eine entsprechende Gestaltung des Planes gegenstandslos zu machen.

---

[42] Dieser bestimmt "... a plan may-... (5) modify the rights of holders of secured claims...". Zum folgenden besonders *Weintraub/Resnick*, ¶ 8.19[3], S. 8-110 f.

[43] *Klee*, American Bankruptcy Law Journal 53 (1979), 122. Dazu sogleich unten V 3, S. 315 ff.

Denkbar ist schließlich auch die Aufstellung eines Planes, der die Liquidation vorsieht, § 1123(b)(4) BC.[44] Damit wird im Prinzip nichts anderes geregelt als die Verwertung und die Verteilung des Erlöses, wie sie auch in einem Verfahren nach Kapitel 7 durchgeführt würde. Von den dort bestehenden Regeln kann ein Liquidationsplan aber abweichen. Die Liquidation wird damit flexibler.

IV. Abstimmung der Gläubiger über den Plan

Sobald der eingereichte Plan sämtlichen Gläubigern und Rechtsinhabern gemäß § 1125(b) BC in Kopie vorliegt und die Offenlegung der finanziellen Verhältnisse durch das sogenannte "disclosure statement" es ermöglicht, den derzeitigen finanziellen Status der Masse mit den Leistungen des Planes zu vergleichen, müssen alle stimmberechtigten Beteiligten innerhalb einer vom Gericht nach Bankruptcy Rule 3017(d) bestimmten Frist ihre Stimme abgeben. Geschieht dies nicht, wird dies als Enthaltung angesehen. Auch wenn sich in einer Gruppe sämtliche Mitglieder der Stimme enthalten, so wird dies als Zustimmung der Gruppe gewertet.[45]

Abgestimmt wird innerhalb der durch den fraglichen Plan gebildeten Gruppen. Ein untersicherter Gläubiger, der als Inhaber eines gesicherten und eines ungesicherten Anspruchs gilt und somit in zwei Gruppen vertreten ist, kann dementsprechend auch in beiden Gruppen eine Stimme abgeben.[46]

1. Erforderliche Mehrheiten

Um in einer Gruppe die erforderliche Mehrheit zu erlangen, muß der Plan gemäß § 1126(c) BC zumindest die einfache Kopfmehrheit der abgegebenen Stimmen und gleichzeitig mindestens 2/3 der repräsentierten Forderungen erhalten. Stimmenthaltungen werden demnach nicht berücksichtigt.
Grundsätzlich ist jeder Gläubiger bei seiner Stimmabgabe frei. Abgesehen von unredlichen Absichten und sonstigem gesetzeswidrigen Verhalten befaßt sich

---

44 Dazu Matter of Sandy Ridge Development Corp., 881 F2d 1346 (5th Cir. 1989), rehearing denied 889 F2d 663; Matter of Button Hook Cattle Co., Inc, 747 F2d 483 (8th Cir.1984).

45 In re Ruti-Sweetwater, Inc., 836 F2d 1263 (10th Cir. 1988); In re Campbell, 89 BR 187 (District Court ND Florida 1988); die Richtigkeit dieser Entscheidungen wird sowohl in Rechtsprechung als auch in der Literatur stark bezweifelt, vgl. In re M. Long Arabians, 103 BR 211, 215 (9th Cir. BAP Arizona 1989); In re Friese 103 BR 90, 92 (District Court SD New York 1989); *Weintraub/Resnick*, UCC Law Journal 21 (1989), 361.

46 Bankruptcy Rule 3018(d).

das Gesetz nicht mit den Motiven für ein bestimmtes Abstimmungsverhalten.[47] In den beiden genannten Fällen kann das Gericht die Stimmabgabe für ungültig erklären, § 1126(e) BC. Dies wird etwa dann geschehen, wenn ein Gläubiger mit neu aufgekauften Forderungen gegen den Plan des Schuldners stimmt, um einen eigenen Plan durchzusetzen.[48]

Teilweise wird auch das Abstimmungsverhalten einer ganzen Gruppe für unbeachtlich erklärt. Zum einen besteht eine Fiktion der Ablehnung für Gläubigergruppen, die keine wie auch immer gearteten Leistungen nach dem Plan erhalten, § 1126(g) BC. Auf der anderen Seite wird die Zustimmung von Gruppen gemäß § 1126(f) BC fingiert, wenn diese in ihren Rechten durch den Plan unbeeinträchtigt bleiben.[49]

Der Plan ist angenommen, wenn alle Gruppen zugestimmt haben, § 1129(a)(8) BC, und kann dann bei Vorliegen der weiteren Voraussetzungen vom Gericht bestätigt werden. Wird der Plan nicht von sämtlichen in ihren Rechten beeinträchtigten Gruppen angenommen, so ist eine gerichtliche Bestätigung nur unter den zusätzlichen Voraussetzungen für das "cram down" möglich.[50]

2. Fiktion der Zustimmung bei gesicherten Gläubigern

Aus dem Vorstehenden ergibt sich, daß regelmäßig schon ein einzelner Sicherungsrechtsinhaber die Bestätigung eines Planes - abgesehen von der Möglichkeit des cram down - verhindern kann: Der gesicherte Gläubiger stellt im Normalfall das einzige Mitglied einer Gruppe, und damit stellt seine Entscheidung gleichzeitig die Gruppenentscheidung dar.
Dem Planverfasser bleibt dann nur die Möglichkeit, die Zustimmung des Gläubigers durch Verhandlungen zu erlangen oder aber die Gegenstimme gemäß den Regelungen des § 1126(f) BC unbeachtlich zu machen. Dazu muß der Gläubiger so gestellt werden, daß er technisch unbeeinträchtigt bleibt.

---

47 John Hancock Mutual Life Ins. Co. v. Route 37 Business Park Associates, 987 F2d 154, 161 f. (3rd Cir. 1993).

48 In re Applegate Property, Ltd., 133 BR 827, 835 (District Court WD Texas 1991). Allerdings führt nicht jeder Forderungserwerb zur Verhinderung eines Planes zur Ungültigerklärung der Stimmabgabe, vgl. In re SPM Mfg. Corp., 984 F2d 1305 (1st Cir. 1993); In re Marin Town Center, 142 BR 374, 380 (District Court ND California 1992).

49 Dazu sogleich 2.

50 Dazu sogleich unter V 2, S. 301 ff.

Das Gesetz bestimmt in § 1124 BC, unter welchen Bedingungen ein Gläubiger als unbeeinträchtigt angesehen wird. Zunächst liegt dies vor, wenn der Plan sämtliche Rechte des Gläubigers in Bezug auf das fragliche Recht unverändert läßt, § 1124(1) BC. Die Stellung des Rechtsinhabers entspricht dann weitgehend der Stellung, die er hätte, wenn das Insolvenzverfahren nicht eröffnet worden wäre. Allerdings ist die zeitliche Verzögerung, die sich daraus ergibt, daß der Plan erst bei Bestätigung durch das Gericht wirksam wird und der Gläubiger solange wegen des automatic stay an der Geltendmachung gehindert ist, von diesem hinzunehmen.[51]

Weiterhin gilt ein Recht nach § 1124(2) BC als unbeeinträchtigt, wenn die einzige Modifizierung im Ausgleich etwaiger Rückstände und Verzugsschäden besteht, die vor Verfahrenseröffnung entstanden sind, und damit das ursprüngliche Fälligkeitsdatum wieder eingesetzt wird. Damit kann ein bereits eingetretener Verzug behoben werden. Dies gilt auch, wenn wegen des Verzugs eigentlich die gesamte Forderung fällig gestellt werden kann. Auch dann ist es ausreichend, die rückständigen Raten und den Verzugsschaden zu tilgen, während das Darlehen mit den ursprünglich vereinbarten Fälligkeitsdaten weiterläuft. Trotz dieser erheblichen Veränderung, durch welche zunächst auch die Voraussetzung für eine Zwangsverwertung wegfällt, gilt der Sicherungsnehmer als unbeeinträchtigt.[52]

V. Gerichtliche Bestätigung

Schließlich ist eine endgültige gerichtliche Entscheidung über den vorgelegten Plan erforderlich, bei der das Abstimmungsverhalten der Gruppen eine wesentliche Rolle spielt.

1. Voraussetzungen der Planbestätigung

Die Voraussetzungen für die gerichtliche Bestätigung sind in § 1129 BC geregelt. In den Absätzen (a) und (d) werden insgesamt vierzehn Voraussetzungen für die Bestätigung des Planes durch das Gericht genannt. Die überwiegende Zahl beschäftigt sich mit der Einhaltung der verfahrensrechtlichen Vorschriften. Dies sind z.B. die Erfüllung der gesetzlichen Mindestinhalte des Planes, die Offenlegung bestimmter Leistungsversprechen und Rechtsbeziehungen und die

---

51 Vgl. *Cowans*, § 20.20, S. 86; *Epstein/Nickles/White*, § 10.23, S. 44.

52 In re Madison Hotel Associates, 749 F2d 410 (7th Cir. 1984); In re Singer Island Hotel, Ltd., 95 BR 845 (Bankruptcy Court SD Florida 1989); In re Hewitt 16 BR 973, 977 (Bankruptcy Court D Alaska 1982).

Zahlung der gerichtlichen Gebühren etc.[53] Die erforderlichen Informationen müssen nach § 1125(b) BC in einem begleitenden Situationsbericht ("disclosure statement") gegeben werden. Weiterhin wird überprüft, ob die Vorlage des Planes in redlicher Absicht erfolgte, § 1129(a)(3) BC.

Besondere Bedeutung in der Praxis erlangt die Bestimmung des § 1129(a)(11) BC, wonach dem Plan die Bestätigung versagt werden soll, wenn er keine Aussicht auf erfolgreiche Durchführung hat. Daran können Pläne insbesondere dann scheitern, wenn der Schuldner versucht, die Gläubiger durch unrealistische Zahlungsversprechen zu einer Zustimmung zu bewegen.

Eine entscheidende Voraussetzung der Planbestätigung stellt auf das Abstimmungsverhalten der Gruppen ab. Nach § 1129(8)(A) BC ist grundsätzlich erforderlich, daß entweder jede Gruppe dem Plan zugestimmt hat oder aber nach Absatz (B) keines der Gruppenmitglieder durch den Plan in seinen Rechten beeinträchtigt wird. Wenn diese alternativen Voraussetzungen nicht gegeben sind, kann das Gericht auf Antrag des Planverfassers und unter bestimmten Umständen den Plan trotzdem bestätigen.[54]

2. Ersetzung der fehlenden Zustimmung einzelner Gruppen: Cram Down

Mit dem sogenannten "cram down" des § 1129(b) BC kann auf das Erfordernis, daß grundsätzlich alle beeinträchtigten Gruppen für den Plan gestimmt haben müssen, in bestimmten Fallgestaltungen verzichtet werden.[55]
Der Zweck der cram down-Bestimmung besteht darin, daß eine Plandurchführung nicht am - möglicherweise irrationalen - Widerstand einer Gläubigergruppe scheitern soll. Denn obwohl das Gesetz grundsätzlich dem Gläubiger bei der Abstimmung freie Wahl läßt, so wird doch angenommen, daß Entscheidungen über den Plan häufig aus emotionalen Gründen und nicht aus rein rationalen wirtschaftlichen Gesichtspunkten getroffen werden.[56] Diese Obstruktion soll

---

53 Vgl. §§ 1129(a)(1), (2), (4), (5), (6), (9), (12), (13); 1129(d) BC.

54 Dazu unten 3 c, S. 317 ff.

55 Allgemein zum cram down *Booth*, American Bankruptcy Law Journal 60 (1986), 69 ff.; *Klee*, American Bankruptcy Law Journal 53 (1979), 133 ff.; *ders.* American Bankruptcy Law Journal 64 (1990), 229 ff. In der deutschsprachigen Literatur *Fassbach*, Die cram down power des amerikanischen Konkursgerichtes im Reorganisationsverfahren nach Chapter 11 des Bankruptcy Code, 1997.

56 *Cowans*, § 20.27, S. 130.

eine wünschenswerte, möglicherweise auch im öffentlichem Interesse stehende Reorganisation nicht verhindern.[57]

Darüber hinaus führt die Möglichkeit, insbesondere auch gesicherte Gläubiger und ihre Sicherungsrechte gegen ihren Willen massiven Modifikationen zu unterwerfen, zu einer Stärkung der Verhandlungsposition des Planverfassers, so daß wiederum häufiger die grundsätzlich erforderliche Zustimmung im Sinne des § 1129(a)(8)(B) BC erlangt werden kann.[58] Die cram down-Bestimmung ist aber auch deswegen in der Praxis wichtig, weil nach der Fiktion des § 1126(g) BC eine Gruppe, die keinerlei Leistungen erhält, als widersprechende Gruppe angesehen wird. Sieht ein Plan also eine derartige Gruppe vor, so ist eine Bestätigung ohne cram down in keinem Fall möglich.

a) Allgemeine Voraussetzungen

Das Gericht kann ein cram down nicht von sich aus anordnen, vielmehr muß der Planverfasser einen entsprechenden Antrag stellen. Das Gericht prüft da-raufhin, ob die Voraussetzungen für eine Planbestätigung gegen den Willen einzelner Gruppen vorliegen, insbesondere ob die widersprechende Gruppe ohne Rechtfertigung ungleich behandelt wird und ob der Plan der Billigkeit entspricht, also "fair and equitable" ist.

Unverzichtbares Mindesterfordernis für die Planbestätigung ist in jedem Fall, daß zumindest eine Klasse, die durch den Plan beeinträchtigt wird, dem Plan auch tatsächlich zustimmt, § 1129(a)(10) BC.[59] Hier zeigt sich die große Bedeutung der Gruppeneinteilung: Da zumindest eine Gruppe, deren Rechte beeinträchtigt wird, dem Plan zugestimmt haben muß, ist es für den Erfolg des Planes notwendig, daß überhaupt eine derartige Gruppe vorhanden ist.[60]

In § 1129(b)(1) BC wird ein Diskriminierungsverbot ausgesprochen.[61] Dieses soll zu einem Gleichbehandlungsgebot führen: Die einzelnen Gruppen dürfen

---

57 Dabei geht es besonders um den Erhalt von Arbeitsplätzen und die Vermeidung von Steuerausfällen.

58 *Murphy*, § 17.15, S. 17-25.

59 § 1129(a)(10) BC; dazu In re Bryson Properties, XVIII, 961 F2d 496 (4th Cir. 1992), certiorari denied 506 US 866, 113 SCt 191, 121 LEd2d 134; In re Ruti-Sweetwater, Inc., 836 F2d 1283, 1267 (10th Cir. 1988); Hanson v. First Bank of South Dakota, N.A., 828 F2d 1310 (8th Cir. 1987).

60 Zur manipulativen Gruppeneinteilung vgl. oben III 2 a (3), S. 296.

61 "...the court, on request of the proponent of the plan, shall confirm the plan notwithstanding the requirements of such paragraph if the plan does not discriminate

nicht ohne Rechtfertigung unterschiedlich behandelt werden, vielmehr muß die Behandlung der widersprechenden Gruppe mit der Behandlung anderer, gleichartiger Gruppen konsistent sein.[62]

Die Frage nach einer Verletzung des Diskriminierungsverbotes wird von der Rechtsprechung an folgenden kumulativen Kriterien überprüft:

1. Die Ungleichbehandlung der gleichartigen Ansprüche muß einen rationalen Grund haben;
2. Der Plan kann ohne die Ungleichbehandlung nicht durchgeführt werden;
3. Die Ungleichbehandlung wurde mit redlichen Absichten vorgeschlagen;
4. Der rationale Grund erfordert gerade das vorgesehene Maß an Ungleichbehandlung.[63]

Die fast ausschließliche Bedeutung dieser Regelung liegt in der Behandlung ungesicherter Ansprüche. So hat sich der Gesetzgeber sowohl in seiner Begründung als auch in einem erläuternden Beispiel nur mit der Geltung für ungesicherte Ansprüche beschäftigt.[64] Wegen des Grundsatzes der Einmaligkeit des Sicherungsrechts wird auch nur in den seltensten Fällen die Voraussetzung der Gleichartigkeit der Ansprüche bejaht werden können.[65] Die Anwendung des Diskriminierungsverbots ist in diesem Zusammenhang auch nicht erforderlich, da der Status eines dinglich gesicherten Gläubigers nicht wesentlich durch die Konkurrenz zu anderen Inhabern von Sicherheiten bestimmt wird, sondern durch das Spannungsverhältnis zur Masse bzw. den ungesicherten Gläubigern. Denn sowohl der Sicherungsnehmer als auch die Masse haben ein Interesse, auf das Sicherungsgut zuzugreifen: Der Sicherungsnehmer zur schnellen Realisierung seiner Forderung, die Masse zum Nutzen der allgemeinen Gläubiger und eventuell des Schuldners zur Durchführung der Reorganisation. Dieses Spannungsverhältnis wird aber schon durch die fair and equitable-Regelung geregelt. Das Diskriminierungsverbot erlangt somit lediglich Bedeutung für untersicherte Gläubiger. Für deren ungesicherten Forderungsteil wird es als unzulässig angesehen, wenn sie aufgrund der Befriedigungsmöglichkeit für den gesicherten Teil

---

unfairly..."

[62] *Klee*, Bankruptcy Law Journal 53 (1979), 133.

[63] Vgl. In re Wolff, 22 BR 510 (9th Cir. BAP 1982); In re Aztec Co., 107 BR 585, 590 (Bankruptcy Court MD Tennessee 1989); In re Eitemiller, 149 BR 626 (Bankruptcy Court D Idaho 1993).

[64] HR Report No. 595, 95th Congress, 1st Session, S. 416 f. (1977).

[65] *Collier*, Practice Guide, ¶ 91.05.

anders behandelt werden als die sonstigen ungesicherten Ansprüche.[66] Damit muß der untersicherte Gläubiger auf den ungesicherten Teil grundsätzlich die gleiche Quote wie die sonstigen ungesicherten Gläubiger erhalten.

b) Der Billigkeitsmaßstab

Die maßgebliche Voraussetzung für das cram down besteht nach § 1129(b)(1) BC darin, daß der Plan der Billigkeit entspricht, d.h. "fair and equitable" ist. Die Frage, was als "fair and equitable" anzusehen ist, wird für die verschiedenen Gruppen von Gläubigern und Rechtsinhabern in § 1129(b)(2) BC unterschiedlich definiert. Gesicherte Ansprüche werden dort in Absatz (A) ausführlich behandelt, in Absatz (B) die ungesicherten Ansprüche und in Absatz (C) alle sonstigen Rechte, etwa die der Anteilseigner etc.

(1) Der Billigkeitsmaßstab für gesicherte Gläubiger

Der Billigkeitsmaßstab bestimmt, welche Veränderungen durch den Plan der gesicherte Gläubiger gegen seinen Willen hinnehmen muß. Er sieht damit also den Mindeststandard für Leistungen auf die gesicherte Forderung vor.

(a) Der Erhalt des Sicherungsrechtes nebst Zahlungen aus dem Plan

Nach der ersten der alternativen Voraussetzungen ist dieser Maßstab eingehalten, wenn der Sicherungsnehmer nach dem Plan Ratenzahlungen erhalten soll und bis zur letzten Rate das bestehende Sicherungsrecht behält. Dabei kann das Sicherungsgut entweder beim Schuldner verbleiben oder auf einen Dritten übertragen werden.[67]

Die Zahlungen, welche der gesicherte Gläubiger nach dem Plan erhalten soll, müssen zweierlei Anforderungen genügen: Zum einen darf die Summe der vorgesehenen Zahlungen nicht die Höhe des gesicherten Anspruchs unterschreiten.[68] Das bedeutet, daß die Summe aller zu leistenden Geldbeträge zumindest den Betrag des gesicherten Anspruchs erreichen muß. Dies Erfordernis wird bei einer vorgesehenen Laufzeit eines Planes und der Zahlungen über mehrere Jahre ohne Schwierigkeiten zu erfüllen sein.[69]

---

66 Vgl. etwa In re Tucson Self-Storage, Inc., 166 BR 682 (9th Cir. BAP Arizona 1994); In re Smeltzer, 47 BR 77 (Bankruptcy Court WD Wisconsin 1985).

67 § 1129(b)(2)(A)(i)(I) BC.

68 § 1129(b)(2)(A)(i)(II) 1. Halbsatz BC.

69 *Krasnowiecki*, Connecticut Law Review 24 (1992), 1075, 1079 Fn. 14.

Zum anderen darf der Zeitwert der Zahlungen den Wert des Sicherungsgutes nicht unterschreiten.[70] Das bedeutet, daß bei einer zeitlich verzögerten Zahlung bzw. bei einer Ratenzahlung der Bruttobetrag jeweils auf den Zeitpunkt abzuzinsen ist, zu dem der Plan seine Wirksamkeit erlangt. Die Höhe des dabei anzuwendenden Zinssatzes ist wiederum eine Einzelfallentscheidung, es gilt insofern nichts anderes als zur Berechnung des Zeitwertes nach § 1129(a)(7) BC.[71]

Beispiel: Der gesicherte Gläubiger C hat einen Anspruch in Höhe von $ 100.000, der Wert des Sicherungsgutes beträgt ebenfalls $ 100.000. Der Plan sieht die Zahlung des gesamten Betrages ein Jahr nach gerichtlicher Bestätigung vor. Der Plan entspricht im Hinblick auf C nicht der Billigkeit, da die Zahlung eines Betrages von $ 100.000 nach einem Jahr nicht den Wert der Sicherheit bei der Planbestätigung widerspiegelt.
Abwandlung: Der Plan sieht eine Zahlung von $ 110.000 vor. Der Marktzins für derartige gesicherte Kredite liegt bei 10 %. Der Plan entspricht im Hinblick auf C der Billigkeit, da der zugesagte Zahlbetrag von $ 110.000 einen Zeitwert von $ 100.000 hat, wenn eine jährliche Verzinsung von 10 % zugrunde gelegt wird.
Die Voraussetzung, daß der Bruttobetrag die Höhe des gesicherten Anspruchs erreicht, ist in beiden Fällen gegeben. Die Summe der Zahlungen beträgt ebenso $ 100.000 wie der nach § 506(a) BC ermittelte Wert des gesicherten Anspruchs.

Unter diesen Voraussetzungen ist es dem Schuldner etwa möglich, einseitig durch den Plan die ursprüngliche Laufzeit eines Darlehens zu verlängern, da dem Gläubiger nicht gesetzlich die Zahlung zu einem bestimmten Zeitpunkt gewährleistet wird.[72] Gegebenenfalls wird auch der vereinbarte Zinssatz durch einen marktgerechten Zinssatz ersetzt; dies führt je nach Verhältnis des vereinbarten Zinssatzes zum aktuellen Marktzins zu einer Besser- oder auch Schlechterstellung des gesicherten Gläubigers.[73] Vom garantierten Wert entspricht der Mindeststandard dem "best interest"-Test des § 1129(a)(7) BC. In beiden Fällen müssen jeweils auf den Zeitpunkt der Wirksamkeit des Planes Leistungen an den Sicherungsnehmer erbracht werden, welche dem Wert des Sicherungsgutes entsprechen. Dieser Wert ist durch Abzinsung zu ermitteln. Anders als bei dem "best interest"-Test ist für die Bejahung des "fair and equitable"-standards im

---

70 § 1129(b)(2)(A)(i)(II) 2. Halbsatz BC. Da § 506(a) BC die Höhe des gesicherten Anspruchs durch den Wert des Sicherungsgutes festsetzt, entsprechen sich diese Beträge im Normalfall. Zu unterschiedlichen Beträgen führt die Anwendung der Fiktion des § 1111(b)(2) BC, dazu sogleich unter 3 c (2), S. 318 f.

71 Siehe dazu unten 3 a, S. 316 f.

72 *Epstein/Nickles/White*, § 10-20, S. 36.

73 Wenn es sich um einen niedrigen Kreditzins handelt, kann es für den Schuldner günstiger sein, die Rechte des Gläubigers unbeeinträchtigt zu lassen und durch Zahlung der Rückstände den Verzug zu beenden. Vgl. *Booth*, American Bankruptcy Law Journal 60 (1986), 69, 84.

Rahmen des cram down eine Leistung von Geld erforderlich, wohingegen nach § 1129(a)(7) BC auch andere Gegenstände übertragen werden können.

Abgesehen von den Wertbestimmungen enthält das Gesetz keine Grenzen, inwieweit der gesicherte Gläubiger auch Einschränkungen bei den sonstigen vertraglichen Bedingungen hinnehmen muß, etwa bei der Länge des Zeitraums, über den die Ratenzahlung sich erstreckt, oder bei der Frage, ob beim Verzug der Zahlungen der gesamte Forderungsbetrag fällig gestellt werden kann. Auch darüber wird von den Gerichten jeweils im Einzelfall entschieden.[74] Aber auch dort sollte im Regelfall auf marktübliche Konditionen zurückgegriffen werden. Eine klare Linie läßt sich bei den mit der Frage befaßten Untergerichten nicht erkennen, teilweise lassen sie eine völlige Umschreibung der vertraglichen Bedingungen zu.[75] Teilweise wurde jedoch dem Plan die Bestätigung versagt, gerade weil er eine wesentliche Veränderung der Vertragsbedingungen vorsah.[76]

(b) Die Gewährung eines Indubitable Equivalent

Eine andere zulässige Behandlung des gesicherten Anspruchs im Rahmen der Billigkeitsprüfung liegt darin, dem gesicherten Gläubiger im Austausch für sein Sicherungsrecht die Realisierung eines unbezweifelbaren Äquivalents zu gewähren, § 1129(b)(2)(A)(iii) BC. Der Gesetzgeber hat mit dem Begriff "indubitable equivalent" auf eine Bezeichnung zurückgegriffen, die Richter *Hand* im Jahre 1935 im Zusammenhang mit der Behandlung eines erstrangigen Hypothekengläubigers in der Reorganisation geprägt hat.[77]

Als derartiges Äquivalent kommt nach den nicht abschließenden Beispielen im Gesetzgebungsverfahren etwa die ersatzweise Einräumung eines Sicherungsrechtes an einem ähnlichen und zumindest gleichwertigen Gegenstand, die Freigabe des belasteten Sicherungsgutes an den Gläubiger oder eine sofortige Geldleistung in Betracht.[78]

---

74 *Collier*, ¶ 1129.05[2][a], S. 1129-132 f.

75 Vgl. etwa In re Beare Co., 177 BR 886 (Bankruptcy Court WD Tennessee 1994); In re Frank Kunik Farms, Inc., 86 BR 907 (Bankruptcy Court ED Michigan 1988).

76 Etwa In re TM Monroe Manor Associations, Ltd., 140 BR 298, 301 (District Court ND Georgia 1991); In re Hoffmann, 52 BR 212 (Bankruptcy Court D North Dakota 1985).

77 In re Nurel Holding Corp. 75 F2d 941 (2nd Cir. 1935). Dabei wurde die Bestätigung versagt, da die vorgesehenen Zahlungen kein ausreichendes Äquivalent darstellten.

78 Vgl. 124 Cong. Rec. H 11104 (September 28, 1978), S 17421 (October 6, 1978), Anmerkungen von Representative *Edwards* und Senator *DeConcini*.

Gerade bei der Frage, wann die gewährte Ersatzleistung ausreichend ist, treten wieder erhebliche Probleme bei der Bewertung auf.[79]
Selbst die Freigabe des Sicherungsgutes, welches dem Wert nach dem Sicherungsinteresse vermeintlich unmittelbar entspricht, an den Sicherungsnehmer wurde teilweise nicht als angemessen angesehen. Zwar ist es einhellige Meinung, daß der Gegenstand selbst der unbezweifelbare Wert des daran bestehenden Sicherungsrechtes sei.[80] Wenn allerdings die Freigabe mit Bedingungen verknüpft ist, kann die Werthaltigkeit unzulässig eingeschränkt sein. So etwa, wenn die Verpflichtung aufgestellt wird, den Gegenstand nach der Freigabe an den Schuldner zurück zu vermieten.[81] Ebenfalls nicht ohne weiteres erfüllt die Freigabe nur eines Teils anstelle des gesamten Sicherungsgutes den erforderlichen Standard.[82] Dann muß genau geprüft werden, ob der freigegebene Teil ausreichend werthaltig ist.

Ist als Äquivalent eine einmalige Geldzahlung vorgesehen, so darf diese nicht unter dem gesicherten Teil der Forderung liegen.[83] Dies entspricht dem Gedanken des Mindeststandards bei aufgeschobener Zahlung bzw. Ratenzahlung. Gelegentlich wird in den Plänen auch die Freigabe von anderen Gegenständen außer dem Sicherungsgut oder eine Kombination aus Geld- und Sachleistungen angeboten und von den Gerichten auch bestätigt.[84] Dies wird deswegen kritisiert, weil auf diese Weise die Mindestanforderungen für aufgeschobene Zahlungen - wie sie in Absatz (A)(i) geregelt sind - umgangen werden können und den Gerichten die zusätzliche Aufgabe der Bewertung der freigegebenen Gegenstände aufgebürdet wird.[85]

---

79 Thompson-*Thomas*, § 84.03(c), S. 469; *Booth*, American Bankruptcy Law Journal 60 (1986), 69, 90 f., 108.

80 Matter of Sandy Ridge Development Corp., 881 F2d 1346, 1350 (5th Cir. 1989), rehearing denied 889 F2d 663; In re Western Real Estate Fund, Inc., 109 BR 455 (Bankruptcy Court WD Oklahoma 1990).

81 So lag der Fall in In re Sloan, 57 BR 91 (Bankruptcy Court D South Carolina 1985).

82 In re Arnold and Baker Farms, 177 BR 648 (9th Cir BAP Arizona 1994); Matter of May, 174 BR 832 (Bankruptcy Court SD Georgia 1994).

83 124 Cong. Rec. H 11104 (September 28, 1978), S 17421 (October 6, 1978); vgl. auch United Savings Association v. Timbers of Inwood Forest, 484 US 365, 108 SCt 626, 633, 98 LEd2d 740 (1988).

84 Z.B. Universal Coops, Inc., v. FCX, Inc., 853 F2d 1149 (4th Cir. 1988), certiorari denied 489 US 1011 (1989); In re Sun Country Dev., Inc, 764 F2d 406 (5th Cir. 1985).

85 *Murphy*, § 17.15, S. 17-19.

Auch die Gerichte sind bei der Anerkennung der Freigabe anderer Sachwerte als Ausgleich für das Sicherungsrecht restriktiv.[86] Allerdings ist eine derartige geteilte Ersatzleistung nicht von vornherein unzulässig, wie sich aus den genannten Entscheidungen ergibt.

Alles in allem ist das "indubitable equivalent"-Erfordernis sehr unbestimmt. Die Gerichte betonen in diesem Zusammenhang regelmäßig, daß die Umstände des Einzelfalls entscheidend sind, und vermeiden allgemeingültige Aussagen.[87]

(c) Die Anknüpfung der Sicherheit bei Verkauf des Sicherungsgutes

Schließlich entspricht es der Billigkeit, wenn der Plan vorsieht, daß das Sicherungsgut unter Ablösung des Sicherungsrechts verkauft wird, sofern der gesicherte Gläubiger an dem Erlös eine Sicherheit erhält und dieses wiederum nach den bereits erörterten Voraussetzungen der Absätze (i) oder (iii) behandelt wird.[88] Ein Verkauf muß außerdem unter Beachtung des Mitbietungs- und Aufrechnungsrechtes des gesicherten Gläubigers aus § 363(k) BC erfolgen. So wird sichergestellt, daß der Sicherungsnehmer die Möglichkeit hat, einen späteren Wertzuwachs des Sicherungsgutes selbst zu realisieren.[89]

(2) Der Billigkeitsmaßstab für den ungesicherten Forderungsteil

Bei ungesicherten Forderungen und allen sonstigen Rechten findet nach § 1129(b)(2)(B) und (C) BC ein eigener Maßstab für die Frage Anwendung, ob der Plan billig und gerecht ist. Dieser gilt grundsätzlich auch für einen untersicherten Gläubiger, soweit es um den ungesicherten Teil seiner Forderung geht.[90]

---

86 Vgl. Matter of Sandy Ridge Dev. Corp., 881 F2d 1346, 1352 (5th Cir. 1989), rehearing denied 889 F2d 663; In re Atlanta Southern Business Park, Ltd., 173 BR 444, 449 f. mit weiteren Nachweisen (Bankruptcy Court ND Georgia 1994).

87 Vgl. etwa Great Western Bank v. Sierra Woods Group, 953 F2d 1174, 1177 f. (9th Cir. 1992); In re Creekside Landing Ltd, 140 BR 713, 716 (Bankruptcy Court MD Tennessee 1992).

88 § 1129(b)(2)(A)(ii) BC.

89 § 1129(b)(2)(A)(ii) BC. Dazu H & M Parmely Farms v. Farmers Home Administration 127 BR 644, 648 mit weiteren Nachweisen (District Court D South Dakota 1990); *Collier*, ¶ 1111.03[2][b][i], S. 1111-27. Zum Mitbietungs- und Aufrechnungsrecht siehe oben § 7 A II 4 d, S. 226 f.

90 Vgl. § 506(a) BC. Etwas anderes gilt, wenn der Gläubiger die Anwendung der Fiktion des § 1111(b)(2) BC gewählt hat und somit voll gesicherter Gläubiger behandelt wird; dazu unten (3)(c), S. 318 f.

Nach diesem Maßstab ist entweder die vollständige Befriedigung der Forderung oder des Wertes des Interesses erforderlich. Anderenfalls muß sichergestellt sein, daß nachrangige Gläubiger oder Rechtsinhaber keinerlei Leistungen erhalten.[91]

(3) Die Fiktion der vollständigen Sicherung

Bei der Frage, wann ein Plan im Hinblick auf eine bestimmte Gruppe billig und gerecht ist, kann der untersicherte Gläubiger durch das bereits mehrfach angedeutete Wahlrecht des § 1111(b)(2) BC auf die Bemessungsgrundlage Einfluß nehmen. Wird das Wahlrecht ausgeübt, so muß ein untersicherter Gläubiger im Reorganisationsverfahren so gestellt werden, als wäre er vollständig gesichert.[92] Anders als es § 506(a) BC grundsätzlich vorsieht, wird der Anspruch dann nicht in einen gesicherten und einen ungesicherten Anteil aufgespalten. Durch diese Wahl verliert der Gläubiger allerdings jede Beteiligung an einer Verteilung an ungesicherte Gläubiger.

(a) Zweck des Wahlrechts

Zweck des Wahlrechts ist es, dem gesicherten Gläubiger die Möglichkeit zu geben, die Auslöschung des Sicherungsrechtes durch Leistung einer unter dem Forderungsbetrag liegenden Zahlung zu verhindern.[93] Denn der in § 1129(b)(2)(A)(i)(II) BC vorgesehene Mindeststandard macht es in Verbindung mit der Zweiteilung des Anspruchs in einen gesicherten und einen ungesicherten Teil gemäß § 506(a) BC grundsätzlich möglich, daß der Schuldner durch Zahlung des aktuellen Wertes des Sicherungsgegenstandes sämtliche Rechte des Sicherungsnehmers daran zum Erlöschen bringt.

Die Chance auf eine Wertsteigerung des Sicherungsgutes und eine daraus resultierende höhere Befriedigung wird dem Sicherungsnehmer so genommen. Ihm bleibt dann nur noch die - zumeist geringe - Quote auf den Restanspruch. Dies ist aber besonders dann unbillig, wenn der Wert des Sicherungsgutes gerade besonders niedrig ist, etwa aufgrund eines kurzzeitigen Zusammenbruches des Marktes. Der Schuldner könnte dann durch Wahl des Zeitpunktes der Antragstellung die fremden Rechte am Sicherungsgut gegen den Willen des Sicherungsnehmers durch Zahlung des Zeitwertes günstig auslöschen und einen späteren Wertanstieg selbst realisieren.[94]

---

91 § 1129(b)(2)(B)(i), (ii) und (C)(i), (ii) BC.

92 § 1111(b)(2) BC.

93 Vgl. *Norton*, BC § 1129, S. 966; *Levy*, S. 451.

94 So geschehen in In re Pine Gate Associates, Ltd., 2 BCD 1478 (Bankruptcy Court ND

(b) Die Ausübung des Wahlrechts als Gruppenentscheidung

Die für die Anwendung der Fiktion erforderliche Mehrheit ist erreicht, wenn die Mehrzahl der in der Gruppe vertretenen Mitglieder dafür stimmt und deren Anteile 2/3 der insgesamt vorhanden Forderungssumme ausmachen.[95] Diese Mehrheitserfordernisse sind aufgrund der regelmäßig vorliegenden Gruppenstruktur zumeist nicht relevant. Besteht die fragliche Gruppe aus nur einem Sicherungsnehmer, so trifft dieser die Wahl allein.
Die Entscheidung muß bis zum Ende der Anhörung über die Darlegung der finanziellen Verhältnisse des Planes erfolgt sein.[96]

(c) Bedeutung der Wahl für die Rechtsstellung der gesicherten Gläubiger

Für die Stellung des gesicherten Gläubigers und die Behandlung im Plan hat die Fiktion Bedeutung hinsichtlich des Mindeststandards nach § 1129(b)(2)(A)(i)(II) BC, bei dessen Vorliegen ein cram down gegen den Willen einer widersprechenden Gruppe gesicherter Gläubiger zulässig ist. Findet die Fiktion keine Anwendung, so muß die erforderliche Gesamtsumme der erbrachten Zahlungen dem Betrag des gesicherten Anteils nach § 506(a) BC entsprechen.

Bei Anwendung der Fiktion ist erforderlich, daß die Gesamtsumme der Zahlungen dem Nennwert der gesamten Forderung entspricht. Unabhängig von der Ausübung des Wahlrechts gilt weiterhin, daß der effektive Wert (das heißt der durch Abzinsung ermittelte Wert) der Zahlungen den Wert des Sicherungsgutes nicht unterschreiten darf.[97]

Beispiel: Der gesicherte Gläubiger C hat einen Anspruch in Höhe von $ 150.000, der Wert des Sicherungsgutes beträgt $ 100.000. Der Plan sieht für den gesicherten Teil eine Zahlung von $ 110.000 nach einem Jahr vor. Der Marktzins für derartige gesicherte Kredite liegt bei 10 %. Der Plan entspricht im Hinblick auf den gesicherten Anspruch des C der Billigkeit, soweit die Anwendung des § 1111(b)(2) BC nicht gewählt wurde. Der zugesagte Zahlbetrag von $ 110.000 hat bei einer jährlichen Verzinsung von 10 % einen Zeitwert von $ 100.000. Die

---

Georgia 1976), affirmed 3 BCD 301 (District Court ND Georgia 1977). Diese unter dem BA ergangene Entscheidung bestätigte den vom Schuldner vorgelegten Plan. Der Gesetzgeber wollte einen derartigen Mißbrauch unter dem BC verhindern, vgl. *Epstein/Nickles/White*, § 10.25, S. 49; *Howard*, American Bankruptcy Law Journal 65 (1991), 373, 399; *Norton*, § 1129 BC, 966.

95 § 1111(b)(1)(A)(i) BC.

96 Bankruptcy Rule 3014.

97 Zur Bewertung unten 3 c (1), S. 317 f.

beiden Voraussetzungen des § 1129(b)(2)(A)(i)(II) BC sind erfüllt. Mit dem ungesicherten Teilanspruch in Höhe von $ 50.000 nimmt er an der Verteilung der allgemeinen Gläubiger teil.

Wählt die Gläubigergruppe des C die Anwendung des § 1111(b)(2) BC, so gilt C für die gesamten $ 150.000 als gesichert. Die Bestimmungen des Planes entsprechen nicht der Billigkeit, da nach § 1129(b)(2)(A)(i)(II) BC der Zahlbetrag den Nennwert der gesicherten Forderung erreichen muß (hier also $ 150.000).
Abwandlung: Der Plan sieht fünf Zahlungen zu je $ 30.000 verteilt auf fünf Jahre vor. Dies erfüllt das Erfordernis der Billigkeit, da die Summe aller Zahlungen dem Nennwert der gesicherten Forderung entspricht und auch der abgezinste Wert aller Leistungen nicht niedriger als der Wert des Sicherungsgutes ist.

(d) Einschränkungen der Wahlmöglichkeit

Das Wahlrecht ist allerdings gemäß § 1111(b)(1)(B)(i) BC für den Fall ausgeschlossen, daß das Sicherungsrecht praktisch keinen Wert hat.[98] Dies betrifft vor allem nachrangige Sicherungsrechtsinhaber, für die der Wert des Sicherungsgutes durch die vorrangigen Rechte weitgehend aufgezehrt ist. Ein derartiges, rein nominelles Recht ohne Substanz soll dem Inhaber nicht die Möglichkeit geben, seine Stellung in einem Insolvenzverfahren zu verbessern.[99]
Zum anderen ist die Wahlmöglichkeit gemäß § 1111(b)(1)(B)(ii) BC ausgeschlossen, wenn der Plan den Verkauf des Sicherungsgutes unter Auslöschung des Sicherungsrechtes vorsieht. In diesem Fall bedarf der Sicherungsnehmer keines besonderen Schutzes. Denn bei einem derartigen Verkauf kann der gesicherte Gläubiger durch den Erwerb des Sicherungsgegenstandes die Wertsteigerungschance für sich selbst erhalten.[100] Das Mitbietungsrecht und die Aufrechnungsbefugnis im Falle des Erwerbs ergibt sich dabei aus § 363(k) BC. Diese Befugnisse bestehen grundsätzlich auch bei einem Verkauf unter dem Plan.[101]

Sieht der Plan einen Ausschluß dieser Rechte vor, so kann er wegen § 1129(b)(2)(A)(ii) BC ohne die Zustimmung des betreffenden Gläubigers nicht gerichtlich bestätigt werden.[102] Allerdings wird empfohlen, auf eine Regelung

98 Dazu In re Tuma, 916 F2d 488 (9th Cir. 1990); In re 680 Fifth Avenue Associates, 156 BR 726 (Bankruptcy Court SD New York 1993), affirmed 169 BR 22 (District Court SD New York 1993), affirmed 29 F3d 95 (2nd Cir. 1994).

99 *Collier*, ¶ 1111.03[3][b], S. 1111-29; *Norton*, § 89:4, S. 89-8.

100 124 Cong. Rec. H 11103 (September 28, 1978), S 17420 (October 6, 1978; Anmerkungen von Representative *Edwards* und Senator *DeConcini*. Dazu auch *Norton*, § 89:7, S. 89-11 f.

101 *Krasnowiecki*, Connecticut Law Review 24 (1992), 1075, 1080.

102 Vgl. Matter of T-H New Orleans Ltd., Partnership, 10 F3d 1099, 1102 (5th Cir. 1993), certiorari denied 114 SCt 1833, 128 LEd2d 461 (1994); In re California Hancock, Inc.,

des Punktes im Plan nicht zu verzichten und das Mitbietungsrecht für den Sicherungsnehmer bei einem Verkauf unter einem Plan aus Klarstellungsgründen mit aufzunehmen.[103] So werden rechtliche Unsicherheiten und gegebenenfalls gerichtliche Auseinandersetzungen über diese Frage vermieden.

Auch wenn das Sicherungsgut bei einer Zwangsversteigerung verwertet werden soll, entfällt das Wahlrecht.[104] Insofern gilt nichts anderes als bei einem freihändigen Verkauf. Der Sicherungsnehmer kann hier den Gegenstand ersteigern und mit seinem Anspruch die Aufrechnung erklären. Schließlich wird auch die Freigabe des Sicherungsgutes an den Sicherungsnehmer einem Verkauf gleichgestellt werden müssen. Denn auch dort fehlt es an einem Schutzbedürfnis, da der Sicherungsnehmer - ebenso wie bei einem Erwerb im freihändigen Verkauf oder in der Versteigerung - in die Lage versetzt wird, spätere Wertsteigerungen für sich zu realisieren.[105] Hingegen reicht eine unspezifizierte Verkaufsregelung durch den Plan, bei der offen bleibt, wann und unter welchen Bedingungen der Gegenstand verkauft werden soll, für einen Ausschluß nicht aus.[106]

(4) Sicherungsnehmer ohne persönlichen Anspruch gegen den Schuldner

Der Inhaber eines Sicherungsrechts ohne persönlichen Anspruch gegen den Schuldner (sogenannter "non-recourse secured claim") wird nach § 1111(b) BC mit den sonstigen gesicherten Gläubigern, denen der Schuldner auch persönlich haftet (sogenannter "recourse secured claim"), gleichgestellt. Außerhalb dieser Sonderbestimmung für Kapitel 11 kann sich der Gläubiger, der ausschließlich einen dinglichen Haftungsanspruch hat, nicht mit einem ungesicherten Forderungsteil am Verfahren beteiligen.[107] Zwar gilt ein solcher Sicherungsnehmer nach § 506(a) BC bis zum Wert des Sicherungsgutes als gesicherter Gläubiger

---

88 BR 226, 230 mit weiteren Nachweisen (9th Cir. BAP California 1988); In re Liberty Associates, 108 BR 971, 978 (District Court ED Pennsylvania 1990).

103 *Cowans*, § 20.19, S. 84.

104 In re Tampa Bay Associates, Ltd., 864 F2d 47 (5th Cir. 1989).

105 Vgl. zu der entsprechenden Frage bei § 1111(b)(1)(A)(ii) BC etwa In re Constitution Plaza Associates Ltd., Partnership, 161 BR 563 (Bankruptcy Court D Connecticut 1993); Matter of DRW Property Co. 82, 57 BR 987 (Bankruptcy Court ND Texas 1985).

106 H & M Parmely Farms v. Farmers Home Administration, 127 BR 644 (District Court D South Dakota 1990); Western Real Estate Fund, Inc., 75 BR 580, 588 f. (District Court WD Oklahoma 1989).

107 In re 680 Fifth Avenue Associates, 29 F3d 95, 97 mit weiteren Nachweisen (2nd Cir. 1994). Kritisch zu der Gleichstellung *Eisenberg*, Vanderbilt Law Review 38 (1985), 931.

mit einem zugelassenen Anspruch. Der nicht durch den Wert der Sicherheit abgedeckte Forderungsteil wird im Insolvenzverfahren nach § 502(b)(1) BC grundsätzlich nicht berücksichtigt. Im Reorganisationsverfahren hingegen wird dem Gläubiger für den übersteigenden Teil die Beteiligung an der Verteilung und das Stimmrecht in der Gruppe der ungesicherten Gläubiger gewährt.[108]
Der Regelungszweck entspricht dem des Wahlrechts zum Erwerb des Status eines vollgesicherten Gläubigers:[109] Der Sicherungsnehmer ohne persönlichen Anspruch gegen den Schuldner soll vor der Auslöschung seines Rechts zu einem zu niedrigen Preis unter Wegfall seiner sonstigen Rechte geschützt werden.[110] Außerhalb des Insolvenzverfahrens könnte er die Zahlung des gesamten Forderungsbetrages verlangen oder anderenfalls die Versteigerung des Sicherungsgutes erzwingen. Dabei besteht auch für ihn die Möglichkeit, mitzubieten und mit dem gesamten Anspruch aufzurechnen und sich so einen späteren Wertzuwachs selbst nutzbar zu machen.[111] Grundsätzlich gilt dies auch bei einer Veräußerung des Sicherungsgutes nach § 363 BC im Rahmen des Liquidationsverfahrens. Als Ausgleich für den Verlust dieser Rechte im Reorganisationsverfahren erfolgt eine Gleichstellung mit dem Gläubiger, der einen persönlichen Anspruch gegen den Schuldner hat. Dadurch erwächst dem non-recourse-Gläubiger insbesondere die Möglichkeit, mit dem Ausfall am Verfahren teilzunehmen, oder die Wahl nach § 1111(b)(2) BC zu treffen.[112]

Die Gleichstellung ist nicht erforderlich und wird daher auch nicht gewährt, soweit der Gegenstand bereits gemäß § 363 BC verkauft ist oder unter dem Plan verkauft werden soll.[113] Da das aus § 363(k) BC resultierende Mitbietungsrecht und die Aufrechnungsbefugnis im Falle des Erwerbs auch für den Sicherungsrechtsinhaber ohne persönlichen Anspruch gegen den Schuldner gelten, kann der non-recourse Gläubiger einen vermeintlichen Wertgewinn durch Erwerb der

---

108 In re Bryson Properties, XVIII, 961 F2d 496, 502 (4th Cir. 1992), certiorari denied 506 US 866, 113 SCt 191, 121 LEd2d 134; John Hancock Mutual Life Insurance Co. v. Route 37 Business Park Association, 987 F2d 154, 161 (3rd Cir. 1993); In re Lumber Exchange Building, L.P., 968 F2d 647 (8th Cir. 1992).

109 Siehe oben (3)(a), S. 309.

110 *Epstein/Nickles/White*, § 10-25, S. 49; *Norton*, § 89:2, S. 89-3.

111 Vgl. *Cowans*, § 20-19, S. 83; *Norton*, § 89:2, S. 89-3.

112 In re 680 Fifth Avenue Associates, 29 F3d 95, 97 (2nd Cir. 1994); PCH Associates, 949 F2d 585, 604 (2nd Cir. 1991); In re Stanley, 185 BR 417, 426 (Bankruptcy Court D Connecticut 1995).

113 124 Cong. Rec. H 11103 (September 28, 1978); In re South Village, Inc., 25 BR 987 (District Court D Utah 1982).

Sache selbst zu realisieren suchen.[114] Außerdem besteht bei einem Verkauf keine Mißbrauchsmöglichkeit, da auch der Schuldner sämtliche Rechte am Gegenstand verliert und somit nicht auf eine spätere Wertsteigerung spekulieren kann.[115]

(5) Ungeschriebene Billigkeitsvoraussetzungen

Die gesetzlichen Voraussetzungen der "fair and equitable"-Regelung werden von den Gerichten aufgrund des Wortlauts nicht als abschließend angesehen. Die rein technische Einhaltung der Vorgaben garantiert daher nicht die Anerkennung als der Billigkeit und Gerechtigkeit entsprechend. Vielmehr werden noch weitere ungeschriebene Voraussetzungen aufgestellt.[116] Damit halten sich die Gerichte die Möglichkeit offen, Pläne abzulehnen, die zwar nicht dem Wortlaut, zumindest aber dem Geist der Regelung zuwiderlaufen.

So wurde verschiedentlich Plänen, die nur geringe laufende Zahlungen, aber am Ende der Laufzeit große Schlußzahlungen vorsahen, die Bestätigung verweigert.[117] Diese Leistungen entsprachen zwar dem erforderlichen Mindeststandard des § 1129(b)(2)(A)(i)(II) BC. Denn für den Zeitraum von bis zu 15 Jahren wurde die entsprechende Verzinsung berücksichtigt. Allerdings wurde die erforderliche Verzinsung dadurch erreicht, daß eine große Schlußzahlung in Aussicht gestellt wurde. Laufende Zahlungen waren dabei nur in einer Höhe vorgesehen, die nicht ausreichte, die laufenden Zinsen zu decken. Der Schuldbetrag wäre daher - bis zur Schlußzahlung bei Ablauf des Planes - immer weiter angestiegen. Eine auf diese Weise erreichte negative Amortisation ist zwar nicht per se schon ein Grund, den Plan wegen Unbilligkeit zu verwerfen. Vielmehr haben die

---

114 Matter of T-H New Orleans Ltd., Partnership, 10 F3d 1099 (5th Cir. 1993), certiorari denied 114 SCt 1833, 128 LEd2d 461 (1994); In re Tampa Bay Associates, Ltd., 864 F2d 47, 50 (5th Cir. 1989).

115 Das wird hervorgehoben in In re Georgetown Park Apartments, Ltd., 103 BR 248 (District Court SD California 1989)

116 Dazu etwa Matter of Sandy Ridge Development Corporation, 881 F2d 1346, 1352 (5th Cir. 1989); In re D & F Const. Inc., 865 F2d 673, 675 (5th Cir. 1989). Dem folgend aus der Literatur *Booth*, American Bankruptcy Law Journal 60 (1986), 69, 86; *Collier*, Practice Guide, ¶ 91.05; a.A. *Coogan*, Case Western Reserve Law Review 32 (1982), 301, 357 ff.

117 Etwa In re Preferred Door Co., Inc., 990 F2d 547 (10th Cir. 1993); In re Apple Tree Partners, Ltd. Partnership, 131 BR 380 (District Court WD Tennessee 1991); In re EFH Grove Tower Association, 105 BR 310 (Bankruptcy Court ED North Carolina 1989); In re Anderson Oaks (Phase I) Ltd. Partnership, 77 BR 108 (Bankruptcy Court WD Texas 1987); dazu *Schermer/Bartz*, Bankruptcy Development Journal 8 (1991), 1 ff.

Gerichte auch in einem solchen Fall jeweils auf der Grundlage des Einzelfalles zu entscheiden.[118] Als entscheidend wird bei einer negativen Amortisation angesehen, daß die wirtschaftlichen und finanziellen Gegebenheiten die Erbringung der wesentlichen Schlußzahlung wahrscheinlich erscheinen lassen.[119]

3. Minderheitenschutz für widersprechende einzelne Gläubiger

Für den einzelnen Gläubiger enthält § 1129(a)(7) BC einen Minderheitenschutz. Die Durchführung des Reorganisationsverfahrens soll nicht auf Kosten der Gläubiger erfolgen. Daher sollen diese ohne ihre Zustimmung keine Schlechterstellung erleiden.[120] Als Vergleichsmaßstab für die Ermittlung einer Schlechterstellung wird dazu auf den Wert der Leistungen abgestellt, die der betreffende Gläubiger in einem hypothetischen Liquidationsverfahren erhielte.[121] Damit wird dann der Wert der Leistungen verglichen, welche der Gläubiger nach den Bestimmungen des Planes erhalten soll.

Dieser Mindeststandard des § 1129(a)(7) BC wird "best interests of creditors"-Test genannt.[122] Er gilt ohne Ausnahme und kann nicht auf andere Weise überwunden werden als durch Zustimmung des betreffenden Gläubigers. Er ist also auch unabhängig vom Abstimmungsergebnis der Gruppe, in welche der Anspruch eingeordnet wurde. Allerdings kann bei diesem Vergleichstest natürlich nur auf die Leistungen abgestellt werden, die der Plan vorsieht. Inwieweit der einzelne Gläubiger später tatsächlich diese Leistungen erhält, bleibt dabei jedoch unsicher. Denn es besteht auch die Möglichkeit, daß sich die Erwartungen des Planverfassers über die finanzielle Leistungsfähigkeit nicht erfüllen und die versprochenen Zahlungen an den Gläubiger ausbleiben. Ein gewisser Schutz

---

118 Great Western Bank v. Sierra Woods Group, 953 F2d 1174, 1177 f. mit weiteren Nachweisen (9th Cir. 1992); In re Briscoe Enterprises, Ltd., II, 994 F2d 1160, 1169 (5th Cir. 1993), certiorari denied 510 US 992, 114 SCt 550, 126 LEd2d 451 (1993). Anders nur In re McCombs Properties VIII, Ltd., 91 BR 907 (District Court CD California 1988), wonach eine negative Amortisation per se als nicht billig und gerecht anzusehen sein soll.

119 In re Briscoe Enterprises, Ltd., II, 994 F2d 1160, 1169 (5th Cir. 1993), certiorari denied 510 US 992, 114 SCt 550, 126 LEd2d 451 (1993). Eine nicht abschließende Aufzählung weiterer Kriterien findet sich in In re Apple Tree Partners, Ltd. Partnership, 131 BR 380, 398 (Bankruptcy Court WD Tennessee 1991).

120 HR Report No. 595, 95th Congress, 1st Session, S. 412 f. (1977).

121 § 1129(a)(7)(A)(ii) BC.

122 Vgl. etwa *Weintraub/Resnick*, ¶ 8.23[2], S. 8-129.

ergibt sich aber aus der Überprüfung der Erfolgsaussichten für den Plan durch das Gericht.[123]

a) Die Bewertung der Planleistungen

Bei dem Test ist die Bewertung der zu vergleichenden Positionen problematisch. Denn die Leistungen nach dem Plan werden, anders als bei einem Liquidationsverfahren, nicht bereits kurze Zeit nach Abschluß einer zügigen Verwertung, sondern regelmäßig erst mehrere Jahre später erbracht. Deswegen werden die Leistungen nach dem Plan in der Wertberechnung nicht einfach mit ihren Nennwert berücksichtigt, sondern auf den Zeitpunkt der Wirksamkeit des Planes zurück bezogen, § 1129(a)(7)(A)(ii) BC. Die vorgesehenen Zahlungen müssen daher abgezinst werden.

Der zugrunde zu legende Zinssatz wurde von der Rechtsprechung auf unterschiedlichste Weise unter Betonung der Umstände des Einzelfalls ermittelt.[124] Bedeutung haben hier insbesondere zwei Methoden erlangt: Ein Abstellen auf die Zinssätze für Schuldner, bei denen die Rückzahlung sicher ist, zuzüglich eines Risikoaufschlags,[125] sowie auf einen marktüblichen Zinssatz, der das Risiko und die sonstigen Umstände des Kredites berücksichtigt[126]. Daneben wurde seltener auch auf den vertraglich vereinbarten Zins abgestellt.[127]

---

123 In re Fowler, 903 F2d 694, 697 (9th Cir. 1990); Kane v. Johns-Manville Corporation, 843 F2d 636, 649 (2nd Cir. 1988); In re Pikes Peak Water Co., 779 F2d 1456, 1460 (10th Cir. 1985).

124 Ausführlich dazu *Collier*, ¶ 1129.06[1][c], S. 1129-146 ff. Die fehlende Einheitlichkeit der Rechtsprechung wird in General Motors Acceptance Corp. v. Jones, 999 F2d 63 (3rd Cir. 1993) bemängelt.

125 Dazu z.B. In re Fowler, 903 F2d 694, 697 f. (9th Cir. 1990); United States v. Doud, 869 F2d 1144 (8th Cir. 1989); In re Bloomingdale Partners, 155 BR 961, 978 (Bankruptcy Court ND Illinois 1993). Zugrundegelegt wird dabei etwa die "prime rate", dh.der Zinsatz, den Großbanken erstklassigen Kreditkunden einräumen, oder der Zinssatz für Staatsanleihen.

126 In re Fisher, 930 F2d 1361 (8th Cir. 1991); United States v. Arnold, 878 F2d 925, 929 f. (6th Cir. 1989); In re Camino Real Landscape Maintenance Conractors, Inc., 818 F2d 1503 (9th Cir. 1987); In re One Times Square Associations, Ltd. Partnership, 195 BR 695, 706 (District Court SD New York 1993); In re Broad Associations, Ltd. Partnership, 125 BR 707 (District Court D Connecticut 1991).

127 In re T-H New Orleans Ltd. Partnership, 116 F3d 790 (5th Cir. 1997); In re Monnier Bros., 755 F2d 1336 (8th Cir. 1985).

Nicht erforderlich ist, daß aus der Höhe des Zinssatzes auch die Veräußerbarkeit der so gestalteten Forderung auf dem freien Markt folgen muß.[128]

b) Der Mindeststandard für allgemeine Gläubiger

Die Anwendung des Tests ergäbe in einem Fall, in dem die hypothetische Liquidation zu einem völligen Ausfall der ungesicherten Gläubiger führte - etwa wegen völliger Aufzehrung der Masse aufgrund hoher Verwaltungskosten und Belastung sämtlicher Vermögensgegenstände mit wirksamen Sicherungsrechten - dazu, daß jede Leistung unter dem Plan das Erfordernis des Mindeststandards erfüllt. Handelt es sich hingegen um einen Fall, in dem alle Gläubiger vollständige Befriedigung erwarten können - etwa da der Schuldner nicht überschuldet ist - wird der Test nur erfüllt, wenn sämtliche Gläubiger auch nach dem Reorganisationsplan volle Befriedigung ihrer Forderungen erhalten.

c) Der Mindeststandard für gesicherte Gläubiger

Für die gesicherten Gläubiger ist für die Bemessung des Mindeststandards zu unterscheiden. Bei übersicherten Gläubigern ergibt sich eine Begrenzung dessen, was sie verlangen können, durch die Höhe der gesicherten Forderung. Denn dies entspricht dem Betrag, den der Gläubiger bei einer Liquidation erhielte. Der Restwert des Sicherungsgutes gebührt in diesen Fällen ebenso wie in einem Verfahren nach Kapitel 7 der Masse.

Untersicherte Gläubiger hingegen müssen mindestens Leistungen erhalten, die dem Wert des Sicherungsgutes entsprechen.

(1) Die Bewertung des Sicherungsgutes

In diesem Zusammenhang wird die Frage nach der Bewertung des Sicherungsgutes besonders relevant. Die grundlegende Bestimmung enthält § 506(a) BC, wonach ein untersicherter Anspruch abhängig von dem Wert der Sicherheit in einen gesicherten und einen ungesicherten Teil aufgespalten wird. Der Gesetzgeber aber keine eindeutige Aussage über die Methode der Bewertung getroffen, sondern es den Gerichten für den Einzelfall überlassen, den Wert des Sicherungsgutes zu bestimmen. Zumindest läßt sich aus den Gesetzgebungsmaterialien erkennen, daß weder der bei einer Zwangsverwertung zu erwartende Erlös noch der going-concern Wert ausnahmslos angewandt werden soll.[129] Die Bewertung soll vielmehr berücksichtigen, für welchen Zweck sie vorgenommen wird und auch welche Nutzung des Sicherungsgutes vorgesehen ist.[130]

---

[128] *Cowans*, § 20.26, S. 123; *Norton*, § 93:5, S. 93-22.

[129] HR Report No. 595, 95th Congress, 1st Session, S. 356 (1977).

[130] § 506(a) Satz 2 BC.

Die Gerichte haben dementsprechend verschiedene Methoden der Bewertung je nach Verfahrensart, Verfahrensstadium und Art der vogesehenen Verwendung entwickelt. In der Regel wird bei einem vorgesehenen oder auch bereits erfolgten Verkauf der Liquidationserlös zugrundegelegt werden.[131] Soll das Sicherungsgut beim Schuldner verbleiben, dann wird üblicherweise auf den "going concern value" abgestellt, welcher den fairen Marktpreis wiedergibt.[132] Zum Teil wurde auch der Mittelwert aus beiden zugrunde gelegt.[133]
Für die Frage der Bewertung des Sicherungsgutes im Rahmen einer Reorganisation, bei der das Sicherungsgut nach den Bestimmungen des Planes bei dem Schuldner verbleiben soll, ist die Unsicherheit durch eine Entscheidung des Supreme Court aus dem Jahr 1997 beendet.[134] Dort hat das Gericht den "Ersatzwert" als maßgeblich angesehen.[135] Das ist der Preis, für den jemand in der Situation des Schuldners den fraglichen Gegenstand erwerben würde. Andere Maßstäbe, wie derjenige des Erlöses einer hypothetischen Zwangsverwertung oder eines Mittelwertes, wurden damit verworfen.[136]

(2) Konsequenzen der Wahl des Status eines voll gesicherten Gläubigers

Der Mindeststandard bemißt sich bei untersicherten Gläubigern auch dann nach dem Wert des Sicherungsgutes, wenn der Sicherungsnehmer von der besonderen Wahlmöglichkeit nach § 1111(b)(2) BC Gebrauch gemacht hat. Danach kann eine Gruppe untersicherter Gläubiger unter Verzicht auf eine Beteiligung mit den ungesicherten Teilen ihrer Ansprüche am allgemeinen Verteilungsverfahren den Status eines voll gesicherten Gläubigers erhalten.[137] Auch bei dieser Wahl wird bei dem "best interest of creditors"-Test nicht auf den Nennwert der

---

131 So etwa Ford Motor Credit Co. v. Dobbins, 35 F3d 860, 870 (4th Cir. 1994); In re Two S Corp., 875 F2d 240 (9th Cir. 1989); *Collier*, ¶ 506.03[6][b], S. 506-40.

132 Vgl. etwa In re Taffi, 96 F3d 1190, 1191 f. (9th Cir. 1996); In re Winthrop Old Farm Nurseries, Inc., 50 Frd 72, 74 f. (1st Cir. 1995); In re Trimble, 50 F3d 530, 531 f. (8th Cir. 1995); In re Coker, 973 F2d 258 (4th Cir. 1992).

133 Vgl. In re Hoskins, 102 F3d 311, 316 (7th Cir. 1996); In re Valenti, 105 F3d 55, 62 (2nd Cir. 1997).

134 Associates Commercial Corporation v. Rash, 520 US 953, 117 SCt 1879, 138 LEd2d 148 (1997).

135 Associates Commercial Corporation v. Rash, 117 SCt 1879, 1886 f.

136 Für den Maßstab des hypothetischen Erlöses einer Zwangsverwertung Richter *Stevens* in seinem abweichenden Sondervotum, aaO. S. 1887, und die Vorinstanz, In re Rash, 90 F3d 1036 (9th Cir. 1996).

137 Siehe oben 2 b (3), S. 309 ff. Da der gesicherte Gläubiger regelmäßig einziges Mitglied seiner Gruppe ist, kann hier die Gläubigerentscheidung mit der Gruppenentscheidung gleichgesetzt werden.

gesamten Forderung, sondern nur auf den Wert des Sicherungsgutes abgestellt. Dies stellt § 1129(a)(7)(B) BC für diesen Fall ausdrücklich fest.

Auf der anderen Seite führt die Ausübung des Wahlrechts aber dazu, daß der ursprünglich ungesicherte Forderungsteil nicht berücksichtigt wird. Der Gläubiger kann in diesem Fall nicht als Mitglied der Gruppe der ungesicherten Gläubiger auch noch die aus einer hypothetischen Liquidation stammende Quote für den ungesicherten Teil der Forderung reklamieren. Hat die Gläubigergruppe hingegen von ihrem Wahlrecht nach § 1111(b)(2) BC keinen Gebrauch gemacht, werden die Restansprüche für die Berechnung des Mindeststandards durch Hinzurechnung der hypothetischen Liquidationsquote berücksichtigt.
Dies führt zu einer Schlechterstellung der untersicherten Gläubiger bei Ausübung des Wahlrechts.[138] Der Gesetzgeber rechtfertigt dies als konsequente Folge der Privilegierung in anderen Bereichen.[139] Allerdings ist der gesetzlich garantierte Mindeststandard für gesicherte Gläubiger hier praktisch bedeutungslos, weil - wie bereits mehrfach angesprochen - der gesicherte Gläubiger in aller Regel einziges Mitglied seiner Gruppe ist. Somit ist durch seine Gegenstimme auch immer der Tatbestand einer widersprechenden Gruppe erfüllt, was nur unter den Voraussetzungen des cram down überwunden werden kann. Die dortigen Voraussetzungen enthalten aber einen - insbesondere für den Gläubiger, der das Wahlrecht aus § 1111(b)(2) BC ausgeübt hat - günstigeren Mindeststandard als die hier behandelte Vorschrift.

VI. Wirkung der Planbestätigung

Die Wirkung der Planbestätigung regelt § 1141 BC. Mit der Bestätigung wird sämtliches Vermögen aus der Masse an den Schuldner rückübertragen, es sei denn, der Plan bestimmt etwas anderes, § 1141(b) BC. Grundsätzlich werden dabei die Gegenstände, deren Rechtsverhältnisse der Plan regelt, von sämtlichen Rechten Dritter befreit. Dies gilt gemäß § 1141(c) BC ebenfalls vorbehaltlich anderweitiger Regelung durch den Plan. Somit werden auch zuvor bestehende Sicherungsrechte getilgt, wenn ihr Fortbestehen nicht im Plan bestimmt ist.[140]

---

[138] *Bienenstock*, S. 608; *Weintraub/Resnick*, ¶ 8.23[2], S. 8-130.

[139] 124 Cong. Rec. H 11105 (September 28, 1978), S 17421 (October 6, 1978); Anmerkungen des Representative *Edwards* und Senator *DeConcini*. Zu den Vorteilen dieser Wahl vgl. oben 2 b (3) (c), S. 310 f.

[140] Matter of Penrod, 50 F3d 459, 462 (7th Cir. 1995); In re Arctic Enterprises , Inc., 68 BR 71 (District Court D Minnesota 1986); In re Johnson, 139 BR 208, 216 (Bankruptcy Court D Minnesota 1992); a.A. nur In re Bowen, 174 BR 840 (Bankruptcy Court SD Georgia 1994).

Nur wenn ein Sicherungsrecht gar nicht Gegenstand des Verfahrens war, etwa weil es weder vom Schuldner noch vom Sicherungsrechtsinhaber angemeldet wurde, wird es durch die Planbestätigung nicht getilgt.[141] Es bleibt dann unbeeinträchtigt und mit allen Rechten des Sicherungsnehmers bestehen.

Allerdings wird eine derartige Außerachtlassung nur selten vorkommen, da zumindest der Schuldner zur umfassenden Klärung seiner finanziellen Situation ein Interesse an der Einbeziehung hat. Aber auch für den Sicherungsnehmer kann es durchaus Sinn machen, sich am Verfahren zu beteiligen, etwa um durch Geltendmachung der Verfahrensrechte zu verhindern, daß durch die Verwaltung der Wert des Sicherungsgutes beeinträchtigt wird.[142]
Eine weitere regelmäßige Folge der Planbestätigung ist der Eintritt der Restschuldbefreiung. Diese wird gewährt, sofern nicht einer der Ausnahmetatbestände des § 1141(d) BC vorliegt. Die Restschuldbefreiung läßt nach § 524(a)(2) BC die persönliche Haftung des Schuldners für seine Verbindlichkeiten entfallen. Sie hat daher keine Auswirkungen auf die dingliche Haftung eines bestimmten Vermögensgegenstandes.[143]

Umgekehrt ist eine über die dingliche Haftung hinausgehende persönliche Verpflichtung des Schuldners gegenüber dem gesicherten Gläubiger auch nur dann gegeben, wenn sie im Plan festgelegt wurde.[144]

Im übrigen führt sowohl die Herausnahme von Gegenständen aus der Masse als auch die Entscheidung über die Gewährung bzw. Versagung der Restschuldbefreiung zur Beendigung des automatic stay.[145] Beide Tatbestände sind durch gerichtliche Planbestätigung erfüllt. Sodann kann unter den allgemeinen zivilrechtlichen Voraussetzungen der gesicherte Gläubiger die Durchsetzung seiner - gegebenenfalls durch den Plan modifizierten - Rechte wieder aufnehmen.

---

141 Dewsnup v. Timm, 502 US 410, 416 f., 112 SCt 773, 778, 116 LEd2d 903 (1992); In re Be-Mac Transport Co., Inc., 83 F3d 1020 (8th Cir. 1996); Matter of Penrod, 50 F3d 459, 461 f. (7th Cir. 1995).

142 Vgl. In re CMC Heartland Partners, 996 F2d 1143, 1147 (7th Cir. 1992).

143 Vgl Johnson v. Home State Bank, 501 US 78, 111 SCt 2150, 2154, 115 LEd2d 66 (1991); In re Isom, 901 F2d 744 (9th Cir. 1990); Chandler Bank of Lyons v. Ray, 804 F2d 577 (10th 1986).

144 § 1141(d)(1) BC.

145 § 362(c)(1), (c)(2)(C) BC; vgl. dazu United States v. Carolina Parachute Corp., 907 F2d 1469 (4th Cir. 1990); In re Hall's Motor Transit Co., 889 F2d 520 (3rd Cir. 1989); Matter of Xonics, Inc., 813 F2d 127, 131 (7th Cir. 1987).

B. Deutschland

Der Insolvenzplan ist ein im deutschen Insolvenzrecht neues Instrument. In einem gewissen Umfang kann als dessen Vorläufer der gerichtliche Vergleich nach der Vergleichsordnung und der Zwangsvergleich (§ 190 KO) angesehen werden. Modellcharakter hatte aber das US-amerikanische Reorganisationsplanverfahren des Chapter 11 des Bankruptcy Code. An diesem hat sich der deutsche Gesetzgeber in einem äußerst starken Umfang orientiert.[146]

I. Allgemeines zum Insolvenzplanverfahren

Der Insolvenzplan ist nach § 1 Satz 1 InsO ein dem gesetzlich geregelten Verwertungsverfahren gleichwertiges Instrument zur Gläubigerbefriedigung.[147] Die Regelungen der §§ 217 ff. InsO zur Aufstellung und Durchführung eines Planes bezwecken also nicht, dem Schuldner eine Rechtswohltat zukommen zu lassen.[148] Die gleichberechtigte Stellung des Planverfahrens folgt aus der Erkenntnis, daß der flexible Umgang mit dem schuldnerischen Vermögen den Gläubigerinteressen häufig mehr nützt als die schlichte Verwertung.[149] Insofern ist er auch Ausdruck einer gestärkten Gläubigerautonomie. Dementsprechend beschränkt sich das Gesetz auch darauf, den verfahrensrechtlichen Rahmen festzulegen, während die Beteiligten über den Inhalt entscheiden.

Obwohl das Planverfahren besonders geeignet ist, schuldnerische Unternehmen fortzuführen (dies wird in § 1 Abs. 1 Satz 1 InsO ausdrücklich angesprochen), beschränkt sich der Anwendungsbereich nicht auf Sanierungen. Ebenso wie eine Sanierung des Rechtsträgers oder eine übertragende Sanierung kann auch eine Liquidation des Vermögens - abweichend von den Verwertungsregelungen der Insolvenzordnung - auf der Grundlage eines Planes vorgenommen werden. Den Gestaltungsmöglichkeiten, etwa durch Kombination der verschiedenen Elemente, sind dabei grundsätzlich keine Grenzen gesetzt.

Anders als im Vergleich oder im Zwangsvergleich (§§ 27 VglO, 173 KO, 16 Abs. 2 GesO) können in den Insolvenzplan auch die Absonderungsberechtigten einbezogen und deren Rechte beeinträchtigt werden.[150] Aber selbst hier geht der

---

146 Vgl. BT-Drucks. 12/2443, Allgemeine Begründung, S. 106; kritisch zu dieser Gesetzgebungstechnik *Bork*, ZZP 109 (1996), 473, 474; *Gravenbrucher Kreis*, ZIP 1992, 657, 658, 661; *Stürner*, in: Kübler (Hrsg.), Neuordnung des Insolvenzrechts, S. 41.

147 *Bork*, Rn. 311; *Warrikoff*, KTS 1997, 527; Kübler/Prütting-*Prütting*, § 1 Rn. 23 f.

148 BT-Drucks. 12/2443, Allgemeine Begründung, S. 91.

149 Vgl. BT-Drucks. 12/2443, Allgemeine Begründung, S. 90.

150 Vgl. §§ 217, 222 Abs. 1 Nr. 1, 223, 235 Abs. 3, 238, 254 InsO.

Gesetzgeber davon aus, daß häufig eine derartige Einbeziehung nicht erfolgt.[151] Wenn allerdings eine Einbeziehung erfolgt, so muß diese nach § 223 Abs. 1 InsO im Insolvenzplan ausdrücklich bestimmt sein.
Im folgenden werden die Regelungen zur Aufstellung und Durchführung eines Insolvenzplanes dargestellt, wobei auf die Wirkungen im Hinblick auf die Inhaber dinglicher Sicherheiten genauer eingegangen wird.

II. Aufstellung des Planes

Das Planverfahren beginnt mit der Aufstellung des Planes. Vorschriften über die Form und die erforderlichen Angaben enthalten die §§ 217 ff. InsO.

1. Planinitiative

Das Recht zur Vorlage eines Planes haben nach § 218 Abs. 1 Satz 1 InsO nur der Schuldner und der Verwalter.[152] Die Gläubigerversammlung kann durch Beschluß im Berichtstermin den Insolvenzverwalter mit der Aufstellung eines Planes beauftragen, § 157 Satz 2 InsO. Zur Vorlage eigener Pläne sind hingegen Gläubiger, einzeln oder in Gruppen, nicht berechtigt. Damit soll verhindert werden, daß das Insolvenzverfahren durch eine Vielzahl konkurrierender Pläne erschwert, verlängert und verteuert wird.[153] Zeitliche Grenzen für eine Planvorlage sind nicht vorgesehen. Wie sich aus § 218 Abs. 1 Satz 3 InsO ergibt, werden Pläne berücksichtigt, soweit sie bis zum Schlußtermin eingereicht werden. Ist der Insolvenzverwalter von der Gläubigerversammlung mit der Aufstellung eines Planes betraut, so hat er diesen gemäß § 218 Abs. 2 in "angemessener" Frist vorzulegen.

2. Inhalt

Der Insolvenzplan muß nach § 219 einen darstellenden und einen gestaltenden Teil sowie bestimmte Anlagen, §§ 229 f. InsO, dazu enthalten.

a) Darstellender Teil

Der darstellende Teil des Planes dient der Information der Gläubiger und des Gerichtes. Hier sind die bereits getroffenen und die zur Umsetzung des Planes noch erforderlichen Maßnahmen zu beschreiben (§ 220 Abs. 1 InsO). Von erheblicherer Bedeutung sind die nach § 220 Abs. 2 InsO vorgesehenen

---

[151] BT-Drucks. 12/2443 S. 200 ("Zu § 266"); 12/7302, S. 182, zu Nr. 141 ("Zu § 266").

[152] Ausführlich zum Planinitiativrecht *Smid*, WM 1996, 1249 ff.; *Schiessler*, S. 86 ff.; *Warrikoff*, KTS 1997, 527, 528 ff.

[153] Vgl. *Stürner*, in: Kübler (Hrsg.), Neuordnung des Insolvenzrechts, S. 41, 42 f.; *Fassbach*, S. 147; *Schmidt-Räntsch*, Erläuterung zu § 218, Rn. 1.

Informationen. Danach soll dieser Teil "alle sonstigen Angaben zu den Grundlagen und den Auswirkungen des Planes enthalten, die für die Entscheidung der Gläubiger über die Zustimmung zum Plan und für dessen gerichtliche Bestätigung erheblich sind". Unter diese weite Definition sind organisatorische und personelle Umgestaltungen, Verbindlichkeiten aus Sozialplänen und Neukreditaufnahmen[154] ebenso zu fassen wie die bestehenden und künftigen Beteiligungsverhältnisse[155].

Von besonderem Interesse für sämtliche Beteiligten ist die sogenannte "Vergleichsrechnung".[156] In ihr werden die nach dem Plan vorgesehenen Leistungen an die Gläubiger dem Betrag gegenüber gestellt, den sie bei einer Abwicklung der Insolvenz durch sofortige Verwertung erhielten.[157] Anhand dieser Vergleichsrechnung können die Gläubiger erkennen, ob und inwieweit sie durch die Annahme des Planes besser gestellt werden und ihre Zustimmung zum Plan also betriebswirtschaftlich sinnvoll ist. Das Gericht hingegen benötigt diese Vergleichrechnung als Grundlage für die Beurteilung, ob ein obstruierender Gläubiger gar keine Benachteiligung hinnehmen muß, und dementsprechend seine fehlende Zustimmung fingiert wird.[158]

Die wesentliche Aufgabe des darstellenden Teils ist, den Beteiligten die Chancen und Risiken aufzuzeigen, die eine Plandurchführung für sie mit sich bringt.[159]

b) Gestaltender Teil

Der gestaltende Teil enthält die Festlegung, welche Rechtsänderungen durch den Plan erfolgen sollen, § 221 InsO. Die Beteiligten, deren Rechtsstellung geändert werden kann, sind die in § 217 InsO genannten Insolvenzgläubiger und die absonderungsberechtigten Gläubiger.[160] Daneben kann auch die Haftung des Schuldners nach Beendigung des Insolvenzverfahrens abweichend von den

---

154 So noch ausdrücklich § 258 Abs. 2 RegE.

155 So noch ausdrücklich §§ 261, 262 RegE.

156 Diese war ausdrücklich in § 259 RegE geregelt.

157 Vgl. BT-Drucks. 12/2443, S. 197 ("Zu § 258").

158 Vgl. § 245 Abs. 1 Nr. 1 InsO, dazu näher unten B III 4, S. 330 ff.

159 Braun-*Braun*, §§ 219-221 Rn. 5; Smid-*Smid/Rattunde*, § 220 Rn. 19; *Maus*, Kölner Schrift, S. 931, 945, Rn. 48.

160 Mit Ausnahme der in § 223 Abs. 1 Satz 2 InsO genannten Absonderungsberechtigten mit Sicherheiten aus Abrechnungssystemen im Sinne der EG-Richtlinie 98/25, Amtsblatt EG Nr. L 166 vom 19.05.1998, S. 45, bzw. der Zentralbanken der Europäischen Union.

allgemeinen Bestimmungen der Insolvenzordnung festgelegt werden. Nicht vorgesehen ist hingegen eine Einbeziehung der Aussonderungsberechtigten, also etwa auch des Verkäufers mit dem Eigentumsvorbehalt im ursprünglichen Zustand, in den Insolvenzplan.[161] Bei diesen ist ebenso wie bei sonstigen Dritten eine Beteiligung auf freiwilliger Basis möglich.
Die Festlegung der Rechte der Insolvenzgläubiger und der Absonderungsberechtigten, insbesondere Art und Umfang ihrer Befriedigung, erfolgt in Gruppen.

(1) Einteilung der Gruppen

Die Gruppeneinteilung hat zwei wesentliche Aspekte: Zum einen sind die Mitglieder einer Gruppe grundsätzlich gleich zu behandeln, § 226 Abs. 1 InsO. Davon kann nur mit Zustimmung der Betroffenen abgewichen werden, § 226 Abs. 2 InsO. Die Rechtsänderungen betreffen die Gruppenmitglieder also jeweils im gleichen Maße. Weiterhin wird die Abstimmung innerhalb der Gruppen vorgenommen, § 243 InsO. Die dabei erzielten Mehrheiten entscheiden über die Annahme bzw. Ablehnung des Planes.

Die Einteilung der Gruppen wird in dem Plan und von demjenigen vorgenommen, der den Plan aufstellt. Dieser hat dabei die Vorgaben des § 222 Abs. 2 Satz 2 InsO zu beachten. Danach ist jedenfalls zu unterscheiden zwischen den Gläubigern unterschiedlicher Rechtsstellung:

- Die Absonderungsberechtigten, wenn in deren Rechte durch den Plan eingegriffen wird, § 222 Abs. 2 Satz 2 Nr. 1 InsO. Ansonsten ist diese Gruppe nicht erforderlich, da die Absonderungsberechtigten ihre Rechte unbeeinflußt durch den Plan verfolgen können. Ein Eingriff liegt vor, soweit das Recht zur Befriedigung aus dem Sicherungsgut in irgendeiner Weise beeinträchtigt wird.[162]
- Die nicht nachrangigen Gläubiger, § 222 Abs. 2 Satz 2 Nr. 2 InsO.
- Die nachrangigen Gläubiger, § 222 Abs. 2 Satz 2 Nr. 3 InsO. Diese bleiben allerdings unberücksichtigt, sofern ihre Forderungen als erlassen gelten. Hiervon geht § 225 InsO aus, falls nicht im Plan etwas anderes bestimmt ist. Dies ist sinnvoll, da die nachrangigen Insolvenzgläubiger an einer Erlösverteilung in der Regel ohnehin nicht teilnehmen werden.

---

161 BT-Drucks. 12/2443 S. 195 ("Zu § 253"); *Bork*, Rn. 320; *Braun*, Kölner Schrift, S. 1137, 1145, Rn. 20; *Marotzke*, ZZP 109 (1996), 429, 438; *Smid*, WM 1996, 1251.

162 BT-Drucks. 12/2443 S. 199 ("Zu § 265"). Vgl. dazu sogleich unter (2).

Innerhalb dieser Gruppeneinteilung nach Rechtsstellung läßt § 222 Abs. 2 InsO auch weitere Unterteilungen zu. Die dann gebildeten Gruppen müssen dabei gleichartige wirtschaftliche Interessen aufweisen. Deren Abgrenzung muß nach sachgerechten Kriterien erfolgen, welche im Plan anzugeben sind.
Ausdrücklich angesprochen ist in § 222 Abs. 3 InsO die Möglichkeit, für Arbeitnehmer und für Gläubiger mit geringfügigen Forderungen gesonderte Gruppen zu bilden.

(2) Die Abänderung der Rechtsstellung

Die entscheidende Frage für alle Beteiligten - und damit auch für die Absonderunsgberechtigten - ist, wie in die eigene Rechtsstellung eingegriffen werden kann, welche Änderungen im Vergleich zu der gesetzlich näher ausgestalteten Insolvenzabwicklung durch Verwertung vorgenommen werden können. Für die Insolvenzgläubiger sieht § 224 InsO vor, daß die Forderungen gekürzt, gestundet, gesichert und sonstigen Regelungen unterworfen werden können.
Auch für die Absonderungsrechte enthält die Insolvenzordnung keine abschließende gesetzliche Regelung. Beispielhaft genannt werden in § 223 Abs. 2 InsO die Kürzung der Rechte um einen gewissen Bruchteil, die Stundung oder "sonstige Regelungen".

Eine derartige "sonstige Regelung" kann etwa sein der Austausch der Sicherheit gegen eine andere,[163] die Einbehaltung eines Teils des Verwertungserlöses, Hinauszögerung der Verwertung, die Einbringung in einen Sicherheitenpool.[164] Die gesicherten Gläubiger können für einen Zeitraum auf Zinsen nach § 169 InsO verzichten oder gewähren der Masse über den Kostenbeitrag des § 171 InsO hinaus einen Anteil des Verwertungserlöses.[165] In Betracht kommt auch ein Rangrücktritt, etwa zugunsten von Neukreditgebern.[166] Dies kann etwa sinnvoll sein, wenn ansonsten keine neuen Fremdmittel zu erlangen sind.
In jedem Fall ist bei einem Eingriff in Rechte auf abgesonderte Befriedigung das Zitiergebot zu beachten, da ohne ausdrückliche Bestimmung und genaue Darlegung der Beeinträchtigung die Zweifelsregelung des § 223 Abs. 1 InsO

---

163 BT-Drucks. 12/2443, S. 214 ("Zu § 303"); *Bork*, ZZP 109 (1996), 473, 477; Nerlich/Römermann-*Braun*, § 223 Rn. 23.

164 Vgl. dazu *Bork*, Rn. 324; Breutigam/Blersch/Goetsch-*Breutigam*, § 223 Rn. 5; Nerlich/Römermann-*Braun*, § 223 Rn. 23; Braun-*Braun*, § 223 Rn. 6.

165 *Maus*, Kölner Schrift, S. 931, 949, Rn. 69; Uhlenbruck-*Lüer*, § 223 Rn. 7.

166 Ein Nachrang gegenüber Neukreditgebern ist keine automatische Folge, auch wenn gemäß § 264 Abs. 1 InsO deren Vorrang vor den Insolvenzgläubigern bestimmt wird, vgl. *Braun*, Kölner Schrift, S. 1137, 1152, Rn. 40.

eingreift, wonach Rechte der Absonderunsgberechtigten durch den Plan nicht berührt werden.

Kein derartiger Eingriff liegt hingegen vor bei einer Beeinträchtigung, die lediglich die (Ausfall-)Forderung betrifft. Dies läßt sich schon daraus herleiten, daß zwischen dem "Recht" eines Absonderungsberechtigten nach § 223 InsO und der "Forderung" eines Insolvenzgläubigers nach §§ 224, 225 InsO unterschieden wird. Wenn aber der Plan lediglich auf die persönliche Forderung des Absonderungsberechtigten Bezug nimmt, so greift die Regelung des § 223 Abs. 1 InsO, wonach das dingliche Befriedigungsrecht im Zweifel nicht angetastet wird. Einen aus der Sicherheitenverwertung erzielten Erlös kann der Absonderungsberechtigte daher endgültig behalten und muß ihn nicht nach Bereicherungsrecht wieder herausgeben. Denn die im Plan beeinträchtigte Forderung bleibt als Naturalobligation bestehen und bildet damit einen Rechtsgrund im Sinne des § 812 BGB.[167]

Die Rechtsstellung des Eigentumsvorbehaltsverkäufers im Hinblick auf seine Beziehung zum Eigentumsvorbehaltsgut kann durch den Insolvenzplan nicht beeinträchtigt werden.[168] Dies ist eindeutig, sobald der Insolvenzverwalter Erfüllung gewählt hat.[169] Ebenso eindeutig ist der Fall, daß der Insolvenzverwalter die Erfüllung abgelehnt hat bzw. der Eigentumsvorbehaltsverkäufer wirksam zurückgetreten ist.[170]

Sobald allerdings das Rechtsverhältnis keine endgültige Klärung erfahren hat, ließe sich argumentieren, der Kaufpreisanspruch als Insolvenzforderung werde durch den Insolvenzplan gekürzt, und die Zahlung des gekürzten Betrages ließe die Bedingung für den Eigentumsübergang eintreten. Dies ist aber abzulehnen.[171] Diese Lösung läßt sich nämlich nicht mit der Rechtsstellung des Eigentumsvorbehaltsverkäufers vereinbaren, der sich in einem Schwebezustand

---

167 Vgl. BT-Drucks. 12/2443 S. 213 ("Zu § 301").

168 Pauschal Uhlenbruck-*Lüer*, § 217 Rn. 10; Kübler/Prütting-*Otte*, § 217 Rn. 57; HK-*Marotzke*, § 107 Rn. 12; *Warrikoff*, KTS 1997, 527, 544; a.A. Smid-*Smid/Rattunde*, § 221 Rn. 27.

169 *Marotzke*, ZZP 109 (1996), 429, 438, Fn. 46: Der Verkäufer ist dann kein Insolvenzgläubiger, sondern gemäß § 55 Abs. 1 Nr. 2 InsO Massegläubiger.

170 *Marotzke*, aaO., 438. Hier ist der Eigentumsvorbehaltsverkäufer wie jeder andere Aussonderungsberechtigte zu behandeln. Daß er daneben gegebenenenfalls als einfacher Insolvenzgläubiger eine Schadensersatzforderung hat, ist von dem Aussonderungsrecht unabhängig.

171 *Marotzke*, aaO, 438, Fn. 46.

befindet. Dieser Schwebezustand kann aber nur zu seiner Stellung als Massegläubiger oder als Aussonderungsberechtigter führen. In diesen beiden Eigenschaften kann er aber ebenfalls nicht gegen seinen Willen den Bestimmungen eines Planes unterworfen werden. Insofern verbietet sich auch die Einbeziehung während des Schwebezustandes.

3. Flankierende Maßnahmen

Die in § 1 Satz 1 InsO vorgesehene Gleichwertigkeit der Abwicklung des schuldnerischen Vermögens durch einen Insolvenzplan ist einem tatsächlichen Problem ausgesetzt: Im Gegensatz zu der Verwertung, die sofort erfolgen kann, erfordert die Vorbereitung und Annahme eines Planes häufig erheblich mehr Zeit. In dieser Zeit kann über die erforderlichen Gegenstände der Masse bereits endgültig verfügt sein.
Der Gefahr einer Vereitelung der Durchführung eines Planes trägt § 233 InsO hinsichtlich beweglicher Sachen Rechnung, indem er auf Antrag die Aussetzung der Verwertung durch das Insolvenzgericht ermöglicht.[172] Gleiches gilt für die Verteilung der Insolvenzmasse. Voraussetzung dafür ist, daß durch die Verwertung bzw. Verteilung die Durchführung eines bereits vorgelegten Planes gefährdet würde.

Mit der Anordnung der Aussetzung der Verwertung werden nur Maßnahmen durch den Insolvenzverwalter erfaßt, nicht aber Maßnahmen durch Absonderungsberechtigte.[173] Der Gesetzgeber hat ausgeführt, das Recht zur Vorlage eines Insolvenzplans werde ausgehöhlt, wenn der *Verwalter* die Verwertung und Verteilung der Insolvenzmasse fortführen müßte.[174] Übersehen wurde, daß auch Verwertungsmaßnahmen von Absonderunsgberechtigten einer Reorgansisation durch einen Plan zuwiderlaufen können.[175] Dies ist die konsequente Folge der Annahme des Gesetzgebers, daß Gegenstände, die nicht dem Verwertungsrecht

---

172 Soweit es sich um die Verwertung unbeweglichen Vermögens handelt, enthält § 30 d Abs. 1 Satz 1 Nr. 3, Abs. 2 ZVG eine entsprechende Regelung zur vorläufigen Einstellung der Zwangsversteigerung durch das Zwangsversteigerungsgericht wegen Gefährung eines Planes. Anders noch § 187 RegE, der diese Entscheidungskompetenz bei dem Insolvenzgericht ansiedeln wollte. An der Zweckmäßigkeit der nunmehr gegebenen Kompetenzverteilung darf gezweifelt werden, da es für die Entscheidung insbesondere auf die Prognose ankommt, wie der vorgelegte Plan durch die Verwertung beeinträchtigt würde. Dafür wäre das Insolvenzgericht das sachnähere Gericht.

173 *Obermüller*, WM 1998, 483, 485; Hess/Weis/Wienberg-*Hess*, § 233 Rn. 5; Kübler/Prütting-*Otte*, § 233 Rn. 12; Uhlenbruck-*Lüer*, § 233 Rn. 11.

174 BT-Drucks. 12/2443, S. 204 ("Zu § 277").

175 Vgl. bereits oben § 5 B II 3, S. 141, und § 7 B I 1, S. 233 ff.

des Verwalters unterworfen sind, für eine sinnvolle Abwicklung oder Sanierung regelmäßig nicht erforderlich sein werden.[176] Für die Fälle, in denen Verwertungsmaßnahmen von Absonderungsberechtigten einer Reorganisation zuwiderlaufen, wird der Insolvenzverwalter auf die Möglichkeit zur Auslösung des Sicherungsgutes durch Befriedigung der gesicherten Forderung verwiesen.[177]
Da der Gesetzgeber aber keine Einschränkung der Verwertungsmaßnahmen der Absonderungsberechtigten gewollt hat, kann eine Verwertung von beweglichen Sachen im Besitz des Sicherungsnehmers, gewerblichen Schutzrechten und Mitgliedschaftsrechten, auch im Hinblick auf eine dadurch drohende Vereitelung der Reorganisationsmöglichkeiten, nicht gerichtlich ausgesetzt werden.

Hat die Gläubigerversammlung den Insolvenzverwalter mit der Ausarbeitung eines Planes beauftragt, so ist eine gerichtliche Anordnung für die Aussetzung nicht mehr erforderlich, denn dann ergibt sich bereits aus § 159, 2. Halbsatz InsO eine entsprechende Pflicht des Insolvenzverwalters.

III. Die Abstimmung über den Plan

1. Das weitere Verfahren vor der Abstimmung

Wenn ein Plan dem Insolvenzgericht vorgelegt wird, so nimmt dieses zunächst eine Vorprüfung gemäß § 231 InsO vor. Eine Abweisung des Planes erfolgt hier bereits, wenn die erforderlichen Formalia nicht eingehalten sind, keine Aussicht auf Annahme durch die Gläubiger bzw. auf Bestätigung durch das Gericht besteht oder der Plan offensichtlich wegen der den Beteiligten eingeräumten Ansprüche undurchführbar ist. Ansonsten holt das Gericht von einigen der Beteiligten Stellungnahmen ein und legt den Plan zur Einsicht aus.
Sodann wird ein Termin zur Erörterung und Abstimmung über den Plan bestimmt. Dazu werden Insolvenzgläubiger, die ihre Forderungen angemeldet haben, die Absonderungsberechtigten, der Insolvenzverwalter und andere wesentliche Beteiligte gesondert geladen, § 235 Abs. 3 Satz 1 InsO. Dabei ist diesen

---

176 BT-Drucks. 12/2443, S. 178 ("Zu § 191").

177 BT-Drucks. 12/7302, S. 178, Nr. 112 ("Zu § 199"). Anders noch im RegE, wo in diesen Fällem gemäß § 199 der Insolvenzverwalter die Herausgabe durch das Insolvenzgericht beantragen konnte. Die Regelung wurde auf Empfehlung des Rechtsausschusses zur Entlatung der Gerichte gestrichen. In der Praxis wird sich der Insolvenzverwalter mit den gesicherten Gläubigern zumindest in den häufigen Fällen verständigen müssen, in denen die gesicherte Forderung den Wert des Sicherungsgutes erheblich übersteigt und damit eine Auslösung durch Zahlung der gesamten Forderung gegenüber den sonstigen Gläubigern nicht zu vertreten wäre.

eine Abschrift des Planes bzw. eine Zusammenfassung des wesentlichen Inhaltes zu übersenden, § 235 Abs. 3 Satz 2 InsO.

2. Die Stimmrechte der Absonderungsberechtigten

In dem Erörterungs- und Abstimmungstermin erfolgt schließlich - nach entsprechender Aussprache und gegebenenfalls auch nach Änderung des Planes durch den Vorlegenden (§ 240 InsO) - die Abstimmung über die Annahme oder Ablehnung des Planes. Die Abstimmung erfolgt nach § 243 InsO in den gebildeten Gruppen. Dabei kommt es zum einen auf die Anzahl der Köpfe, zum anderen auf die durch die Stimmen vertretenen Summen an, § 244 InsO.

a) Die Abstimmung in der Gruppe der Absonderungsberechtigten

Über den vorgelegten Plan wird grundsätzlich auch in der Gruppe bzw. in den Gruppen der Absonderungsberechtigten abgestimmt. Dies ergibt sich aus § 238 InsO. Dabei sind allerdings nach § 238 Abs. 2 in Verbindung mit § 237 Abs. 2 InsO nur die Absonderungsberechtigten stimmberechtigt, deren Rechte durch den Plan überhaupt beeinträchtigt werden. Bleibt das Recht hingegen unverändert bestehen, ist der gesicherte Gläubiger auch nicht an dem Meinungsbildungsprozeß beteiligt.

Für den Betrag, der im Rahmen der summenmäßigen Mehrheitsbildung für den Absonderungsberechtigten angesetzt wird, kommt es auf den Wert der Sicherheit in Relation zur Höhe der zugrundeliegenden Forderung an. Für den gesicherten Teil der Forderung ist der Absonderungsberechtigte in der Gruppe der Absonderungsberechtigten stimmberechtigt, mit dem restlichen Betrag in der Gruppe der Insolvenzgläubiger.[178]
Zweifelhaft kann hier die Höhe der Sicherung sein. Diese hängt von dem Wert des Sicherungsgutes ab, welcher aber vor der Verwertung häufig unsicher ist. Wenn die Beteiligten hierüber unterschiedliche Ansichten vertreten und sich darüber nicht verständigen können, setzt das Gericht den Wert fest, mit dem das Recht für die Abstimmung berücksichtigt werden soll.[179]

b) Die Absonderungsberechtigten als einfache Insolvenzgläubiger

Für Absonderungsberechtigte bestimmt § 237 Abs. 1 Satz 2 InsO, daß sie - sofern ihnen der Schuldner auch persönlich haftet - nicht nur in der Gruppe der Absonderungsberechtigten, sondern auch bei der Abstimmung der Insolvenzgläubiger beteiligt sind. Dort nehmen sie an der summenmäßigen Abstimmung

---

178 BT-Drucks. 12/2443, S. 206 ("Zu § 281").

179 §§ 238 Abs. 1 Satz 3, 77 Abs. 2 InsO.

mit dem Betrag ihres Ausfalles teil. Entweder steht dieser bereits fest, etwa durch Verzicht auf die Sicherheit oder bereits erfolgte Verwertung des Sicherungsgutes, oder es ist der mutmaßliche Ausfall zu berücksichtigen, § 237 Abs. 1 Satz 2 InsO.
Auch hier setzt bei Streitigkeiten zwischen den Beteiligten das Gericht den zu berücksichtigenden Wert fest.[180]

3. Die erforderlichen Mehrheiten

Die Voraussetzungen für die Annahme eines Planes durch die Gläubiger sind in § 244 InsO geregelt. Danach ist grundsätzlich erforderlich, daß sämtliche Gruppen dem Plan zugestimmt haben. Die Zustimmung einer Gruppe liegt vor, wenn innerhalb dieser sowohl die einfache Kopfmehrheit der Mitglieder der Gruppe (§ 244 Abs. 1 Nr. 1 InsO) als auch die einfache Mehrheit der Summen der abgegebenen Stimmen (§ 244 Abs. 1 Nr. 2 InsO) für den Plan gestimmt haben. Da bei der Kopfmehrheit auf die Anzahl der Mitglieder in der Gruppe abgestellt wird, wird die mangelnde Beteiligung an der Abstimmung wie eine Neinstimme gewertet. Bei der summenmäßigen Abstimmung kommt es hingegen nur auf die Gläubiger bzw. Absonderungsberechtigten an, die tatsächlich abgestimmt haben.

4. Obstruktionsverbot

Haben nicht sämtliche Gruppen zugestimmt, so ist der Plan deswegen nicht zwingend gescheitert. Denn unter bestimmten Voraussetzungen wird die Zustimmung einer Gruppe fingiert, auch wenn die erforderlichen Mehrheiten nicht erreicht sind.[181]
Dies erscheint angesichts des grundsätzlichen Erfordernisses, daß sämtliche gebildeten Gruppen dem Insolvenzplan zustimmen müssen, erforderlich - anderenfalls hätte man es der Willkür einzelner Gläubigergruppen überlassen, die Durchführung eines Insolvenzplanes zu vereiteln. Wenn aber die legitimen Interessen einer Gruppe gewahrt sind, ist deren Obstruktion dadurch zu begegnen, daß von dem Erfordernis ihrer Zustimmung abgesehen wird.[182]

Diese als Obstruktionsverbot überschriebene Vorschrift des § 245 InsO führt dazu, daß die Zustimmung einer Abstimmungsgruppe (also auch einer Gruppe von Absonderungsberechtigten) als gegeben angesehen wird, wenn

---

180 §§ 237 Abs. 1 Satz 2, 77 Abs. 2 InsO.

181 § 245 InsO. Kritisch zur amtlichen Überschrift HK-*Flessner*, § 245 Rn. 3 f.; zur Reformdiskussion Kübler/Prütting-*Otte*, § 245 Rn. 33 ff. mit umfangreichen Nachweisen.

182 BT-Drucks. 12/2443, Allgemeine Begründung, S. 94.

- deren Mitglieder nicht schlechter gestellt werden, als sie ohne Plan stünden (§ 245 Abs. 1 Nr. 1 InsO, dazu sogleich unter a),
- die Mitglieder angemessen an dem wirtschaftlichen Wert der Resultate des Planes beteiligt werden (§ 245 Abs. 1 Nr. 2 InsO, dazu sogleich unter b) und
- zumindest die Mehrheit der abstimmenden Gruppen dem Plan tatsächlich, d.h. ohne diese Fiktion, zugestimmt hat (§ 245 Abs. 1 Nr. 1 InsO).

a) Verbot der Schlechterstellung

Nach § 245 Abs. 1 Nr. 1 InsO ist erforderlich, daß die Gläubiger dieser Gruppe voraussichtlich nicht schlechter gestellt werden, als sie ohne einen Plan stünden. Dies kann als Werterhaltungsprinzip bezeichnet werden.[183] An dieser Stelle kommt der Gedanke des Planverfahrens als Instrument der bestmöglichen Gläubigerbefriedigung zum Tragen. Denn wenn die Gläubiger durch die Durchführung eines Planes keine höhere Befriedigung erlangen, als sie bei der sofortigen Verwertung zu erwarten hätten, wird der Plan seiner Aufgabe nicht gerecht.

Der zugrundeliegende Gedanke fand sich schon im Vergleichsrecht, wo nach § 79 Nr. 4 VglO ein Vergleichsangebot den "gemeinsamen Interessen der Vergleichsgläubiger" entsprechen mußte. Darunter wurde unter anderem verstanden, daß der Gläubiger bei einer konkursmäßigen Liquidation nicht besser gestellt werden durfte als durch den Vergleich.[184]

(1) Der anzuwendende Vergleichsmaßstab

Bei der Frage, ob die Gläubiger einer dissentierenden Gruppe nicht schlechter gestellt werden, als sie ohne Plan stünden, kommt es darauf an, welcher Vergleichsmaßstab angewendet wird. Hinsichtlich der allgemeinen Gläubiger wird weitgehend auf das Ergebnis nach einer Liquidation zu Zerschlagungswerten abgestellt, es sei denn, es gibt konkrete Anhaltspunkte für die Realisierung eines höheren Wertes, etwa im Rahmen einer Gesamtveräußerung.[185]

---

183 So *Bork*, Rn. 338; Breutigam/Blersch/Goetsch-*Breutigam*, § 245 Rn. 9. Die Terminologie ist hier noch uneinheitlich, andere Bezeichnungen sind: Verbot der Schlechterstellung (Kübler/Prütting-*Otte*, § 245, Rn. 7); Garantie des Zerschlagungswertes (*K. Schmidt*, Gutachten zum 54. DJT, S. D 91); Garantie des Liquidationswertes (*Städtler*, S. 318).

184 Kilger/*Schmidt*; § 79 VglO, Anm. 5; Bley/*Mohrbutter*, § 79 Anm. 11 c mit weiteren Nachweisen.

185 Nerlich/Römermann-*Braun*, § 245 Rn. 7; *Braun/Uhlenbruck*, S. 612 f.; Kübler/Prütting-*Otte*, § 245 Rn. 7. Ausführlich MünchKomm-*Drukarczyk*, § 245 InsO Rn. 51 ff.

An dieser Stelle erhält auch die Vergleichsrechnung im darstellenden Teil des Planes entscheidende Bedeutung: An ihr sollte sich ablesen lassen, ob die Gläubiger durch den Plan besser gestellt werden als ohne.[186]
Auch für dinglich gesicherte Gläubiger kann diese Unterscheidung zwischen Zerschlagungswerten und dem anteiligen Wert bei einer Gesamtveräußerung übernommen werden. Denn der Wert des Absonderungsrechtes hängt davon ab, wie das zugrundeliegende Sicherungsgut verwertet wird. Kann das Sicherungsgut nur als Einzelgegenstand veräußert werden, so ist der mutmaßlich zu erzielende Preis anzusetzen. Kann der Gegenstand als Teil einer Sachgesamtheit oder im Verbund (gegebenfalls also auch im Rahmen einer Unternehmensveräußerung) verwertet werden, so ist der auf ihn entfallende Anteil zugrunde zu legen. In beiden Fällen ist zu berücksichtigen, daß von dem Erlös die gegebenenfalls anfallende Umsatzsteuer sowie Feststellungs- und Verwertungskosten abzusetzen sind.

Bei der Ermittlung des hypothetischen Verwertungserlöses ist auf einen eventuellen Markt- oder Börsenwert, auf Sachverständigengutachten und auf bereits vorliegende Angebote zum Erwerb abzustellen. Liegen bereits konkrete Erwerbsangebote vor, so ist es sinnvoll, diese zugrunde zu legen, auch wenn Sachverständigenäußerungen von einem niedrigeren erzielbaren Veräußerungserlös ausgehen.[187]

(2) Berücksichtigung des Zeitfaktors

Bei der Frage nach der Schlechterstellung muß ebenfalls berücksichtigt werden, daß es auch darauf ankommt, wann die Leistungen aufgrund des Planes erbracht werden. Daher ist die im Plan vorgesehene Zahlung abzuzinsen, bevor sie mit dem hypothetischen Erlös aufgrund einer gesetzmäßigen Liquidation verglichen werden kann. Diese Abzinsung beginnt mit dem Zeitpunkt des hypothetischen Empfanges des Erlöses durch den gesicherten Gläubiger und läuft bis zur vorgesehenen Zahlung aus dem Plan.[188]

---

186 Breutigam/Blersch/Goetsch-*Breutigam*, § 245 Rn. 9; HK-*Flessner*, § 245 Rn. 13; Hess/Weis/Wienberg-*Hess*, § 245 Rn. 14; Smid-*Smid/Rattunde*, § 245 Rn. 28.

187 Dies ergibt sich aus der Vorstellung des Gesetzgebers, der von der "bestmöglichen konkursmäßigen Verwertung der Insolvenzmasse" spricht, BT-Drucks. 12/2443, Allgemeine Begründung, S. 94.

188 Vgl. *Braun/Uhlenbruck*, S. 614; Nerlich/Römermann-*Braun*, § 245 Rn. 8 f.; Kübler/Prütting-*Otte*, § 245 Rn. 10. A.A. Uhlenbruck-*Lüer*, § 245 Rn. 17 ff., der den Vergleich ohne Verzinsung des hypothetischen Liquidationserlöses vornehmen will.

Bei der Abzinsung ist eine Zinshöhe zugrunde zu legen, die von dem gesicherten Gläubiger zu dem Zeitpunkt des Zuflusses des hypothetischen Verwertungserlöses erzielt werden könnte.[189]

(3) Berücksichtigung der Risikofaktoren

Für den Vergleich zwischen dem hypothetischen Erlös einer Liquidation mit Zahlungen aus einem Insolvenzplan wird darauf hingewiesen, daß auch das Risiko des Ausfalls der vorgesehenen Zahlungen zu berücksichtigen ist.[190] Dies kann hinsichtlich der einfachen Gläubiger bezweifelt werden. Denn die vorgeschlagene Aufzinsung führt zu einer weiteren Erschwerung der Planausführung. Andere Formen der Sicherstellung - etwa die Garantie der Planzahlungen durch einen Dritten - dürften ebenfalls nur in seltenen Fällen zu erlangen sein. Dieser Dritte trüge nämlich das unternehmerische Risiko. Wenn dafür wiederum eine Gegenleistung zu erbringen wäre, belastete diese - ebenso wie Risikoaufschläge für die Gläubiger - den Finanzrahmen des Planes.

Insbesondere im Zusammenhang mit dinglichen Sicherheiten gewinnt der Risikoaspekt erhebliche Bedeutung, der in den gesetzlichen Regelungen keine ausdrückliche Regelung erfahren hat. Anders als beim einfachen Gläubiger ist hier zu berücksichtigen, daß der Absonderungsberechtigte für seinen Anspruch ein Befriedigungsrecht an einem Gegenstand innehat.

Keine Probleme treten hier auf, wenn dem Gläubiger die dingliche Sicherheit im Wert unbeeinträchtigt bis zu den Zahlungen aus dem Plan erhalten bleibt[191] oder eine sowohl im Hinblick auf den Wert als auch auf die Beständigkeit gleichwertige Sicherheit bietet[192]. Problematisch ist aber, wenn die Sicherheit nicht bestehen bleibt bzw. nicht durch eine gleichwertige ersetzt wird. Hier könnte ein Ausgleich vorgenommen werden, der einen Risikoaufschlag beinhaltet. Das geht in die falsche Richtung.

Beispiel: Die Reorganisation des schuldnerischen Unternehmens erfordert neues Kapital. Wegen des hohen Risikos eines Scheiterns war dieses nicht zu erlangen. Die Bank B ist als Gläubigerin mit einer Forderung in Höhe von EUR 500.000 als Sicherungseigentümerin des Warenlagers absonderungsberechtigt.

---

[189] Vgl. *Braun/Uhlenbruck*, S. 614; Nerlich/Römermann-*Braun*, § 245 Rn. 9. Ausführlich MünchKomm-*Drukarczyk*, § 245 InsO Rn. 59 ff.

[190] Nerlich/Römermann-*Braun*, § 245 Rn. 12; *Braun/Uhlenbruck*, S. 614; Kübler/Prütting-*Otte*, § 245 Rn. 10; a.A. Uhlenbruck-*Lüer*, § 245 Rn. 19 f.

[191] LG Traunstein, ZInsO 1999, 577, 581.

[192] *Smid*, WM 2002, 1033, 1035.

Der Plan sieht den Verzicht der B auf das Sicherungseigentum vor, um mit dem freigewordenen Sicherungsmittel das für die Reorganisation benötigte Kapital aufzubringen. Der B werden in dem Plan die Zahlung von jährlich EUR 50.000 für einen Zeitraum von zehn Jahren, zuzüglich einer Verzinsung von 8 %, nämlich 7 % marktüblicher Verzinsung für derartige ungesicherte Kredite und 1 % Risikoaufschlag, zugesagt.

Auf den ersten Blick wird man feststellen können, daß die B durch den Plan eine erhebliche Schlechterstellung erfahren hat, die durch den Risikoaufschlag nicht ausgeglichen wird. Nicht schlechter gestellt als ohne Plan bedeutet deswegen auch: nicht weniger sicher. Dem Absonderungsberechtigten muß daher auch während der Planlaufzeit das Sicherungsrecht erhalten bleiben oder eine gleichwertige Ersatzsicherheit gestellt werden.

b) Gebot der angemessenen Beteiligung

Nach § 245 Abs. 1 Nr. 2 InsO ist zur Anwendung des Obstruktionsverbotes weiterhin erforderlich, daß "die Gläubiger dieser Gruppe angemessen an dem wirtschaftlichen Wert beteiligt werden, der auf der Grundlage des Planes den Beteiligten zufließen soll". Diese Voraussetzung gilt mangels gegenteiliger Anhaltspunkte grundsätzlich auch für Gruppen dinglich gesicherter Gläubiger.

Das Erfordernis der "angemessenen Beteiligung" wird in § 245 Abs. 2 InsO konkretisiert. Danach muß eine Gruppe gegen ihren Willen nicht hinnehmen, daß ein anderer Gläubiger wirtschaftliche Werte erhält, die den Betrag seiner Forderung übersteigen (§ 245 Abs. 2 Nr. 1 InsO). Damit wird sichergestellt, daß kein anderer Gläubiger mehr als die vollständige Befriedigung erhält. Ebenfalls muß nicht hingenommen werden, daß nachrangige Gläubiger oder der Schuldner bzw. dessen Anteilseigner einen wirtschaftlichen Wert erhalten (§ 245 Abs. 2 Nr. 2 InsO).

Diese Voraussetzungen gehen davon aus, daß die fragliche Gruppe, die gegen den Plan stimmt, selbst nicht voll befriedigt wird. Denn bei voller Befriedigung ist gemäß § 237 Abs. 2 InsO das Stimmrecht ausgeschlossen. Erhält aber ein anderer Rechtsinhaber mehr, als ihm außerhalb der Insolvenz zustünde oder erhält ein nachrangiger Rechtsinhaber eine Beteiligung an dem wirtschaftlichen Wert des Schuldners, ohne daß der vorrangige Gläubiger voll befriedigt wird, so stellt dies einen Verstoß gegen die insolvenzrechtliche Rangordnung dar. Diese darf auch im Rahmen eines Planes nicht ohne den Willen der Benachteiligten außer Kraft gesetzt werden.

Zweifelhaft ist, ob hier die absonderungsberechtigten Gläubiger in einem Vorrang-/Nachrangverhältnis zu den sonstigen Gläubiger stehen oder ob sie als aliud außerhalb der Rangordnung stehen.[193]
Schließlich muß die Gruppe nicht hinnehmen, daß ein gleichrangiger Gläubiger besser gestellt wird als die Mitglieder der Gruppe (§ 245 Abs. 2 Nr. 3 InsO). Dies ist Ausfluß des Gleichbehandlungsgrundsatzes.

IV. Gerichtliche Bestätigung

Nach der Zustimmung der Gruppen, die gegebenenfalls zumindest zum Teil auch fingiert sein kann, ist schließlich noch die gerichtliche Bestätigung des Planes erforderlich, § 248 InsO. Die Entscheidung des Gerichts, den Plan zu bestätigen oder die Bestätigung zu verweigern, wird gemäß § 252 InsO bekanntgegeben. Dieser Beschluß kann dann von den Beteiligten - also auch den Absonderunsgberechtigten - mit dem Rechtsmittel der sofortigen Beschwerde angegriffen werden, § 253 InsO.
Das Gericht hat die Planbestätigung zu versagen, soweit eine der allgemeinen Voraussetzungen fehlt. Darüber hinaus enthält § 251 InsO ein Institut zum Schutz von Minderheiten, so daß auf Antrag eines einzelnen Beteiligten die Bestätigung versagt werden muß.

1. Allgemeine Voraussetzungen für die Planbestätigung

Das Gericht prüft zunächst das Vorliegen eventuell im Plan vorgesehener Bedingungen (§ 249 InsO), die Einhaltung des vorgeschriebenen Verfahrens sowie das Vorliegen der erforderlichen Zustimmung durch die Gläubigergruppen und gegebenenfalls durch den Schuldner (§ 251 Nr. 1 InsO). Ebenso ist dem Plan die Bestätigung zu versagen, wenn die Annahme durch unlautere Mittel herbeigeführt wurde (§ 251 Nr. 2 InsO).

2. Schutz der Sicherungsrechtsinhaber im Rahmen des Minderheitenschutzes

Nach § 251 InsO ist die Bestätigung des Planes durch das Gericht auf Antrag eines Gläubigers zu versagen. Dies kann auch ein Absonderungsberechtigter sein. Dazu muß dieser Gläubiger dem Plan widersprochen haben. Dieser

---

[193] Als außerhalb einer Rangfolge stehend wird die Gruppe der Absonderungsberechtigten gesehen von LG Traunstein, ZInsO 1999, 577, 581; Nerlich/Römermann-*Braun*, § 245 Rn. 22; a.A. *Smid*, WM 2002, 1033, 1035: Absonderungsberechtigte genießen Vorrang vor einfachen Gläubigern. Die letztgenannte Ansicht ist abzulehen, da sich die Privilegierung der Absonderungsberechtigten nicht auf die Masse an sich bezieht, sondern ausschließlich auf das jeweilige Sicherungsgut.

Widerspruch kann entweder zu Protokoll der Geschäftsstelle oder im Abstimmungstermin erfolgen, § 251 Ab. 1 Nr. 1 InsO.

Sachlich ist erforderlich, daß der betreffende Gläubiger durch den Plan schlechter gestellt würde, als er ohne Plan stünde, § 251 Ab. 1 Nr. 1 InsO. Diese Schlechterstellung ist nach Absatz 2 glaubhaft zu machen.

Aufgrund dieses Minderheitenschutzes dürfte häufig auf substantielle Eingriffe in das Absonderungsrecht verzichtet werden.[194] Denkbar ist allerdings, daß in Einzelfällen sich die Absonderungsberechtigten mit einer Schlechterstellung einverstanden erklären. Dies kann etwa der Lieferant sein, der sich durch die Fortführung des schuldnerischen Unternehmens die Sicherung des weiteren Absatzes erhofft.

V. Wirkung des bestätigten Planes

Die Wirkungen des Insolvenzplanes treten gemäß § 254 Abs. 1 InsO mit Rechtskraft des gerichtlichen Bestätigungsbeschlusses ein. Entscheidend sind die Bestimmungen des gestaltenden Teils, in dem die Änderungen der Rechtsverhältnisse festgelegt wurden. Durch den rechtskräftigen Bestätigungsbeschluß gelten sachenrechtliche Änderungen als vorgenommen und Willenserklärungen als abgegeben.
Aus dem bestätigten Plan können die Insolvenzgläubiger vollstrecken, § 257 InsO. Dies gilt aber nicht für die Absonderungsberechtigten.[195]

C. Vergleichung

Die wohl herausragendste Neuerung des deutschen Insolvenzrechts dürfte in der Regelung des Reorganisationsplanverfahrens liegen, auch wenn gewisse Ähnlichkeiten zu dem Vergleich der Vergleichsordnung bzw. dem Zwangsvergleich der Konkursordnung bestehen. Die US-amerikanischen Insolvenzgesetze weisen derartige Verfahren bereits seit über sechzig Jahren auf. Für den deutschen Gesetzgeber war es daher naheliegend, die US-amerikanischen Erfahrungen zu nutzen. Dementsprechend ähneln sich zumindest in Teilbereichen die Instrumente zur Lösung der auftretenden Konflikte.

---

194 BT-Drucks. 12/2443, S. 200 ("Zu § 266"); *Bork*, Rn. 323; *Marotzke*, ZZP 109 (1996), 429, 438; FK-*Jaffé*, § 223 Rn. 6 ff.; Braun-*Braun*, § 223 Rn. 7.

195 BT-Drucks. 12/2443, S. 214 ("Zu § 304").

Bei der Vergleichung der beiden Rechtsordnungen in bezug auf die Behandlung dinglicher Sicherheiten in der Reorganisation stehen insbesondere folgende Punkte im Vordergrund: Können die Sicherheiten in einem Plan modifiziert werden, wenn ja, auf welche Weise; wie erlangt der Plan Wirksamkeit; wie werden die Rechte der gesicherten Gläubiger geschützt.

I. Modifizierung dinglicher Sicherheiten im Plan

In beiden Rechtsordnungen ist bei der Aufstellung eines Insolvenzplanes die Einbeziehung und Veränderung dinglicher Sicherheiten möglich. In Deutschland sind über die Art der Modifizierungen keine näheren Bestimmungen getroffen. Gesetzlich wird die Kürzung, Stundung oder Unterwerfung unter sonstige Regelungen genannt. In der Literatur wird daneben die Einbringung der Sicherheit in einen Sicherheitenpool, die Verzögerung bei der Verwertung und der Verzicht auf einen Teil des Verwertungserlöses beispielhaft genannt. Aus den Erfahrungen des US-amerikanischen Rechts ergibt sich, was der Planaufsteller daneben vorsehen kann: hinsichtlich der gesicherten Forderung die Veränderung des Betrages, der Zinshöhe, der Fälligkeit - insbesondere die Modifizierung zur Ratenzahlung -; hinsichtlich der Sicherheit Rangveränderungen, Austausch des Sicherungsgutes, Verwertung des Sicherungsgutes sowie die Trennung von Forderung und Sicherungsgut.

Zusammenfassend betrachtet bedeutet dies, daß in beiden Rechtsordnungen jegliche materiell-rechtlich denkbare Veränderung von Forderung und Sicherheit durch den Plan möglich ist. Sowohl in den USA als auch in Deutschland wird nämlich zu Recht davon ausgegangen, daß der Plan als Instrument zur Bewältigung der verschiedensten Fallgestaltungen inhaltlich flexibel sein muß. Dementsprechend weit ist der Gestaltungsspielraum, der dem Planverfasser bei der Modifizierung von dinglichen Sicherheiten zu Verfügung steht.

Beide Rechtsordnungen sehen jeweils nur eine Ausnahme im Zusammenhang mit dinglichen Sicherheiten vor. In den USA ist es unzulässig, mit dem Plan ein Grundpfandrecht an der Wohnimmobilie des Schuldners zu modifizieren (§ 1123(b)(5) BC). Dies dient dem Zweck, die Kreditversorgung für eigengenutzten Wohnraum zu verbessern, also einem sozialpolitischen Zweck. Hingegen ist in Deutschland davon auszugehen, daß die Rechte des Eigentumsvorbehaltsverkäufers nicht modifiziert werden dürfen. Damit wird der Stellung dieser dinglichen Sicherheit als Aussonderungsrecht Rechnung getragen.

Unterschiedlich behandelt wird die Situation, daß der Plan über eine dingliche Sicherheit keine Regelung trifft. In Deutschland bleibt die Sicherheit dann unbeeinträchtigt erhalten. Für den Rechtsinhaber bleibt passives Verhalten also folgenlos. In den USA bleibt die Sicherheit nur dann unbeeinträchtigt, wenn sie gar nicht Gegenstand des Verfahrens war - etwa weil sie weder vom Schuldner noch vom Sicherungsnehmer angemeldet wurde. Trifft der Plan aber keine ausdrückliche Regelung über das Fortbestehen einer im Verfahren bekannten Sicherheit, so wird diese gelöscht.

II. Wirksamwerden der Regelungen für Sicherheiten im Plan

Von den aufgezeigten theoretischen Möglichkeiten ist in beiden Rechtsordnungen streng zu unterscheiden, was gegen den Willen des dinglich Berechtigten durchsetzbar ist. Die Wirkungen des Planes treten nämlich jeweils erst mit gerichtlicher Bestätigung bzw. in Deutschland mit Rechtskraft des gerichtlichen Bestätigungsbeschlusses ein. Zuvor erfolgt jeweils eine Abstimmung der Gläubiger über den vorgelegten Plan. Diese erfolgt in Gläubigergruppen, die der Planverfasser nach sachgerechten Kriterien einzuteilen hat.

1. Die Einbindung der gesicherten Gläubiger

Hier ist hervorzuheben, daß in den USA die Einteilung eines jeden gesicherten Gläubigers hinsichtlich seiner Sicherheit jeweils in einer gesonderten Gruppe erfolgt. Die dafür gegebene Begründung, jede Sicherheit sei einzigartig, überzeugt allerdings nicht. Denn sinnvoll ist eine Gruppeneinteilung nur, wenn dabei gewisse Pauschalierungen vorgenommen werden. Die Vergleichbarkeit der Interessen, in der sich dinglich gesicherte Gläubiger befinden, kann aber, je nach vorgesehener Behandlung des Sicherungsgutes, durchaus gegeben sein. In den USA führt die Bildung dieser Ein-Personen-Gruppen einerseits dazu, daß der gesicherte Gläubiger nicht bereits in der Abstimmung überstimmt werden kann. Bei fehlender Zustimmung zu dem Plan ist hier also ausnahmslos eine gerichtliche Überstimmung erforderlich. Andererseits sind auf ihn sowohl die Regelungen zum Schutz von überstimmten Gruppen als auch von einzelnen Gläubigern anzuwenden.

In Deutschland werden die Absonderungsberechtigten nicht isoliert, sondern nach den allgemeinen Regeln in Gruppen zusammengefaßt. Hier kann der einzelne dinglich gesicherte Gläubiger von den anderen Gruppenmitgliedern überstimmt werden und so - abgesehen vom Eingreifen des Minderheitenschutzes - in den Plan eingebunden werden.

In den USA muß zur Annahme des Planes in einer Gruppe die einfache Kopfmehrheit bei mindestens 2/3 der vertretenen Summen erreicht werden. Aufgrund der Ein-Personen-Gruppen für dinglich gesicherte Gläubiger sind bei diesen die Abstimmungsmehrheiten für die Annahme eines Planes irrelevant. In Deutschland genügt jeweils die einfache Mehrheit bei den Stimmen und den Summen.

Angesichts dieser Unterschiede ist zu konstatieren, daß eine Einbindung der gesicherten Gläubiger in den Abstimmungsprozeß in den USA nicht stattfindet. Hier erscheint die deutsche Regelung gelungener. Denn bei wirtschaftlich sinnvollen Reorganisationen besteht hier eine größere Chance, daß ablehnend eingestellte gesicherte Gläubiger durch ökonomisch rational handelnde Gruppenmitglieder überstimmt werden und es so zur Annahme des Planes kommt.

2. Die Ersetzung fehlender Zustimmung der Gläubiger

In beiden Rechtsordnungen ist vorgesehen, daß der Reorganisationsplan auch ohne die entsprechenden Abstimmungsmehrheiten Wirksamkeit erlangen kann. Allgemein anerkannt ist, daß eine sinnvolle Reorganisation nicht am Widerstand einzelner Gruppen scheitern soll. Im Hinblick auf die fehlende Einbindung einzelner gesicherter Gläubiger in eine Gruppe ist dies in den USA von besonderer Bedeutung. Dort erfolgt eine gerichtliche Bestätigung des Planes, wenn die Rechte der ablehnenden Gruppen ausreichend gewahrt sind. In Deutschland wird die Zustimmung der ablehnenden Gruppen - ebenfalls bei Wahrung der Rechte - fingiert. Abgesehen von der rechtstechnischen Einkleidung führen beide Regelungen zum selben Ergebnis, die hier als "Überstimmung ablehnender Gruppen" bezeichnet wird.

a) Formelle Erfordernisse der Zustimmungsersetzung

Erste Voraussetzung für eine Überstimmung ist in den USA, daß überhaupt eine Gläubigergruppe, die eine Rechtsbeeinträchtigung erleidet, zugestimmt haben muß. In Deutschland ist erforderlich, daß die Mehrheit der abstimmenden Gruppen zugestimmt hat, wobei die unbeeinträchtigten Gläubiger nicht stimmberechtigt sind. Hier ist es für die US-amerikanische Rechtsordnung als unabdingbar anzusehen, sich mit der Zustimmung einer Gruppe zu begnügen. Angesichts der großen Zahl der Gruppen der dinglich gesicherten Gläubiger hätten diese ansonsten ein erhebliches reorganisationshemmendes Potential erhalten. Auch eine besondere Manipulationsgefahr kann darin nicht gesehen werden.[196] Denn durch die strengen Maßstäbe für die Einteilung der Gruppen, den

[196] So aber *Bork*, ZZP 109 (1996), 473, 485.

Minderheitenschutz und die Erfolgsprognose durch das Gericht bestehen dort ausreichend Kontrollmechanismen gegen mißbräuchliche Plangestaltungen.

Für Deutschland erlangt die Gruppenbildung eine zusätzliche Bedeutung, weil der Planverfasser auch immer gewährleisten muß, daß die Mehrzahl der Gruppen dem Plan zustimmt. Angesichts der weiteren Schutzmechanismen zugunsten der überstimmten Gruppen hätte es dieser zusätzlichen Hürde für den Versuch einer Reorganisation nicht bedurft.

b) Mindestwerte für gesicherte Gläubiger

Die entscheidenden Erfordernisse für eine Überstimmung sind materieller Natur. Das US-amerikanische Recht hat detaillierte Regeln zu dem aufgestellt, was eine Gruppe gesicherter Gläubiger in der Reorganisation hinnehmen muß. Der dazu aufgestellte Billigkeitsmaßstab sieht drei Alternativen vor:
Entweder bleibt die Sicherheit erhalten. Der gesicherte Gläubiger erhält daneben auf seine Forderungen Zahlungen, die dem Wert der Sicherheit entsprechen. Das bedeutet, daß spätere Zahlungen auf den Zeitpunkt der Wirksamkeit des Planes abgezinst werden müssen. Der Gläubiger erhält so einen Wert, der dem hypothetischen Erlös zum Zeitpunkt einer Verwertung des Sicherungsgutes entspricht.
Die gesicherten Gläubiger können dabei einen abweichenden Standard für sich wählen. Untersicherten Gläubigern steht ein Wahlrecht zu, ob sie über die Laufzeit des Planes Leistungen erhalten, die dem Betrag der Forderung und nicht lediglich dem Wert der Sicherheit entsprechen. Mit dieser Wahl kann sich der Sicherungsnehmer dagegen schützen, daß er gegen Zahlung des Zeitwertes der Sicherheit beraubt wird. Dies ist etwa interessant, wenn der Zeitwert der Sicherheit zum Zeitpunkt der Planbestätigung niedrig ist, aber von einem späteren Ansteigen ausgegangen werden kann. Diese Wahl ist für die Gläubiger mit einem Verzicht auf die Beteiligung mit dem ungesicherten Forderungsteil an der Verteilung für die einfachen Gläubiger verbunden.
Weiterhin ist der Billigkeitsmaßstab eingehalten, wenn dem Gläubiger eine gleichwertige Ersatzsicherheit anstelle der ursprünglichen gegeben wird. Schließlich ist es auch zulässig, das Sicherungsgut zu veräußern, sofern sich die Sicherheit am Erlös fortsetzt und der dinglich gesicherte Gläubiger bei der Veräußerung mitbieten kann und mit seiner Forderung aufrechnen darf.
Das deutsche Recht hat hier die detaillierten Regelungen des amerikanischen Rechts zu dem, was ein gesicherter Gläubiger auch gegen seinen Willen hinnehmen muß, nicht übernommen. Es gilt hier einzig die allgemeine Regelung für alle Arten von Gläubigern, wonach keine Schlechterstellung im Vergleich zu

einer Abwicklung des Verfahrens durch Liquidation hingenommen werden muß. In welcher Weise die Rechtsprechung daraus konkrete Vorgaben entwickeln wird, was ein gesicherter Gläubiger im Plan gegen seinen Willen hinzunehmen hat, muß abgewartet werden. Angesichts der US-amerikanischen Regelungen und der grundgesetzlichen Eigentumsgarantie wird aber jedenfalls die Entziehung einer werthaltigen Sicherheit und die Verweisung auf die Zahlungen aus dem Plan als unzulässig angesehen werden müssen. Das Risiko des Ausbleibens der Zahlungen aufgrund des Scheiterns des Planes ohne entsprechende Befriedigungsaussichten an einem Gegenstand muß der Absonderungsberechtigte nicht tragen. Erforderlich ist vielmehr, daß entweder die ursprüngliche Sicherheit oder im Austausch eine gleichwertige Sicherheit den Zahlungsanspruch des Gläubigers aus dem Plan sichert.

Neben dem Billigkeitsmaßstab, was eine Gläubigergruppe durch gerichtliche Überstimmung hinnehmen muß, haben beide Rechtsordnungen einen Schutzmechanismus installiert, mit dem eine Beeinträchtigung des einzelnen Gläubigers durch Überstimmung in der Gruppe überprüft wird. In den USA ist daher für eine Planbestätigung erforderlich, daß jeder Gläubiger, der dem Plan nicht zugestimmt hat, auf seine Forderung nicht weniger Werte erhält, als er bei einer Liquidation erhalten hätte. Obwohl dieser "best interest of creditors-test" an sich auch für dinglich gesicherte Gläubiger gilt, hat er für diese keine Relevanz. Denn die Voraussetzungen des Billigkeitsmaßstabs sind enger, da sie Geldzahlungen ebenfalls zumindest in Höhe des Liquidationswertes vorsehen, während bei dem "best interest of creditors-test" auch andere Gegenstände geliefert werden können. Identisch ist hingegen das Erfordernis der Abzinsung späterer Planleistungen.

Die deutsche Bestimmung des Minderheitenschutzes sieht vor, daß auf Antrag des Gläubigers die gerichtliche Bestätigung versagt wird, wenn der Gläubiger durch den Plan schlechter gestellt würde, als er ohne einen Plan stünde. Dies entspricht materiell dem Verbot der Schlechterstellung.

In beiden Rechtsordnungen kommt hinsichtlich der gerichtlichen Überstimmung einer nicht zustimmenden Gruppe bzw. des Minderheitenschutzes eines überstimmten Gläubigers dem Vergleichsmaßstab entscheidende Bedeutung zu. Übereinstimmend wird hier auf die Stellung des Gläubigers außerhalb eines Reorganisationsplanes, also in der Liquidation abgestellt. Dabei wird berücksichtigt, daß Zuwendungen aus dem Plan zumeist erst später erfolgen als die Auszahlung eines Liquidationserlöses und daher eine Abzinsung erforderlich ist.

Für die Berechnung des Wertes des Sicherungsgutes außerhalb eines Planes ist in Deutschland kein Maßstab gesetzlich geregelt. Dieser muß sich noch herauskristallisieren, wobei anzunehmen ist, daß die Gerichte auf den Betrag abstellen

werden, den der gesicherte Gläubiger bei einer Liquidation erhalten hätte. Dies erscheint auch sachgerecht.
Abweichend davon ist in den USA durch eine Entscheidung des Supreme Court bestimmt, daß ein sogenannter Wertersatz-Maßstab zugrundezulegen ist. Das ist der Preis, für den jemand in der Situation des Schuldners den fraglichen Gegenstand erwerben würde. Dies dürfte häufig ein Betrag sein, der über den Liquidationswert hinausgeht. Diese Wertbestimmung ist wegen der höheren Belastung des Finanzrahmens des Planes reorganisationshemmender als ein Abstellen auf den Liquidationswert. Es ist darüber hinaus auch kein Grund ersichtlich, warum der gesicherter Gläubiger im Planverfahren einen höheren Wert erhält als bei einer Liquidation bzw. bei einer Sicherheitenverwertung außerhalb eines Insolvenzverfahrens. Denn auch dort kann er sich nur aus dem Erlös der Zwangsverwertung befriedigen.

c) Wertverzinsung

In beiden Rechtsordnungen ist der ermittelte Wert des Sicherungsgutes zu verzinsen, soweit die Leistungen an den gesicherten Gläubiger nicht sofort mit Wirksamwerden des Planes erfolgen, sondern erst im Laufe des Planes. In den USA haben sich im Fallrecht weitgehend zwei Methoden durchgesetzt. Die erste stellt auf einen marktüblichen Zinssatz ab, der das Risiko und die sonstigen Umstände des Kredites berücksichtigt. Die zweite angewandte Methode geht von einem Zinssatz aus, wie er für risikolose Anleihen und Kredite erzielt werden kann. Dieser wird um einen Risikoaufschlag erhöht, welcher zumeist zwischen 1 und 2 % liegt.
In Deutschland hingegen ergibt sich aus den Gesetzesbegründungen eindeutig, daß die Verzinsung in einer Weise erfolgen soll, daß der Gläubiger den ausstehenden Betrag refinanzieren kann. Berücksichtigt werden muß nach der überwiegenden Meinung der bisher vorliegenden Literatur auch hier ein Risikoaufschlag. Diese Sichtweise erscheint angemessener als die US-amerikanische Lösung, weil es um den Ersatz dessen geht, was der Gläubiger durch die Verzögerung an Schaden erleidet. Die Rechtsprechung in den USA, die allerdings jeweils die Umstände des Einzelfalles hervorhebt, stellt eher auf eine Sichtweise ab, bei welcher der Gläubiger dem Schuldner unfreiwillig einen Kredit gibt und die dafür üblichen Zinsen erhält. Eine formelhafte Berechnung oder das Abstellen auf marktübliche Sätze hat allerdings den Vorteil der einfacheren Berechnung und der größeren Rechtssicherheit für den Planaufstellenden. In Deutschland ist hingegen mit Problemen zu rechnen, soweit es um die Ermittlung der für den jeweiligen Gläubiger einschlägigen Refinanzierungskosten geht.

III. Aussetzung der Verwertung von Sicherungsgut

Um die Durchführbarkeit von Plänen nicht zu vereiteln, war es in Deutschland erforderlich, flankierende Maßnahmen vorzusehen. Danach kann gerichtlich die Aussetzung der Verwertung von Massegegenständen angeordnet werden, sofern eine Fortsetzung der Verwertung die Durchführbarkeit eines bereits vorgelegten Planes beeinträchtigt. Dies betrifft auch die einstweilige Einstellung der Verwertung von beweglichem Sicherungsgut durch den Verwalter und von unbeweglichen Gegenständen. Dies hätte auch auf die Sicherungsnehmer hinsichtlich ihrer Verwertungsbefugnis an in ihrem Besitz befindlichen Gegenständen und Rechten ausgedehnt werden sollen, da auch diese für eine Reorganisation erforderlich sein können. Wenig reorganisationsfreundlich erscheint hier auch die Beschränkung auf die Fälle, in denen der Plan bereits vorgelegt ist.

In den USA waren entsprechende flankierende Maßnahmen nicht erforderlich. Zum einen bleibt im Reorganisationsverfahren grundsätzlich der Schuldner selbst im Besitz der Masse und entscheidet somit über die weitere Verwertung. Da er zunächst allein zur Vorlegung eines Planes berechtigt ist, kann er selbst dafür Sorge tragen, daß die erforderlichen Gegenstände aus der Masse erhalten bleiben. Gegen Zugriffe durch die gesicherten Gläubiger schützt der automatic stay. Dies gilt auch, soweit der gesicherte Gläubiger das Sicherungsgut bereits in seinem Besitz hat. Soll der automatic stay im Einzelfall gerichtlich aufgehoben werden, wird geprüft, ob der Gegenstand für die Reorganisation erforderlich ist. Damit ermöglicht die US-amerikanische Regelung eher als die deutsche Konzeption die Durchführung einer Reorganisation. Denn in den USA werden besser als im deutschen Recht die für eine Reorganisation erforderlichen Gegenstände gegen die Verwertung geschützt. Diese Feststellung gilt auch für den Vergleich der Ersatzleistungen, die der gesicherte Gläubiger in der Zeit erhält, in der der Plan vorbereitet wird. In den USA werden Wertausgleichszahlungen vorgesehen, soweit durch den Zeitlauf der Wert der Sicherheit in einer Weise sinkt, welche die Befriedigungsaussichten des Gläubigers beeinträchtigt. In Deutschland hingegen werden bei regelmäßigem Verfahrensverlauf die laufenden Zinsen spätestens sechs Wochen nach der Verfahrenseröffnung auf den Wert der Sicherheit an den Gläubiger gezahlt - eine Regelung, die häufig zur erheblichen Belastung der Masse führen dürfte.

Auch im Hinblick auf die Zuständigkeit der Gerichte ist die amerikanische Regelung sachgerechter. Dort entscheiden über die Aufhebung des automatic stay allein die Bankruptcy Courts und damit die sachnäheren Gerichte. Im Gegensatz dazu entscheidet in Deutschland das Insolvenzgericht nur, soweit es sich um bewegliche Sachen handelt. Für die Frage nach der vorläufigen Einstellung der Zwangsversteigerung bei unbeweglichen Gegenständen ist hingegen das mit der Zwangsversteigerung betraute Gericht zuständig.

IV. Wirkungen des Reorganisationsverfahrens auf die Forderungssicherung

Die Möglichkeit, dingliche Sicherheiten in ein Reorganisationsverfahren einzubeziehen, führt in keiner der beiden Rechtsordnungen zur Vereitelung der Funktion der Kreditsicherheit als Recht zur Befriedigung aus einem Gegenstand. Gegen seinen Willen muß der gesicherte Gläubiger keine Beeinträchtigung des Wertes hinnehmen, der seiner Sicherheit zur Zeit der Wirksamkeit des Planes innewohnt und die er bei einer Liquidation erhielte.

In den USA ist allerdings ein weiterer Schutzmechanismus zugunsten des Sicherungsnehmers vorgesehen, der zu einer Verbesserung der Kalkulierbarkeit des Kreditrisikos führt. Dort wird dem Sicherungsnehmer ein Wahlrecht gewährt, mit dem er verhindern kann, gegen Zahlung des Zeitwertes unverzüglich nach Wirksamkeit des Planes von seinem Sicherungsgut getrennt zu werden. Er kann nämlich Zahlungen in einer Höhe verlangen, die dem Nennbetrag seiner Forderung entsprechen. Eine Abzinsung wird an dieser Stelle nicht vorgenommen. Daneben wird weiterhin der Liquidationswert, allerdings mit der Abzinsung, garantiert. Mit der Ausübung dieser Wahl verzichtet der gesicherte Gläubiger allerdings auf eine Beteiligung an der Verteilung für ungesicherte Gläubiger.

In Deutschland ist dieser Schutz nicht vorgesehen, so daß hier auch gegen den Willen des Sicherungsnehmers durch Zahlung des Wertes des Sicherungsgutes sofort nach Wirksamwerden des Planes das Sicherungsgut frei wird und der Gläubiger auf seinen Differenzanspruch verwiesen wird. Diese Möglichkeit birgt eine Mißbrauchsgefahr, wenn der Wert des Sicherungsgutes zum Zeitpunkt des Wirksamwerdens des Planes besonders niedrig ist - etwa durch besondere Marktumstände. Bei einer vorsichtigen Kalkulation des Kreditrisikos muß der Sicherungsnehmer daher davon ausgehen, daß die Verwertung zum ungünstigsten Zeitpunkt vorgenommen wird und er diesen Zeitpunkt nicht beeinflussen kann. Im Gegensatz dazu kann bei einer Verwertung des Sicherungsgutes außerhalb eines Insolvenzverfahrens der Sicherungsnehmer durchaus abwarten, bis der Wert des Sicherungsgutes wieder gestiegen ist.

§ 10 Dingliche Sicherheiten in Sonderverfahren

A. USA

In den USA gibt es neben dem Liquidations- und dem Reorganisationsverfahren zwei weitere besondere Verfahren. Diese wenden sich jeweils an einen eingeschränkten Kreis von Schuldnern. Es handelt sich um ein spezielles Schuldenbereinigungsverfahren für natürliche Personen mit einem regelmäßigen Einkommen (Kapitel 13) und um ein Reorganisationsverfahren für Farmbetriebe, bei denen der Unternehmensträger eine natürliche Person oder eine Familie ist (Kapitel 12).

I. Sicherheiten im Schuldenbereinigungsverfahren für natürliche Personen mit regelmäßigem Einkommen

Im Schuldenbereinigungsverfahren nach Kapitel 13 können natürliche Personen eine Regulierung ihrer Verbindlichkeiten durch einen Rückzahlungsplan erreichen. Dabei wird ein trustee eingesetzt, der einen Großteil des künftigen Einkommens zur Verteilung an die Gläubiger empfängt.

1. Allgemeines zum Schuldenbereinigungsplan

Erforderlich ist, daß der Schuldner ein geregeltes Einkommen hat und die gesicherten Verbindlichkeiten $ 750.000, die ungesicherten $ 250.000 nicht übersteigen, § 109(e) BC. Das Verfahren wird nur auf Antrag des Schuldners eröffnet. Auch ein Plan kann nach § 1321 BC ausschließlich durch den Schuldner vorgelegt werden. Bei Nichtvorlage innerhalb eines vom Gericht zu bestimmenden Zeitraums wird das Verfahren eingestellt bzw. in ein Verfahren nach Kapitel 7 übergeleitet.

Auch in diesem speziellen Reorganisationsverfahren ist eine Modifizierung der Sicherungsrechte grundsätzlich möglich. Dies ist in § 1322(b)(2) BC ausdrücklich festgelegt, wobei wiederum Sicherungsrechte an der zu Wohnzwecken genutzten Immobilie des Schuldners ausgenommen sind.[1] Bei diesen ist allerdings nach der Sonderregelung des § 1322(c)(1) BC - anders als im Verfahren nach Kapitel 11 - der Ausgleich von Rückständen zur Beendigung des Verzugs möglich.[2]

---

1 Nobelman v. American Savings Bank, 508 US 324, 113 SCt 2106 [2109], 124 LEd2d 228 (1993); In re Terry, 780 F2d 894 (11th Cir. 1985). Vgl. dazu oben § 9 C I, S. 337.

2 Dazu HR Report No. 103-834, 103rd Congress, 2nd Session, S. 33 f. (October 4, 1994), 140 Cong. Rec. H 10769 (October 4, 1994).

2. Die Feststellung des Mindeststandards

Im Schuldenbereinigungsverfahren weichen die Regelungen des Mindeststandards für gesicherte Gläubiger als Voraussetzung für die Planbestätigung von denen des Kapitel 11 ab. Nach § 1325(a)(5)(B), (C) BC gibt es zwei Möglichkeiten, mit dem Sicherungsrecht zu verfahren, wenn der betroffene Gläubiger sich nicht mit einer anderen Behandlung einverstanden erklärt hat: Entweder erhält er nach dem Plan Leistungen, deren Zeitwert nicht niedriger als der Wert des Sicherungsgutes ist. Während der Laufzeit der Leistungen nach dem Plan bleibt die Sicherheit bestehen. Die andere Möglichkeit ist die Freigabe des Sicherungsgutes an den Gläubiger.

Dieser Mindeststandard ist zugleich auch maßgeblich für die Frage, unter welchen Umständen eine Bestätigung des Schuldenbereinigungsplanes durch das Gericht auch ohne die Zustimmung von gesicherten Gläubigern erfolgen kann.[3] Der wesentliche Unterschied zum cram down nach § 1129(b)(1) BC besteht darin, daß keine Verpflichtung besteht, den Gläubiger mit Geld zu befriedigen. Das Gesetz läßt jegliche Leistung zu, so daß auch andere Gegenstände mit den entsprechenden Werten geleistet werden können.

Trotzdem wird an die Gläubiger häufig Geld geleistet, welches der Schuldner etwa während der Laufzeit des Planes als Lohn verdient.[4] Dazu wird nach § 1325(b)(1)(B) BC das Einkommen - abzüglich des für den Lebensunterhalt notwendigen Betrages - für einen Zeitraum von drei Jahren einbezogen. Dies entspricht auch dem Verfahrenszweck, da die Vermögensgegenstände des Schuldners nicht verteilt werden, sondern grundsätzlich dem Schuldner erhalten bleiben und damit einen neuen finanziellen Start ermöglichen sollen.

3. Ausschluß der Fiktion eines voll gesicherten Gläubigers

Anders als im Verfahren nach Kapitel 11 nach § 1111(b)(2) BC ist die Möglichkeit des untersicherten Gläubigers, unter Verzicht auf Beteiligung mit seinem Ausfall am Verfahren den Status eines voll gesicherten Gläubigers zu wählen und somit den Zugriff auf das Sicherungsgut bis zur vollständigen Tilgung der Schuld zu erhalten, hier nicht vorgesehen. Daher kann in einem Verfahren nach Kapitel 13 die Auslösung des Sicherungsrechts gegen Leistung des Zeitwertes -

---

3 Zu der Funktion In re Barnes, 32 F3d 405 (9th Cir. 1994); *Weintraub/Resnick*, ¶ 9.14[5], S. 9-55. Eine Abstimmung im eigentlichen Sinne erfolgt im Verfahren nach Kapitel 13 nicht.

4 *Collier*, ¶ 1325.06[3][b][iii], S. 1325-34; *Cowans*, § 19.19(c), S. 671.

das sogenannte strip down - im Plan vorgesehen werden.[5] Hierbei wird - anders als in Kapitel 11 - die Konsequenz der Zweiteilung der Forderung in einen gesicherten und einen ungesicherten Teil deutlich. Die Rechte des Sicherungsnehmers beschränken sich als Folge der Zweiteilung auf den verfassungsrechtlich garantierten Zeitwert des Sicherungsgutes.

4. Begrenzung der Laufzeit des Planes

Eine Besserstellung erlangen die gesicherten Gläubiger aufgrund der begrenzten Laufzeit des Planes. Anders als es für Pläne nach Kapitel 11 zulässig ist, soll die Dauer eines Planes nach Kapitel 13 drei Jahre nicht übersteigen. Auch mit gerichtlicher Genehmigung darf sie längstens fünf Jahre betragen, § 1322(d) BC. Die volle Realisierung des Wertes des Sicherungsrechts nimmt also im Schuldenbereinigungsverfahren regelmäßig weniger Zeit in Anspruch.

5. Zusammenfassung

Trotz der Möglichkeit des strip down, des Auslöschens eines Sicherungsrechtes gegen Leistung des Zeitwertes, kann nicht pauschal geschlossen werden, daß Kapitel 13 für den Schuldner im Verhältnis zu gesicherten Gläubigern vorteilhafter als Kapitel 11 ist. Zwar wird darüber hinaus der Erhalt der zu Wohnzwecken genutzten Immobilie erleichtert. Auf der anderen Seite stellt die Begrenzung der Planlaufzeit ein erhebliches Gegengewicht dar, das den Interessen der Gläubiger an einer zügigeren Befriedigung entspricht.

II. Sicherheiten im Verfahren nach Kapitel 12

Kapitel 12 enthält ein besonderes Reorganisationsverfahren für landwirtschaftliche Familienbetriebe. Das erst 1986 eingeführte Verfahren vereinigt Elemente der Kapitel 11 und 13. Zum einen orientiert es sich am Schuldenbereinigungsverfahren des Kapitels 13 und hat demzufolge viele Bestimmungen nahezu wörtlich übernommen. Darüber hinaus wird durch Übertragung einiger Regelungen aus Kapitel 11 dem Umstand Rechnung getragen, daß der Verfahrenszweck die Reorganisation eines unternehmerisch tätigen Betriebes ist.[6]

1. Allgemeines

Das Verfahren wird nur auf Antrag des Schuldners eröffnet. Bei dem Schuldner muß sich um einen Farmbetrieb mit natürlichen Personen als Inhabern handeln.

---

5 Internal Revenue Service v. Campbell, 180 BR 686 (District Court ED North Carolina 1993); In re Lee, 162 BR 217 (District Court D Minnesota 1993); *Epstein/Nickles/White*, § 9-6 a, S. 628.

6 Vgl. *Murphy*, § 19.03, S. 19-3; *Norton*, § 97:1, S. 97-2.

Diese müssen regelmäßige Einkünfte im Sinne des § 109(f) BC aufweisen können. Weiterhin ist erforderlich, daß die gesamten Verbindlichkeiten $ 1,5 Millionen nicht übersteigen und davon mindestens 80 % aus dem Farmbetrieb resultieren.[7]
Auch hier kann der Plan ausschließlich durch den Schuldner vorgelegt werden. Dies muß grundsätzlich spätestens 90 Tage nach Eröffnung des Verfahrens erfolgen, sonst kann das Verfahren eingestellt oder in ein Liquidationsverfahren übergeleitet werden.
Die Behandlung der Sicherungsrechte weist in diesem Verfahren nur wenige Besonderheiten auf.

2. Die Sonderregelung der Adequate Protection

Eine Besonderheit enthält § 1205 BC für die sogenannte adequate protection für die Inhaber von Rechten an Massegegenständen. Die Geltung der allgemeinen Regelung des § 361 BC ist ausdrücklich ausgeschlossen. Der Grund für die Sonderregelung liegt darin, daß zwei Gerichte einem untersicherten Gläubiger laufende Zinszahlungen auf den Wert des Sicherungsgutes zusprachen, um die erforderliche adequate protection herzustellen.[8]
Dies wurde vom Gesetzgeber als Hindernis für Farm-Reorganisationen angesehen. Daher hat er für Kapitel 12 eine eigene abweichende adequate protection-Regelung geschaffen, nach der Zinszahlungen auf den Wert des Sicherungsgutes bei untersicherten Gläubigern nicht erforderlich sind.[9]

Nach Erlaß dieser Regelung hat der Supreme Court die Rechtsansichten der beiden Gerichte auch für andere Verfahren verworfen und festgelegt, daß die adequate protection Regelung des § 361 BC in keinem Fall derartige Zinszahlungen erfordert.[10]
Nach dieser Entscheidung besteht der einzige sachliche Unterschied nunmehr darin, daß es nach Kapitel 12 zulässig ist, adequate protection für die Dauer des Verfahrens auch durch Zahlung einer marktüblichen Pacht für das belastete Farmland herzustellen, § 1205(b)(3) BC.

---

7 Dies ergibt sich aus der Definition des § 101(18) BC. Ausführlich zu den Voraussetzungen In re Reiners, 846 F2d 1012 (5th Cir. 1988).

8 In re American Mariner Industries, Inc., 734 F2d 426 (9th Cir. 1984) und Grundy National Bank v. Tandem Mining Corp., 754 F2d 1436 (4th Cir. 1985).

9 HR Report No. 958, 99th Congress, 2nd Session, S. 49 f. (1986).

10 United Savings Association of Texas v. Timbers of Inwood Forest Associates, Ltd., 484 US 365, 108 SCt 626, 98 LEd2d 740 (1988). Vgl. dazu oben § 5 A I 3 a (3), S. 112.

3. Die Modifizierung dinglicher Sicherheiten im Plan

Die in § 1222(b)(2) BC genannte Möglichkeit, durch den Plan die Rechte der gesicherten Gläubiger zu verändern, entspricht weitgehend der Regelung des Kapitels 13. Es besteht hier allerdings nicht das Verbot für eine Einschränkung von Sicherheiten an der zu Wohnzwecken genutzten Immobilie des Schuldners, so daß Forderungen, die ausschließlich durch Sicherungsrechte an derartigen Immobilien des Schuldners gesichert werden, gegenüber anderen gesicherten Forderungen in keiner Weise privilegiert werden.

4. Die Planbestätigung gegen den Willen gesicherter Gläubiger

Die Regelung des § 1225(a)(5) BC zur Bestätigung des Planes hinsichtlich der Behandlung gesicherter Forderungen entspricht wörtlich der entsprechenden Bestimmung in Kapitel 13.[11] Anders als in Kapitel 11 ist also eine Planbestätigung gegen den Willen des gesicherten Gläubigers auch möglich, ohne daß dieser Geldleistungen erhält. Ausreichend ist jegliche Leistung, soweit deren Wert dem Wert des Sicherungsgutes entspricht. Allerdings kann der Plan die Laufzeit der Zahlungen auf gesicherte Forderungen über die übliche Laufzeit des Planes von drei bzw. fünf Jahren hinaus vorsehen, solange die Leistungen nach ihrem Zeitwert dem Wert des Sicherungsgutes entsprechen.[12]

In Einzelfällen mußte der Sicherungsnehmer nach den Bestimmungen des Planes mehrere Jahrzehnte auf die vollständige Realisierung des Mindeststandards warten.[13] Während dieser Zeit erhält der gesicherte Gläubiger eine Verzinsung in Höhe des Marktzinses.[14]

5. Das Auslösungsrecht bei Sicherheiten an Farmland

Die Bestimmung des § 1206 BC erleichtert den Verkauf von bestimmten Gegenständen unter Auslöschung der Rechte Dritter. Es muß sich dabei um Farmland oder die im landwirtschaftlichen Betrieb eingesetzten Geräte handeln. Nach § 363(f) BC ist eine Befugnis zum Verkauf von Sicherungsgut ohne Zustimmung des Sicherungsnehmers grundsätzlich nur unter engen

---

11 § 1325(a)(5) BC. Dazu oben § 10 A I 2, S. 346.

12 § 1222(b)(9) BC. Dazu Matter of Fortney, 36 F3d 701 (7th Cir. 1994); Travelers Ins. Co. v. Bullington, 878 F2d 354 (11th Cir. 1989), rehearing denied 889 F2d 276.

13 30 Jahre: Travelers Ins. Co. v. Bullington, 878 F2d 354 (11th Cir. 1989), rehearing denied 889 F2d 276; In re Bland, 149 BR 977 (Bankruptcy Court D Kansas 1992). 20 Jahre: Matter of Fortney, 36 F3d 701 (7th Cir. 1994). 15 Jahre: Matter of Rice, 171 BR 399 (Bankruptcy Court ND Alabama 1994).

14 In re Fisher 930 F2d 1361 (8th Cir. 1991); In re Hardzog, 901 F2d 858 (10th Cir. 1990); In re Hanna 912 F2d 945 (8th Cir. 1990).

Voraussetzungen zulässig.[15] Diese Voraussetzungen werden häufig nicht vorliegen.
Andererseits wird es aber als erforderlich angesehen, die Verkleinerung des zu reorganisierenden Farmbetriebes zu ermöglichen. Der Gesetzgeber hat daher für Kapitel 12 auf das Vorliegen der fraglichen allgemeinen Voraussetzungen des § 363(f) BC verzichtet.[16]
Ansonsten bleiben die Regelungen des § 363 BC wirksam; insbesondere bleibt es bei der Mitbietungs- und Aufrechnungsbefugnis nach § 363(k) BC.[17] Zum Schutz des Sicherungsnehmers ist darüber hinaus in § 1206 BC ausdrücklich geregelt, daß sich das Sicherungsrecht am Surrogat fortsetzt.

6. Zusammenfassung

Die teilweise abweichende Behandlung der Sicherungsrechte in Kapitel 12 erklärt sich aus dem besonderen Verfahrensgegenstand, der Reorganisation von landwirtschaftlichen Familienbetrieben. Die seit der Mitte der achtziger Jahre wachsende Anzahl der Insolvenzen von derartigen Farmbetrieben war durch die verfügbaren Verfahren nach Kapitel 11 bzw. 13 nicht angemessen zu bewältigen. Das Verfahren nach Kapitel 11 wurde als zu kompliziert und zeitraubend angesehen, wohingegen Kapitel 13 häufig nicht zur Verfügung stand, etwa weil die Verbindlichkeiten die dortigen Höchstbeträge überschritten, kein regelmäßiges Einkommen vorhanden war oder der Farmbetrieb nicht einer einzelnen natürlichen Person gehörte.[18]

Die Beeinträchtigungen des Sicherungsnehmers gehen durch die genannten Sonderbestimmungen nur wenig über die Beeinträchtigungen des Schuldenbereinigungsverfahrens nach Kapitel 13 hinaus. Insbesondere wird auch hier dem Sicherungsnehmer der Wert des Sicherungsrechts als Mindeststandard erhalten, wenn auch die Loslösung des Sicherungsrechts vom Sicherungsgegenstand Farmland und landwirtschaftliche Ausrüstungsgegenstände unter besonders erleichterten Bedingungen erfolgen kann.
Einen entscheidenden Nachteil kann der gesicherte Gläubiger dadurch erleiden, daß die Laufzeit - anders als in Kapitel 13 - nicht zeitlich begrenzt ist. Daher kann die Rückzahlung gesicherter Ansprüche sich erheblich verzögern.

---

15 Dazu oben § 7 A II 2 a, S. 216 ff.

16 HR Report No. 958, 99th Congress, 2nd Session, S. 50 (1986); *Cowans*, § 21.8, S. 257; *Norton*, § 97:6, S. 97-9.

17 HR Report No. 958, 99th Congress, 2nd Session, S. 50 (1986).

18 HR Report No. 958, 99th Congress, 2nd Session, S. 48 (1986).

B. Deutschland

Die Insolvenzordnung sieht in den §§ 304 ff. InsO ein besonderes Verbraucherinsolvenzverfahren bzw. Kleinverfahren vor. Bei dem Schuldner muß es sich um eine natürliche Person handeln, die keine geringfügige wirtschaftliche Tätigkeit ausübt bzw. ausgeübt hat oder bei der auch bei einer selbständigen wirtschaftlichen Tätigkeit die Vermögensverhältnisse überschaubar sind und keine Verbindlichkeiten aus Arbeitsverhältnissen bestehen, § 304 Abs. 1 InsO. Das Ziel dieser Verfahren besteht darin, den angesprochenen Personengruppen die vereinfachte Erlangung der Restschuldbefreiung zu ermöglichen.[19] Allerdings ist die Durchführung des Verfahrens nicht von der Beantragung der Restschuldbefreiung abhängig.

I. Allgemeines zum Verbraucherinsolvenzverfahren

Das vom Gesetzgeber vorgegebene Verfahren, welches der Schuldner durchlaufen muß, um auf dem vereinfachten Weg zu einer Restschuldbefreiung zu kommen, ist dreistufig aufgebaut. Erst die letzte Stufe stellt das eigentliche Verbraucherinsolvenzverfahren dar, in dessen Rahmen schließlich auch die Restschuldbefreiung ausgesprochen werden kann.

Als ersten Schritt hat der Schuldner eine außergerichtliche Einigung mit seinen Gläubigern auf Grundlage eines Planes zu versuchen. Wie dieser Einigungsversuch auszusehen hat, ist gesetzlich nicht näher geregelt. Da allerdings ein ernstlicher Einigungsversuch Voraussetzung für die Durchführung eines vereinfachten Insolvenzverfahrens ist,[20] sollten bereits die wesentlichen Inhalte des gerichtlichen Schuldenbereinigungsplanes eingehalten werden: Den Gläubigern muß auf der Grundlage eines Planes ein Vorschlag zur Schuldenbereinigung unterbreitet werden.[21] Dieser Plan muß schriftlich niedergelegt werden und insbesondere ein Vermögensverzeichnis des Schuldners, ein Gläubigerverzeichnis mit einer Aufstellung der Forderungen und die Darlegung der Einkommens- und Familienverhältnisse enthalten.[22]
Weiterhin sind Regelungen vorzuschlagen, mit denen die Schuldenbereinigung durchgeführt werden soll, etwa Stundungs-, Ratenzahlungs- und Teilerlaßver-

---

[19] Allgemeine Begründung des Rechtsausschusses, BT-Drucksache 12/7302, S. 154.

[20] BT-Drucksache 12/7302, S. 190, Nr. 196 ("Zu § 357 b").

[21] BT-Drucksache 12/7302, S. 190, Nr. 196 ("Zu § 357 b"); dazu HK-*Landfermann*, § 305 Rn. 10; *Arnold*, DGVZ 1996, 129, 132.

[22] Vgl. Hess/Weis/Wienberg-*Hess*, § 304 Rn. 34; Braun-*Buck*, § 305 Rn. 9. Kritisch allerding Uhlenbruck-*Vallender*, § 305 Rn. 6 f., wegen drohender Zwangsvollstreckungen der Gläubiger in angegebene Vermögensgegenstände.

einbarungen.[23] Im Rahmen des außergerichtlichen Einigungsversuchs sind grundsätzlich sämtliche Gläubiger einzubeziehen.[24]
Die außergerichtliche Schuldenbereinigung stellt bei einem Zustandekommen einen Vergleich im Sinne des § 779 Abs. 2 BGB dar.[25] Das Zustandekommen setzt allerdings die ausdrückliche Zustimmung sämtlicher Gläubiger voraus.[26]
Bei einem Scheitern des außergerichtlichen Schuldenbereinigungsversuches kann der Schuldner den Antrag auf Eröffnung eines Verbraucherinsolvenzverfahrens stellen. Im Rahmen des Eröffnungsverfahrens kommt es sodann zu einem gerichtlichen Schuldenbereinigungsversuch, während dessen das Eröffnungsantragsverfahren nach § 306 Abs. 1 InsO ruht. Sicherungsmaßnahmen - etwa ein allgemeines Verfügungsverbot im Sinne des § 21 Abs. 2 Nr. 2 InsO - können allerdings trotz des Ruhens angeordnet werden.[27]
Für das gerichtliche Schuldenbereinigungsverfahren hat der Schuldner gemäß § 305 Abs. 1 Nr. 4 InsO einen Plan bei Gericht vorzulegen. In diesem Schuldenbereinigungsplan sind ebenso wie in dem außergerichtlichen Schuldenbereinigungsplan Regelungen anzugeben, die zur Schuldenbereinigung geeignet sind. Dies können wiederum Stundungen, Ratenzahlungen und Teilerlasse sein. Der gerichtliche Schuldenbereinigungsplan muß auch nicht vom außergerichtlichen abweichen.[28]
Daneben ist nach § 305 Abs. 1 Nr. 1 InsO mit dem Antrag des Schuldners das Scheitern des außergerichtlichen Schuldenbereinigungsversuches nachzuweisen. Dieses erfolgt mittels einer Bestätigung durch eine geeignete Person, insbesondere etwa Schuldnerberatungsstellen und Rechtsanwälte, Notare sowie Steuerberater. Weiterhin ist ein Vermögensverzeichnis und ein Gläubigerverzeichnis mit Aufstellung der Forderungen einzureichen.
Das Gericht stellt die genannten Verzeichnisse und den Schuldenbereinigungsplan den Gläubigern nach § 307 Abs. 1 InsO zu. Sodann haben die Gläubiger innerhalb einer Frist von einem Monat die Möglichkeit, dem Plan zu widersprechen.

---

23 *Forsblad*, S. 201; Hess/Weis/Wienberg-*Hess*, § 304 Rn. 34.

24 Uhlenbruck-*Vallender*, § 305 Rn. 4; *ders.*, InVo 1998, 169; Hess/Weis/Wienberg-*Hess*, § 304 Rn. 33.

25 Vgl. Hess/Weis/Wienberg-*Hess*, § 304 Rn. 96; *Obermüller*, WM 1998, 483, 490.

26 Kübler/Prütting-*Wenzel*, § 305 Rn. 18; Smid-*Haarmeyer*, § 305 Rn. 17.

27 Dies stellt § 306 Abs. 2 InsO klar. Zu den Sicherungsmaßnahmen und deren Auswirkungen auf dingliche Sicherheiten vgl. oben § 5 B I, S. 119 ff.

28 *Wittig*, WM 1998, 160 f.; *Kirchhof*, ZInsO 1998, 56. Nach BT-Drucks. 12/7302, S. 190, Nr. 196 ("Zu § 357 b") soll der Schuldner regelmäßg auf den außergerichtlichen Plan zurückgreifen können.

Der Plan ist gemäß § 308 Abs. 1 InsO angenommen, wenn kein Gläubiger rechtzeitig dem Plan widerspricht. Bei Widerspruch einzelner Gläubiger kann deren Zustimmung auf Antrag gerichtlich ersetzt werden. Dazu muß zumindest die Mehrzahl der Gläubiger und mehr als die Hälfte der vertretenen Forderungssummen zugestimmt haben, § 309 Abs. 1 Satz 1 InsO. Dabei gelten nach § 307 Abs. 2 Satz 1 InsO auch die Gläubiger als einverstanden, die sich nicht geäußert hatten.
Schließlich setzt die gerichtliche Ersetzung der Zustimmung voraus, daß der widersprechende Gläubiger durch den Schuldenbereinigungsplan weder im Verhältnis zu den anderen Gläubigern diskriminiert noch schlechter gestellt wird, als er bei Durchführung des Verfahrens und Restschuldbefreiung stünde.
Nach § 308 Abs. 1 Satz 2 InsO wirkt ein angenommener Schuldenbereinigungsplan wie ein gerichtlicher Vergleich. Es kann also unmittelbar daraus vollstreckt werden.
Wird der Schuldenbereinigungsplan nicht angenommen, entscheidet das Insolvenzgericht gemäß § 311 InsO über den Eröffnungsantrag. Bei einer Verfahrenseröffnung kommt es zu dem eigentlichen Verbraucherinsolvenzverfahren. Dies ist ein im Vergleich zu den allgemeinen Regelungen vereinfachtes Verfahren. Obligatorisch ist die Einsetzung eines sogenannten Treuhänders, der geringere Befugnisse als ein Verwalter hat. So wird etwa die Insolvenzanfechtung nach § 313 Abs. 2 InsO durch die einzelnen Insolvenzgläubiger durchgeführt. Zur Verwertung von Massegegenständen, die mit Absonderungsrechten belastet sind, ist der Treuhänder gemäß § 313 Abs. 3 InsO nicht befugt. Das sonstige Massevermögen verwertet der Treuhänder und befriedigt daraus die Gläubiger.[29] In dem vereinfachten Verfahren finden die Regelungen über Insolvenzpläne und die Eigenverwaltung des Schuldners keine Anwendung, § 312 Abs. 3 InsO.

II. Besonderheiten für Inhaber dinglicher Sicherheiten

Für die Inhaber dinglicher Sicherheiten ergeben sich aus dem kurz skizzierten abweichenden Verfahrensablauf im Verbraucher- bzw. Kleininsolvenzverfahren einige Abweichungen zu den allgemeinen Regelungen.

1. Sicherheiten bei einem außergerichtlichen Einigungsversuch

In den außergerichtlichen Schuldenbereinigungsplan kann der Schuldner sämtliche materiell-rechtlich denkbaren Regelungen über Forderungen und etwaige Sicherheiten aufnehmen. Es handelt sich bei diesem Einigungsversuch um das

---

[29] Nerlich/Römermann-*Römermann*, § 314 Rn. 3; Hess/Weis/Wienberg-*Hess*, § 313 Rn. 21; Uhlenbruck-*Vallender*, § 313 Rn. 40.

privatautonome Angebot des Schuldners zum Abschluß eines Vergleichs an die Gläubiger. Dabei unterliegt der Schuldner keinen näheren Vorgaben. In Betracht kommt hier also etwa die Stundung und der Teilerlaß der Forderung. Dieser Vorschlag kann ebenso an gesicherte Gläubiger unterbreitet werden wie an ungesicherte.
Wenn der Gläubiger den Plan angenommen hat, ist damit die Forderung gestundet bzw. gekürzt, was auch auf eine Sicherheit durchschlägt. Der gesicherte Gläubiger muß in den Fällen der Stundung also auf eine Verwertung der Sicherheit zunächst verzichten. Bei einem Erlaß wird gegebenenfalls die Sicherheit ganz oder teilweise frei, bei nichtakzessorischen Sicherheiten ist der Gläubiger zur Freigabe verpflichtet.[30]

Der Gläubiger ist allerdings in seiner Entscheidung über den Vorschlag des Schuldners frei. Nimmt er den Vorschlag nicht an, so bleiben seine Rechte unbeeinträchtigt bestehen. Eine Ersetzung seiner Entscheidung durch das Gericht oder eine Unterwerfung unter die Mehrheitsentscheidung der sonstigen Gläubiger kann nicht erfolgen.[31]
Für den gesicherten Gläubiger wird daher die Annahme eines Schuldenbereinigungsplanes, der den gesicherten Teil seiner Forderungen oder die Sicherheit selbst beeinträchtigt, in der Regel nicht sinnvoll sein. Der Schuldner wird dementsprechend eine solche Beschränkung auch nicht vorschlagen.
Während des außergerichtlichen Schuldenbereinigungsversuches sind Maßnahmen des Gläubigers zur Verwertung der Sicherheit unbeschränkt möglich.[32]

2. Sicherheiten im gerichtlichen Schuldenbereinigungsverfahren

Auch in einem gerichtlichen Schuldenbereinigungsverfahren kann der Plan jegliche materiell-rechtliche Beeinträchtigung der Forderung und dafür bestellter Sicherheiten vorsehen.

Für den dinglich gesicherten Gläubiger ist dieses Verfahren mit der Gefahr verbunden, seine Forderung und die Sicherheit zu verlieren. Dies folgt aus der Regelung des § 308 Abs. 1 Satz 1, 1. Alternative InsO, wonach der fehlende Widerspruch eines Gläubigers als Zustimmung gewertet wird. Kommt der Schuldenbereinigungsversuch in diesem Fall zustande, treten die materiell-rechtlichen Wirkungen ein, welche der Schuldner im Plan vorgesehen hat. Ist etwa ein teilweiser Erlaß der Forderung vorgesehen, dann wird die Sicherheit für den

---

30 *Obermüller*, WM 1998, 483, 492; *Kirchhof*, ZInsO 1998, 54, 57.

31 *Obermüller*, WM 1998, 483, 490; Hess/Weis/Wienberg-*Hess*, § 304 Rn. 95.

32 *Obermüller*, WM 1998, 483, 490; Hess/Weis/Wienberg-*Hess*, § 304 Rn. 89.

erlassenen Teil frei. Anders als bei der Restschuldbefreiung bleibt die Forderung nämlich nicht als Naturalobligation mit der Folge des Erhalts der Sicherheit bestehen. Daher erlöschen akzessorische Sicherheiten.[33] Nichtakzessorische Sicherheiten sind gegebenenfalls freizugeben.[34]

Wegen dieser einschneidenden Wirkungen, welche durch die Untätigkeit des gesicherten Gläubigers eintreten können, sieht § 305 Abs. 1 Nr. 4 InsO vor, daß im Schuldenbereinigungsplan genau anzugeben ist, ob und wie die bestehenden Sicherheiten beeinträchtigt werden. Der Plan muß die Sicherheiten also nennen und sich dazu äußern, inwieweit sie durchsetzbar bleiben.[35] Irrtümer der Beteiligten über die Wirkungen des Planes sollen so vermieden werden.[36] Der gesicherte Gläubiger kann auf diese Weise die ihm drohenden Beeinträchtigungen erkennen.
Bei einem rechtzeitigen Widerspruch des gesicherten Gläubigers gegen einen Schuldenbereinigungsplan, der eine wirksame Sicherheit beschränkt, kann der Plan keine Wirksamkeit erlangen. Denn grundsätzlich ist dafür die Zustimmung sämtlicher Gläubiger Voraussetzung. Eine Ersetzung des Widerspruchs des gesicherten Gläubigers durch gerichtliche Entscheidung scheitert am Schlechterstellungsverbot, sofern der gesicherte Gläubiger nicht mindestens eine so weitgehende Befriedigung wie bei Verwertung der Sicherheit erhält.[37] Nach dem Schlechterstellungsverbot des § 309 Abs. 1 Satz 2 Nr. 2 InsO darf der Gläubiger nicht wirtschaftlich schlechter gestellt sein, als er bei weiterem Verfahrensgang nach gerichtlicher Entscheidung über den Eröffnungsantrag des Schuldners stünde. Da der Gläubiger sowohl im vereinfachten Verfahren als auch bei einer Ablehnung des Eröffnungsantrages nach allgemeinem Zivilrecht das Sicherungsgut unmittelbar verwerten darf, um sich daraus zu befriedigen, ist die

---

33 LG Traunstein, ZInsO 2001, 525, 526; Uhlenbruck-*Vallender*, § 305 Rn. 128 und § 308 Rn. 18 ff.; *Haarmeyer/Wutzke/Förster*, Handbuch, Kapitel 10, Rn 74; Hess/Weis/Wienberg-*Hess*, § 308 Rn. 9; Nerlich/Römermann-*Römermann*, § 308 Rn. 10.

34 Nerlich/Römermann-*Römermann*, § 308 Rn. 10; Hess/Weis/Wienberg-*Hess*, § 308 Rn. 9. Vgl. zu den Wirkungen des angenommenen Schuldenbereinigungsplanes auch Kübler/Prütting-*Wenzel*, § 308 Rn. 11 und § 305 Rn. 36 ff.; *Wittig*, WM 1998 159, 161.

35 OLG Celle, ZInsO 2002, 285, 286; LG Traunstein, ZInsO 2001, 525, 526; AG Duisburg, NZI 2001, 105, 106; Uhlenbruck-*Vallender*, § 305 Rn. 126; HK-*Landfermann*, § 305 Rn. 30.

36 BT-Drucks. 12/7302, S. 191, Nr. 196 ("Zu § 357 b").

37 Smid-*Haarmeyer*, § 309 Rn. 17; *Kirchhof*, ZInsO 1998, 54, 59; FK-*Grote*, § 309 Rn. 25; Uhlenbruck-*Vallender*, § 305 Rn. 51 mwN .

negative Voraussetzung grundsätzlich bei jeglichem Eingriff in den gesicherten Teil einer Forderung gegeben.
Etwas anderes gilt in den Fällen, in denen die vollständige oder teilweise Unwirksamkeit von Sicherheiten die Folge der Verfahrenseröffnung wäre und das Gericht ein Verfahren bei Scheitern des Schuldenbereinigungsversuches eröffnen würde. Dort liegt bei einer entsprechenden Beschränkung der Sicherheit durch den Schuldenbereinigungsplan keine Schlechterstellung des Gläubigers vor. Derartige Beschränkungen von Sicherheiten sind die Abtretung, Verpfändung und Pfändung künftigen Arbeitseinkommens aus § 114 InsO sowie von Miet- und Pachtforderungen aus § 110 Abs. 1 InsO. Daneben sind auch die im Vorfeld des Insolvenzverfahrens erlangten Vollstreckungssicherheiten gemäß § 88 InsO und die der Anfechtung unterliegenden Sicherheiten betroffen. Die entsprechenden Gläubiger können im Plan als teil- bzw. ungesichert behandelt werden, ohne daß gegen das Verbot der Schlechterstellung verstoßen würde.[38]

Ein Plan kann allerdings vorsehen, das Sicherungsgut durch Zahlung des Betrages, der bei einer Verwertung zu erzielen wäre, zu befreien. Der gesicherte Gläubiger erleidet hier keine Schlechterstellung. Sein Widerspruch könnte daher gerichtlich ersetzt werden.

Die Verwertung von Sicherheiten während des gerichtlichen Schuldenbereinigungsverfahrens ist grundsätzlich zulässig.[39] Allerdings kann das Gericht angesichts des gestellten Antrags gemäß § 21 InsO einstweilige Anordnungen zum Schutz des schuldnerischen Vermögens treffen. Allerdings dürften die Gerichte davon hinsichtlich der Einschränkung der Verwertung von Absonderungsgut nur selten Gebrauch machen, da im eröffneten Verfahren der Zugriff des Absonderungsberechtigten ebenfalls unbeschränkt möglich wäre. Denkbar ist die Einschränkung, wenn das Sicherungsgut dem Schuldner erhalten bleiben soll und dieser im Plan vorsieht, den Gläubiger mit dem mutmaßlichen Verwertungserlös abzufinden.

3. Sicherheiten im vereinfachten Verfahren

Wenn es nach dem Scheitern des gerichtlichen Schuldenbereinigungsversuchs zur Eröffnung des vereinfachten Verfahrens kommt, ergeben sich daraus für dinglich gesicherte Gläubiger folgende Besonderheiten im Vergleich zum allgemeinen Verfahren:

---

38 Vgl. HK-*Landfermann*, § 309 Rn. 12 f.; Kübler/Prütting-*Wenzel*, § 309 Rn. 6.

39 *Obermüller*, WM 1998, 483, 491; a.A. Uhlenbruck-*Vallender*, § 306 Rn. 44 bei ausdrücklicher gerichtlicher Anordnung in Ausnahmefällen.

a) Die Verwertung von Absonderungsgut und Verwendung des Erlöses

Das Verwertungsrecht hinsichtlich des Sicherungsgutes liegt bei dem Gläubiger. Dies stellt § 313 Abs. 3 InsO klar, der zugleich ein Verwertungsrecht des Treuhänders ausdrücklich ausschließt. Allerdings kann bei Untätigkeit des gesicherten Gläubigers auf Antrag des Treuhänders diesem durch das Gericht eine Frist gesetzt werden, bei deren Ablauf der Treuhänder zur Verwertung berechtigt ist.[40]

Die Regelung der Verwertung kann auch nicht zum Gegenstand eines Insolvenzplanes gemacht werden, da § 312 Abs. 2 InsO das Planverfahren im vereinfachten Verfahren schlechthin ausschließt. Aus dem nämlichen Grund muß der Absonderungsberechtigte auch nicht die sonstigen Beschränkungen erwarten, die mit der Aufstellung und Durchführung eines Planes verbunden sind - etwa die vorläufige Einstellung der Verwertung oder der sonstige Zugriff auf das Sicherungsgut zugunsten einer Reorganisation.

Aus dem Erlös, den der Absonderungsberechtigte bei der Verwertung erzielt, muß er keinen Kostenbeitrag leisten.[41] Für die Verwertungskosten ergibt sich dies bereits daraus, daß der Gläubiger hier selbst verwertet. Auch bei den Feststellungskosten gilt nicht anderes, da diese an die Verwertungsbefugnis eines Insolvenzverwalters anknüpfen.[42]
Keine eindeutige Regelung ergibt sich hingegen für den Fall, daß aufgrund der Verwertung durch den Gläubiger bei der Masse eine Umsatzsteuerbelastung entsteht. Nach der vorzuziehenden Ansicht ist der entsprechende Betrag in analoger Anwendung des § 171 Abs. 2 Satz 3 InsO vom gesicherten Gläubiger der Masse zu erstatten.[43]

b) Restschuldbefreiung im Anschluß an das vereinfachte Verfahren

Kommt es im Anschluß an das vereinfachte Verfahren zu einer Restschuldbefreiung, so hat diese keine Auswirkung auf das Weiterbestehen von dinglichen Sicherheiten. Insofern gilt nichts anderes als bei der Restschuldbefreiung im Anschluß an ein "normales" Verfahren nach den allgemeinen Regelungen. Hier

---

40 § 313 Abs. 3 Satz 3 iVm. § 173 Abs. 2 InsO.

41 Uhlenbruck-*Vallender*, § 313 Rn. 108; HK-*Landfermann*, § 313 Rn. 10; Hess/Weis/Wienberg-*Hess*, § 313 Rn. 26; *Obermüller*, WM 1998, 483,493; *Wittig*, WM 1998, 218; *Zimmermann*, S. 146.

42 *Obermüller*, WM 1998, 483, 493; *Wittig*, WM 1998, 209, 218.

43 HK-*Landfermann*, § 313 Rn. 10 in Verbindung mit § 171 Rn. 12. Zu den einschlägigen Argumenten oben § 8 B I 2 b, S. 273 ff. Häufig wird hier allerdings aufgrund der Person des Schuldners kein steuerbarer Umsatz iSd. Umsatzsteuerrechts vorliegen.

regelt § 301 Abs. 2 InsO, daß Absonderungsrechte und andere Sicherheiten durch die Restschuldbefreiung nicht berührt werden. Insofern bleibt die zugrundeliegende Forderung als unvollkommene Verbindlichkeit bestehen.[44]

C. Vergleichung

Die dargestellten Sonderverfahren beruhen jeweils auf der Überlegung, daß je nach der Person des Schuldners häufig Bedarf für einfache Insolvenzabwicklungen besteht. Für diese Fälle sind die Regelungen der Normalverfahren unnötig kompliziert. In den USA ist darüber hinaus in Kapitel 13 der Gedanke verwirklicht, daß in Schuldenbereinigungsverfahren der Zugriff auf das laufende Einkommen sinnvoll ist. Dies ist in Deutschland für alle Verfahren umgesetzt worden, indem der Nacherwerb des Schuldners stets in die Masse fällt.

Bei einem Vergleich der einzelnen Verfahren ist zunächst festzustellen, daß der Schwerpunkt des deutschen vereinfachten Verfahrens im vorgeschalteten gerichtlichen Schuldenbereinigungsverfahren liegt. Derartiges sieht das US-amerikanische Recht nicht vor.

Für die Behandlung der Sicherheiten in den Sonderverfahren enthält das deutsche Recht keine wesentlichen Beeinträchtigungen bei den verschiedenen Stufen des vereinfachten Verfahrens im Vergleich zu den Rechtsbeziehungen nach dem allgemeinen Zivilrecht. In dem vorgerichtlichen Schuldenbereinigungsversuch und im vereinfachten Insolvenzverfahren selbst muß der gesicherte Gläubiger keine Einschränkungen seiner Rechte gegen seinen Willen hinnehmen. Hier ist die Verwertung ohne Einschränkung möglich, Kostenbeiträge von dem Erlös der Sicherheitenverwertung muß der Sicherungsnehmer nicht leisten. Nach der hier vertretenen Ansicht sind lediglich Umsatzsteuerbelastungen der Masse auszugleichen.

Einzig bei dem gerichtlichen Schuldenbereinigungsplan kann der gesicherte Gläubiger wegen Untätigkeit seiner Rechte verlustig gehen. Nutzt er hingegen die ihm zustehende Widerspruchsmöglichkeit, so kann der Schuldenbereinigungsplan nur zustande kommen, wenn der gesicherte Gläubiger zumindest den Wert des Sicherungsgutes erhält. Dies entspricht der Regelung, wonach der gesicherte Gläubiger auch bei der Durchführung eines Insolvenzplanes Leistungen im Wert des Sicherungsgutes erhalten muß. Die Verwertung kann dort gerichtlich ausgesetzt werden.

---

[44] Dies ergibt sich aus § 301 Abs. 3 InsO, vgl. BT-Drucks. 12/2443, S. 194 ("Zu § 250").

Anders als in Deutschland werden dem Sicherungsnehmer in den US-amerikanischen Sonderverfahren eher stärkere Beschränkungen auferlegt, als er in den Normalverfahren zu tragen hätte. So kann etwa im Verfahren nach Kapitel 13 der Sicherungsnehmer nicht verlangen, wie ein vollgesicherter Gläubiger behandelt zu werden. Deswegen kann auch dort - wie in Deutschland, aber anders als im Reorganisationsverfahren nach Kapitel 11 - die Sicherheit gegen Zahlung des Zeitwertes befreit werden. Als Ausgleich ist die Laufzeit des Planes nach Kapitel 13 auf maximal fünf Jahre beschränkt, so daß der gesicherte Gläubiger den Wert seiner Sicherheit schneller realisiert, als in dem normalen Reorganisationsverfahren üblich.
Noch weitergehender sind die Einschränkungen im Verfahren für Familien-Farmbetriebe. Hier sind die Anforderungen an den Schutz des Sicherungsnehmers dahingehend herabgesetzt, daß der Wert der Sicherheit während des laufenden Verfahrens nicht verzinst zu werden braucht. Die Veräußerung von Farmland kann durch die Masse erfolgen, ohne daß die allgemeinen Regelungen über die Voraussetzungen der Veräußerung von Sicherungsgut gewahrt bleiben. Allerdings setzt sich auch hier die Sicherheit an dem erzielten Erlös fort.
Neben diesen besonderen Regelungen sind auch die allgemeinen Beschränkungen zu beachten, die etwa eine Verwertung des Sicherungsgutes durch den gesicherten Gläubiger während des Verfahrens grundsätzlich unterbinden. Hier muß gegebenenfalls eine gerichtliche Aufhebung des Verfahrensstopps eingeholt werden.

Die weitergehenden Einschränkungen der gesicherten Gläubiger erfolgen in den USA im Hinblick auf die sozialpolitischen Zwecke, die mit den Sonderverfahren verfolgt werden. In Deutschland stellt sich das Verfahren als vereinfachtes Liquidationsverfahren dar, wenn keine gütliche Regelung der finanziellen Verhältnisse zwischen Schuldner und Gläubigern erzielt werden kann. Kritisch anzumerken ist dabei die fehlende Möglichkeit, auch nach Eröffnung des vereinfachten Verfahrens einen Plan durchzuführen. In den USA ist auch in den Verfahren nach Kapitel 12 und 13 der Plan das entscheidende Instrument zur Verfahrensbewältigung. Auch in Deutschland hätte im Hinblick auf Liquidationspläne die Zulässigkeit von Plänen sinnvoll sein können. Andererseits ist wegen der Anwendbarkeit dieses Sonderverfahrens lediglich auf Verbraucher und Kleingewerbetreibende nicht mit so komplexen Sachverhalten zu rechnen, bei denen eine einvernehmliche Regelung mit der Zustimmung der Beteiligten ausscheidet.

Die fehlende Einbindung der Sicherungsnehmer in das vereinfachte Verfahren in Deutschland führt dazu, daß die Stellung als Absonderungsberechtigter für den Gläubiger attraktiver ist, wenn der Schuldner Verbraucher oder Kleingewerbetreibender ist. Anders als in den Normalverfahren ist dort mit einer wesentlichen Verzögerung der Realisierung der Sicherheit durch einen Plan nicht zu rechnen. Auch Schmälerungen des Erlöses durch Kostenbeiträge entstehen nicht. In gewissen Grenzen kann dies bei der Kreditvergabe berücksichtigt werden. Hingegen ist in den USA eher mit Verschlechterungen bei der Realisierbarkeit der Sicherheit zu rechnen. Denn dort sind etwa die Schutzmechanismen und die Möglichkeiten, auf die Verwertung Einfluß zu nehmen, eingeschränkt. In beiden Rechtsordnungen wird dem Sicherungsnehmer aber mindestens der zu realisierende Wert der Sicherheit gegeben.

§ 11 Sicherheiten zur Kaufpreisfinanzierung

In der Rechtswirklichkeit ist die Kaufpreisfinanzierung ein häufiger Anlaß für die Bestellung dinglicher Sicherheiten. Gegenstand der folgenden Untersuchung ist, ob und auf welche Weise in den beiden Rechtsordnungen dafür besondere, von der Behandlung anderer Sicherheiten abweichende Regelungen getroffen werden.

A. USA

Das purchase money security interest wird in § 9-107 UCC definiert. Danach handelt es sich um eine Sicherheit an dem Kaufgegenstand, die der Verkäufer zur Sicherung des Kaufpreises oder ein Dritter zur Sicherung eines Kredites, mit dem der Kaufpreis bezahlt wird, erhält. Im Insolvenzrecht selbst wird keine systematische Unterscheidung nach dem Grund der Besicherung vorgenommen. Trotzdem finden sich verschiedene Sonderregelungen für Sicherungsmittel an der Kaufsache bei der Kaufpreisfinanzierung. Bevor diese Regelungen dargestellt werden, ist kurz auf die Behandlung nicht vollständig erfüllter Verträge ("executory contracts") nach § 365 BC einzugehen. Diese Regelung wird nämlich vereinzelt auf Vertragsgestaltungen angewendet, die ebenfalls die Absicherung des Veräußerers gegen eine Nichterfüllung durch den Erwerber bezwecken.

I. Das Wahlrecht bei Executory Contracts

Beidseitig nicht vollständig erfüllte Verträge (sogenannte "executory contracts") gewähren dem trustee bzw. dem debtor in possession im Insolvenzverfahren ein Wahlrecht hinsichtlich der weiteren Vertragserfüllung. Wenn Erfüllung gewählt werden soll, müssen zunächst sämtliche etwa bereits bestehenden Leistungsstörungen behoben werden und die zukünftige Leistung an den Vertragspartner angemessen sichergestellt sein, § 365(a), (b)(1) BC.

Das Wahlrecht muß in einem Verfahren nach Kapitel 7 innerhalb von 60 Tagen nach Verfahrenseröffnung ausgeübt werden, § 365(d)(1) BC. In den sonstigen Verfahren ist die Ausübung nach § 365(d)(2) BC grundsätzlich bis zur Bestätigung eines Reorganisationsplanes erforderlich, so daß die Ausübung in dem Plan selbst vorgenommen werden kann.[1] Erfolgt keine ausdrückliche Ausübung des Wahlrechts im Sinne einer Annahme oder Ablehnung, so gilt die Erfüllung durch Ablauf der Frist nach § 365(d) BC als abgelehnt.

---

[1] Vgl. *Bienenstock*, S. 453 f.; *Collier*, ¶ 365.04[2], S. 365-29; *Epstein*, S. 296.

Wird Erfüllung gewählt, so müssen die gegenseitigen vertraglichen Verpflichtungen - wie ursprünglich vereinbart - erfüllt werden. Weder der Vertrag noch die daraus resultierenden Rechte und Verpflichtungen dürfen modifiziert werden.[2]

Wird die Erfüllung abgelehnt, so stellt § 365(g) BC klar, daß ein Vertragsbruch auf Seiten des Schuldners vorliegt. Der Vertragspartner hat deswegen eine einfache Insolvenzforderung.[3]

Die Feststellung, wann die gegenseitigen Leistungspflichten bei einem Vertragsverhältnis zwischen dem Schuldner und einem Dritten nicht bereits ausreichend erfüllt sind und § 365 BC daher anwendbar ist, wird in der Rechtsprechung weitgehend nach einer Definition von *Countryman* vorgenommen.[4] Diese Definition eines executory contract lautet: "a contract under which the obligations of both the bankrupt and the other party to the contract are so far unperformed that the failure of either to complete performance would constitute a material breach excusing performance of the other".[5]

Im Hinblick auf den Zweck der Vorschrift, die Masse zu verbessern, kommt es dabei darauf an, ob der Vertragspartner bereits seine wesentliche Vertragsleistung erbracht hat.[6] Wenn dies der Fall ist, kann die Masse durch Erfüllungswahl nichts mehr gewinnen. Nur wenn die wesentliche Leistung nicht erbracht ist, ist es für die Masse sinnvoll, dem Anspruch des Vertragspartners den Status von Masseverwaltungskosten gemäß § 503 BC zu geben und die Gegenleistung zur Masse zu ziehen.

II. Das Wahlrecht in Abgrenzung zu Security Interests

Für dingliche Sicherheiten spielt § 365 BC keine Rolle. Der gesicherte Gläubiger hat seine wesentliche Vertragsleistung bereits erbracht.[7] Dies ist in den Fällen der Kreditgewährung gegen Bestellung einer Sicherheit zweifelsfrei. Dort

---

2 § 365(e) BC. Zulässig ist nach § 365(f)(2) BC allerdings die Übertragung des Vertrages von der Masse auf einen Dritten.

3 § 502(g) BC. Vgl. dazu In re Aslan, 909 F2d 367 (9th Cir. 1990); *Collier*, ¶ 365.09[1], S. 365-72; *Epstein*, S. 294.

4 Vgl. In re Robert L. Helms Construction & Dev. Co., Inc., 110 F3d 1470, 1472 (9th Cir. 1997); Matter of Murexco Petroleum, Inc., 15 F3d 60 (5th Cir. 1994); In re Knutson, 563 F2d 916 (8th Cir. 1977).

5 *Countryman*, Minnesota Law Review, 59 (1973), 439, 460.

6 *Countryman*, Minnesota Law Review, 59 (1973), 439, 451; *Weintraub/Resnick*, ¶ 7.10[1], S. 7-92.

7 Vgl. Leasing Service Corp. v. First Tennessee Bank National Association, 826 F2d 434; *Cowans*, § 11.12(b), S. 624; *Norton*, § 39:9, S. 39-36.

verbleibt es dann bei der einseitigen Verpflichtung des Schuldners, den Kredit zurückzuzahlen. Die verbleibende Pflicht des Vertragspartners, die Sicherheit nach Zahlung aufzugeben, ist hingegen keine Vertragsverpflichtung, die den Sicherungsgeber zur Verweigerung seiner Leistung berechtigte.[8]

Bei der Kaufpreisfinanzierung wird diese Betrachtungsweise nicht in allen Fallgestaltungen eingehalten. Dort hält der Veräußerer häufig trotz der Besitzübertragung den Eigentumstitel solange zurück, bis der Erwerber den Kaufpreis vollständig gezahlt hat. Bei diesem "retention of title" stellt § 1-201(37) UCC für bewegliche Sachen klar, daß darin ein Sicherungsrecht zu sehen ist.[9] Dementsprechend liegt auch keine Rechtsprechung vor, die hier das Wahlrecht erwägt. Auch bei sicherungsrechtsähnlichen Geschäften wird überwiegend die Anwendung des § 365 BC abgelehnt, etwa bei dem sogenannten "rent-to-own".[10]

Bei der Nichtübertragung des Eigentumstitels bei der Veräußerung von Grundstücken bis zur vollständigen Kaufpreiszahlung unterscheiden die Gerichte unterschiedlich. Zum überwiegenden Teil wird auch dort wegen der Ähnlichkeit zu einem Sicherungsrecht die Vereinbarung im Insolvenzverfahren wie eine Sicherheit behandelt.[11] Die Regelungen über executory contracts finden damit keine Anwendung. Die Gegenansicht stützt sich weitgehend darauf, daß dem Veräußerer nach dem Recht des jeweiligen Staates noch weitergehende Rechte zustehen als dem Inhaber einer Sicherheit an dem Grundstück.[12] Sie halten daher § 365 BC für anwendbar. Wenn daher der trustee die Erfüllung ablehnt, bleibt der Veräußerer weiterhin Eigentümer des Grundstückes. Es kann weder zugunsten der Masse veräußert werden, noch können die Rechte des Verkäufers in einem Reorgansiationsplan modifiziert werden.

---

8 Nach § 9-404(1) Satz 2 UCC ist der Sicherungsnehmer nach Erfüllung der Verbindlichkeit verpflichtet, dem Register dies anzuzeigen; anderenfalls macht er sich schadensersatzpflichtig.

9 § 1-201(37) UCC: "The retention or reservation of title of a seller of goods notwithstanding shipping or delivery to the buyer ... is limited in effect to a reservation of a 'security interest'."

10 South Carolina Rentals v. Arthur, 187 BR 502 (District Court D South Carolina 1995); *Collier*, ¶ 365.02[1][b], S. 365-20 mwN. Hier wird ein Gegenstand gemietet, nach Ablauf der Mietzeit und Zahlung der vorgesehenen Raten erwirbt der Kunde ohne weitere Gegenleistung das Eigentum.

11 In re Streets & Beard Farm Partnership, 882 F2d 233, 235 (7th Cir. 1989); In re Pacific Express, Inc., 780 F2d 1482, 1487 (9th Cir. 1986); In re Heward Brothers, 210 BR 475, 478 (Bankruptcy Court D Idaho 1997) mit umfänglichen Nachweisen auch zur Gegenansicht auf S. 477.

12 Vgl. etwa In re Terrell, 892 F2d 469, 472 f. (6th Cir. 1989); In re Speck, 798 F2d 279 (8th Cir. 1986).

Unstreitig ist die Anwendbarkeit des § 365 BC, wenn die noch nicht erfüllte Verpflichtung auf Seite des Verkäufers über die bloße Übertragung des Eigentumstitels hinausgeht.[13]

III. Sonderregelungen für Kaufpreisfinanzierungen

Im Bankruptcy Code sind Sicherheiten zur Kaufpreisfinanzierung in verschiedenen Zusammenhängen privilegiert. Ansonsten gelten allerdings - etwa bei der Verwertung - die allgemeinen Regelungen für die Behandlung der Sicherheiten.[14]

1. Keine Beschränkung der Perfection bei Verfahrensbeginn

Die perfection eines purchase money security interest wird durch den Verfahrensbeginn weniger stark beschränkt als bei anderen Sicherheiten. Nach § 362(b)(3) in Verbindung mit § 546(b)(1) BC kann auch nach Verfahrensbeginn innerhalb der Frist, die sich aus der allgemeinen zivilrechtlichen Regelung[15] ergibt, die perfection mit Wirksamkeit für das Verfahren vorgenommen werden. Sie ist weder der strong-arm-power des Verwalters noch der Anfechtung unterworfen.[16] Für die perfection anderer Sicherheiten gilt der automatic stay mit der Wirkung, daß der trustee Vorrang vor der nicht drittwirksamen Sicherheit erlangt.

2. Keine Anfechtung der Perfection wegen Gläubigerbevorzugung

Die nachträgliche perfection einer Sicherheit für Kaufpreisfinanzierung in der Präferenzzeit vor Verfahrensbeginn stellt keine Gläubigerbevorzugung dar, wenn sie in der 20tägigen Frist nach Erwerb des Sicherungsgutes durch den Schuldner erfolgte. Bei anderen Sicherheiten ist hingegen eine fast gleichzeitig mit der Kreditgewährung folgende perfection erforderlich, anderenfalls wäre diese als nachträgliche Besicherung und damit als Gläubigerbevorzugung anfechtbar.

3. Anfechtungsausschluß bei insolvenzfreiem Sicherungsgut

Der Schuldner kann nach § 522(f)(1)(B) BC eine Sicherheit für die Kaufpreisfinanzierung von Haushaltsgütern, Gegenständen des Arbeitsbedarfs oder

---

13 Vgl In re Frontier Properties, Inc., 979 F2d 1358, 1365 (9th Cir. 1992); In re Cochise College Park, Inc., 703 F2d 1339 (9th Cir. 1983).

14 Vgl. *Drobnig*, in: Kreuzer (Hrsg.), Mobiliarsicherheiten, S. 9, 30.

15 Nämlich aus § 9-301(2) UCC, diese Frist beträgt je nach Staat zwischen zehn und 21 Tagen.

16 Vgl. oben § 6 A III 1 b (3), S. 157 f.

medizinischen Hilfen nicht anfechten. Andere Sicherheiten an den genannten Gegenständen, die auf insolvenzfreiem Vermögen lasten, kann der Schuldner hingegen grundsätzlich anfechten und die Gläubiger somit zu ungesicherten Gläubigern machen.

B. Der Eigentumsvorbehalt in Deutschland

Die Frage nach der Behandlung des Eigentumsvorbehaltes als typisches Sicherungsmittel des Warenlieferanten wurde im Rahmen der deutschen Insolvenzrechtsreform besonders kontrovers diskutiert. Insbesondere die im bisherigen Recht geregelte Aussonderungsbefugnis des Eigentumsvorbehaltsverkäufers stand zur Disposition.

Von dem Eigentumsvorbehalt als Sicherungsmittel des Verkäufers abgesehen, ist es im Zusammenhang mit der Behandlung der dinglichen Sicherheiten irrelevant, aus welchem Rechtsverhältnis die zugrundeliegende Forderung entstammt. Dementsprechend sind, anders als im US-amerikanischen Recht, keine Sonderregelungen getroffen, wenn mit dem ausgereichten Darlehen das Sicherungsgut erworben wurde.

I. Beidseitig nicht erfüllte Verträge

Die Regelung über beidseitig nicht vollständig erfüllte Verträge enthält § 103 InsO. Wie bisher kann der Verwalter die Erfüllung wählen und damit die geschuldete Leistung des Vertragspartners zur Masse ziehen. Dessen Forderung ist als Masseverbindlichkeit gemäß § 55 Abs. 1 Nr. 2 InsO zu erfüllen.

II. Die Behandlung des Eigentumsvorbehaltes

Das Eigentum des Verkäufers mit einfachem Eigentumsvorbehalt in der Insolvenz des Käufers berechtigt grundsätzlich zur Aussonderung. Allerdings steht dies unter dem Vorbehalt, daß der Verwalter von der Erfüllungswahl nach §§ 103, 107 Abs. 2 InsO keinen Gebrauch macht.[17] Die spezielle Regelung des § 107 Abs. 2 InsO für die Ausübung der Erfüllungswahl beim Eigentumsvorbehaltskauf bestimmt die Voraussetzungen dieser Möglichkeit des Verwalters nicht selbst, sondern setzt das Bestehen dieser Wahlmöglichkeit aus § 103 Abs. 1 InsO voraus. Aus dieser Norm sind daher auch die Voraussetzungen zu entnehmen. Während sich danach der Insolvenzverwalter auf Aufforderung des Vertragspartners unverzüglich erklären muß (§ 103 Abs. 2 Satz 2 InsO), sieht § 107 Abs. 2 InsO eine Verlängerung dieser Erklärungszeit bis nach dem Berichtstermin vor. Diese kommt zum Tragen, wenn der Schuldner eine

[17] Dies entspricht der Rechtslage sowohl nach der KO, der GesO und der VglO.

bewegliche Sache unter Eigentumsvorbehalt gekauft und vom Verkäufer bereits den Besitz daran übertragen bekommen hat.

1. Die Möglichkeit der Erfüllungswahl beim Eigentumsvorbehaltskauf

a) Allgemeine Voraussetzungen der Erfüllungswahl

Das Recht des Insolvenzverwalters, nach § 103 Abs. 1 InsO Erfüllung zu wählen, setzt einen gegenseitigen Vertrag zwischen dem Schuldner und dem Kontrahenten voraus, der im Zeitpunkt der Verfahrenseröffnung beidseitig nicht oder noch nicht vollständig erfüllt ist.

Diese Voraussetzungen liegen beim Eigentumsvorbehaltskauf des Schuldners vor. Dieser ist - solange der Kaufpreis noch nicht vollständig entrichtet und daher das Eigentum noch nicht übergegangen ist - ein beidseitig noch nicht vollständig erfüllter gegenseitiger Vertrag.[18]

b) Die Voraussetzung der Erfüllbarkeit

Es ist § 103 Abs. 1 InsO allerdings um die ungeschriebene Voraussetzung zu ergänzen, daß es sich um einen noch *erfüllbaren* Vertrag handelt.[19] Dies ergibt sich aus dem Grundsatz, daß der Insolvenzverwalter mit Verfahrenseröffnung an die vorgefundene Rechtslage gebunden ist.[20] Ein bereits vor dem maßgeblichen Zeitpunkt der Verfahrenseröffnung endgültig gescheiterter Vertrag kann daher vom Verwalter nicht einseitig zu neuem Leben erweckt werden.

Daraus folgt, daß bei einem wirksamen Rücktritt des Vorbehaltsverkäufers vor Eröffnung des Verfahrens eine Erfüllungswahl nicht mehr möglich ist.[21] Der Vorbehaltsverkäufer kann in diesem Fall sofort aussondern.[22]

---

18 MünchKomm-*Ganter*, § 47 InsO Rn. 63; HK-*Marotzke*, § 107 Rn. 18; Kübler/Prütting-*Tintelnot*, § 107 Rn. 1. An dieser Einordnung besteht angesichts der gesetzgeberischen Grundentscheidung, den Eigentumsvorbehalt in § 107 InsO als Sonderfall des § 103 InsO zu regeln, kein Zweifel mehr. A.A. Staudinger-*Honsell*, § 455 Rn. 29, 49 mwN.

19 Smid-*Smid*, § 103 Rn. 23; für § 17 KO vgl. Kuhn/*Uhlenbruck*, § 17 Rn. 18x, 19a.

20 FK-*Wegener*, § 103 Rn. 65; Nerlich/Römermann-*Balthasar*, § 103 Rn. 52; zu § 6 KO: BGHZ 24, 15, 18; 44, 14; Kilger/*Schmidt*, § 6 KO, Anm. 4b; Kuhn/*Uhlenbruck*, § 6 Rn. 23 und 42. Einschränkend HK-*Marotzke*, § 103 Rn. 19.

21 Vgl. MünchKomm-*Ganter*, § 47 InsO Rn. 66; Smid-*Smid*, § 103 Rn. 30; für § 17 KO: Jaeger/*Henckel*, § 17 Rn. 141; Kuhn/*Uhlenbruck*, § 17 Rn. 30.

22 Zur Konkursordnung *Stracke*, KTS 1973, 102, 109 f.; *Mellwig*, S. 90, 147 f.; *Tintelnot*, ZIP 1989, 144, 152.

2. Wirkung der Erfüllungswahl bei Vorbehaltskauf

Hat der Insolvenzverwalter wirksam die Erfüllung des Vertrages gewählt, so sind nach § 103 Abs. 1 InsO die gegenseitigen Vertragsverpflichtungen vom Insolvenzverwalter und dem Vertragspartner zu erfüllen. Der Verkäufer bleibt an die bedingte Übereignung gebunden. Im Gegenzug hat der Insolvenzverwalter nach § 55 Abs. 1 Nr. 2, 1. Alt. InsO seinerseits anstelle des Gemeinschuldners aus der Masse den Kaufpreis zu entrichten.[23] Hinsichtlich der gegenseitigen Rechte und Pflichten - etwa in Bezug auf die Zahlungsmodalitäten - gelten die vertraglichen Bestimmungen wie ursprünglich vereinbart.[24]
Bei vollständiger Zahlung des Kaufpreises fällt das Eigentum am Vorbehaltsgut in die Insolvenzmasse und unterliegt dem uneingeschränkten Verwaltungs- und Verfügungsrecht des Insolvenzverwalters.[25]
Lehnt der Insolvenzverwalter hingegen die Erfüllung des Kaufvertrages ab (§ 103 Abs. 2 Satz 1 InsO), so kann der Verkäufer die Ware aufgrund seines Eigentumsrechtes gemäß § 47 InsO aussondern und nach den allgemeinen Vorschriften die Herausgabe verlangen. Ein Rücktritt des Aussonderungsberechtigten vom Vertrag nach § 449 BGB ist dafür nicht erforderlich.[26]

3. Die Aufforderung zur Ausübung des Wahlrechts

Um dem Vertragspartner Rechtsklarheit über das weitere Schicksal seines Erfüllungsanspruchs zu geben, sieht § 103 Abs. 2 Satz 2 InsO die Möglichkeit vor, den Verwalter zur Ausübung seines Wahlrechts aufzufordern. Dieser hat sich sodann "unverzüglich" zu erklären, wobei der zeitliche Rahmen von den Umständen des Einzelfalles abhängig ist.[27] Es kommt dabei entscheidend darauf an, wieviel Zeit der Verwalter benötigt, um die Vor- und Nachteile für die Masse beurteilen zu können, wobei er sich gegebenenfalls zunächst einen Überblick über die Geschäfte des Schuldners verschaffen muß.[28]

Der Vertragspartner hat allerdings keinen Anspruch auf Ausübung des Wahlrechts gegen den Insolvenzverwalter, vielmehr handelt es sich um eine

23 Vgl. FK-*Wegener*, § 107 Rn. 29; Kübler/Prütting-*Tintelnot*, § 103 Rn. 75; Nerlich/Römermann-*Balthasar*, § 103 Rn. 51; MünchKomm-*Ott*, § 107 InsO Rn. 24.

24 FK-*Wegener*, § 103 Rn. 65; Nerlich/Römermann-*Balthasar*, § 103 Rn. 52 f.; Smid-*Smid*, § 103 Rn. 45.

25 *Gottwald/Adolphsen*, Kölner Schrift, S. 1037, 1047, Rn. 13; *Marotzke*, JZ 1995, 811.

26 HK-*Marotzke*, § 107 Rn. 20; *ders.* JZ 1995, 811; MünchKomm-*Ott*, § 107 InsO Rn. 23.

27 MünchKomm-*Huber*, § 103 InsO Rn. 73; FK-*Wegener*, § 103 Rn. 63; Kübler/Prütting-*Tintelnot*, § 103 Rn. 71.

28 BT-Drucks. 12/2443, S. 145 ("Zu § 117").

Obliegenheit desselben. Als Konsequenz für eine nicht oder nicht rechtzeitig abgegebene Erklärung sieht § 103 Abs. 2 Satz 3 InsO den Verlust des Wahlrechtes vor; der Verwalter kann dann nicht mehr Erfüllung verlangen. Will der Verwalter nach Ablauf der Frist schließlich den Vertrag doch wie ursprünglich vorgesehen abwickeln, so ist er auf eine erneute vertragliche Vereinbarung mit dem Verkäufer angewiesen. Einen Anspruch darauf hat er allerdings nicht.

Die Behandlung zweiseitiger Verträge erfährt für einige Vertragstypen in den §§ 104 ff. InsO besondere Regelungen. Für Kaufverträge mit Eigentumsvorbehalt, in denen der Schuldner bereits im Besitz der Sache ist, enthält § 107 Abs. 2 InsO hinsichtlich des Zeitpunktes der Ausübung des Wahlrechts eine Modifikation.

a) Aufschub der Erfüllungswahl

Fordert der Vorbehaltsverkäufer, der die Sache bereits dem Schuldner überlassen hat, den Verwalter zur Entscheidung über die Erfüllungswahl auf, muß dieser sich abweichend von § 103 Abs. 2 InsO nicht unverzüglich entscheiden. Vielmehr kann er nach § 107 Abs. 2 Satz 1 InsO seine Erklärung bis unverzüglich nach dem Berichtstermin aufschieben.

Seinen Grund findet dieser Aufschub in folgendem: Das Wahlrecht soll dem Verwalter ermöglichen, für die Masse vorteilhafte Verträge im Interesse der Gläubigergesamtheit zu erfüllen und die Gegenleistung zur Masse zu ziehen.[29] Die sachgerechte Entscheidung, ob Erfüllung gewählt werden soll oder nicht, ist abhängig von der im Berichtstermin durch die Gläubigerversammlung zu entscheidenden Frage nach der Betriebsfortführung.[30] Tatsächlich wird im Falle einer Betriebsstillegung zumeist kein Bedürfnis für den Erhalt des Vorbehaltsgutes in der Masse bestehen. Andererseits führte es zu einer erheblichen und unnötigen Belastung der Masse, wenn der Verwalter zunächst für alle bei einer eventuellen Betriebsfortführung benötigten Gegenstände Erfüllung des Kaufvertrages wählen und die Gegenstände bei einer später beschlossenen Liquidation - gegebenenfalls mit finanziellem Verlust - veräußern müßte.

Weiterhin wird dem Umstand Rechnung getragen, daß dem Insolvenzverwalter kurz nach Verfahrenseröffnung häufig noch nicht die finanziellen Mittel zur Verfügung stehen, um die vertraglich vorgesehene Leistung bereits zu

---

29 *Bork*, Rn. 155; *ders.*, Festschrift Zeuner, S. 309; *Pape*, Kölner Schrift, S. 531, 538, Rn. 8; zur KO BGHZ 116, 156, 159; 106, 236, 244; Motive, bei Hahn, S. 85 f.; Jaeger/*Henckel*, § 17 Rn. 7.

30 BT-Drucks. 12/2443, S. 146 ("Zu § 121"); BT-Drucks. 12/7302 S. 169; zu Nr. 70 ("Zu § 121 Abs. 2").

erbringen.[31] Durch den Aufschub erhält der Insolvenzverwalter so die Möglichkeit, die erforderlichen finanziellen Mittel zunächst anzusammeln, um so bei der Erfüllungswahl den Kaufpreis bezahlen zu können.

Der Vorbehaltsverkäufer kann aufgrund dieser Regelung im ungünstigsten Fall über einen Zeitraum von etwas mehr als drei Monaten im Ungewissen über die Abwicklung des Kaufvertrages gelassen werden. Denn nach § 29 Abs. 1 Nr. 1 InsO soll der Berichtstermin längstens drei Monate nach Verfahrenseröffnung liegen, auch wenn er innerhalb von sechs Wochen erfolgen soll. Ein Nachteilsausgleich für die Verzögerung, wie ihn § 169 InsO für absonderungsberechtigte Gläubiger regelt, ist nicht vorgesehen.[32]
Bei der Ausübung des Wahlrechts nach dem Berichtstermin muß der Begriff "unverzüglich" enger gefaßt werden als im Normalfall des § 103 InsO. Der Verwalter ist damit *unmittelbar* nach Abhaltung des Berichtstermins zur Abgabe der fraglichen Erklärung verpflichtet, will er nicht das Recht auf Erfüllungswahl verlieren. Eine weitere Überlegungszeit kann ihm nicht eingeräumt werden. Lediglich die durch technische Zwänge der Organisation bei der Abgabe der Erklärung veranlaßte Zeit ist ihm zuzubilligen.

Dies ergibt sich daraus, daß der Verwalter die Zeit bis zum Berichtstermin zu nutzen hat, um sich den erforderlichen Überblick über die Geschäfte des Schuldners zu verschaffen. Denn im Berichtstermin hat sich der Verwalter nach § 156 Abs. 1 Satz 2 InsO ohnehin zu äußern, ob Aussichten bestehen, das Unternehmen des Schuldners im ganzen oder in Teilen zu erhalten. Die dafür erforderlichen Überlegungen umfassen auch die Frage, welche Gegenstände für die Fortführung benötigt werden. Dementsprechend muß der Verwalter schon vor dem Berichtstermin erwägen, bei welchen Verträgen für den Fall der Betriebsfortführung Erfüllung gewählt werden muß. Es besteht daher keine Veranlassung, die Vertragspartner über den aus organisatorischen Gründen erforderlichen kurzen Zeitraum hinaus weiterhin im unklaren zu lassen.

---

[31] BT-Drucks. 12/2443, S. 146 ("Zu § 121").

[32] Eine Analogie zu § 169 InsO erwägend, aber im Ergebnis ablehnend *Pape*, Kölner Schrift, S. 531, 565 f., Rn. 54.
Für das parallel gelagerte Problem eines Ausgleichs bei Wertverlust durch Nutzung hat *Marotzke*, JZ 1995, 803, 813, eine Analogie zu § 172 InsO erwogen. Dafür *Bork*, Rn. 162, Fn. 18; Breutigam/Blersch/Goetsch-*Breutigam*, § 172 Rn. 7; *Wellensiek*, Kölner Schrift, S. 403, 414, Rn. 39; verneinend Smid/*Smid*, § 172 Rn. 2; FK-*Wegener*, § 107 Rn. 31 und § 172 Rn. 2a. Zum Streitstand ausführlich Uhlenbruck-*Uhlenbruck*, § 172 Rn. 9 f.

Der Aufschub der Erfüllungswahl ist nach § 107 Abs. 2 Satz 2 InsO ausgeschlossen, wenn in dem Zeitraum bis zum Berichtstermin eine erhebliche Wertverminderung des Vorbehaltsgutes zu erwarten ist und der Verkäufer den Verwalter darauf hingewiesen hat. Ein derartiger Wertverlust kann etwa bei Saisonware oder leicht verderblichen Sachen drohen.[33] Es bleibt in diesem Fall bei dem Grundsatz des § 103 Abs. 2 Satz 2 InsO, wonach die unverzügliche Abgabe der Erklärung nach Aufforderung durch den Vertragspartner zu erfolgen hat.

b) Konsequenzen für die Aussonderung der Eigentumsvorbehaltsware

Die Ausgestaltung der Erfüllungswahl hat für den grundsätzlich zur Aussonderung berechtigten Vorbehaltsverkäufer folgende Konsequenzen: Er kann sein Herausgabeverlangen nicht sofort nach Verfahrenseröffnung durchsetzen, vielmehr darf der Verwalter zunächst im Besitz des Vorbehaltsgutes bleiben.[34] Diese zeitliche Beschränkung der Rechte des Aussonderungsberechtigten gilt von der Verfahrenseröffnung bis zur Erklärung des Verwalters bzw. bis zu dem Ablauf des für die Erklärung vorgesehenen Zeitraumes, also unverzüglich nach Abhaltung des Berichtstermins.

(1) Rücktritt des Vorbehaltsverkäufers nach Verfahrenseröffnung?

Fraglich ist, ob die geschilderten Konsequenzen für die Beschränkung der Herausgabe auch dann gelten, wenn die allgemeinen materiell-rechtlichen Voraussetzungen für die Rückforderung vorliegen, weil der Schuldner sich bereits vor Eröffnung in Verzug befand und eine Rücktrittserklärung gemäß § 449 BGB abgegeben werden könnte.[35]

Hier könnte die Ansicht vertreten werden, daß im Fall des Vorliegens der Voraussetzungen für einen Rücktritt des Vorbehaltsverkäufers bereits vor Verfahrenseröffnung dieser von dem Rücktrittsrecht auch noch nach Verfahrenseröffnung Gebrauch machen kann. Zur Begründung der entsprechenden Ansicht zur Konkursordnung wurde vorgebracht, daß die Verfahrenseröffnung nicht zu einer Beschränkung von Gestaltungsrechten gegenüber dem Gemeinschuldner bzw. der Masse führe.[36] Der Verwalter habe daher eine etwaige Erfüllungswahl

---

[33] BT-Drucks. 12/7302, S. 169 zu Nr. 70 ("Zu § 121 Abs. 2"); *Obermüller*, InVo 1996, 145; *Pape*, Kölner Schrift, S. 531, 566, Rn. 55.

[34] BT-Drucks. 12/2443, S. 146 ("Zu § 121"); *Gottwald/Adolphsen*, Kölner Schrift, S. 1043, 1072 Rn. 112 f.; *Hess/Obermüller*, Rn. 958, 1179; *Obermüller*, WM 1994, 1829, 1873 f.; *ders.* Rn. 6.359.

[35] Zu dem Fall des Rücktritts vor Verfahrenseröffnung vgl. oben 1 b, S. 366..

[36] Für die KO vgl. Jaeger/*Henckel*, § 3 Rn. 21.

vor Ablauf der gesetzten - gegebenenfalls angemessen zu verlängernden - Frist zu erklären.[37]

Sollte sich diese Ansicht auch zur Insolvenzordnung durchsetzen, so wird der Vorbehaltskäufer, der die Entscheidung des Verwalters nach §§ 103, 107 Abs. 2 InsO nicht abwarten will, vom Kaufvertrag zurücktreten und die Sache heraus verlangen.

Auf der anderen Seite spricht gegen diese Ansicht folgende Überlegung: Im Insolvenzverfahren sollen während des Zeitraumes bis zum Berichtstermin die für eine Fortführung des Unternehmens benötigten Gegenstände zusammengehalten werden.[38] Der ebenfalls diesem Zweck dienende Aufschub für die Ausübung des Wahlrechts für den Insolvenzverwalter (§ 107 Abs. 2 Satz 1 a.E. InsO) liefe aber weitgehend leer, wollte man nicht auch gleichzeitig den Herausgabeanspruch und damit die Durchsetzung der allgemeinen materiell-rechtlichen Rechte des Vorbehaltsverkäufers beschränken. Denn in vielen Fällen dürften die Voraussetzungen für den Rücktritt des Verkäufers gegeben sein, weil nämlich der Käufer in der Krise die vereinbarten Zahlungstermine nicht wird einhalten können.[39]

Entsprechende Überlegungen gelten, wenn zwar das Rücktrittsrecht nicht vor Verfahrenseröffnung entstanden ist, aber der ursprünglich vorgesehene Zahlungstermin in dem Zeitraum vor der Erfüllungswahl des Insolvenzverwalters liegt und daher der Vorbehaltsverkäufer nach den allgemeinen zivilrechtlichen Regelungen in diesem Moment wegen der Nichtzahlung ein Rücktrittsrecht erwürbe.

(2) Dogmatische Herleitung der Beschränkung des Herausgabeverlangens

Aus dem gesetzlichen Wortlaut läßt sich die Rechtsfolge der - wie auch immer gearteten - Beschränkung des Herausgabeanspruchs oder des Rücktrittsrechtes allerdings nicht ablesen.[40] Auf der anderen Seite hat der Gesetzgeber in der

---

[37] Zu § 103 InsO allgemein Smid-*Smid*, § 103 Rn. 42; Nerlich/Römermann-*Balthasar*, § 103 Rn. 52; Insolvenzrechtshandbuch-*Huber*, § 36 Rn. 20. Zur KO Jaeger/*Henckel*, § 17 Rn. 142; Kilger/*Schmidt*, § 17 KO Anm. 4b; Kuhn/*Uhlenbruck*, § 17 Rn. 31; *Serick* I, § 13 II 2 a, S. 340 (mit Nachweisen zur Gegensansicht in Fn. 23).

[38] BT-Drucks. 12/2443, S. 146 ("Zu § 121").

[39] Vgl. HK-*Marotzke*, § 107 Rn. 30; *ders.* JZ 1995, 813.

[40] HK-*Marotzke*, § 107 Rn. 29; *ders.* JZ 1995, 803, 811 ff., 813.

Begründung die gewünschte Rechtsfolge als selbstverständlich dargestellt: "Durch das Wahlrecht des Verwalters zwischen der Erfüllung des Kaufvertrages und der Ablehnung dieser Erfüllung (§ 117 des Entwurfs [jetzt § 103 InsO]) und durch das Recht des Verwalters, die Ausübung des Wahlrechts bis zum Berichtstermin aufzuschieben (§ 121 Abs. 2 des Entwurfs [jetzt § 107 Abs. 2 InsO]) wird jedoch auch für Sachen, an denen ein einfacher Eigentumsvorbehalt besteht, sichergestellt, daß sie nach der Eröffnung des Insolvenzverfahrens zunächst nicht herausgegeben werden müssen."[41]

Für die dogmatische Herleitung der Befugnis zum Besitz bieten sich verschiedene Ansätze an, die zum Teil aus den unterschiedlichen Ansichten über das Schicksal eines beidseitig noch nicht vollständig erfüllten Vertrages nach Insolvenzeröffnung abgeleitet werden können.

(a) Die Theorie vom automatischen Untergang der Hauptleistungspflichten

Die Rechtsprechung des Bundesgerichtshofes und die ihm überwiegend folgende Literatur ging für den mit § 103 Abs. 1 InsO nahezu identischen § 17 Abs. 1 KO davon aus, daß der Erfüllungsanspruch bei Verfahrenseröffnung erlischt und erst durch Erfüllungswahl des Verwalters neu entsteht. Verlange der Verwalter nicht Erfüllung, so trete durch die Verfahrenseröffnung ein einseitiger Schadensersatzanspruch des Vertragspartners an die Stelle des Erfüllungsanspruchs. Dieser Schadensersatzanspruch sei Konkursforderung im Sinne des § 3 KO [42] Diese Ansicht wurde erheblich kritisiert.[43]

Für die vorliegende Frage, ob durch Verfahrenseröffnung eine Hemmung des Herausgabeanspruches des Vorbehaltsverkäufers eintritt, ergibt sich aus der Ansicht des Bundesgerichtshofes folgendes: Wenn durch die Verfahrenseröffnung der Kaufpreisanspruch des Verkäufers erlischt, kann dieser aus einem zuvor

---

[41] BT-Drucks. 12/2443, S. 178 ("Zu § 191"); ähnlich deutlich auch S. 146 ("Zu § 121"); BT-Drucks. 12/7302, S. 169 zu Nr. 70 ("Zu § 121 Abs. 2").

[42] Vgl. BGHZ 106, 236, 241 ff; 109, 368, 375; 116, 156, 158; OLG Frankfurt ZIP 1995, 369, 371 (jeweils nicht zu Eigentumsvorbehaltskäufen); zustimmend *Uhlenbruck*, JZ 1992, 425, 426. Aus der Literatur ebenso Kuhn/*Uhlenbruck*, § 17 Rn. 1 mwN. Für die InsO: *Hess/Obermüller*, Rn. 950; *Pape*, Kölner Schrift, S. 531, 553, Rn. 31; unklar für den Eigentumsvorbehalt nach § 107 Abs. 1 ("Durchbrechung des Grundsatzes, daß die Hauptleistungspflichten ... erloschen sind") S. 429, Rn. 46.

[43] Vgl. insbesondere *Bork*, Festschrift Zeuner, 297, 302, 315 ff.; *Marotzke*, EWiR § 17 KO 2/1988, 285 f.; kritisch auch *Gerhardt*, Festschrift Merz, S. 120 f.; *Tintelnot*, ZIP 1995, 618.

bestehenden Verzug keine Rechte mehr herleiten. Für einen nach Eröffnung eintretenden Verzug fehlt es an der Voraussetzung des Bestehens des Anspruchs.[44] Dementsprechend liegen auch die Voraussetzungen für einen Rücktritt des Verkäufers nicht vor. Auf der anderen Seite dürfte ein Rücktritt auch nicht mehr erforderlich sein. Denn mit Verfahrenseröffnung erlischt auch der Erfüllungsanspruch der in die Stellung des Gemeinschuldners eintretenden Masse.[45]

Wegen dieser Erledigung der primären Pflichten aus dem Kaufvertrag und somit auch des Eigentumsvorbehaltes müßte sich konsequenterweise auch das obligatorische Besitzrecht des Verwalters an Stelle des Schuldners aus dem Kaufvertrag erledigt haben. Denn mit dem Wegfall der Grundlage des obligatorischen Besitzrechts entfällt auch das Besitzrecht aus § 986 BGB.[46]
Schwierigkeiten macht auf dieser Grundlage die Begründung eines neuen Besitzrechts, das dem Herausgabeanspruch des Verkäufers aus § 985 BGB entgegensteht. Es wird nicht aus einem - wenn auch schwebenden - Weiterbestehen des Erfüllungsanspruchs des Verwalters hergeleitet werden können. Denn der Bundesgerichtshof hat ausdrücklich ausgeführt, daß nach der Konkurseröffnung kein schwebendes Rechtsverhältnis bestehe, vielmehr werde durch die Erfüllungswahl das Schuldverhältnis, wenn auch mit identischem Inhalt, neu begründet.[47]

Auch das Rechtsverhältnis, in das der Vertrag durch Insolvenzeröffnung umgestaltet wird, enthält keine tragfähige Grundlage für das weitere Behaltendürfen des Kaufgegenstandes. Dessen maßgeblicher Inhalt ist nämlich der Schadensersatzanspruch des Vertragspartners und der Anspruch auf Herausgabe des geleisteten Gegenstandes.[48] Gegenansprüche der Masse, die zu einem Besitzrecht des Verwalters führen, sind zwar denkbar - etwa Zurückbehaltung wegen Aufwendungsersatz etc.- dürften aber nur selten vorkommen.

Zu denken wäre auch an ein Besitzrecht aufgrund eines Anwartschaftsrechtes. Das durch den Kaufvertrag mit aufschiebend bedingter Übereignung

---

44 So nämlich FK-*Wegener*, § 107 Rn. 29.

45 BGHZ 106, 236, 242; BGH ZIP 1987, 304, 305.

46 Grundsätzlich Staudinger-*Gursky*, § 986 Rn. 26; MünchKomm-*Medicus*, § 986 BGB Rn. 27. Allerdings wird daraus nicht die Konsequenz des sofortigen Wegfalls des Besitzrechtes im Konkurs gezogen, vgl. Staudinger-*Gursky*, § 986 Rn. 76. Wie hier hingegen *Marotzke*, Rn. 3.46.

47 BGHZ 116, 156, 158; ebenso OLG Frankfurt/Main, ZIP 1995, 369, 371.

48 Vgl. etwa BGHZ 106, 236, 241 f; 116, 156, 158.

resultierende Anwartschaftsrecht des Schuldners fällt bei Verfahrenseröffnung in die Masse.[49] Aus dem Erlöschen der Erfüllungsansprüche folgt nicht zwingend das Erlöschen dieses Rechts. Denn durch die Möglichkeit der Erfüllungswahl und Zahlung des Kaufpreises aus der Masse kann der Verwalter den Bedingungseintritt herbeiführen, während der Vorbehaltsverkäufer keine Möglichkeit hat, dies zu verhindern. Damit ist das entscheidende Merkmal der gesicherten Rechtsposition gegeben.

Allerdings gewährt das Anwartschaftsrecht allein nach der Rechtsprechung des Bundesgerichtshofes kein Recht zum Besitz.[50]

Aus dem Erlöschen der Erfüllungsansprüche, welches nach dieser Ansicht Folge der Verfahrenseröffnung ist, ergibt sich somit unter Berücksichtigung der Rechtsprechung des Bundesgerichtshofes zum Besitzrecht beim Anwartschaftsrecht keine Rechtfertigung für eine Herausgabeverweigerung des Insolvenzverwalters nach Verfahrenseröffnung.

(b) Hemmung der Erfüllungsansprüche

Nach anderer Ansicht erlöschen bei einem schwebenden Vertrag die gegenseitigen Erfüllungsansprüche durch die Verfahrenseröffnung nicht.[51] Diese Ansicht wurde in neuerer Zeit von *Bork* wieder aufgegriffen. Dieser sieht die weiterhin bestehenden Erfüllungsansprüche in ihrer Durchsetzbarkeit als gehemmt an.[52] Dies sei die Konsequenz der ansonsten bestehenden Unvereinbarkeit der fehlenden Durchsetzbarkeit des Erfüllungsanspruches mit den nachkonkurslichen Erfüllungsansprüchen aus § 164 KO (jetzt § 201 InsO).[53]

In diese Richtung argumentiert nunmehr auch der Bundesgerichtshof unter Aufgabe der Ansicht, die Verfahrenseröffnung bewirke ein Erlöschen der gegenseitigen Erfüllungsansprüche.[54] Die Verfahrenseröffnung ziehe keine materiellrechtliche Umgestaltung des Vertrages nach sich, es seien zunächst lediglich die gegenseitigen Erfüllungsansprüche wegen § 320 BGB nicht mehr durchsetzbar. Erst die Erfüllungswahl verschaffe den gegenseitigen Erfüllungsansprüchen die Rechtsqualität originärer Masseverbindlichkeiten und -forderungen.

---

[49] Kilger/*Schmidt*, § 1 KO Anm. 2 c mwN.

[50] BGHZ 10, 69; dem folgend etwa MünchKomm-*Medicus*, § 986 BGB Rn. 9; Staudinger-*Gursky*, § 986 Rn. 13; a.A. Palandt-*Bassenge*, § 929 Rn. 41 mwN.

[51] Zur KO zuerst *Jaeger*, Konkursordnung, 6./7. Auflage (Berlin/Leipzig 1936), § 17 Anm. 30 f., 40 f.; dem folgend noch BGHZ 96, 392, 394.

[52] Zu § 17 KO *Bork*, Festschrift Zeuner, S. 315 ff.

[53] *Bork*, aaO., S. 308 f.

[54] BGH ZIP 2002, 1093, 1094 f. Die Entscheidung erging zu § 8 Abs. 2 GesO.

Die gegenseitigen Erfüllungsansprüche und somit auch der Kaufvertrag blieben danach zunächst bestehen. Erst nach Erfüllungsablehnung könne der Verkäufer sich entscheiden, ob er sich mit seiner Kaufpreisforderung am Verfahren beteiligt oder den Nichterfüllungsschaden verlangt.[55]

Daraus ergibt sich für das vorliegende Problem das Besitzrecht jedenfalls bis zur Ausübung des Wahlrechtes ohne weiteres aus dem weiterhin mit den jeweiligen Primäransprüchen vorhandenen Kaufvertrag. Fraglich ist allerdings, welche Auswirkungen sich daraus für ein Rücktrittsrecht ergeben. Denn mit diesem Rücktritt könnte der Vorbehaltsverkäufer - ungeachtet der gehemmten Primäransprüche - dem Besitzrecht die vertragliche Basis entziehen. Auch hierfür fehlt es an einer ausdrücklichen Regelung der Hemmungswirkung.[56]
Die Hemmungswirkung für das Rücktrittsrecht wird man daher auf der Grundlage dieser Ansicht aus dem Zweck des Insolvenzverfahrens allgemein oder als dem § 107 Abs. 2 InsO immanent ableiten müssen.[57]

(c) *Marotzkes* Analogie

Wegen der fehlenden positiv-rechtlichen Regelung einer Herausgabehemmung wird von *Marotzke* für das Rücktrittsrecht des Vorbehaltsverkäufers eine Analogie zu § 112 Ziffer 1 InsO vertreten. Diese Regelung bestimmt für Miet- und Pachtverträge ein Verbot der Kündigung wegen bereits vor Antragstellung eingetretenem Verzug des Schuldners als Mieter bzw. Pächter mit der vertraglichen Gegenleistung. Daher bleibt im unmittelbaren Anwendungsbereich für derartige Vertragsverhältnisse das Besitz- und Nutzungsrecht erhalten. Dementsprechend sei ein Rücktritt vom Kaufvertrag mit Eigentumsvorbehalt durch den Verkäufer gegenüber dem Schuldner wegen Verzuges nicht möglich, wenn der Verzug bereits vor Stellung des Eröffnungsantrages vorgelegen habe.[58]
Marotzke begründet diese Analogie mit dem auch bei der Überlassung des Vorbehaltsgutes vorhandenen Interesse, die wirtschaftliche Einheit im Besitz des

---

55 *Bork*, Rn. 159, 162.

56 Dies hebt *Marotzke*, JZ 1995, 803, 813 hervor; ebenso *Prütting*, NZI 2002, Heft 4, S. VI.

57 Vgl. auch Uhlenbruck-*Berscheid*, § 107 Rn 8, der in § 107 Abs. 2 ein sonstiges Recht zum Besitz im Sinne des § 986 Abs. 1 BGB sieht; ebenso Insolvenzrechtshandbuch-*Huber* § 36 Rn. 20.

58 *Marotzke*, JZ 1995, 803, 813; *ders.* Gegenseitige Verträge, Rn. 4.113, 3.46, 7.58, 7.66; HK-*Marotzke*, § 107 Rn. 29 ff. Dem folgend AG Düsseldorf, DZWiR 2000, 347, 348 mit zustimmender Anmerkung *Smid*, 349; Smid-*Smid*, § 107 Rn. 8; MünchKomm-*Ganter*, § 47 InsO Rn. 66; Uhlenbruck-*Berscheid*, § 107 Rn. 8, allerdings unter Berufung auf den Rechtsgedanken des § 112 Ziffer 2 InsO.

Schuldners nicht auseinanderzureißen.[59] Eine weitere Stütze findet die Analogie darin, daß in der gesetzgeberischen Begründung zu § 112 InsO der Verbleib des Eigentumsvorbehaltsgutes als dem gleichen Normzweck entsprechend erwähnt wird.[60]
Daraus ergibt sich das Besitzrecht zumindest für vor der Verfahrenseröffnung eingetretenen Verzug weiterhin aus dem Kaufvertrag.
Wenn der Zahlungsverzug nach Antrag auf Eröffnung oder nach Eröffnung des Insolvenzverfahrens eintritt, soll das Rücktrittsrecht aber nicht mehr ausgeschlossen sein. Diese Situation sei nach dem Wortlaut des für die Analogie herangezogenen § 112 InsO nicht mehr erfaßt.[61] Demgemäß sei dem Vorbehaltsverkäufer der Rücktritt und die Geltendmachung des Herausgabeanspruchs in diesem Fall möglich.[62]
Dies hätte aber zur Folge, daß der Schuldner bzw. ein vorläufiger Insolvenzverwalter nach Antragstellung und der Insolvenzverwalter nach Verfahrenseröffnung bis zum Berichtstermin die fällig werdenden Kaufpreisraten bezahlen müßte, um das Rücktrittsrecht auszuschließen und die Sache im Besitz zu halten. Damit liefe die Regelung aber praktisch leer, da das erhebliche finanzielle Risiko, welches sich durch diese Zahlungen bei einer späteren Erfüllungsablehnung realisierte, nicht zu rechtfertigen wäre. Die von *Marotzke* als erforderlich angesehenen Zahlungen des Verwalters bis zum Berichtstermin dürfte dieser wegen seiner Verpflichtungen den allgemeinen Gläubigern gegenüber nicht erbringen.
Dieses Ergebnis ist nicht sachgerecht. Der Grund dafür folgt aus der Schwäche der Analogie: Miet- und Pachtzahlungen sind Gegenleistungen für die Gebrauchsüberlassung auf Zeit. Will der Insolvenzverwalter die gemieteten oder gepachteten Gegenstände während der Laufzeit des Insolvenzverfahrens weiter nutzen, ist es angemessen, daß er auch die entsprechende Gegenleistung erbringt. Beim Eigentumsvorbehalt hingegen handelt es sich nicht vorrangig um eine entgeltliche Gebrauchsüberlassung. Vielmehr soll in erster Linie die Sachsubstanz selbst übertragen werden, wobei sich lediglich aus der vorgezogenen Besitzübertragung als Erfüllung eines Teils der Verkäuferpflichten bereits die Nutzungsmöglichkeit ergibt. Der Kaufpreis als Gegenleistung läßt sich aber nicht auf bestimmte Zeitabschnitte aufteilen, auch wenn sie in concreto in Raten zu erbringen ist. Der Zweck des § 107 Abs. 2 InsO liegt auch nicht in dem

---

59 HK-*Marotzke*, § 107 Rn. 31; *ders.* JZ 1995, 803, 813.

60 Vgl. BT-Drucks. 12/2443, S. 148 ("Zu § 126").

61 HK-*Marotzke*, § 107 Rn. 32; *ders.* JZ 1995, 803, 813.

62 Anders noch zu § 17 KO: Besitzrecht solange, wie das Recht zur Erfüllungswahl ausgeübt werden kann: *Marotzke*, Gegenseitige Verträge in Konkurs und Vergleich, 1. Auflage 1985, S. 268 f.

Erhalt der Nutzungsmöglichkeit an dem Kaufgegenstand. Dies zeigt sich schon daran, daß eine Befugnis des Verwalters zur Nutzung fehlt.[63] Vielmehr soll die spätere Fortführung des Unternehmens durch die Erhaltung der Erfüllungswahl ermöglicht werden.[64]
Somit fehlt es auch an der für eine Analogie erforderlichen vergleichbaren Interessenlage.

Hingegen verweist *Marotzke* auf die Vergleichbarkeit des Eigentumsvorbehaltskaufes mit einem kaufähnlichen Leasingvertrag.[65] Für Leasingverträge sei aber die Anwendbarkeit des § 112 InsO schon in der Gesetzesbegründung anerkannt.[66]

Als tragender Unterschied, der auch hier eine Gleichbehandlung des Eigentumsvorbehaltes mit dem Leasingvertrag verbietet, kann aber wiederum auf den primären Vertragszweck verwiesen werden. Denn dieser geht auch beim Leasingvertrag mit Kaufoption vorrangig auf die entgeltliche Gebrauchsüberlassung. Der Leasingnehmer verpflichtet sich - anders als der Käufer bei einem Kaufvertrag - gerade nicht zum Erwerb der Sache, sondern behält sich diese Entscheidung vor.

Im übrigen ist es aus methodischer Sicht fragwürdig, die Analogie auf eine vermeintliche Vergleichbarkeit mit einer anderen Analogie zu stützen. Denn allgemein wird für eine Analogie die Heranziehung einer *gesetzlichen* Regel auf einen vergleichbaren Sachverhalt vorausgesetzt.[67]
Wegen dieser Erwägungen kann *Marotzkes* Ansicht nicht überzeugen.

(d) Kein Erwerb eines Rücktrittsrechts nach Insolvenzeröffnung

Häsemeyer geht davon aus, daß nach Verfahrenseröffnung wegen § 91 InsO dem Vorbehaltsverkäufer ein Rücktrittsrecht nicht mehr zustehen könne.[68] Ein derartiger Regelungsgehalt ist der angeführten Norm aber nicht zu entnehmen.

---

63 Anders als etwa § 172 Abs. 2 InsO für bestimmte mit Absonderungsrechten belastete Gegenstände. Die Frage ist allerdings strittig, vgl. oben unter Fn. 32, S. 369.

64 So ausdrücklich BT-Drucks. 12/2443, S. 146 ("Zu § 121").

65 HK-*Marotzke*, § 107 Rn. 31; *ders.* JZ 1995, 803, 813.

66 *Marotzke*, JZ 1995, 803, 813 mit Hinweis auf BT-Drucks. 12/2443, S. 148 ("Zu § 126").

67 Statt aller *Larenz*, Methodenlehre, S. 381; *Röhl*, S. 651 f.; *Sauer*, § 35 I 1b, S. 288, § 35 II 2 b, S. 290, § 38 II, S. 308.

68 *Häsemeyer*, Rn. 18.35 Fn. 99; kritisch zu diesem Argument HK-*Marotzke*, § 107 Rn. 32.

Sie bezieht sich einzig auf die Rechtsbeziehungen Dritter zu einem Massegegenstand. Eine Erstreckung auf vertragliche Beziehungen des Schuldners, wie sie *Häsemeyer* vornimmt, kann daraus nicht entnommen werden. Dies entspräche auch nicht dem Zweck der Regelung, das Aktivvermögen der Masse zu schützen.

(e) Verdrängung der allgemeinen zivilrechtlichen Regelungen

Aus den bisherigen Lösungsansätzen ergibt sich keine befriedigende Begründung des Besitzrechtes. Meines Erachtens hat dies seinen Grund darin, daß es einer derartigen Begründung aus den allgemeinen zivilrechtlichen Regelungen nicht bedarf. In § 107 Abs. 2 InsO ist eine das Rechtsverhältnis zwischen Masse und Vorbehaltsverkäufer abschließend regelnde Sonderbestimmung zu sehen, welche die allgemeinen Regelungen ausschließt.[69] Ein diesbezüglicher Rückgriff auf die Regelung des § 323 Abs. 1 BGB und das daraus resultierende Rücktrittsrecht verbietet sich hier aber deswegen, weil in § 107 Abs. 2 InsO eine genaue Bestimmung zum Schicksal des Vertrages beim Eigentumsvorbehaltskauf des Schuldners getroffen ist.
Dies erfordert im übrigen auch der Sinn der §§ 103, 107 Abs. 2 InsO, die Fortführung und Sanierungschancen zu wahren, bis im Berichtstermin eine Entscheidung über die Fortsetzung oder Liquidation des schuldnerischen Betriebes getroffen ist.[70] Diese Wahrung der Sanierungschancen wird nämlich zumindest teilweise vereitelt, wenn der Insolvenzverwalter bei Bindung an die gesetzte Nachfrist schon vor dem Berichtstermin zur Entscheidung gezwungen wäre. Während der Berichtstermin innerhalb von sechs Wochen nach Verfahrenseröffnung durchgeführt werden soll (§ 29 Abs. 1 Nr. 1 InsO), sind die nach § 323 Abs. 1 BGB gesetzten Nachfristen in der Praxis erheblich kürzer als sechs Wochen. Überdies ist zu berücksichtigen, daß die Frist auch bereits vor Verfahrenseröffnung in Gang gesetzt worden sein kann. In der Regel müßte sich der Insolvenzverwalter daher bei laufender Nachfrist zu dem Vertrag erklären, bevor gemäß § 157 InsO von der Gläubigerversammlung über die Fortführung des schuldnerischen Unternehmens entschieden wurde.

Demzufolge bedarf es auch nicht der ausdrücklichen Bestimmung, daß Rücktritt und Herausgabeverlangen des Vorbehaltsverkäufers im Insolvenzverfahren ausgeschlossen sind. Durch die Bestimmungen der §§ 107 Abs. 2, 103 InsO werden dessen Rechte vollständig definiert, für die allgemeinen zivilrechtlichen

---

69 Zur KO bereits *Jaeger*, 6./7. Auflage, § 17 KO, Anm. 35; *Meyer-Bleyer*, 2. Auflage, § 17 Anm. 3b.

70 Vgl. BT-Drucks. 12/2443, S. 146 ("Zu § 121").

Gestaltungsrechte und Ansprüche ist daneben kein Raum. Die vertraglichen Vereinbarungen, insbesondere das in § 449 BGB genannte Rücktrittsrecht des Verkäufers, können im Insolvenzverfahren gegenüber dem Insolvenzverwalter nicht durchgesetzt werden.

Daraus ergibt sich auch die fehlende Durchsetzbarkeit des Herausgabeverlangens aus § 985 BGB. Hier ergibt sich das Besitzrecht des Verwalters aus seinem Wahlrecht hinsichtlich der Erfüllung des bei Verfahrenseröffnung bestehenden zweiseitigen Vertrages.
Das dem Vertrag immanente Besitzrecht des Schuldners ist durch die Verfahrenseröffnung auf den Insolvenzverwalter übergegangen. Wegen der Beschränkung der Gestaltungsmöglichkeiten des Vorbehaltsverkäufers auf die in §§ 103 Abs. 2, 107 Abs. 2 InsO vorgesehenen Rechte kann dies der Vorbehaltsverkäufer auch nicht mehr nach Verfahrenseröffnung vernichten.
Gegen die hier vertretene Ansicht kann auch nicht das Argument der zu § 17 KO überwiegend vertretenen Ansicht angeführt werden, wonach der Verwalter die Schuldverhältnisse des Gemeinschuldners in der Lage übernehme, in der sich diese im Zeitpunkt der Verfahrenseröffnung befinden. Denn dieser Grundsatz kann nur soweit Geltung beanspruchen, wie keine insolvenzrechtliche Sonderregelung die vertraglichen Rechte der Beteiligten modifiziert. Eine derartige Regelung enthält, anders als die Konkursordnung, § 107 Abs. 2 InsO. Die dem § 103 InsO vergleichbare Norm des § 17 KO über das Wahlrecht bei zweiseitigen Verträgen enthielt keine besonderen Bestimmungen betreffend die Rechte des Vorbehaltsverkäufers.[71]

Im übrigen stellte sich auch das Problem des Rücktrittes und des Besitzrechtes in der Konkursordnung nicht, da der Konkursverwalter auf Aufforderung des Vertragspartners sich unverzüglich erklären mußte. Somit trat keine nennenswerte zeitliche Verzögerung zwischen der Geltendmachung der Rechte eines Vorbehaltsverkäufers und der Entscheidung des Verwalters, ob Erfüllung gewählt wird, auf.

(3) Rechtsfolgen des Ausschlusses eines Rücktrittsrechtes

Aus der hier vertretenen Ansicht ergeben sich folgende Wirkungen:
War der Vorbehaltsverkäufer bereits vor Eröffnung wirksam zurückgetreten, so hat sich der Eigentumsvorbehalt erledigt. Die Masse übernimmt den Zustand des schuldnerischen Vermögens im Zeitpunkt der Eröffnung. Dieses enthält

---

[71] Dazu etwa *Starck*, KTS 1973, 112 ff.

aber dann nur noch die Ansprüche aus dem Rückabwicklungsverhältnis, nicht hingegen Ansprüche auf Übereignung der Sache.
Liegt noch kein Rücktritt vor, so kann dieser nach Verfahrenseröffnung nicht mehr erklärt werden. Damit ist wegen § 449 Abs. 2 BGB auch der Herausgabeanspruch ausgeschlossen. Der Vorbehaltsverkäufer ist auf die in der Insolvenzordnung vorgesehenen Rechte beschränkt. Er kann daher lediglich den Verwalter gemäß § 103 Abs. 2 Satz 2 InsO zur Ausübung des Wahlrechtes auffordern. Lehnt der Verwalter sodann die Erfüllung ab, so wird der Weg frei für eine Aussonderung nach § 47 InsO. Gleiches gilt, wenn wegen Ablaufs der Frist der Verwalter gemäß § 103 Abs. 2 Satz 3 InsO nicht mehr Erfüllung wählen kann. Wird hingegen Erfüllung gewählt, werden die vertraglichen Regelungen - mit Bindung für die Masse - übernommen. Der Vorbehaltsverkäufer hat einen Zahlungsanspruch gemäß § 55 Abs. 1 Nr. 2 InsO gegen die Masse, bei dessen Nichterfüllung er wiederum vom Vertrag zurücktreten kann.

Lief bei Verfahrenseröffnung eine nach § 323 Abs. 1 BGB gesetzte Nachfrist, so ist der Insolvenzverwalter nicht an diese gebunden.[72] Das Wahlrecht steht ihm - in der soeben geschilderten Weise mit den entsprechenden Rechtsfolgen - zu.

(4) Entstehung des Rücktrittsrechts nach Verfahrenseröffnung?

Die soeben geschilderte Überlegung, daß §§ 103, 107 Abs. 2 InsO eine abschließende, die sonstigen Rechte des Vorbehaltskäufers ausschließende Sonderregelung enthalten, gilt auch für den Fall, daß der vertraglich vorgesehene Zahlungstermin erst nach Eröffnung des Verfahrens liegt. Auch dort kann der Vorbehaltsverkäufer nach Verstreichen des Zahlungstermines nicht vom Vertrag zurücktreten und die sofortige Aussonderung des Kaufgegenstandes verlangen.[73]

Gegen diese Rücktrittsmöglichkeit spricht schon, daß es nach § 41 InsO nicht auf vertragliche Fälligkeiten der Forderungen ankommen soll. Vielmehr werden durch die Verfahrenseröffnung sämtliche Forderungen, also auch die Kaufpreisforderung des Vorbehaltsverkäufers, als sofort fällig behandelt. Damit wäre aber ein Abstellen auf den ursprünglichen Fälligkeitstermin nicht zu vereinbaren.

---

[72] Siehe oben II 1 b, S. 366.

[73] A.A. HK-*Marotzke*, § 107 Rn. 32; *ders.*, JZ 1995, 803, 813, der in diesem Fall de lege lata das Rücktrittsrecht und eine darauf beruhende Aussonderung für unvermeidbar hält, allerdings einen Gesetzesergänzung hinsichtlich einer Rücktrittssperre vorschlägt, HK-*Marotzke*, § 107 Rn. 32a.

Im übrigen kann das Gestaltungsrecht des Vorbehaltsverkäufers während des Verfahrens nicht mehr entstehen. Denn es fehlt am Verzug als Voraussetzung des Entstehens des Rücktrittsrechtes.[74]

4. Ersatzaussonderung beim Eigentumsvorbehalt

Wenn die Eigentumsvorbehaltsware vor Eröffnung des Verfahrens durch den Schuldner oder nach Eröffnung durch den Verwalter unberechtigt veräußert wurde, so setzt sich gemäß § 48 Abs. 1 InsO das Aussonderungsrecht an der Gegenleistung fort.[75] Anders als im bisherigen Recht wird der Gegenstand des Ersatzaussonderungsrechtes damit nicht mehr auf die ausstehende oder zur Masse gezogene und dort unterscheidbar vorhandene Gegenleistung beschränkt. Vielmehr wird die Ersatzaussonderung zusätzlich dann gewährt, wenn zwar der Schuldner vor Verfahrenseröffnung die Ersatzleistung vereinnahmt hat, diese aber noch unterscheidbar in der Masse vorhanden ist.[76]
Aus dieser Erweiterung des Ersatzaussonderungsrechtes folgt im Vergleich zur Rechtslage unter der Konkursordnung eine weitreichende Privilegierung des Aussonderungsberechtigten. Er wird damit auch bessergestellt, als er in der Einzelzwangsvollstreckung stünde. Denn dort hätte der Vorbehaltsverkäufer, dessen Käufer unbefugt über den Kaufgegenstand verfügt und die daraus resultierende Gegenleistung für sich vereinnahmt, keine besonderen Rechte an der Gegenleistung. Insbesondere erhielte er keine Priorität bei der Befriedigung vor anderen Gläubigern.[77]

Die Regelung ist in der Literatur auf Ablehnung gestoßen, insbesondere weil damit entgegen dem erklärten Ziel der Reform, ungerechtfertigte Vorzugsrechte abzubauen, diese sogar neu geschaffen werden.[78] Eine überzeugende Rechtfertigung ist dafür nicht ersichtlich.

---

74 Für die Konkursordnung wurde dies zumeist mit § 7 KO begründet: Jaeger/*Lent*, § 63 Rn. 2; *Serick* I § 13 II 1b, S. 337, mwN; Schlegelberger/*Hefermehl*, HGB, 5. Aufl. 1982, Anh. zu § 382 Rn. 144. In einer vereinzelt geblieben Entscheidung wurde der fehlende Verzug mit dem Verlust des Verfügungsrechtes des Gemeinschuldners gemäß § 6 KO begründet, RGZ 121, 207, 211.

75 Zum Ersatzaussonderungsrecht vgl. insbesondere *Dieckmann*, Festschrift Henckel, S. 95 ff.

76 BT-Drucks. 12/2443, S. 125 ("Zu § 55"); BT-Drucks. 12/7302 S. 160 zu Nr. 30 ("Zu § 55").

77 *Dieckmann*, Festschrift Henckel, S. 11 f.; *Häsemeyer*, Rn. 11.19.

78 *Häsemeyer*, Rn. 11.19; *Marotzke*, ZZP 109 (1996), 429, 437, mwN. in Fn. 36; kritisch auch *v. Olshausen*, ZIP 1995, 1950, 1951.

Eine vertragliche Vereinbarung über die Erstreckung, wie bei einem Eigentumsvorbehalt die Vereinbarung einer Verlängerungsform, müssen die Parteien nämlich nicht getroffen haben, damit der Aussonderungsberechtigte nach der Insolvenzordnung in den Genuß der Privilegierung gelangt.
Der Gesetzgeber hat zur Begründung einzig auf den Surrogationsgedanken abgestellt.[79] Dies erscheint aber schon deshalb zweifelhaft, weil eine derartige Surrogation in der Rechtsordnung die Ausnahme darstellt.[80]

Einleuchtender erscheint hingegen die Argumentation der Gegenposition. So hat der Regierungsentwurf den Fall der Veräußerung vor Eröffnung - abweichend von der jetzt getroffenen gesetzlichen Bestimmung - vom Ersatzaussonderungsrecht ausnehmen wollen: Der Gläubiger habe sein Recht zur Aussonderung bereits vor Verfahrenseröffnung verloren, somit stünden ihm nur noch allgemeine deliktische oder bereicherungsrechtliche Ansprüche - als Insolvenzforderung - zu. Es sei kein Grund ersichtlich, diese Gläubiger im Insolvenzverfahren besser zu stellen als andere Gläubiger mit vergleichbaren Ansprüchen.[81]

Angesichts der eindeutigen Rechtslage ergibt sich für den Vorbehaltsverkäufer folgendes aus der Regelung: Bei einer unberechtigten Veräußerung der Vorbehaltsware erhält er den Zugriff auf den Anspruch gegen den Erwerber, soweit dieser noch nicht geleistet hat. Erfolgte die Leistung bereits - entweder an den Schuldner oder in die Masse - so kann sie ausgesondert werden, wenn sie unterscheidbar ist. Liegen diese Voraussetzungen nicht vor, kommen ein Bereicherungsanspruch gegen die Masse und ein Schadensersatzanspruch aus § 60 InsO gegen den Verwalter in Betracht.

5. Sonderformen des Eigentumsvorbehaltes

Wurde von den Vertragsparteien über den einfachen Eigentumsvorbehalt hinaus eine Sonderform vereinbart, ist bei der Behandlung danach zu unterscheiden, ob und gegebenenfalls wann der Erweiterungs- bzw. Verlängerungsfall eintritt.

---

79 BT-Drucks. 12/7302, S. 160 zu Nr. 30 ("Zu § 55"): "vom Surrogationsgedanken her gerechtfertigt". Nach *Harder*, KTS 2001, 97, 113 f., 116, wird die Analogie bei einer unberechtigten Verfügung des Insolvenzverwalters durch eine dingliche Surrogation verdrängt, die sich aus einem Erst-recht-Schluß ergebe.

80 Ausführlich gegen das Argument der Surrogation: *Dieckmann*, Festschrift Henckel, S. 101 ff.

81 So BT-Drucks. 12/2443, S. 125 ("Zu § 55"); dem folgend *Marotzke*, ZZP 109 (1996), 429, 435. Im Ergebnis auch *Harder*, KTS 2001, 97, 116 f.

a) Der Verlängerungs- bzw. Erweiterungsfall vor Verfahrenseröffnung

Ist der Verlängerungs- bzw. Erweiterungsfall bereits vor Verfahrenseröffnung eingetreten, so berechtigt das dann vorliegende Sicherungsrecht - wie bisher - nicht zur Aussonderung.[82] Anzuwenden sind die Regelungen über das Absonderungsrecht, da sich die Sicherheit unter § 51 Nr. 1 InsO subsumieren läßt.[83]

b) Der Verlängerungs- bzw. Erweiterungsfall nach Verfahrenseröffnung

Ist bei Verfahrenseröffnung der Eigentumsvorbehalt noch in seiner Ursprungsform vorhanden, da der Kaufgegenstand noch im Eigentum des Vorbehaltsverkäufers steht und der Kaufpreis noch nicht vollständig gezahlt ist, dann berechtigt der Eigentumsvorbehalt - vorbehaltlich der Erfüllungswahl durch den Insolvenzverwalter - zur Aussonderung.[84] In dieser Situation kann es aber dazu kommen, daß die Voraussetzungen für den Erweiterungs- bzw. den Verlängerungsfall während des Verfahrens herbeigeführt werden.
Hier ist insbesondere zu unterscheiden, ob die Voraussetzungen einer Verlängerungs- oder einer Erweiterungsform betroffen sind.

(1) Die Verarbeitung bzw. Veräußerung durch den Insolvenzverwalter

Die Verarbeitungs- bzw. Veräußerungsberechtigung, die dem Schuldner vom Vorbehaltsverkäufer im Rahmen eines verlängerten Eigentumsvorbehaltes erteilt wird, erlischt grundsätzlich mit der Eröffnung des Verfahrens.[85] Der Insolvenzverwalter hat daher - in Ermangelung entsprechender gesetzlicher Regelungen - grundsätzlich keine Befugnis zur Verarbeitung oder Veräußerung des Vorbehaltsgutes.

Bei einer gleichwohl erfolgenden Veräußerung erlangt der Vorbehaltsverkäufer ein Ersatzaussonderungsrecht aus § 48 InsO an der vereinbarten Gegenleistung. Dies gilt nicht bei einer Verarbeitung. Denn das Ersatzaussonderungsrecht

82 BT-Drucks. 12/2443, S. 125 ("Zu § 58 und § 59"); BT-Drucks. 12/7302, S. 160, zu Nr. 33 ("Zu § 58").

83 Vgl. die Herleitung oben unter § 3 B II 3, S. 76 ff.

84 BT-Drucks. 12/2443, S. 125 ("Zu § 55"); *Gottwald/Adolphsen*, Kölner Schrift, S. 1043, 1047, Rn. 13; *Marotzke*, ZZP 109 (1996), 429, 457. Zweifelnd allerdings *Hess/Obermüller*, Rn.1183; *Obermüller/Hess*, Rn. 801; a.A. *Häsemeyer*, Rn. 11.10; Smid-*Smid*, § 47 Rn. 21 und § 51 Rn.17.

85 *Elz*, ZInsO 2000, 478, 481; Breutigam/Goetsch/Blersch-*Breutigam*, § 48 Rn. 9. Zur KO Kuhn/*Uhlenbruck*, § 17 KO Rn. 18 l; *Serick* V, § 63 III, S. 429 und § 63 IV 13, S. 447; differenzierend *Henckel*, S. 52 f., 62 f.; FK-*Joneleit/Imberger*, § 48 Rn. 11; A.A. Smid-*Smid*, § 107 Rn. 12.

erstreckt sich nicht auf neu hergestellte Sachen bei einer Verarbeitung. Hier können Ansprüche des Vorbehaltsverkäufers auf Zahlung des ursprünglichen Kaufpreises gegen die Masse bestehen, wenn das Vorbehaltsgut durch oder auf Veranlassung des Insolvenzverwalters verarbeitet wird und dies als konkludente Wahl der Erfüllung im Sinne der §§ 107 Abs. 1, 103 Abs. 1 InsO zu werten ist. Dementsprechend würde der Kaufpreisanspruch zur Masseverbindlichkeit gemäß § 55 Abs. 1 Nr. 1 InsO. In der Regel wird jedoch eine Erfüllungswahl als empfangsbedürftige Willenserklärung nicht gegeben sein, sondern die Verarbeitung durch Unkenntnis oder Übersehen des Fremdeigentums veranlaßt worden sein. Dann kommen lediglich ein Bereicherungsanspruch gegen die Masse gemäß § 55 Abs. 1 Nr. 3 InsO sowie eine persönliche Schadensersatzpflicht des Insolvenzverwalters aus § 60 InsO in Betracht.

(2) Das Problem der Erfüllungswahl beim erweiterten Eigentumsvorbehalt

Ein weiteres Problem ergibt sich für die Erfüllungswahl des Insolvenzverwalters bei einem erweiterten Eigentumsvorbehalt. Kann der Vorbehaltsverkäufer, wenn der Insolvenzverwalter die Erfüllung wählt, wegen der weiteren Forderungen noch abgesonderte Befriedigung verlangen oder muß er sich mit der Erfüllung der Kaufpreisforderung für den fraglichen Gegenstand begnügen?[86] Weder aus der Insolvenzordnung selbst noch aus den Gesetzesbegründungen ergibt sich insoweit ein neuer Anhaltspunkt für die Lösung. Aus den bereits zur Konkursordnung angestellten Erwägungen ist daher auch weiterhin von der Absonderungsberechtigung des Verkäufers hinsichtlich der Forderungen auszugehen, die nicht Kaufpreisforderung für den fraglichen Gegenstand sind.[87]

Dagegen läßt sich nicht einwenden, daß bei Zahlung des Kaufpreises durch den Insolvenzverwalter die Kaufpreisforderung durch eine andere Forderung ersetzt würde. Dies stellte in der Tat einen Rechtserwerb an einem Massegegenstand dar, der durch § 91 Abs. 1 InsO ausgeschlossen wäre. Vielmehr besteht das Absonderungsrecht bereits neben dem Aussonderungsrecht und rückt nur durch dessen Fortfall in den Vordergrund.[88]

---

86 Vgl. dazu HK-*Marotzke*, § 103 Rn. 49 f.; *ders.* ZZP 109 (1996), 429, 433 in Fn. 16.

87 Vgl. OLG Hamm, EWiR § 17 KO 2/87; Insolvenzrechtshandbuch-*Gottwald*, § 43 Rn. 23. Anders, aber zweifelhaft, MünchKomm-*Ganter*, § 47 InsO Rn. 92, für den Fall, daß die weiteren Ansprüche durch Ablehnung der Erfüllung der jeweiligen Verträge entfallen. Da es sich nur um seltene Fälle handeln dürfte, soll dieser Frage nicht näher nachgegangen werden.

88 Im Ergebnis auch *Marotzke*, Gegenseitige Verträge, Rn. 4.170, 4.172. a.A. Smid-*Smid*, § 107 Rn. 10; zumindest einschränkend Kübler/Prütting-*Tintelnot*, § 103 Rn. 81.

Im Ergebnis führt dies dazu, daß der Insolvenzverwalter, will er den Gegenstand endgültig und ohne fremde Rechte in die Masse einverleiben, sowohl den Kaufpreis zahlen als auch das Absonderungsrecht bedienen muß. In aller Regel wird dies wirtschaftlich nicht sinnvoll sein. Daraus folgt, daß beim erweiterten Eigentumsvorbehalt regelmäßig die Ablehnung der Erfüllung erfolgen wird, wenn nicht die Beteiligten eine gütliche Einigung treffen.

C. Vergleichung

Bei der Vergleichung der beiden Rechtsordnungen zu den Sicherheiten, die zur Kaufpreisfinanzierung verwendet werden, ist zunächst darauf hinzuweisen, daß in Deutschland das Institut des Eigentumsvorbehaltes in der Insolvenz eine eigenständige und von den sonstigen Sicherheiten abweichende Regelung gefunden hat. In den USA findet sich kein besonderes Institut, vielmehr ist versucht worden, den Interessen des Kaufpreisfinanziers durch vereinzelte Sonderregelungen Rechnung zu tragen. Diese erstrecken sich - im Unterschied zu Deutschland - nicht nur auf den Verkäufer des Gegenstandes, sondern auch auf Dritte, die den Kaufpreis auf andere Art und Weise finanziert haben.

I. Erfordernis der Sonderbehandlung

Es kann bezweifelt werden, ob Kaufpreissicherheiten abweichend von anderen Sicherheiten geregelt sein sollten. Während der Reformdiskussion in Deutschland wurde noch im Referentenentwurf auch der einfache Eigentumsvorbehalt lediglich mit Absonderungskraft ausgestattet.[89] Begründet wurde dies insbesondere mit der ähnlichen wirtschaftlichen Funktion des Eigentumsvorbehaltes im Vergleich mit der Sicherungsübereignung. Auch das Aussonderungsrecht des Konkursrechts habe für den Vorbehaltsverkäufer nur selten zur vollen Befriedigung geführt, denn der Konkursverwalter werde die Erfüllungswahl nur vornehmen, wenn der Wert der Sache den ausstehenden Kaufpreisrest übersteige. Daher komme dem Vorbehaltsverkäufer regelmäßig nur - ebenso wie einem Absonderungsberechtigten - der Wert der Sache zugute.[90] Bereits im Regierungsentwurf wurde der einfache Eigentumsvorbehalt allerdings wieder mit Aussonderungskraft ausgestattet.

Dies scheint auch deswegen sachgerecht, weil damit das besondere Interesse des Lieferanten berücksichtigt wird, der eher als der Sicherungseigentümer in

---

89 § 55 Abs. 1 Nr. 1 RefE und die Begründung auf S. B 42; dem folgend *Hilgers*, S. 77 ff. Kritisch auch *Marotzke*, ZZP 109 (1996), 429, 431 mwN.; *Marotzke*, in: Leipold (Hrsg.), Insolvenzrecht im Umbruch, S. 183, 187 f.

90 Begründung RefE, S. B 50.

der Lage ist, die Vorbehaltsware anderweitig zu verwenden oder ohne Einbußen zu verkaufen. Daß auf eine eigenständige Regelung eines derartigen Instituts trotzdem verzichtet werden kann, ohne den Warenfluß zu hemmen, zeigt sich in den USA.
Die Einordnung des Eigentumsvorbehalts als Absonderungsrecht hätte zu einer Angleichung des deutschen Rechts an die US-amerikanische Systematik der Sicherungsrechte geführt. Zwar ist in den verschiedenen Rechtsordnungen der einzelnen Staaten die dogmatische Beurteilung des Sicherungsrechts uneinheitlich, da zum Teil in der Sicherungsrechtsübertragung die Übertragung des Vollrechts an den Gläubiger oder einen Treuhänder, zum Teil aber lediglich eine pfandrechtsähnliche Berechtigung gesehen wird. Für das bundesrechtlich geregelte Insolvenzverfahren werden diese einheitlich behandelt, entscheidend ist dort die forderungssichernde Funktion. Liegt diese vor, sind die Regelungen über unvollständig erfüllte Verträge nicht anzuwenden.

Im Gegensatz dazu ist das Wahlrecht des Verwalters hinsichtlich beidseitig nicht erfüllter Verträge in Deutschland für den Eigentumsvorbehalt gegeben. Dies führt allerdings dazu, daß bis zur Entscheidung des Verwalters ein Schwebezustand herrscht, der dem Interesse des Vorbehaltsverkäufers an einer schnellen und vorhersehbaren Abwicklung des Vertragsverhältnisses widerspricht.

II. Wirkungen der Regelungen für Kaufpreissicherungen

Das US-amerikanische Recht privilegiert Sicherungsrechte, die zur Kaufpreisfinanzierung dienen. Allerdings beschränkt sich diese Privilegierung auf drei Aspekte: Die Befugnis, die Sicherheit unbeeinträchtigt durch den Verfahrensstopp zu perfektionieren, d.h. drittwirksam zu machen, der Ausschluß der Anfechtung wegen Gläubigerbegünstigung, wenn die Perfektion innerhalb der vom allgemeinen Zivilrecht gesetzten Grenzen erfolgte, und die Unzulässigkeit der Anfechtung, wenn diese Sicherheiten an Haushaltsgegenständen vereinbart sind, die der Schuldner als insolvenzfreies Vermögen reklamiert. Es handelt sich also lediglich um geringfügige Abweichungen von der Behandlung sonstiger Sicherheiten, die für den Geschäftsverkehr wenig Relevanz haben.

Demgegenüber steht im deutschen Recht die Möglichkeit der Erfüllungswahl durch den Verwalter bei noch nicht endgültig gescheiterten Eigentumsvorbehaltskäufen. Bis zur endgültigen Erfüllungswahl bleibt der Vorbehaltsverkäufer über das Schicksal des Vertrages im unklaren. Dieser Zustand kann sich bis zu drei Monaten hinziehen, wobei er keine Entschädigungen erhält. Wird die Erfüllung abgelehnt, kann die Herausgabe im Wege der Aussonderung betrieben werden. Im Unterschied zu der grundsätzlichen Behandlung der Absonderungsrechte im deutschen Recht und der Verwertung des Sicherungsgutes in den USA kann der Verwalter auf die Eigentumvorbehaltsware dann nicht zugreifen. In den USA gelten hingegen auch für derartige Sicherheiten die allgemeinen Verwertungsregelungen.

Die US-amerikanische Regelung erscheint auch hinsichtlich dieser Regelungen reorganisationsfreundlicher. Angesichts der einheitlichen Behandlung aller dinglichen Sicherheiten kann auch auf Sicherungsgut zur Kaufpreisfinanzierung zurückgegriffen werden. Dies ist in Deutschland ebenfalls nur durch Erfüllungswahl, etwa in einem Plan, möglich.
Als reorganisationshemmend dürfte sich in Deutschland auch erweisen, daß ein Herausgabeanspruch des Vorbehaltsverkäufers wegen Rücktritts aufgrund vor Verfahrenseröffnung eingetretenen Verzuges gesetzlich nicht geregelt ist. Die dazu angedachten Lösung einer Beschränkung durch Analogie zu den Regelungen über die Kündigung von Miet- und Pachtverhältnissen bei Verzug vor Verfahrenseröffnung überzeugt allerdings nicht ohne weiteres. Es muß daher bezweifelt werden, ob die Gerichte derartige Herausgabeverlangen beschränken. Viel eher ist davon auszugehen, daß ein Herausziehen dieser Gegenstände aus der Masse möglich ist.

Im Hinblick auf die Berechenbarkeit der weiteren Vertragsabwicklung erscheint die US-amerikanische Regelung erheblich klarer als der unsichere Schwebezustand in Deutschland. Auch der Zugriff auf Gegenstände, die für eine Reorganisation erforderlich sind, ist in den USA besser gewährleistet. Hier wird der deutsche Gesetzgeber möglicherweise noch Nachbesserungen vornehmen müssen. Es hat sich gezeigt, daß die Beibehaltung der Aussonderung beim einfachen Eigentumsvorbehalt nicht erforderlich war. Dafür ist der Eigentumsvorbehalt als Sicherheit in Deutschland werthaltiger als andere dingliche Sicherheiten. Denn der Eigentumsvorbehaltsverkäufer wird nicht mit den Kostenpauschalen für Feststellung und Verwertung von Sicherungsgut belastet.

Ob die in Kauf genommenen Nachteile durch das Interesse der Eigentumsvorbehaltsverkäufer, die Eigentumsvorbehaltsware zurück zu erhalten, und die erhöhte Werthaltigkeit dieses Sicherungsmittels aufgewogen werden, ist allerdings zu bezweifeln.

§ 12 Schlußbetrachtung

In der abschließenden Betrachtung sollen die wesentlichen Erkenntnisse der vorstehenden Untersuchung kurz zusammengefaßt und die anfangs aufgeworfenen Fragen beantwortet werden. Im Vordergrund steht dabei, wie der Interessenkonflikt zwischen den Beteiligten - insbesondere zwischen dem gesicherten Gläubiger und der Gläubigergesamtheit - gelöst wird. Die einzelnen Abweichungen und deren Auswirkungen wurden bereits jeweils am Ende der Kapitel kritisch betrachtet.

Außerdem werden hier die Folgerungen für das neu geschaffene deutsche Recht gezogen - zum einen hinsichtlich der Anwendung nicht eindeutiger Regelungen, zum anderen aber auch hinsichtlich der festgestellten Schwachpunkte.

A. Wesentliche Ergebnisse der Untersuchung

Die Behandlung dinglicher Sicherheiten im Insolvenzverfahren weist in beiden Rechtsordnungen vielfältige Parallelen auf. Zurückzuführen ist dies auf die bereits aufgezeigte Entsprechung der wirtschaftlichen Entwicklung in den USA und Deutschland und dem daraus resultierenden Bedürfnis für Forderungssicherungen. Demgemäß entsprechen sich auch weitgehend die auftretenden Interessenkonflikte in der Insolvenz des Sicherungsgebers. Nur in wenigen Fragen divergieren diese Interessenkonflikte aufgrund der unterschiedlichen Vorgaben des allgemeinen Zivilrechts.

I. Die Funktion dinglicher Sicherheiten in der Insolvenz

Die Untersuchung hat gezeigt, daß die Funktion dinglicher Sicherheiten in der Insolvenz des Sicherungsgebers grundsätzlich sowohl in den USA als auch in Deutschland anerkannt wird. Sowohl Hauptforderung als auch Zinsen und Kosten kann ein Kreditgeber mit Wirksamkeit in der Insolvenz durch ein Befriedigungsrecht an einem Gegenstand absichern - sofern der Schuldner werthaltiges Sicherungsgut in seinem Vermögen hat und dieses dem Gläubiger bereitstellt. In Deutschland hat auch die neu geschaffene Entnahme von Feststellungs- und Verwertungskosten sowie Umsatzsteuer aus dem Erlös einer Verwertung von Mobiliarsicherheiten nichts geändert. Die Wertminderung der Sicherheit müssen die Gläubiger durch eine entsprechende Bemessung der Sicherheit auszugleichen suchen. Hier bestehen allerdings Zweifel, ob die jeweilige Verhandlungsmacht des Kreditgebers zur Durchsetzung des Verlangens einer werthaltigeren Sicherheit ausreicht. Auch könnte der Versuch an fehlendem geeigneten Sicherungsgut beim Schuldner scheitern.

Mit der grundsätzlichen Zulassung der Sicherung auch für den Insolvenzfall tragen die Rechtsordnungen den Erfordernissen der Wirtschaftssysteme Rechnung. Denn diese sind auf die Zurverfügungstellung von Kapital durch Kredite angewiesen. Die Kreditgewährung wiederum wird durch die Möglichkeit einer wirksamen Sicherung des Rückzahlungsanspruches, insbesondere auch für den Fall der Insolvenz des Schuldners, gefördert.

Allerdings wird weder in den USA noch in Deutschland der Interessenkonflikt zwischen dem gesicherten Gläubiger und der Gläubigergesamtheit in der Weise geregelt, daß der gesicherte Gläubiger auch im Insolvenzverfahren unbeeinflußt die ihm nach dem allgemeinen Zivilrecht zustehenden Rechte ausüben kann. Der Zugriff des Gläubigers auf das Sicherungsgut und die Realisierung der Sicherheit sind verschiedenen Beschränkungen unterworfen. Bei den Beschränkungen der Funktion dinglicher Sicherheiten finden sich zum Teil erhebliche Unterschiede zwischen beiden Rechtsordnungen.

II. Beschränkungen des Bestandes der Sicherheit

Mit einer wirksamen dinglichen Sicherheit erwirbt der Gläubiger eine Besserstellung gegenüber den allgemeinen Gläubigern und entzieht dem Schuldner einen Wert, der ansonsten im Insolvenzverfahren zur Verteilung an die allgemeinen Gläubiger zu Verfügung stünde. Wegen dieser Besserstellung hat die Insolvenzanfechtung gerade für Sicherheitenbestellungen in beiden Rechtsordnungen Bedeutung. Greift die Anfechtung durch, so erlangt die Masse das befreite Sicherungsgut. Auf der anderen Seite büßt der Gläubiger dadurch sein Befriedigungsrecht ein.

Das US-amerikanische Anfechtungsrecht stellt sich als das erheblich effektivere dar. Bei der praktisch wichtigen Anfechtung wegen Gläubigerbevorzugung durch Forderungssicherung - unabhängig davon, ob der Gläubiger einen Anspruch darauf hatte oder nicht - ist zu bemängeln, daß in Deutschland weitgehend an subjektiven Voraussetzungen festgehalten wird. Erforderlich ist hier die Zahlungsunfähigkeit des Schuldners oder Kenntnis des Anfechtungsgegners von der benachteiligenden Wirkung oder darauf hindeutender Umstände. Lediglich für inkongruente Deckung, bei der kein Anspruch auf Besicherung bestand, wird für den letzten Monat vor Antragstellung auf subjektive Voraussetzungen verzichtet.
Hier ist die US-amerikanische Lösung vorzuziehen, die allein auf objektive Umstände abstellt. Für den deutschen Insolvenzverwalter ist angesichts der jetzigen Rechtslage eine Anfechtung immer mit erheblichen Beweisrisiken

verbunden - auch wenn etwa bei der Anfechtung gegenüber Insidern Beweiserleichterungen bestehen.

Die erfaßten Zeiträume sind bei dieser Anfechtung ähnlich. In den USA werden Transaktionen innerhalb der letzten 90 Tage vor Antragstellung erfaßt, in Deutschland diejenigen innerhalb der letzten drei Monate. Nur bei der Insider-Anfechtung erweitert das US-amerikanische Recht diesen Zeitraum auf ein Jahr, während das deutsche Recht hier bei dem Drei-Monats-Zeitraum bleibt.

In beiden Rechtsordnungen finden sich Instrumente, die ähnliche Funktionen wie die Insolvenzanfechtung ausüben.
In den USA werden über die Einräumung eines Vorranges zugunsten des Verwalters alle nicht drittwirksamen Rechte im Insolvenzverfahren wertlos. Der Verwalter wird dabei mit der Rechtsstellung eines Vollstreckungsgläubigers und eines gutgläubigen Erwerbers ausgestattet. Von diesem Instrument sind Sicherungsnehmer betroffen, die auf die Publizität der Sicherheit - durch Registereintragung oder Besitzübertragung - verzichtet haben. Ein derartiges Instrument kennt das deutsche Recht nicht. Dies ist auf die Unterschiede des allgemeinen Zivilrechts zurückzuführen. Die US-amerikanische Vorrangregelung zielt auf Sicherheiten, die zwar nach dem allgemeinen Zivilrecht im Zwei-Personen-Verhältnis wirksam sind, aber keine Drittwirkung entfalten. Da es in Deutschland kein vergleichbares Institut des allgemeinen Zivilrechts gibt, bestand kein Bedürfnis für eine entsprechende Regelung. Der Gesetzgeber wollte auf diese Weise den heimlichen Sicherheiten zumindest im Konflikt mit anderen Gläubigern - etwa einem Vollstreckungsgläubiger oder in der Insolvenz - die Wirkung versagen.

Zusammenfassend ist festzustellen, daß die im täglichen Geschäftsverkehr vorkommende Sicherheitenbestellung bei gleichzeitiger Kreditgewährung in beiden Rechtsordnungen anfechtungsfest ist. Denn das entscheidende Merkmal ist jeweils die Gläubigerbenachteiligung. An dieser fehlt es bei Austauschgeschäften, wie es die Kreditgewährung gegen Bestellung der Sicherheit darstellt.

III. Die Wertrealisierung

Bei der Realisierung des Wertes, welcher der Sicherheit innewohnt, ergeben sich für den gesicherten Gläubiger in Deutschland weitergehende Beschränkungen als in den USA.
Zwar setzt der Schutz vor einer Verwertung des Sicherungsgutes in den USA früher ein und wirkt umfassender. Denn in den USA wird durch Antragstellung

ein umfangreicher Verfahrensstopp bewirkt, der unter anderem die Verwertung des Sicherungsgutes durch den gesicherten Gläubiger verhindert.
Eine derartige Wirkung kommt in Deutschland grundsätzlich erst der Verfahrenseröffnung zu. Wenn dieser Schutz vorverlagert werden soll, muß dies das Gericht nach Stellung des Eröffnungsantrags gesondert anordnen. Bei bestimmten Sicherheiten hindert selbst diese Anordnung nicht die sofortige Verwertung. Dies betrifft - wie auch im eröffneten Verfahren - Sicherheiten an Gegenständen im Besitz des Sicherungsnehmers, an gewerblichen Schutzrechten sowie Gesellschaftsrechten und an Forderungen, soweit diese verpfändet sind.
Gerade im Hinblick auf eine mögliche Reorganisation oder die Verwertung von Sachgesamtheiten ist die deutsche Regelung weniger effektiv für den Schutz der Masse als die US-amerikanische Regelung, da dort die Gegenstände zunächst bei der Masse gehalten werden können.

Der gesicherte Gläubiger muß in Deutschland aber größere Einschnitte an dem Erlös der Sicherheitenverwertung hinnehmen. Hier werden zugunsten der Masse Abzüge aus dem Erlös vorgenommen, bevor dieser an den gesicherten Gläubiger ausgekehrt wird. Es handelt sich dabei um Feststellungskosten von 4 % sowie Verwertungskosten von pauschal 5 % bzw. in der tatsächlich angefallenen Höhe. Weiterhin ist etwa anfallende Umsatzsteuer einzubehalten. Bei der Verwertung von Immobilien im Rahmen des gerichtlichen Zwangsversteigerungsverfahrens erhält die Masse 4 % des Wertes von beweglichen Gegenständen, die dem Haftungsverband der Immobilie zugeordnet sind.
In den USA werden derartige Verwertungskosten nur unter engen Voraussetzungen vom Erlös abgezogen, nämlich wenn sie notwendig waren und zielgerichtet zum Nutzen des gesicherten Gläubigers aufgewandt wurden. Im übrigen ist der Verwalter in den USA zumeist nicht zur Verwertung berechtigt, es sei denn, er kann einen Restwert der Sicherheit für die Masse realisieren, oder der gesicherte Gläubiger stimmt zu. Ansonsten erfolgt die Verwertung nach Freigabe des Sicherungsgutes oder Aufhebung des Verfahrensstopps durch den Gläubiger selbst.
Ungeklärt ist in Deutschland bisher die Frage, ob der gesicherte Gläubiger etwa anfallende Umsatzsteuer auch an die Masse erstatten muß, wenn er aufgrund ursprünglicher Befugnis die Verwertung durchführt. Dies ist in der Literatur noch ungeklärt, wenn auch die besseren Gründe für eine Pflicht zur Abführung derartiger Beträge sprechen. Ansonsten sind Feststellungs- und Verwertungskosten dort nicht zu erstatten.
In jedem Fall sind allerdings in Deutschland von dem Erlös einer Sicherheitenverwertung erhebliche Beträge an die Masse abzuführen.

Masseschmälernder ist die deutsche Regelung hingegen hinsichtlich der Ausgleichszahlungen, die der gesicherte Gläubiger bei einer Verzögerung der Verwertung erhält. Dem Sicherungsnehmer sind in Deutschland Zinsen auf den Wert des Sicherungsgutes zu entrichten. Diese Verzinsung erfolgt zwar erst nach einer zeitlichen Verzögerung, die in der Regel sechs Wochen beträgt und drei Monate nicht übersteigen darf. Daneben hat die Masse einen etwa durch die Nutzung des Sicherungsgutes für die Masse entstehenden Wertverlust zu zahlen. In den USA ist keine Verzinsung des Wertes vorgesehen. Allerdings muß jeglicher Wertverlust ausgeglichen werden, unabhängig von der Frage, ob dieser durch die Nutzung zugunsten der Masse oder durch sonstige Umstände verursacht wird. Für den Sicherungsnehmer wird in den USA trotz der geringeren Zahlungen das Risiko auf diese Weise leichter kalkulierbar, da er grundsätzlich vom Erhalt des Wertes seiner Sicherheit ab Verfahrensbeginn ausgehen kann.

IV. Sicherheiten im Reorganisationsplan

Die weitgehendsten Anleihen im Bankruptcy Code hat der deutsche Gesetzgeber bei der Regelung des Insolvenzplanverfahrens vorgenommen.

Nicht gefolgt ist der deutsche Gesetzgeber der Art der Gruppeneinteilung für gesicherte Gläubiger. Dies war sachgerecht, da die von den US-amerikanischen Gerichten gegebene Begründung, jede Sicherheit sei unterschiedlich, ein Scheinargument ist. Denn sie ließe sich auf einfache Forderungen ohne weiteres übertragen. Die fehlende Einbindung der gesicherten Gläubiger in eine Gruppe mit weiteren Mitgliedern ist aber auch nicht sinnvoll. Eine Einbindung in die Gruppenentscheidungen, die etwa eine Überstimmung eines obstruierenden gesicherten Gläubigers mit sich bringen könnte, wäre reorganisationsfreundlicher. Darüber hinaus fördert es die Bereitschaft der einzelnen gesicherten Gläubiger, zum Nutzen einer erfolgreichen Sanierung auf einen Teil ihrer Rechte zu verzichten, wenn dies andere Gläubiger gleicher Stellung auch tun.

Die Übernahme der US-amerikanischen Regelung hätte das Potential der gesicherten Gläubiger zur Verhinderung eines Planes erheblich verstärkt. Denn in Deutschland müssen für eine gerichtliche Bestätigung des Planes trotz Widerspruches einzelner Gruppen zumindest die Mehrheit der Gruppen dem Plan zugestimmt haben. Bei einer Vielzahl von Gruppen mit gesicherten Gläubigern könnten diese allein bereits eine nicht zu überstimmende Majorität erhalten. Dementsprechend begnügt man sich in den USA damit, daß überhaupt eine Gruppe zustimmt. Auf die Vielzahl der Gruppen mit gesicherten Gläubigern kommt es dann nicht an, wenn deren Widerspruch durch Einhaltung des Mindeststandards unbeachtlich gemacht wird.

Materiell kann in einem Reorganisationsplan nahezu jegliche Regelung für eine Sicherheit getroffen werden. Allerdings darf das Gericht bei Widerspruch des gesicherten Gläubigers eine Planbestätigung nur vornehmen, wenn bestimmte Mindeststandards gewahrt sind.
Beide Rechtsordnungen stellen dabei auf einen Vergleich der Leistungen aus dem Plan mit dem hypothetischen Resultat eines Verfahrens ohne Plan ab. Für den gesicherten Gläubiger ergibt sich in den USA aufgrund einer neueren Entscheidung des Supreme Court, daß er einen Betrag erhalten muß, der dem Preis entspricht, den jemand an Stelle des Schuldners für das Sicherungsgut zahlen würde. Dies erscheint nicht sachgerecht. Vielmehr sollte, wie es zuvor bereits eine Anzahl von Instanzgerichten in den USA getan hat, auf den Liquidationswert des Sicherungsgutes abgestellt werden. Das ist der Betrag, den der gesicherte Gläubiger bei einer Verwertung des Sicherungsgutes im Rahmen einer Liquidation erhalten würde - also gegebenenfalls reduziert um Feststellungs- und Verwertungskosten. Es kann davon ausgegangen werden, daß auch die deutschen Gerichte diesen Betrag zugrunde legen werden. Denn das ist der Wert, welcher dem gesicherten Gläubiger durch die Durchführung des Plans vorenthalten wird. Einen Anspruch, durch den Plan besser gestellt zu werden, hat er aber nicht.
Wegen der zeitlichen Verzögerung der Zahlungen aus dem Plan müssen diese Leistungen so aufgezinst werden, daß sie dem Liquidationswert zum Zeitpunkt der Planbestätigung entsprechen.

Eine besondere Bestimmung ermöglicht den gesicherten Gläubigern in den USA, den Mindeststandard auf den gesamten ausstehenden Forderungsbetrag auszudehnen und so sicherzustellen, daß zumindest der Nennwert der Forderung über die gesamte Laufzeit des Plans erbracht wird. Eine Ablösung des Sicherungsrechts durch sofortige Zahlung des Zeitwertes entspricht dann nicht mehr den vorgeschriebenen Mindeststandards. Diese Möglichkeit besteht in Deutschland nicht. Hier hat sich der deutsche Gesetzgeber dafür entschieden, die Auslösung des Sicherungsgutes zuzulassen.

Während der Laufzeit des Plans muß das Sicherungsrecht dem gesicherten Gläubiger solange erhalten bleiben, bis alle Zahlungen erbracht wurden. Dies ist in den USA ausdrücklich geregelt. In Deutschland ist auch dies aus dem Schlechterstellungsverbot herzuleiten. Bei erneuten Leistungsstörungen kann der gesicherte Gläubiger dann auf die Sicherheit zugreifen.

V. Sonderbehandlung für Kaufpreissicherungen

In beiden Rechtsordnungen wird das Bedürfnis gesehen, die Sicherungen für Kaufpreisfinanzierungen besonderen Regelungen zu unterwerfen. In Deutschland zeigt sich dies bereits bei der systematischen Unterscheidung des einfachen Eigentumsvorbehaltes als Aussonderungsrecht, wenn nicht der Insolvenzverwalter den Kaufvertrag durch Zahlung des Kaufpreises erfüllt. Die sonstigen Sicherheiten gewähren lediglich ein Absonderungsrecht, bei dem der gesicherte Gläubiger aus dem Erlös der Verwertung - unter Umständen nach Abzug von Beiträgen zugunsten der Insolvenzmasse - befriedigt wird. In den USA hingegen gibt es eine derartige Unterscheidung nicht. Das sogenannte purchase money security interest ist etwa hinsichtlich Verwaltung, Verwertung und Befriedigung des Gläubigers den Regelungen unterworfen, die auch für alle anderen Sicherheiten gelten.

Der von der Sonderbehandlung erfaßte Kreis der Sicherungsnehmer wird in den Rechtsordnungen unterschiedlich definiert. In Deutschland erhält nur der Verkäufer des Gegenstandes selbst wegen der Kaufpreisforderung diese Sonderstellung. In den USA hingegen gelten die Sonderregelungen auch für solche Kreditgeber, die den Kaufpreis auf andere Art und Weise finanziert haben.

In den USA beschränkt sich die Sonderbehandlung der Kaufpreissicherheiten auf drei Aspekte: Dies sind erstens die Befugnis, die Sicherheit unbeeinträchtigt durch den Verfahrensstopp zu perfektionieren, d.h. drittwirksam zu machen, zweitens der Ausschluß der Anfechtung wegen Gläubigerbegünstigung, wenn die Perfektion innerhalb der vom allgemeinen Zivilrecht gesetzten Grenzen erfolgte, und drittens die Unzulässigkeit der besonderen Anfechtung des Schuldners für insolvenzfreies Vermögen, wenn diese Sicherheiten an Haushaltsgegenständen bestehen. Es handelt sich also um recht geringfügige Abweichungen. Die beiden ersten Aspekte vermeiden im übrigen Brüche zwischen den Regelungen des Insolvenzrechts und denen des allgemeinen Zivilrechts, die ihrerseits den Erfordernissen des Wirtschaftsverkehrs Rechnung tragen. Der dritte Aspekt hat angesichts der geringen betroffenen Werte für den Geschäftsverkehr kaum praktische Bedeutung.

Abschließend ist festzustellen, daß die deutschen Regelungen zum Eigentumsvorbehalt nicht lediglich privilegierenden Charakter haben. Durch den Schwebezustand des Rechtsverhältnisses bis zu einer Erklärung des Insolvenzverwalters kann dem Verkäufer ein erheblicher Verzögerungsschaden entstehen, den er ersatzlos hinnehmen muß.

B. Erkenntnisse für das deutsche Recht

Aus der Vergleichung der beiden Rechtsordnungen ergeben sich verschiedene Ansatzpunkte für eine Ergänzung oder Änderung der vom deutschen Gesetzgeber getroffenen Regelungen.

I. Verwertungsstopp

Anders als in den USA gibt es in Deutschland keine einheitliche umfassende Regelung des Verbotes der Durchsetzung von Gläubigerrechten im Vorfeld der Insolvenz. Der umfassende Schutz - durch Übertragung der Verfügungsmacht auf den Verwalter, Verhinderung eines Rechtserwerbs und Verbot der Vollstreckung - erfolgt erst nach Verfahrenseröffnung. Davor hat das Gericht die Möglichkeit, etwa durch Verfügungsverbot oder Bestellung eines vorläufigen Verwalters, Verschlechterungen der Masse zu vermeiden. Hingegen bietet das US-amerikanische System einen vollständigen Schutz ab Antragstellung.

Somit ist eine Übernahme des US-Modells des automatic stay im Hinblick auf umfassenden Verfahrensstopp bereits ab Stellung des Eröffnungsantrages zu erwägen.[1] Dagegen spricht zum einen, daß in den USA Streitigkeiten über die Aufhebung des automatic stay besonders häufig sind. Eine Übernahme der Regelung könnte daher auch in Deutschland zu einer erheblichen Mehrbelastung der Gerichte führen. Zum anderen wohnt einer derartigen Regelung eine erhebliche Mißbrauchsgefahr inne. In den USA kam es zu einer Vielzahl von mißbräuchlichen Eigenanträgen, um etwa kurz bevorstehende Verwertungsmaßnahmen zu verzögern.

Das deutsche Recht ist allerdings lückenhaft und sollte ergänzt werden. Die Nichteinbeziehung beweglicher Sachen außerhalb des Besitzes der Masse bzw. des Schuldners und insbesondere die Nichteinbeziehung gewerblicher Schutzrechte ist reorganisationshemmend. Die Befugnisse der Gerichte im Hinblick auf die einstweilige Untersagung von Verwertungsmaßnahmen sollten hier erweitert werden. Für Forderungen ist eine derartige einstweilige Untersagung der Verwertung nicht erforderlich.

Auch hinsichtlich der Herausgabe von Vorbehaltsware bei endgültig gescheiterten Kaufverträgen kann der jetzige Rechtszustand beibehalten werden. Er entspricht der vom Gesetzgeber aus der Konkursordnung übernommenen prinzipiellen Unterscheidung des einfachen Eigentumsvorbehaltes von sonstigen dinglichen Sicherheiten.

---

1 Dafür etwa *Kemper*, S. 224 f., 262.

II. Erweiterung der Anfechtung

Die Anfechtung wegen inkongruenter Deckung steht zwar nicht im unmittelbaren Zusammenhang mit der Behandlung dinglicher Sicherheiten im Insolvenzverfahren, hat dafür aber erhebliche praktische Bedeutung. Aus den bereits dargelegten Gründen[2] sollte auch bei der inkongruenten Anfechtung auf sämtliche subjektiven Voraussetzungen für den gesamten Drei-Monats-Zeitraum vor Antragstellung verzichtet werden. Dies rechtfertigt sich aus dem Zweck der Anfechtung, Gläubigergleichbehandlung herzustellen. Für die Rechtfertigung dieser Anfechtung kommt es, da es nicht um die Sanktionierung unredlichen Verhaltens geht, nicht auf subjektive Voraussetzungen an.

III. Die Behandlung von Verwertungs- und Feststellungskosten

Angesichts der US-amerikanischen Regelung, den gesicherten Gläubiger nur mit notwendigen, zielgerichteten und nützlichen Aufwendungen im Hinblick auf die Sicherheitenverwertung zu belasten, könnte weiter erwogen werden, auf den Abzug von Feststellungskosten und pauschalierten Verwertungskosten vom Erlös einer Sicherheitenverwertung zu verzichten.
Für die Verwertungskosten ist an der getroffenen Regelung festzuhalten. Es ist nicht sachgerecht, die Masse mit Aufwendungen im Interesse eines einzelnen Gläubigers zu belasten. Um derartige Kosten geht es aber bei den Verwertungskosten.
Eine Pauschalierung ist hier sinnvoll. Denn die genaue Bezifferung der angefallenen Kosten brächte einen erheblichen Aufwand des Verwalters mit sich. Im übrigen dürfte in den meisten Fällen ein höherer Betrag als die Pauschale anfallen. In diesen Fällen müßte der Verwalter ohnehin die genauen Kosten nachweisen, um diese erstattet zu bekommen.

Auch die Erstattung der Umsatzsteuerbelastung, zu der es bei einer Sicherheitenverwertung kommen kann, ist sachgerecht. Dies gilt nach der hier vertretenen Auffassung nicht nur in den gesetzlich geregelten Fällen. Vielmehr ist daraus ein allgemeiner Rechtsgedanke abzuleiten, wonach der gesicherte Gläubiger derartige Beträge in jedem Fall abführen muß.

Hingegen hat der Kostenabzug von 4 % wegen der Feststellung der Sicherheit keine Berechtigung. Bei der Feststellung derartiger Rechte handelt es sich um die ureigenste Pflicht des Verwalters, der das schuldnerische Vermögen übernimmt und die einzelnen Vermögensgegenstände überprüfen muß. Hierbei handelt es sich im Ergebnis um eine Methode, die Masse auf Kosten der dinglich

---

[2] Vgl. oben A II., S. 390 f.

gesicherten Gläubiger anzureichern. Dementsprechend kennt auch das US-amerikanische Recht eine derartige Kostenerstattung nicht.
Auf diese Regelung sollte daher verzichtet werden.

IV. Erhalt der Sicherheit im Plan

In Deutschland gibt es - anders als in den USA - keine ausdrückliche gesetzliche Regelung über die Beziehung des gesicherten Gläubigers zu dem Sicherungsgut bei Durchführung eines Insolvenzplanes. In den USA muß entweder die Sicherheit erhalten bleiben, eine gleichwertige Ersatzsicherheit bestellt werden oder das Sicherungsgut so veräußert werden, daß sich die Sicherheit am Surrogat fortsetzt. Dieser Grundgedanke ist auf das deutsche Recht zu übertragen.

In Deutschland kann aus dem Schlechterstellungsverbot entnommen werden, daß der dem Plan widersprechende gesicherte Gläubiger nicht schlechter gestellt werden darf, als er außerhalb des Planes stünde. Daraus folgt, daß er auch nicht weniger sicher als außerhalb des Plans stehen darf. Die Sicherheit ist ihm also hinsichtlich der Leistungen aus dem Plan (die ihrerseits dem Wert der Sicherheit entsprechen müssen) zu erhalten.
Soweit der Plan eine Ersatzsicherheit vorsieht, ist dies grundsätzlich zulässig. Diese muß aber ebenso leicht durchsetzbar, werthaltig und wertstabil sein wie die ursprüngliche Sicherheit.
Bei einer Veräußerung des Sicherungsgutes dürfte es, abgesehen von der Bestellung einer Ersatzsicherheit am Erlös, sachgerecht sein, diesen unmittelbar an den gesicherten Gläubiger auszukehren.

Literaturverzeichnis

Ampferl, Hubert	Der "starke" vorläufige Insolvenzverwalter in der Unternehmensinsolvenz, Köln 2002
Anderson, Ronald A.	On the Uniform Commercial Code, 3. Aufl., Rochester/ New York/ San Francisco 1984/1985, mit Supplement 1992
Arnold, Hans	Das Insolvenzverfahren für Verbraucher und Kleingewerbetreibende nach der Insolvenzordnung von 1994, DGVZ 1996, 129 ff.
Arnold, Hans	Insolvenzrechtsreformen in Westeuropa, ZIP 1985, 321 ff.
Bailey, Henry J. III/ Hagedorn, Richard B.	Secured Transactions, 3. Aufl. St. Paul/Minnesota 1988
Baird, Douglas C./ Jackson, Thomas H.	Security Interests in Personal Property - Cases, Problems, and Materials, New York 1984
Balz, Manfred	Insolvenzverfahren für Verbraucher, ZRP 1986, 12 ff.
Baur, Fritz/Stürner, Rolf	Lehrbuch des Sachenrechts, 17. Aufl. München 1999 (zitiert Baur/Stürner, Sachenrecht)
Baur, Fritz/Stürner, Rolf	Zwangsvollstreckungs-, Konkurs- und Vergleichsrecht, Band II, Insolvenzrecht, 12. Aufl. München 1990, (zitiert: Baur/Stürner, Insolvenzrecht)
Bienenstock, Martin J.	Bankruptcy Reorganization, New York 1987 mit Supplement 1990
Bley, Erich/ Mohrbutter, Jürgen	Vergleichsordnung, 4. Aufl. Bd. I 1979, Bd. II 1981
Blumenwitz, Dieter	Einführung in das anglo-amerikanische Recht, 6. Aufl. München 1998
Booth, Charles D.	The Cramdown on Secured Creditors: An Impetus Toward Settlement, American Bankruptcy Law Journal Bd. 60 (1986), 69 ff.
Bork, Reinhard	Einführung in das Insolvenzrecht, 3. Aufl. Tübingen 2002
Bork, Reinhard	Die Doppeltreuhand in der Insolvenz, NZI 1999, 337 ff.

Bork, Reinhard	Die Verbindung, Vermischung und Verarbeitung von Sicherungsgut durch den Insolvenzverwalter, in: Festschrift für Hans Friedhelm Gaul (1997), S. 71 ff.
Bork, Reinhard	Zur Dogmatik des § 17 KO, in: Festschrift für Albrecht Zeuner (1994), S. 297 ff.
Bork, Reinhard	Der Insolvenzplan, ZZP 109 (1996), S. 473 ff.
Börner, Achim Rüdiger	Die jüngste Entwicklung der Rechtsprechung zu Art. 9 Uniform Commercial Code (Dissertation Universität Bonn 1979)
Braun, Eberhard	Kommentar zur Insolvenzordnung, bearbeitet von E. Braun u.a., München 2002 (zitiert Braun-Bearbeiter)
Braun, Eberhard	Der Kreditrahmen gem. § 264 InsO als Finanzierungsinstrument des Sanierungsplans - Papiertiger oder weiterer "Kostenbeitrag" für absonderungsberechtigte Gläubiger? in: Kölner Schrift zur Insolvenzordnung, 2. Aufl. 2000, S. 1137 ff.
Braun, Eberhard/ Bußhardt, Harald	Zwangsvollstreckung nach Einleitung des Gesamtvollstreckungsverfahrens, ZIP 1992, 902 ff.
Braun, Eberhard/ Uhlenbruck, Wilhelm	Unternehmensinsolvenz, Düsseldorf 1997
Breutigam, Axel/ Blersch, Jürgen/ Goetsch, Hans-W.	Insolvenzrecht, Kommentierung der Insolvenzordnung, 13. Lief. Berlin, Stand September 2002 (zitiert: Breutigam/Blersch/Goetsch-Bearbeiter)
Breutigam, Axel/ Tanz, Matthias	Einzelprobleme des neuen Insolvenzanfechtungsrechts, ZIP 1998, 717 ff.
Broude, Richard F.	Reorganizations Under Chapter 11 of the Bankruptcy Code, 9. Lieferung New York 1990
Brown, Buck	For Small Firms, Perils Lie in Chapter 11, Wall Street Journal vom 14. Juli 1988, S. 25
Brox, Hans/ Walker, Wolf D.	Zwangsvollstreckungsrecht, 6. Aufl. Köln, Berlin, Bonn, München 1999
Bruce, Jon W.	Real Estate Finance, 3. Aufl. St. Paul/Minnesota 1991
Buchbinder, David L.	Fundamentals of Bankruptcy, Boston, Toronto, London 1991
Bülow, Peter	Recht der Kreditsicherheiten, 5. Aufl. München 1999
Bundesministerium der Justiz	Recht-Informationen Nr. 3 vom 30.03.1978, S. 17 ff.

Caldarone, Theresa A. Can a Debtor Void a Real Property Lien That Exceeds the Value of the Collateral?: An Interpretation of Section 506(d) of the Bankruptcy Code, Washington & Lee Law Review Bd. 45 (1988), 1393 ff.

Campe, Moritz von Insolvenzanfechtung in Deutschland und Frankreich, Köln, Berlin, Bonn, München 1996 (Dissertation Freiburg 1994)

Canaris, Claus-Wilhelm Aktuelle insolvenzrechtliche Probleme des Zahlungsverkehrs und des Effektenwesens, in: Festschrift 100 Jahre Konkursordnung (1977), S. 73 ff.

Carey, Diana Adequate Protection: Lost Oppurtunity Costs After American Mariner, In re Briggs, and In re Timers. UCC Law Journal Bd. 19 (1987), 371 ff.

Chobot, John C. Enforcing the Cash Collateral Obligations of Debtors in Possession, Commercial Law Journal Bd. 96 (1991), 136 ff.

Clark, Barkley Revision of UCC Article 9: The Final Report 1992, UCC Law Journal Bd. 26 (1994), 307 ff.

Cohen, Neil B. "Value" Judgments: Accounts Receivable Financing and Voidable Preferences Under the New Bankruptcy Code, Minnesota Law Review Bd. 66 (1982), 641 ff.

Coleman, Kenneth P. Bankruptcy for Bankers, Banking Law Journal Bd. 114 (1997), 548 ff.

Collier, William M. Bankruptcy, Practice Guide, 1985 (zitiert: Practice Guide)

Collier, William M. On Bankruptcy, 15. Aufl. New York, San Francisco 1996, 68. Lieferung Dezember 1998

Coogan, Peter F./ Hogan, William E./ Vagts, Detlev F./ McDonnell, Julian B. Secured Transactions under the Uniform Commercial Code, Loseblattsammlung, 61. Lieferung New York, San Francisco März 1999 (zitiert: Coogan/Hogan/Vagts/McDonnell-Bearbeiter)

Coogan, Peter F. Confirmation of a Plan Under the Bankruptcy Code, Case Western Reserve Law Review Bd. 32 (1982), 301 ff.

Coogan, Peter F. The New Bankruptcy Code: The Death of Security Interest? Georgia Law Review Bd. 14 (1980), 153 ff.

Coppel/Kahn Deranging Durrett: The Established Law of Transfer, Banking Law Journal Bd. 100 (1983), 676 ff.

Countryman, Vern The Concept of Voidable Preference in Bankruptcy, Vanderbilt Law Review Bd. 38 (1985), 713 ff.

Countryman, Vern	Executory Contracts in Bankruptcy, Part I Minnesota Law Review Bd. 57 (1973), 439 ff.; Part II Bd. 58 (1974), 479 ff.
Countryman, Vern	The Use of State Law in Bankruptcy Cases, New York University Law Review Bd. 47(1972), 407 ff.
Cowans, Daniel R.	Bankruptcy Law and Practice, 6. Aufl. St. Paul/ Minnesota 1994
Davenport, William B./Murray, Daniel R.	Secured Transactions, Philadelphia 1978.
Dawson	An Uneasy Relationship Between the Bankruptcy Reform Act and the Uniform Commercial Code: Delayed and Continued Perfection of Security Interests, University of Florida Law Review Bd. 36 (1984), 38 ff.
Dieckmann, Albrecht	Zur Reform des Ersatzaussonderungsrechts, in: Festschrift für Wolfram Henckel (1995), S. 95 ff.
Dielmann, Heinz J.	Kreditsicherheiten an beweglichen Sachen nach Art. 9 UCC, Berlin 1983
Dielmann, Frances B.	Der Schutz von Sicherungsnehmern nach dem Bankruptcy Reform Act der Vereinigten Staaten von Amerika, Berlin 1985
Drobnig, Ulrich	Vergleichender Generalbericht, in: Kreuzer (Hrsg.), Mobiliarsicherheiten - Vielfalt oder Einheit?, Baden-Baden 1999, S. 9 ff.
Drobnig, Ulrich	Die Kreditsicherheiten im Vorschlag der Insolvenzrechtskommission, ZGR 1986, 252 ff.
Drobnig, Ulrich	Empfehlen sich Maßnahmen zur Reform der Mobiliarsicherheiten? Gutachten F des 51. DJT 1976
Duncan, Richard F.	Preferential Transfers, the Floating Lien, and Section 547(c)(5) of the Bankruptcy Reform Act, Arkansas Law Review Bd. 36 (1982-1983), 22 ff.
Duncan, Richard F./Lyon, William H.	The Law and Practice of Secured Transactions: Working with Article 9, Loseblattsammlung NewYork 1987, 9. Lieferung 1990
Eckardt, Diederich	Die Ausübung von Mobiliarsicherheiten in der Unternehmenskrise, ZIP 1999, 1734 ff.
Ehlenz, Hans-Dieter	Zum Umfang der Verwertungskosten i.S.v. § 171 InsO, ZInsO 2003, 165 ff.
Eichberger, Christian	Die besondere Konkursanfechtung (Dissertation Universität Regensburg 1990)

Eisenberg, Theodore	The Undersecured Creditor in Reorganizations and the Nature of Security, Vanderbilt Law Review Bd. 38 (1985), 931 ff.
Elz, Dirk	Verarbeitungsklauseln in der Insolvenz des Vorbehaltskäufers - Aussonderung oder Absonderung? ZInsO 2000, 478 ff.
Engelhardt, Timo	Die gerichtliche Entscheidung nach §§ 21 ff. InsO und ihre Auswirkungen auf die vermögensrechtliche Stellung des Insolvenzschuldners, Berlin 2002 (Dissertation Universität Heidelberg 2001)
Epstein, David G.	Bankruptcy and Other Debtor-Creditor Laws, 5. Aufl. St. Paul/Minnesota 1995
Epstein, David G./ Nickles, Steve H./ White, James J.	Bankruptcy, St. Paul/Minnesota 1992
Erman, Walter	Handkommentar zum Bürgerlichen Gesetzbuch, 10. Aufl. 2000 (zitiert: Erman-Bearbeiter)
Fassbach, Burkhard	Die cram down power des amerikanischen Konkursgerichtes im Reorganisationsverfahren nach Chapter 11 des Bankruptcy Code (Dissertation Universität Frankfurt/ Main 1997)
Flessner, Axel	Sanierung und Reorganisation, Tübingen 1982 (Habilitation Universität Hamburg 1978)
Flume, Werner	Der verlängerte und erweiterte Eigentumsvorbehalt, NJW 1950, 841 ff.
Foltis, Richard	Verwertungsbefugnisse des vorläufigen Insolvenzverwalters nach § 21 Abs. 2 Nr. 2 2. Alt. InsO, ZInsO 1999, 386 ff.
Forsblad, Kirsten	Restschuldbefreiung und Verbraucherinsolvenz im künftigen deutschen Insolvenzrecht (Dissertation Universität Göttingen 1997)
Fortgang, Chaim/ Mayer, Thomas	Valuation and Bankruptcy, UCLA Law Review Bd. 32 (1985), 1061 ff.
Frankfurter Kommentar	Kommentar zur Insolvenzordnung, herausgegeben von Klaus Wimmer, 3. Aufl. Neuwied, Kriftel 2001 (zitiert: FK-Bearbeiter)
Frey, Martin A./ McConnico, Warren L./ Frey, Phyllis Hurley	An Introduction to Bankruptcy Law, St. Paul/Minnesota 1990

Freyfogle, Eric T.	The Installment Land Contract As Lease: Habitability Protections and the Low-Income Purchaser, New York University Law Review Bd. 62 (1987), 293 ff.
Frimett, Rhett	The Birth of Bankruptcy in the United States, 96 Commercial Law Journal 160-188 (1991)
Funk, Anja	Die Sicherungsübereignung in Einzelzwangsvollstreckung und Insolvenz (Dissertation Universität Hamburg 1996)
Gadsden, James/ Smith, Christopher H.	The Bankruptcy Reform Act of 1994, Banking Law Journal Bd. 112 (1995), 212 ff.
Gaul, Björn	Verwertungsbefugnis des Insolvenzverwalters bei Mobilien trotz Sicherungsübereignung und Eigentumsvorbehalt, ZInsO 2000, 256 ff.
Gerhardt, Walter	Verfügungsbeschränkungen in der Eröffnungsphase und nach Verfahrenseröffnung, in: Kölner Schrift zur Insolvenzordnung, 2. Aufl. 2000, S. 193 ff. (zitiert: Kölner Schrift)
Gerhardt, Walter	Die Verfahrenseröffnung nach der Insolvenzordnung und ihre Wirkung, ZZP 109 (1996), 415 ff.
Gerhardt, Walter	Vorausabtretung und § 17 KO, in: Festschrift für Franz Merz (1992), S. 117 ff.
Gerhardt, Walter	Die systematische Einordnung der Gläubigeranfechtung, Göttingen 1969 (zugleich Habilitation Universität Göttingen 1968)(zitiert: Systematische Einordnung)
Gerhardt, Walter/ Kreft, Gerhart	Aktuelle Probleme der Insolvenzanfechtung, 7. Aufl. Köln 1996
Gilmore, Grant	Security Interests in Personal Property, 2 Bände, 1965
Ginsberg, R.	Bankruptcy, 2. Aufl.1989
Gottwald, Peter (Hrsg.)	Insolvenzrechtshandbuch, 2. Aufl. München 2001 (zitiert: Insolvenzrechtshandbuch-Bearbeiter)
Gottwald, Peter	Zur Rechtsstellung dinglich gesicherter Gläubiger, in: Leipold (Hrsg.), Insolvenzrecht im Umbruch (1991), S. 197 ff.
Gottwald, Peter/ Adolphsen, Jens	Die Rechtsstellung dinglich gesicherter Gläubiger in der Insolvenzordnung, Kölner Schrift zur Insolvenzordnung, 2. Aufl. 2000, S. 1043 ff.
Gravenbrucher Kreis	Appell gegen die Verabschiedung der Insolvenzrechtsreform, ZIP 1994, 585 ff.

Gravenbrucher Kreis	"Große" oder "kleine" Insolvenzrechtsreform?, ZIP 1992, 657 ff.
Grimmond, Jeanine	Applying Hulm in Iowa: Avoiding Involuntary Transfers as Fraudulent Transactions Under Section 548(a)(2) of the Bankruptcy Code, Iowa Law Review Bd. 71 (1986), 1437 ff.
Gundlach, Ulf/ Frenzel, Volkhard/ Schmidt, Nikolaus	Die Rechtsstellung der Absonderungsberechtigten im Fall der Verwertung eines Gegenstandes gem. §§ 166 ff. InsO, ZInsO 2001, 537 ff.
Gundlach, Ulf/ Frenzel, Volkhard/ Schmidt, Nikolaus	Das Auskunftsrecht des § 167 InsO, KTS 2001, 241 ff.
Gundlach, Ulf/ Frenzel, Volkhard/ Schmidt, Nikolaus	Die Verwertungsbefugnis aus §§ 166 ff. InsO, NZI 2001, 119 ff.
Haarmeyer, Hans/ Wutzke, Wolfgang/ Förster, Karsten	Handbuch zur Insolvenzordnung, 3. Aufl. München 2001 (zitiert: Handbuch)
Haarmeyer, Hans/ Wutzke, Wolfgang/ Förster, Karsten	Kommentar zur Gesamtvollstreckungsordnung, 3. Aufl. Köln 1995 (zitiert: GesO)
Häcker, Robert	Abgesonderte Befriedigung aus Rechten, Köln 2001
Hamroff, Marc L./ Cohen, Robert S.	One Year Preference Recoveries Can Extend to Lenders and Other Non-Insider Creditors, Commercial Law Journal Bd. 96 (1991), 1153 ff.
Harder, Sirko	Ersatzabsonderung und dingliche Surrogation, KTS 2001, 97 ff.
Häsemeyer, Ludwig	Insolvenzrecht, 2. Auflage, Köln/Berlin/Bonn/München 1998
Häsemeyer, Ludwig	Aktuelle Tendenzen in der Rechtsprechung zur Konkurs- und Einzelanfechtung, ZIP 1994, 418 ff.
Haunschild, Michael	Verwertungsrecht des Insolvenzverwalters und Kostenbeiträge der Gläubiger nach §§ 165 ff. InsO, DZWiR 1999, 60 ff.
Hay, Peter	Einführung in das amerikanische Recht, 4. Aufl. Darmstadt 1995
Heidelberger Kommentar	Kommentar zur Insolvenzordnung, bearbeitet von Dieter Eickmann u.a., 2. Aufl. Heidelberg 2001 (zitiert HK-Bearbeiter)

Henckel, Wolfram — Aktuelle Probleme der Warenlieferanten beim Kundenkonkurs, 2. Aufl. Köln 1985 (zitiert: Probleme)

Henckel, Wolfram — Anmerkung zum Urteil des BGH vom 30.1.1986 - IX ZR 79/85 BGHZ 97, 87 ff., JZ 1986, 694 ff.

Henckel, Wolfram — Insolvenzanfechtung, in: Kölner Schrift zur Insolvenzordnung, 2. Aufl. 2000, S. 813 ff.

Henckel, Wolfram — Zur Dogmatik der besitzlosen Mobiliarsicherheiten, in: Festschrift für Albrecht Zeuner (1994), S. 193 ff.

Henckel, Wolfram — Pflichten des Konkursverwalter gegenüber Aus- und Absonderungsberechtigten, 2. Aufl. Köln 1979 (zitiert: Pflichten)

Henckel, Wolfram — Verbraucherinsolvenzverfahren, in: Festschrift für Hans Friedhelm Gaul (1997), S. 199 ff.

Henckel, Wolfram — Anmerkung zum Urteil des BGH vom 18.5.1995 - IX ZR 189/94, JZ 1996, 531 ff.

Henning, William H. — An Analysis of Durrett and Its Impact on Real and Personal Property Foreclosures: Some Proposed Modifications, North Carolina Law Review Bd. 63 (1985), 257 ff.

Henson, Ray D. — Secured Transactions unter the UCC, 2. Aufl. St. Paul /Minnesota 1979

Henson, Ray D./ Davenport, William B. — Uniform Laws Annotated Bd. 5, Uniform Commercial Code Forms and Materials, St. Paul/Minnesota 1968 mit Supplement 1995

Herbert, Ulrich — Die Sequestration im Konkursantragsverfahren, Frankfurt/Main 1989

Hess, Harald/Binz, Fritz/ Wienberg, Rüdiger — Gesamtvollstreckungsordnung, Kommentar, 3. Aufl. Neuwied, Kriftel 1997

Hess, Harald/Obermüller, Manfred — Die Rechtsstellung der Verfahrensbeteiligten nach der Insolvenzordnung, Heidelberg 1996

Hess, Harald/ Pape, Gerhard — InsO und EGInsO, Köln 1995

Hess, Harald/ Weis, Michaela — Das neue Insolvenzanfechtungsrecht, InVo 1996, 141 ff.

Hess, Harald/ Weis, Michaela — Das neue Anfechtungsrecht, Heidelberg 1996

Hess, Harald/ Weis, Michaela/ Wienberg, Rüdiger	Kommentar zu Insolvenzordnung, 2. Aufl. Heidelberg 2001 (zitiert: Hess/Weis/Wienberg-Bearbeiter)
Heyer, Hans-Ulrich	Verbraucherinsolvenzverfahren und Restschuldbefreiung, 1997
Hilgers, Petra	Besitzlose Mobiliarsicherheiten im Absonderungsverfahren unter besonderer Berücksichtigung der Verwertungsprobleme (Dissertation Freiburg 1993)
Hill, David S.	Landlord and Tenant Law, 3. Aufl. 1995 St. Paul/ Minnesota
Hofmann, Werner	Zur Geschichte der Reform des Insolvenzrechts, DRiZ 1994, 411 ff.
Howard, Magaret	Stripping Down Liens: Section 506(d) and the Theory of Bankruptcy, American Bankruptcy Law Journal Bd. 65 (1991), 373 ff.
Hüper, Otto	Zwangsvollstreckung als inkongruente Deckung, Dissertation Göttingen 1983
Huth, Eva	Kreditsicherungsrecht im Lichte der neuen Insolvenzordnung, Frankfurt a.M, Berlin, Bern 2001 (Dissertation Universität Würzburg 2000)
Jackson, Thomas H.	The Logic and Limits of Bankruptcy Law, Cambridge/Massachusetts 1986
Jaeger, Ernst	Lehrbuch des Deutschen Konkursrechts, 8. Aufl. 1932 (zitiert: Lehrbuch)
Jaeger, Ernst	Konkursordnung mit Einführungsgesetzen, Kommentar, 9. Aufl., 1. Lieferung, §§ 1-9, 1977, 2. Lieferung §§ 10-18, 1980, 3. Lieferung, §§ 19 - 28, 1982, 4. Lieferung §§ 29 - 42 1991, jeweils Berlin, New York (zitiert: Jaeger/Henckel); 8. Aufl. Berlin 1958 ff. (zitiert: Jaeger-Bearbeiter)
Jauernig, Othmar	Zwangsvollstreckungs- und Insolvenzrecht, 21. Aufl. München 1999
Jonas, Martin/ Pohle, Rudolf	Zwangsvollstreckungsnotrecht, Erläuterungsbuch, 16. Aufl. 1954.
Kaye, Michael	Preferences Under the New Bankruptcy Code, American Bankruptcy Law Journal Bd. 54 (1980), 197 ff.
Kemper, Martin	Die U.S.-amerikanischen Erfahrungen mit "Chapter 11" (Dissertation Regensburg 1996)

Kießling, Erik/ Singhof, Bernd	Verfügungsbeschränkungen in der vorläufigen Insolvenz - insbesondere zu Grundlagen und Wirkungen besonderer Verfügungsverbote und Zustimmungsvorbehalte, DZWiR 2000, 353 ff.
Kilger, Joachim	Konkursordnung, 15. Aufl. München 1987
Kilger, Joachim	Der Konkurs des Konkurses, KTS 1975, 142 ff.
Kilger, Joachim/ Schmidt, Karsten	Insolvenzgesetze, KO/VglO/GesO, 17. Aufl. München 1997
Kirchhof, Hans-Peter	Das Verbraucherinsolvenzverfahren aus Gläubigersicht, ZInsO 1998, 54 ff.
Klasmeyer, Bernd/ Elsner, Ben P./ Ringstmeier, Andreas	Ausgewählte Probleme bei der Verwertung von Mobiliarsicherheiten, in: Kölner Schrift zur Insolvenzordnung, 2. Aufl. 2000, S. 1083 ff.
Klee, Kenneth N.	Legislative History of the New Bankruptcy Code, American Bankruptcy Law Journal Bd. 54 (1980), S. 275 ff.
Klee, Kenneth N.	Cram Down II, American Bankruptcy Law Journal Bd. 64 (1990), 229 ff.
Klee, Kenneth N.	All You Ever Wanted to Know About Cram Down Under the New Bankruptcy Code, American Bankruptcy Law Journal Bd. 53 (1979), S.133 ff.
Koch, Frank	Die Sequestration im Konkurseröffnungsverfahren, 1982
Kripke, Homer/ Felsenfeld, Carl	Secured Transactions: A Practical Approach to Article Nine of the Uniform Commercial Code, Rutgers Law Review Bd. 17 (1962), S. 168 ff.
Kübler, Bruno M./ Prütting, Hanns	InsO, Kommentar zur Insolvenzordnung, 13. Lief. Köln, Stand Nov. 2002 (zitiert: Kübler/Prütting-Bearbeiter)
Kuhn, Georg	Der Eigentumsvorbehalt im Konkurs, WM 1972, 206 ff.
Kuhn, Georg/Uhlenbruck, Wilhelm	Konkursordnung, Kommentar, 11. Aufl. München 1994, 10. Aufl. 1986
Labovitz, Irving D.	The Ongoing Development of "Fair Market Value" Under Section 506, Commercial Law Journal Bd. 98 (1993), 162 ff.
Lambsdorff, Otto Graf	Wirtschaftspolitische Aspekte einer Insolvenzrechtsrefom, ZIP 1987, 809 ff.
Landfermann, Hans-Georg	Zur Gestaltung und Formulierung der Insolvenzordnung, in: Festschrift für Wolfram Henckel (1995), S. 515 ff.

Landfermann, Hans-Georg	Die Rechtsstellung der dinglich gesicherten Gläubiger im künftigen Insolvenzverfahren, KTS 1987, 381 ff.
Lange, Hans-Gert	Voraussetzungen und Wirkungen der Konkursanfechtung im deutschen und französischen Recht (Dissertation Universität Bonn 1973)
Larenz, Karl	Schuldrecht, Band II, 1. Halbband, 13. Aufl. München 1986 (zitiert: Schuldrecht II)
Larenz, Karl	Methodenlehre, 6. Aufl. München 1991 (zitiert: Methodenlehre)
Lee, Robert E.	Liens on Personal Property not Governed by the Uniform Commercial Code, North Carolina Law Review Bd. 44 (1966), 322 ff.
Leo, T. Scott/ Wilson, Gary A.	Suretyship and the Bankruptcy Code in: Gallagher (Hrsg.), The Law of Suretyship S. 9-1 ff.
Levy, Nathan Jr.	Bankruptcy Handbook, 1991
Lohkemper, Wolfgang	Die Zwangsvollstreckung während der Sequestration und in einem vorläufigen Insolvenzverfahren, ZIP 1995, 1641 ff.
LoPucki, Lynn M.	The Debtor in Full Control - Systems Failure Under Chapter 11 of the Bankruptcy Code?, American Bankruptcy Law Journal Bd. 57 (1983), 1. Teil 112 ff., 2. Teil 263 ff.
Lotz, Thomas	Der Weg aus dem "Schuldturm" - rechtsvergleichende Überlegungen zur Ausgestaltung eines effektiven Insolvenzrechts für Privatpersonen (Dissertation Universität Bayreuth 1990)
Lwowski, Hans-Jürgen/ Heyn, Benedict	Die Rechtsstellung des absonderungsberechtigten Gläubigers nach der Insolvenzordnung, WM 1998, 473 ff.
Lwowski, Hans-Jürgen/Hoes, Volker	Markenrechte in der Kreditpraxis, WM 1999, 771 ff.
Marotzke, Wolfgang	Der Eigentumsvorbehalt im neuen Insolvenzrecht, JZ 1995, 803 ff.
Marotzke, Wolfgang	Gegenseitige Verträge im neuen Insolvenzrecht, 3. Aufl. Neuwied, Kriftel, Berlin 2001
Marotzke, Wolfgang	Die dinglichen Sicherheiten im neuen Insolvenzrecht, ZZP 109 (1996), 429 ff.
Marotzke, Wolfgang	Anmerkung zum Urteil des BGH vom 11.2.1988 -IX ZR 36/87-, EWiR § 17 KO 2/1988, 285 f.

Maus, Karl Heinz — Der Insolvenzplan, in: Kölner Schrift zur Insolvenzordnung, 2. Aufl. 2000, S. 931 ff.

McCoid, John C. — Bankruptcy, the Avoiding Powers, and Unperfected Security Interests, American Bankruptcy Law Journal Bd. 59 (1985), 175 ff.

McDonnell, Julian B. — Uniform Commercial Code - Analysis of Revised Article 9, New York, San Francisco 1999

Mednick — Some Effects of the New Bankruptcy Code on Creditors with Secured Claims on Residential Real Property, 86 Commercial Law Journal (1981), 291 ff.

Mellwig, Rainer M. — Das Vorbehaltsgut als Vermögen in § 1 KO (Dissertation Universität Köln 1987)

Meyer, Karl/ Bleyer, Joseph — Konkursordnung, 2. Aufl. München, Berlin, Leipzig 1921

Milger, Karin — Mobiliarsicherheiten im deutschen und US-amerikanischen Recht - eine rechtsvergleichende Untersuchung (Dissertation Universität Göttingen 1982)

Mitlehner, Stephan — Verwertung sicherungszedierter Forderungen durch den Insolvenzverwalter, ZIP 2001, 677 ff.

Mitsch, Udo — Das Hypothekenkreditgeschäft - Eine rechtsvergleichende Arbeit über die Vereinigten Staaten von Amerika und die Bundesrepublik Deutschland (Dissertation Universität Köln 1988)

Moltrecht, Eckhardt — Das Schuldenregulierungsverfahren nach Kapitel 13 des amerikanischen Konkursgesetzes und das Problem der Kleininsolvenz aus rechtsvergleichender Sicht (Dissertation Universität Bonn 1987)

Münchener Kommentar — Kommentar zum Bürgerlichen Gesetzbuch, Band 2 (§§ 241 - 432) 4. Aufl. 2001, Band 6 (§§ 854 - 1296) 3. Aufl. München 1997 (zitiert: MünchKomm-Bearbeiter, BGB)

Münchener Kommentar — Kommentar zur Insolvenzordnung, München, Band 1 (§§ 1 - 102) 2001, Band 2 (§§ 103 - 269) 2002 (zitiert: MünchKomm-Bearbeiter, InsO)

Murphy, Patrick A. — Creditors' Rights in Bankruptcy, 2. Aufl. Colorado Springs 1994

Nassen, Regina L. — Bankruptcy Code s. 1322(b)(2)'s No Modification Clause: Who Does It Protect? Arizona Law Review Bd. 33 (1991), 979 ff.

Nelson, Grant S./ Whitman, Dale A.	Real Estate Finance Law, 2 Bände, 3. Auflage, St. Paul/Minnesota 1993
Nerlich, Jörg/ Römermann, Volker	Insolvenzordnung, Kommentar, 3. Lief. München, Stand Juli 2002 (zitiert: Nerlich/Römermann-Bearbeiter)
Newborn, Mary Josephine	Undersecured Creditors in Bankruptcy: Dewsnup, Nobelman and the Decline of Priority, Arizona State University Law Journal Bd. 25 (1993), 547 ff.
Newiger, Nicolaus	Die neue Insolvenzordnung und ihre Auswirkungen auf die Kreditwirtschaft, Teil 1 Sparkasse 1994, 496 ff.; Teil 2 S. 537 ff.
Norton, William L. Jr.	Bankruptcy Code, Loseblattsammlung, 2. Aufl. Deerfield/Illinois 1993, Stand Mai 1998
Norton, William L. Jr.	Bankruptcy Law and Practice 2d - Bankruptcy Code, 1995-1996 Edition (zitiert: Norton, BC)
Nowak, John E./ Rotunda, Ronald D.	Constitutional Law, 4. Aufl., St. Paul/Minnesota 1991
Obermüller, Manfred	Insolvenzrecht in der Bankpraxis, 6. Aufl. Köln 2002 (zitiert: Bankpraxis)
Obermüller, Manfred	Die Verwertung von Mobiliarsicherheiten im Insolvenzantragsverfahren, DZWiR 2000, 10 ff.
Obermüller, Manfred	Verwertung von Kreditsicherheiten nach der InsO, InVo 1996, 143 ff.
Obermüller, Manfred	Auswirkungen der Insolvenzrechtsreform auf Kreditgeschäft und Kreditsicherheiten, Teil I WM 1994, 1829 ff., Teil II WM 1994, 1869 ff.
Obermüller, Manfred	Eingriffe in die Kreditsicherheiten durch Insolvenzplan und Verbraucherinsolvenzverfahren, WM 1998, 483 ff.
Obermüller, Manfred/ Hess, Harald	InsO, Eine systematische Darstellung unter Berücksichtigung kreditwirtschaftlicher und arbeitsrechtlicher Aspekte, Heidelberg 1995
Olshausen, Eberhard von	Konkursrechtliche Probleme um den neuen § 354a HGB, ZIP 1995, 1950 ff.
Onusseit, Dietmar	Die Umsatzsteuer - ein Dauerthema in der Insolvenz, KTS 1994, 3 ff.
Onusseit, Dietmar	Die Umsatzsteuer - eine relevante Größe in der Zwangsversteigerung? Rechtspfleger 1995, 1 ff.
Onusseit, Dietmar/Kunz, Peter	Steuern in der Insolvenz, 2. Aufl. Köln 1997

Orr, Ronald S./ Klee, Kenneth N.	Secured Creditors Under the New Bankruptcy Code, UCC Law Journal Bd. 11 (1979), 312 ff.
Palandt	Bürgerliches Gesetzbuch, Kommentar, 62. Aufl. München 2003 (zitiert: Palandt-Bearbeiter)
Pape, Gerhard	Ablehnung und Erfüllung schwebender Rechtsgeschäfte durch den Insolvenzverwalter, in: Kölner Schrift zur Insolvenzordnung, 2. Aufl. 2000, S. 531 ff.
Plückebaum, Konrad/ Malitzky, Heinz	Umsatzsteuergesetz, 10. Aufl. Köln, Bonn, Berlin, München 1992 ff., Bd. II, 65. Lief. Stand August 2002 (zitiert: Plückebaum/Malitzky-Bearbeiter)
Pohlmann, Ulrich	Befugnisse und Funktionen des vorläufigen Insolvenzverwalters (Dissertation Universität Hamburg 1997)
Prütting, Hanns	Schuldrechtsmodernisierung und Insolvenzrecht, NZI 2002, Heft 4, S. V f.
Rabel, Ernst	Deutsches und amerikanisches Recht, RabelsZ Bd. 16 (1951), 340 ff.
Reiley, Eldon H.	Guidebook to Security Interests in Personal Property, New York 1981, mit Supplement 1984
Resnick, Alan N./ Wypyski, Eugene M. (Hrsg.)	Bankruptcy Reform Act of 1978: A Legislative History, 17 Bände, Buffalo, New York 1979
RGRK	Das Bürgerliche Gesetzbuch, Kommentar, herausgegeben von den Mitgliedern des Bundesgerichtshofes, 12. Aufl. 1978 ff. (zitiert: RGRK-Bearbeiter)
Riesenfeld, Stefan A.	Einige Betrachtungen zur Behandlung dinglicher Sicherungsrechte an beweglichen Vermögensgegenständen im Insolvenzrecht der Vereinigten Staaten von Amerika, in: Festschrift für Ulrich Drobnig (1998), 621 ff.
Riesenfeld, Stefan A.	Evolution of Modern Bankruptcy Law, Minnesota Law Review Bd. 31 (1947), S. 401 ff.
Riesenfeld, Stefan A.	Das amerikanische Sanierungsverfahren - Ein rechtsvergleichender Überblick - KTS 1983, 85 ff.
Röhl, Klaus F.	Allgemeine Rechtslehre, 2. Aufl. Köln 2001
Rubenstein, Neil J.	Preferences in Bankruptcy, Banking Law Journal Bd. 112 (1995), 422 ff.
Rudow, William Mark	Determining the Commercial Reasonableness of the Sale of Repossessed Collateral, UCC Law Journal Bd. 19 (1987), 139 ff.

Rüll, Stefan	Das Pfandrecht an Fahrnis für künftige oder bedingte Forderungen gemäß § 1204 Absatz 2 BGB (Dissertation Universität München 1986)
Säcker, Franz-Jürgen	Zum Begriff des Herstellers in § 950 BGB, JR 1966, 51 ff.
Sauer, Wilhelm	Juristische Methodenlehre, Neudruck Aalen 1970
Schack, Haimo	Einführung in das US-amerikanische Zivilprozeßrecht, 2. Aufl. München 1995
Schermer, Barry S./ Bartz, Keith W.	Negative Amortization and Plan Confirmation: Is it Fair Under Section 1129(b) of the Bankruptcy Code?, Bankruptcy Developments Journal Bd. 8 (1991), 1 ff.
Schlegelberger	Kommentar zum Handelsgesetzbuch, 5. Aufl. 1973 ff. (zitiert Schlegelberger-Bearbeiter)
Schmidt, Karsten	Möglichkeit der Sanierung von Unternehmen durch Maßnahmen im Unternehmens-, Arbeits-, Sozial- und Insolvenzrecht - Gutachten D des 54. DJT 1982, S. D 1 ff.
Schmidt, Karsten	Zwangsvollstreckung in anfechtbar veräußerte Gegenstände, JZ 1987, 889 ff.
Schmidt, Karsten	Das Insolvenzrisiko der Banken zwischen ökonomischer Vernunft und Rechtssicherheit, WM 1983, 490 ff.
Schmidt, Karsten	Pfandrechtsfragen bei erlaubtem und unerlaubtem Eingriff der Mobiliarvollstreckung in schuldnerfremde Rechte, JuS 1970, 545 ff.
Schmidt-Räntsch, Ruth	Insolvenzordnung mit Einführungsgesetz, Erläuternde Darstellung, Köln 1995
Scholz, Franz-Josef	"Moderner Schuldturm" und Verbraucherschutz, MDR 1987, 7 ff.
Scholz, Franz-Josef	Schwerpunkte einer Verbraucherinsolvenz-Regelung, ZIP 1988, 1157 ff.
Serick, Rolf	Eigentumsvorbehalt und Sicherungsübertragung, Bd. I 1963, Bd. II 1965, Bd. III 1970, Bd. IV 1976, Band V 1982, Bd.VI 1986, jeweils Heidelberg
Serick, Rolf	Eigentumsvorbehalt und Sicherungsübereignung - Neue Rechtsentwicklungen, 2. Aufl. 1993 Heidelberg (zitiert: Neue Entwicklungen)
Serick, Rolf	Mobiliarsicherheiten im Diskussionsentwurf zur Reform des Insolvenzrechts, ZIP 1989, 409 ff.
Seuffert, Walter	Verfassungsrechtliche Fragen zu den Reformvorschlägen der Kommission für Insolvenzrecht, ZIP 1986, 1157 ff.

Simitis, Konstantin	Das besitzlose Pfandrecht - Eine rechtsvergleichende Untersuchung, AcP Bd. 171 (1971), 94 ff.
Smid, Stefan	Thesen zu Kreditsicherheiten in Insolvenz, übertragender Sanierung und Reorganisation, WM 2002, 1033 ff.
Smid, Stefan	Gleichbehandlung der Gläubiger und Wiederherstellung eines funktionsfähigen Insolvenzrechts als Aufgaben der Insolvenzrechtsreform, BB 1992, 501 ff.
Smid, Stefan (Hrsg.)	Gesamtvollstreckungsordnung, Kommentar, 3. Aufl. Baden-Baden 1996/97 (zitiert: Smid-Bearbeiter, GesO)
Smid, Stefan (Hrsg.)	Insolvenzordnung (InsO), Kommentar, 2. Aufl. Stuttgart 2001 (zitiert: Smid-Bearbeiter)
Smid, Stefan	Individualzwangsvollstreckung und Insolvenz, JZ 1995, 1150 ff.
Smith, David G.	The Convention and the Constitution: The Political Ideas of the Founding Fathers, New York 1965
Soergel	Kommentar zum Bürgerlichen Gesetzbuch, 12. Aufl. 1988 ff. (zitiert: Soergel-Bearbeiter)
Städtler, Hans-Jörg	Grundpfandrechte in der Insolvenz (Dissertation Universität Freiburg 1997/98)
Stanley, David T./ Girth, Marjorie	Bankruptcy: Problem, Process, Reform, Washington D.C. 1971
Staudinger	Kommentar zum Bürgerlichen Gesetzbuch, 13. Aufl. Berlin 1995 ff. (zitiert: Staudinger-Bearbeiter)
Stein/Jonas	Kommentar zur Zivilprozeßordnung, 21. Aufl. 1995, Tübingen (zitiert: Stein/Jonas-Bearbeiter)
Stone, Raymond	Uniform Commercial Code, 3. Aufl. St. Paul/Minnesota 1989
Stracke, Hartmut	Das Aus- oder Absonderungsrecht des Vorbehaltskäufers, KTS 1973, 102 ff.
Stürner, Rolf	Einfachheit und Funktionsfähigkeit des einheitlichen Insolvenzverfahrens, in: Kübler (Hrsg.), Neuordnung des Insolvenzrechts, Köln 1989, S. 41 ff.
Teofan/Creel	The Trustee's Avoiding Power Under the Bankruptcy Act and the New Code: A Comparative Analysis, St. Mary's Law Journal Bd. 311 (1979), 11 ff.
Thiemann, Stephan	Die vorläufige Masseverwaltung im Insolvenzeröffnungsverfahren, Herne/Berlin 2000
Thomas, Heinz/ Putzo, Hans	Zivilprozeßordnung, 23. Aufl. München 2001 (zitiert: Thomas/Putzo-Bearbeiter)

Thompson	On Real Property, herausgegeben von David A. Thomas, Charlottesville 1994 (zitiert: Thompson-Bearbeiter)
Tintelnot, Albrecht	Die gegenseitigen Verträge im neuen Insolvenzverfahren, ZIP 1995, 616 ff.
Tintelnot, Albrecht	Schuldnerverzug und Konkurs, ZIP 1989, 144 ff.
Uhlenbruck, Wilhelm	Anmerkung zum Urteil des BGH vom 21.11.1991 - IX ZR 290/90 - (BGHZ 116, 156 ff. = JZ 1992, 424 f., JZ 1992, 425 f.
Uhlenbruck, Wilhelm	Das neue Insolvenzrecht, 1994
Uhlenbruck, Wilhelm	Probleme des Eröffnungsverfahrens nach dem Insolvenzrechts-Reformgesetz 1994, KTS 1994, 169 ff.
Uhlenbruck, Wilhelm	Die Rechtsstellung des vorläufigen Insolvenzverwalters, in: Kölner Schrift zur Insolvenzordnung, 2. Aufl. 2000, S. 325 ff.
Uhlenbruck, Wilhelm	Insolvenzordnung, Kommentar, München 2003 (zitiert: Uhlenbruck-Bearbeiter)
Uhlenbruck, Wilhelm/ Delhaes, Karl	Konkurs- und Vergleichsverfahren, 5. Aufl. München 1990
Vallender, Heinz	Einzelzwangsvollstreckung im neuen Insolvenzrecht, ZIP 1997, 1993 ff.
Vallender, Heinz	Zwangsversteigerung und Zwangsverwaltung im Lichte des neuen Insolvenzrechts, Rechtspfleger 1997, 353 ff.
Vallender, Heinz	Das Verbraucherinsolvenz- und Restschuldbefreiungsverfahren, InVo 1998, 169 ff.
Wallner, Jürgen	Sonstige Rechte in der Verwertung nach den §§ 166 ff. InsO, ZInsO 1999, 453 ff.
Warrikoff, Alexander	Gestaltungsmöglichkeiten im Insolvenzplan, KTS 1997, 527 ff.
Weber, Hansjörg	Kreditsicherheiten - Recht der Sicherungsgeschäfte, 7. Aufl. München 2002
Weerth, Jan de	Zur zivil- und umsatzsteuerrechtlichen Beurteilung der Verwertung sicherungsübereigneter Gegenstände durch den Insolvenzverwalter, NZI 2001, 74 ff.
Weintraub, Benjamin/ Resnick, Alan N.	The Ruti-Sweetwater Warning to Creditors - A Powerful Lesson, UCC Law Journal Bd. 21 (1989), 361 ff.
Weintraub, Benjamin/ Resnick, Alan N.	The Meaning of "Ordinary Course of Business" Under the Bankruptcy Code - Vertical and Horizontal Analysis, UCC Law Journal Bd. 19 (1987), 364 ff.

Weintraub, Benjamin/ Resnick, Alan N.	Bankruptcy Law Manual, 3. Aufl. 1992 mit Supplement 1995
Weis, Ditmar	Kostenpauschalen für die Insolvenzmasse bei Verwertung von Lebensversicherungen, ZInsO 2002, 170 ff.
Wellensiek, Jobst	Die Aufgaben des Insolvenzverwalters nach der Insolvenzordnung, in: Kölner Schrift zur Insolvenzordnung, 2. Auflage 2000, S. 403 ff.
Welzel, Peter	Masseverwertung nach der InsO aus umsatzsteuerrechtlicher Sicht, ZIP 1998, 1823 ff.
Westermann, Harm Peter	Zur Rückführung eines Überziehungskredits in der Unternehmenskrise, KTS 1982, 165 ff.
White, James J./ Israel, Daniel	Preference Conundrums, Commercial Law Journal Bd. 98 (1993), 6 ff.
White, James J./ Summers, Robert S.	Uniform Commercial Code, 3. Aufl. St. Paul/Minnesota 1988
White, James J./ Summers, Robert S.	Uniform Commercial Code: Secured Transactions, 5. Aufl. St. Paul/Minnesota 2000 (zitiert: Secured Transactions)
Wiegand, Wolfgang	Die Entwicklung des Sachenrechts im Verhältnis zum Schuldrecht, AcP Bd. 190 (1990), 112 ff.
Wittig, Arne	Insolvenzordnung und Konsumentenkredit, Teil I WM 1998, 157 ff., Teil II WM 1998, 209 ff.
Wolf, Manfred	Allgemeine Wirkungen der Insolvenzeröffnung, in: Leipold (Hrsg.), Insolvenzrecht im Umbruch (1991), S. 113 ff.
Wright, B.	The Growth of American Constitutional Law, 1967
Young, Charles J.	Preferences Under the Bankruptcy Reform Act of 1978, American Bankruptcy Law Journal Bd. 54 (1980) 221 ff.
Zeuner, Mark	Gesamtvollstreckungsordnung der fünf neuen Länder, Köln 1992

Zimmermann, Walter Insolvenzrecht, 3. Aufl. Heidelberg 1999

Zweigert, Konrad/ Kötz, Hein Einführung in die Rechtsvergleichung, 3. Aufl. Tübingen 1996

Materialien

Deutschland

Bundesministerium der Justiz (Hrsg.) Erster Bericht der Kommission für Insolvenzrecht, Köln 1985

Bundesministerium der Justiz (Hrsg.) Zweiter Bericht der Kommission für Insolvenzrecht, Köln 1986

Bundesministerium der Justiz (Hrsg.) Diskussionsentwurf - Gesetz zur Reform des Insolvenzrechts - Band I, Köln 1988; Band II - Ergänzungen, Köln 1989

Bundesministerium der Justiz (Hrsg.) Referentenentwurf - Gesetz zur Reform des Insolvenzrechts, Köln 1989

Gesetz zur Änderung der Insolvenzordnung und anderer Gesetze vom 27. Oktober 2001, Bundesgesetzblatt I, S. 2710 ff.

Motive Die gesammten Materialien zu den Reichsjustizgesetzen. Vierter Band. Materialien zur Konkursordnung, Berlin 1881, abgedruckt bei Hahn, C. (Hrsg.)

Regierungsentwurf einer Insolvenzordnung, BT-Drucks. 12/2443

Rechtsausschuß Bericht des Rechtsausschusses, BT-Drucks. 12/7302

USA

Commission on the Bankruptcy Laws Report of the Commission on the Bankruptcy Laws of the United States - Part II, HR Document No. 137, 93rd Congress, 1st Session (1973)

House of Representatives HR Report No. 595, 95th Congress, 1st Session (1977)

House of Representatives	HR Report No. 103-834, 103rd Congress, 2nd Session (4. Oktober 1994), abgedruckt in: Congressional Records Bd. 140, S. H 10767
House of Representatives	HR Report No. 958, 99th Congress, 2nd Session (1986)
Representative Edwards	Anmerkungen in: Congressional Records Bd. 124, S. H 11095 (28. September 1978)
Senate	Senate Report No. 989, 95th Congress, 2nd Session (1978)
Senator DeConcini	Anmerkungen in: Congressional Records Bd. 124, S. S 1741 (6. Oktober 1978)

INTERNATIONALRECHTLICHE STUDIEN
Beiträge zum Internationalen Privatrecht,
zum Einheitsrecht und zur Rechtsvergleichung

Herausgegeben von Ulrich Magnus

Band 1 Birgit Reimers-Zocher: Beweislastfragen im Haager und Wiener Kaufrecht. 1995.

Band 2 Lenja Vespermann: Schadensersatz bei Beeinträchtigung rechts- oder sittenwidriger Interessen im deutschen und französischen Recht. 1996.

Band 3 Peter Cypra: Die Rechtsbehelfe im Verfahren der Vollstreckbarerklärung nach dem EuGVÜ unter besonderer Berücksichtigung der Ausgestaltung in Deutschland und Frankreich. 1996.

Band 4 Brigitta Lurger: Regulierung und Deregulierung im europäischen Privatrecht. 1997.

Band 5 Uta Gutknecht: Das Nacherfüllungsrecht des Verkäufers bei Kauf- und Werklieferungsverträgen. Rechtsvergleichende Untersuchung zum CISG, zum US-amerikanischen Uniform Commercial Code, zum deutschen Recht und zu dem Vorschlag der Kommission zur Überarbeitung des deutschen Schuldrechts. 1996.

Band 6 Stefan Abel: Die Qualifikation der Schenkung. Zur Methode der Qualifikation im Internationalen Schuldvertragsrecht. 1997.

Band 7 Daniel Kötz: Verkäuferpflichten und Rechtsbehelfe des Käufers im neuen norwegischen Kaufrecht vom 13. Mai 1988 Nr. 27 im Vergleich zum UN-Kaufrecht vom 11. April 1980 (CISG). 1997.

Band 8 Olaf Beier: Grundsätze eines europäischen transportmittelübergreifenden Schadensrechts für den Gütertransport. Eine rechtsvergleichende Untersuchung unter besonderer Berücksichtigung der CMR, der ER/CIM 1990, des WA/HP und der HVR. 1999.

Band 9 Ulrich Krüger: Modifizierte Erfolgshaftung im UN-Kaufrecht. Die Haftungsbefreiung bei Lieferung vertragswidriger Ware gemäß Art. 79 CISG. 1999.

Band 10 Wolf-Henning Hammer: Das Zurückhaltungsrecht gemäß Art. 71 CISG im Vergleich zu den Kaufgesetzen der nordischen Staaten unter Einbeziehung transportrechtlicher Aspekte. Eine rechtsvergleichende Studie. 1999.

Band 11 Ulrich Quay: Der Consulting-Vertrag im Internationalen Privatrecht. 2000.

Band 12 Axel Halfmeier: Die Veröffentlichung privater Tatsachen als unerlaubte Handlung. Eine rechtsvergleichende Untersuchung. 2000.

Band 13 Stephanie Scholz: Lohngleichheit durch Verfahren. Eine Studie zur Förderung der Lohngleichheit durch verfahrensrechtliche Ansätze. 2000.

Band 14 Tank Cebecioğlu: Stellung des Ausländers im Zivilprozeß. Eine rechtsvergleichende Untersuchung des türkischen und deutschen Rechts. 2000.

Band 15 Gunnar Straube: Sozialrechtliche Eingriffsnormen im Internationalen Privatrecht. 2001.

Band 16 Daniela de Lukowicz: Divergenzen in der Rechtsprechung zum CISG. Auf dem Weg zu einer einheitlichen Auslegung und Anwendung? 2001.

Band 17 Mohamed Hassan Fadlalla Ali: Das islamische Ehe- und Kindschaftsrecht im Sudan. Mit Hinweisen zu den Lehren der islamischen Rechtsschule, der anwendbaren Familienrechtsvorschriften für Nichtmuslime im Sudan und im deutschen Familienrecht. 2001.

Band 19 Florian Schulz: Der Ersatzlieferungs- und Nachbesserungsanspruch des Käufers im internen deutschen Recht, im UCC und im CISG. Eine rechtsvergleichende Untersuchung unter Berücksichtigung der Schuldrechtskommission, der EG-Richtlinie 1999/44/EG und des Diskussionsentwurfs eines Schuldrechtsmodernisierungsgesetzes. 2002.

Band 20 Ingo Janert: Die Aufrechnung im internationalen Vertragsrecht. 2002.

Band 21 Armin Jentsch: Die Erhaltungspflichten des Verkäufers und des Käufers im UN-Kaufrecht im Vergleich zum US-amerikanischen Uniform Commercial Code und zum deutschen Recht. 2002.

Band 22 Martin Taschner: Arbeitsvertragsstatut und zwingende Bestimmungen nach dem Europäischen Schuldvertragsübereinkommen. Einheitliche Auslegung. 2003.

Band 23 Klaus Bitterich: Die Neuregelung des Internationalen Verbrauchervertragsrechts in Art. 29a EGBGB. 2003.

Band 24 Sascha J. Morgenroth: Umsetzung der Verbrauchsgüterkaufrichtlinie in Spanien und Deutschland. Umsetzung der Richtlinie 1999/44/EG des Europäischen Parlaments und des Rates vom 25. Mai 1999 zu bestimmten Aspekten des Verbrauchsgüterkaufs und der Garantien für Verbrauchsgüter in Spanien und Deutschland. 2003.

Band 25 Markus Renfert: Über die Europäisierung der ordre public Klausel. 2003.

Band 26 Henning Mordhorst: Die Behandlung vertraglicher Mobiliarsicherheiten im US-amerikanischen und deutschen Insolvenzrecht. 2003.